最新版

H25年
省エネ基準
に対応

最高に
わかりやすい

Design,Planning Mannual for Ecological Building Equipment

建築設備

GREEN & BLUE UNIT'S 編

X-Knowledge

はじめに

『春は花、夏ほととぎす、秋は月、冬雪さえて涼しかりけり』

ご存知のように川端康成氏がノーベル文学賞記念講演「美しい日本の私」の一節に引用した道元禅師の歌である。日本の四季折々の美しさや、これらを通して人の心情を描写したものは数多く、いずれも人と自然との密接なかかわりを表している。

建築も人と自然とのかかわりの中で造られてきたが、いつしか人間を含む生態系のバランスを欠くことに繋がる開発が様々な形で行われ、これに伴う種々の問題の積み重ねから、その反省を余儀なくされる時代を迎えた。建築内に環境を演出するための諸設備が導入され始めたのは極めて近年のことであるが、自然が人に与えてきた多くの恩恵を軽んじているように思える建物や建築設備は少なくない。

本書は、エコ（eco）建築を創出するためのエコ建築設備について、次代を担う方々に執筆をお願いしてまとめた。本書を手にとられた方が、自然の美しさやすばらしさ、人の体内環境、建築環境、都市・地域・地球環境、さらには宇宙環境へのかかわりを再確認し、未来へ向けた設計・施工・維持管理等を行う上での一助となることを衷心より願って止まない。

市川　憲良

平成24年3月吉祥

目次 | Contents

第3章 熱源設備

第4章 空調設備

装幀デザイン：公園　大場 君人
DTP・編集協力：タクトシステム
デザイン：マツダオフィス
組版：有朋社
印刷・製本：シナノ書籍印刷
カバー写真：小泉アトリエ
カバーの建築物は、LCCM住宅デモンストレーション棟。
設計監理はLCCM住宅研究・開発委員会と小泉アトリエ、
設備設計をZO設計室が担当した。

第1章 建築計画

1 建築計画
2 給排水設備
3 熱源設備
4 空調設備
5 電気設備
6 評価手法
7 事例解説
8 維持管理

人と建物の関係

図1 発熱体としての人体

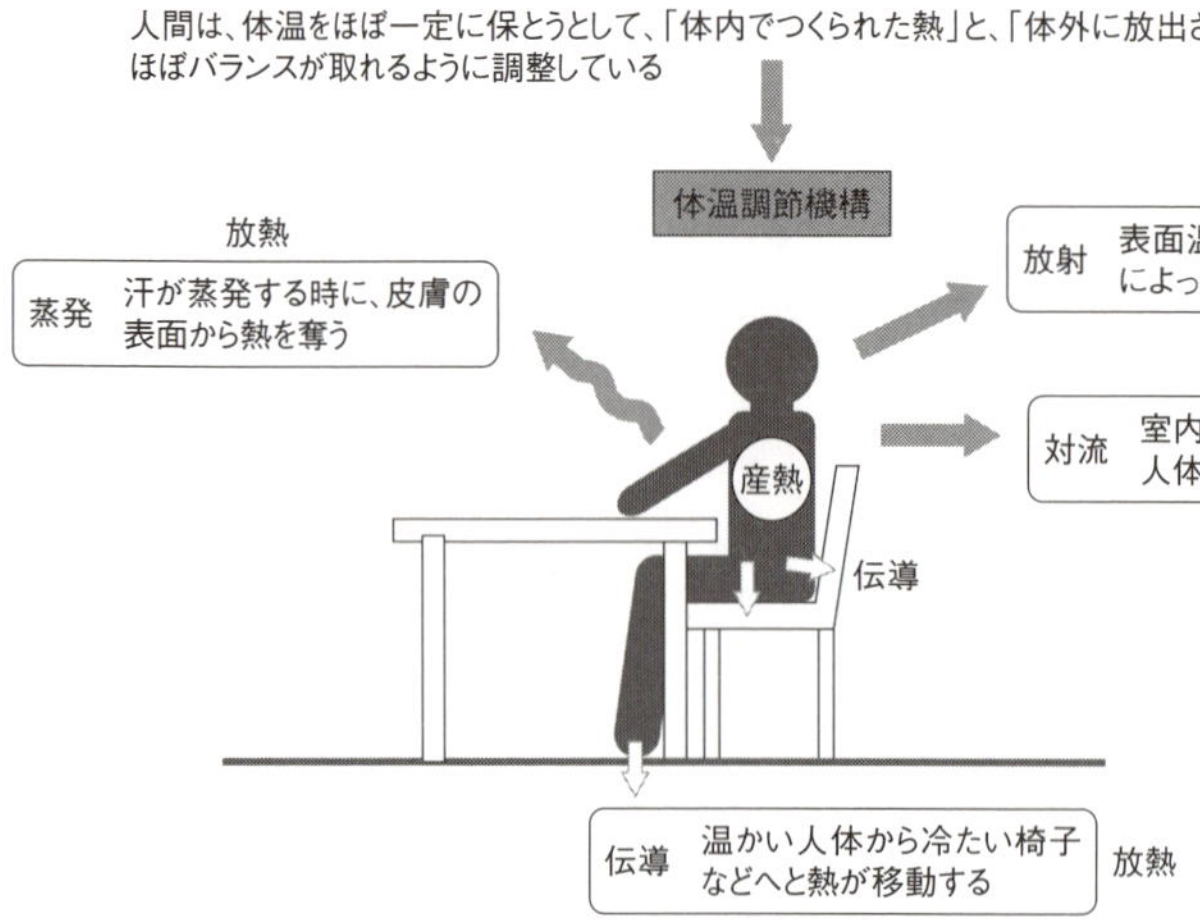
人間は、体温をほぼ一定に保とうとして、「体内でつくられた熱」と、「体外に放出される熱量」とが、ほぼバランスが取れるように調整している
体温調節機構
放熱
蒸発 汗が蒸発する時に、皮膚の表面から熱を奪う
放熱
放射 表面温度の高い人体から、放射によって熱が移動する
放熱
対流 室内の空気が動いて、人体から熱を奪う
産熱
伝導
伝導 温かい人体から冷たい椅子などへと熱が移動する
放熱

図2 人間の光の波長の感度

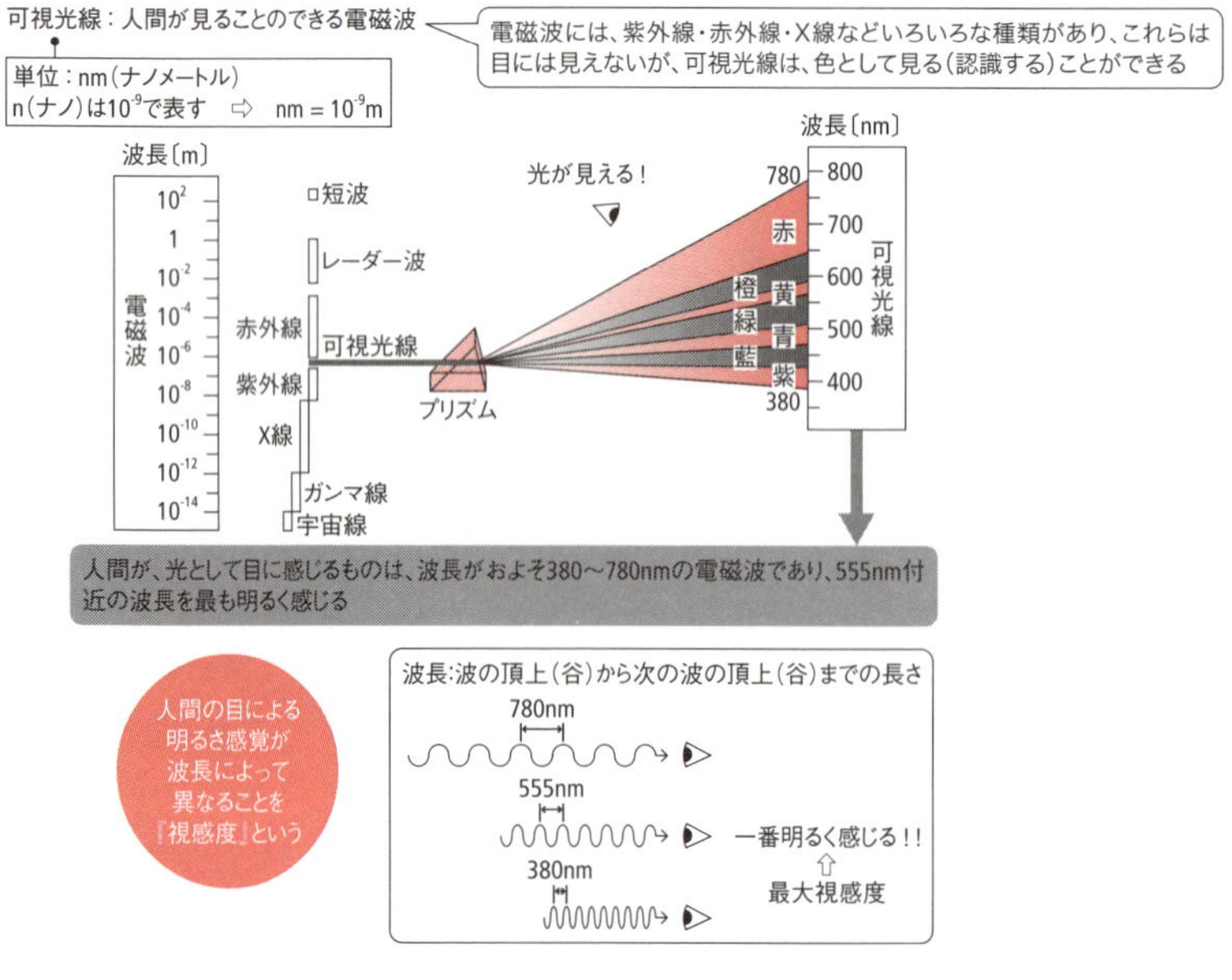
可視光線：人間が見ることのできる電磁波
単位：nm（ナノメートル）
n（ナノ）は10⁻⁹で表す ⇨ nm＝10⁻⁹m
電磁波には、紫外線・赤外線・X線などいろいろな種類があり、これらは目には見えないが、可視光線は、色として見る（認識する）ことができる
波長〔m〕
電磁波
短波
レーダー波
赤外線
可視光線
紫外線
X線
ガンマ線
宇宙線
光が見える！
プリズム
波長〔nm〕
780
800
700
600
500
400
380
赤
橙
黄
緑
青
藍
紫
可視光線
人間が、光として目に感じるものは、波長がおよそ380～780nmの電磁波であり、555nm付近の波長を最も明るく感じる
人間の目による明るさ感覚が波長によって異なることを『視感度』という
波長：波の頂上（谷）から次の波の頂上（谷）までの長さ
780nm
555nm
一番明るく感じる！！
最大視感度
380nm

環境要素としての人体

建築空間において人体から環境をとらえることは、建築計画・設備計画によって快適性を向上させるために重要な点である。室内環境では人体も発熱体の1つである。発熱量はおよそ100Wの電球に相当する（図1）。人体は代謝と放熱が動的に平衡することで、深部体温が約37度に保たれ、代謝が放熱を上回ると暑さを、下回ると寒さを感じる。

人から見た光環境

人間は、受ける光の波長によって異なる感度をもっている（図2）。長波長の光は赤、中波長の光は緑、短波長の光は青く見える。例えば、夕焼けは大気中を通過しやすい長波長の赤い光が地表に到達することで、太陽が沈む方向が赤く見える現象である。光環境において、不快感や見えづらさが生じるようなまぶしさを「グレア」という。作業性重視の空間では明るさに均一さが求められ、落ちつきを求める空間で

図3 温熱環境6要素

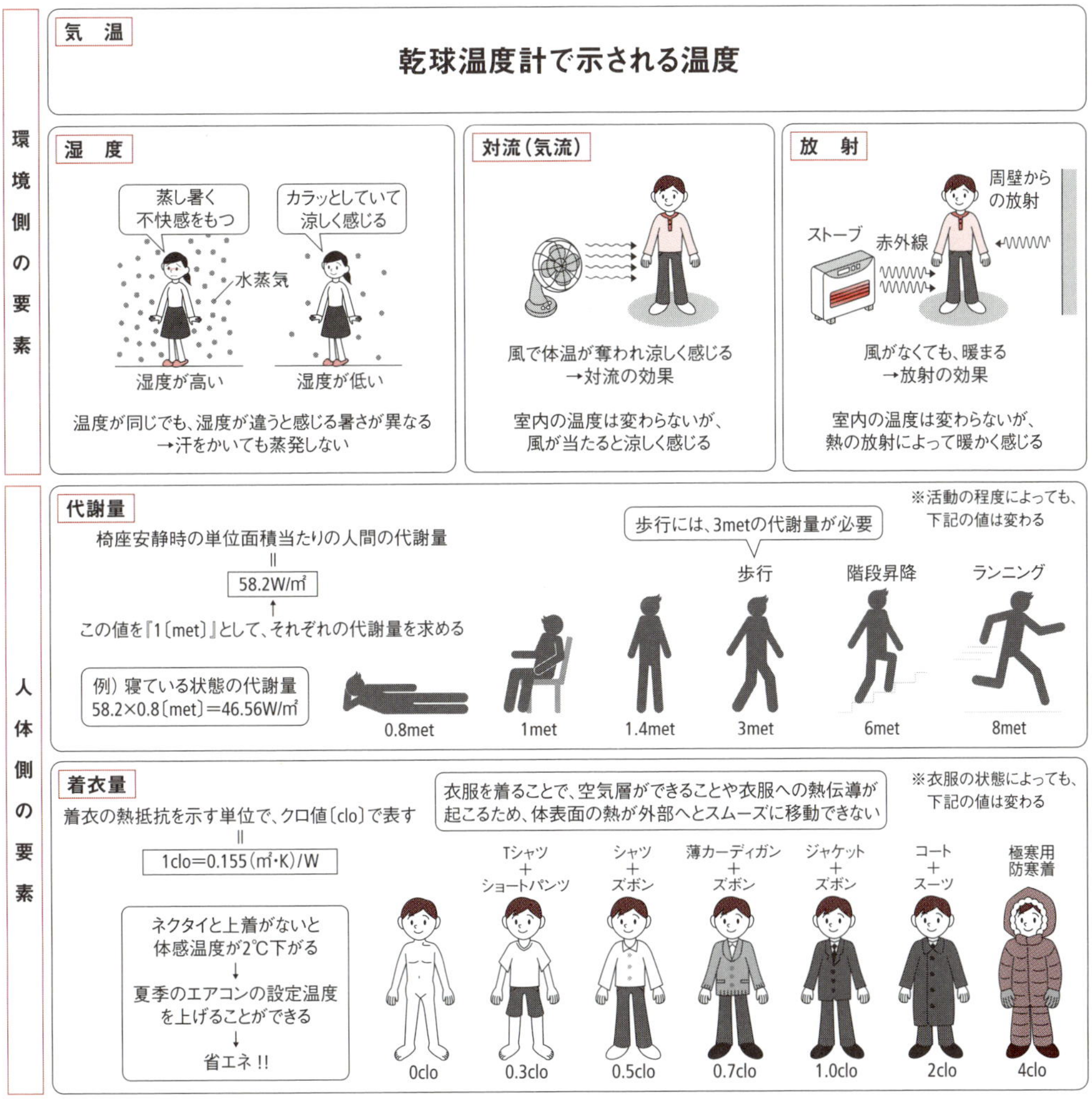

環境側の要素
気温
乾球温度計で示される温度
湿度
蒸し暑く不快感をもつ
カラッとしていて涼しく感じる
水蒸気
湿度が高い
湿度が低い
温度が同じでも、湿度が違うと感じる暑さが異なる
→汗をかいても蒸発しない
対流（気流）
風で体温が奪われ涼しく感じる
→対流の効果
室内の温度は変わらないが、風が当たると涼しく感じる
放射
周壁からの放射
ストーブ
赤外線
風がなくても、暖まる
→放射の効果
室内の温度は変わらないが、熱の放射によって暖かく感じる
人体側の要素
代謝量
椅座安静時の単位面積当たりの人間の代謝量
‖
58.2W/㎡
この値を『1〔met〕』として、それぞれの代謝量を求める
例）寝ている状態の代謝量
58.2×0.8〔met〕=46.56W/㎡
※活動の程度によっても、下記の値は変わる
歩行には、3metの代謝量が必要
歩行
階段昇降
ランニング
0.8met
1met
1.4met
3met
6met
8met
着衣量
着衣の熱抵抗を示す単位で、クロ値〔clo〕で表す
‖
1clo=0.155(㎡・K)/W
衣服を着ることで、空気層ができることや衣服への熱伝導が起こるため、体表面の熱が外部へとスムーズに移動できない
※衣服の状態によっても、下記の値は変わる
ネクタイと上着がないと体感温度が2℃下がる
↓
夏季のエアコンの設定温度を上げることができる
↓
省エネ!!
Tシャツ+ショートパンツ
シャツ+ズボン
薄カーディガン+ズボン
ジャケット+ズボン
コート+スーツ
極寒用防寒着
0clo
0.3clo
0.5clo
0.7clo
1.0clo
2clo
4clo

図4 音の環境

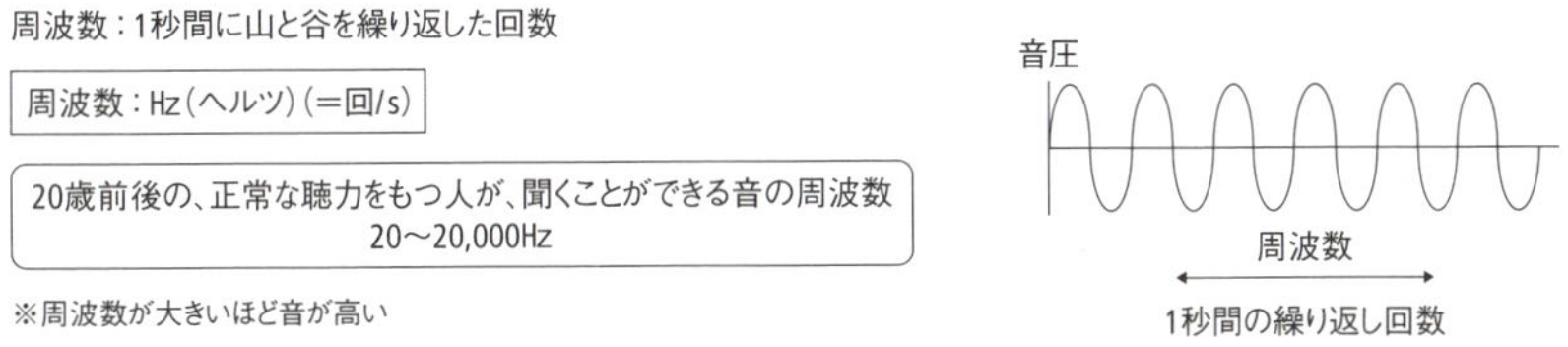

周波数：1秒間に山と谷を繰り返した回数
周波数：Hz（ヘルツ）（=回/s）
20歳前後の、正常な聴力をもつ人が、聞くことができる音の周波数
20～20,000Hz
※周波数が大きいほど音が高い
音圧
周波数
1秒間の繰り返し回数

は多少ムラがあるほうがよいとされる。

人から見た熱・風・音環境

人体の温熱環境を決定する要因の環境側の要素として、気温、放射温度、相対湿度、気流速度があり、人体側の要素として代謝量、着衣量がある（温熱環境の6要素）。人体の周囲環境空気や壁面が皮膚表面の温度より低いと、対流、放射の熱伝達によって人体からの放熱量が増える。その際、人は着衣量を増やして皮膚からの放熱量を減らし、震えで代謝量を調整して発熱量を増やす。一方、室温や放熱温度が皮膚表面温度より高いと身体からの放熱が小さくなる。着衣量を減らして放熱を促し、発汗で蒸発熱量を増やして体温上昇を抑える。通風によって空気を動かすことで対流熱伝達を増やし、涼感を得ることができる（**図3**）。

風環境については、Xm/sの風はX℃体感温度を下げるといわれている。気流があると気温が高くても快適だが、強すぎると不快に感じる。音の環境の指標には大小、高低、音色がある。それぞれ音を物理量ととらえた場合、音圧、周波数、波形に対応する。人間が聞くことができる音の周波数は20～20000Hzといわれる（**図4**）。

自然光の利用

図1 夏至と冬至での太陽高度と方位角による日射量の違い

建物や地面が受ける日射による単位面積当たりの受熱量は、方位や季節によって異なる

(a) 夏至

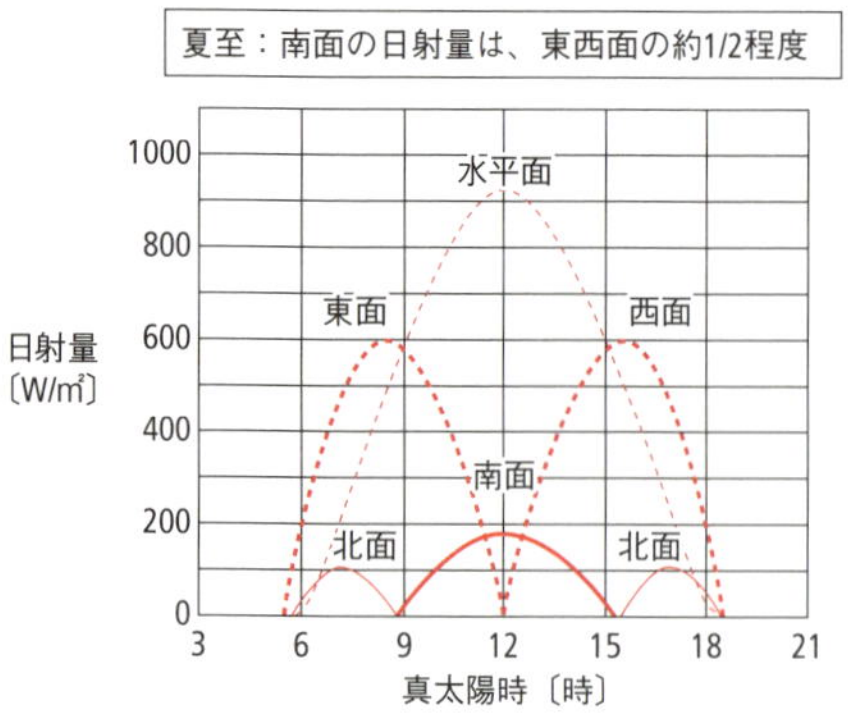
夏至：南面の日射量は、東西面の約1/2程度
1000
800
600
400
200
0
日射量
〔W/㎡〕
水平面
東面
西面
南面
北面
北面
3
6
9
12
15
18
21
真太陽時〔時〕

夏至の建物各面の直達日射量（北緯35°）

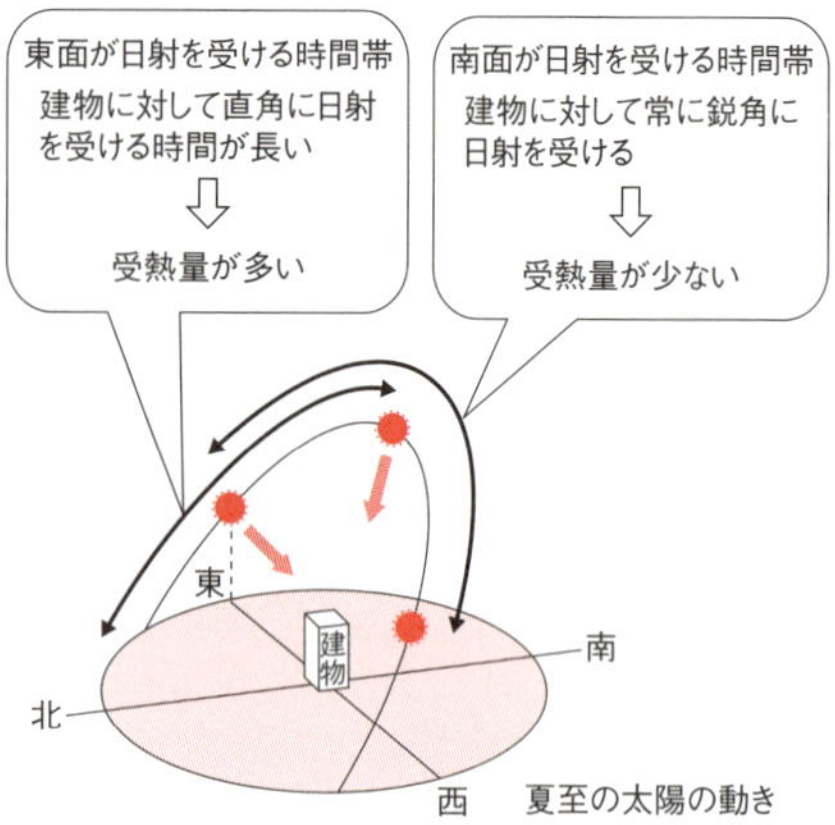
東面が日射を受ける時間帯
建物に対して直角に日射を受ける時間が長い
受熱量が多い
南面が日射を受ける時間帯
建物に対して常に鋭角に日射を受ける
受熱量が少ない
東
建物
南
北
西

夏至の太陽の動き

(b) 冬至

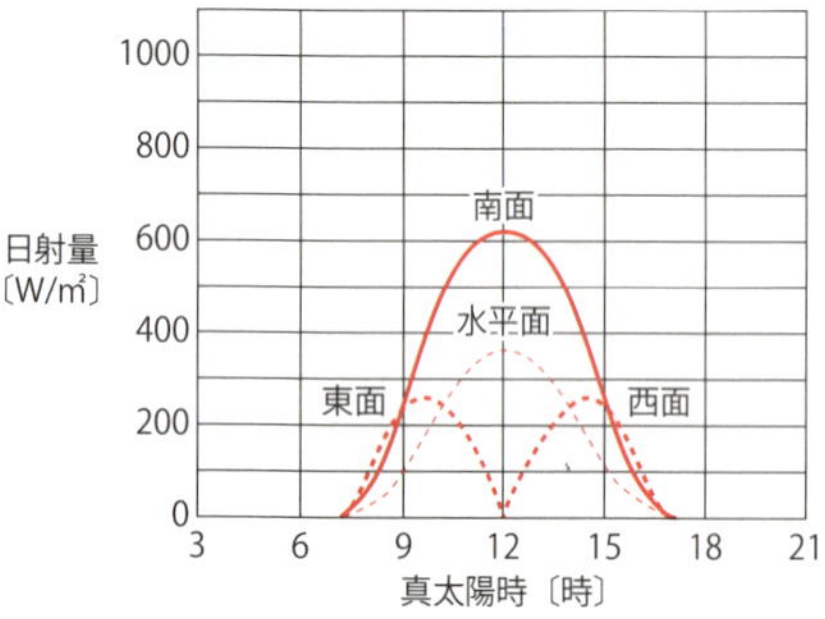
1000
800
600
400
200
0
日射量
〔W/㎡〕
南面
水平面
東面
西面
3
6
9
12
15
18
21
真太陽時〔時〕

冬至の建物各面の直達日射量（北緯35°）

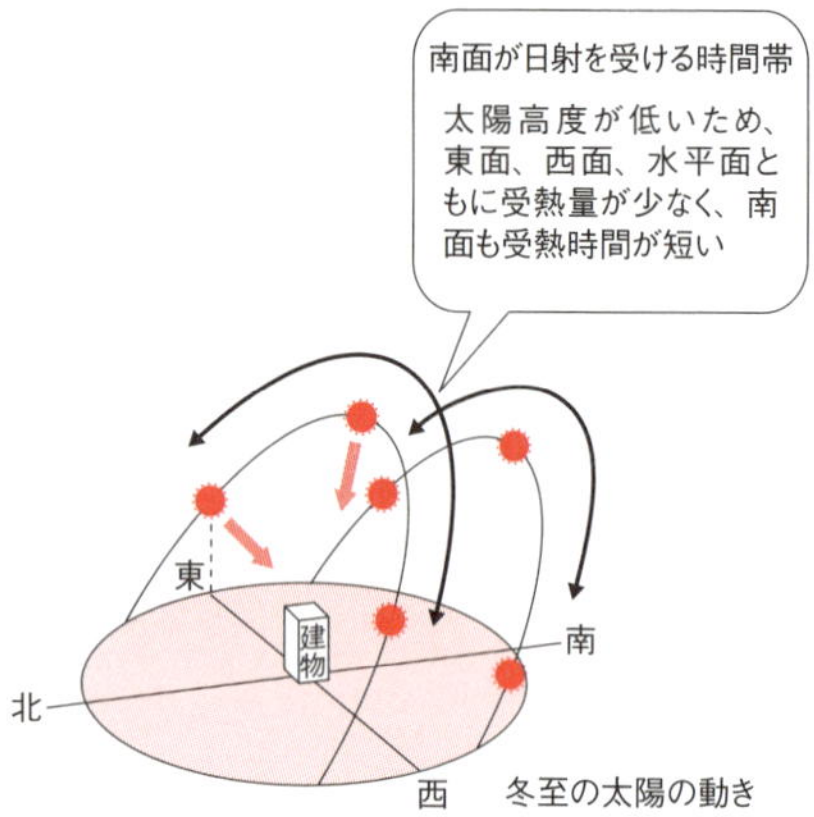
南面が日射を受ける時間帯
太陽高度が低いため、東面、西面、水平面ともに受熱量が少なく、南面も受熱時間が短い
東
建物
南
北
西

冬至の太陽の動き

太陽位置は太陽方位角と太陽高度で表される

太陽高度（h）：地平線と太陽のなす角度

太陽方位角（α）：真南から見た太陽の水平方向の角度

- 東側が正の値『+』
- 西側が負の値『−』

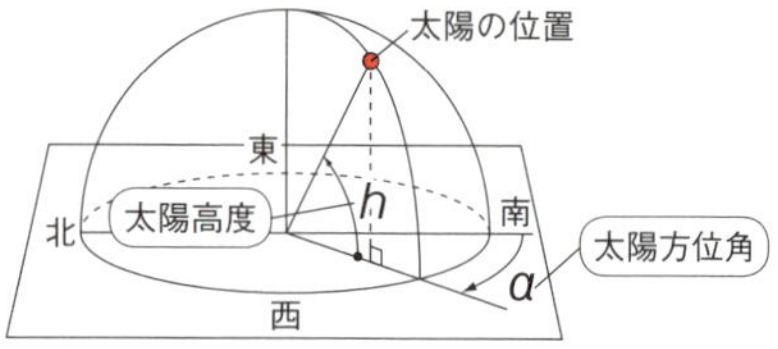
太陽の位置
東
北
太陽高度
h
南
太陽方位角
α
西

太陽の動きを考える

室内へ取り込む自然光の性質を決める要因には、季節、時刻、方位、気象、周辺環境などがある。これらによる光の質の違いを把握するためには、太陽の動きと建築物の位置関係から考えるとよい。太陽の動きは、高度と方位角によって表される。高度は時刻によって変わり、方位角の最大値は季節ごとに変化する。太陽高度、方位角ともに大きくなる夏至は、東西面の日射量は南面の2倍程度になる。冬至は高度が低くなるため、東西面よりも南面の日射量が大きくなる（**図1**）。太陽の動きに対する開口部の位置関係により光の質や、入り方が変わってくる。

直達光と天空光

自然光は直達光と天空光に分けられる（**図2**）。直達光は大気中で拡散せず地表まで届き、方向性のある光として届く。約10万ルクスにもなるうえ、時刻、季節、天候により変化するため、取り入れる際には反射させて拡散した

図2 直達光と天空光

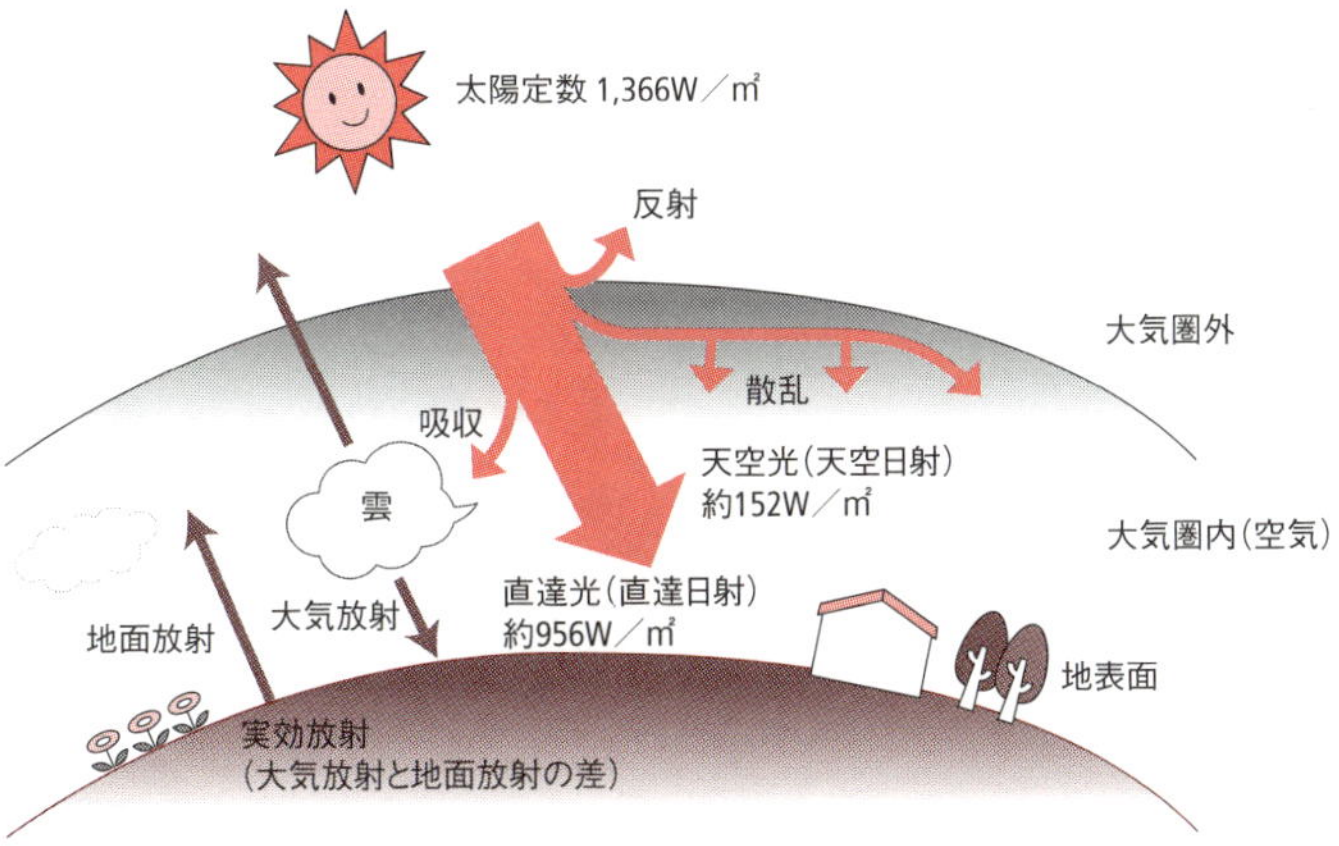
太陽定数 1,366W／㎡
反射
大気圏外
散乱
吸収
天空光（天空日射）
約152W／㎡
雲
大気圏内（空気）
地面放射
大気放射
直達光（直達日射）
約956W／㎡
地表面
実効放射
（大気放射と地面放射の差）

直達光（直達日射）：
大気中で拡散せず地表まで届き、方向性のある光として届く。約10万ルクスにもなるうえ、時刻、季節、天候により変化するため、取り入れる際には反射させて拡散した光に変えたり、ルーバーなどで適度にコントロールする必要がある
天空光（天空日射）：
空気中のちりなどによって乱反射して伝わる拡散した光で、直達光に比べて安定して柔らかい光として地表に届く

図3 窓を設置する位置による影響

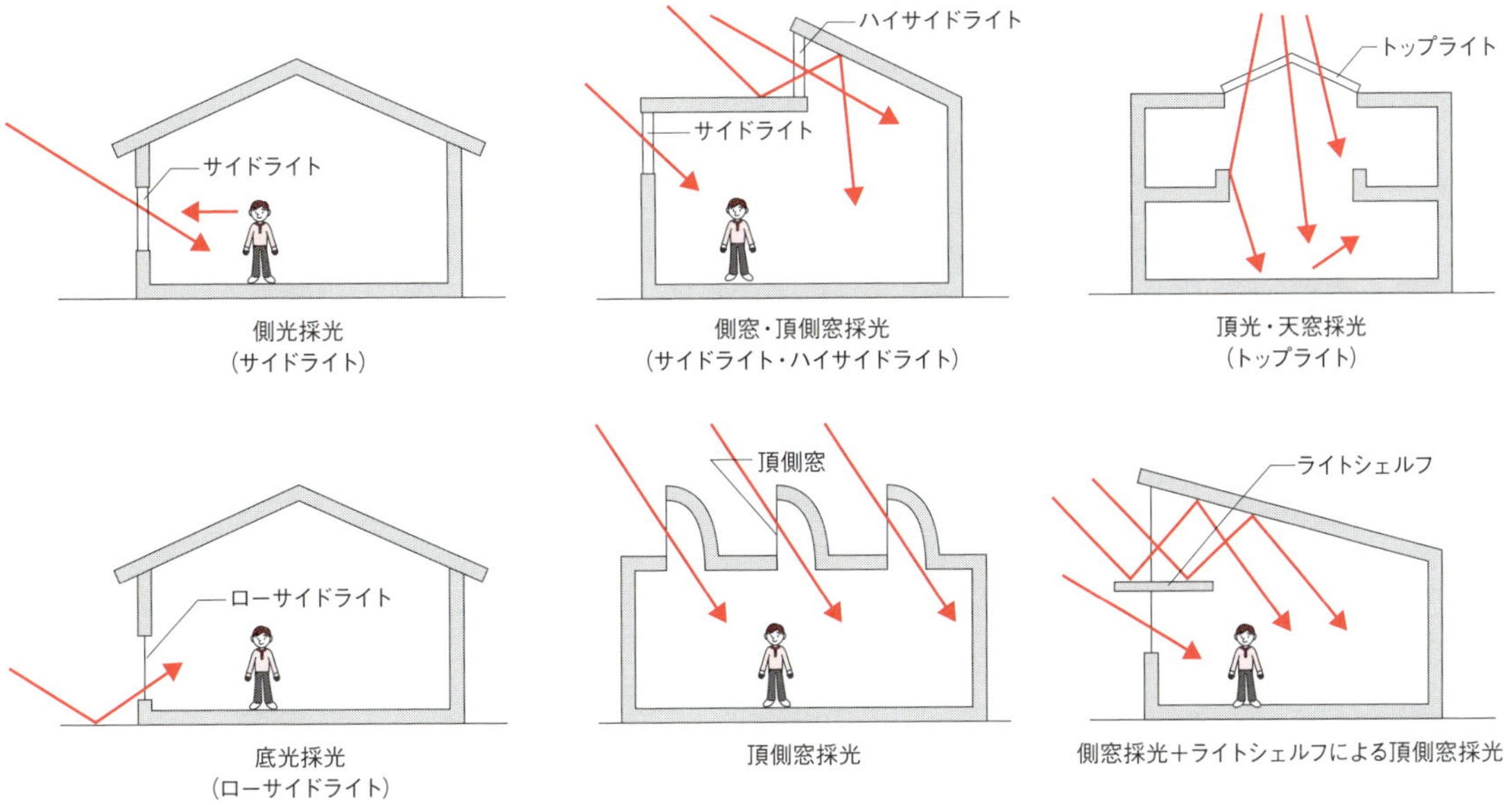
サイドライト
側光採光
（サイドライト）
ハイサイドライト
サイドライト
側窓・頂側窓採光
（サイドライト・ハイサイドライト）
トップライト
頂光・天窓採光
（トップライト）
ローサイドライト
底光採光
（ローサイドライト）
頂側窓
頂側窓採光
ライトシェルフ
側窓採光＋ライトシェルフによる頂側窓採光

光に変えたり、ルーバーなどで適度にコントロールする必要がある。

天空光は空気中のちりなどによって乱反射して伝わる拡散した光で、直達光に比べて安定して柔らかい光として地表に届く。

自然光を取り入れる

採光計画では、光の性質、光を空間に取り込む位置と取り込む部分の形、コントロール手法、それぞれを考慮し、直達光、天空光を意識してバランスよく計画する。太陽光は熱を伴うので、特に夏の採光計画には熱の制御も併せて考慮する必要がある。また外部が明るすぎると、対比的に内部が暗くなるため、昼間に人工照明を利用することになる。奥の居室と外との明暗の差を少なくし、過度な輝度対比をなくすなど注意が必要である。

窓を設置する高さは、頂光、頂側光、側光、底光などに分けられる。頂光は光としてのエネルギー量は多いが、変化が激しいため直射光を拡散させるなど、制御方法を十分検討する必要がある。頂側光と、側光は方位によって光に強さ、性質が異なる。側光は景観にも影響する。底光は比較的安定し、反射した拡散光を取り込むことができる（図３）。

風を利用する

図1 風配図

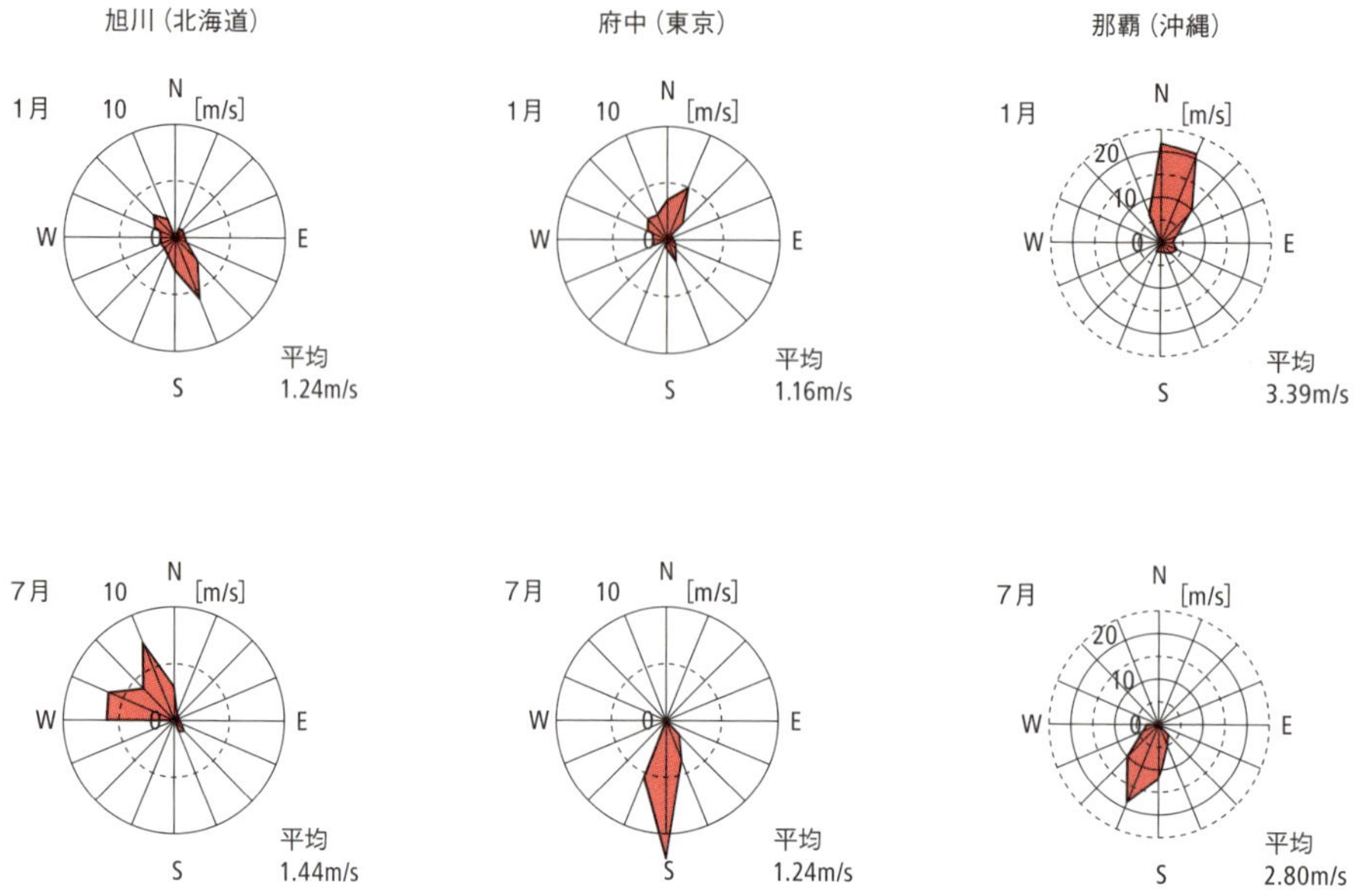
旭川（北海道）
府中（東京）
那覇（沖縄）
1月
7月
N
E
S
W
[m/s]
10
20
0
平均
1.24m/s
1.16m/s
3.39m/s
1.44m/s
1.24m/s
2.80m/s

風の性質

風は圧力差によって生じる空気の流れである。圧力の高いところから、低いところへ、密度差によって流れが生まれる。気圧の不均一や気圧傾度力が生まれる原因は、地球上において、場所により太陽エネルギーの分布（温度）が異なるためである。日光の当たり具合や地表の温まりやすさの違いによって気圧が不均一になり、高気圧・低気圧が生まれる。高気圧から低気圧へと流れる空気が、「風」の主因となる。日本では大きくは夏は南風、冬は北風の傾向がある（図1）。

　また、地形、樹木、建物など周辺の状況によっても風の流れは変化する。約1300カ所にあるアメダスの観測所では、降水量、気温、日照時間、風向・風速などの気象要素が観測されており、そのデータを利用することでより実情に近い風の特性を把握できる。

通風経路の計画

ある期間にその地域に吹く最も多い風向の風を卓越風という。エコ建築を考える場合、その風に配慮して風上と風下の開口部の大きさ、位置、形、開閉方式を計画する必要がある。また、室内の風の流れを考えて通風経路を計画する。つまり、風の「入口」・「出口」・「通り道」に配慮するということである（図2）。

　風は季節や周辺の状況によって変化するため、取り入れるための方法を準備しておくことや、居住者がコントロールしやすいように開口部を計画することが最も重要である。夏期は取り込む風をできるだけ低い温度で取り入れるために、外構の仕上げは輻射熱を抑える素材にすることや、樹木によって日影をつくるなど、外部環境を整えることも必要である。

風利用の3モード

自然の風を利用する場合に、①通風②換気③排熱の3つのモードを考え、省エネルギーの観点から機械換気とのバランスに配慮して必要な開口部を計画するとよい（図3）。

図2 通風に影響を及ぼす要素

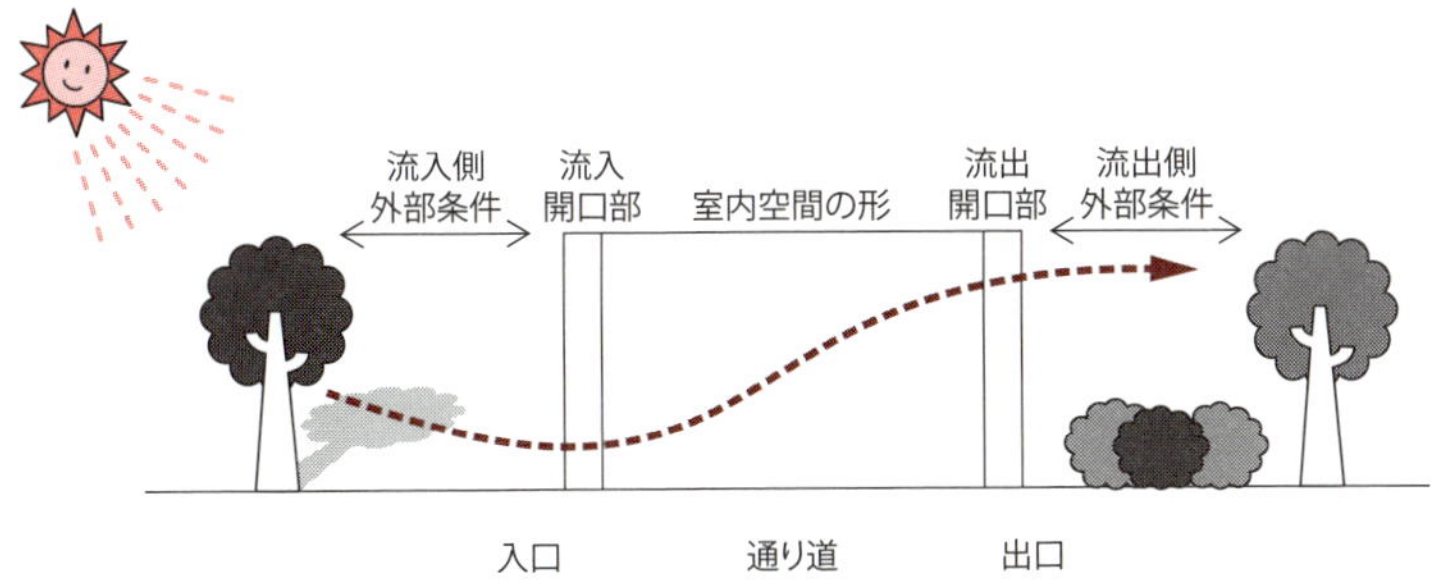
流入側
外部条件
流入
開口部
室内空間の形
流出
開口部
流出側
外部条件
入口
通り道
出口

図3 自然の風を利用する3つのモード

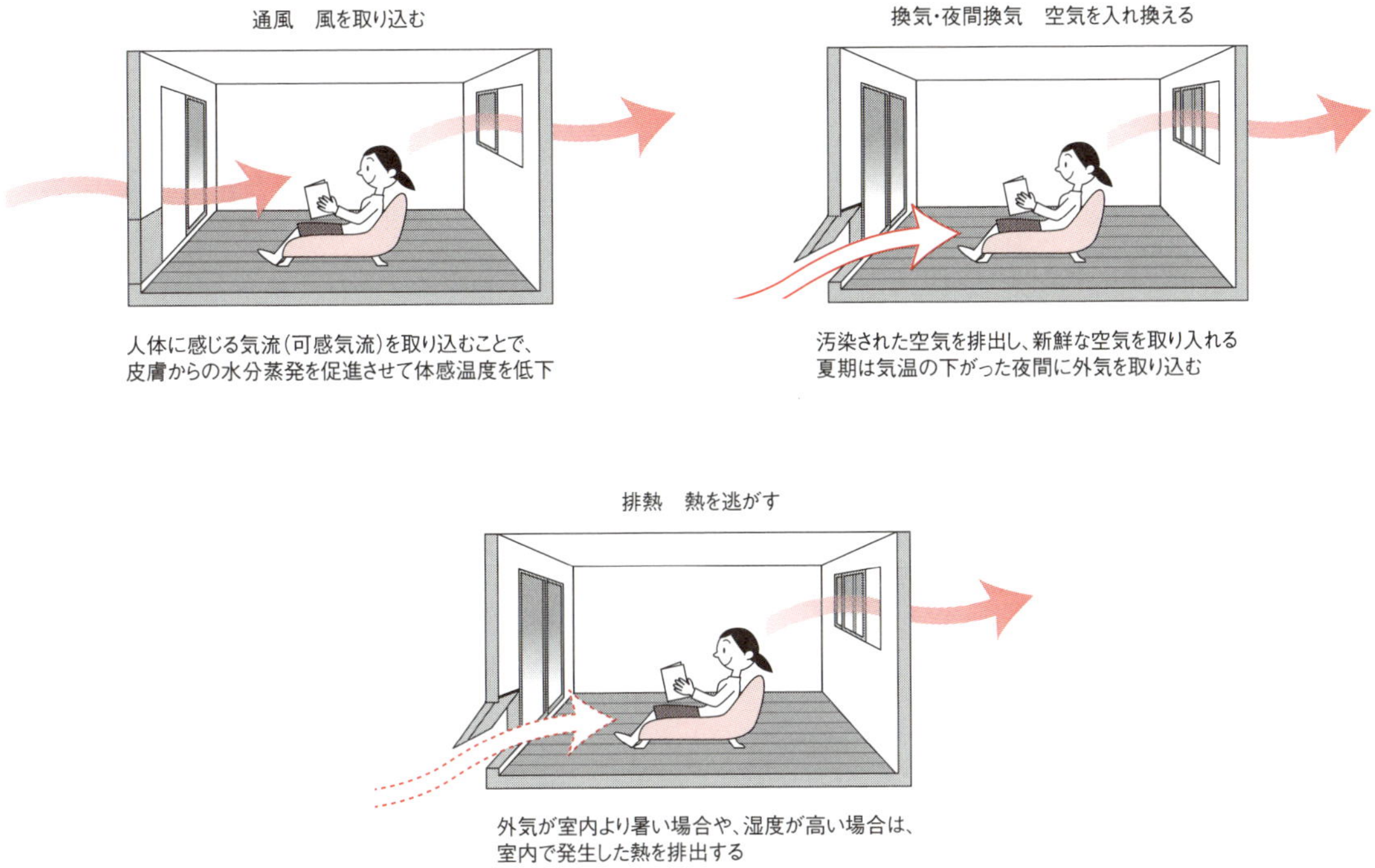
通風　風を取り込む
人体に感じる気流（可感気流）を取り込むことで、
皮膚からの水分蒸発を促進させて体感温度を低下
換気・夜間換気　空気を入れ換える
汚染された空気を排出し、新鮮な空気を取り入れる
夏期は気温の下がった夜間に外気を取り込む
排熱　熱を逃がす
外気が室内より暑い場合や、湿度が高い場合は、
室内で発生した熱を排出する

①通風　風を取り込む

ある程度の風がある場合は、開口部から外気を導入して、積極的に室内の快適さを向上させる。人体に感じる気流（可感気流）を取り込むことで、皮膚からの水分蒸発を促進させて体感温度を低下させる。

②換気・夜間換気　空気を入れ換え

室内空間での生存には新鮮な空気が必要である。室内では人間の呼吸に伴う酸素の欠乏、炭酸ガスの増加などのほか、熱や水蒸気の発生、臭気、有毒なガス、ほこりの発生など、空気を汚染する要因が存在する。汚染された空気を排出し、新鮮な空気を取り入れることが換気の目的である。冬期の過度の換気は室内気温を下げ、すきま風などによって不快な気流が生じる原因となる。夏期は気温が下がった夜間に大量の換気を行うことで、室内に冷気を蓄え翌日に冷却効果をもたらす。

自然換気には自然の風によって行う風力換気、空気の温度差で生じる浮力による重力換気がある。いずれも空気が圧力の高い方から低い方に向かって流れる物理的性質の現象である。

③排熱　熱を逃がす

外気が室内より暑い場合や、湿度が高い場合は、室内で発生した熱を排出する程度の換気にとどめる。

熱の流れをデザインする

図1 冬期における熱の流れ

冬期は気温の低い外部へ熱が熱損失として流れていく。外部への熱の損失は屋根、壁、床、窓から逃げていく貫流熱損失と、換気や漏気などのように空気の移動によって起こる換気熱損失がある

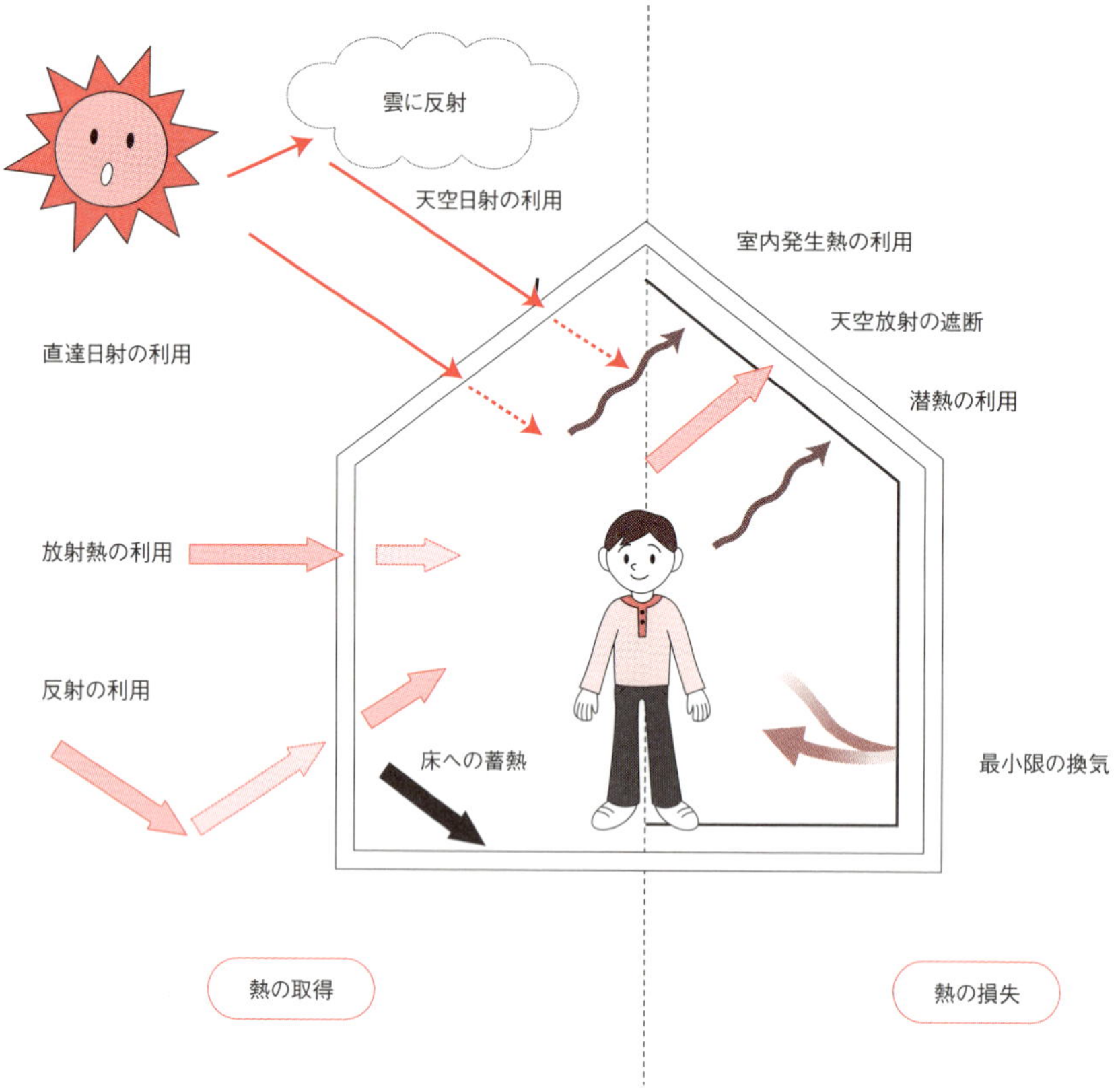
雲に反射
天空日射の利用
室内発生熱の利用
天空放射の遮断
潜熱の利用
直達日射の利用
放射熱の利用
反射の利用
床への蓄熱
最小限の換気
熱の取得
熱の損失

冬期のシェルターの役割：
最大の熱取得と最小の熱損失

熱の流れをデザインする

建築周辺の環境は常に変化している。四季があり、昼夜があり、気候の変化がある。一方、建築の室内環境も、住まい方、使われ方によって様々に状態が変化する。これらの状態の変化によって、熱の流れが生じる。熱の流れのデザインとは、室内外の変化に合わせて、程よい室温になるよう流入出する熱の量をコントロールすることである。断熱は、熱が移動する速度を遅らせるための技術であり、蓄熱は、一時的に熱を蓄えることで室温を安定させる。熱の流れのデザインは、時間の変化をデザインすることでもある。

熱の性質

熱の取得で最も大きなものは太陽による日射の熱である。そのほか照明器具や家電からの発生熱、調理による熱のほか、人体からも熱が発生する。これらを室内発生熱と呼ぶ。冬はこれらの熱取得がある一方で、気温の低い外部へ熱が熱損失として流れていく。外

図2 夏期における熱の流れ

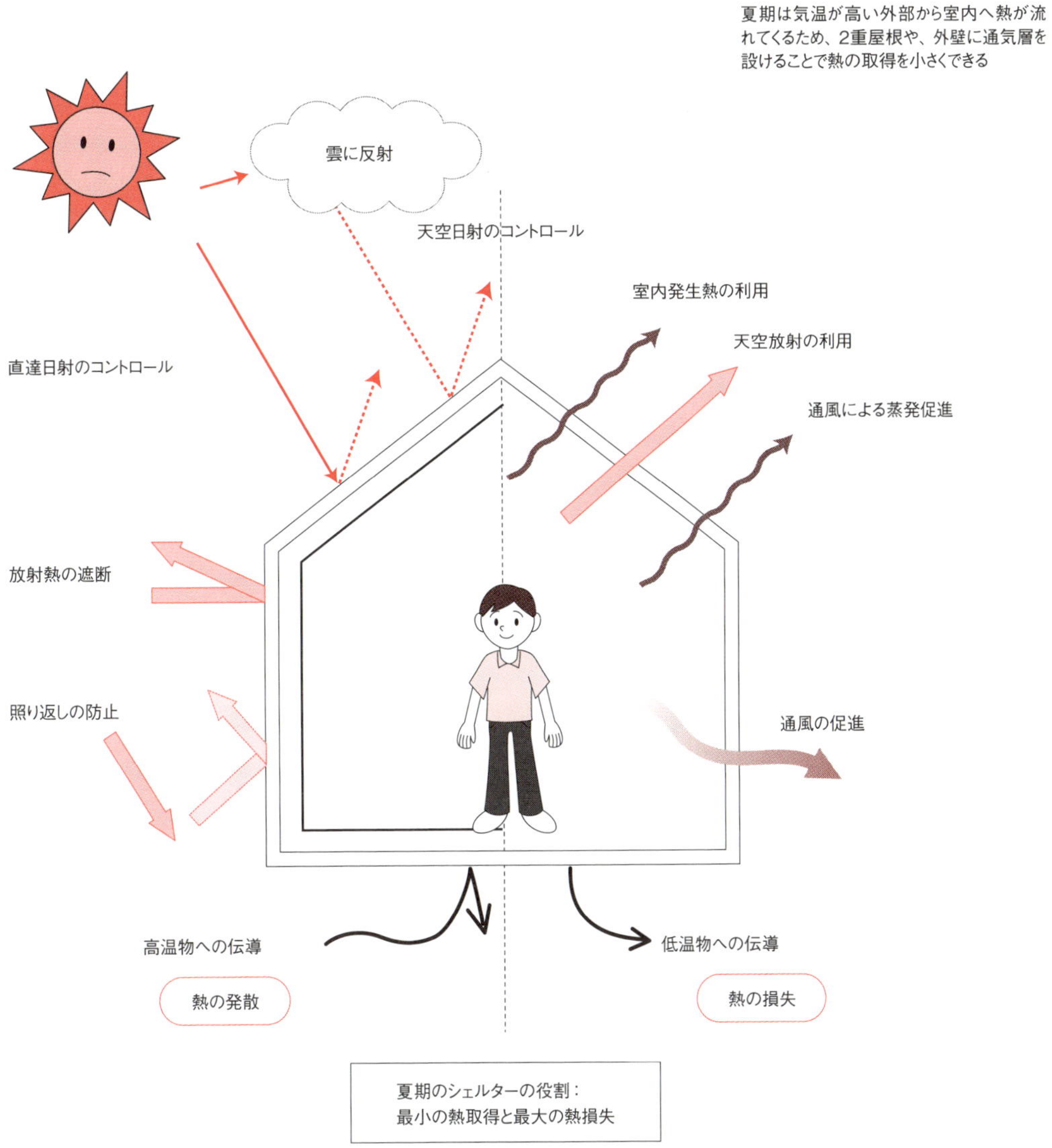
夏期は気温が高い外部から室内へ熱が流れてくるため、2重屋根や、外壁に通気層を設けることで熱の取得を小さくできる
雲に反射
天空日射のコントロール
室内発生熱の利用
天空放射の利用
直達日射のコントロール
通風による蒸発促進
放射熱の遮断
照り返しの防止
通風の促進
高温物への伝導
低温物への伝導
熱の発散
熱の損失
夏期のシェルターの役割：
最小の熱取得と最大の熱損失

部への熱の損失は屋根、壁、床、窓から逃げていく貫流熱損失と、換気や漏気などのように空気の移動によって起こる換気熱損失がある（図1）。夏は、気温が高い外部から室内へ熱が流れていく。2重屋根や、外壁に通気層を設けることで熱の取得を小さくできる（図2）。このような、自然の熱の出入りに伴い変化する室温を自然室温という。冬と夏では熱の流れが逆転する。

まずは、建築的工夫によって自然室温を快適範囲に近づけることが要点であり、それでも不足する部分を設備によって補うことが理想である。その際、建物性能と設備性能（容量）が重複しないよう、建築、設備それぞれの性能を見極めたうえで、建築と一体となった設備計画が必要である。

熱を蓄える

冬期における熱の取得は日射のある日中に集中している。一方、熱の損失は終日続き、外気温の下がる夜間に大きくなる。熱収支のバランスをとるためには、照明、家電、調理などの室内発生熱に加え、日中の日射取得を蓄えることにより、一日の熱の損失よりも大きな熱を日中に取得して、夜間に持ち越す工夫が必要になる。日中は熱を取得する開口部も、夜間は大きな損失

図3 熱の伝わり方

対流
対流
放射
伝導

例えば、ストーブの熱を利用してやかんのお湯を沸かす。この時にストーブとやかんの接している部分で熱が伝わることを「伝導」という。また、ストーブ周辺の暖まった空気が室内を流動し、熱が移動することを「対流」という。ストーブのそばに立って感じる火照りはストーブが熱を「放射」しているためである

表 熱の伝わり方の特色

放　射	・高温になるほど短い波長の放射線を出す ・媒介物がなくても熱が移動する
対　流	・空気や水などの流体が流動する際に熱が移動する ・エアコンは強制対流
伝　導	・高温の物体の分子運動エネルギーが低温の物体の分子にエネルギーを与え、熱が伝わる ・床暖房など

部となるため断熱の工夫が必要である。石やコンクリートなど、熱容量の大きなものを室内に備えることで、日中の熱を蓄えることができる。夏期は、十分な断熱とともに室内で発生した熱を速やかに外部放出するための換気方法を計画する。また、外気温が下がる夜間に換気を行い冷気を蓄えることで翌日の冷却効果をもたらす。

熱の伝わり方

熱の伝わり方は次の様な特徴がある（表、図）。

●放射〈電磁波による熱の流れ〉

温度をもつすべての物体は熱を放射している。放射熱は、光と同じく電磁波の一種で、温度が高くなるにつれて波長の短い放射線を出す。物体は放熱によってその分子の運動エネルギーを失い、結果として温度が低下する。熱を媒介する物体がなくても熱の移動が起こるハロゲンヒーターは、主に放射による採暖方法である。

●対流〈流体による熱の流れ〉

流体（気体や液体）が流動することで熱の移動（対流）が起こる。自然に起こる自然対流は流体内の温度差に伴い生じた密度差による流動であり、強制対流は送風機などの機械の風力による流動である。エアコンは空気を強制的に流動させて室温を制御する。

●伝導〈物体の中の熱の流れ〉

ある1つの物体に温度の高い物体が接触すると、温度の高い物体の分子運動エネルギーが温度の低い物体の分子にエネルギーを与え、次々と隣接する分子の運動を刺激して、より高い分子運動エネルギーの状態になる。床暖房は伝導と放射による採暖方法である。

快適な室内気候をつくる

図1 外部環境と室内気候

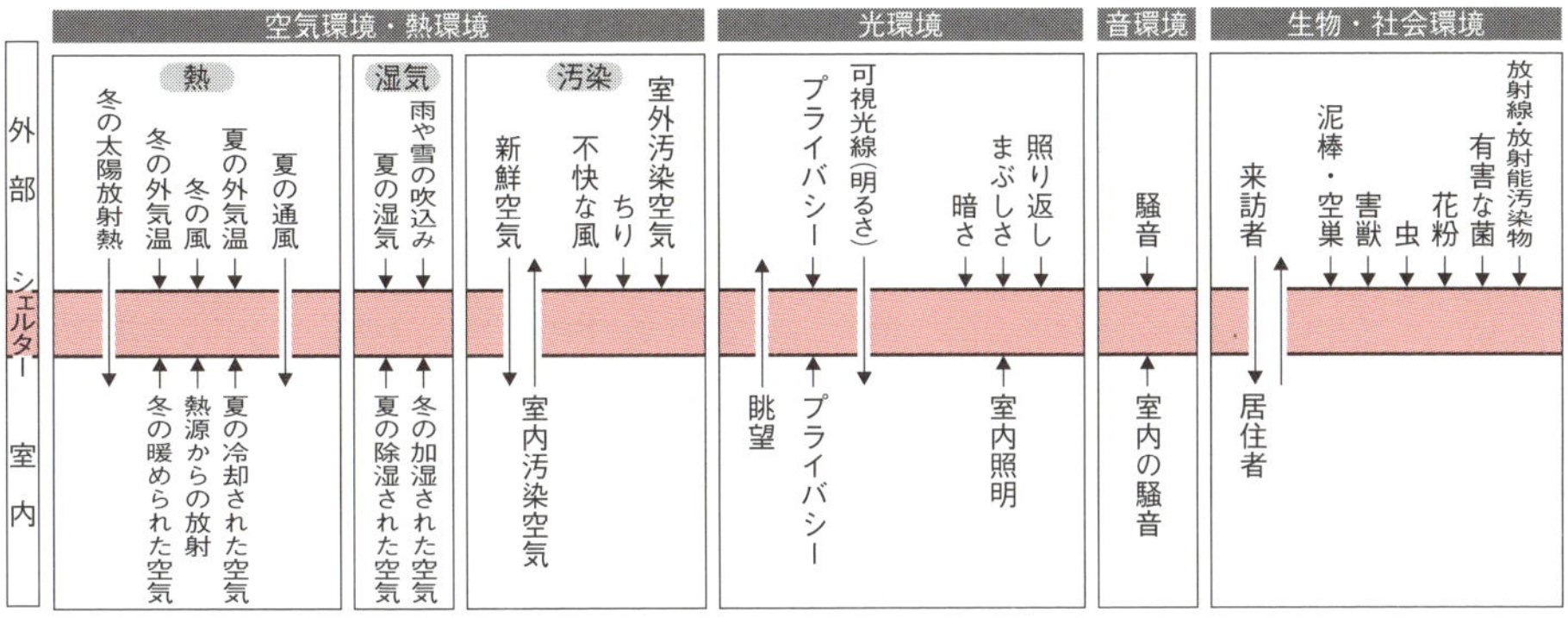
空気環境・熱環境
光環境
音環境
生物・社会環境
外部
シェルター
室内
熱
冬の太陽放射熱
冬の外気温
冬の風
夏の外気温
夏の通風
冬の暖められた空気
熱源からの放射
夏の冷却された空気
湿気
雨や雪の吹込み
夏の湿気
冬の加湿された空気
夏の除湿された空気
汚染
室外汚染空気
ちり
不快な風
新鮮空気
室内汚染空気
照り返し
まぶしさ
暗さ
可視光線（明るさ）
プライバシー
室内照明
プライバシー
眺望
騒音
室内の騒音
放射線・放射能汚染物
有害な菌
花粉
虫
害獣
泥棒・空巣
来訪者
居住者

図2 シェルター環境と人間の相互作用

内部空間には外部とは異なる環境ができ、気候は外部環境に変化をもたらすが、同時に室内には「室内気候」ができあがる

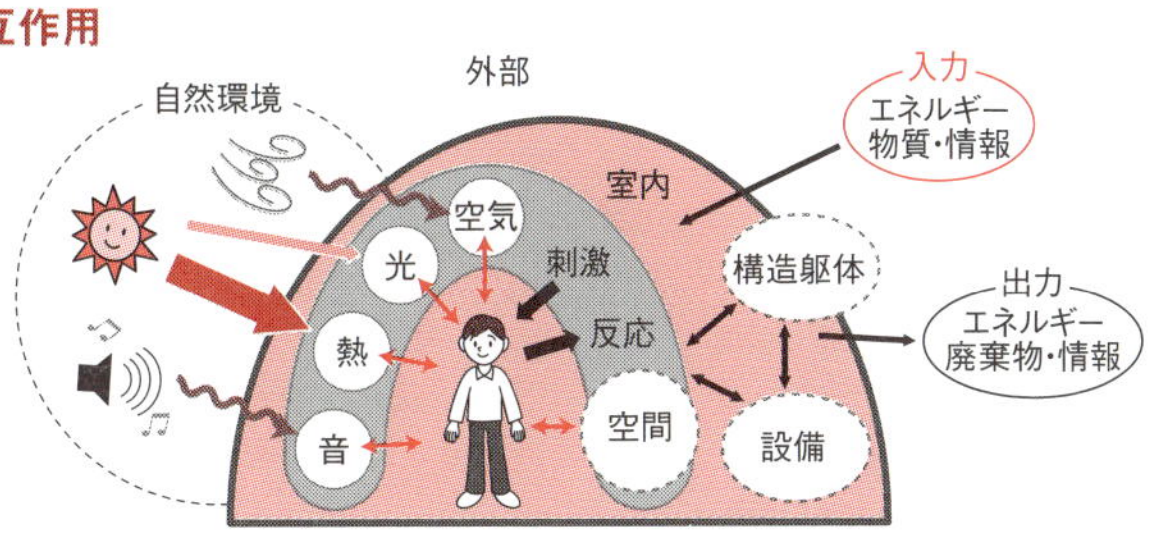
外部
自然環境
入力
エネルギー
物質・情報
室内
空気
光
熱
音
刺激
反応
空間
構造躯体
設備
出力
エネルギー
廃棄物・情報

室内気候をつくる

風雨をしのぎ、厳しい外部環境の変化から内部空間を守るのが建築のシェルターとしての役割であり、内部空間には外部とは異なる環境ができあがる（**図1・2**）。

快適な室内気候を目指して建築空間がつくられるが、そのアプローチは様々だ。「エコ建築」という視点で考えると、自然環境を注意深く読み解き、その場所のポテンシャルを最大限に活用することが第一歩である。

快適な室内のための外部空間

雨風、太陽の光、四季、昼夜などにより、外部の環境は様々に変化する。本来、室内の環境は外部環境の状態と呼応するものである。しかし、外部環境と遮断された建築や、室内環境を快適にするためだけに計画された設備は、外部環境に負荷を与える。負荷の大きい外部と遮断するため、さらに設備に依存する、いわゆる負の循環となる。

例えば、民家の敷地林は強風から建物を守り、敷地周辺に影をつくる。その結果、室内に柔らかい風が流れ、日影は室内温度を下げる。外部環境を快適にすることで、快適な、外部とつながった室内気候となる。

建築と設備の融合

かつては、建築計画原論として建築計画と環境工学が同時に考えられていた。建築計画原論が建築計画と環境工学に分かれて以降、室内環境を統合した視点で考えることが少なくなり、安価なエネルギーを利用して、機械仕掛けで室内を制御する建築が主流となった。もう一度建築計画原論に戻り、建築と設備を総合的に環境を制御する、「室内気候のデザイン」が必要である。

室内気候を整えるには、まず建築的工夫により空間を計画する。それでも足りない場合に、最小限の設備で補う。建築、設備それぞれ独立して計画すると重複して過剰になる。建築が設備の一部になり、設備が建築の一部になるよう統合することが求められる。

気候要素

図1 V.オルゲーの生気候図

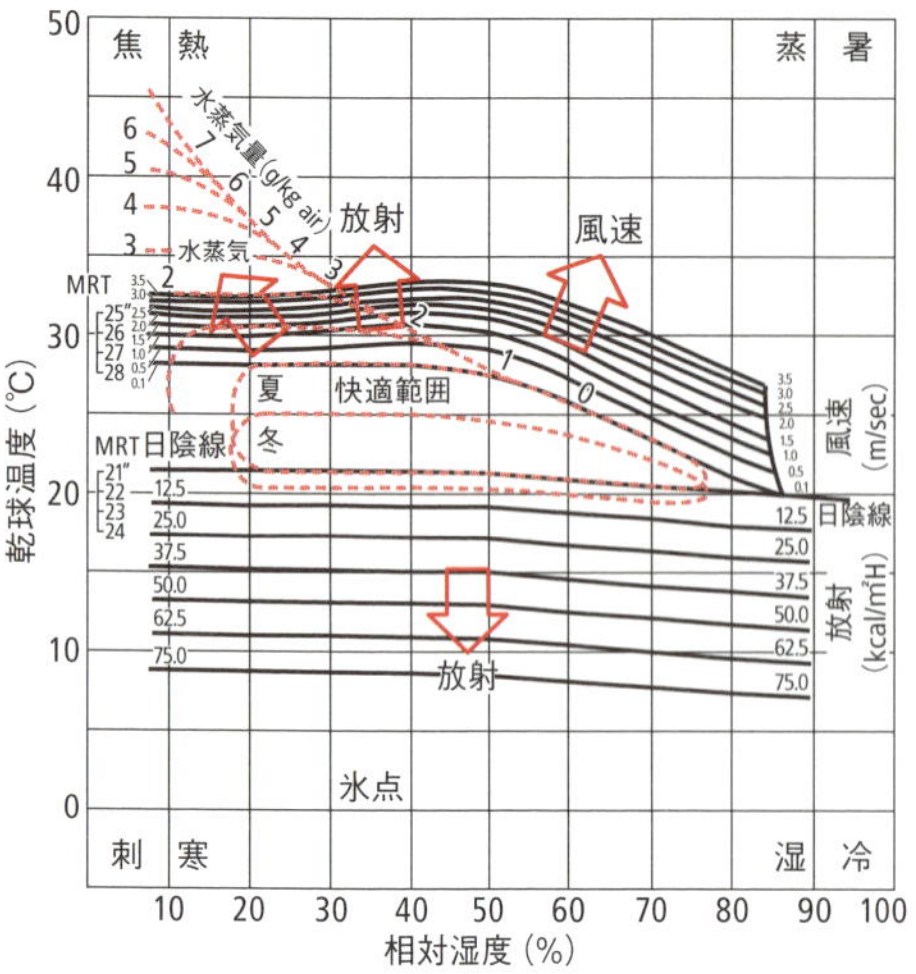
焦 熱
蒸 暑
刺 寒
湿 冷
水蒸気量(g/kg air)
水蒸気
放射
風速
夏
快適範囲
冬
MRT
MRT 日陰線
氷点
乾球温度（℃）
相対湿度（%）
風速（m/sec）
日陰線
放射（kcal/m²H）

夏・冬の快適範囲が閉曲線として示されている。同じ気温であっても平均放射温度（近似的には周壁平均温度）が低い、あるいは風速が大きくなれば、快適範囲は広がる

図2 ET*による快適範囲

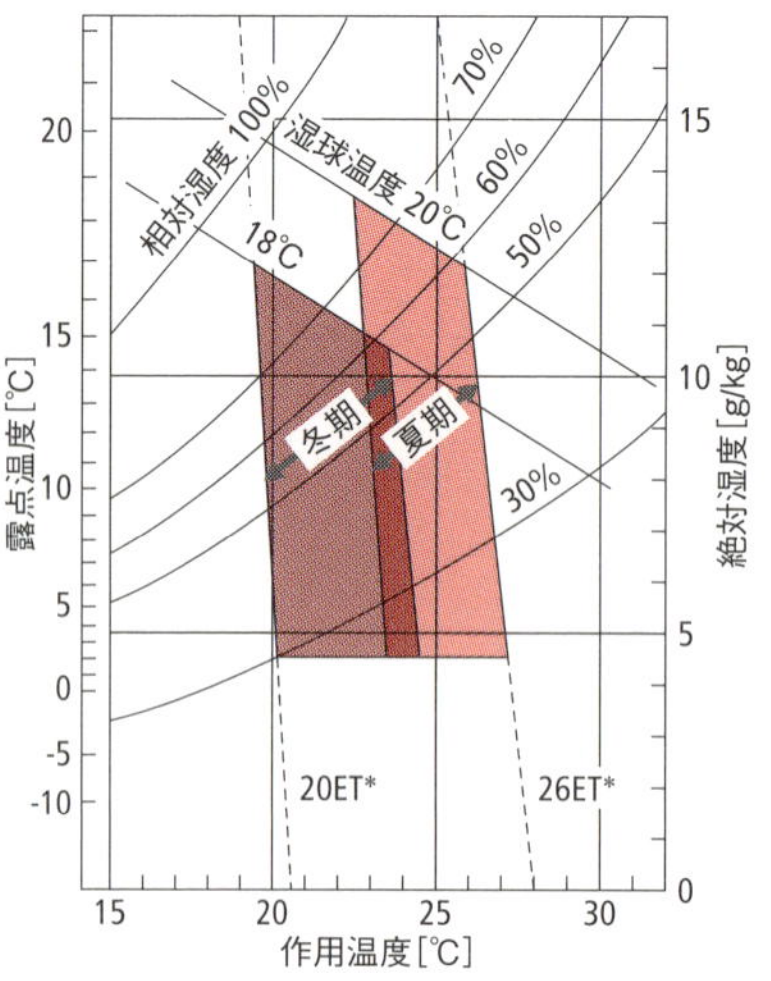
相対湿度 100%
湿球温度 20℃
70%
60%
50%
30%
18℃
冬期
夏期
20ET*
26ET*
露点温度[℃]
絶対湿度[g/kg]
作用温度[℃]

生気候図・ET*による快適範囲は温度・湿度・気流・放射の4要素の影響を考慮し冬期・夏期における快適性の基準を示している

熱環境の基本要素

快適な室内気候の形成のために建築的工夫が考えられ、状況に応じて必要な手法が採用される。その基準となるのは人間の体感である。

人間の快適性に影響を及ぼす温熱環境的な要素に、気温、湿度、気流、放射がある。このうち、最も基本的な指標として気温と湿度に注目し、気温と相対湿度の関係によって規定される快適範囲を設定したうえで、気流や放射の影響を考慮し、修正する方法が提案されてきた。

図1は、C・P・ヤグローらの研究成果をもとに、V・オルゲーによって作成された生気候図（バイオクライマティックチャート）である。気温と相対湿度のみによって規定された快適範囲が、気流や放射の影響を受けた場合にどのように拡大されるか示したものである。

快適な状態を知る

図2では、人間が季節に馴れることを考慮し、夏と冬の快適範囲が設定され、それぞれの季節の一般的な着衣状態で不快と感じない温湿度の範囲が示されている。例えば、湿度が低い場合には、22℃から28℃の範囲において不快とは感じないが、湿度が高くなるにつれて快適範囲が狭くなることが特徴的である。

夏の場合、気流があれば蒸散などによって皮膚からの放熱が促進されるので、気流の速度が増すほど快適範囲が拡大されることが分かる。乾燥している状態であれば、加湿によって快適範囲が拡大することも分かる。同様に冬の場合には、日射や周辺からの放射熱を受けて快適範囲が拡大されることが示される。ただし、夏の場合には放射の影響がないこと、冬の場合には気流の影響がないことが前提であることを忘れてはならない。

つまり夏の日射の遮断や冬のすきま風防止が不十分であれば、快適性は著しく損なわれるので、これらに対する対策をしたうえで、快適性向上の工夫をすることが重要である。

図3 ケッペンの気候区分図

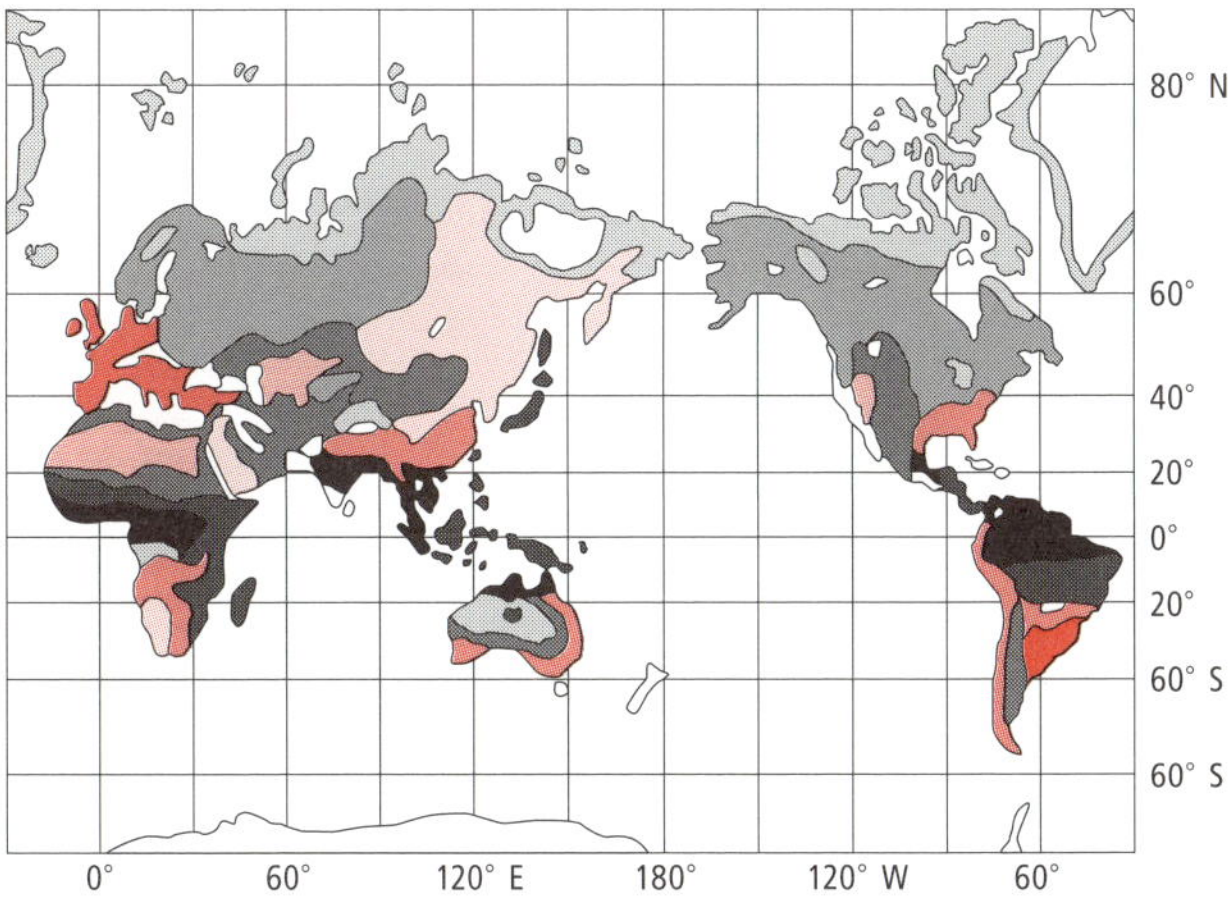

80° N
60°
40°
20°
0°
20°
60° S
60° S
0°
60°
120° E
180°
120° W
60°

記号	気候型	
Af Aw	熱帯雨林気候 熱帯サバンナ気候	熱帯気候　A
Bs Bw	草原気候 砂漠気候	乾燥気候　B
Cf Cw Cs	温帯多雨気候 温帯夏雨気候 温帯冬雨（地中海式）気候	温帯気候　C
Df Dw	亜寒帯冬雨気候 亜寒帯夏雨気候	亜寒帯気候　D
ET EF	ツンドラ気候 氷雪（永久凍土）気候	寒帯気候　E

Af
Aw
Bs
Bw
Cf
Cw
Cs
Df
Dw
ET
EF

ケッペンの気候区分
（高橋浩一郎：気象なんでも百科、岩波ジュニア新書、1984）

図4 改正省エネ基準の地域区分

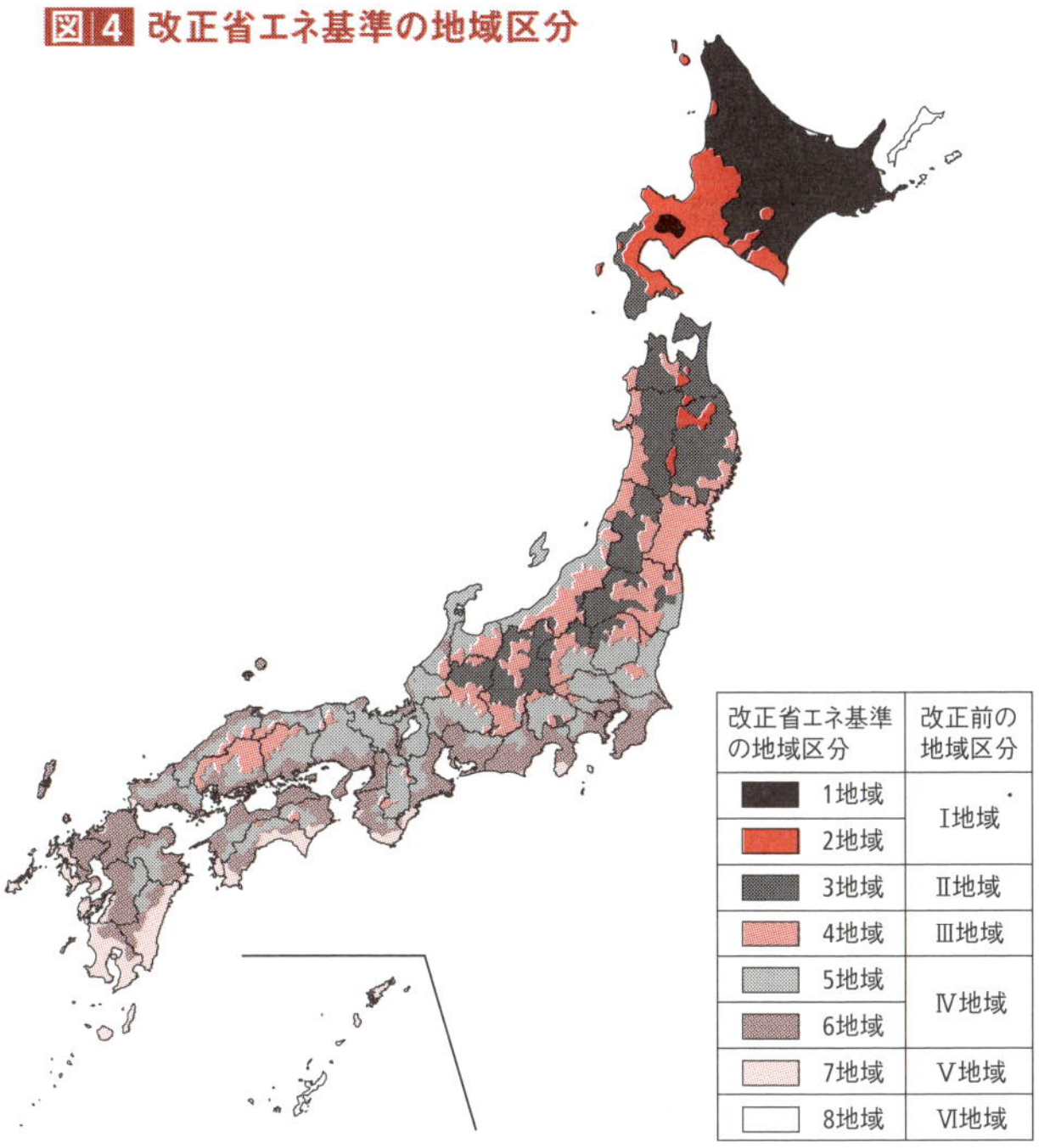

改正省エネ基準の地域区分	改正前の地域区分
1地域	Ⅰ地域
2地域	
3地域	Ⅱ地域
4地域	Ⅲ地域
5地域	Ⅳ地域
6地域	
7地域	Ⅴ地域
8地域	Ⅵ地域

図5 パッシブ気候図

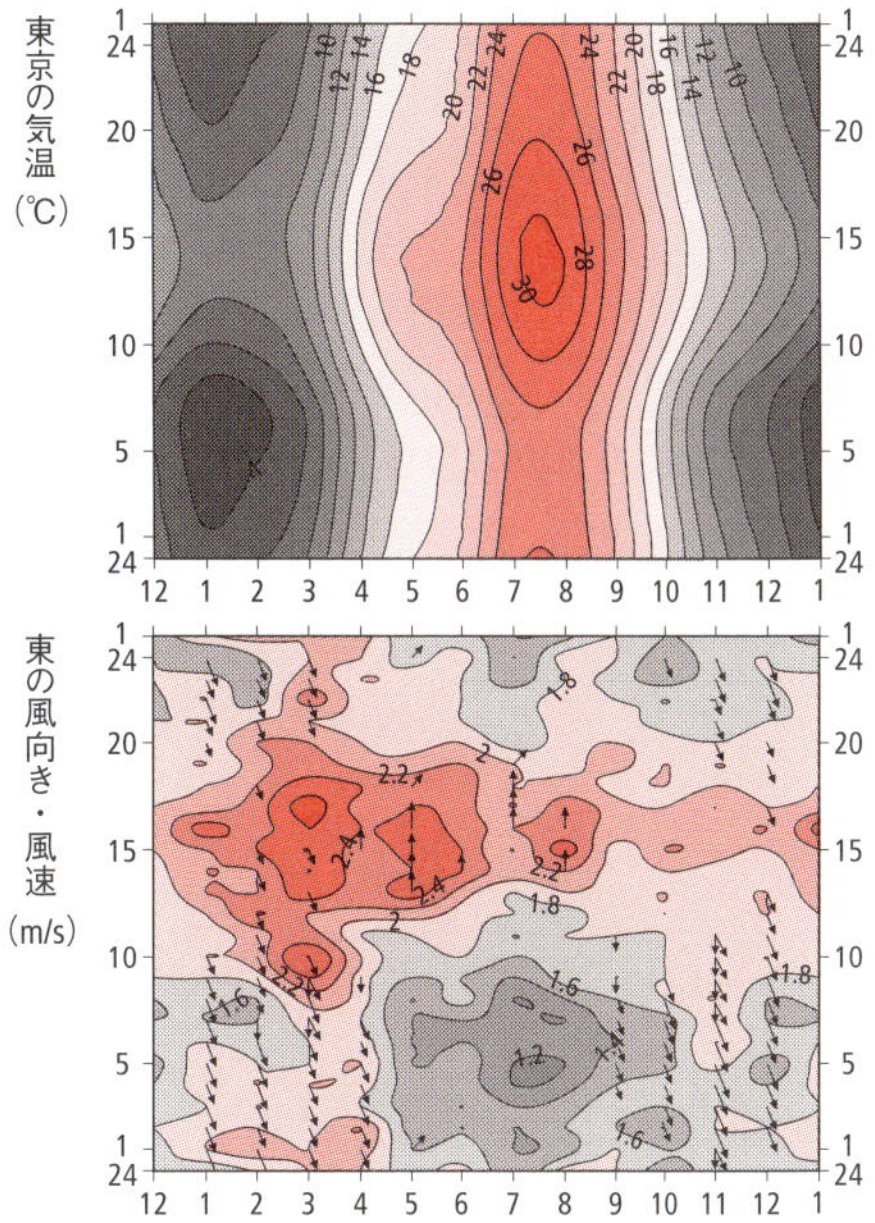

東京の気温（℃）
東の風向き・風速（m/s）

気象データを活用する

気候は空間的に偏在するだけでなく、周期的な時間の変化でもある。その地域的な特徴を最もよく反映しているのは、自ら移動できない植物である。W・P・ケッペンは、自然植生の地域的偏在を基にして気候を区分した。ケッペンの気候区分図は、気温と降水量の2変数から単純な計算で気候区分を決定できることに特徴がある（**図3**）。

その他の気候図

気候は気温、降水量、日照、風などの気候要素の組み合わさった現象としてとらえることができる。そして、それぞれの気候要素ごとに作成された季節別の地域区分図があり、原理的にはこれらを重ね合わせて総合的な気候特性を読み解くことができる。

我が国の省エネルギー（以下「省エネ」）基準に示されている地域区分も1つの気候図といえる（**図4**）。これは年間の暖房度日（**注**）をベースに作成され、寒さの度合いが示されており、建物の断熱・保温など冬期の計画の目安となる。また、その地域の気候の傾向を知るためにパッシブ気候図がある（**図5**）。

（注）ある地域で冬期の暖房に必要な熱量を計算する際に用いられる指標。その地域での統計上の日平均外気温と暖房温度の差を積算して算出する

建築計画と冷暖房計画

図1 快適な室内環境を整える3つのプロセス

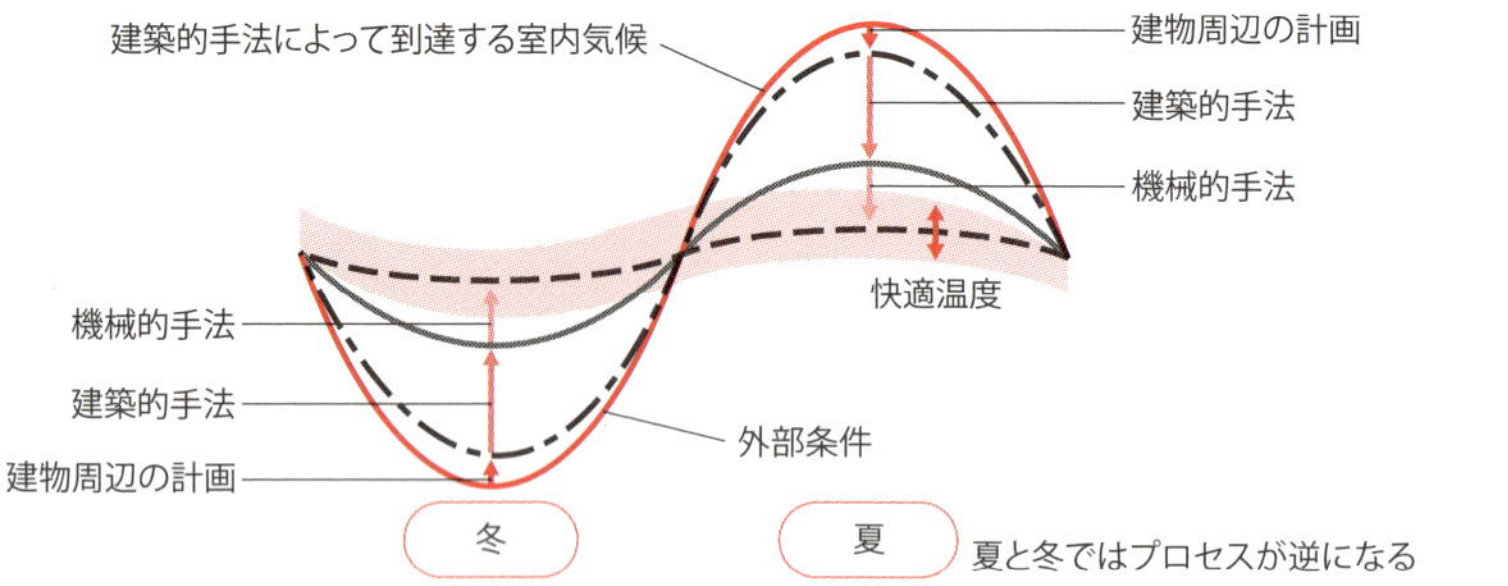
建築的手法によって到達する室内気候
建物周辺の計画
建築的手法
機械的手法
快適温度
機械的手法
建築的手法
建物周辺の計画
外部条件
冬
夏
夏と冬ではプロセスが逆になる

（出典） Design With Climate 1963 Volgay

図2 戸建て住宅におけるエネルギー消費の詳細調査事例（東京の場合）

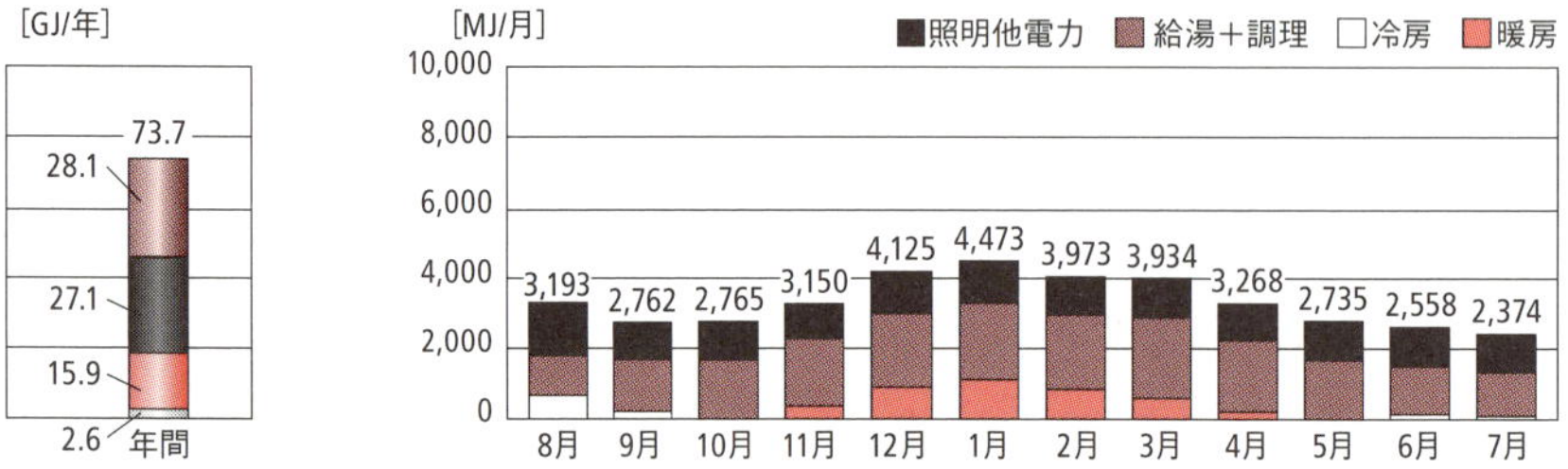
[GJ/年]
73.7
28.1
27.1
15.9
2.6
年間
[MJ/月]
照明他電力
給湯＋調理
冷房
暖房
10,000
8,000
6,000
4,000
2,000
0
3,193
2,762
2,765
3,150
4,125
4,473
3,973
3,934
3,268
2,735
2,558
2,374
8月
9月
10月
11月
12月
1月
2月
3月
4月
5月
6月
7月

年間詳細調査事例における用途別1次エネルギー消費量（計測期間 2002/8～2003/7、年間電力消費量 4,853kWh）

（出典） 自立循環型住宅への設計ガイドライン

表 冷暖房の設備の種類

方 式	特 徴	代表的な機器
空気対流式	空気を媒体とするため効率が悪いが、立ち上がりは早い	ファンヒーター（灯油、ガス、電気） HP式暖冷房エアコン（電気）、扇風機（電気）
伝 導 式	直接熱が伝わり空気の対流が少ないため快適だが、制御が部分的である	ホットカーペット（電気）
伝導式＋輻射式	伝導式＋輻射式の両方の特徴を併せもつ	床暖房（電気、温水）
輻 射 式	不快な気流が生じないため快適だが、立ち上がりは遅い	パネル式暖房（電気、ガス） パネル式冷暖房（電気）、ハロゲンヒーター（電気） オイルヒーター（電気）、蓄熱暖房機（深夜電力）
輻射式＋空気対流式	輻射式＋空気対流式の両方の特徴を併せもつ	燃焼式ストーブ（薪、ペレット、灯油） こたつ（電気）

（　）内は一般的な熱源

室内環境を整える3段階

環境と応答するような快適な室内気候を形成するプロセスには3つの段階がある（図1）。まず、外構や植栽によって、建物の周辺環境を整える。次に、日差しを取り込み、通風を促す窓の工夫、断熱・気密など建築的手法を考える。それでも不足する場合に、最小限のエネルギーを補助的に用いて設備的な手法を導入する。

暖房と冷房のエネルギー消費量

一般的な住宅におけるエネルギーの消費割合（図2）は、暖房エネルギー約20％、冷房エネルギー約4％である。暖房が必要な時期は地域により差があるが、10月から3月頃までが1つの目安だろう。零下を大きく下回る地域もあり、暖房設定を20度とした場合その調整幅は20度以上と大きく、必要エネルギーも多くなる。一方、年間で平均気温30度を超える日は30日以下[1]（注）であり、冷房が必要な期間は短い。外気温が35度を超える日でも室内

（注） 2011年4月1日～10月31日までの気象庁の統計によるトップの沖縄の日数
（出典） 1)「住宅・建築省エネルギーハンドブック」(財)環境建築・省エネルギー機構

図3 空調方式の種類と特徴 2)

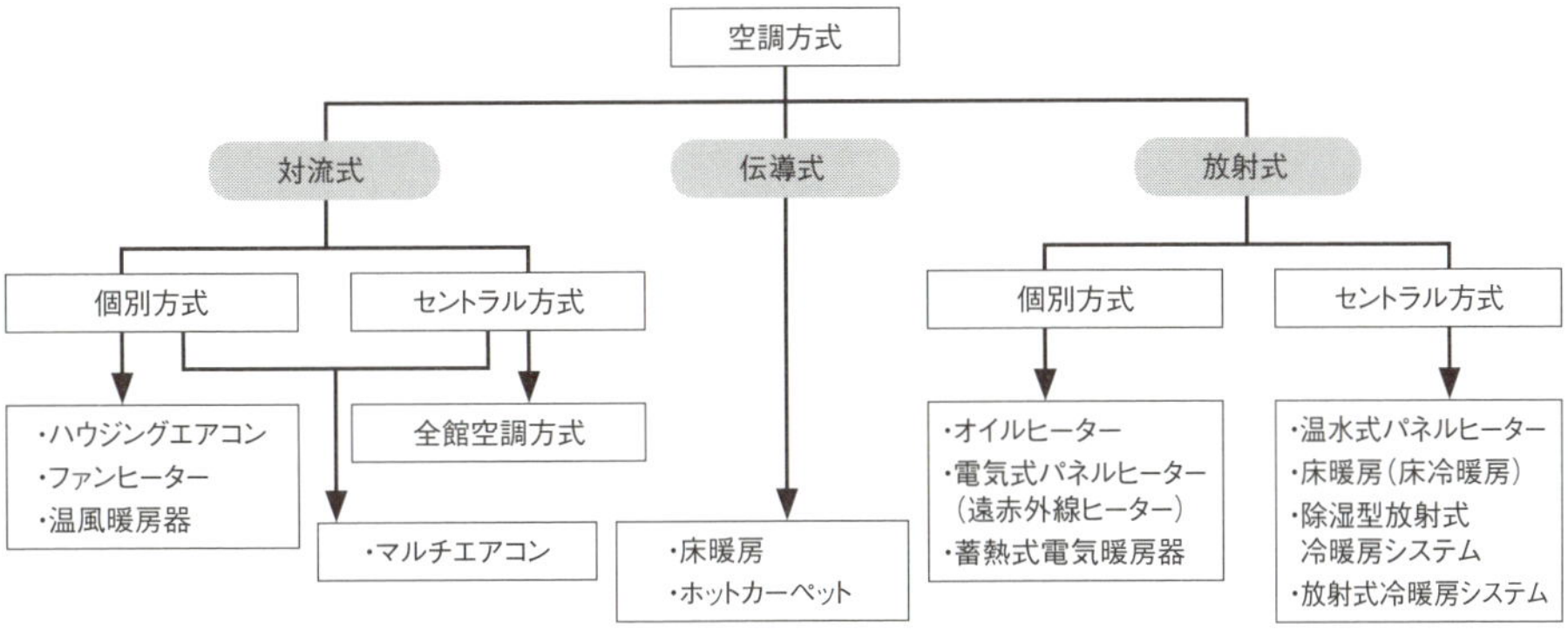

空調方式
対流式
伝導式
放射式
個別方式
セントラル方式
個別方式
セントラル方式
・ハウジングエアコン
・ファンヒーター
・温風暖房器
全館空調方式
・マルチエアコン
・床暖房
・ホットカーペット
・オイルヒーター
・電気式パネルヒーター（遠赤外線ヒーター）
・蓄熱式電気暖房器
・温水式パネルヒーター
・床暖房（床冷暖房）
・除湿型放射式冷暖房システム
・放射式冷暖房システム

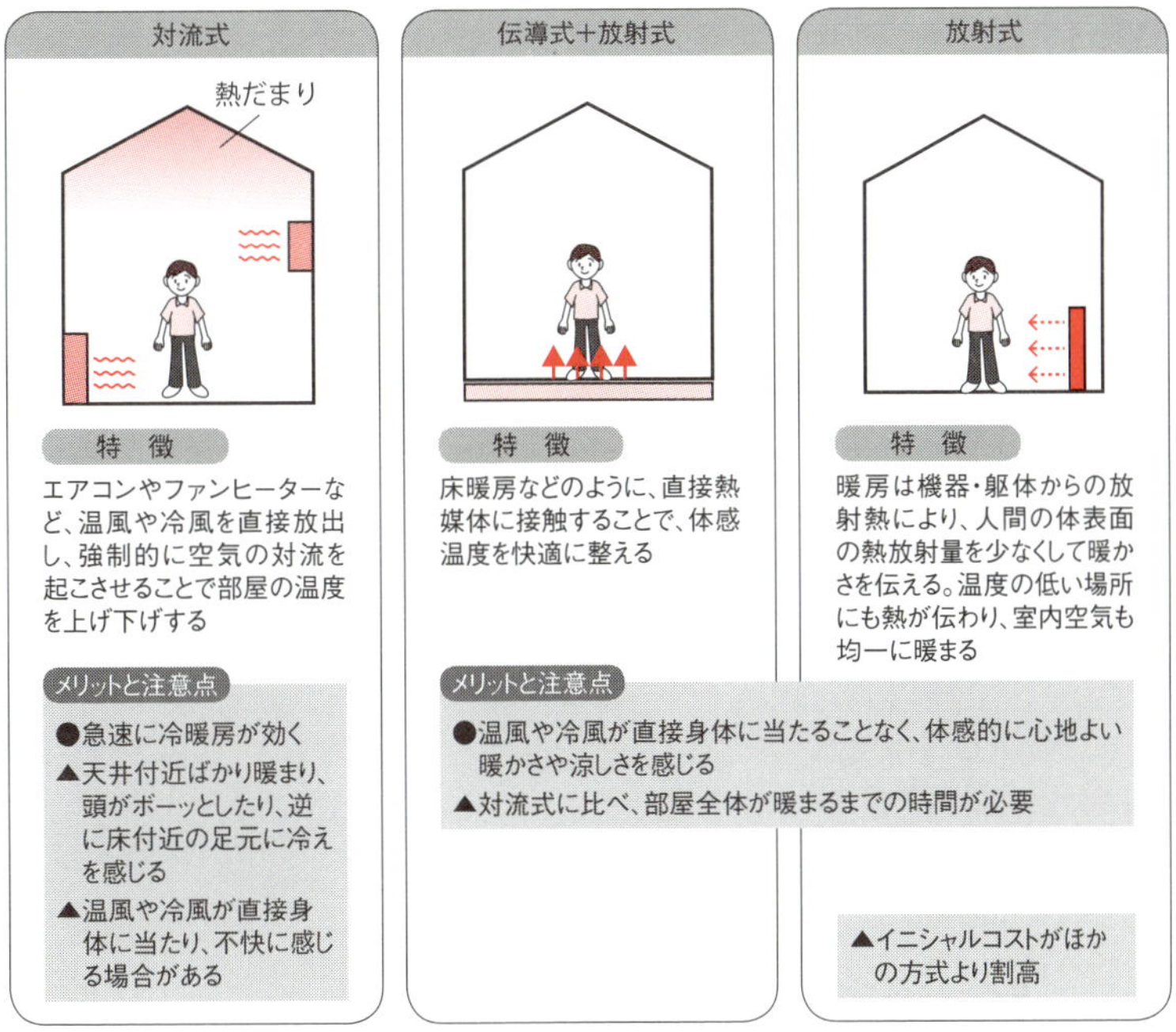

対流式
伝導式＋放射式
放射式
熱だまり
特　徴
エアコンやファンヒーターなど、温風や冷風を直接放出し、強制的に空気の対流を起こさせることで部屋の温度を上げ下げする
特　徴
床暖房などのように、直接熱媒体に接触することで、体感温度を快適に整える
特　徴
暖房は機器・躯体からの放射熱により、人間の体表面の熱放射量を少なくして暖かさを伝える。温度の低い場所にも熱が伝わり、室内空気も均一に暖まる
メリットと注意点
●急速に冷暖房が効く
▲天井付近ばかり暖まり、頭がボーッとしたり、逆に床付近の足元に冷えを感じる
▲温風や冷風が直接身体に当たり、不快に感じる場合がある
メリットと注意点
●温風や冷風が直接身体に当たることなく、体感的に心地よい暖かさや涼しさを感じる
▲対流式に比べ、部屋全体が暖まるまでの時間が必要
▲イニシャルコストがほかの方式より割高

温度の目安を28度と考えると、制御が必要な温度の幅も小さい。このように、設備的に省エネを達成するには、まずは冬期の暖房エネルギーを少なくする方法を探ることが効果的である。

冷暖房の方式

冷暖房の制御方式には、各室個別に必要な時間だけ制御する「部分間欠方式」と、ダクト等で熱媒体を搬送し、換気システムとともに住宅全体を連続的に制御する「全館連続方式」がある。部分間欠方式は生活の行動に合わせて、必要な空間を必要な時間だけ運転することが可能であるが、非暖房となる空間との温度差ができるため、温熱環境のムラを許容する空間計画とともに検討する必要がある。全館連続方式は、住宅内部の温熱環境をほぼ均一に保つことが可能だが、エネルギー消費が大きくなる（**図3**）。

冷暖房設備の種類は、熱の伝わり方により、対流式、輻射式、伝導式に分けられる。設置位置や、組み合わせは住まい方、気候や建築計画を考慮して最適な方式を選ぶ。冷暖房能力は建物の断熱性能だけでなく、設置する設備のスペースや配線・配管なども建築空間に影響するため、建築計画の初期段階からの検討が重要である。

（出典）　2)「自立循環型住宅への設計ガイドライン」

エコな給湯計画

図1 住宅におけるエネルギー消費の現状―8都市域の戸建て住宅に関する比較―

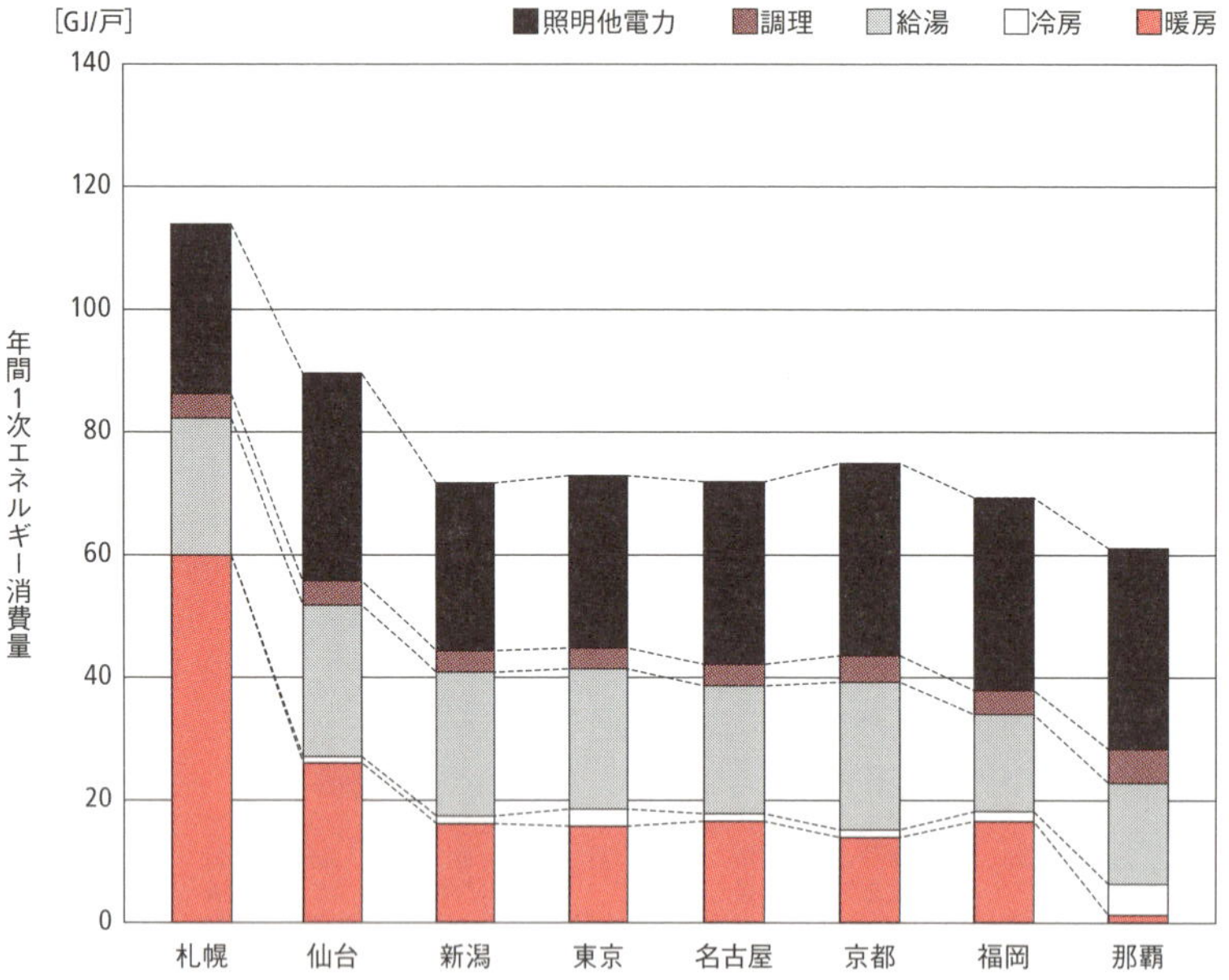
[GJ/戸]
照明他電力
調理
給湯
冷房
暖房
140
120
100
80
60
40
20
0
年間1次エネルギー消費量
札幌
仙台
新潟
東京
名古屋
京都
福岡
那覇

（出典） 自立循環型住宅への設計ガイドライン

給湯の省エネ

住宅の給湯エネルギーは全体の約30～40％を占める。暖冷房と違い、給湯は年間を通して使われる。給湯の省エネは、設備的に配慮すべき点が多く、効果も大きい（**図1**）。湯をつくるための熱源には、ガスや電気などの人工エネルギーを利用する方法が一般的だが、自然エネルギーである太陽熱を利用する方法もある。ガスを熱源とするものには、一般的な給湯器、潜熱回収型給湯器や、ガスを熱源として発電しながら湯をつくる家庭用燃料電池がある。電気を熱源としたものには、電気温水器、空気を冷媒とした自然冷媒ヒートポンプ給湯機（エコキュート）などがある。コスト、CO_2の削減量、使用量などのほか、設置スペースについても検討が必要である。

熱は熱のまま利用する

自然エネルギーである太陽熱は、熱のまま利用するのが高効率である。太陽熱給湯は太陽光に含まれる赤外線を

図2 太陽熱給湯器の分類

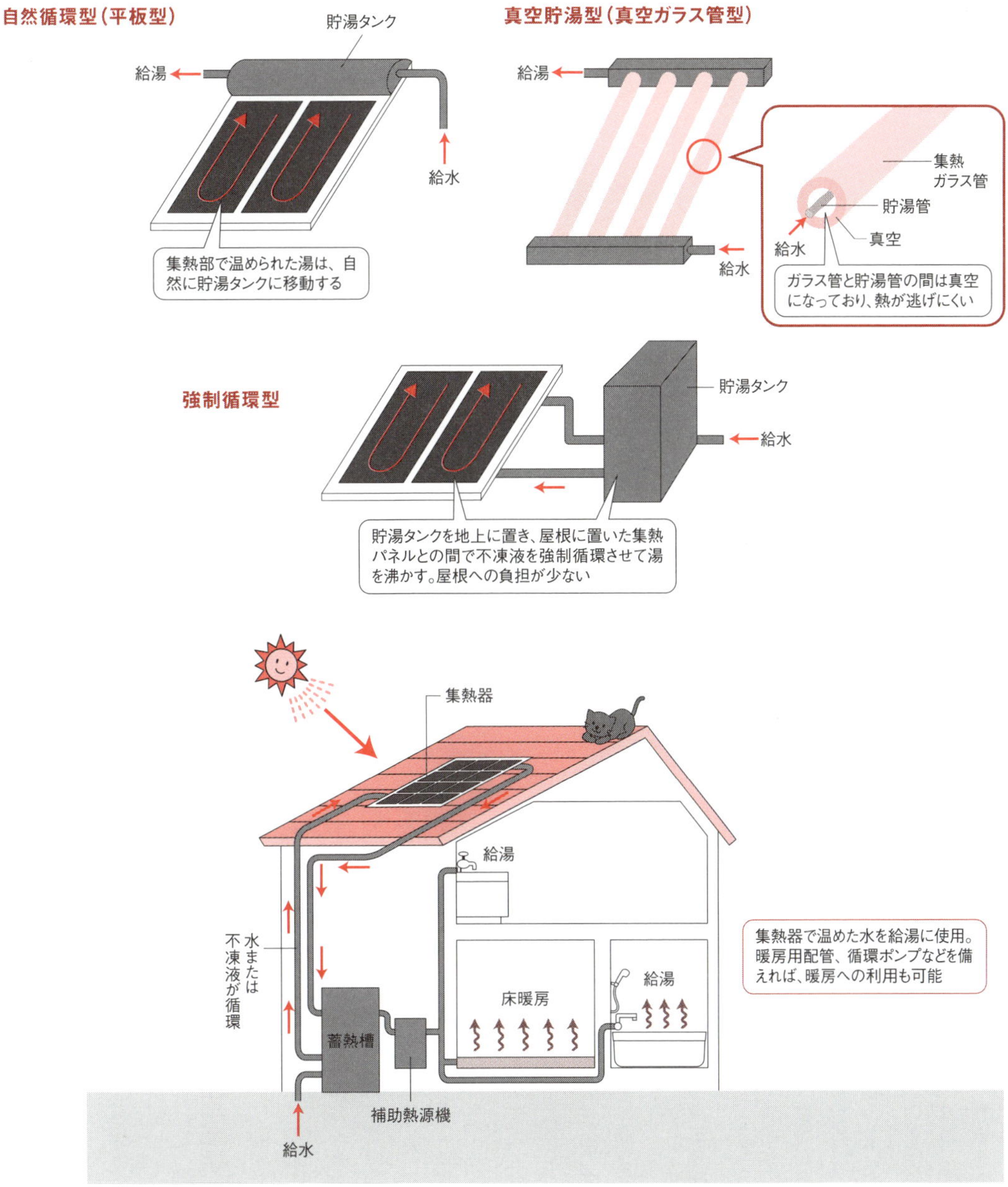
自然循環型(平板型)
貯湯タンク
給湯
給水
集熱部で温められた湯は、自然に貯湯タンクに移動する
真空貯湯型(真空ガラス管型)
給湯
給水
集熱ガラス管
貯湯管
真空
給水
ガラス管と貯湯管の間は真空になっており、熱が逃げにくい
強制循環型
貯湯タンク
給水
貯湯タンクを地上に置き、屋根に置いた集熱パネルとの間で不凍液を強制循環させて湯を沸かす。屋根への負担が少ない
集熱器
給湯
水または不凍液が循環
集熱器で温めた水を給湯に使用。暖房用配管、循環ポンプなどを備えれば、暖房への利用も可能
床暖房
給湯
蓄熱槽
補助熱源機
給水

熱として水を温め、太陽光の40～50%を熱利用できる。太陽光発電と比べても変換効率や費用対効果が高く、ある程度の耐久性が確認されている。

タンクと集熱板の設置位置によって、集熱器と貯湯槽が一体型となった「タンク一体型」、屋根上の集熱器と、地上の貯湯槽に分離している「タンク分離型」などがある。タンク分離型は、屋根の負担が比較的軽いが、ポンプを運転する電気が必要となる。また、熱媒体の違いでは、水を直接循環させる方式と不凍液を循環させる方式がある。不凍液循環方式は水が屋根上までいかないため衛生面での心配が少ない。

一般住宅に用いられる太陽熱利用機器の集熱器部分には、平板型集熱器、真空管型集熱器がある。平板型集熱器は、最も単純な形式であり、平板型・黒色の集熱面に直接熱媒（水や不凍液）を接触させて湯をつくる。真空管型集熱器は、内部を真空にしたガラス管の中に熱媒を通す管と集熱板を設けた装置を並べる。カバーガラスとの間の対流による損失がなく、高効率で集熱することができる点に特徴がある（図2）。このほか、給湯器から湯を使う場所までの距離を短くするなど、建築的工夫も検討する必要がある。

エコな照明計画

図1 点灯の開始時刻を遅くする工夫

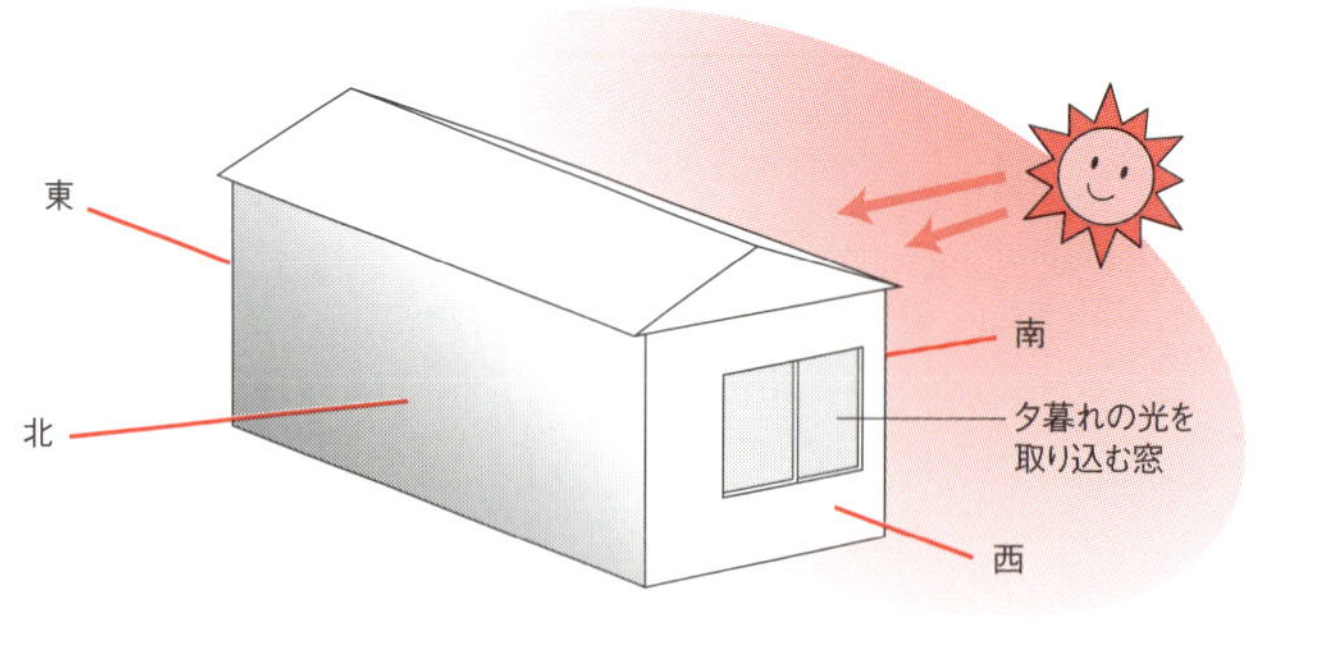
東
南
北
夕暮れの光を取り込む窓
西

図2 昼光利用が可能な時間帯の人工照明利用を減らす

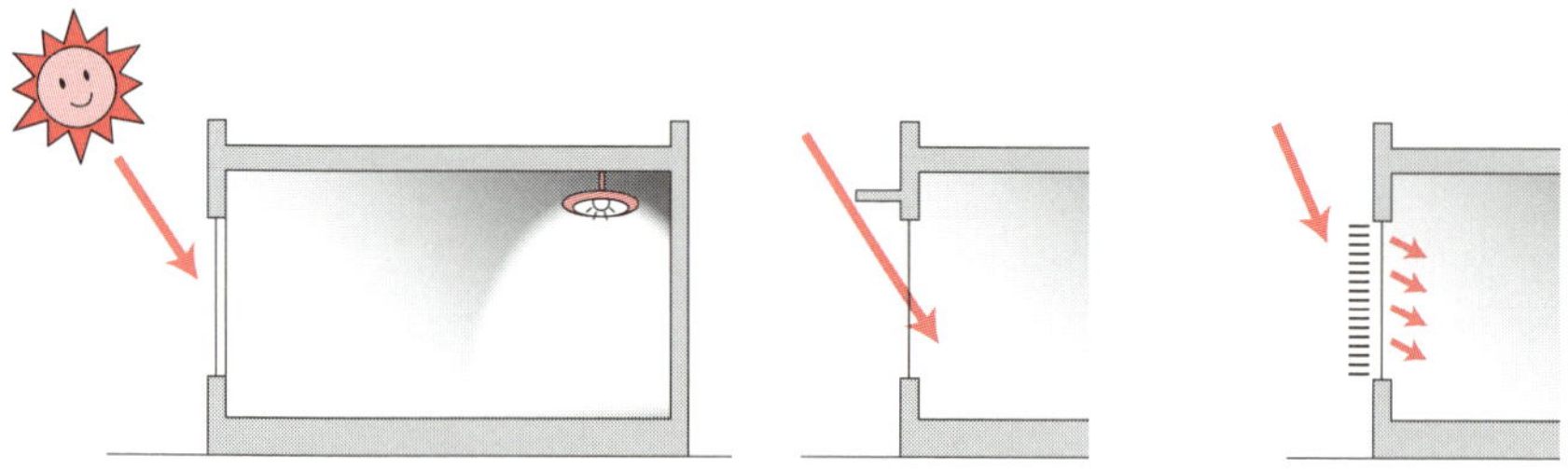

輝度対比が大きい

庇やルーバーなどで輝度対比を和らげる

昼光利用と効率的な人工照明

エコ建築の照明計画のポイントは、昼光利用と効率的な人工照明の計画である。自然採光が可能な日中は昼光を利用し、日没後は人工照明の点灯時間を短くする工夫をすることで省エネを図る。点灯時間を短くする工夫には次のようなものが挙げられる。

①点灯開始時刻を遅くする工夫

南面のほか、西面にも採光用の開口部を設け、日没前にできる限り採光することで、夕暮れの人工照明の点灯を遅らせる（**図1**）。

②昼光利用が可能な時間帯の人工照明利用を減らす工夫

昼光は、人工照明によって得られるものに比べて非常に明るい。窓際が明るすぎると、その対比で奥の居室では、昼間でも照明を点灯することになる。輝度対比が大きいと、相対的に暗さを感じて照明を点灯してしまう。窓まわりの庇や、ルーバーは、日射遮へいだけでなく、輝度対比を和らげる効果もある（**図2**）。

人工照明の計画

人工照明における省エネ計画では、省エネ性能の高い照明器具と、電球の種類を検証するとともに、建築空間とのバランスを考慮することで、点灯時間を短くする工夫を検討する。

①器具とランプの選定

器具の選定としては、高効率機器を採用することが有効である。ブラケット照明などは光源が器具に埋め込まれていないため、器具内部に光束が吸収されず、光束が有効に利用される効果があり、器具形状も重要である。また、ランプの選定においては、LED照明は消費電力発生時間が少なく、長寿命で省エネ効果が高いとされ、近年の照明計画に不可欠である。一方で、省エネ効率だけでなく演色効果、寿命、個々の色温度や色温度の違う照明の配置、設置場所の特性、コストなどトータルで検討する必要がある（**表**）。

②点灯制御

無駄な点灯時間を少しでも短くすることで省エネ化を図る。

表 照明計画の比較検討

発光ダイオードは、今後の技術の発展によって値が変わる可能性がある

		白熱電球	ハロゲン電球	蛍光ランプ	HIDランプ			発光ダイオード（LED）
					蛍光水銀ランプ	メタルハライドランプ	高圧ナトリウムランプ	
発光原理		温度放射		ルミネセンス（低圧放電）	ルミネセンス（高圧放電）			半導体
消費電力（W）		10～150	20～500	4～220	40～2,000	70～2,000	50～940	2～9
全光束（lm）		705～840	900～1,600	485～9,200	22,000	10,500～38,000	23,000～47,500	30～60
ランプ効率（lm/W）		12～14	16～19	57～110	55	70～90	58～132	30～595
色温度（K）		2,850	3,000～3,050	2,800～6,700	4,100	3,800～4,300	2,100～2,500	2,800～5,000
演色性（平均演色評価数Ra）		良い・赤みが多い（100）	良い（100）	比較的良い（61～99）	あまり良くない（44）	良い（高演色型は非常に良い）（70～96）	良くない（高演色型は比較的良い）（25～85）	比較的良い（70～80）
寿命（時間）		1,000～2,000	1,500～2,000	6,000～12,000	12,000	6,000～9,000	9,000～18,000	約4万
コスト	設備費	安い	比較的高い	比較的安い	やや高い	やや高い	やや高い	高い（安くなる可能性大）
	維持費	比較的高い			比較的安い	比較的安い	安い	安い
用途（例）		住宅・店舗・応接室・ホテル	店舗（スポット照明など）・スタジオ	事務所・住宅・店舗・低天井工場・街路	道路・街路・高天井工場・スポーツ施設	スポーツ施設・店舗・高天井工場	道路・街路・店舗・スポーツ施設・高天井工場	信号機・大型テレビ・イルミネーション・住宅

※上記は参考であり、メーカーや製品によって値が異なる

図3 多灯分散照明の採用例

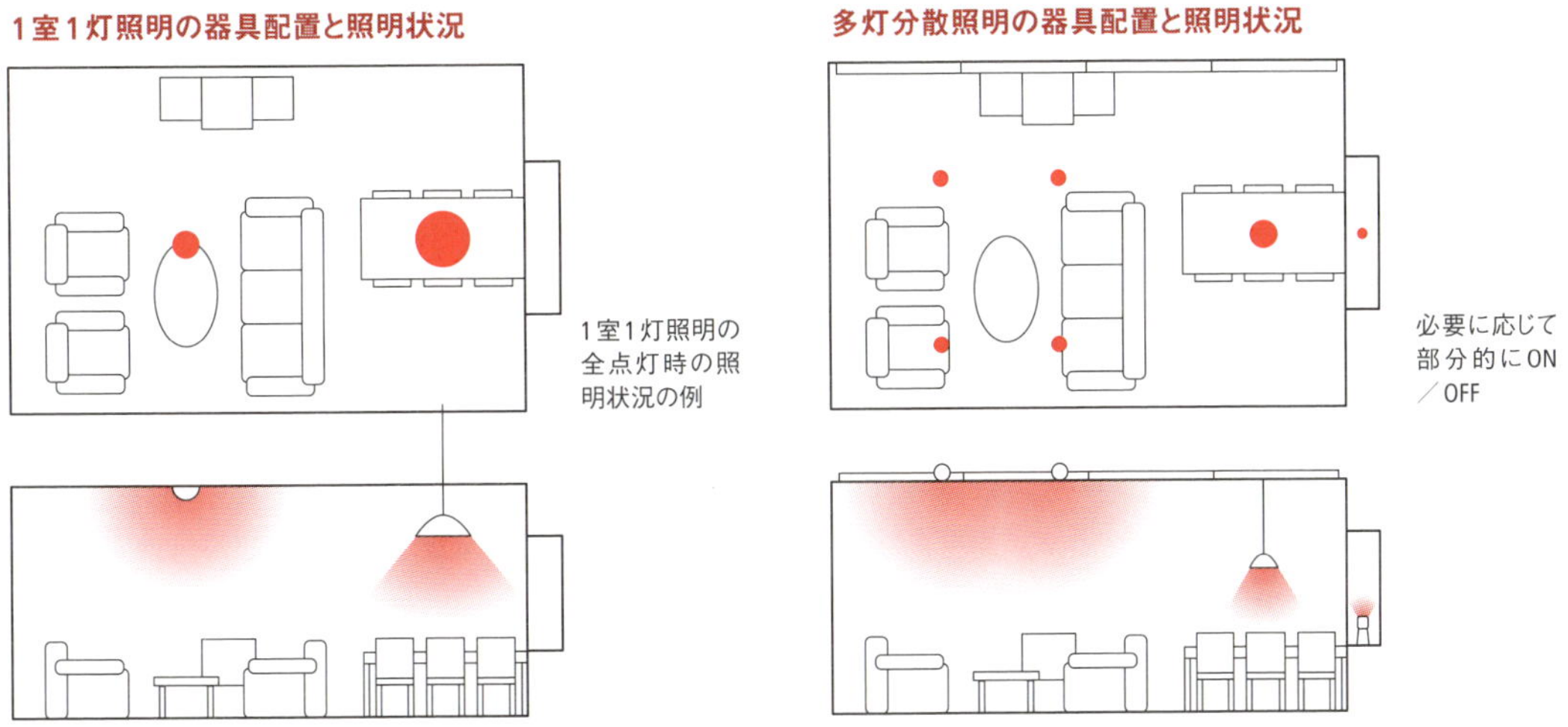

1室1灯照明の器具配置と照明状況
多灯分散照明の器具配置と照明状況
1室1灯照明の全点灯時の照明状況の例
必要に応じて部分的にON／OFF

（出典）『蒸暑地域版・自立循環型住宅への設計ガイドライン』（財）建築環境・省エネルギー機構

・調光スイッチ：必要な照度に調整。
・タイマー制御：消し忘れを防ぐ。
・人感センサーによる感知制御：人を感知して、必要な時に自動で点滅し、消し忘れを防ぐ。
・照度センサーによる明るさ感知：暗くなると自動で点灯、明るくなると消灯する。

照明計画と空間

省エネに有効な照明計画手法に「多灯分散照明」がある。これは、複数の照明設備の消費電力の合計に制限値を設けて計画し、照明の点灯パターンを制御するもので、光環境と省エネの両立を図るように点灯回路を構成する（図3）。

照明の数を減らすだけで省エネを達成しようとすると、間接照明などは削減され、照明環境の質を犠牲にしかねない。この点、多灯分散照明では、複数の照明器具と、点灯回路の組み合わせで、省エネを達成しながら様々な光環境をつくり出すことができる。

さらに、作業を行う範囲に必要照度を確保するタスク照明と、空間全体の照明環境をつくるアンビエント照明に分けて計画することも、光環境の質を落とさず、省エネに有効となる。

換気の基礎知識

図1 室内空気の汚染要因

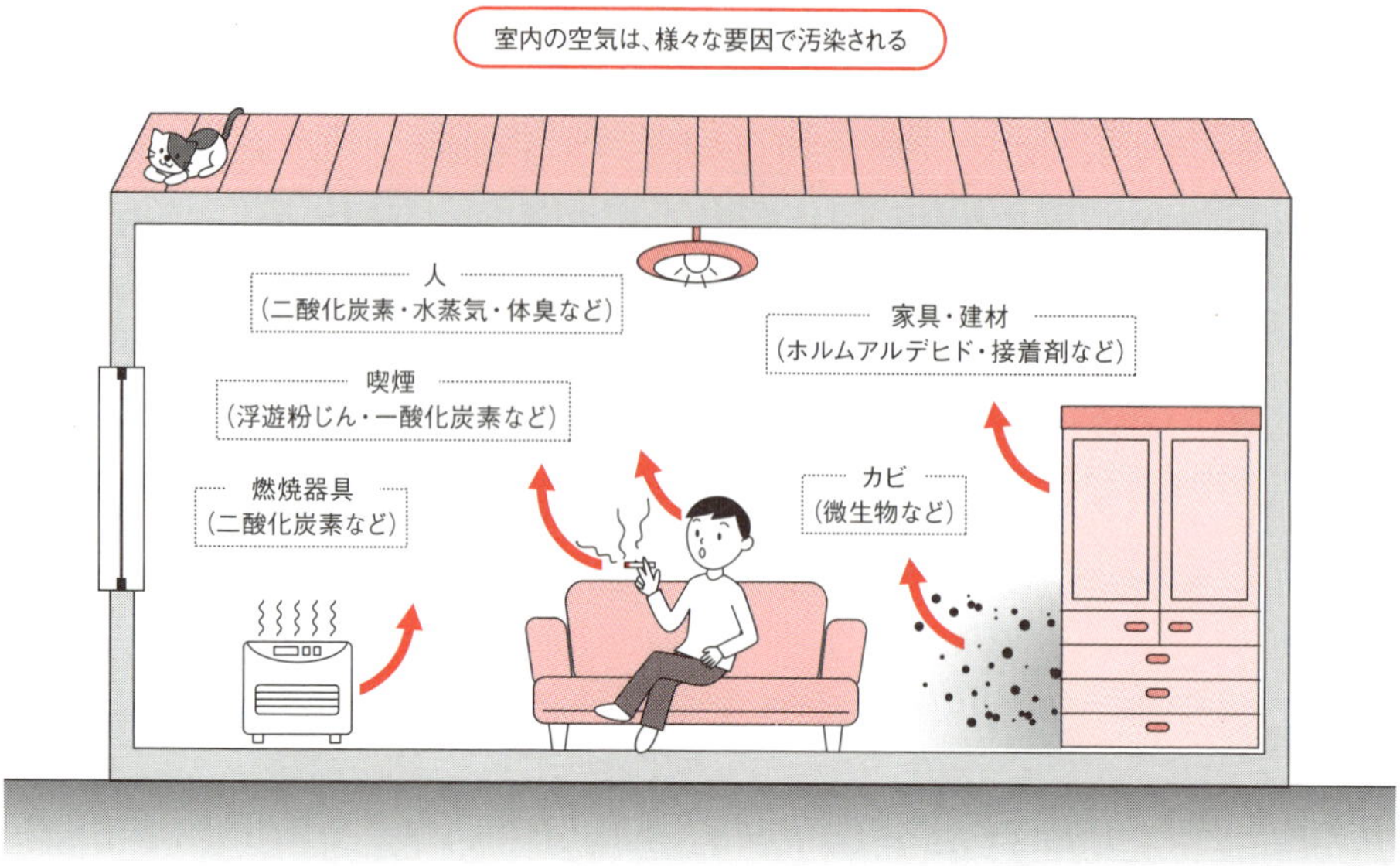
室内の空気は、様々な要因で汚染される
人
(二酸化炭素・水蒸気・体臭など)
家具・建材
(ホルムアルデヒド・接着剤など)
喫煙
(浮遊粉じん・一酸化炭素など)
カビ
(微生物など)
燃焼器具
(二酸化炭素など)

汚染物質の主なもの

熱・水蒸気・有害なガス(一酸化炭素、二酸化炭素、窒素酸化物など)・粉じん・臭い・バクテリア・放射性物質(ラドンなど)・アスベスト(石綿繊維)・オゾン・揮発性有機化合物(VOC)など

シックハウス症候群

ホルムアルデヒドなどの揮発性有機化合物や、害虫駆除に使用する有機リン酸系殺虫剤は、シックハウス症候群を発症する原因の1つとされる

換気の目的

快適な室内空間には新鮮な空気が必要である。空気質の汚染は健康を害する要因にもなる。室内では人間の呼吸に伴う炭酸ガスの増加などのほか、熱や水蒸気の発生、臭気、有毒なガス、ほこりの発生など、空気を汚染する様々な要因が存在する(**図1**)。汚染された空気を排出し、室内空間に新鮮な空気を取り入れることが換気の目的であるが、冬期の過度の換気は室内気温を下げ、すきま風などによって不快な気流が生じる原因となるため注意が必要である。

必要換気量

室内空間の換気計画を最適に行うためには、まず室内に発生する熱や水蒸気、有毒ガスなどの量を許容濃度以下に保つためには、どれぐらいの換気量が必要であるかを求める必要がある。これを必要換気量という。

必要換気量を求める基準は様々であり、空気中の酸素や炭酸ガスの含有量

図2 室内空間の必要換気量

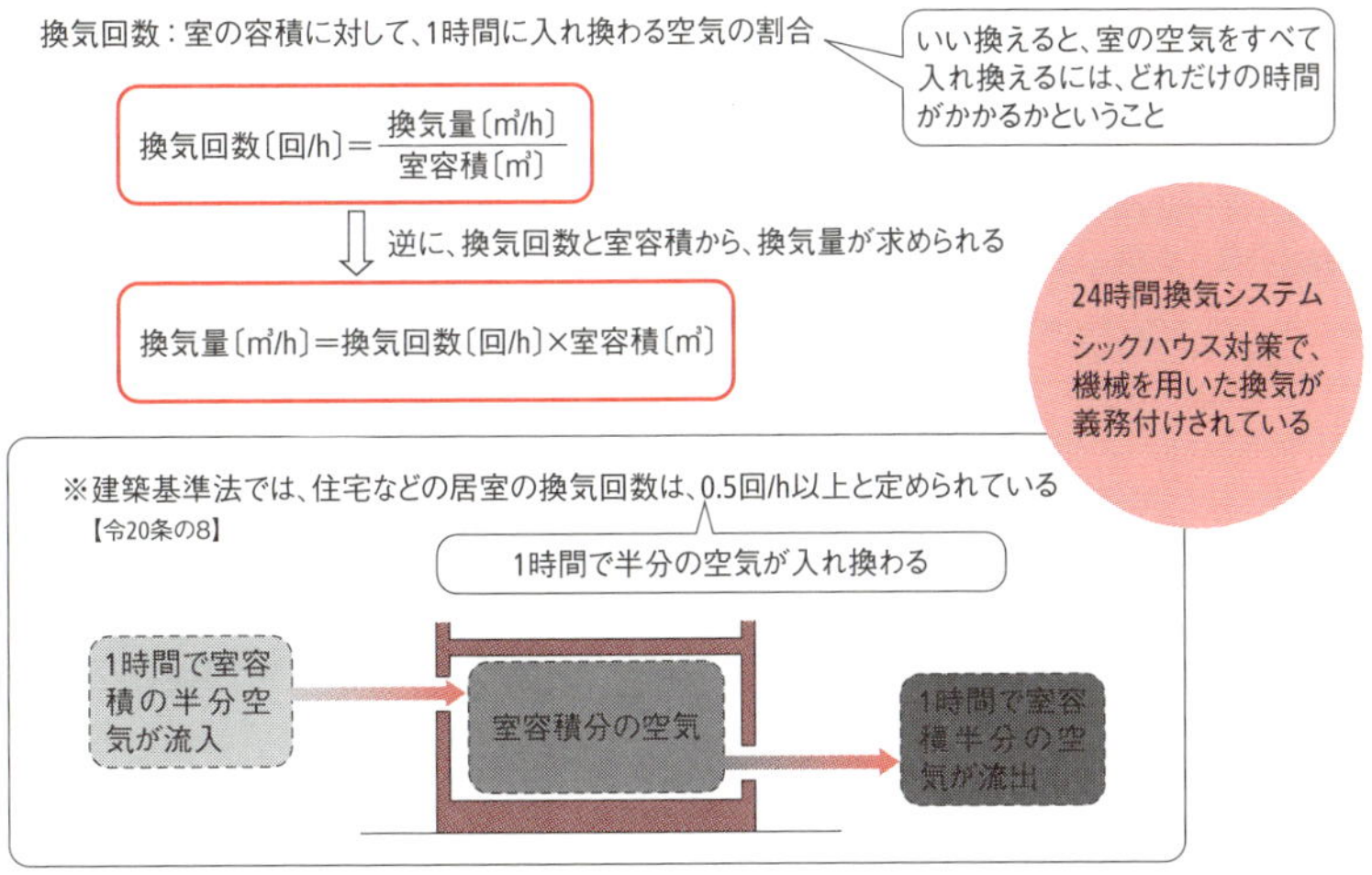
換気回数：室の容積に対して、1時間に入れ換わる空気の割合
いい換えると、室の空気をすべて入れ換えるには、どれだけの時間がかかるかということ
換気回数〔回/h〕＝換気量〔㎥/h〕/室容積〔㎥〕
逆に、換気回数と室容積から、換気量が求められる
換気量〔㎥/h〕＝換気回数〔回/h〕×室容積〔㎥〕
24時間換気システム
シックハウス対策で、機械を用いた換気が義務付けされている
※建築基準法では、住宅などの居室の換気回数は、0.5回/h以上と定められている
【令20条の8】
1時間で半分の空気が入れ換わる
1時間で室容積の半分空気が流入
室容積分の空気
1時間で室容積半分の空気が流出

図3 換気の方法

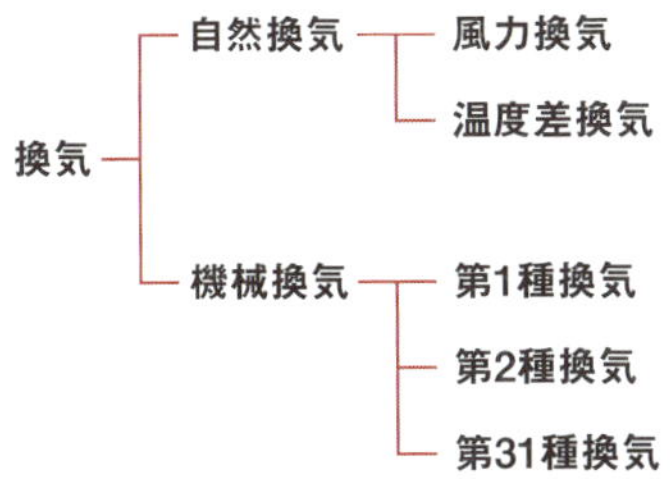
換気
自然換気
風力換気
温度差換気
機械換気
第1種換気
第2種換気
第31種換気

図4 全熱交換換気の概念図

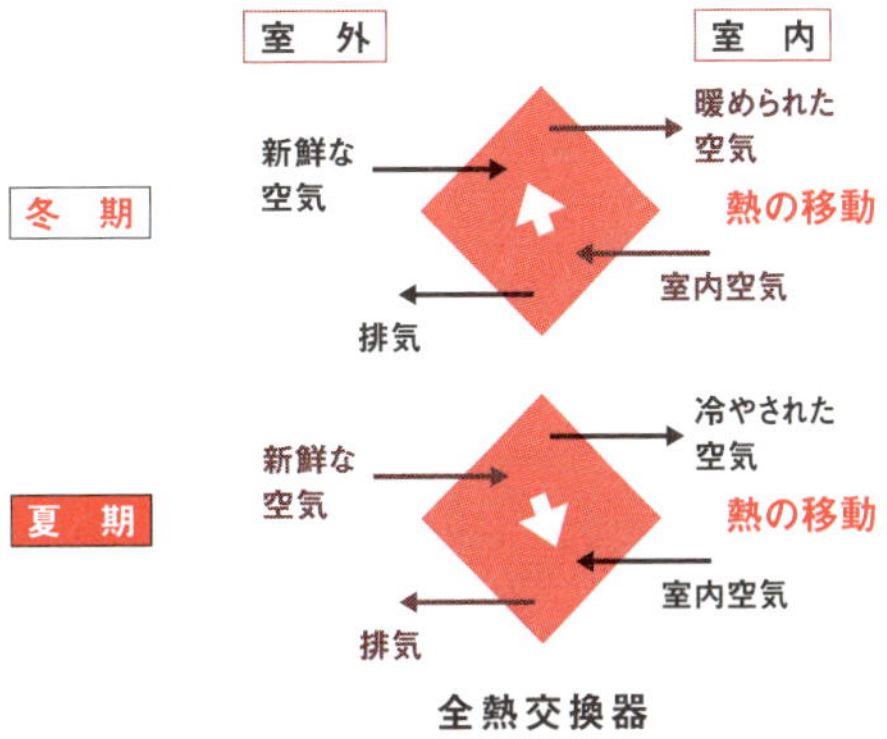
室 外
室 内
冬 期
新鮮な空気
暖められた空気
熱の移動
室内空気
排気
夏 期
新鮮な空気
冷やされた空気
熱の移動
室内空気
排気
全熱交換器

図5 機械換気の種類

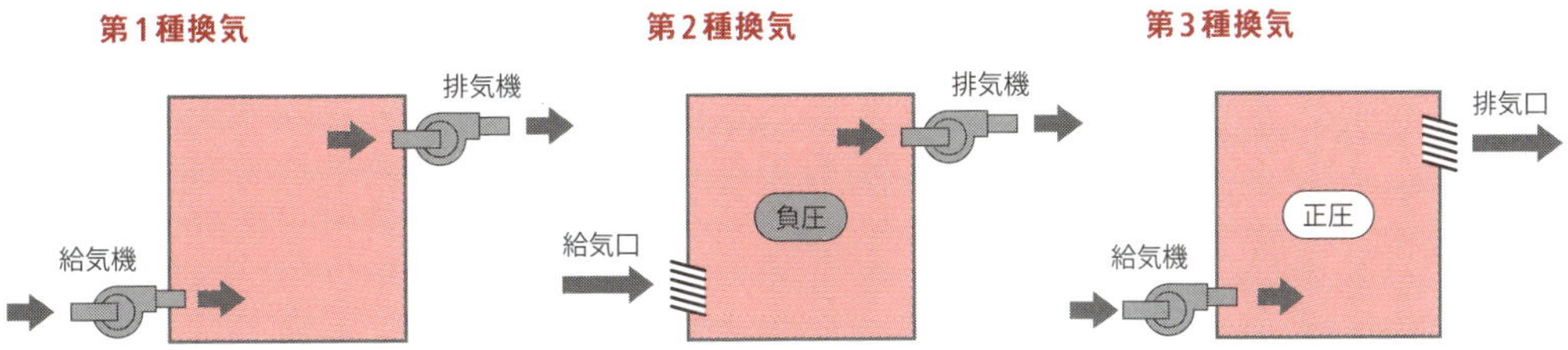
第1種換気
排気機
給気機
第2種換気
排気機
負圧
給気口
第3種換気
排気口
正圧
給気機

を基準とするのか、室内で発生する熱や水蒸気の排除を目的とするのかによって異なってくる。例えば、二酸化炭素濃度を基準とした場合、居室の必要換気量は1人当たり30㎥/h程度が必要であり、喫煙者が多い場合にはさらに換気量を増やす必要がある。

また、必要換気量は換気回数でも示される。これは部屋全体の空気が何回入れ換わったかを示すもので、通常1時間当たりの換気回数で表す（図2）。

換気の方法

換気の方法は、その動力の違いで、自然換気と機械換気に分けられる。また、汚染空気の採取方法の違いにより全般換気と局所換気に分けられる。住宅ではレンジフードが局所換気に該当する。

自然換気のうち、外気の風力によるものを風力換気、室内外の温度差または室内の上下による温度差によるものを温度差換気という（図3）。

機械換気は送風機などを使用し、機械的に換気を行うものである。図4に示す通り給気と排気の方式により第1種換気には、換気によって失われる熱（潜熱・顕熱）を交換しながら、換気を行う「全熱交換気」がある（図5）。

建物と方位の関係

図1 太陽の動き

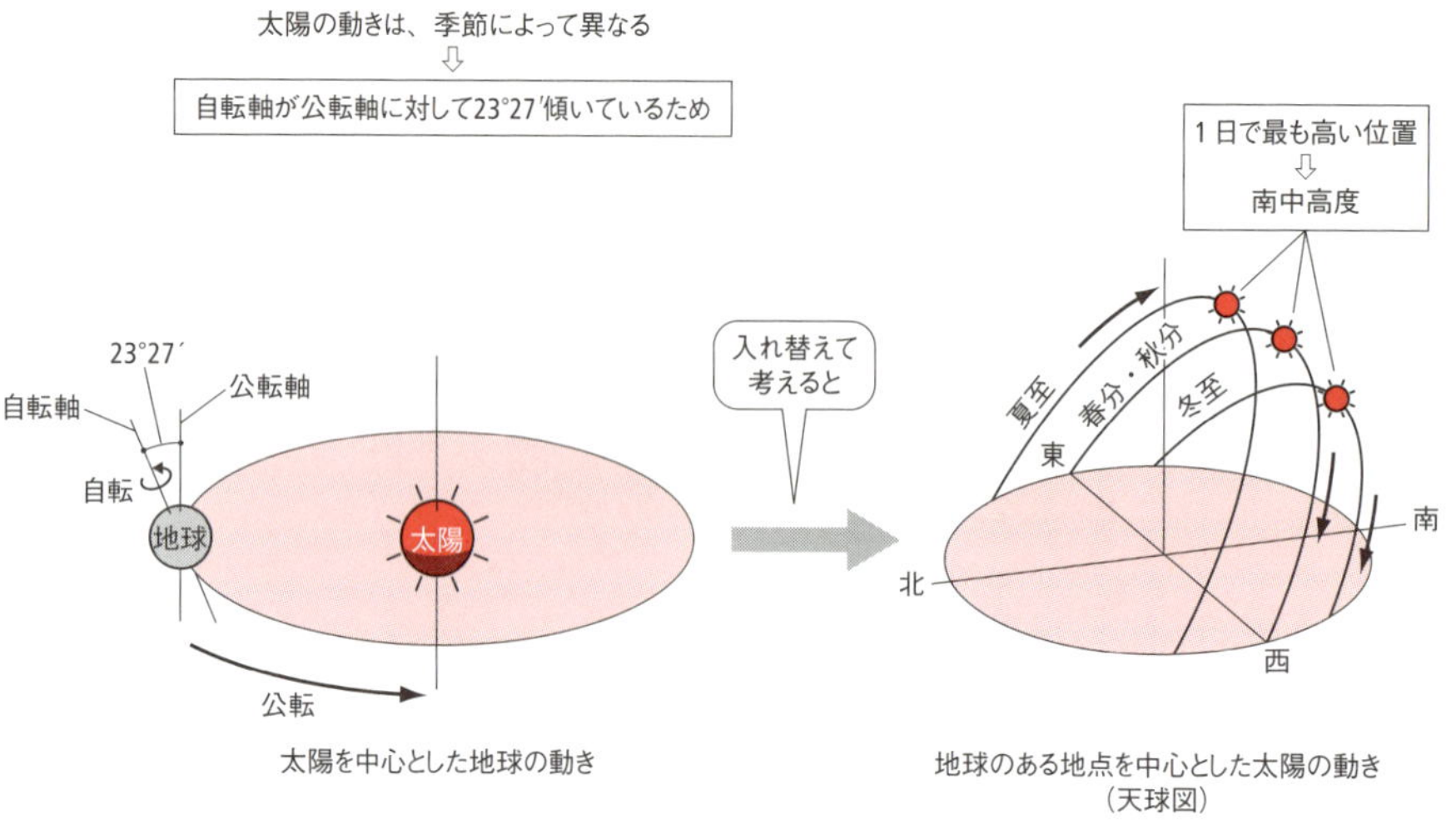
太陽の動きは、季節によって異なる
⇩
自転軸が公転軸に対して23°27′傾いているため
23°27′
自転軸
公転軸
自転
地球
太陽
公転
太陽を中心とした地球の動き
入れ替えて考えると
1日で最も高い位置
⇩
南中高度
夏至
春分・秋分
冬至
東
南
北
西
地球のある地点を中心とした太陽の動き
（天球図）

図2 日影曲線

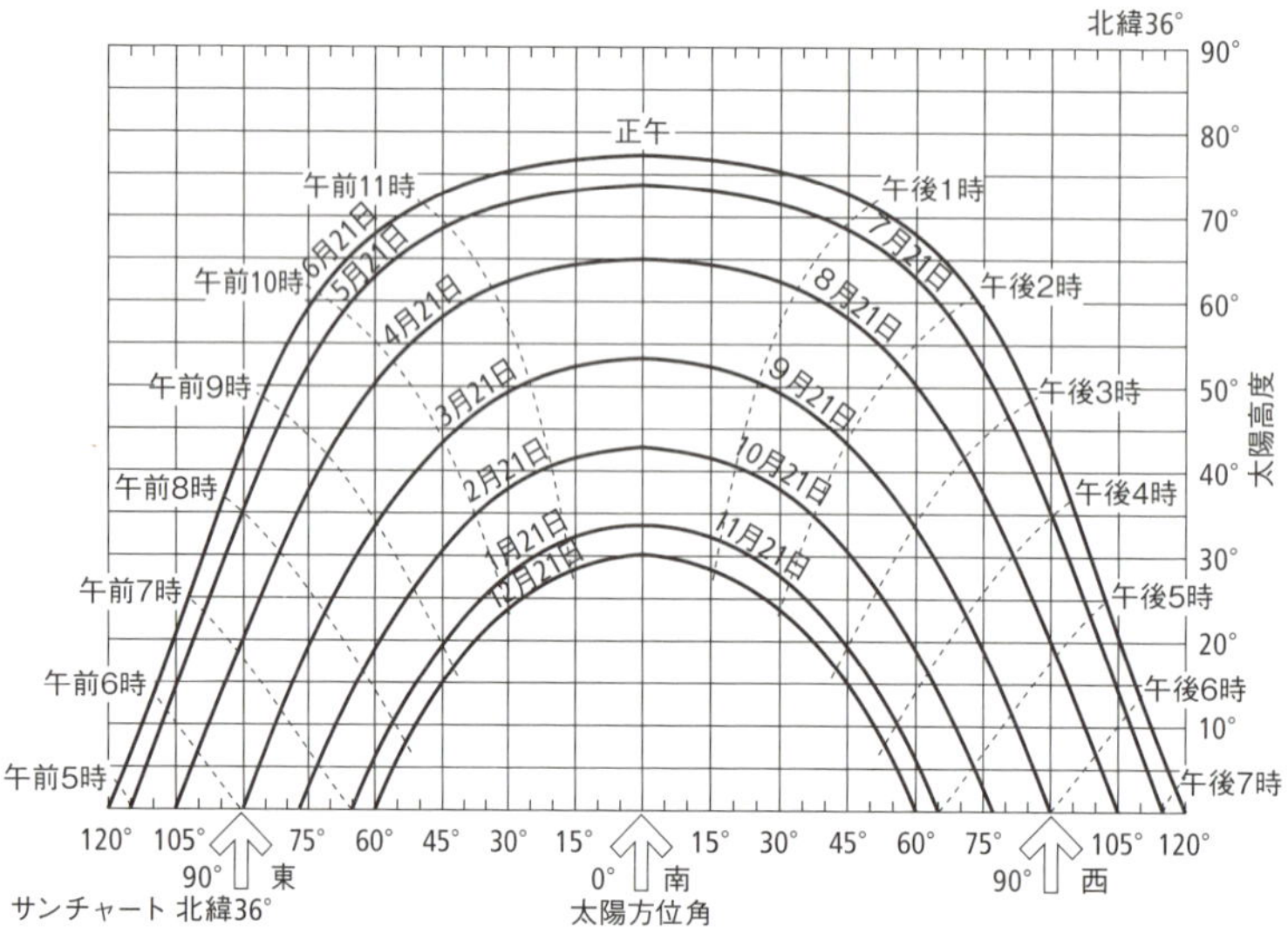
北緯36°
正午
午前11時
午前10時
午前9時
午前8時
午前7時
午前6時
午前5時
午後1時
午後2時
午後3時
午後4時
午後5時
午後6時
午後7時
6月21日
5月21日
4月21日
3月21日
2月21日
1月21日
12月21日
7月21日
8月21日
9月21日
10月21日
11月21日
90°
80°
70°
60°
50°
40°
30°
20°
10°
太陽高度
120° 105° 75° 60° 45° 30° 15° 15° 30° 45° 60° 75° 105° 120°
90° 東
0° 南
90° 西
サンチャート 北緯36°
太陽方位角

太陽と建築物の関係

太陽のエネルギーは、自然エネルギーの源である。気候を意味するclimateの語源は、ギリシア語のklima（地面の傾き）である。地軸の傾きによって太陽エネルギーの分布が異なり、海や陸の温まりやすさの違いが気圧のばらつきを生み、空気の流れが風となる。自然エネルギーを活用した建築空間をつくるためには、まず太陽の動きを知ることである（**図1**）。

太陽と地球の関係を見ると、地球の自転によって1日の変化＝昼夜の変化をもたらし、自転軸が公転軸に対して23・4度傾いていることによる太陽高度の違いが年間の変化＝季節の変化をもたらしている。これを図化したものが日影曲線図と呼ばれるものである（**図2**）。これを使うと年間の太陽光線の動きがよく分かるため、冬は採暖のため日射を取り込む、夏には遮へいする、といった検討も有効である。

環境の変化に合わせて、建築的工夫で調整するためには、まずはその場所の

図3 日時計

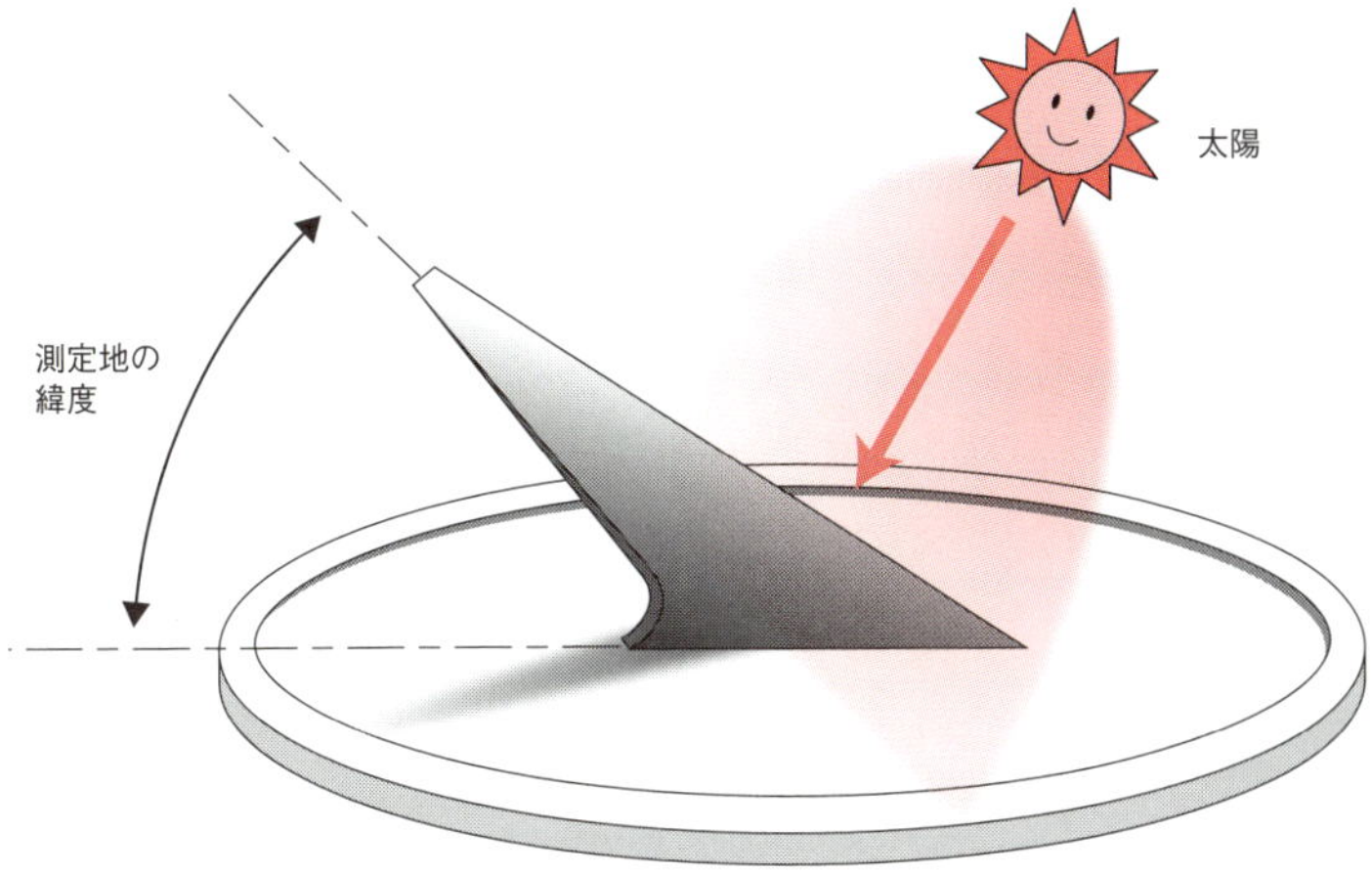
太陽
測定地の
緯度

図4 太陽高度と庇の関係

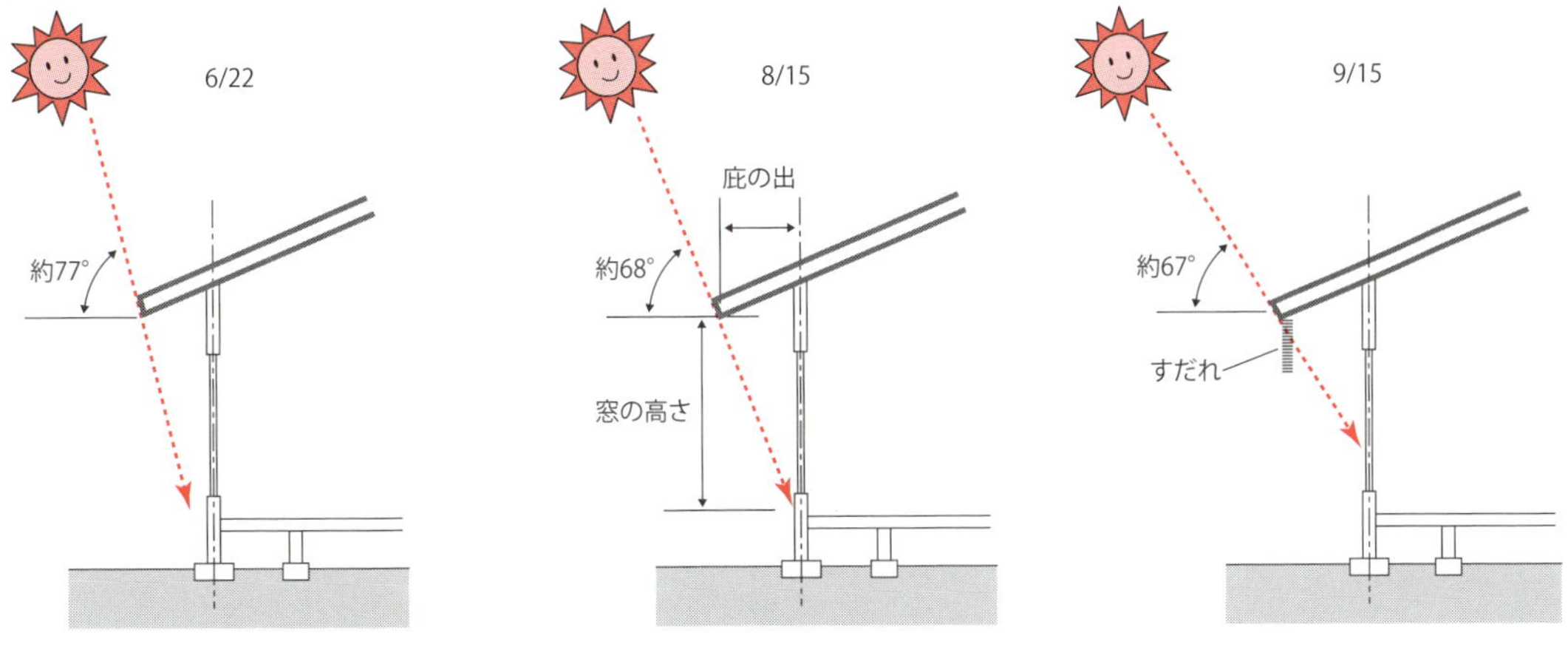
6/22
約77°
8/15
庇の出
約68°
窓の高さ
9/15
約67°
すだれ

残暑の厳しい9月の日射を遮断するには軒先のすだれなどが効果的
南の庇と太陽高度（北緯36°）

太陽の動きを知ることがエコ建築を計画するうえでのポイントである。

日時計は、その場所の特性を知るための最も諸元的な方法であり、最古といわれる建築書、ウィトルウィウスの「建築書」にも日時計について記述されている（図3）。

太陽高度と気温の関係

太陽高度が最も高くなるのは夏至で、東京の南中時では約77度となり、ほぼ真上から射し込むような位置にくる。しかし、年間の最高気温を記録するのは8月から9月にかけてである。夏期、室温の上昇を抑えるためには、まず庇やルーバーを備え、太陽熱を遮り、室内に入れないことである。夏至の太陽位置に合わせて庇の長さや、ルーバーの間隔が決められることが多いが、太陽の高度と気温の関係にはズレがあることを考慮しておく（図4）。

つまり、夏至はまだ梅雨であり、最高気温を記録する8月上旬とは1ヶ月半のずれがある。そのため盛夏の太陽高度は夏至より低くなり夏至での庇の長さでは室内に日射が入ることになる。計画地の気候とともに太陽の動きを考慮して、庇を決定する必要がある。

外部空間のデザイン

図1 外部空間がエコ建築物をつくる

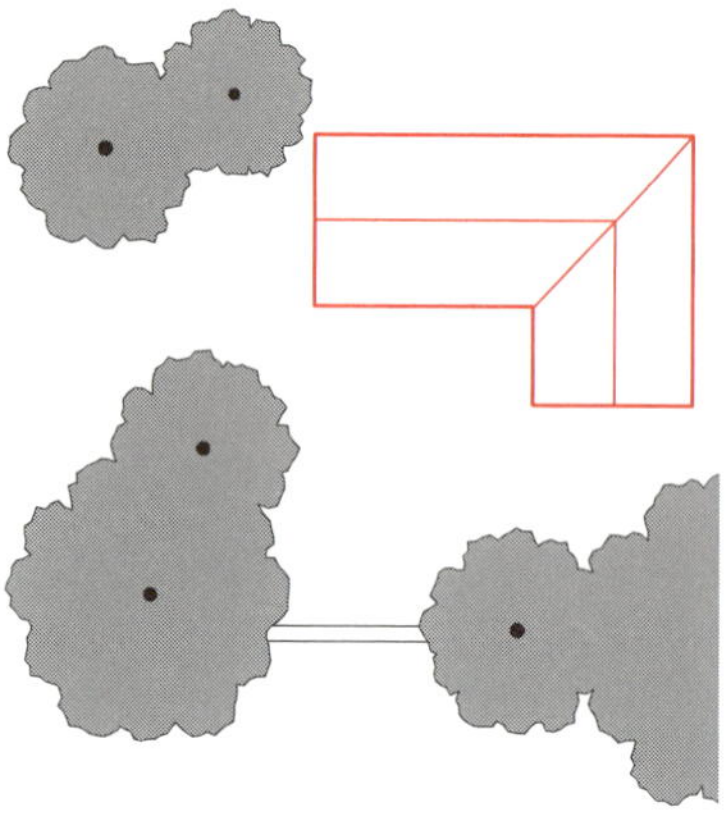

図2 樹木の通風効果

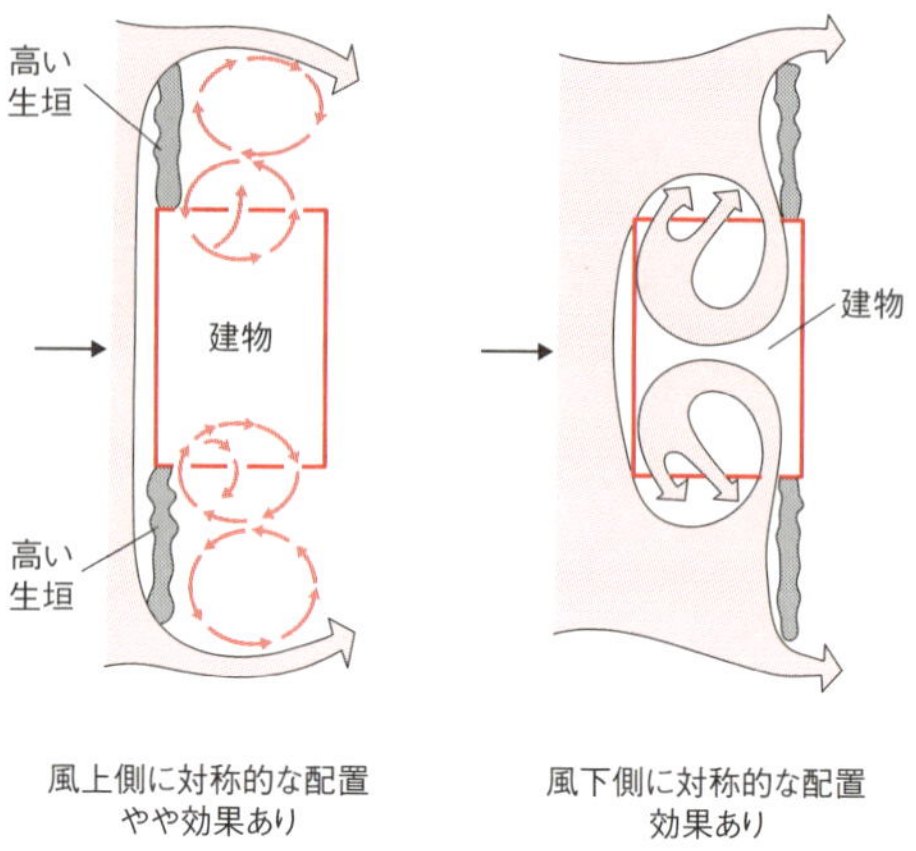
高い
生垣
建物
高い
生垣
建物
風上側に対称的な配置
やや効果あり
風下側に対称的な配置
効果あり

図3 樹木による通風効果

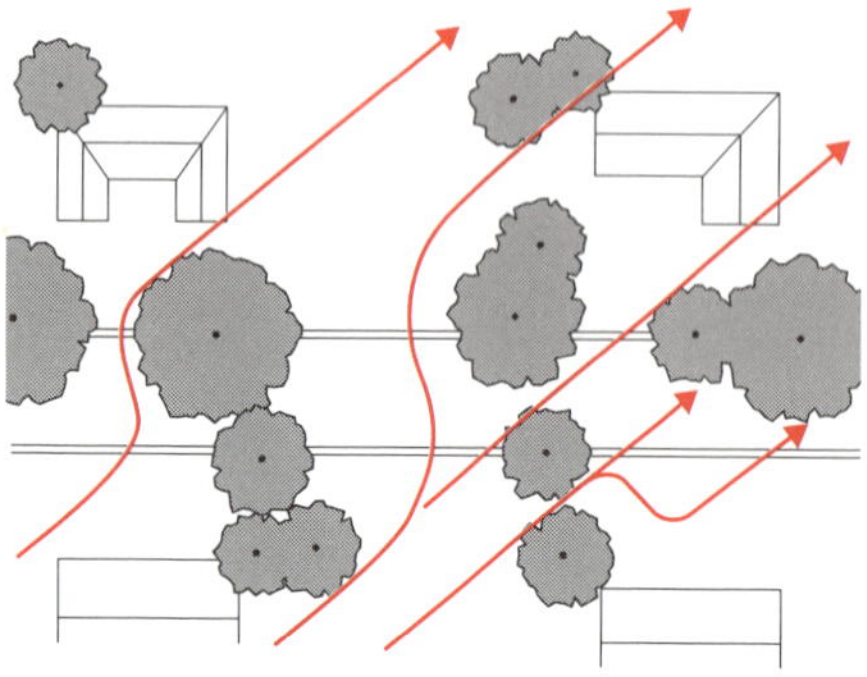

周囲の建物や樹木が風道の形成に影響する

図4 周辺と連携してつくる微気候

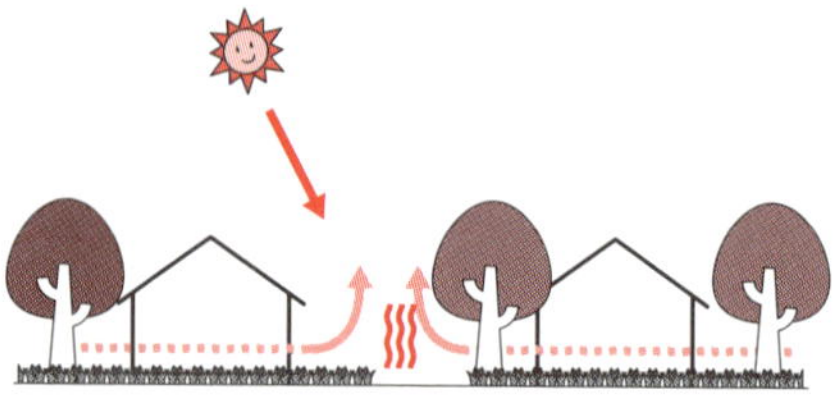

2つの住宅に挟まれた中庭は舗装されており、太陽放射で温度が上昇して上昇気流を起こす。この時、周囲の植栽してある部分から低温の空気が室内を通って中庭に流れ込むことで風をつくり出すことができる

外部空間もデザインする

たとえば、建ペイ率60％の敷地では、残りの40％は空地として存在する。この空地こそが、外部環境だけでなく、内部空間の環境をつくるポテンシャルを持った空間なのである（図1）。室内環境を内部だけで作るのではなく、この40％の外部空間を室内環境、エコ建築物をつくる要素として考える。

樹木による通風効果

建物周囲に樹木の配置を計画する際、日射の遮断、目かくしや防風効果などのほかに、通風の効果も検討する（図2・図3）。

例えば、植栽と舗装の部分の熱的特性の違いを利用し、微気候をつくることも考えられる。2つの住宅に挟まれた中庭は舗装されており、太陽放射で温度が上昇して上昇気流を起こす。この時、周囲の植栽してある部分から低温の空気が室内を通って中庭に流れ込む（図4）。

条件の再構築

図 縮小、複合、分散、共有の概念図

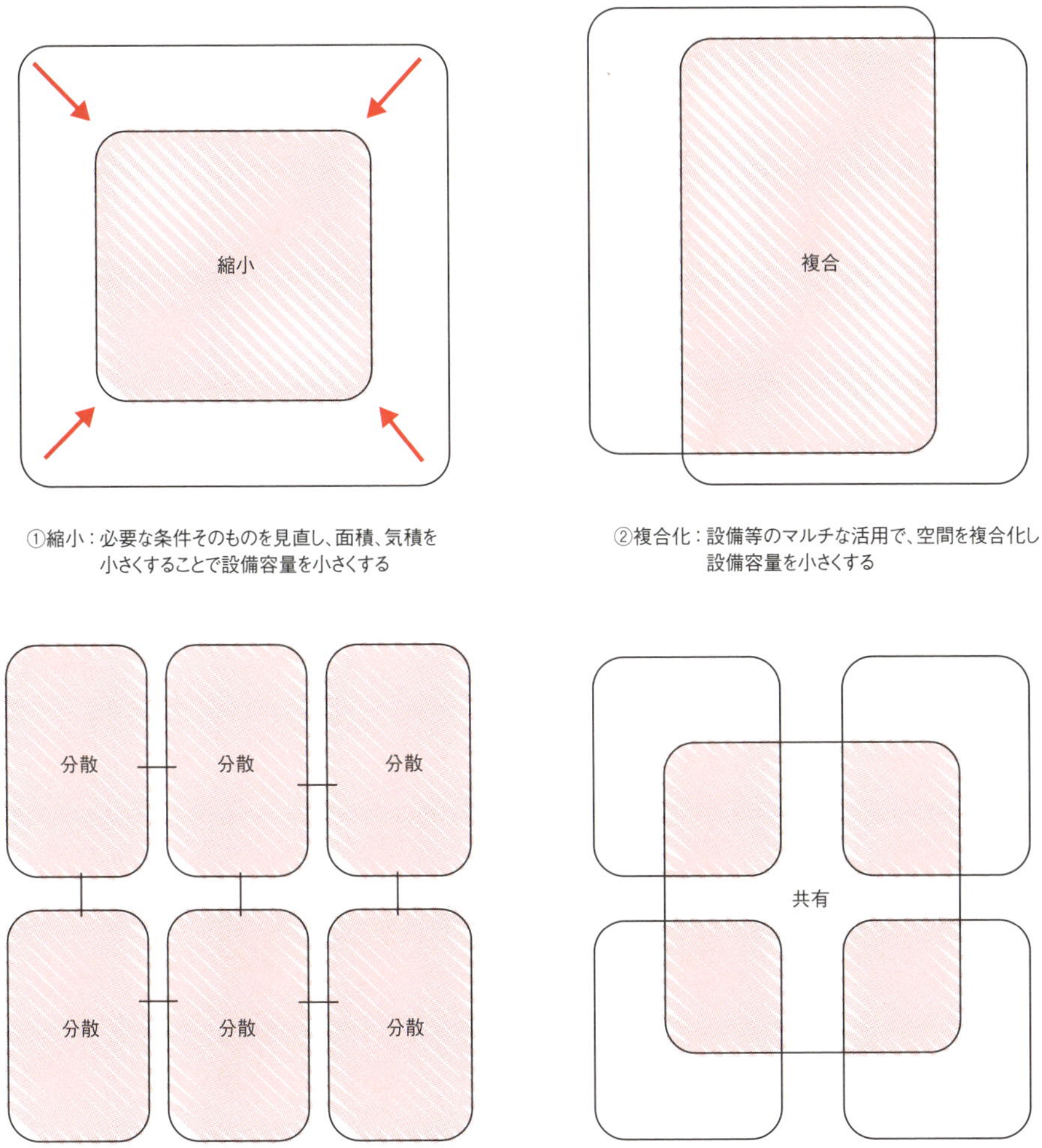
縮小
複合
分散
分散
分散
分散
分散
分散
共有

①縮小：必要な条件そのものを見直し、面積、気積を小さくすることで設備容量を小さくする

②複合化：設備等のマルチな活用で、空間を複合化し設備容量を小さくする

③分散：分散利用で、小さなものの集合を必要に応じて使い分け、設備の稼働を小さくする

④共有・連携：共有できる部分を連携させ、全体の設備容量を小さくする

条件再構築のポイント

建築空間は、使われ方や環境など、様々な条件をもとにつくられるが、平面計画の初期段階から設備計画とともに考えられるべきである。建築的工夫による自然エネルギーの活用で人工エネルギー消費を減らし、設備容量の小規模化を検討する。

建築計画の条件を次のように再構成することで、設備負荷の低減を実現する方法もある（**図**）。

①縮小…必要な条件そのものを見直し、面積、気積を小さくすることで設備容量を小さくする。

②複合化…設備等のマルチな活用で、空間を複合化し設備容量を小さくする。

③分散…分散利用で、小さなものの集合として必要に応じて使い分け、設備の稼働を小さくする。

④共有・連携…共有できる部分を連携させ、全体の設備容量を小さくする。

建築空間と設備空間

図 ルイス・カーンの事例

よく知られているように、生活する場所であるサーブドスペースと生活をサポートする場所であるサーバントスペースが交互に配置されている。サーブドスペース＝建築空間、サーバントスペース＝設備空間と読み替えることで、建築と設備の統合の可能性が広がる

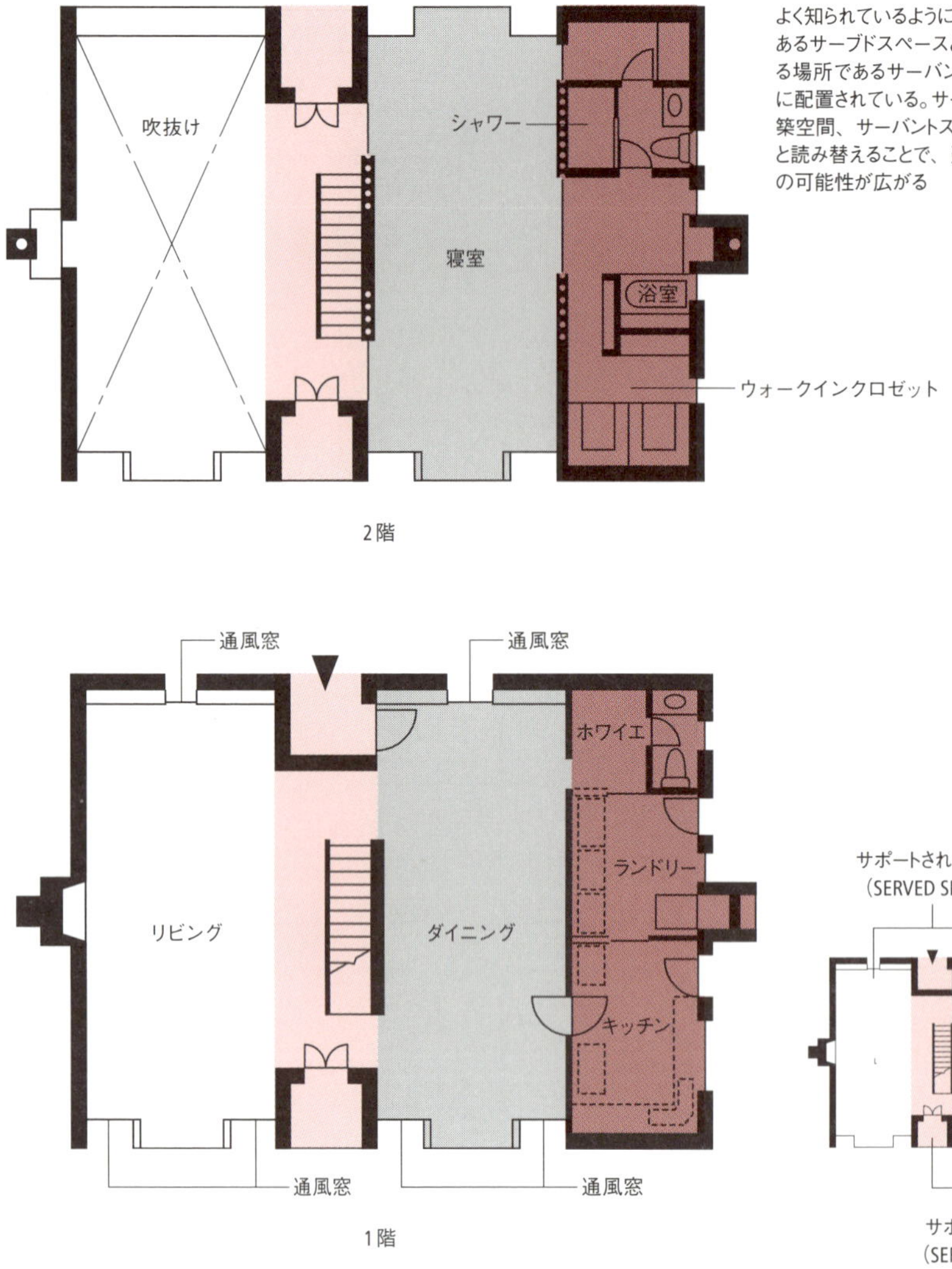
吹抜け
シャワー
寝室
浴室
ウォークインクロゼット
2階
通風窓
通風窓
ホワイエ
ランドリー
リビング
ダイニング
キッチン
通風窓
通風窓
1階

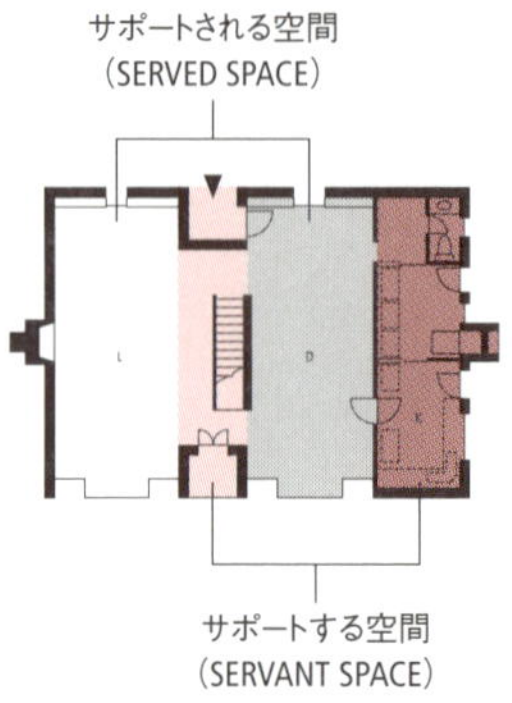
サポートされる空間
(SERVED SPACE)
サポートする空間
(SERVANT SPACE)

ルイス・カーン エシュリック邸(1961年)

建築は美しさと機能が統合されて建築空間として建ち現れる。設備の比重が大きい現代建築では、設備が機能的側面を支える要素のひとつである。設備技術の進歩により省エネ性能、快適性が向上してきた。建築計画的に水廻りや移動の空間が、居室を支える空間として位置付けられるように、支えられる建築空間と支える設備空間という関係で、建築と設備が一体として考えることが一層必要になる（**図**）。

メンテナンスの容易性

建築に比べ、設備は短い期間で更新が必要になる。機器のメンテナンス、配管・配線の劣化による更新、新たな設備の設置スペースや配管・配線のルート確保などが建築の使用期間中に発生する。その際、できる限り建築を傷めずに点検、維持管理、更新できるよう計画しておくことで、不要な廃棄物や新たな素材が消費されずにすむ。これらを視野にいれたPS・EPS、点検口、の確保が必要である。

エネルギーの流れ

図 断面計画によるエネルギーの流れのイメージ

断面で考えることで平面計画では見えてこなかったエネルギーの流れが見えてくる

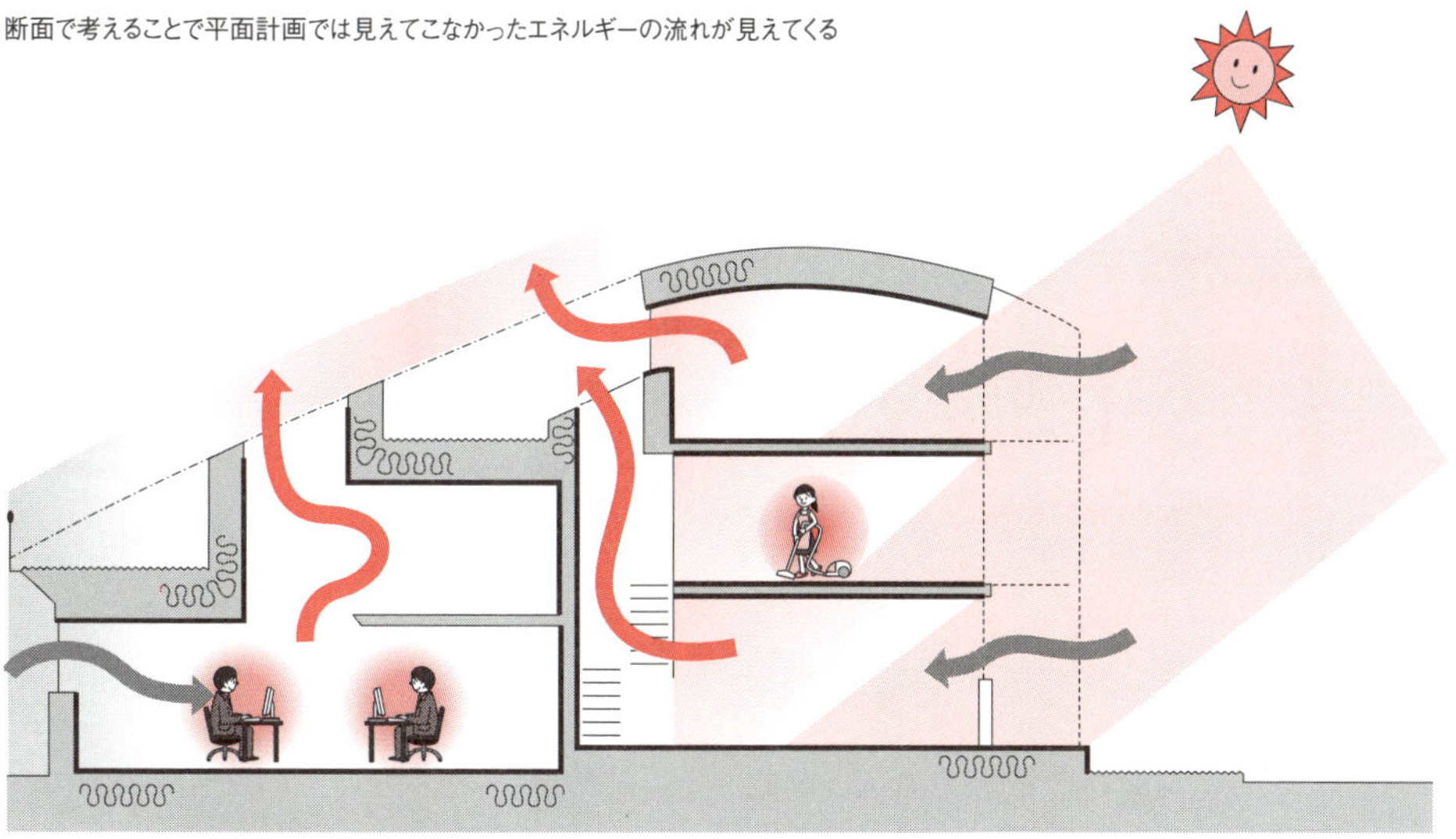

暖かい空気は上方に移動する。熱は高いところから低いところへ流れ、熱容量の大きい物質に滞留する性質がある。温まった水は対流によって上方に流れる。さらに、風は気圧の高いところから低いところへ流れ、絶えず循環している

断面に現れるもの

建築と設備の統合を考えるには、平面計画と同時に、断面計画で流れを考えてみるといいだろう。そうすることで、平面計画だけでは見えてこなかった流れが断面に現れてくる（図）。

断面で考えるとはどういうことか。例えば、暖かい空気は上方に移動する。熱は高いところから低いところへ流れ、熱容量の大きい物質に滞留する性質がある。

さらに、風は気圧の高いところから低いところへ流れ、絶えず循環している。このような物理現象をもとに、エネルギーの流れをイメージして建築空間をデザインできれば、少ないエネルギーで制御できる空間をつくることが可能である。

このように考えることで、設備的にもロスの少ない計画が可能になる。人の流れや物の流れに加えて、熱や空気、光の流れが重なることで、それらのエネルギーがどう動き、どう滞留するのか。エネルギーの流れを断面計画でイメージすることは、その空間の環境を建築と設備、両方の面からデザインするということである。

縦糸と横糸で紡ぎ出す空間

人の動きやそこでの生活、環境の様子などを読み解いた結果が平面計画として現れる。

一方で、断面計画は平面計画には見えてこない環境要素の動きが、物理的現象として現れてくる。環境に配慮した建築計画を行うには、人の動きに加えて、風、熱、光などの環境要素を見つけて、縦方向の流れをとらえるためには、断面での検討が不可欠である。さらには、天井ふところに見られる設備計画の納まりも、断面計画における重要な要素であろう。

このように、平面計画においては人や物の動きが、断面計画においてはそれに加えて、物理現象が織り込まれることにより、それぞれが横糸と縦糸のようにして紬ぎ出された省エネ型の空間をつくり上げることが可能になる。

外皮の計画

図1 断面図に見る建物外皮の熱制御

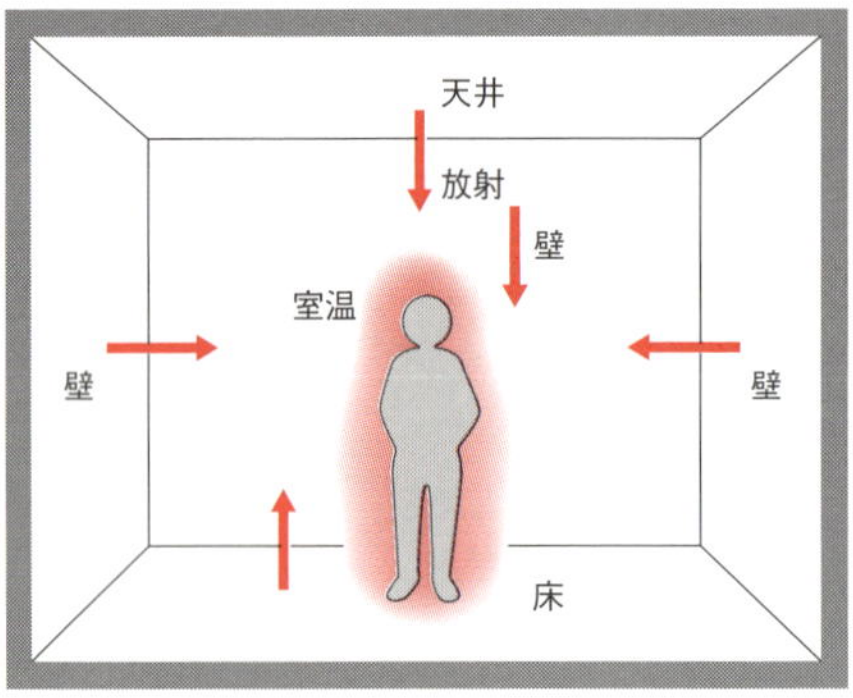
天井
放射
壁
室温
壁
壁
床

建物外皮の熱制御は断面で考える

図2 床廻りの断熱方法

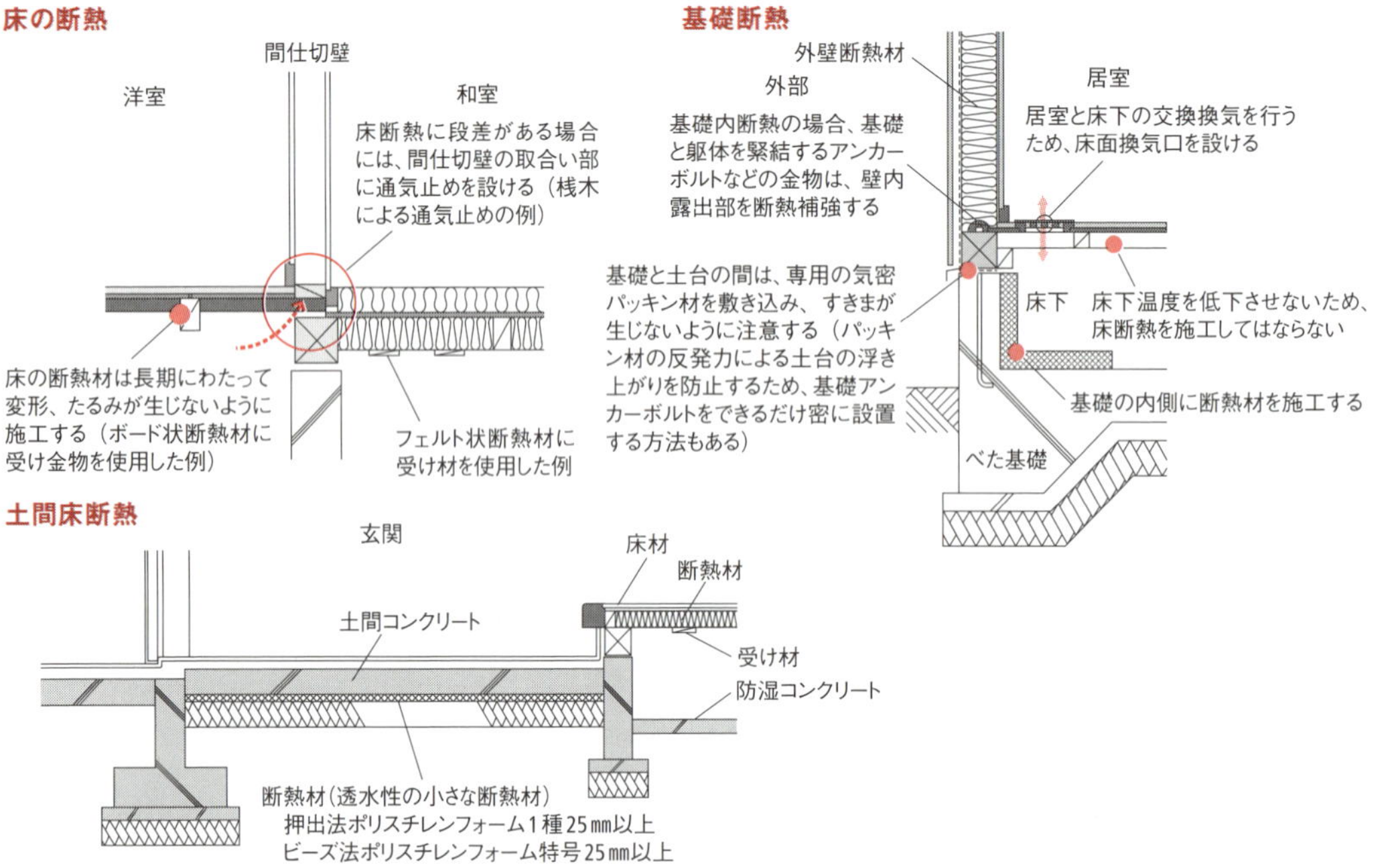
床の断熱
間仕切壁
洋室
和室
床断熱に段差がある場合には、間仕切壁の取合い部に通気止めを設ける（桟木による通気止めの例）
床の断熱材は長期にわたって変形、たるみが生じないように施工する（ボード状断熱材に受け金物を使用した例）
フェルト状断熱材に受け材を使用した例
基礎断熱
外壁断熱材
外部
居室
基礎内断熱の場合、基礎と躯体を緊結するアンカーボルトなどの金物は、壁内露出部を断熱補強する
居室と床下の交換換気を行うため、床面換気口を設ける
基礎と土台の間は、専用の気密パッキン材を敷き込み、すきまが生じないように注意する（パッキン材の反発力による土台の浮き上がりを防止するため、基礎アンカーボルトをできるだけ密に設置する方法もある）
床下
床下温度を低下させないため、床断熱を施工してはならない
基礎の内側に断熱材を施工する
べた基礎
土間床断熱
玄関
床材
断熱材
土間コンクリート
受け材
防湿コンクリート
断熱材（透水性の小さな断熱材）
押出法ポリスチレンフォーム1種25㎜以上
ビーズ法ポリスチレンフォーム特号25㎜以上

建物外皮の熱制御

建築空間における体感温度は床、天井、壁の周囲の表面温度と、室温の平均と考えられる（**図1**）。平面図では壁と床しか表現されないが、断面図には壁、屋根、床、すべての要素が現れる。外部環境に対して外皮によって室内環境を制御し、快適に保つ方法を探るためには断面図で検討するとよい。自然エネルギーを活用し、設備の容量を最小限にするためにも不可欠である。

1．床、床下：建物下部（床廻り）の断熱方法は、床断熱、基礎断熱、土間床断熱がある（**図2**）。

2．天井：屋根廻りの断熱方法は、天井断熱と屋根断熱がある。天井裏を熱的に外部または内部と見るかで断熱の位置が変わる（**図3**）。

3．壁：木造住宅の壁の断熱方法は次のとおり。

①充填断熱：柱・間柱の間、垂木の間、根太の間などの構造材の間に断熱材を充填する断熱工法。

②外張断熱：軸組、構造体の外側に

図3 天井の断面図

断熱層外側における各種の換気・通気措置

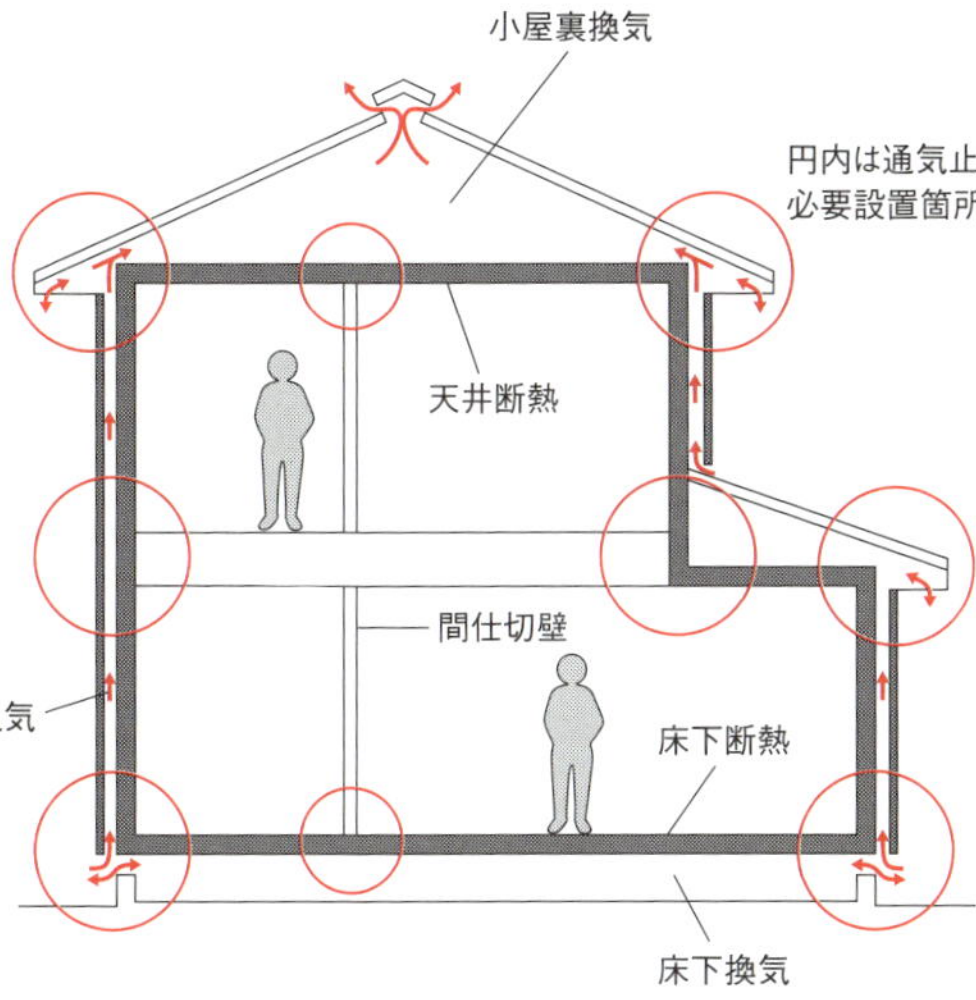
小屋裏換気
円内は通気止めの
必要設置箇所を表す
天井断熱
間仕切壁
外壁通気
床下断熱
床下換気

床下断熱・天井断熱

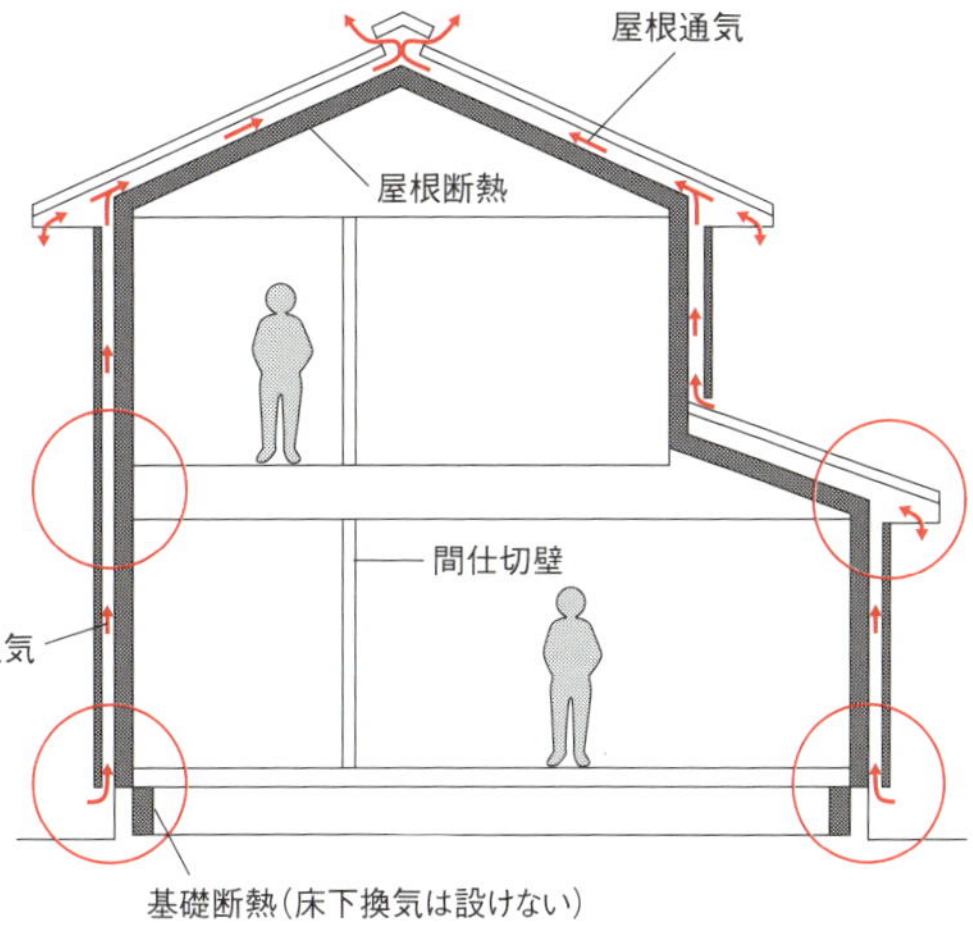
屋根通気
屋根断熱
間仕切壁
外壁通気
基礎断熱（床下換気は設けない）

基礎断熱・屋根断熱

図4 壁の断熱

充填断熱の例

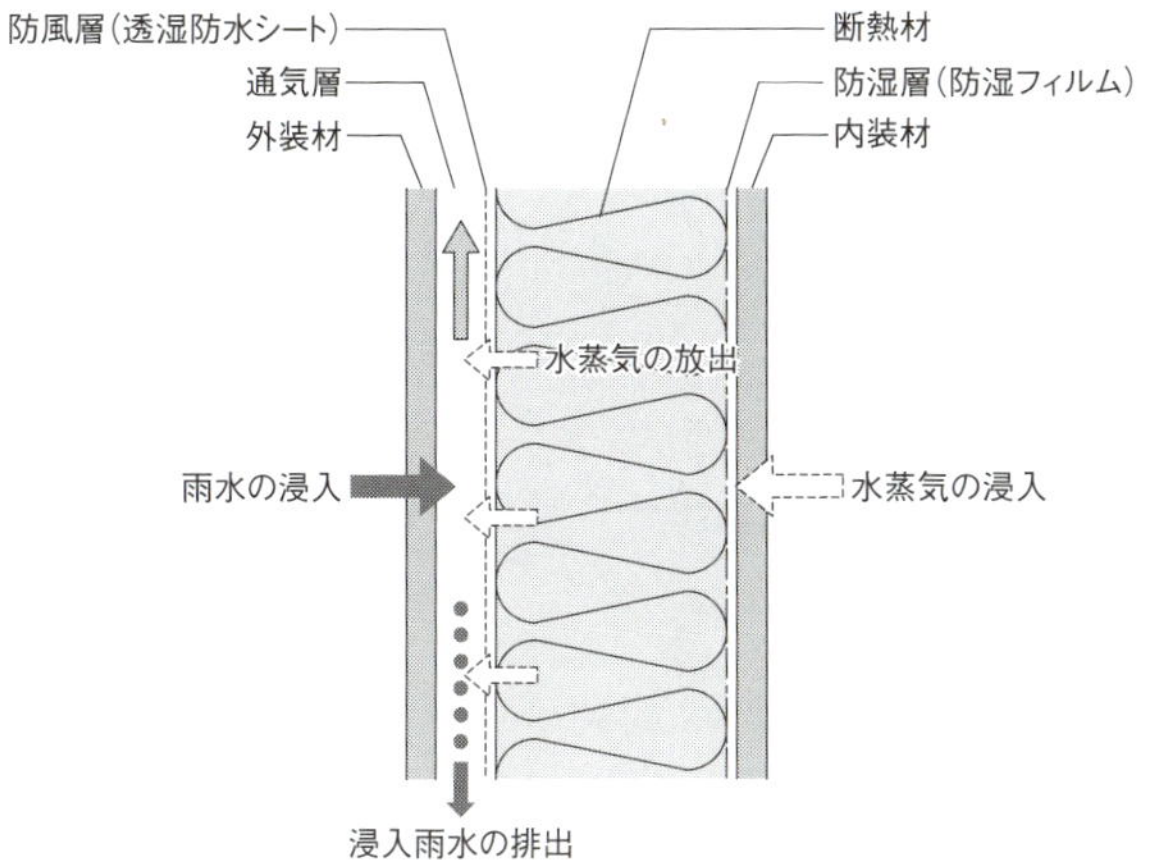
防風層（透湿防水シート）
通気層
外装材
断熱材
防湿層（防湿フィルム）
内装材
水蒸気の放出
雨水の浸入
水蒸気の浸入
浸入雨水の排出

断面詳細図

外張断熱の例

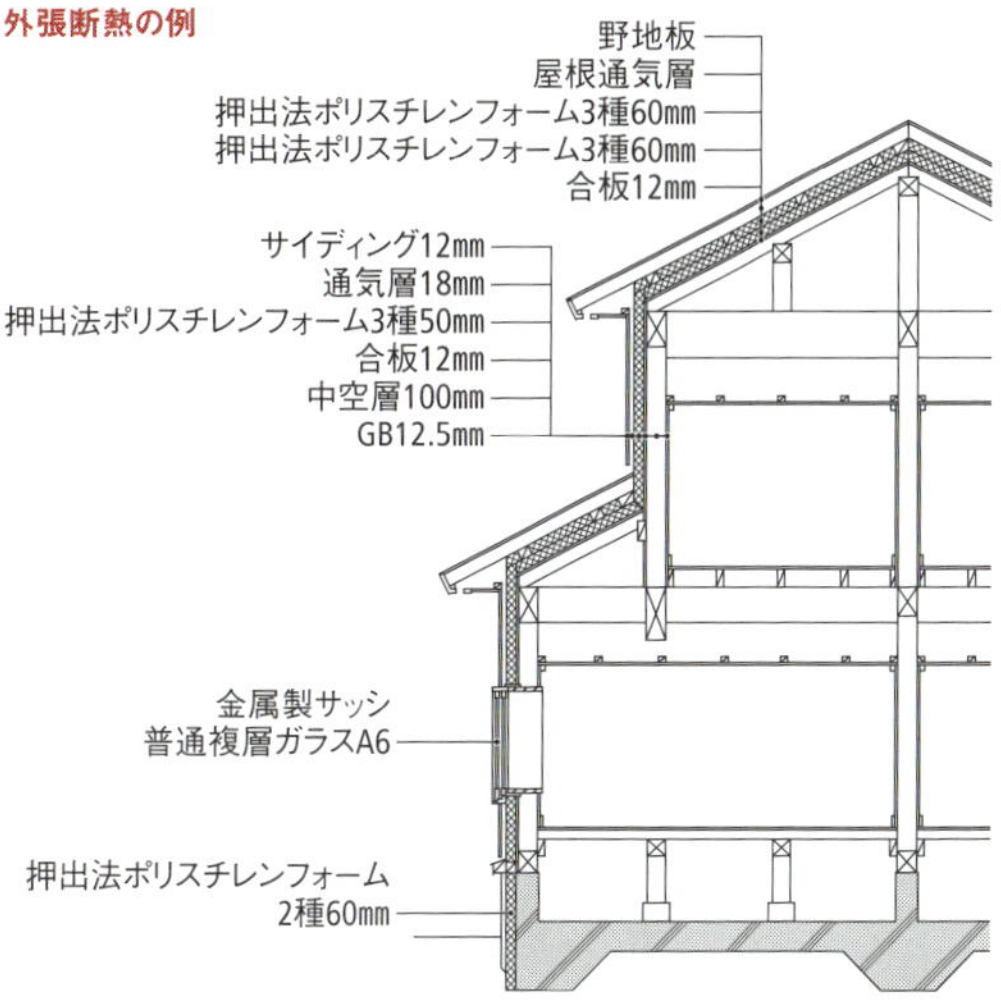
野地板
屋根通気層
押出法ポリスチレンフォーム3種60mm
押出法ポリスチレンフォーム3種60mm
合板12mm
サイディング12mm
通気層18mm
押出法ポリスチレンフォーム3種50mm
合板12mm
中空層100mm
GB12.5mm
金属製サッシ
普通複層ガラスA6
押出法ポリスチレンフォーム
2種60mm

断熱層を設ける断熱工法。

寒冷地の木造住宅では断熱材の厚みを確保するため、充填断熱と外張断熱の両方を併用する付加断熱とすることもある。壁に中空層を設けることによって、壁の断熱性能を高めることができる。また、中空層の片面にアルミ箔を張ることによって放射熱を遮断し、さらに断熱効果を向上させることができる。また、1層の空気層よりも、半分の厚さの空気層を2層にすることで、熱抵抗値は約2倍となる（**図4**）。

4．天井ふところ：設備のスペースが建築空間とともに合理的に計画されていれば、天井ふところは最小限に抑えられ、有効な建築空間として確保することが可能である。

5．屋根：夏期に最も日射を受けるのが屋根面である。形状によって熱負荷を抑えたり、屋根表面に日射反射率の高い素材を選定するなどで、日射遮へい効果を高める方法もある。屋根面の緑化は、断熱効果よりも日影がつくられること、表面の蒸散作用の効果が大きい。

近年、太陽光発電（PV）パネルを設置する事例が多いが、PVを設置する場合は日傘のように屋根面とのすきまを設けることでPVの表面温度上昇も抑えられ、発電効率も上がる。

開口部の位置・性能・開閉

図1 光の制御

庇により日射を遮蔽する

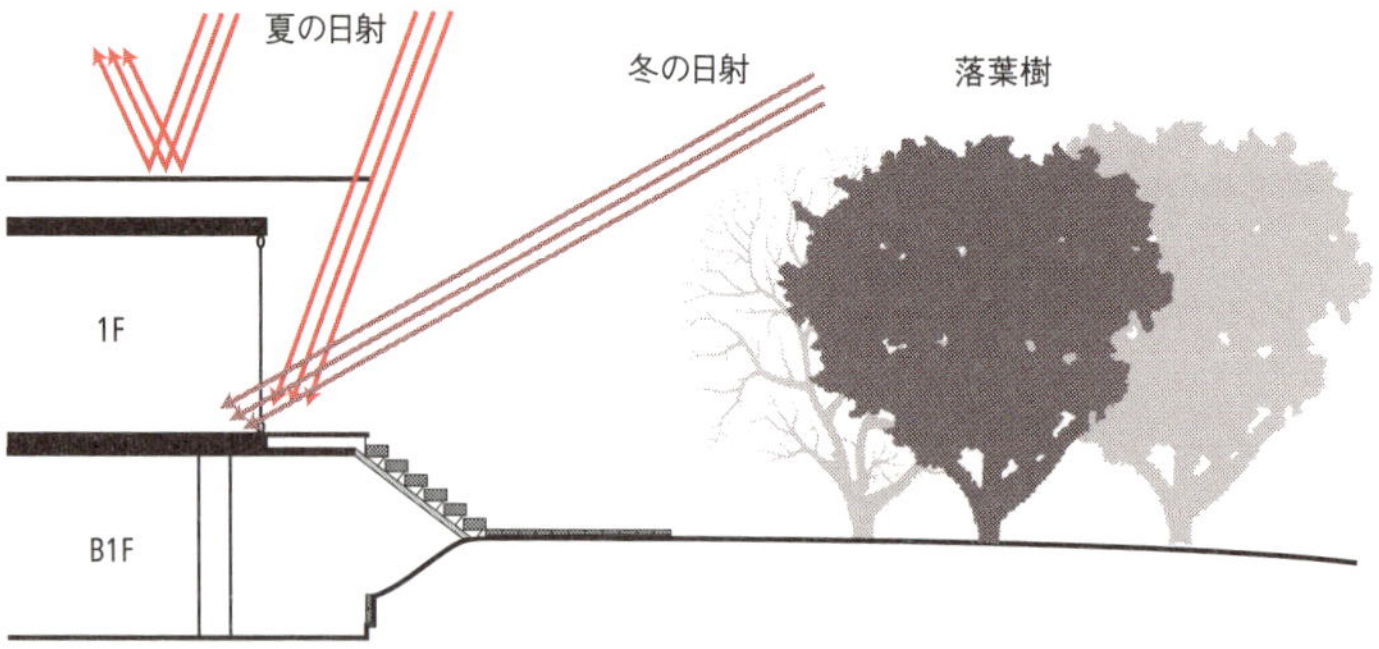
夏の日射
冬の日射
落葉樹
1F
B1F

図2 熱の制御

南面の大開口から日射熱を取り入れ、
床や壁に蓄える

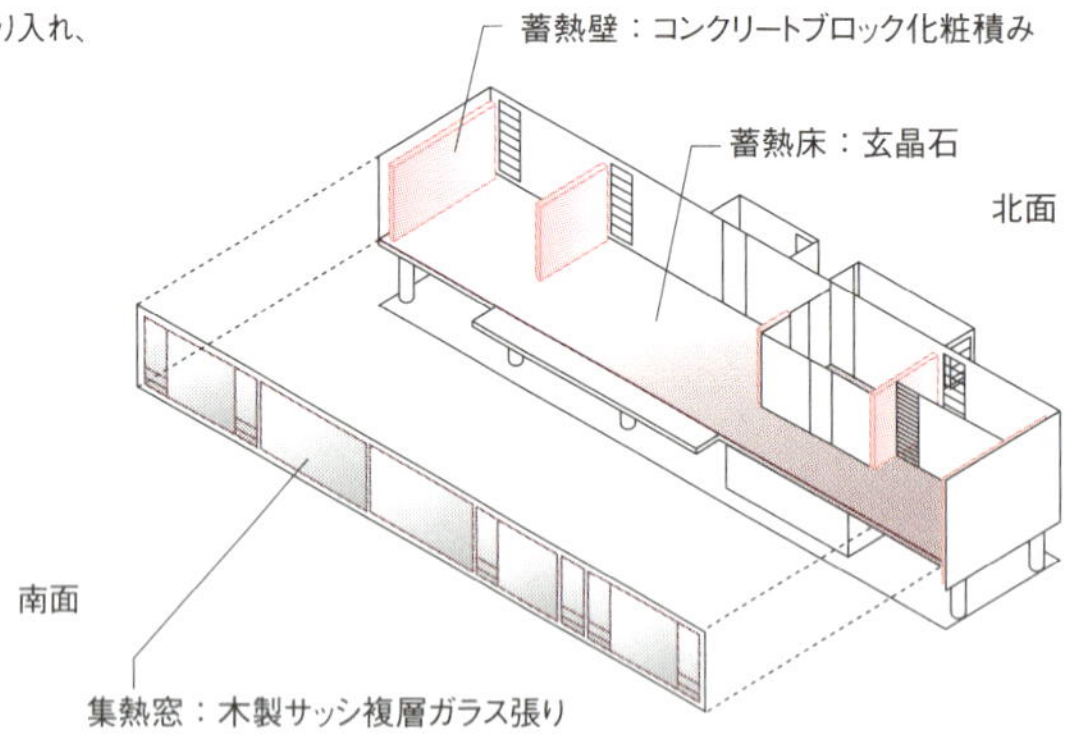
蓄熱壁：コンクリートブロック化粧積み
蓄熱床：玄晶石
北面
南面
集熱窓：木製サッシ複層ガラス張り

図3 風の制御

大開口とオーニング窓の組み合わせにより、通風・排熱・夜間換気のモードをつくる

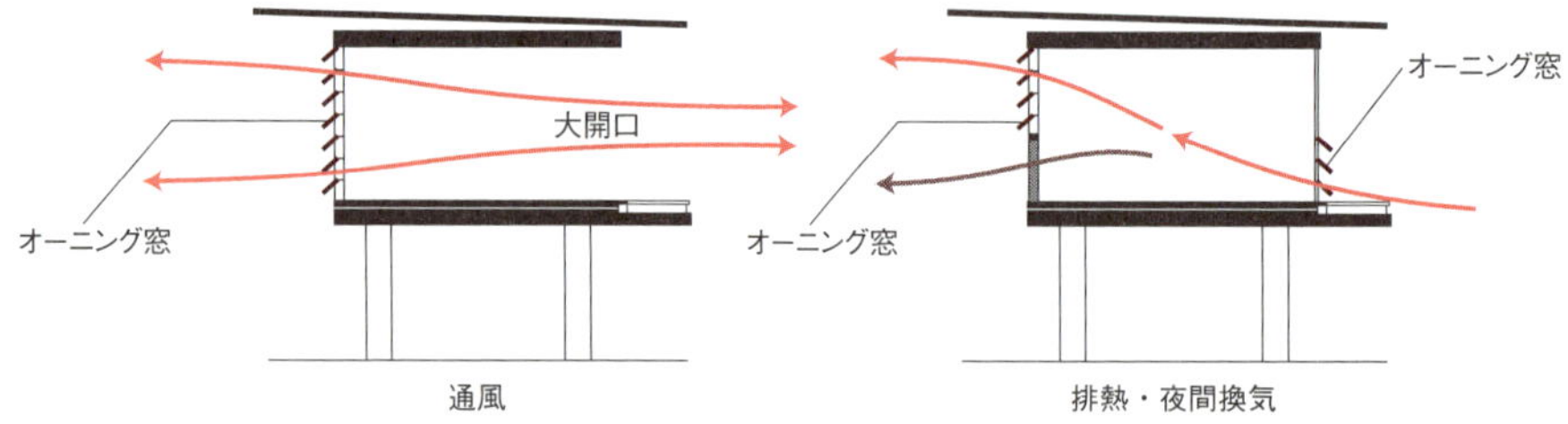
大開口
オーニング窓
オーニング窓
オーニング窓
通風
排熱・夜間換気

窓領域を拡張して考える

建物の外皮は、環境要素に対してフィルターとしての機能をもっている。特に窓は外部環境の状態に応じて「動かす」ことにより積極的に外部環境との関係を制御できる部位である（図1）。住宅を取り巻く環境は気候や、使われ方によって常に変化している。外部環境と切り離された中での機械による制御ではなく、これらの変化を環境を活用するための可能性ととらえ、室内環境を制御するのが窓の役割でもある（図2）。

窓は環境を制御する際に、窓の部分だけでなく、ほかの要素と連携して環境制御を達成している（図3）。光の制御は、庇やブラインド、さらには樹木とも連携する。熱の制御は、戸の開閉で室内からの熱損失を抑え、窓廻りの蓄熱部位が室内の温熱環境をつくる。風の制御は、入口となる窓とさらに出口の窓で行う。窓の開閉は、住まい手が行う環境制御の最も基本的で、制御しやすい行動である。

開口部と採光

図1 昼光照明

窓の位置は高いほうが均斉度が高い

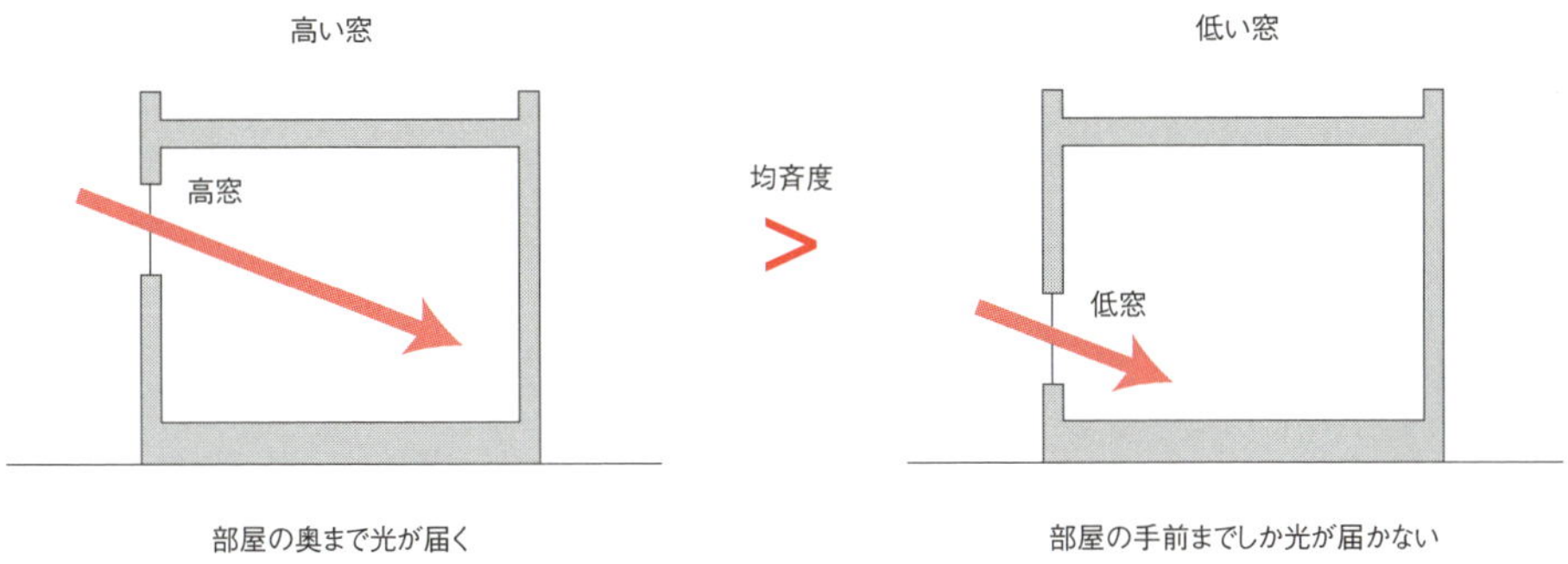
高い窓
高窓
均斉度
>
低い窓
低窓
部屋の奥まで光が届く
部屋の手前までしか光が届かない

窓の形状は横長のほうが均斉度が高い

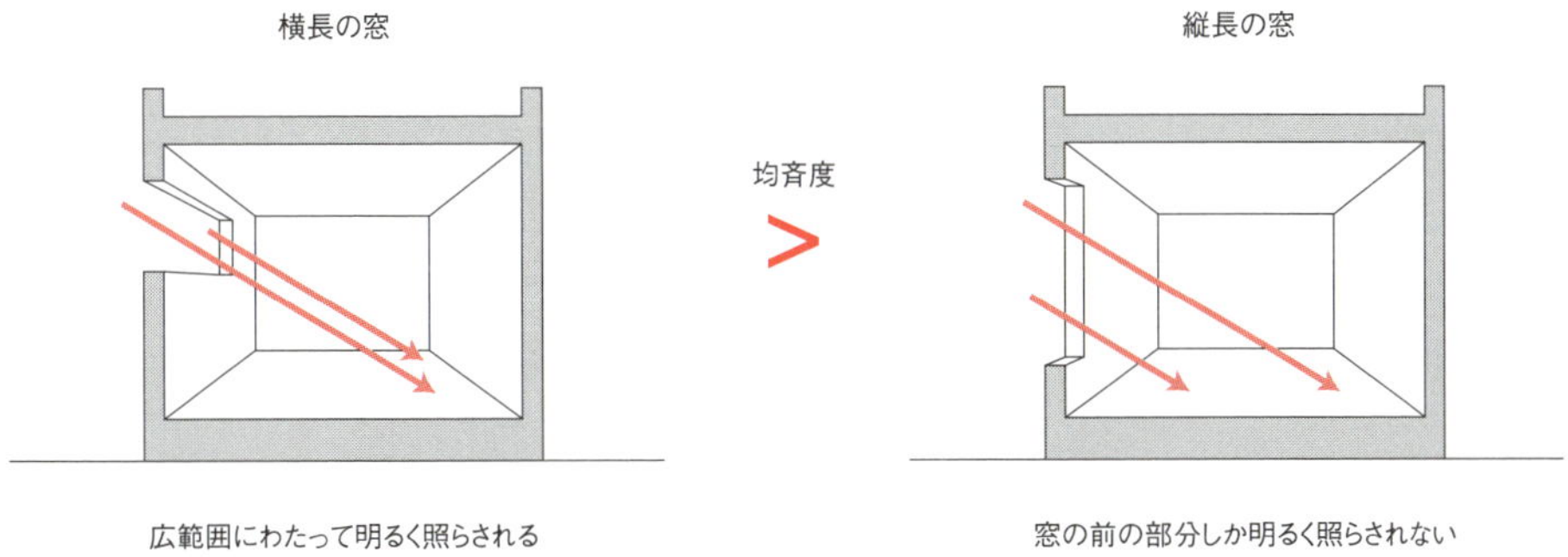
横長の窓
均斉度
>
縦長の窓
広範囲にわたって明るく照らされる
窓の前の部分しか明るく照らされない

自然採光と人工照明

今日普及している人工光源が照明として利用されるようになってから百年足らずだが、自然採光は人類の歴史とともにあるといえる。建築の歴史においても、自然の光を空間に取り入れる様々な手法が、試みられてきた。昼光利用には、省エネだけでなく心理的にも人工照明には及ばない優れた特色があるが、日没後は人工照明に頼らざるを得なくなる。昼光利用と同時に、人工照明との調和も十分考慮したうえで、あらゆる点でバランスのとれた光環境をつくることが大切である。

昼光照明の特徴

①昼光は時間的・位置的に、人工照明に比べて制約を受ける。昼間しか利用できず窓からの採光に限られるため、窓側は明るく室奥は暗くなる。

②人工照明のように安定せず、季節、天候、時刻によって明るさや、光源の色が変化する。常に安定した明るさを必要とする作業環境には欠点であ

側窓よりも天窓のほうが均斉度が高い

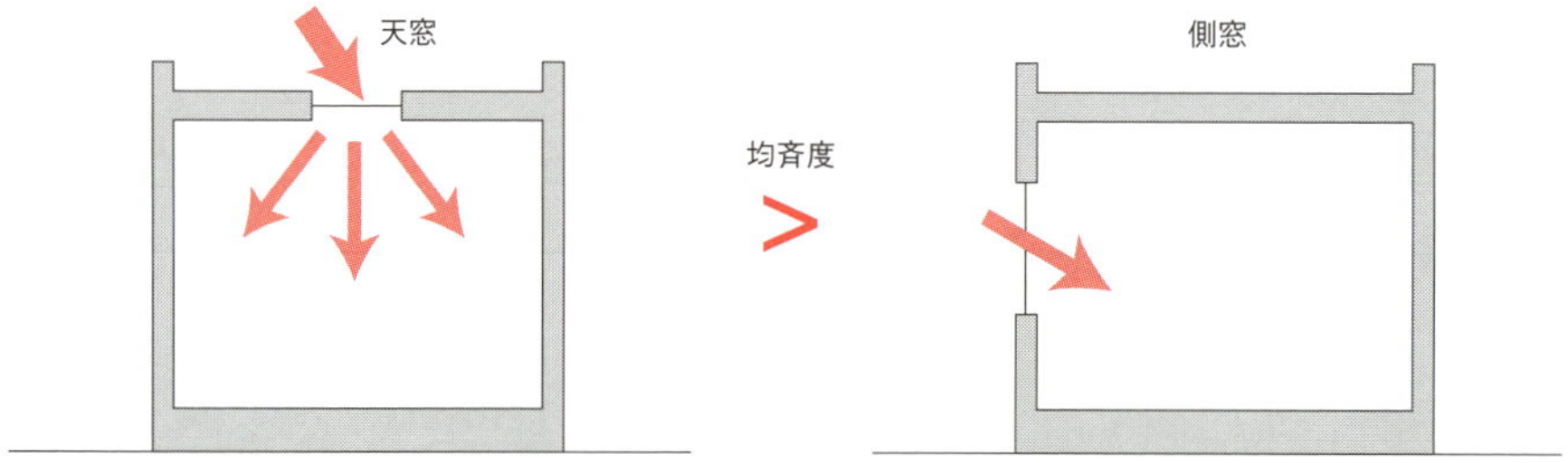
天窓
均斉度
＞
側窓

光が部屋全体に行きわたる　　光が一方向になる

水平ルーバーなどを取り付ける

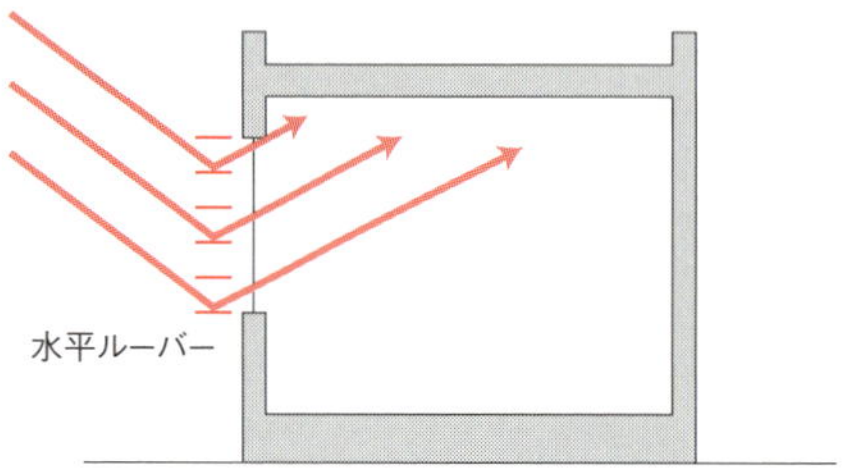
水平ルーバー

部屋の奥まで光が届く

天空光を取り込む窓を設ける

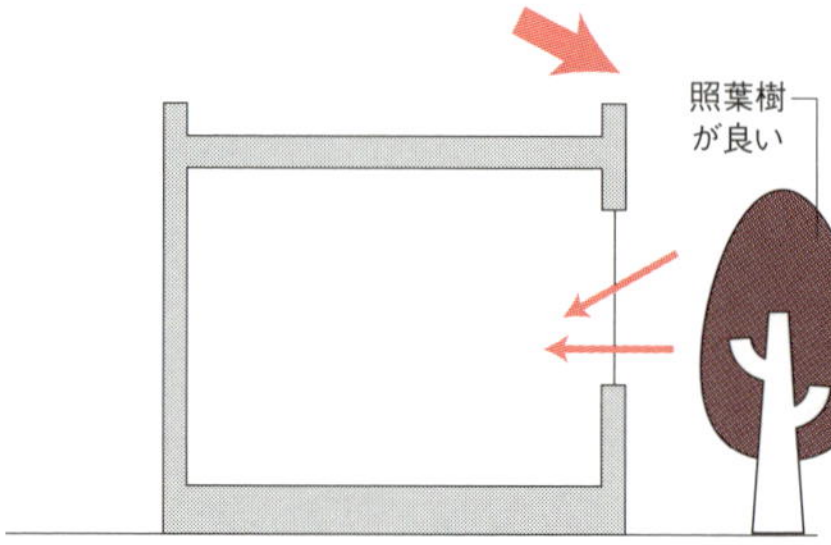
照葉樹
が良い

北側の窓から天空光を取り込む。
樹木などがあると、反射も期待できる

拡散性の高いガラスを用いる

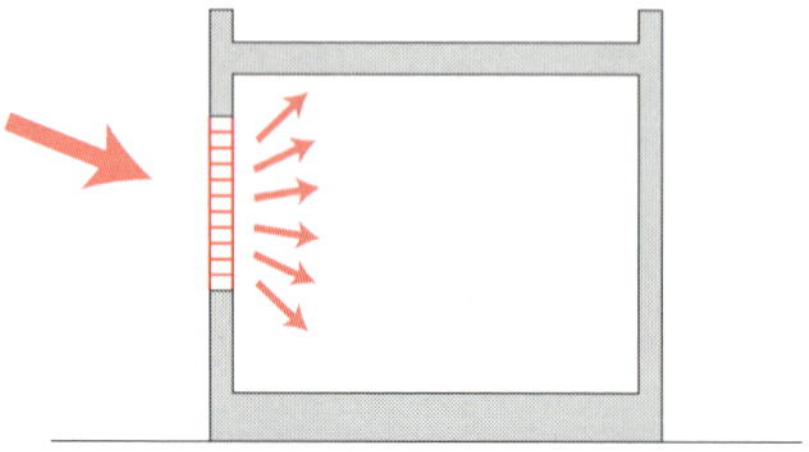

光が拡散し、多方向に広がる

図2 人工照明の活用

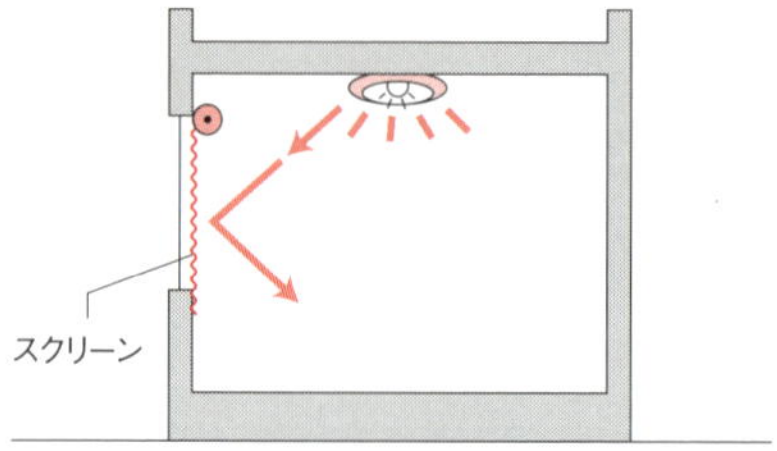
スクリーン

人工照明を逃さない

るが、住宅の場合には、この自然の変化が生活にメリハリを与える。

③昼光の色は、最も自然に感じられる。このため、昼光の色に近い人工光源が用いられる場合がある。また、昼光の色は明るさと同様、常に変化しているが、その変化は通常あまり意識されず、不快とも感じない。

④窓からの採光は光と同時に景観を取り込むうえ、通風・換気も図れるなど、総合的な効果は人工照明には代えがたい。しかし、光とともに熱を取り込むことになるため、直射光を取り入れる場合は、光と熱の両面を考慮した制御が必要になる。これらの特徴をうまく利用して自然採光の計画を行うには①室奥と窓付近との明暗の差を小さくする②暗い部分も意識する③過度な輝度対比をなくす④反射光や天空光を意識するなどの方法がある（**図1**）。

人工照明を逃がさない

昼間は採光面になる開口部も外部が暗くなる夜間には内部の人工照明が逃げていく部分となる。その対策として、カーテンやブラインドなどで光を室内側に反射させたり、乳白のガラスを使う方法がある（**図2**）。

Column

エコロジーとエコノミー

南方熊楠記念館
[和歌山県西牟婁郡白浜町]

「エコ」(eco.)の語源である、古代ギリシャ語のオイコス(oikos)は、家族・家・集落・環境などを意味した言葉である。oikos-nomos(オイコスに関する規則)が節約・倹約も含んだエコノミー(economy)に、かなり時間を後にしてoikos-logos(オイコスの理論)がエコロジー(ecology)にそれぞれ転じたとされている。エコノミーは「経済」を、エコロジーは「生態学」を主意としているが、日本では、人間・自然環境・エネルギーなどに関わる後者の接頭語として「エコ/ECO/eco」が多く使われている。

我が国で初めてエコロジー(当時はエコロギー)という言葉を使ったのは、和歌山出身の南方熊楠(1867−1941)である。18カ国語を自在に操り、独自の宗教観をもち博物学・人類学・民俗学・考古学・生物学・細菌学・天文学に至る幅広い分野に精通した人物である。主な研究は粘菌学であるが、別名、「歩く百科事典」や「知の巨人」ともいわれ、その見識の広さと深さは、柳田国男をして「日本人の可能性の極限」と形容させた。

熊楠は、明治政府が発布した「神社合祀令」で多くの神社や鎮守の森が取り壊されようとしていることに対し、当時の和歌山県知事へ送った書簡で、「生物と環境は相互に影響を与えあい存在するもの」とした生態学の概念を「エコロギー」という言葉を用いて説明した。その後も紀伊山地の自然を守るための熊楠の情熱が世論を動かし、1918年(大正7年)「神社合祀令」を廃止へと導いた。

語源を同じくして発生したエコロジーとエコノミー。本質的な共存・共栄の環境社会構築へ向け、双方の意味を重ね合わせた建築計画および建築設備計画に関わる様々な提案が、今、本書からスタートするかもしれない。(市川 憲良)

熱の取得と損失

図 建築の熱収支

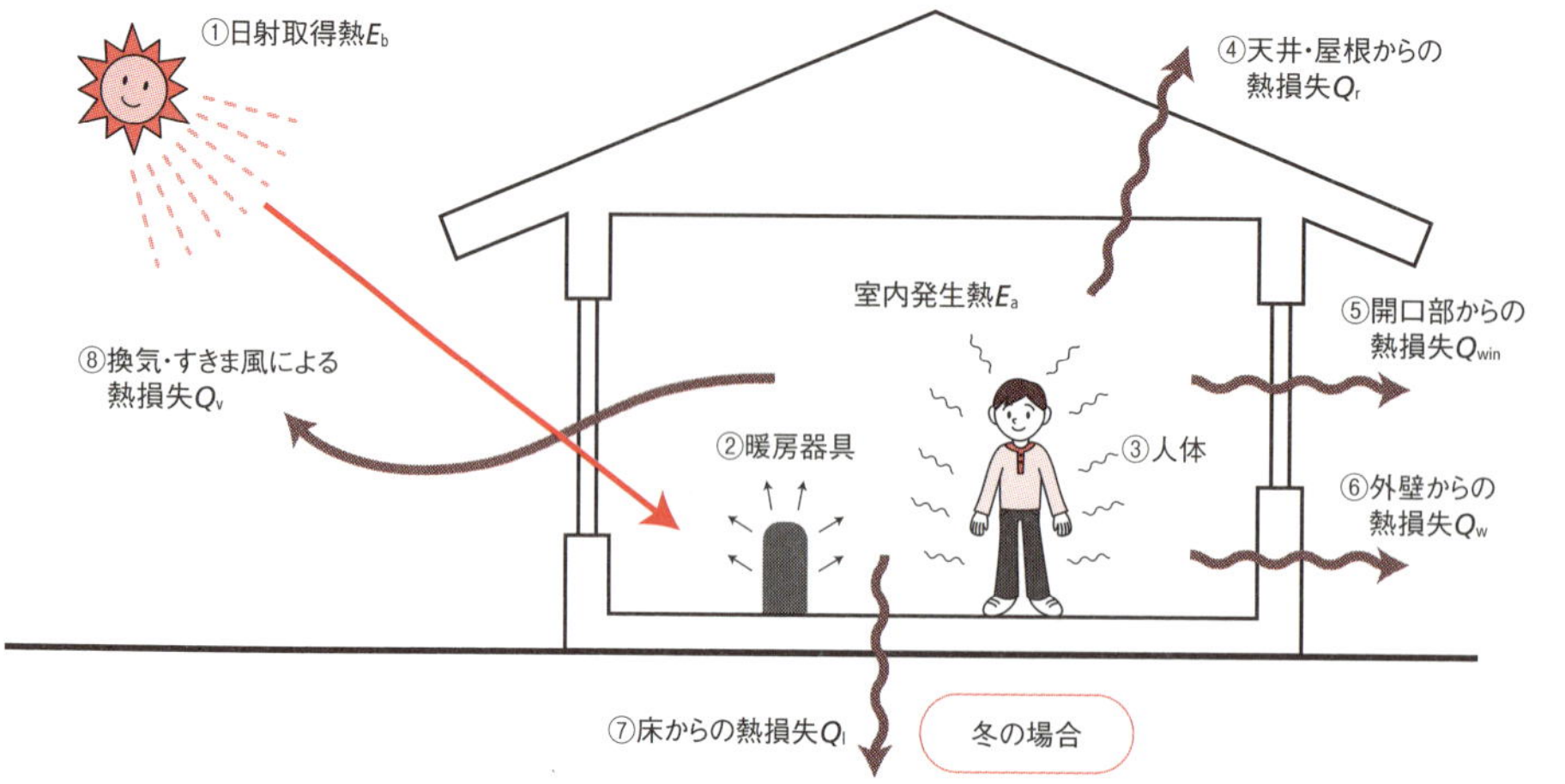
①日射取得熱E_b
④天井・屋根からの
熱損失Q_r
室内発生熱E_a
⑤開口部からの
熱損失Q_{win}
⑧換気・すきま風による
熱損失Q_v
②暖房器具
③人体
⑥外壁からの
熱損失Q_w
⑦床からの熱損失Q_l
冬の場合

建築の熱収支
熱取得(①+②+③)=熱損失(④+⑤+⑥+⑦+⑧)

熱の流れをデザインする

パッシブデザインとは、建物を通り抜ける熱の流れのデザインともいえる。熱は建物の中外を高所から低所へ移動する。周囲の環境条件は常に変化しているが、室内が快適な温度になるよう、熱の流出入の量をコントロールしたり、移動のスピードを遅らせたり、一時的に熱を蓄えたり建築的工夫が必要である。

熱損失は外部が室内より低い温度の状態にある場合に生じ、温度差が大きいほど失われる熱量も大きい(**図**)。熱の取得(供給)がなければ、室温は下がって外気温と等しくなり、熱損失はなくなる。損失量より取得量が小さくなった場合、室温は下がるが、単位時間当たりの損失量に等しくなった時の室温で安定する。逆に取得量が増えると高い室温で安定する。このように自然の熱の出入りに伴い変化する室温を自然室温という。自然室温を居住者にとって快適な範囲に維持することがパッシブデザインの要点である。

熱の取得と損失

①取得と損失の各要素:取得熱が最も大きいのは日射であるが、照明や調理による熱や人体から発生する室内発生熱も無視できない。熱損失の主なものは開口部や屋根・壁・床を介入して起こる貫流熱損失と、換気や漏気のように空気の移動に伴って起きる換気熱損失である。

②熱損失の大きい開口部:開口部は、日中は熱を取得するが、夜間は、熱を損失する。特に、冬期の夜間における熱損失を防ぐことは、建物の消費エネルギーを抑えるうえで効果が大きい。まず開口部そのものの性能を上げるため、ペアガラスや真空ガラスを使用し、ガラスの性能を上げる。さらに、サッシの断熱性を向上させ、熱橋(**注**)を低減するために樹脂や木製のサッシにする方法もある。開口部の外部側に設ける雨戸やシャッター、内部に設ける障子、ブラインド、カーテンなども効果的である。内外の機構を組み合わせて熱の出入りを制御する。

(注) ヒートブリッジ。金属製のサッシや柱などが熱を伝えること

断熱手法と断熱材の種類

図1 分子レベルで見る熱の移動

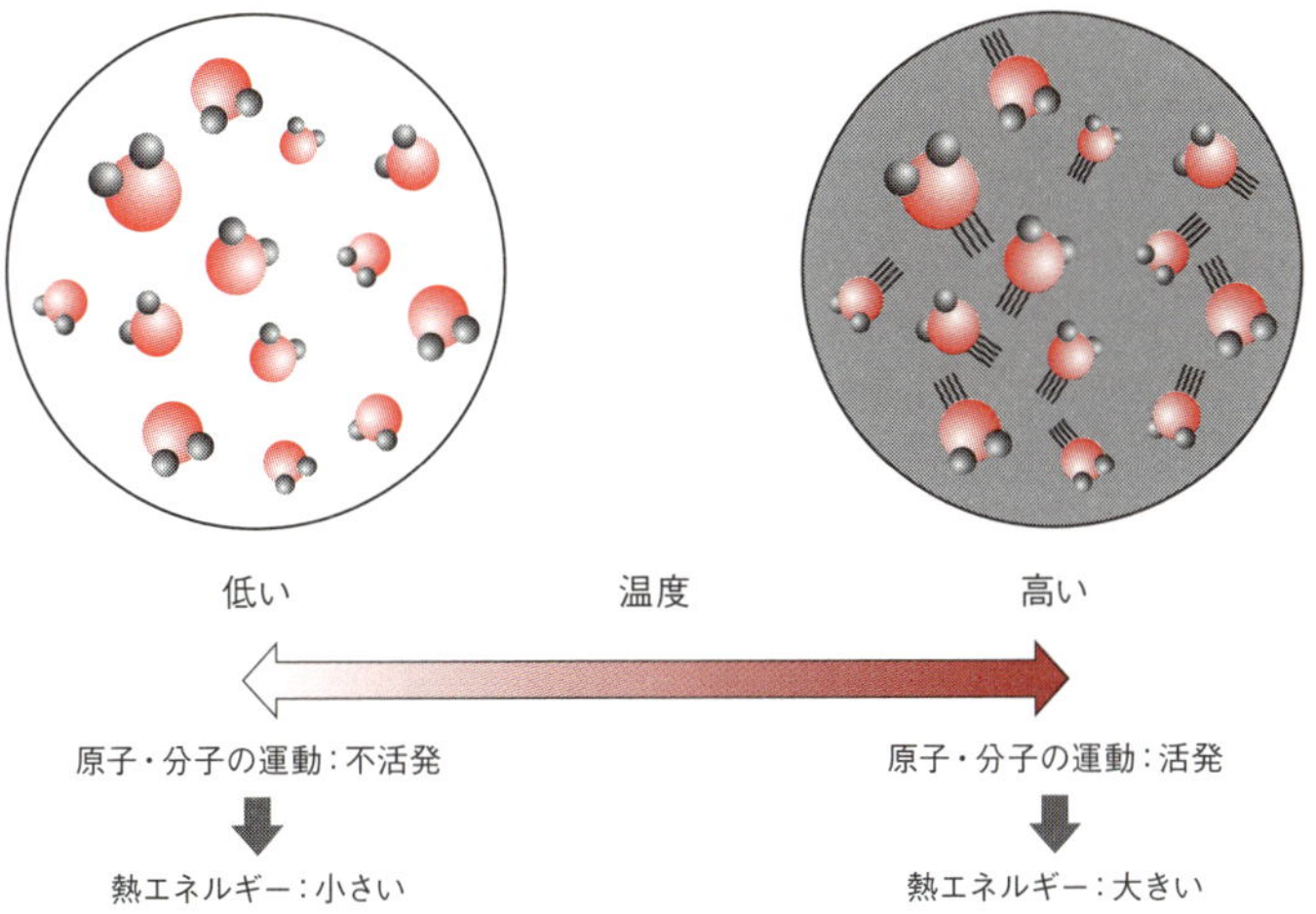
低い
温度
高い
原子・分子の運動：不活発
原子・分子の運動：活発
熱エネルギー：小さい
熱エネルギー：大きい

図2 熱が伝わる様子

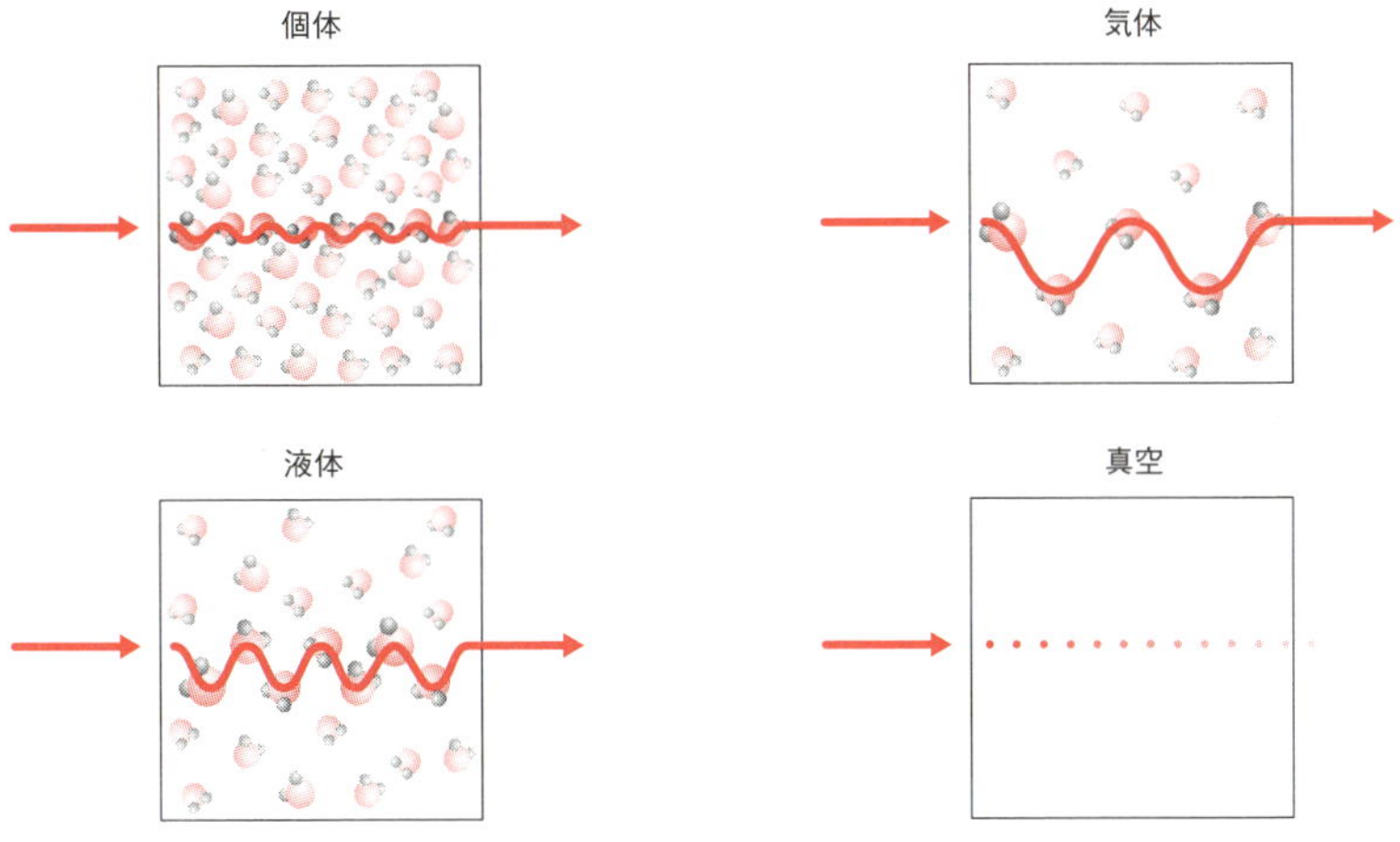
個体
気体
液体
真空

分子間の距離が小さいほど熱が早く伝わる

熱の移動

熱の移動を分子レベルで見ると、分子が振動しながらぶつかり合い、熱を受け渡していくことがわかる。断熱材に、空気や気体に近い素材が用いられているのは、気体を移動する熱は固体に比べて分子間の距離が大きく、熱が伝わりにくいからである。まったく分子のない「真空」状態であれば熱は伝わらない。断熱材の役割とは、気体を動かさないことである（**図1**）。

熱の境界

室内を快適な気温に維持するためには、外部と内部の間に適切な熱の境界をつくることが必要である。建物の外部と内部に温度差があれば熱が流れる。これは、境界に存在する外壁が熱の受け渡しをするからである。

そこで、熱の流れをコントロールするために、断熱材が用いられる。断熱材は内外の熱を完全に遮断するのではなく、熱を伝わりにくくし、熱の移動を遅らせるという役割を担っている。

表 断熱材の種類

必要とされる熱抵抗を得るための各断熱材の最低厚さ(d)等の早見表　(単位：㎜)　d=λ×Rc×1000

		熱伝導率　λ　単位:W/(m・K)																				
		0.052	0.051	0.05	0.049	0.047	0.045	0.044	0.043	0.042	0.040	0.038	0.037	0.036	0.034	0.033	0.030	0.029	0.028	0.026	0.024	0.023
	0.2	11	11	10	10	10	9	9	9	9	8	8	8	8	7	7	6	6	6	6	5	5
	0.3	16	16	15	15	15	14	14	13	13	12	12	12	11	11	10	9	9	9	8	8	7
	0.4	21	21	20	20	19	18	18	18	17	16	16	15	15	14	14	12	12	12	11	10	10
	0.5	26	26	25	25	24	23	22	22	21	20	19	19	18	17	17	15	15	14	13	12	12
	0.6	32	31	30	30	29	27	27	26	26	24	23	23	22	21	20	18	18	17	16	15	14
	0.7	37	36	35	35	33	32	31	31	30	28	27	26	26	24	24	21	21	20	19	17	17
	0.8	42	41	40	40	38	36	36	35	34	32	31	30	29	28	27	24	24	23	21	20	19
	0.9	47	46	45	45	43	41	40	39	38	36	35	34	33	31	30	27	27	26	24	22	21
	1.0	52	51	50	49	47	45	44	43	42	40	38	37	36	34	33	30	29	28	26	24	23
	1.1	58	57	55	54	52	50	49	48	47	44	42	41	40	38	37	33	32	31	29	27	26
	1.2	63	62	60	59	57	54	53	52	51	48	46	45	44	41	40	36	35	34	32	29	28
	1.4	73	72	70	69	66	63	62	61	59	56	54	52	51	48	47	42	41	40	37	34	33
	1.5	78	77	75	74	71	68	66	65	63	60	57	56	54	51	50	45	44	42	39	36	35
	1.7	89	87	85	84	80	77	75	74	72	68	65	63	62	58	57	51	50	48	45	41	40
	1.8	94	92	90	89	85	81	80	78	76	72	69	67	65	62	60	54	53	51	47	44	42
	2.0	104	102	100	98	94	90	88	86	84	80	76	74	72	68	66	60	58	56	52	48	46
	2.1	110	108	105	103	99	95	93	91	89	84	80	78	76	72	70	63	61	59	55	51	49
	2.2	115	113	110	108	104	99	97	95	93	88	84	82	80	75	73	66	64	62	58	53	51
	2.3	120	118	115	113	109	104	102	99	97	92	88	86	83	79	76	69	67	65	60	56	53
熱抵抗の目標値 Rc（㎡・K/W）	2.5	130	128	125	123	118	113	110	108	105	100	95	93	90	85	83	75	73	70	65	60	58
	2.6	136	133	130	128	123	117	115	112	110	104	99	97	94	89	86	78	76	73	68	63	60
	2.7	141	138	135	133	127	122	119	117	114	108	103	100	98	92	90	81	79	76	71	65	63
	2.9	151	148	145	143	137	131	128	125	122	116	111	108	105	99	96	87	85	82	76	70	67
	3.0	156	153	150	147	141	135	132	129	126	120	114	111	108	102	99	90	87	84	78	72	69
	3.1	162	159	155	152	146	140	137	134	131	124	118	115	112	106	103	93	90	87	81	75	72
	3.2	167	164	160	157	151	144	141	138	135	128	122	119	116	109	106	96	93	90	84	77	74
	3.3	172	169	165	162	156	149	146	142	139	132	126	123	119	113	109	99	96	93	86	80	76
	3.5	182	179	175	172	165	158	154	151	147	140	133	130	126	119	116	105	102	98	91	84	81
	3.6	188	184	180	177	170	162	159	155	152	144	137	134	130	123	119	108	105	101	94	87	83
	3.8	198	194	190	187	179	171	168	164	160	152	145	141	137	130	126	114	111	107	99	92	88
	4.0	208	204	200	196	188	180	176	172	168	160	152	148	144	136	132	120	116	112	104	96	92
	4.1	214	210	205	201	193	185	181	177	173	164	156	152	148	140	136	123	119	115	107	99	95
	4.2	219	215	210	206	198	189	185	181	177	168	160	156	152	143	139	126	122	118	110	101	97
	4.5	234	230	225	221	212	203	198	194	189	180	171	167	162	153	149	135	131	126	117	108	104
	4.6	240	235	230	226	217	207	203	198	194	184	175	171	166	157	152	138	134	129	120	111	106
	5.0	260	255	250	245	235	225	220	215	210	200	190	185	180	170	165	150	145	140	130	120	115
	5.2	271	266	260	255	245	234	229	224	219	208	198	193	188	177	172	156	151	146	136	125	120
	5.5	286	281	275	270	259	248	242	237	231	220	209	204	198	187	182	165	160	154	143	132	127
	5.7	297	291	285	280	268	257	251	246	240	228	217	211	206	194	189	171	166	160	149	137	132
	6.0	312	306	300	294	282	270	264	258	252	240	228	222	216	204	198	180	174	168	156	144	138
断熱材の種類	6.6	344	337	330	324	311	297	291	284	278	264	251	245	238	225	218	198	192	185	172	159	152
住宅用グラスウール				10K			16K					24K		32K								
高性能グラスウール												16K		24K								
吹込用グラスウール		GW_1 GW_2									30K 35K※1											
住宅用ロックウール断熱材												マット フェルト		ボード								
吹込用ロックウール			35K			25K																
ビーズ法ポリスチレンフォーム保温板									4号		3号		2号	1号	特号							
押出法ポリスチレンフォーム保温板											1種				2種				3種			
硬質ウレタンフォーム保温板1種																				3号	2号 1号	
硬質ウレタンフォーム保温板2種																					3号	2号 1号
吹付け硬質ウレタンフォーム(現場発泡品)																				現発		
ポリエチレンフォーム										B		A										
フェノールフォーム保温板														2種 1号	2種 2号	1種 1号	1種 2号					
吹込み用セルロースファイバー											25K 45K※2 55K※2											
断熱材のグループ		A-1		A-2			B				C				D				E			

K=kg/㎥(密度)　※1　乾式および接着剤併用工法　※2　接着剤併用工法

(出典)「住宅の次世代省エネルギー基準の解説」(財)建築環境・省エネルギー機構

図3 断熱材の性能による厚さの違い

同等性能を得るための厚さ

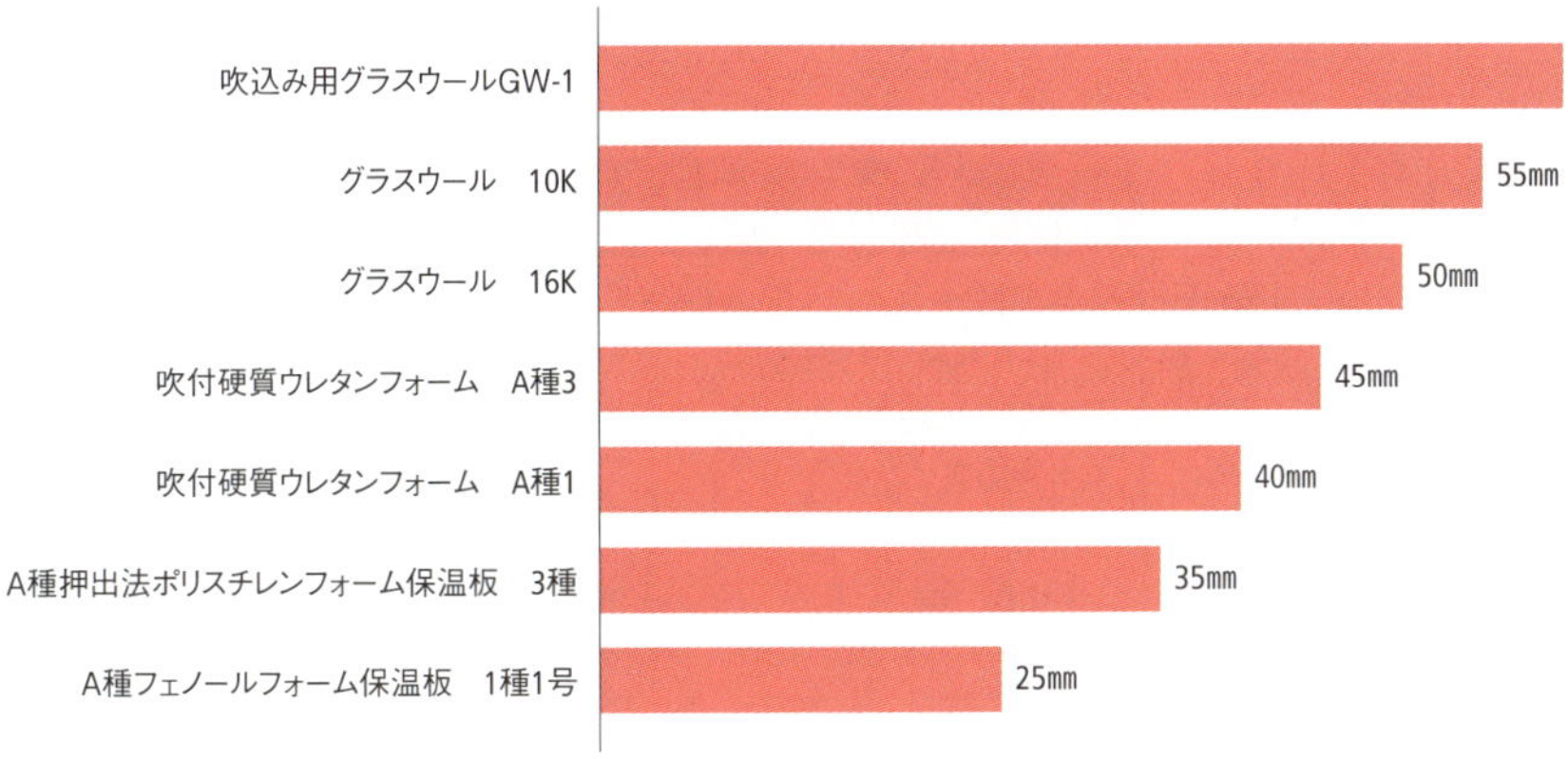

吹込み用グラスウールGW-1
60㎜
グラスウール　10K
55㎜
グラスウール　16K
50㎜
吹付硬質ウレタンフォーム　A種3
45㎜
吹付硬質ウレタンフォーム　A種1
40㎜
A種押出法ポリスチレンフォーム保温板　3種
35㎜
A種フェノールフォーム保温板　1種1号
25㎜

住宅の省エネルギー基準などの改正(H25基準)によって、断熱性能に関する指標を床面積あたりの熱損失量である熱損失係数(Q値)から、外皮面積あたりの熱損失量(換気による熱損失量を除く)である外皮平均熱貫流率(U_A値)に変更された

図4 内断熱と外断熱の違い

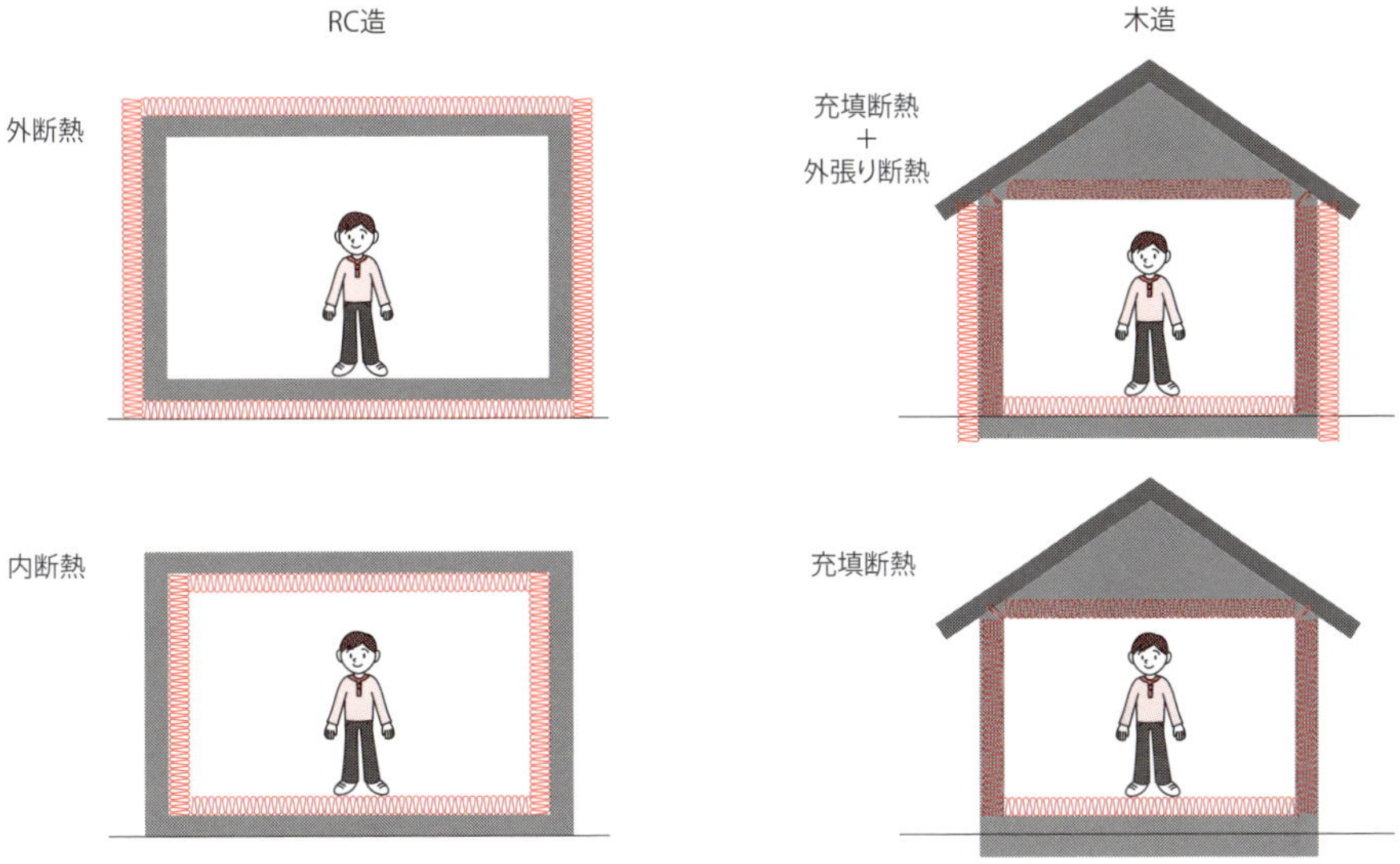

RC造
木造
外断熱
充填断熱
＋
外張り断熱
内断熱
充填断熱

例えば、グラスウールは壁に充填することで空気の移動を遅らせて、熱の受け渡しを少なくする。真空の状態をつくれば、そこに物質が介在しないため熱の受け渡しがほとんどない。このように断熱材は、熱的な境界に存在することによって熱の移動を遅らせる。つまり、素材によって熱と時間のコントロールをするのである(図2)。

断熱材には様々な種類があり、その性能も異なる(表)。一例を図3に示す。

外断熱/内断熱

断熱を構造体の内側に施すか、外側に施すかで内断熱、外断熱と区別しているが、熱抵抗値としては外断熱も、内断熱も変わりはない。ただし、断熱材の室内側に熱容量となる素材があるかどうかで熱的な環境に違いが生じる。熱容量の高い素材が室内側にあると、熱を蓄える蓄熱材として働き、室温変動を安定させる(図4)。

コンクリート造の外断熱は、構造体であるコンクリートの熱容量を生かす工法である。

木造の場合は、充填断熱が一般的であるが、さらなる断熱性の向上のために、外張り断熱を付加する方法もある。

U_A値と一次エネルギー

図1 省エネ基準の改正点

平成11年 省エネ基準		平成25年 省エネ基準
▶地域区分 I〜VI地域（6区分）	改正 ➡	▶地域区分 1〜8地域（8区分）
▶外皮の省エネ性能 ・Q値［W／㎡K］（熱損失係数）＝建物から逃げる熱量／延床面積 ・μ値（夏期日射取得係数）＝建物に侵入する日射量／延床面積	改正 ➡	▶外皮の省エネ性能 ・U_A値［W／㎡K］（外皮平均熱貫流率）＝建物が損失する熱量／外皮等面積 ・η_A値（冷房期平均日射熱取得率）＝建物が取得する日射量／外皮等面積×100
	新設	▶一次エネルギー消費量 基準一次エネルギー消費量 ≧ 設計一次エネルギー消費量

平成11年 省エネ基準（次世代省エネ基準）

地域区分	I	II	III	IV	V	VI
熱損失係数（Q値）の基準値［W／㎡K］	1.6	1.9	2.4	2.7		3.7
夏期日射取得係数（μ値）の基準値	0.08		0.07			0.06

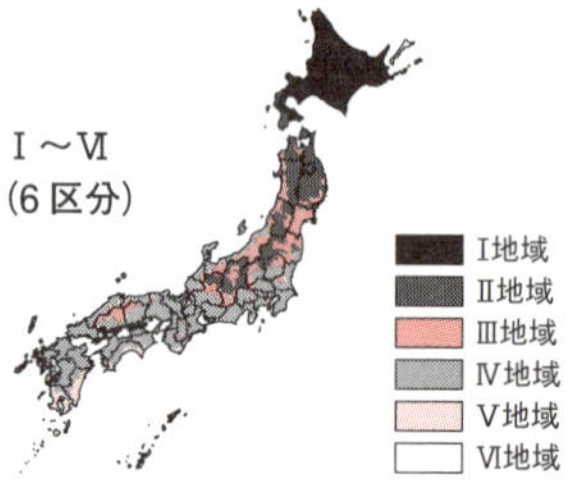
I〜VI
（6区分）
I地域
II地域
III地域
IV地域
V地域
VI地域

平成25年 省エネ基準　平成11年省エネ基準のI地域、IV地域を細分化

地域区分	1	2	3	4	5	6	7	8
外皮平均熱貫流率（UA値）の基準値［W／㎡K］	0.46	0.46	0.56	0.75	0.87	0.87	0.87	-
冷房期の平均日射熱取得率（ηA値）の基準値	-	-	-	-	3.0	2.8	2.7	3.2

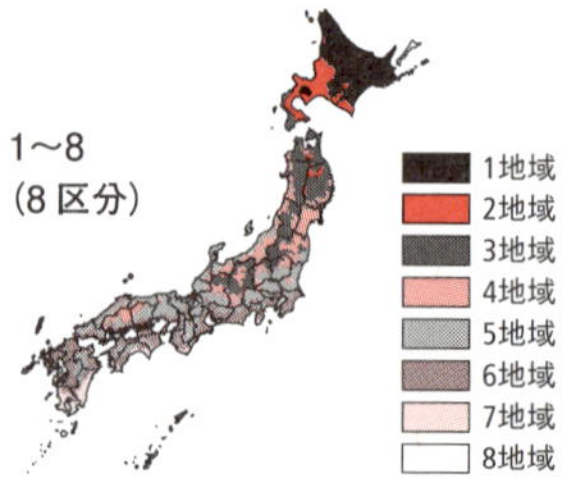
1〜8
（8区分）
1地域
2地域
3地域
4地域
5地域
6地域
7地域
8地域

改正省エネ法（平成25年基準）

建物外皮の断熱性能を指標とした次世代省エネ基準から、建物全体でエネルギー消費量を減らすために、設備も含めた評価ができる基準として2013年に改正省エネ基準が施行された。

そのなかで地域区分が見直され、改正まで全国を6地域（I地域とVI地域のみa・bに細分化）に分けていたが、見直し後は細分化がなくなり、数字で8地域（1地域〜8地域）に区分されるようになった（図1）。

次世代省エネ基準（平成11年改正）は、性能規定に相当する判断基準と、仕様規定に相当する設計施工指針に分かれていた。改正省エネ基準では、これまで年間暖冷房負荷、Q値（熱損失係数）、μ値（夏期日射取得係数）などで評価していた断熱性能を、U_A値（外皮平均熱貫流率）とηAS値（冷房期の平均日射熱取得率）で評価する。

Q値やμ値は床面積あたりの数値だが、U_A値とηAS値は外皮面積あたりの数値となっている。床面積は小さ

図2 改正後の熱性能基準

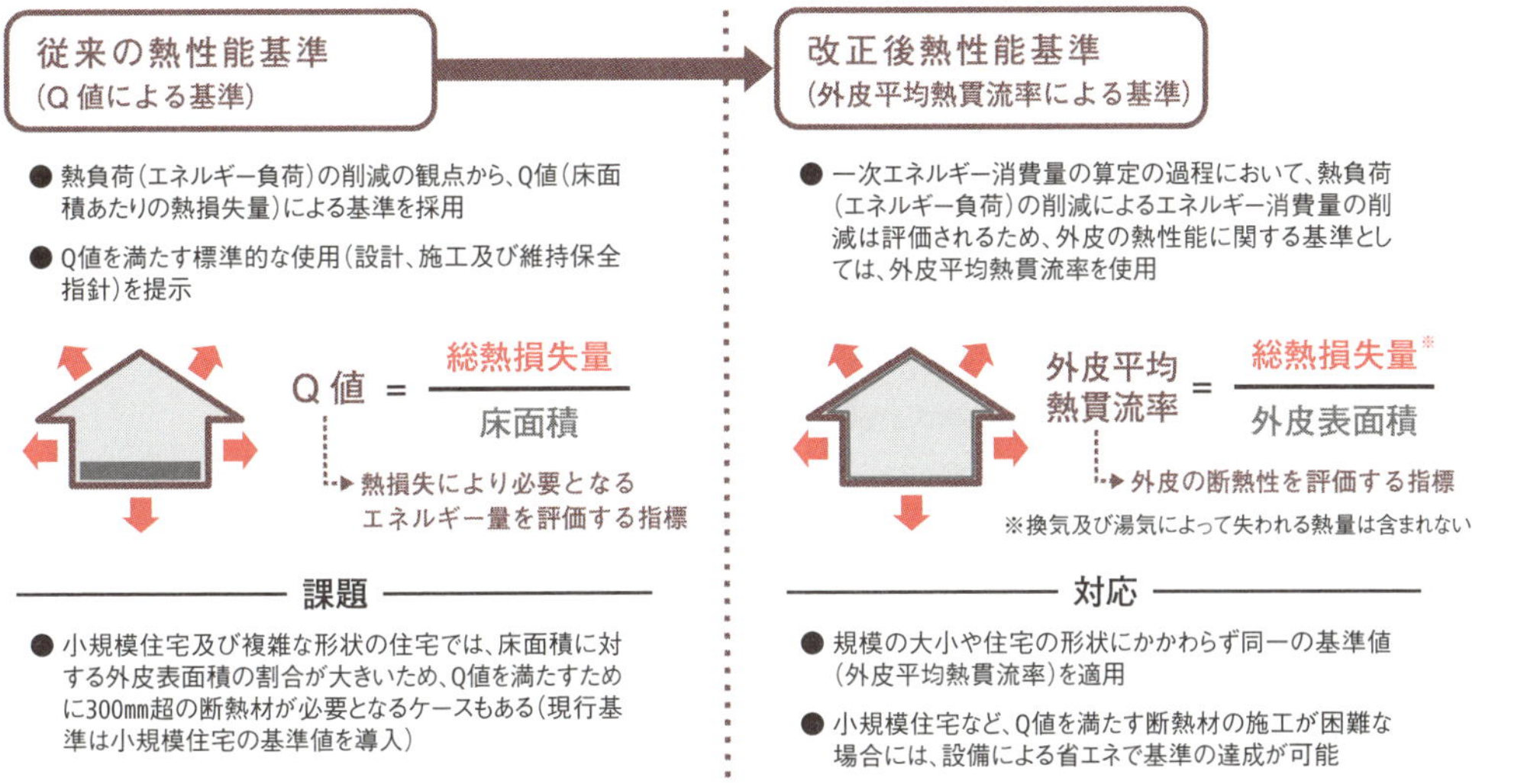

従来の熱性能基準
(Q値による基準)
改正後熱性能基準
(外皮平均熱貫流率による基準)
● 熱負荷(エネルギー負荷)の削減の観点から、Q値(床面積あたりの熱損失量)による基準を採用
● Q値を満たす標準的な使用(設計、施工及び維持保全指針)を提示
Q値 = 総熱損失量 / 床面積
熱損失により必要となるエネルギー量を評価する指標
課題
● 小規模住宅及び複雑な形状の住宅では、床面積に対する外皮表面積の割合が大きいため、Q値を満たすために300mm超の断熱材が必要となるケースもある(現行基準は小規模住宅の基準値を導入)
● 一次エネルギー消費量の算定の過程において、熱負荷(エネルギー負荷)の削減によるエネルギー消費量の削減は評価されるため、外皮の熱性能に関する基準としては、外皮平均熱貫流率を使用
外皮平均熱貫流率 = 総熱損失量※ / 外皮表面積
外皮の断熱性を評価する指標
※換気及び湯気によって失われる熱量は含まれない
対応
● 規模の大小や住宅の形状にかかわらず同一の基準値(外皮平均熱貫流率)を適用
● 小規模住宅など、Q値を満たす断熱材の施工が困難な場合には、設備による省エネで基準の達成が可能

出典：経済産業省委員会資料

図3 一次エネルギー消費量の算出方法

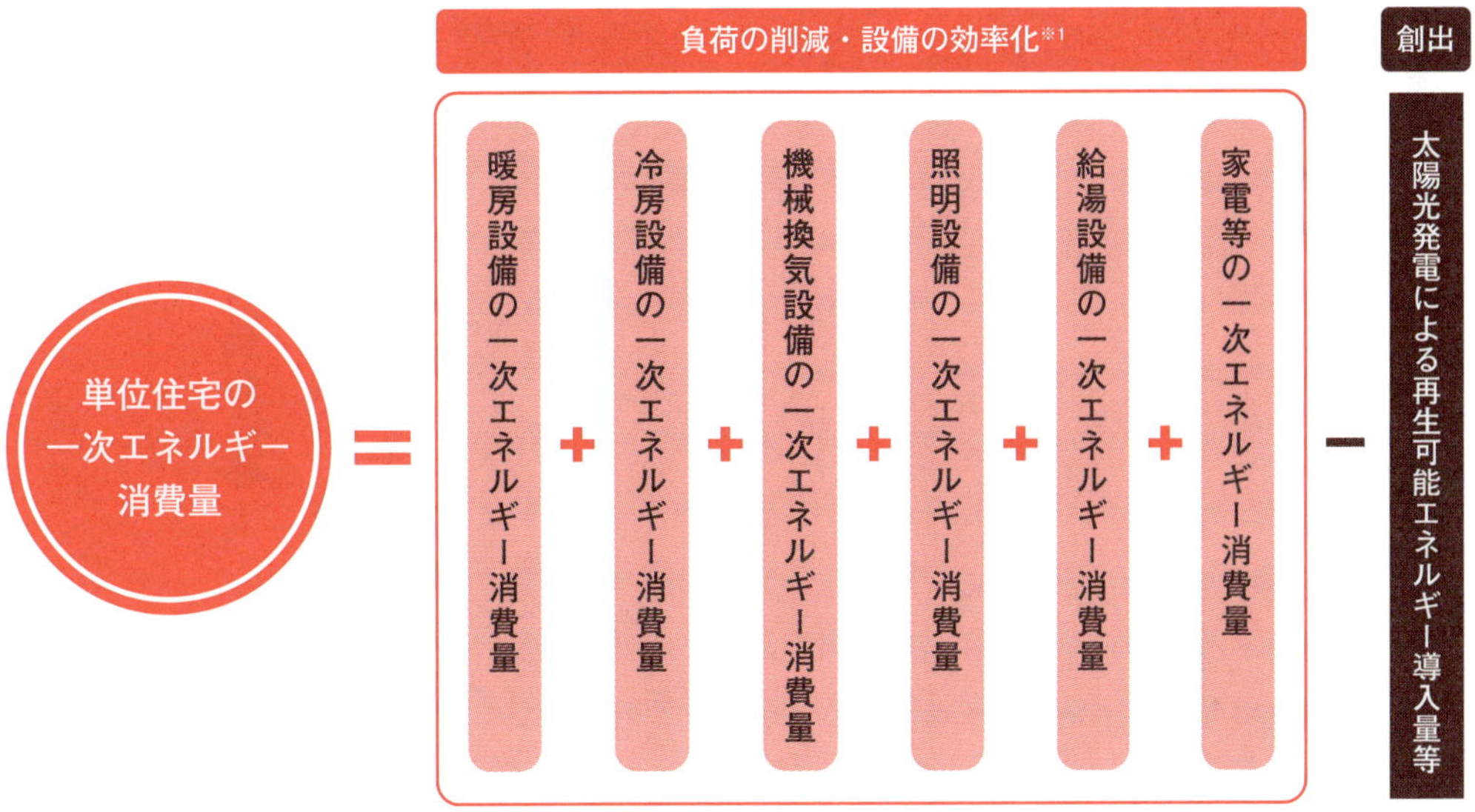

負荷の削減・設備の効率化※1
創出
単位住宅の一次エネルギー消費量
=
暖房設備の一次エネルギー消費量
+
冷房設備の一次エネルギー消費量
+
機械換気設備の一次エネルギー消費量
+
照明設備の一次エネルギー消費量
+
給湯設備の一次エネルギー消費量
+
家電等の一次エネルギー消費量
−
太陽光発電による再生可能エネルギー導入量等

出典：(一社) 日本サステナブル建築協会

いが外皮面積が大きい住宅は、断熱基準で評価すると高いレベルの断熱が必要であったが、規模や形状に関わらず同一の基準で評価できるようになった。(**図2**)

一次エネルギー消費量

次世代省エネ基準(平成11年改正)では、主に建物の断熱性能が規定されていた。改正省エネ基準では、断熱性能の向上とともに、住宅全体で使うエネルギーを効果的に減らすことを目標に、一次エネルギー消費量という指標を設け、設備機器を含めた住まい全体の省エネ性能を評価するようになった。一次エネルギー消費量とは、建物で使ったエネルギー(電気・ガスなど)を作り出すのに必要なエネルギー(変換加工する前の自然界に存在する石油、石炭など)を熱量で表したものである。

一次エネルギー消費量の計算に含まれるのは、冷暖房、換気、給湯、照明、家電などの消費量、太陽光発電やコージェネレーション設備による再生可能エネルギー導入量である(**図3**)。

(※1) 家電や調理器具などの省エネ効果は評価せず、床面積に応じた標準値を使用する

結露防止

図1 室内の湿気

(a) 結露が起こるしくみ

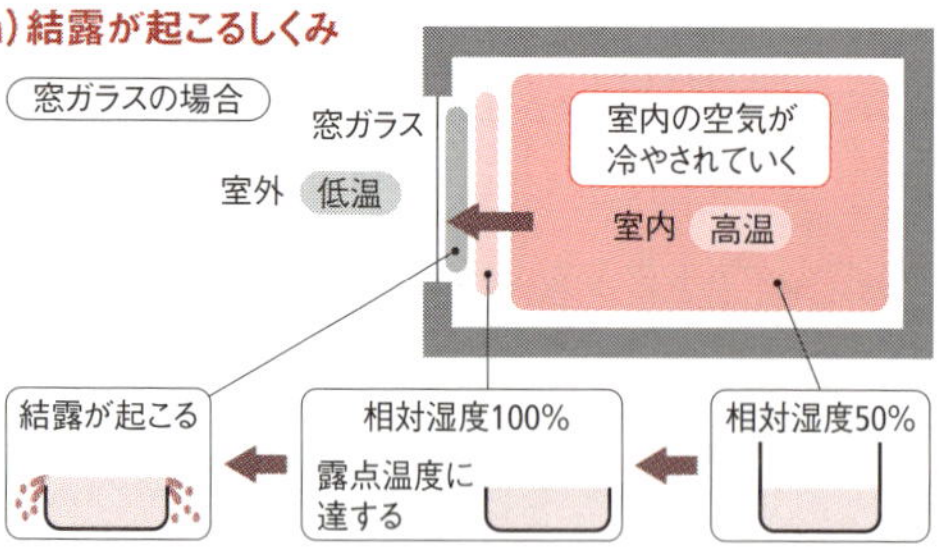
窓ガラスの場合
窓ガラス
室外 低温
室内の空気が冷やされていく
室内 高温
結露が起こる
相対湿度100%
露点温度に達する
相対湿度50%

図2 露点温度

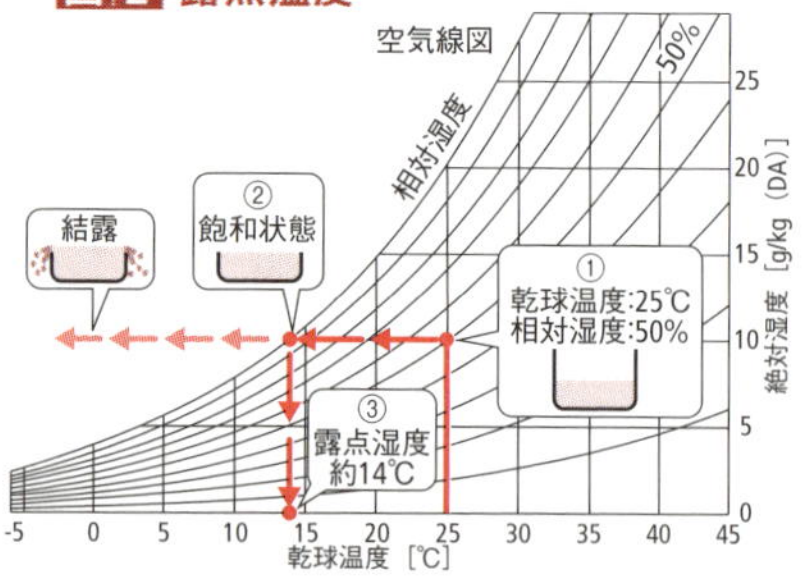
空気線図
相対湿度
50%
結露
② 飽和状態
① 乾球温度:25℃ 相対湿度:50%
③ 露点温度 約14℃
絶対湿度 [g/kg (DA)]
乾球温度 [℃]
-5
0
5
10
15
20
25
30
35
40
45

温度が低くなると空気中に含まれる水分は少なくなる

(b) 結露が起こりやすい要素

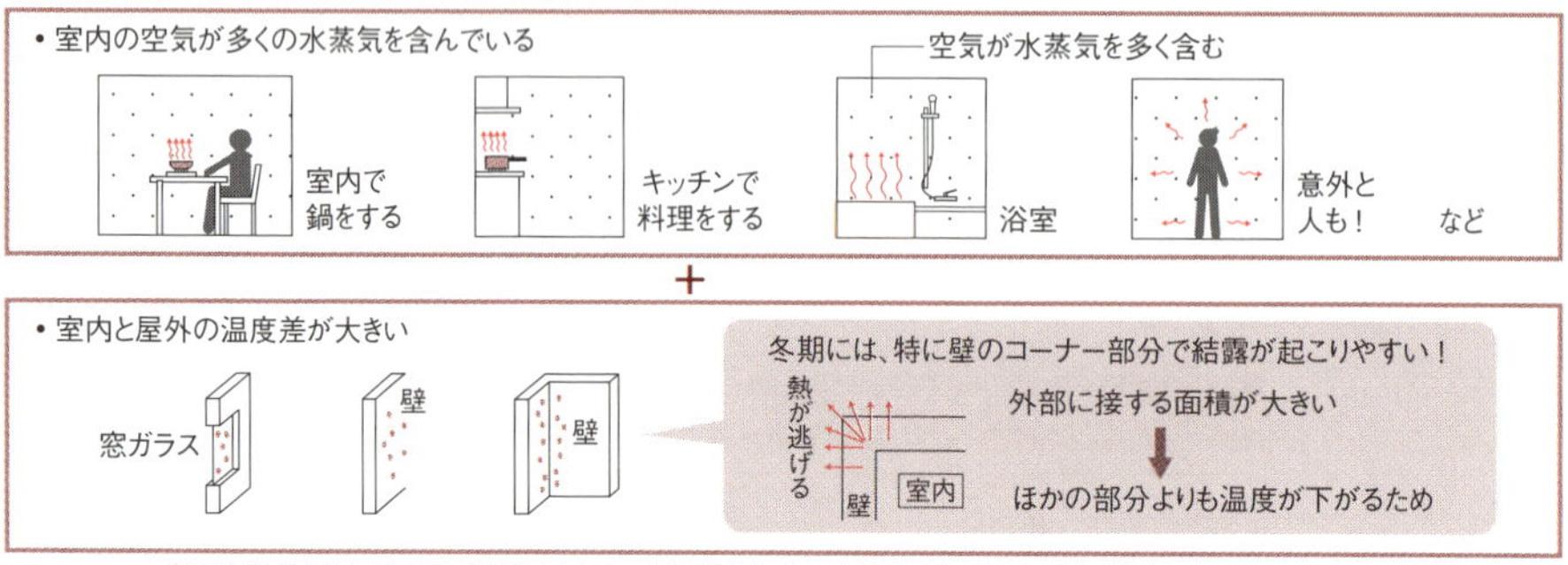
• 室内の空気が多くの水蒸気を含んでいる
空気が水蒸気を多く含む
室内で鍋をする
キッチンで料理をする
浴室
意外と人も！
など
+
• 室内と屋外の温度差が大きい
窓ガラス
壁
壁
冬期には、特に壁のコーナー部分で結露が起こりやすい！
熱が逃げる
外部に接する面積が大きい
ほかの部分よりも温度が下がるため
壁
室内

水蒸気を多く含んだ空気が冷やされると、水蒸気が少ない空気よりも、結露の量が多くなる

湿気の排除

室内では、人体や調理時、開放型の暖房器具（注1）などによって発生する水蒸気が湿気を増大させる。いずれも同時に熱を発散するので、人体の水蒸気だけでは相対湿度の増大にあまり影響しない。調理時の水蒸気は換気扇でただちに排出される場合が多いが、開放型暖房器具からの水蒸気量は著しく多く、室内で結露の原因となることが多い（図1）。

室内の湿気のコントロールは、室内の湿った空気を排出し、より乾燥した外気を導入する「換気」による。換気の主な目的は、汚染空気の排除と新鮮空気の取り入れであるが、同時に湿気の排除が必要となる。暖房器具の種類によっては、室温の上昇に伴って相対湿度が低下するので、加湿が必要となる。

結露のしくみと対策

空気の単位体積当たりに含まれる水分を重量で示したものを絶対湿度、空気の飽和状態の水分の重量に対する割合で示したものを相対湿度という。空気が飽和に達する空気中の水分の量は、温度によって異なるので、絶対湿度が同じでも気温の変化で相対湿度が変化する。温度が低下して空気が飽和状態に達すれば、空気中の水蒸気の一部は凝縮して水に変わる。この現象が結露である。空気が飽和状態に達する温度を露点温度と呼ぶ。気温、絶対湿度、相対湿度などの関係を示したのが空気線図である（図2）。

壁の室内表面温度（注2）が、室内空気の露点温度以上であれば結露は発生しない。室内の空気温度20℃、相対湿度60％の場合、露点温度は12℃であるため、壁の室内表面温度が12℃以上であれば、結露しないことになる。壁に断熱材を入れるなど、壁の熱貫流率を小さくし、表面温度の低下を防ぐことが有力な結露対策となる。壁内へ室内の湿った空気が流入すると、壁の内部が冷却され結露する（内部結露）ため、断熱材の性能を著しく低下させる。湿気の流入防止のための防湿層を断熱材よりも室内側に設置することが必要である。

（注1） 排気を室内に放出する暖房器具
（注2） 壁の熱貫流率、外気温、室内温度から求められる

ライフスタイル・使われ方

表 自立循環型住宅の設計目標像（典型タイプ）と要素技術の適用イメージ

自立循環型住宅の設計要件		自立循環型	要素技術の適用イメージ		
敷地の自然エネルギー利用の可能性	ライフスタイルの指向	住宅の設計目標像（典型タイプ）	要素技術の分類	適用の優先度	概要
郊外型立地：自然エネルギー利用を比較的容易に行える立地	伝統的自然生活指向：自然にこだわる	住宅タイプⅠ：自然エネルギーを主として利用して快適さを達成できる住宅	自然エネルギー活用技術	◎	自然風、日射を最大限取り入れる。寒さ、暑さに応じた室内環境調整のための建築的対策を十分に施す
			建物外皮の熱遮断技術	○	地域の気候特性等に応じて、断熱化による保温や熱侵入防止措置を適切に施す。日射の遮蔽対策に十分配慮する
			省エネルギー設備技術	△	暖冷房設備や照明設備など、設備的措置を必要に応じて補助的に導入する
	自然生活指向：自然を活用しながら、省エネルギー設備利用と両立させる	住宅タイプⅡ：自然エネルギー利用と設備利用を両立させて快適さを達成できる住宅	自然エネルギー活用技術	○	自然風や日射を、設計上の工夫などにより、できるだけ取り入れる
			建物外皮の熱遮断技術	◎	断熱化による保温や熱の侵入防止措置を十分に施し暖冷房負荷の低減を図る。日射の遮蔽対策に十分配慮する
			省エネルギー設備技術	○	暖冷房設備や照明設備など、設備的措置を活用して室内環境の調整を図る。エネルギー効率の高い設備機器を可能な範囲で導入する
	設備生活指向：省エネルギー設備を優先して利用する	住宅タイプⅢ：設備を主として利用して快適さを達成できる住宅	自然エネルギー活用技術	△	自然風や日射を、可能な範囲で補助的に取り入れる
			建物外皮の熱遮断技術	◎	断熱化による保温や熱の侵入防止措置を十分に施し、暖冷房負荷の低減を図る。日射の遮蔽対策に十分配慮する
都市型立地：自然エネルギー利用に工夫を必要とする（あるいは利用が困難な）立地			省エネルギー設備技術	◎	暖冷房設備や照明設備など、設備的措置を優先的に活用し室内環境調整を図る。エネルギー効率の高い設備機器を積極的に導入する

要素技術適用の優先度　◎：高い、○：中程度、△：低い

省エネ住宅と省エネ行動

省エネ住宅とは、住宅内で消費されるエネルギーを削減することを目的として建築的、設備的に工夫された住宅である。例えば、「自立循環型住宅」（注）は、居住時のエネルギー消費量（CO_2排出量）を2000年頃の標準的な住宅と比較して50％まで削減可能としている。しかし、建物は使われなければ、運用時のエネルギーはゼロである。つまり、エネルギーを消費するのも、削減するのも居住者である。省エネ住宅における建物性能は、その潜在能力を居住者の行動により引き出して初めて達成される（表）。

住まいの取扱説明書

居住者に期待される省エネの生活行動は、照明器具や家電のスイッチをこまめに切るなどのエネルギー削減型と、窓の開閉によって風を取り込む、すだれやブラインドで日差しを遮る、断熱戸を閉めて熱を逃がさないなどの建築的工夫活用型がある。

エネルギー削減型はスイッチのON、OFFなどの操作が簡易であるとともに、行為に対する現象が明確に現れることから、居住者が効果を比較的把握しやすい。一方、建築的工夫活用型は外部環境や室内環境の状態、住まい方の変化により、その調整方法は多様である。建築が高性能化・多様化している現代の住宅では、多様な要素を考慮して住まいを使いこなすための取扱説明書（図）が必要ではないだろうか。これは、設計者が居住者に送る省エネのためのメッセージといってもよいだろう。

図 住まいの取扱説明書

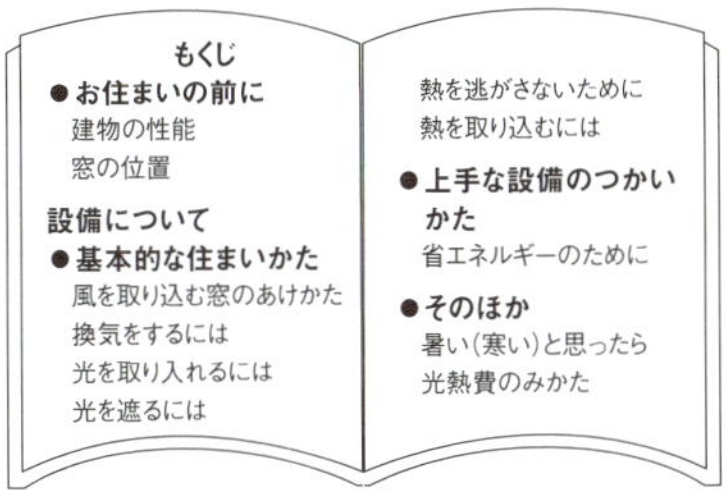
もくじ
●お住まいの前に
建物の性能
窓の位置
設備について
●基本的な住まいかた
風を取り込む窓のあけかた
換気をするには
光を取り入れるには
光を遮るには
熱を逃がさないために
熱を取り込むには
●上手な設備のつかいかた
省エネルギーのために
●そのほか
暑い（寒い）と思ったら
光熱費のみかた

（注）　気候や敷地特性など立地条件と住まい方に応じて極力自然エネルギーを活用したうえで、建物と設備機器の選択に注意を払うことによって居住性や利便性の水準を向上させつつ居住時のエネルギー消費量（CO_2排出量）を2000年頃の標準的な住宅と比較して50％にまで削減可能で、2010年までに十分実用化できる住宅

1 建築計画
2 給排水設備
3 熱源設備
4 空調設備
5 電気設備
6 評価手法
7 事例解説
8 維持管理

HEMS

図 HEMSの仕組み

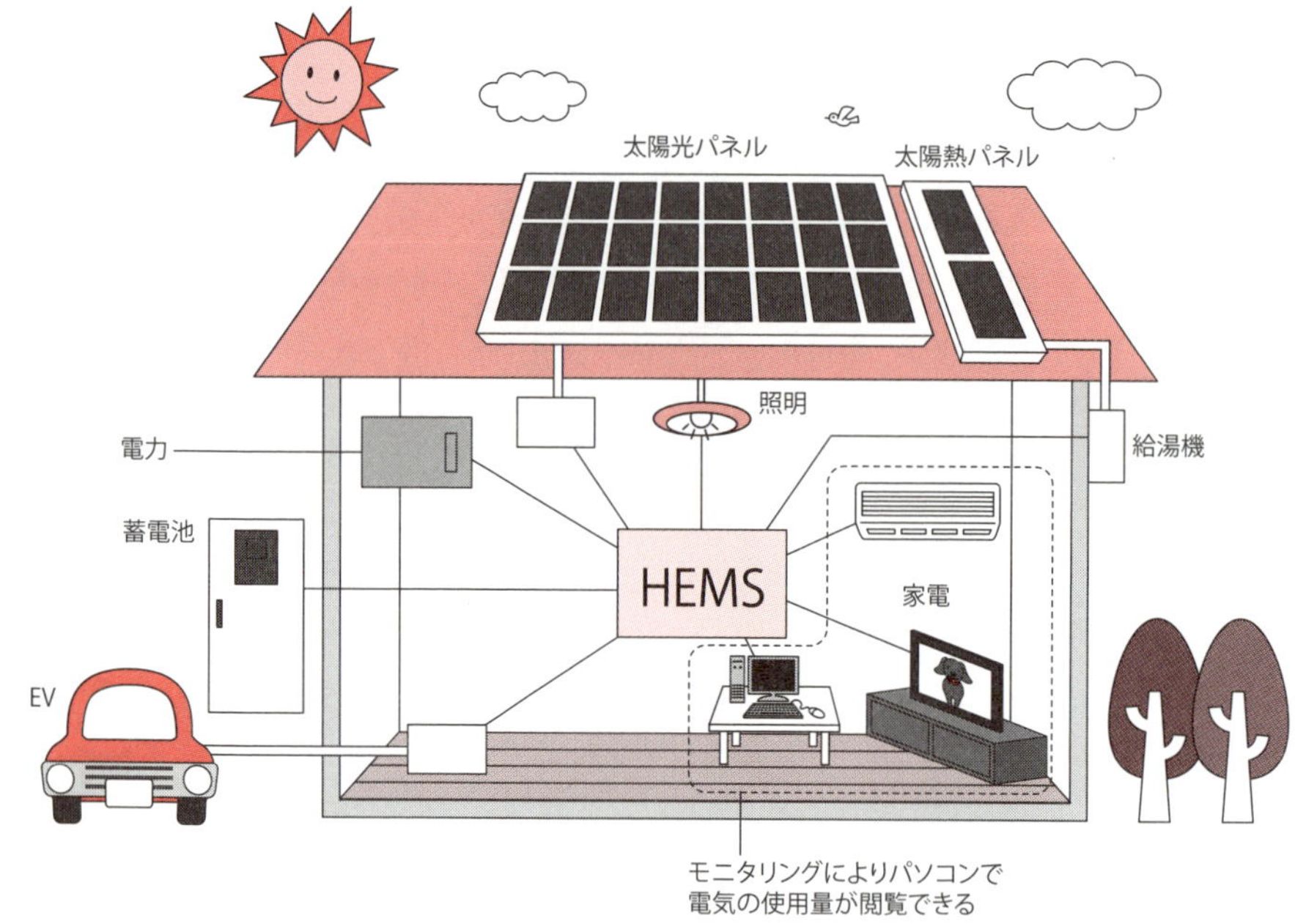
太陽光パネル
太陽熱パネル
照明
電力
給湯機
蓄電池
HEMS
家電
EV
モニタリングによりパソコンで
電気の使用量が閲覧できる

HEMS（注）とは、複数の家電機器や給湯機器を、IT技術の活用によりネットワークでつなぎ、制御する技術である。住宅で消費するエネルギー使用量や機器の動作を計測・表示して、住まい手に省エネを喚起するほか、機器の使用量などを制限してエネルギーの消費量を抑えることができる。エネルギー使用のモニタリングを主とした「表示系」と、エアコン・照明等の家電製品の遠隔制御を主とした「制御系」に大きく分けられる。

●**表示系**
・モニタリングにより、パソコンから電気の使用量などを一定の間隔でリアルタイム閲覧できる
・リアルタイムの使用量や概算料金表示により、省エネ行動を促す
・電力会社や都市ガス会社が家庭用の顧客に対し、自社のウェブサイト上で過去のエネルギー使用量に関する情報を提供するサービスもある

●**制御系**
・ピークカット機能付き分電盤は、専用端末に電気の使用レベルを表示し、使用量が契約容量を超えると音声で知らせ、接続されている機器の電源を自動的に遮断する機器の運転は、電気の使用量が減ると自動的に再開される
・ホームネットワークを利用して家電機器の遠隔操作などを行う

住人の感覚もセンサーの1つ

HEMSは様々なセンシング技術を駆使し、室内外の状態や設備機器の状態を示すことでいわゆる「見える化」を実現している。建築空間と設備技術の橋渡しをしているといってもよいだろう。建築空間に設備を付加しただけの時代から大きく進化したといえる。しかし、そこでの生活は人間が中心である。エネルギーをマネジメントするたくさんのセンサーと同じく、人間の感覚もセンサーの1つなのである。様々なHEMSのシステムが試みられているが、これにより、生活を楽にするばかりではなく、人間の行動をより活性化させるために、身体感覚に刺激を与える装置として、活用されることも考えられるのではないだろうか。

（注） Home Energy Management Systemの略称

Column

ライフスタイル・使いこなし（住みこなし）

図1　日平均外気温に対するエアコンの使用者割合[2)]

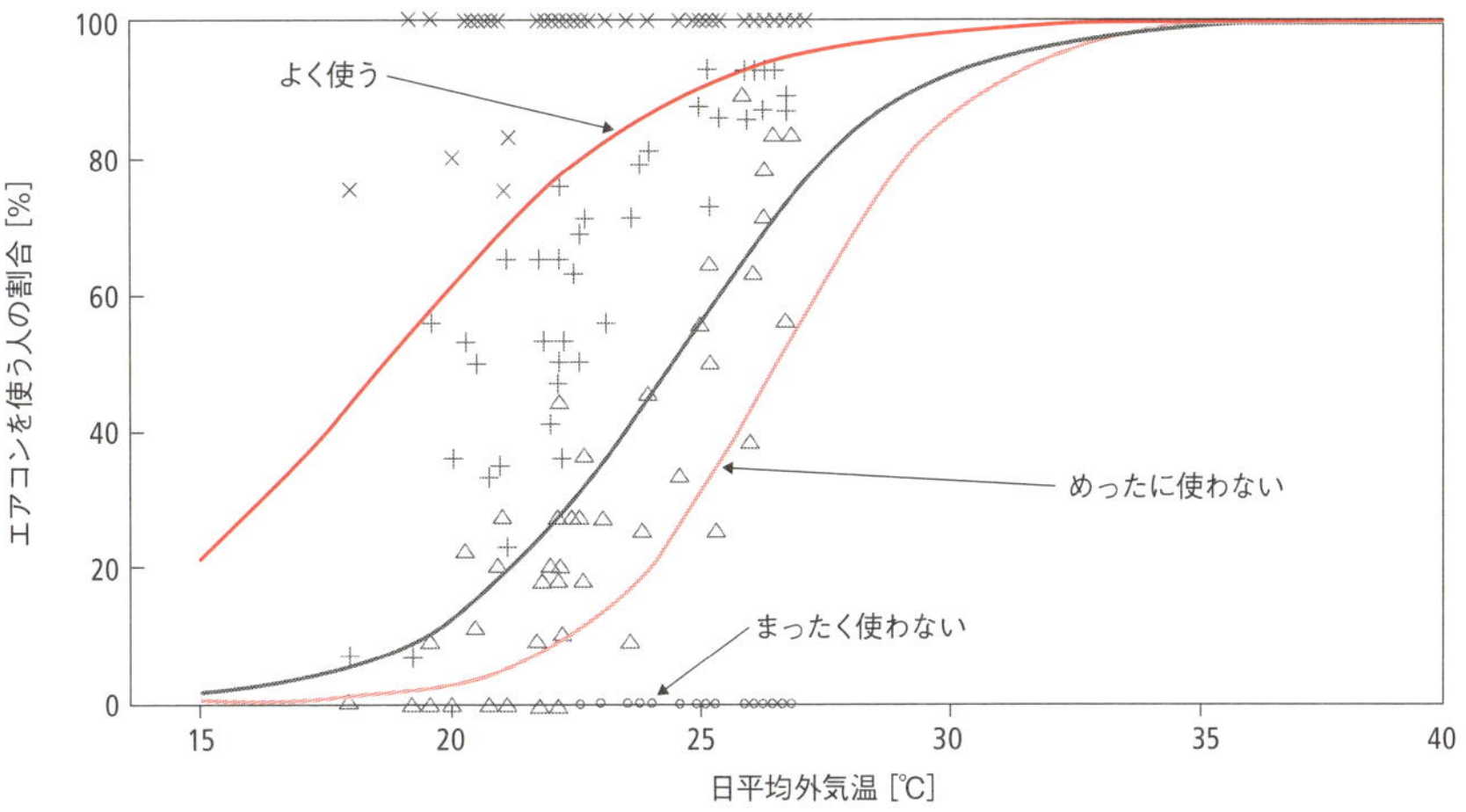

100
80
60
40
20
0
エアコンを使う人の割合 [%]
よく使う
めったに使わない
まったく使わない
15
20
25
30
35
40
日平均外気温 [℃]

ライフスタイルの多様性

建築・設備の使い方は、住まい手により大きく異なり、その使い方も時を経て変化していく。このことを設計の想定から外すと、環境配慮性能は十分に発揮されず、逆に環境負荷を生み出しかねない。そのため、建築環境技術の設計では、建物・設備の使い方や温冷感、明るさ感などのライフスタイルに関わる事柄を、クライアントから徹底してヒアリングし、個人差、性差、年齢差などの多様性、ライフスタイルの経時変化にも配慮しなければならない。パッシブ手法やエコ設備などの建築環境技術は住まい手には未知の場合が多いため、口頭での説明や説明書の提出のほかに、設計時と竣工後に体験型学習の場を用意する必要がある[1)]。この点は、注意してもしすぎるということはない。

図1は、日平均外気温に対するエアコンの使用者割合の調査結果例である[2)]。例えば日平均外気温25℃の場合、普段エアコンをよく使う人のグループはエアコンの使用者割合が90%以上になっているが、めったに使わない人のグループでは30%以下にとどまっている。このような使い方の“癖”は、環境技術の性能以上にエネルギー使用量に大きく影響することが実は珍しくない。**図2**は、建築環境学の研究者が、パッシブクーリング手法とエアコンの効果的な使い方を体験型の学習で誘導する前後でエアコンの使用者割合を比較した結果である[3)]。日除けの設置や「外気温が室空気温より低い場合にはエアコン冷房ではなく、通風を行うべきである」などが誘導内容であったが、体験学習後はエアコン使用者割合が最大で16%下がっている。このように、住まい手がその生活の中で実践しうる改

図2　体験学習によるエアコン使用者割合の変化[3)]

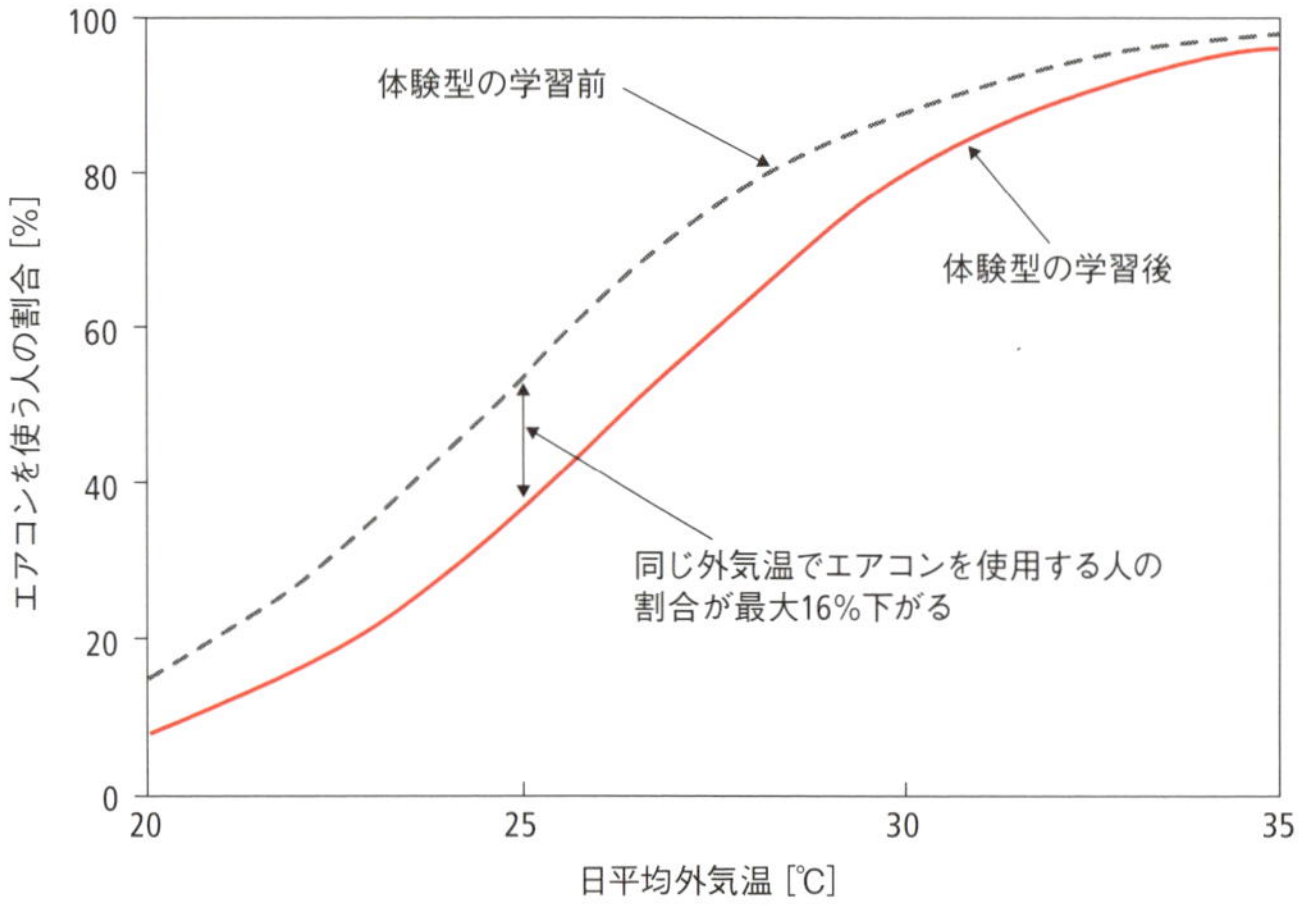
100
80
60
40
20
0
20
25
30
35
エアコンを使う人の割合 [%]
日平均外気温 [℃]
体験型の学習前
体験型の学習後
同じ外気温でエアコンを使用する人の
割合が最大16%下がる

善行動を体験型の学習によって誘導することが必要である。ちなみに、説明用パンフレットのみによってライフスタイルの改善を促した場合には、エアコンの使用者割合は変化しなかった[3)]。このことは電子ディスプレイなどの、体験・体感を伴わない“見える化”技術の限界を示唆している。

ライフスタイルの変化

図3は、**表**のような日除けなどのパッシブクーリング手法に関する体験型学習や室空気温のモニタリング、他住戸の訪問・熱環境体験などの住まい方支援を3ヵ年かけて経験した、ある住戸の室空気温の変化である[4) 5)]。その住戸は6階建て集合住宅の最上階にあり、オーニングや日除け用のフックが設けられている点だけが通常のマンションと異なる。この住戸の住まい手は、いわゆる“エコライフ”には興味がなく、以前に住んでいた住宅では、夏期にエアコンをよく使う生活を送っていた。そのため、住まい方支援を入居の直前・直後には受けておらず、1年めのモニタリングから受けるようになった。その結果、1年めでは、日除けをまったく設けなかったために、居間の最高室空気温が40℃まで上昇してしまっていたことがわかった。住まい方相談会では、参加者の住戸を訪問し合い、室内熱環境を体感するとともにその工夫を自慢してもらい、専門家が助言を行うようにした。植栽日除け（いわゆる緑のカーテン）を積極的に育てている他住戸（1階）の熱環境を体験した6階の住まい手は、その涼しさを実感し、室空気温の上昇が抑えられているというモニタリング結果にも驚いていた。これが住まい方支援での助言にもとづく日除けの設置や夜

Column

図3　ある住宅のパッシブクーリングに関する住みこなし（3ヵ年）を通じた室空気温の変化[4) 5)]

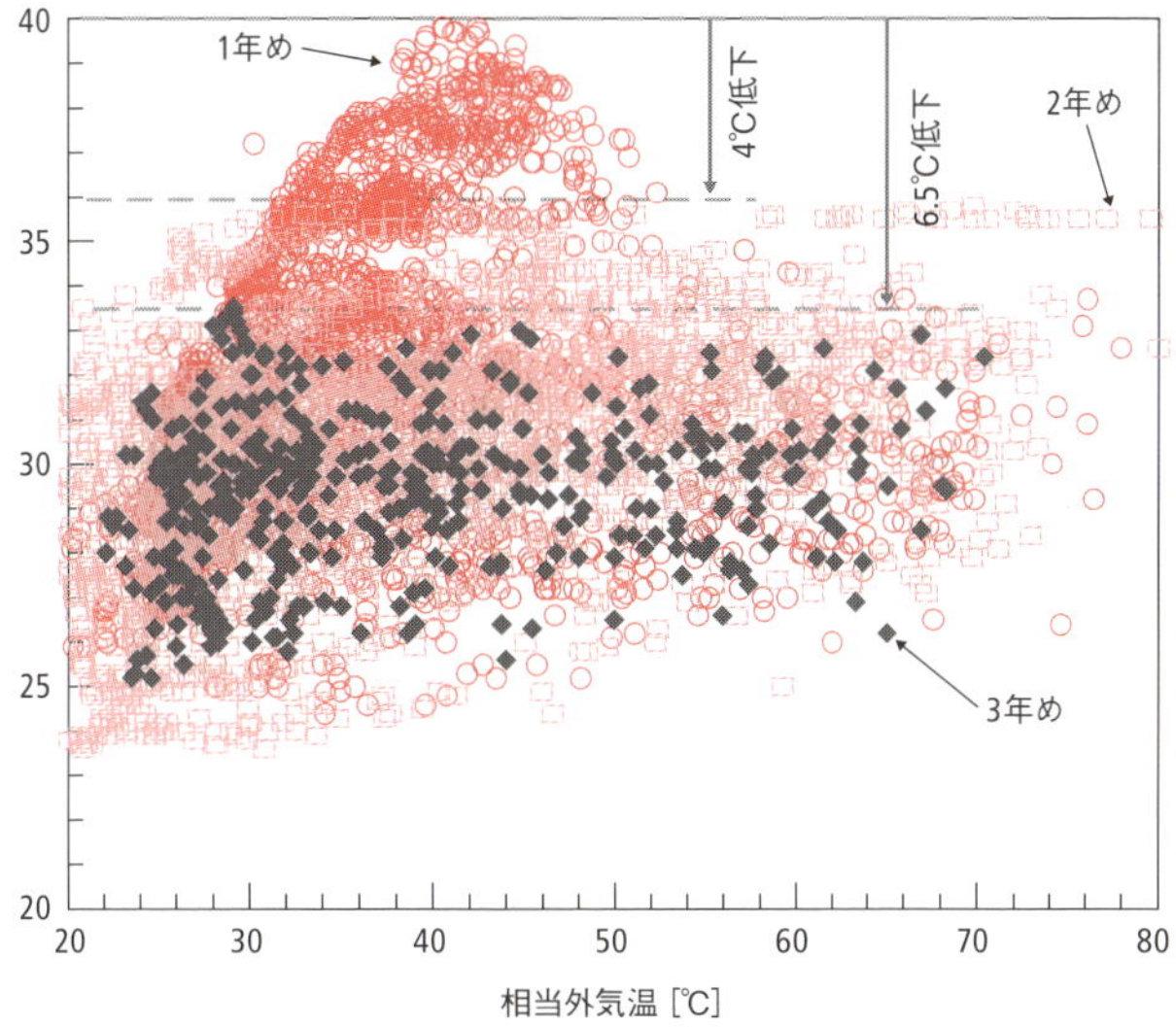
1年め
2年め
3年め
4°C低下
6.5°C低下
室空気温 [°C]
相当外気温 [°C]
40
35
30
25
20
20
30
40
50
60
70
80

表　パッシブクーリングに関する住まい方支援の実践例[4) 5)]

	STEP 1	STEP 2	STEP 3
実施時期	4月下旬〜5月初旬	7月下旬〜8月中旬	9月下旬
プログラム	緑を楽しむ暮らしセミナー	①モニター住戸実測 ②改善サポート（お宅訪問会）	成果報告会
対象	入居者全員	モニター住戸	入居者全員
内容	①緑を活用した暮らし・日射遮蔽・夜間換気の重要性を伝えるためのセミナーを実施 ②モニター住戸を募集し、植栽による日除けの設置 	①希望者を対象に、温度測定を実施 ②実測結果に基づき涼しさづくりのための暮らし方の改善提案を実施 ③お宅訪問会を実施し、モニター各自の暮らし方を確認しあう 	①最終的に得られた成果を入居者全体に報告し、夏を涼しく暮らすノウハウを共有化する ②入居者が実体験、感想を報告し、情報交換を行う 

Column

ライフスタイル・使いこなし（住みこなし）

写真　ある住宅における日除けの設置行動の変化[5) 6)]

1年目（住まい方支援前）
東側窓の魚眼写真にはオーニングが写っているが、この住戸は最上階で
強い風にさらされているため、実際はほとんどの時間格納されている

2年目（住まい方支援後）

間換気によることを知り、2年めの夏には日除けの設置などパッシブクーリングの実践行動を自然に選択するようになった。**写真**は入居後2年間で進化した日除けの設置状況である。最高室空気温は2年めは1年めより4℃、3年めは1年めに比べて6.5℃低く抑えられるようになった。この事例は、住まい方支援を受けて、パッシブクーリングの空間で得られる涼しさとそれをつくり出すライフスタイルが、内発的に育った過程といえるだろう。このように、われわれ専門家は、住まい手に寄り添いながらエコ建築の魅力とその活かし方を見つけるための支援者なのである。　（高橋 達）

参考文献

1）日本建築学会編「環境教育用教材 学校のなかの地球」技報堂出版（2007年）
2）シュバイカ・マーセル・宿谷昌則「夏季夜間におけるエアコン使用の個人差に関する調査」日本建築学会環境系論文集 73（633）、（2008年11月30日）1275～1282頁
3）Schweiker M, Shukuya M.: Comparative effects of building envelope improvements and occupant behavioural changes on the exergy consumption for heating and cooling. Energy Policy, 38,（2010）pp.2976-2986
4）藤井廣男・五十嵐賢征・小林康昭・高橋達・甲斐徹郎「緑化手法を採り入れた集合住宅の涼房実現過程に関する実測調査（その3. 住まい方支援と涼房習熟プロセス）」日本建築学会大会学術講演梗概集、D-2、（2009年）459～460頁
5）小林康昭・藤井廣男・五十嵐賢征・高橋達・甲斐徹郎「緑化手法を採り入れた集合住宅の涼房実現過程に関する実測調査（その4. 住まい方支援と改善効果の評価）」日本建築学会大会学術講演梗概集、D-2、（2009年）461～462頁

家電・機器のトップランナー方式

図1 住宅における照明・家電の消費量

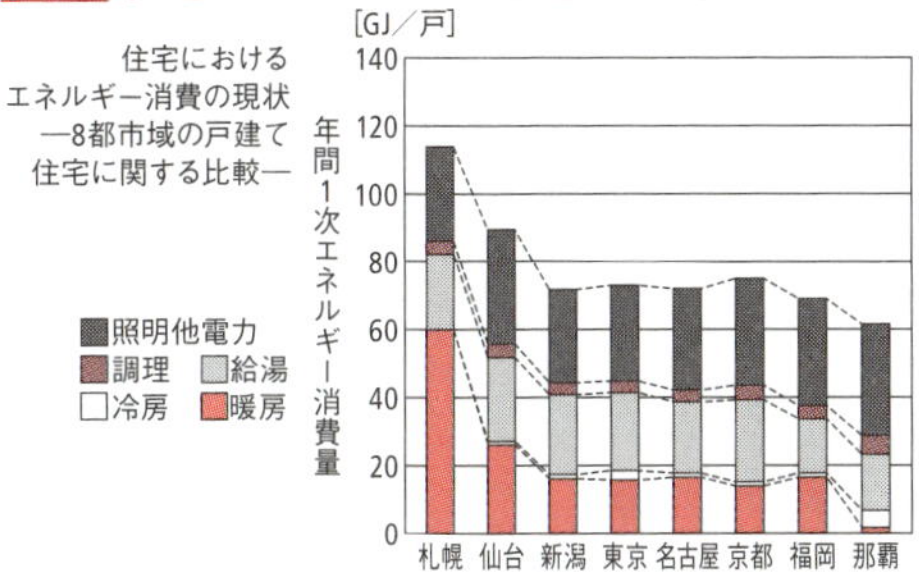
住宅における
エネルギー消費の現状
—8都市域の戸建て
住宅に関する比較—
[GJ／戸]
年間1次エネルギー消費量
140
120
100
80
60
40
20
0
照明他電力
調理
給湯
冷房
暖房
札幌
仙台
新潟
東京
名古屋
京都
福岡
那覇

図2 省エネラベルの例

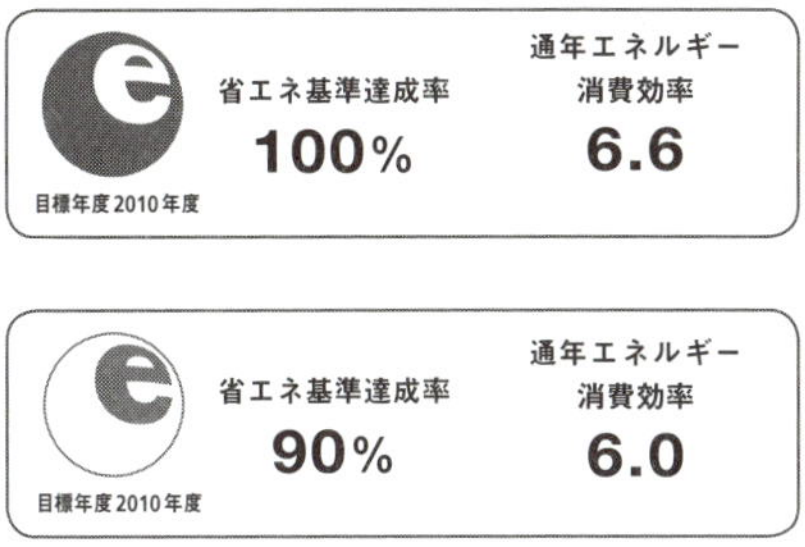
省エネ基準達成率
100%
通年エネルギー
消費効率
6.6
目標年度2010年度
省エネ基準達成率
90%
通年エネルギー
消費効率
6.0
目標年度2010年度

表 トップランナーに指定された26機器（2014年10月現在）

乗用自動車	ビデオテープレコーダー	自動販売機
エアコンディショナー	電気冷蔵庫	変圧器
蛍光ランプのみを主光源とする照明器具	電気冷凍庫	ジャー炊飯器
テレビジョン受信機	ストーブ	電子レンジ
複写機	ガス調理機器	DVD・レコーダー
電子計算機	ガス温水機器	ルーティング機器
磁気ディスク装置	石油温水機器	スイッチング機器
貨物自動車	電気便座	複合機
プリンター	電気温水機器	

住宅の照明・家電の消費量

現代の住宅では照明・家電の消費量が40％程度を占めている（**図1**）。自然エネルギーを活用する建築的工夫は不安定でも機能するが、家電は電気をエネルギーとして供給しないと動かない。電気は使う用途が広範囲であるため、建築設備だけでなく、家電においても省エネを図ることがエコ建築につながる。家電選定の基準も多様であるが、省エネ性能という点において考えるべき点はどのような項目があるだろうか。

トップランナーとは

「エネルギーの使用の合理化に関する法律（以下、省エネ法）」は1979年に制定され、1998年に大幅に改正された。この中で、特に民生・運輸部門のエネルギー消費の増加を抑制するため、機器の製造段階でエネルギー消費効率を向上させることを掲げて『トップランナー基準』方式が採用され、1999年4月に施行された。これは、製造事業者等に省エネ型の製品を製造するよう基準値を設け、クリアするように課した、省エネ法の中の機器に係る措置である。つまり、トップランナーとは、自動車の燃費基準や電気・ガス石油機器（家電・OA機器等）の省エネ基準を、それぞれの機器でエネルギー消費効率が現在商品化されている製品のうち、最も優れている機器の性能以上にするという考え方である。2014年10月現在で、26機器が指定されている（**表**）。

省エネラベル

省エネ法に基づき、小売業者が省エネ性能の評価や、省エネラベルなどを表示する制度がある（**図2**）。

さらにCO_2削減という点では、

①製造工程でのCO_2排出量が少ないこと
②リサイクル材を利用していること
③リサイクルしやすい構造であること
④梱包資材を削減している
⑤輸送時にもCO_2削減していること

なども選定基準の指標である。

状態の可視化

図 ソーラーデザイナーによる温熱環境のシミュレーション

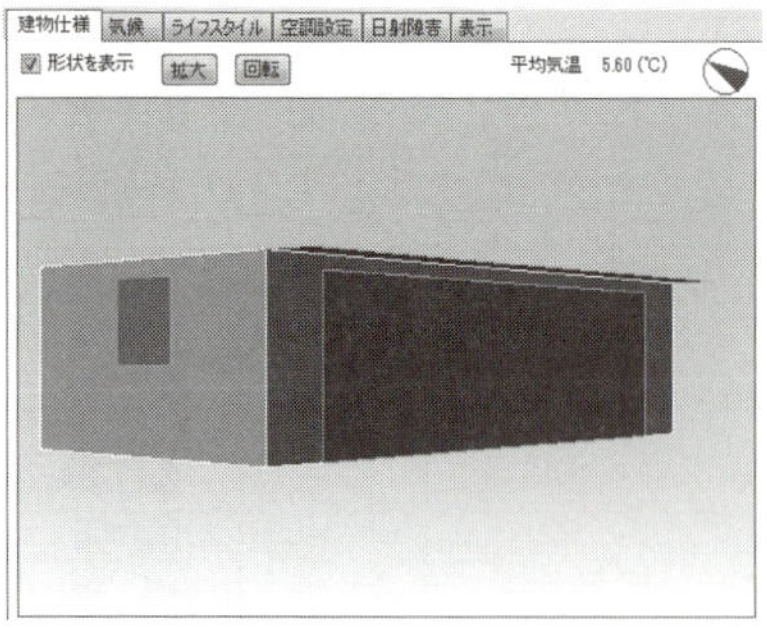
建物仕様
気候
ライフスタイル
空調設定
日射障害
表示
形状を表示
拡大
回転
平均気温 5.60（℃）

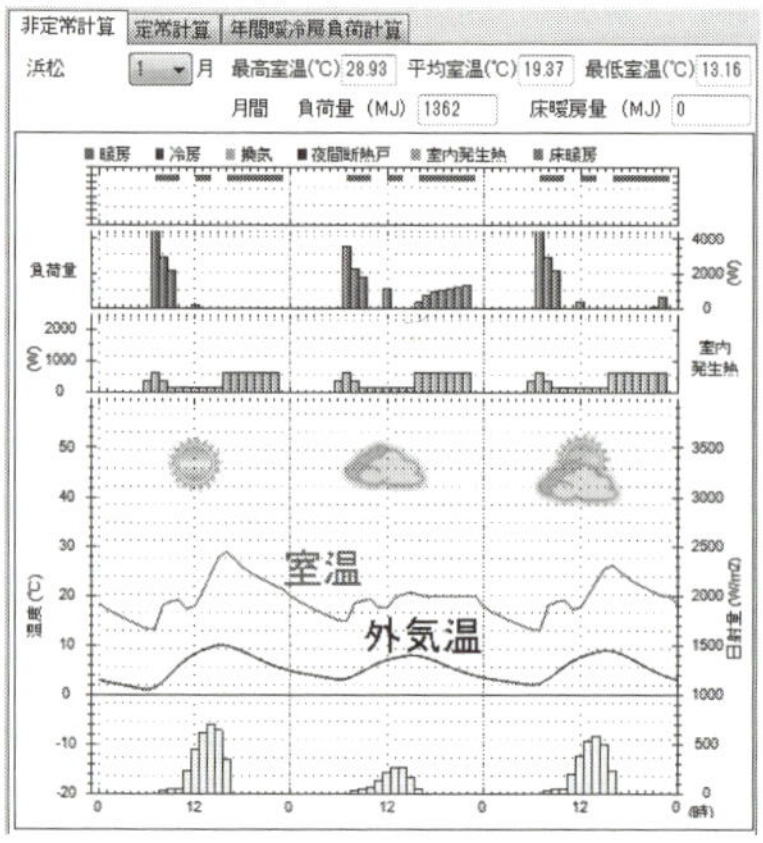
非定常計算
定常計算
年間暖冷房負荷計算
浜松
1 月
最高室温（℃）28.93
平均室温（℃）19.37
最低室温（℃）13.16
月間 負荷量（MJ）1362
床暖房量（MJ）0
暖房
冷房
換気
夜間断熱戸
室内発生熱
床暖房
負荷量
室内発生熱
室温
外気温
温度（℃）
日射量（W/m2）

＜条件入力＞
建物形状／方位／開口面積・位置／ガラスの使用／庇・袖壁／床の仕様／壁・天井の仕様／住まい方／気候
＜パラメトリックスタディ＞
・方位を変える　・開口部を変える　・断熱性能を変える　など

ソフトの概要

ソーラーデザイナー
住宅設計の初期段階において、パッシブソーラーの性能を初めとする建築物の熱性能を予測するソフトウェア。設計者自らケーススタディを重ねながら、四季のパッシブソーラーの性能を予測し、効果を検討しながら設計を進めていくことができるシステム
●建築物の断熱・気密・蓄熱性能の定常・非定常計算（室温、各部位内外温度、換気回数）　●アメダス観測地点（全国840余地点）での各月別のシミュレーション　●日射量の影響によるパッシブ効果（ダイレクトゲイン）　●室内の在室者、暖冷房機器（室内発生熱）、換気（換気回数）の設定による熱環境変化　●建築物形状、方位、開口部、日除け、換気の影響を反映　●暖房、冷房によるエネルギー使用量の算出（熱負荷計算）　●快晴、雨天、曇天日の24時間、1ヶ月単位の室温、部位温度等の計算　●国土交通省建築研究所開発プログラムPASSWORK準拠
（協力：株式会社クアトロ）

進化した計画原論

　空間のシミュレーションによる可視化は、建築と設備の統合状態を見ることである。熱の移動や、風の流れ、光の分布など、目に見えない環境を作る要素を予測しながら、可視化することがシミュレーションにより可能になってきた。見えない環境要素を可視化し、建築空間に反映して形をもたせる。建築計画と環境工学、両方の側面から考察するのがシミュレーションであるが、これは進化した計画原論、すなわち設備と建築との融合といえる。

　例えば、躯体の内部の熱移動、室内外の風の流れ、季節・時間の太陽光の動きなどとともに、設備計画の様子が可視化されることで、環境の状態から形を与えられることもある。自然エネルギーを最大限に活用するために建築・設備両面から考えられた結果である。シミュレーションを計画段階のデザインツールとして活用することで、より効果的に自然エネルギーを活用する空間を計画できる。

状態を見る、見つける

　冬期の冷暖房負荷性能がよくても、夏期における性能もよいとは限らない。冷暖房負荷は、想定する温度設定や、冷暖房を使用するスケジュールによって結果が異なる。そのため、シミュレーションを行い、条件を変えた状態を見ることで、建築と設備の統合状態の最適化を探るとよい。このシミュレーションによって、設備の容量を小さく抑えることもできる。

①熱の状態を見つける

　建物の形状や、外皮・開口部の性能、庇や断熱戸の条件が違う場合や、方位や気候条件によって熱的性能は変わる。これらのパラメータを変えて効果を比較できる。図にソーラーデザイナーによるシミュレーションを示す。

②光の様子を見つける

　プリミティブな方法だが、模型と日時計によって自然光の様子を捉えることができる。これにより、時刻、季節による違いを太陽のもとで確認することが可能になる。

第2章 給排水設備

給水システム

図1 給水方式の分類

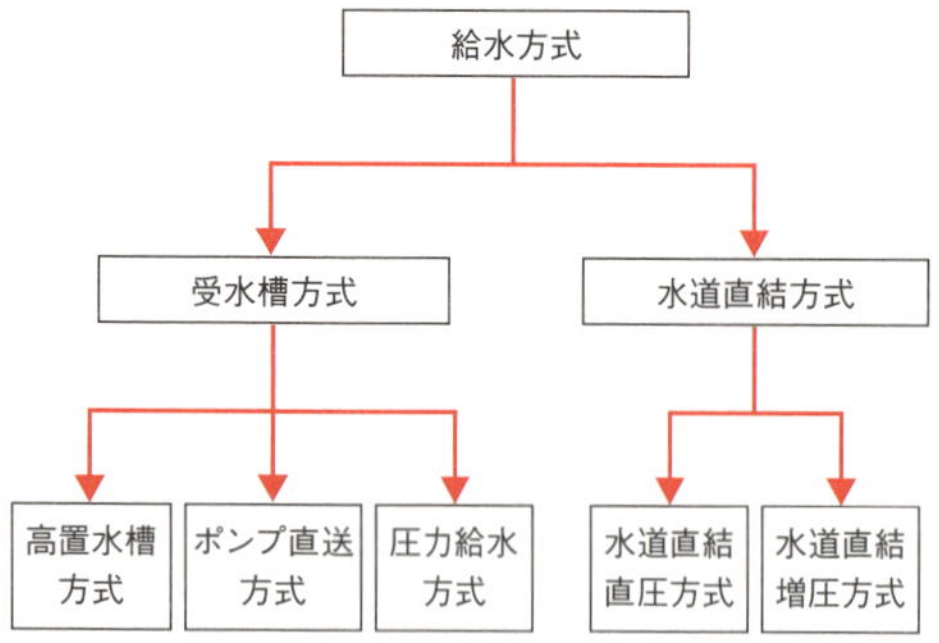
給水方式
受水槽方式
水道直結方式
高置水槽方式
ポンプ直送方式
圧力給水方式
水道直結直圧方式
水道直結増圧方式

図2 給水方式の種類（受水槽方式）

(a) 高置水槽方式

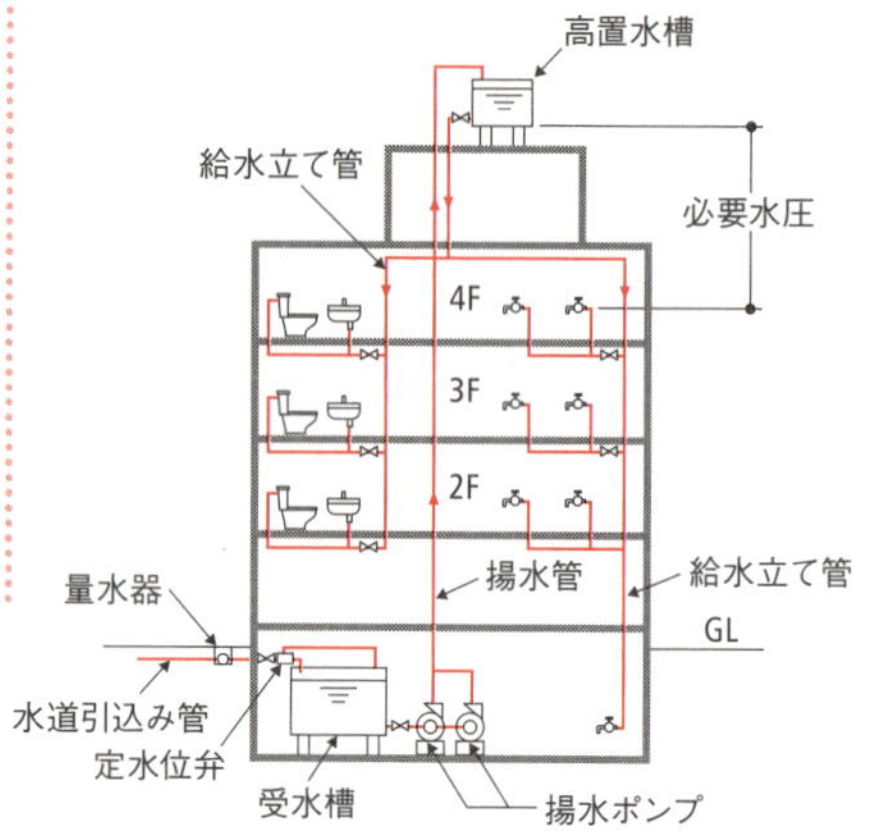
高置水槽
給水立て管
必要水圧
4F
3F
2F
量水器
揚水管
給水立て管
GL
水道引込み管
定水位弁
受水槽
揚水ポンプ

(b) ポンプ直送方式

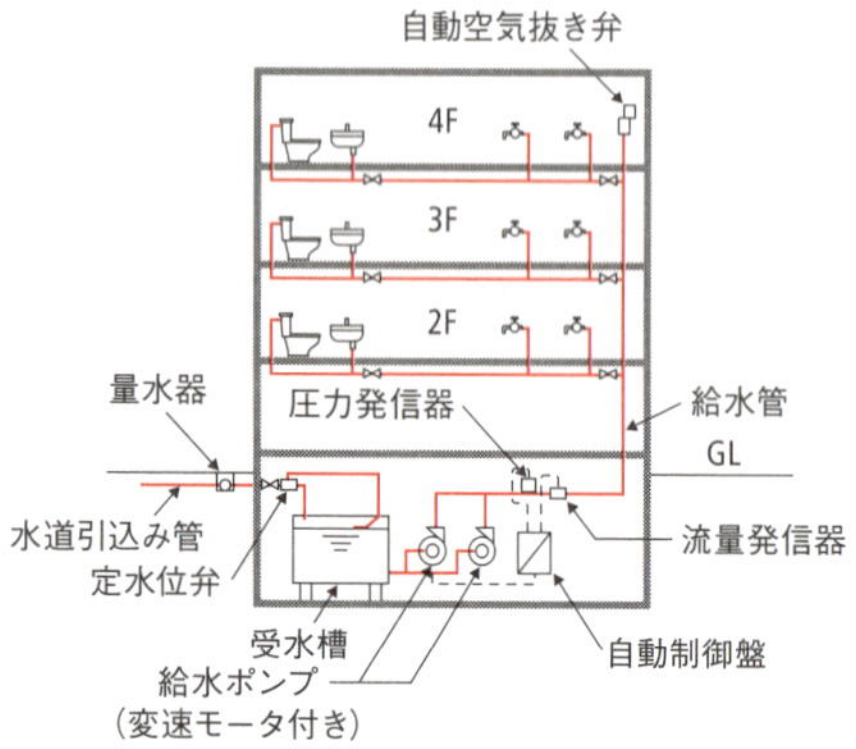
自動空気抜き弁
4F
3F
2F
量水器
圧力発信器
給水管
GL
水道引込み管
定水位弁
流量発信器
受水槽
給水ポンプ
（変速モータ付き）
自動制御盤

(c) 圧力給水方式

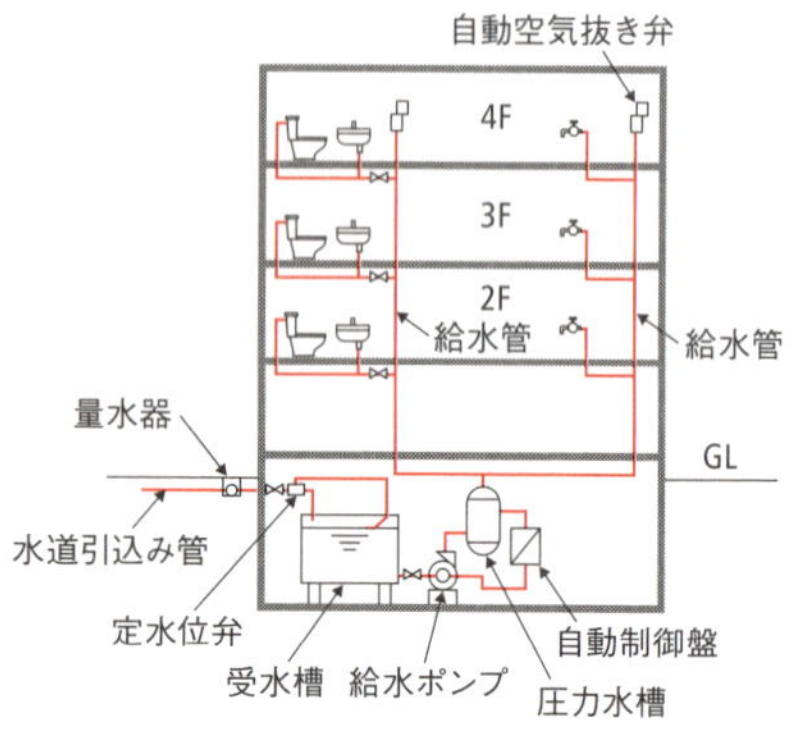
自動空気抜き弁
4F
3F
2F
給水管
給水管
量水器
GL
水道引込み管
定水位弁
自動制御盤
受水槽
給水ポンプ
圧力水槽

エコにつながる最適な給水設備

建物の給水システムは、水道本管から供給された水を、建物内の必要とされる箇所に適切な質と量で供給するため、建物の規模や構造に応じて、適切な給水方式を選定する必要がある。建物規模が大きくなるほど使用水量の予測が難しく、使用行為の多様化、生活スタイルの変化、節水器具の開発なども含め、最適な給水設備を採用するか否かで省エネ性が大きく異なるため、設計者の選択が重要である。

建物の給水方式は、水道本管から敷地・建物内に引き込んだ水を一度受水槽に貯めてからポンプで給水する受水槽方式と、水道本管から直接給水する水道直結方式の2つに大別される（**図1、表**）。

受水槽方式

受水槽方式は設置スペースや衛生面で維持管理にコストがかかるが、安定した水供給ができ、断水や災害の緊急時に貴重な水源となる。受水槽から揚

1 建築計画
2 給排水設備
3 熱源設備
4 空調設備
5 電気設備
6 評価手法
7 事例解説
8 維持管理

図3 給水方式の種類（水道直結方式）

(a) 水道直結直圧方式　　(b) 水道直結増圧方式

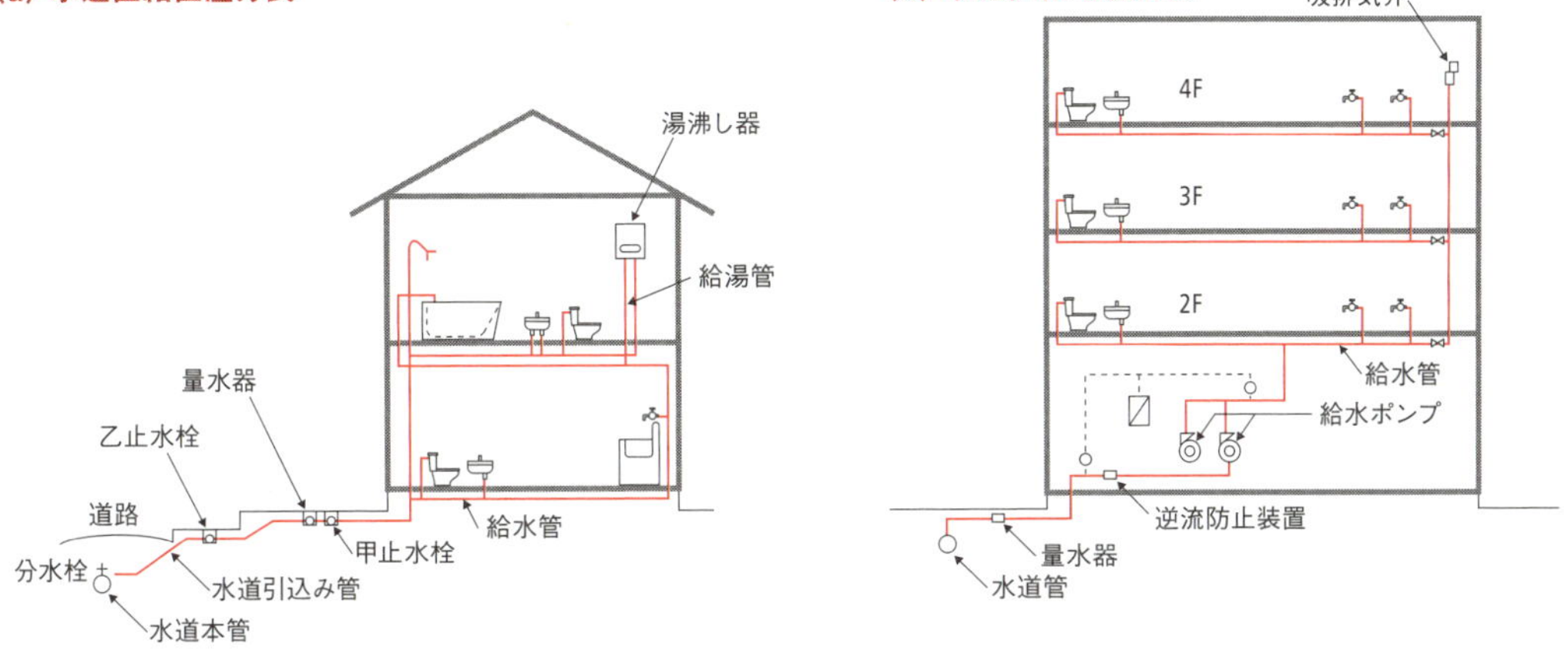
湯沸し器
給湯管
量水器
乙止水栓
道路
甲止水栓
給水管
分水栓
水道引込み管
水道本管
吸排気弁
4F
3F
2F
給水管
給水ポンプ
逆流防止装置
量水器
水道管

表 給水方式の比較

	高置水槽方式	ポンプ直送方式	圧力給水方式	水道直結直圧方式	水道直結増圧方式
水質汚染の可能性	③	②	②	①	①
給水圧力の変化	① ほとんど一定	① ほとんど一定	③ 圧力水槽の出口側に圧力調整弁を設けないと圧力変化が大きい	② 水道本管の圧力に応じて変化する	① ほとんど一定
本管断水時の給水	① 受水槽と高置水槽に残っている分が給水可能	② 受水槽に残っている分が給水可能	② 受水槽に残っている分が給水可能	③ 不可能	③ 不可能
停電時の給水	① 高置水槽に残っている分が給水可能	③ 不可能	③ 不可能	① 関係なく給水可能	③ 低層階には給水可能
機器設置スペース	④ 屋外または機械室内に受水槽・ポンプ、屋上に高置水槽の設置スペース必要	② 屋外または機械室内に受水槽・ポンプの設置スペース必要	③ 屋外または機械室内に受水槽・圧力水槽・ポンプの設置スペース必要	① 不要	② 増圧給水設備の設置スペース必要
設備費（イニシャルコスト）	③	③	②	①	③
維持管理	③ 受水槽と高置水槽の保守点検と清掃義務がある	④ 受水槽の保守点検と清掃義務とポンプの運転調整、点検が必要	④ 受水槽の保守点検と清掃義務と圧力水槽・ポンプの運転調整、点検が必要	① 不要	② 増圧給水設備の保守点検義務がある

（注）　数字で①、②、③、④と示してあるのは、数が小さいほうが有利なことを示す
（出典）　空気調和・衛生工学会便覧、第14版、Ⅳ巻、94頁より抜粋

水ポンプによって高置水槽へ揚水し、重力を利用して給水する高置水槽方式、受水槽に貯めた水をポンプによって給水するポンプ直送方式がある。さらに、近年ではほとんど採用されないが、受水槽から給水ポンプで圧力水槽に送水し、水槽内の圧力変化により給水ポンプを起動・停止させて給水する圧力水槽方式がある（**図2**）。

水道直結方式

水道本管の圧力をそのまま利用して給水する水道直結直圧方式と、水道引込み管に増圧ポンプを接続して高層階へ給水できるようにした水道直結増圧方式がある。直結方式は衛生面での安全が保たれるが、断水時には給水不可能になる。しかし、水道本管の圧力を生かして、ポンプを利用しないという点では省エネな給水方式である。一方、増圧方式は増圧ポンプを利用するため、インバータによる変速ポンプの変速制御と台数制御によって運転される（**図3**）。

直圧方式は給水規模に限界があるため、大規模施設の給水にはポンプを利用する。ポンプの最適な制御が重要だが、省エネ効果に関しては、維持管理、ポンプ制御、ポンプ性能を含めた総合的な評価が必要である。

給水負荷

図 建物用途別の水使用パターン

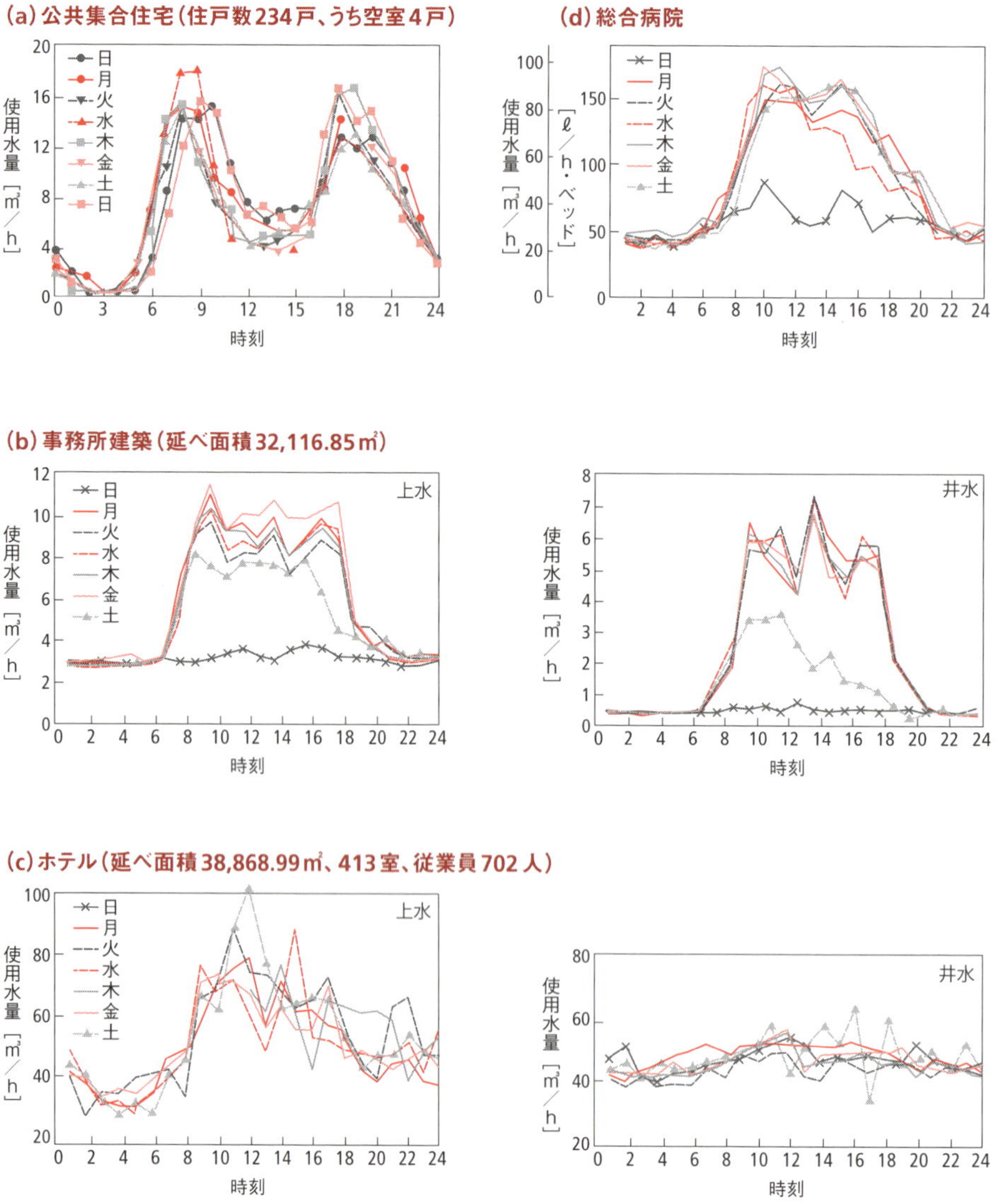
(a) 公共集合住宅（住戸数234戸、うち空室4戸）
(d) 総合病院
(b) 事務所建築（延べ面積32,116.85㎡）
(c) ホテル（延べ面積38,868.99㎡、413室、従業員702人）
日
月
火
水
木
金
土
上水
井水
使用水量［㎥/h］
使用水量［ℓ/h・ベッド］
時刻

給水負荷とは

給水設備における省エネを考える場合、主に搬送系のポンプ能力や稼働の最適化を行い、搬送動力を低減すること、飲料系統以外の給水に中水や雨水を利用し、給水負荷自体を削減させることが考えられる。

給水負荷とは、給水設備側から見た建築物内の水使用のことであり、必要とされる水量および水圧を供給するために給水設備が引き受ける負荷流量および圧力である。**図**に示すように、建築用途によって水使用パターンは異なり、さらに同一用途であってもその規模や使用者の属性、季節・曜日によっても異なる。

ライフスタイルの変化と給水負荷

衛生器具や家電製品の性能の向上は目覚ましく、水使用パターンや流量も時代とともに変化している。集合住宅の場合、水使用パターンは従来、午前中に洗濯によるピークが発生し、午後

表1 瞬時最大給水流量の算定法の特徴

方法	適用用途	使用にあたっての特徴	
		長所	短所
水使用時間率と器具給水単位による方法	全般的に使用可能	・データの集積を経た、合理性をもった算定法である ・設計者の判断要素が多く、実態に即した管径計算である ・設置器具数に対する使用人数が少ない場合の低減が考慮されている	・手計算では、算定方法が煩雑である ・水使用時間率ηは、暫定値が多い ・異種器具を合成する場合の加算係数1／2の検討が必要である ・器具数の補正のデータが大便器・小便器・洗面器のみで、ほかの器具の補正方法が不明確である
新給水負荷単位による方法	住宅、集合住宅、事務所のみ使用可能	・データの集積を経た、合理性をもった算定法である ・算出方法が、簡便である	・住宅、集合住宅、事務所建物以外は適用できない ・住宅と事務所が、それぞれ他用途と混在する場合は、算定できない ・洗浄弁と洗浄タンクが混在する場合の算定ができない
器具利用から予測する方法	器具数の少ない場合、器具の使用や使用水量に規則性がある場合に、設計者の判断で使用可能	・算定方法が、簡便である ・例えば、次のような場合の適用に効果的である 1)学校にて使用時間帯が異なる部分（実験教室・調理教室と生徒用便所など） 2)学校におけるシャワーのように器具の使用が集中する場合	・器具数の少ない場合しか適用できない
器具給水負荷単位による方法	全般的に使用可能	・算出方法が、簡便である ・集中利用形態での算定に向いている	・器具給水負荷単位が10以下（器具数の少ない）の場合や、器具給水負荷単位が3,000以上（器具数が多い）の場合は算定できない（線図が準備されていない） ・洗浄弁と洗浄タンクが混在する場合の算定方法が、不明確である ・設置器具数に対する使用人数が少ない場合の低減が考慮されていない ・安全率が大きいと言われている
集合住宅における居住人数による方法	集合住宅のみ使用可能	・算定方法が、簡便である	・集合住宅以外は適用できない

（出典） 空気調和・衛生工学会便覧、第14版、Ⅳ巻、30頁より抜粋

表2 東京都水道局瞬時流量算定式（2009年9月変更前後）

居住人数	算定式	
	変更前	変更後
30人以下	26×（人数）$^{0.36}$	26×（人数）$^{0.36}$
31人～200人以下	13×（人数）$^{0.56}$	15.2×（人数）$^{0.51}$
201人～2,000人以下	6.9×（人数）$^{0.67}$	

に入浴によるピークが発生すると考えられている。しかし、洗濯機の静音性の向上や居住者の生活時間帯の変化などによって、深夜の洗濯機使用が増えるなど、従来とは異なる水使用パターンが予想される。

このような状況における給水設備設計には、建築用途の水使用がどの時刻にどのくらい発生するのかを見極め、必要とされる流量、圧力を供給することができる配管（長さ、管径、材質）、機器を選定することが、無駄のない設備を導入するために必要である。ただし、省エネだけに目を向け、過小な設備設計をすると、必要とされる水量、圧力を供給できない場合も生じ、断水という事態も免れないため、余裕をもちつつ無駄のないバランスのよい設計が求められる。

システム全体のエコ設計法

先に述べたような状況の中で、従来から給水設備設計では、機器容量と給水管径を決定するために、日・時間・瞬時の給水負荷を算定している。この段階で、対象とする建築物の使用水量を適確に予想し、最適な設備を導入することが無駄のないエコ設計といえる。さらに、後述する中水利用や雨水利用をシステムとして取り入れることも重要である。システム全体で省エネ効果の高い設計を行うこと、最適な容量の機器や配管を選定することで、供給側からエコ設計を行うことができる。さらに、使用者側での省エネを促すために、節水効果の高い衛生器具などを選定することも重要である。

瞬時最大流量の算定

給水管径の決定に用いられる、瞬時最大流量の算定には、空気調和・衛生工学会の便覧に5つの方法が挙げられている。それぞれの算定法の比較を表1に示す。これらの特徴を理解し、過小、過大負荷にならない設計が求められる。また、居住人数から瞬時最大給水量を求める方法として、東京都水道局「指定給水装置工事事業者工事施工要領」の算定式がある（表2、2009年9月より改訂）。

受水槽や高置水槽の容量算定には1日当たりの使用水量（1日最大給水量）が用いられる。建築用途、規模によって1日1人当たりの使用水量が示されているが、かなり大まかな数字である。したがって、建築物の属性、使用者・居住者の特性が設計段階で把握できる場合は、設計者がエコ設計を意識して実態に近い給水負荷を設定し、給水設備設計を行うことが重要である。

節水

表1 節水の方法

節水方法	目的・手法など	適用機器・システム・方式	建物用途など 住宅	建物用途など 非住宅	建物用途など 場所・設置など
使用者の操作の補助など	無駄水の防止	定量止水栓・混合水栓	○	○	浴室
		自動・自閉水栓・混合水栓	—	○	洗面所
		定量止水便器洗浄レバー・弁	○	○	便所
	容易な止水	一時止水機構付き水栓・混合水栓	○	△	台所・浴室
		一時止水機構付きフット水栓	○	—	台所
		シングルレバー水栓	○	○	一般水栓
		シャワーヘッド止水スイッチ	○	—	浴室
	容易な調整	シングルレバー混合水栓（サーモスタット式）	○	△	浴室
	適正な洗浄	小便器用自動感知洗浄システム	—	○	便所
		大便器用自動洗浄システム（2度押し防止）	—	○	便所
	心理的効果	女子便器用疑似洗浄音装置	—	○	便所
		泡沫・シャワー切替水栓	○	△	台所など
		節水型シャワーヘッド	○	△	浴室
		節水コマ	○	○	一般水栓
水使用行為の機械代替化	洗濯作業	全自動洗濯機（節水プログラム対応）	○	—	洗濯場
		ドラム式洗濯機	○	—	洗濯場
	食器洗浄作業	食器洗浄機	○	—	台所
洗浄・清掃の簡略化	洗浄水質変化	電解・酸性水洗浄による小便器	—	○	便所
	清掃の簡便化	汚れ防止を表面に施した水使用機器	○	○	一般機器
機器の少水量化	洗浄水量	節水型大小便器	○	○	便所
	大小切替え	節水型大便器	○	○	便所
	容量	適正寸法の浴槽・洗面器・流し	○	△	溜水器具
	容量・方式	適正容量・節水方式の冷却塔	—	○	空調設備

○：一般に設置されている
△：設置されている場合もある
—：一般には設置されていない

節水の考え方

建築物で使用する水は、河川等から取水し、浄水して上水道により供給される。供給された水の一部は加熱され、湯として使用する。使用後は、下水処理され、再び河川等へ戻される。したがって、節水は水使用量の削減だけでなく、水処理、搬送、そして給湯のエネルギーを削減することにもなる。

省エネ法は、建築物などのエネルギー使用の合理化を、総合的に進めるための必要な措置を講ずることを目的に制定され、温室効果ガスの削減が求められている。水使用での二酸化炭素排出係数は諸説あり、地域により異なるが、1㎥の節水で約0.5kgのCO_2の排出量削減になる。

家庭においては、使用者の意識による節水と、節水型の家電製品や衛生器具などを用いて強制的に節水する方法がある。前者は使用者によるこまめな止水、貯め洗いなどであり、使用者によって削減量は差異がある。設備設計者は、後者の方法で使用者の使用感を

表2 節水器具のエコマーク認定基準

<table>
<tr><th>節水器具名</th><th>エコマーク認定基準</th><th>グリーン購入法判断基準</th></tr>
<tr><td>節水型大便器</td><td>洗浄水量は、6.5ℓ以下であること
洗浄水量の測定は0.2MPaの水圧で実施する</td><td>（公共工事・洋風便器）
洗浄水量が8.5ℓ/回以下であること</td></tr>
<tr><td>流量制御付き
自動洗浄装置組込
小便器</td><td>洗浄水量は、2.5ℓ以下であること
洗浄水量の測定は0.2MPaの水圧で実施する
使用時間、連続使用などにより、洗浄水量を制御すること</td><td rowspan="2">（公共工事・自動洗浄装置及びその組み込み小便器）
洗浄水量が4ℓ/回以下であり、また、使用状況により、洗浄水量が制御されること</td></tr>
<tr><td>小便器用
流量制御付き
自動洗浄装置</td><td>洗浄水量は、4.0L以下であること
洗浄水量の測定は0.2MPaの水圧で実施する
使用時間、連続使用などにより、洗浄水量を制御すること</td></tr>
<tr><td>節水コマ</td><td>ハンドルを120°開いた時、普通コマを組み込んだ場合に比べ、20％を超え70％以下の吐水流量でなければならない
ハンドルを全開にした時、普通コマを組み込んだ場合に比べ、70％以上の吐水流量でなければならない
吐水中の水圧は上記いずれの場合にも0.1MPaに設定する</td><td>（設備・節水機器）
エコマーク認定基準と同じ</td></tr>
<tr><td>定流量弁</td><td>水圧0.1MPa以上、0.7MPa以下の各水圧において、ハンドル開度全開の時、適正吐水流量は、5～8ℓ/minであること</td><td>（設備・節水機器）
エコマーク認定基準と同じ</td></tr>
<tr><td>湯水混合水栓
（シングルレバー式）</td><td>流量調整のしやすい機構があること。例えば多段式であること（構造基準）</td><td>—</td></tr>
<tr><td>自動水栓</td><td>水圧0.1MPa以上、0.7MPa以下の各水圧において、吐水量は、5ℓ/min以下であること
手をかざして（非接触）自動で吐水すること。手を離すと自動で止水すること。止水までの時間は2秒以内であること（構造基準）</td><td>（公共工事・自動水栓）
電気的制御により、水栓の吐水口に手を近づけた際に非接触にて自動で吐水し、手を遠ざけた際に自動で止水するものであること</td></tr>
<tr><td>泡沫機能付き水栓</td><td>水圧0.1MPa以上、0.7MPa以下の各水圧において、ハンドル（レバー）開度全開の時、適正吐水流量が、泡沫キャップなしの同型水栓の80％以下であること
水圧0.1MPa、ハンドル（レバー）全開において、5ℓ/min以上の吐水流量であること</td><td>（設備・節水機器）
エコマーク認定基準と同じ</td></tr>
</table>

（出典） 日本環境協会エコマーク事務局、「「節水型機器Version2.5」認定基準書」、2012.6、より抜粋
環境省、「環境物品等の調達の推進に関する基本方針」、2014.2、より抜粋

損なわないようエコ設計を行うことが重要である。

節水型家電製品と衛生器具

衛生器具の節水化技術は目覚ましく、トイレ洗浄水量は、1980年代では従来型ロータンクタイプで1回13リットル程度の水を使用していたが、改良の結果、ロータンクタイプでも6リットル程度の水で同じ洗浄能力をもつ器具が開発された。最新の節水型では4リットル未満の水量で洗浄する器具もある（**表1**）。節水型器具を示すエコマーク認定基準を**表2**に示す。

節水の推進には、節水型器具を積極的に取り入れ、使用者の環境への意識を向上させることが重要である。しかし、節水のメリットを感じなければ、節水行為を継続することは難しい。最近の住宅では、給湯機器の操作パネルに湯の使用状況が表示されるものや、太陽光発電で電力の使用状況が表示されるスマートメーターが普及しているが、水の使用に関しては、そのような「見える化」が進んでいない。したがって、居住者に、生活行為での水使用量が把握できるような「見える化」の今後の開発に期待したい。さらに、節水型の機器や器具の正しい使用法を、使用者に伝えることも重要である。

水の多面的利用

図1 地中熱・地下水利用ヒートポンプ

(a) 地中熱交換型ヒートポンプシステム

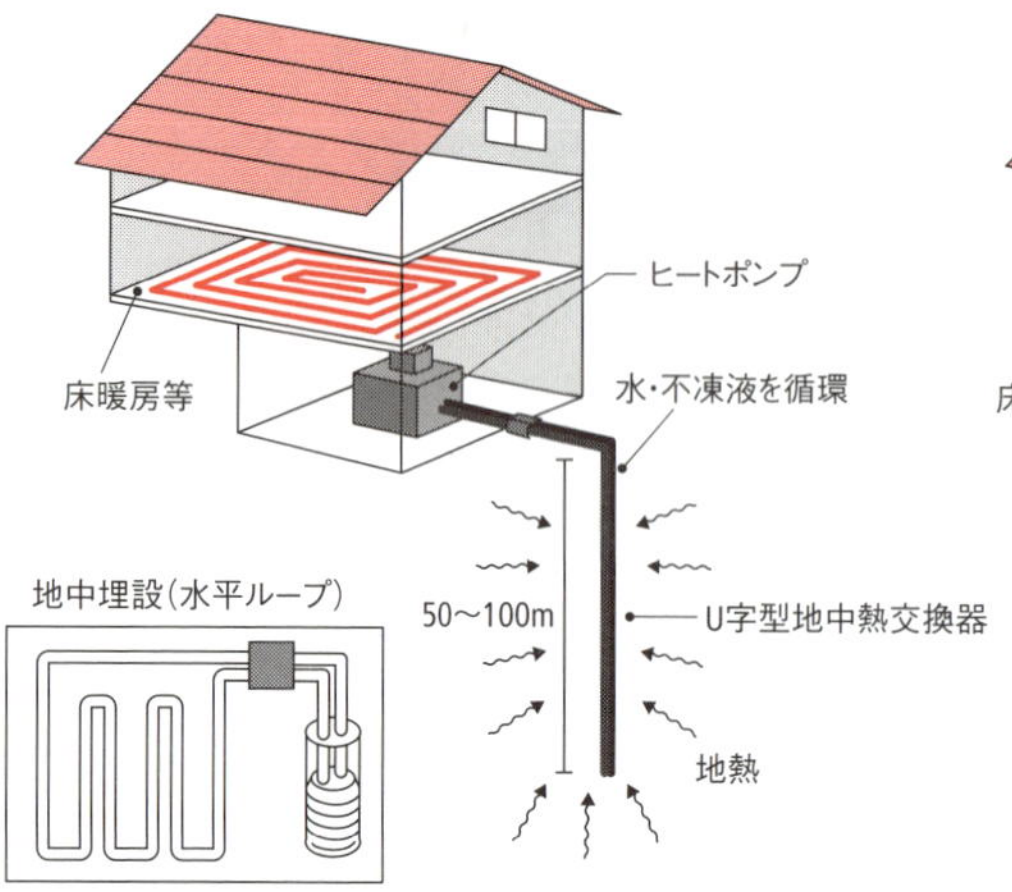
ヒートポンプ
床暖房等
水・不凍液を循環
地中埋設（水平ループ）
50～100m
U字型地中熱交換器
地熱

(b) 地下水利用型ヒートポンプシステム

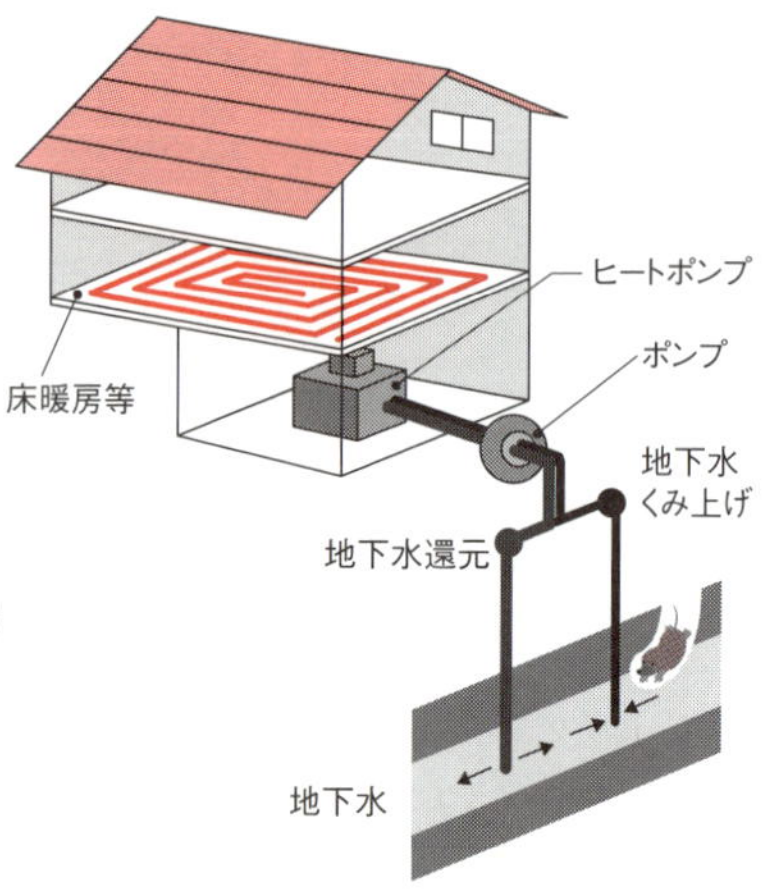
ヒートポンプ
ポンプ
床暖房等
地下水
くみ上げ
地下水還元
地下水

(c) 地表水利用型ヒートポンプシステム

直接型

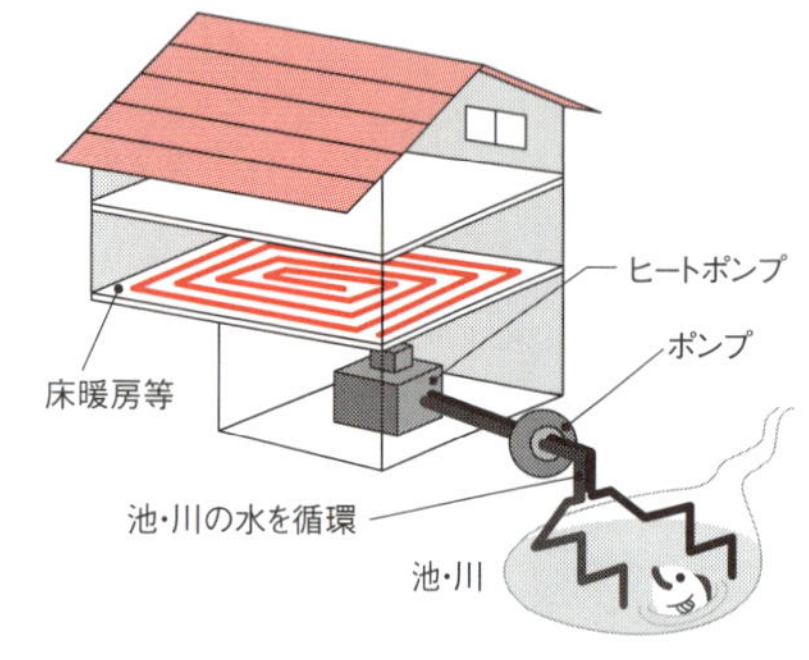
ヒートポンプ
ポンプ
床暖房等
池・川の水を循環
池・川

間接型

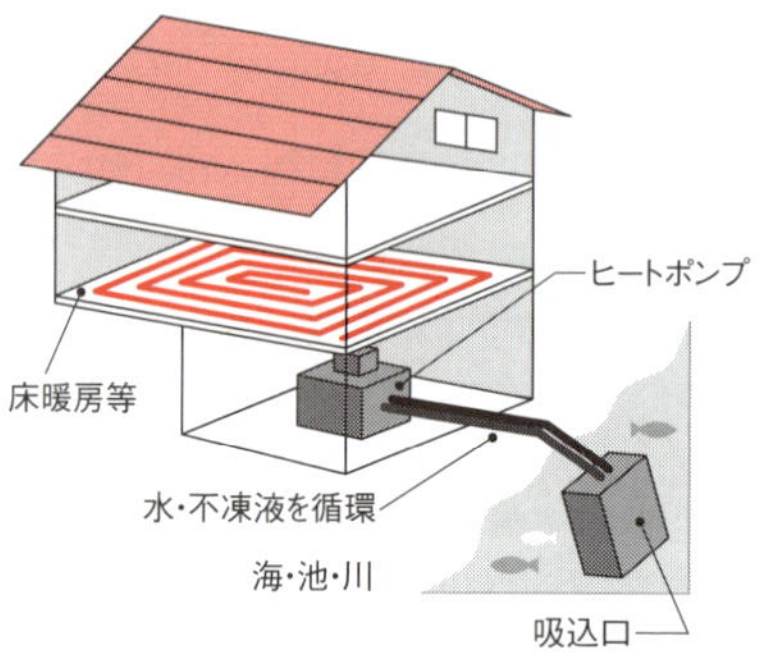
ヒートポンプ
床暖房等
水・不凍液を循環
海・池・川
吸込口

井水の熱源利用

井水は、地下水全般のことを意味する場合と、単に井戸の水のことを意味する場合がある。ここでは前者の意として説明する。

地下水は、岩石の亀裂、断層などに存在する裂か水と、比較的新しい地質時代の堆積物で、いまだに十分ち密化していない地層に含まれる空隙水に大別される。地下水を飲料水に利用するには、揚水し、水質基準に達するよう水質浄化し、定期的な点検をする必要がある。飲料水用のほかには、散水用などの利用が考えられるが、地下水採取による地盤沈下の問題もあり、問題が顕在化した地域では、法律や条例等による採取規制が行われている。

そこで注目されているのが、地下水の恒温特性を利用し、建築物の冷暖房熱源とすることである。特に、空隙水のうち、地下10～20m付近の恒温層では、水温・水質の季節変化が少ない恒温特性を有していることから、冷却水、ヒートポンプの熱源水、寒冷地で

図2 中水利用システム

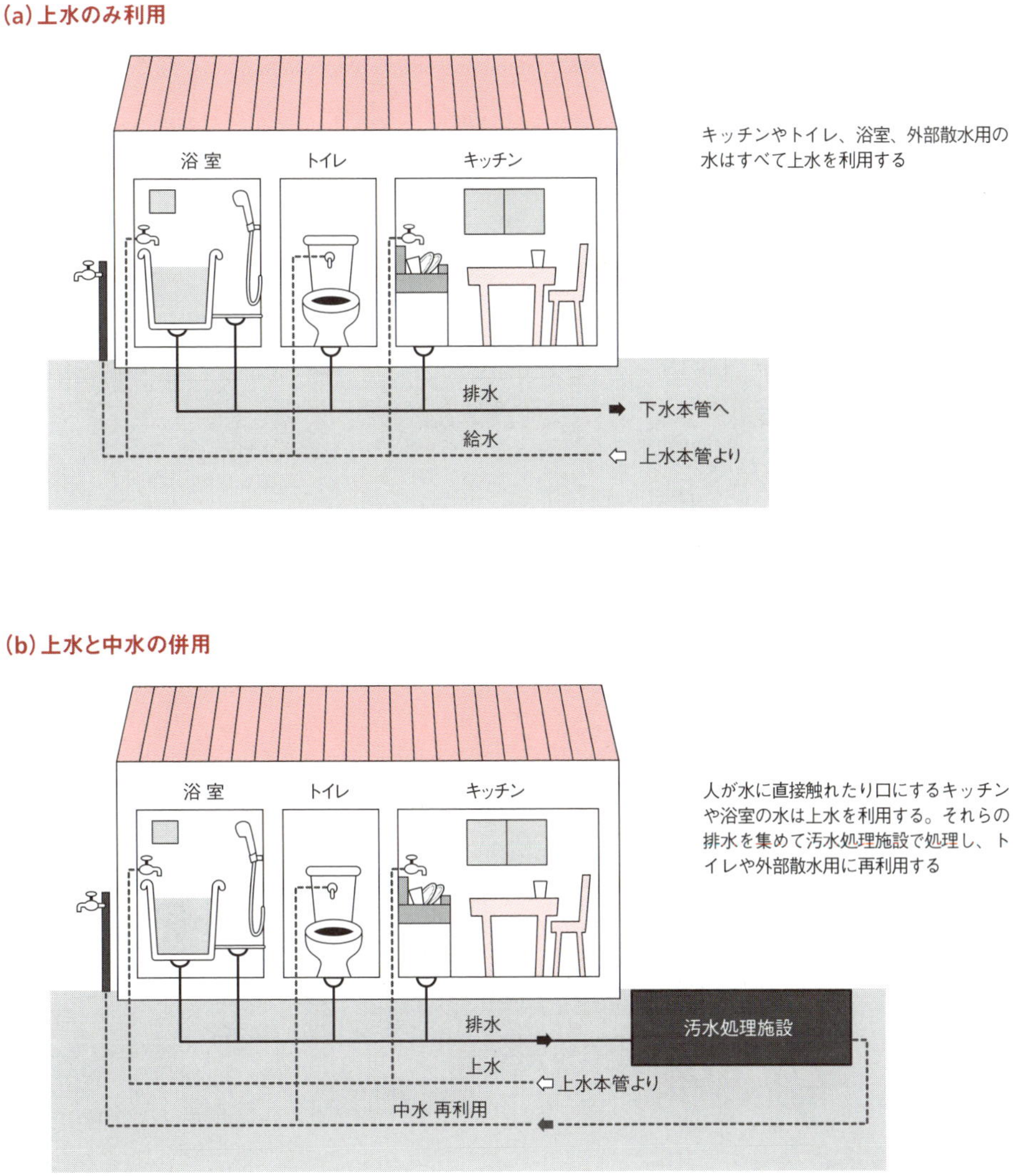
(a) 上水のみ利用
浴室
トイレ
キッチン
排水
下水本管へ
給水
上水本管より
キッチンやトイレ、浴室、外部散水用の水はすべて上水を利用する
(b) 上水と中水の併用
浴室
トイレ
キッチン
排水
汚水処理施設
上水
上水本管より
中水 再利用
人が水に直接触れたり口にするキッチンや浴室の水は上水を利用する。それらの排水を集めて汚水処理施設で処理し、トイレや外部散水用に再利用する

（出典） エクスナレッジ「世界で一番やさしいエコ住宅」、2011より

の融雪用水などに利用される（**図1**）。冷房では、外気より低温の地中に熱を放出し、暖房では外気より暖かい地中から熱を取り出すことができる。地中熱利用ヒートポンプは、空気熱源が利用できない外気温度－15℃のような環境でも稼働できるため、日本各地での利用が期待されている。

中水

中水は、台所や風呂の排水を浄化処理し、別の配管で水洗便所や散水などの雑用水に利用する水をいう。上水ほど上質ではないが、排水する前に再利用できるほど浄化されるため、水質的には上水と下水の中間に位置する。

処理方式は生物処理や膜分離処理が用いられ、両者の組み合わせが主流である。浴槽の残り湯を洗濯や掃除に再利用することをカスケード（段階的）利用というが、これにより、家庭での使用水量は大幅に削減される。

また、水洗便所で再利用する場合は、排水を集め、処理する施設を設けて、処理した水（中水）を別配管で使用用途へ再供給する（**図2**）。このような中水利用を行う場合、施工する際にクロスコネクションにならないように配管の誤接続に注意が必要である。

図3 雨水利用・雨水浸透システム

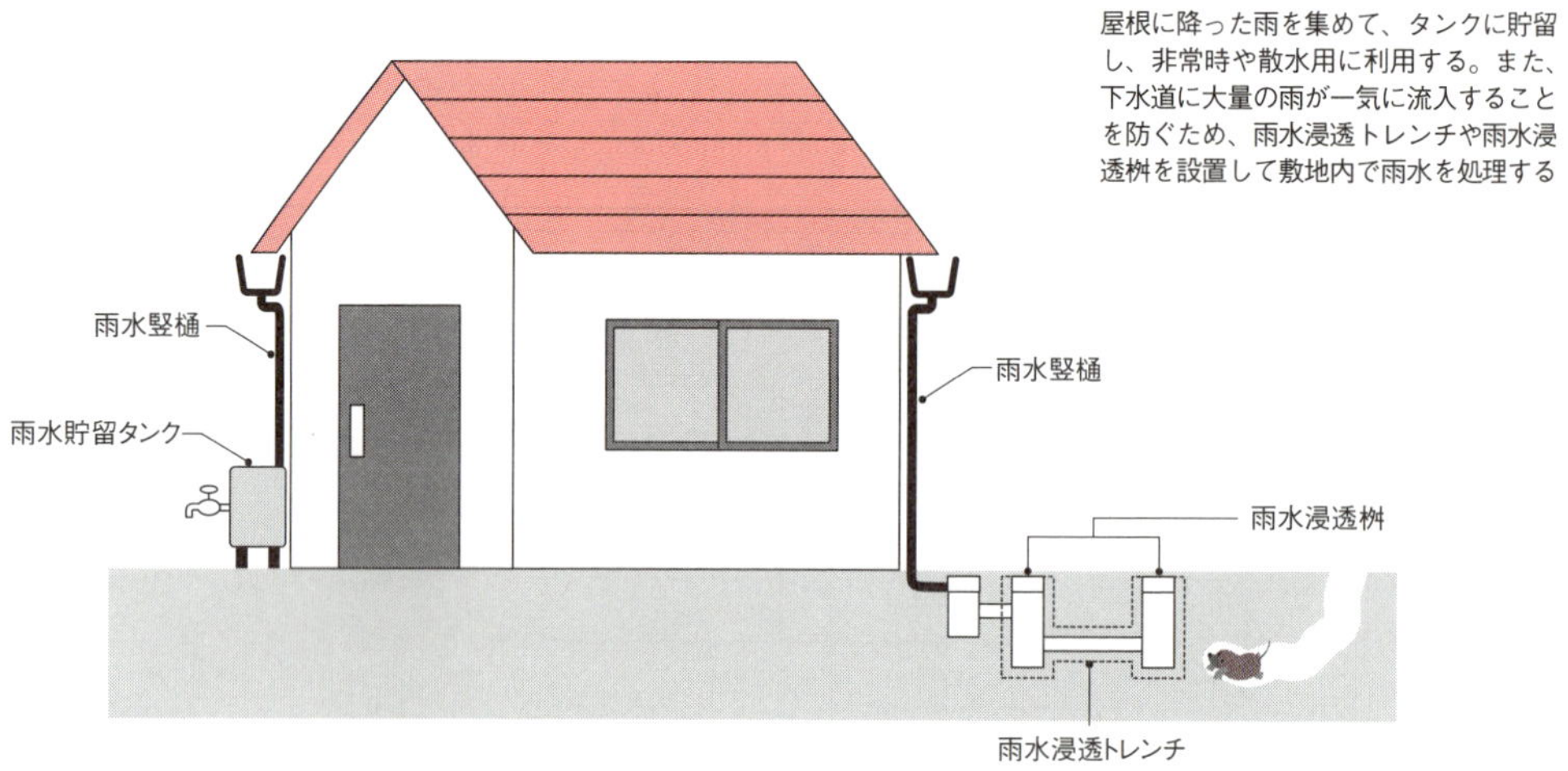
屋根に降った雨を集めて、タンクに貯留し、非常時や散水用に利用する。また、下水道に大量の雨が一気に流入することを防ぐため、雨水浸透トレンチや雨水浸透桝を設置して敷地内で雨水を処理する
雨水竪樋
雨水貯留タンク
雨水竪樋
雨水浸透桝
雨水浸透トレンチ

（出典） エクスナレッジ「世界で一番やさしいエコ住宅」、2011より

図4 排水設備との接続例

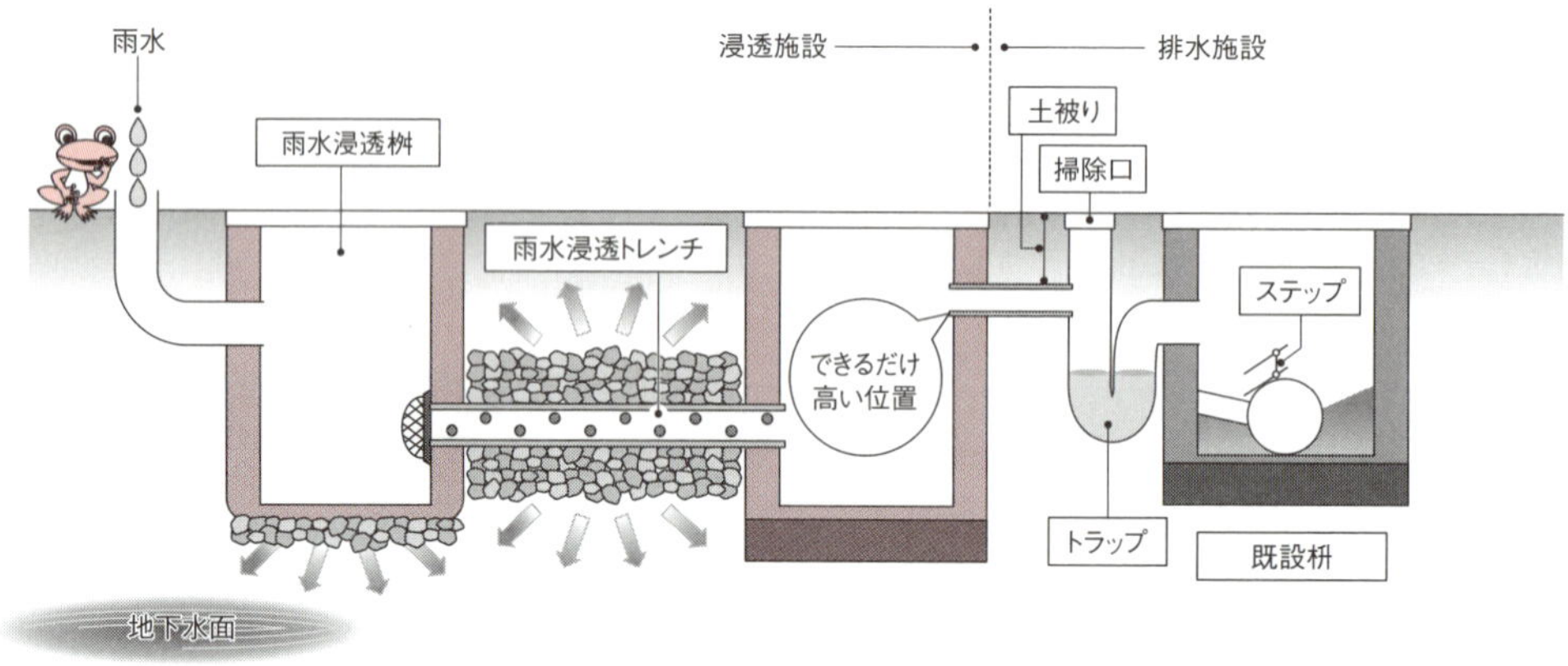
雨水
浸透施設
排水施設
雨水浸透桝
土被り
掃除口
雨水浸透トレンチ
ステップ
できるだけ高い位置
トラップ
既設枡
地下水面

（出典） 坂上恭助、鎌田元康編「基礎からわかる給排水設備」、彰国社、2009より

雨水の有効利用

雨水は、水資源の乏しい離島などで生活用水として利用されてきた。離島においても、海水の淡水化装置の導入により水道施設が整備されている地域も一部ある。離島に限らず、災害や水不足などの非常時の使用や散水などに利用するため、一般家庭でも雨水を貯留し、必要な時に利用できる装置やシステムが取り入れられている。これらの雨水利用によって水道水の消費が削減されればエコにつながる。

しかし、昨今の日本の降雨の状況は異常である。各地で毎時１００㎜を超える豪雨が、短時間に狭い地域で発生する。雨水利用を行ううえでは、このような集中豪雨にも対応できる排水処理を併せて考える必要がある。家庭で雨水を利用する場合、簡易的な利用法として雨水タンク（簡易貯留槽）がある（**図3**）。雨水の貯留は、生活用水としての雨水利用を目的とするほかに、治水として緊急貯留や消防用水貯留の目的がある。建築物内に雨水タンクがある場合には、豪雨時にタンクが満水となり、溢水（いっすい）事故の可能性がある。したがって、満水時を検知し、雨水集水を停止するなどの安全対策を講じる必要がある。

図5 水処理法と処理対象粒径

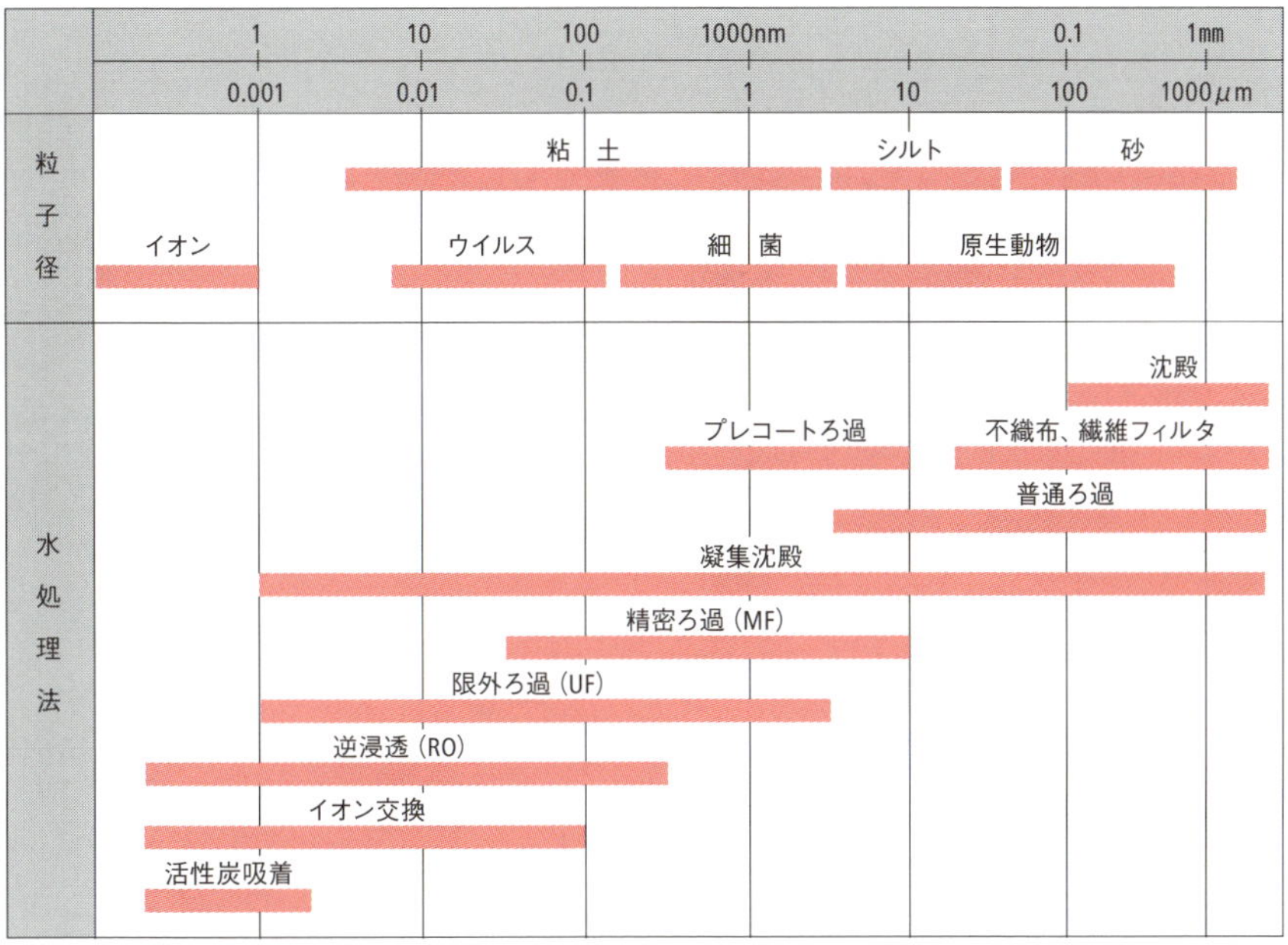

1
10
100
1000nm
0.1
1mm
0.001
0.01
0.1
1
10
100
1000μm
粒子径
粘土
シルト
砂
イオン
ウイルス
細菌
原生動物
水処理法
沈殿
プレコートろ過
不織布、繊維フィルタ
普通ろ過
凝集沈殿
精密ろ過（MF）
限外ろ過（UF）
逆浸透（RO）
イオン交換
活性炭吸着

（出典） 空気調和・衛生工学会「図解空気調和・給排水の大百科」、オーム社、1998より

表 各種膜ろ過の比較

	精密ろ過（MF）	限外ろ過（UF）	逆浸透（RO）
主な用途	浄水器 簡易水道用浄水装置[注] 細菌類の除去	排水再利用 パイロジェンフリー水 コロイド、高分子化合物の除去 各種ウイルスの除去	海水淡水化 超純水 無機物・有機物の濃縮・回収 下水三次処理水の脱塩
膜の孔径〔μm〕	0.05～10	0.001～0.1	0.001以下
処理に必要な圧力〔MPa〕	0.01～0.3	0.05～1	1～7
水の処理速度〔m³/（m²・日）〕	20～500	2～50	0.2～3（海水淡水化）

（注） MFとUFの中間の膜を使用
（出典） 空気調和・衛生工学会「図解空気調和・給排水の大百科」、オーム社、1998より

また、屋外に雨水浸透トレンチや雨水浸透桝（**図4**）を設置して雨水を地中へ処理することはエコにつながるとともに、豪雨時に雨水を遅らせて排水でき、下水道への負担を軽減する。雨水を利用する用途は、衛生学的な見地から、トイレの洗浄水や散水などが多い。集中豪雨という異常気象が増えてきているが、日本は雨の多い国であり、雨水利用は有効なエコ手段である。

海水の淡水化

海水の淡水化とは、海水をろ過処理し、淡水をつくり出すことである。海水に隣接するが、雨の降らない地域では、海を莫大な水源として利用できるため、この技術により生活用水が確保できる。ろ過の方法には、実用化されているもので、多段フラッシュ蒸発方式と逆浸透法がある。最近では複数の水処理装置を組み合わせて、求められる水質を満足させている（**図5**）。

多段フラッシュ蒸発方式は、海水を蒸発させ、再び冷やして真水にする。大量の淡水をつくり出すことはできるが、熱効率が悪く、多量のエネルギーを使用している。逆浸透法は、海水に圧力をかけて逆浸透膜（RO膜）と呼ばれるろ過膜に通し、海水の塩分を除去して淡水をつくる（**表**）。

給湯負荷とエコ設計法

図1 給湯消費割合

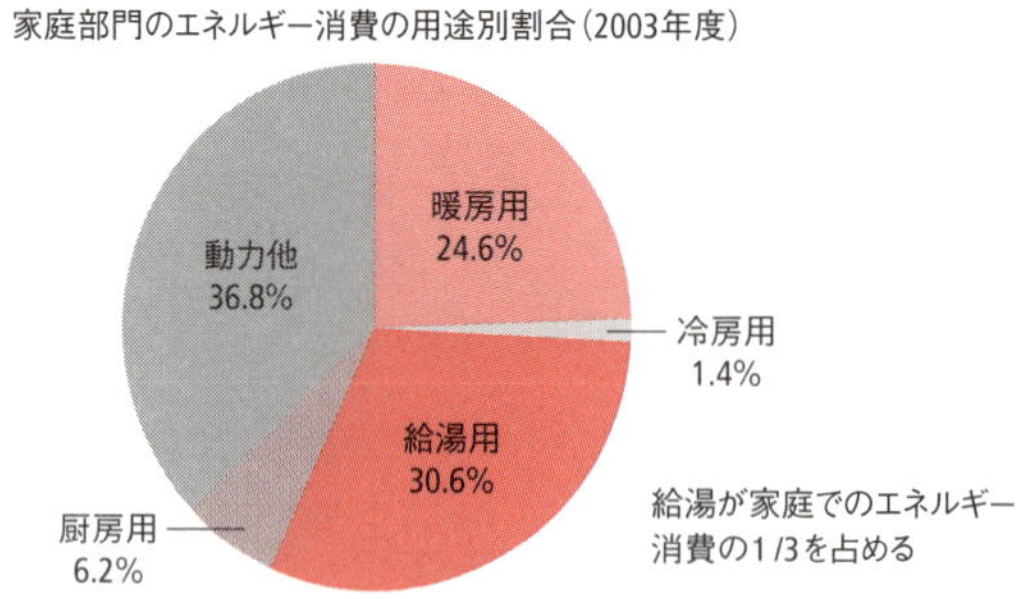
家庭部門のエネルギー消費の用途別割合（2003年度）
暖房用
24.6%
冷房用
1.4%
給湯用
30.6%
厨房用
6.2%
動力他
36.8%
給湯が家庭でのエネルギー
消費の1/3を占める

図2 地域冷暖房

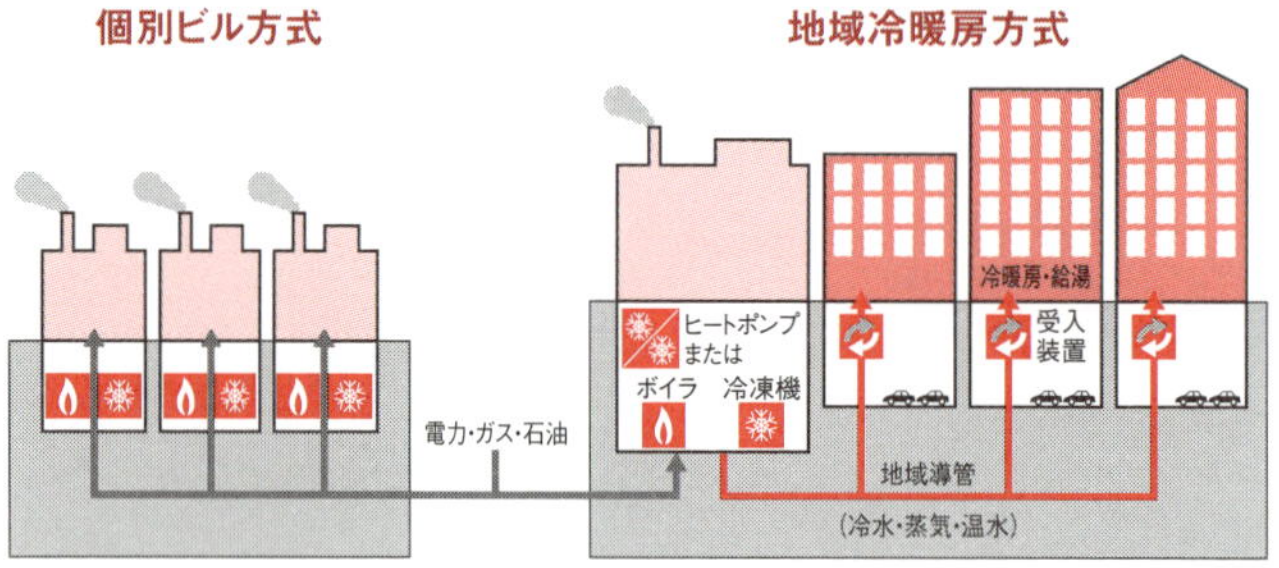
個別ビル方式
地域冷暖房方式
電力・ガス・石油
ヒートポンプ
または
ボイラ
冷凍機
冷暖房・給湯
受入
装置
地域導管
（冷水・蒸気・温水）

給湯設備のエコ設計法

給湯設備は、建物の用途によっては多大なエネルギーを消費するため、設計段階で省エネ性を十分に考慮する必要がある。特に、家庭のエネルギー消費の1／3は給湯によるものであり、家庭における給湯設備のあり方を見直すことが必要である（図1）。

給湯設備計画では、地域事情に応じた適切な熱源の選択が最も大切である。例えば、地域冷暖房が整備された地域に個別熱源を設置したり（図2）、年間日照時間が少ない地域に大規模な太陽熱給湯を設置することは、費用対効果が小さく、無駄な給湯設備計画と言える。太陽熱・自然冷媒・地中熱など、自然エネルギーを利用した給湯設備が、エコ設備設計といえる。

社会全体が、化石燃料主体から自然エネルギー主体へ方針転換を迫られている中、地球環境を考えた給湯設備計画を行うことは、設備設計者としての重要な責務である。現時点では、自然エネルギーのみに頼る計画は困難だが、これからは、高効率熱源機器を採用し、自然エネルギーを主体としたエネルギーベストミックスを構築して、持続可能な社会の実現に向けた給湯設備設計を行う必要がある。

給湯負荷を適切に予測する

給湯設備設計において、建物の給湯負荷を適切に予測することは非常に重要である。給湯負荷の予測には、建物における1日の給湯使用量を予測する方法と、瞬時（主に、毎分）の給湯使用量を予測する方法がある。前者は、給湯機器や貯湯槽容量の適切な設定に、後者は瞬間式給湯器や給湯配管の適切な選定に用いられる。また最近では、節湯を特徴とした、小流量で適正に使用できる水栓やシャワーなどの衛生器具が普及している。

エコ設備設計にとって、使用者の立場で、給湯負荷を低減する器具を選定することも大切である。地球環境を考えると同時に、使用者の意識を高めることもエコ設備設計の重要な役割である。

省エネルギーの給湯機器

図1 ヒートポンプ給湯機の仕組み

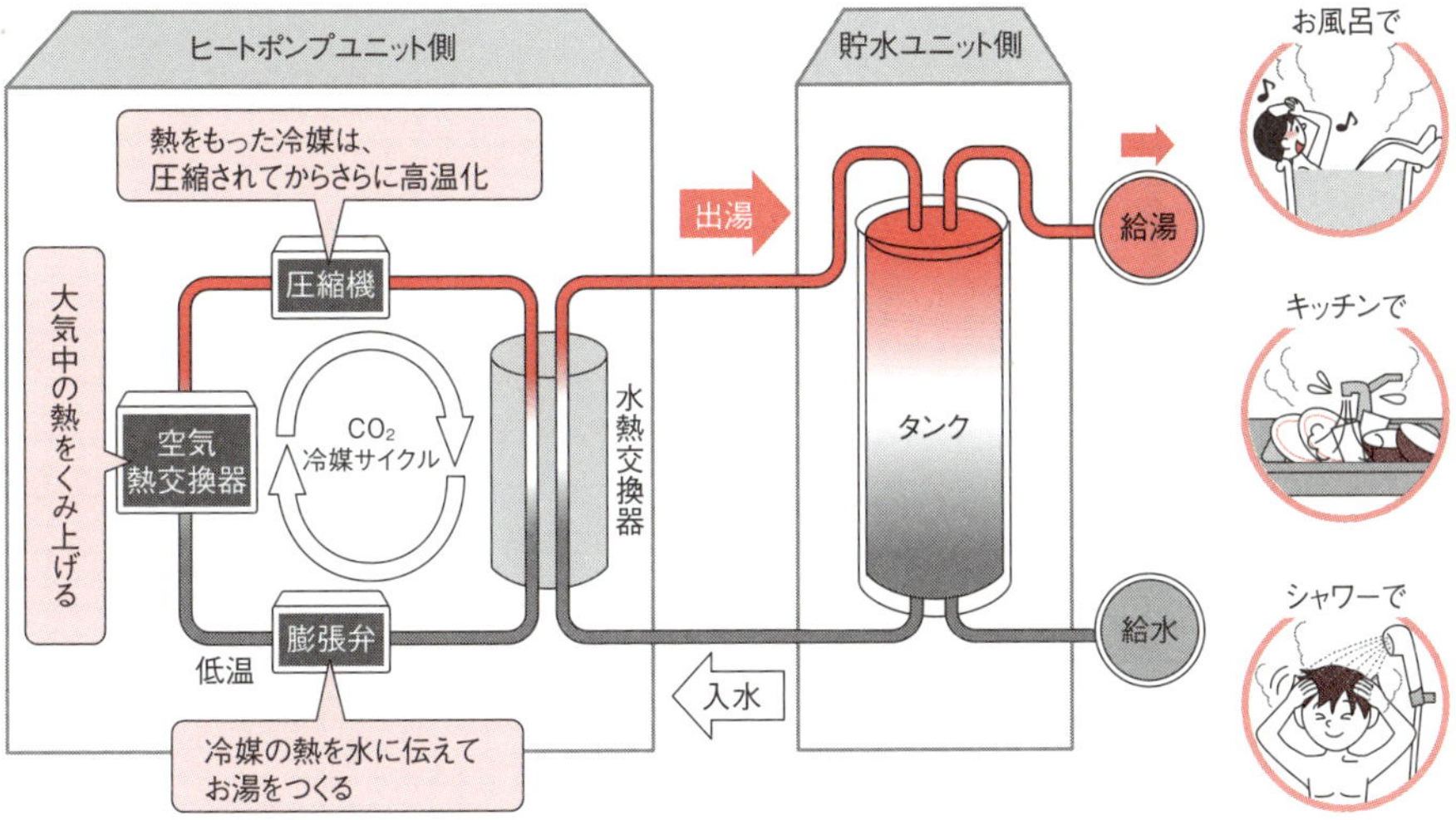
ヒートポンプユニット側
熱をもった冷媒は、
圧縮されてからさらに高温化
圧縮機
大気中の熱をくみ上げる
空気
熱交換器
CO_2
冷媒サイクル
水熱交換器
膨張弁
低温
冷媒の熱を水に伝えて
お湯をつくる
貯水ユニット側
出湯
タンク
入水
給湯
給水
お風呂で
キッチンで
シャワーで

図2 電力消費量

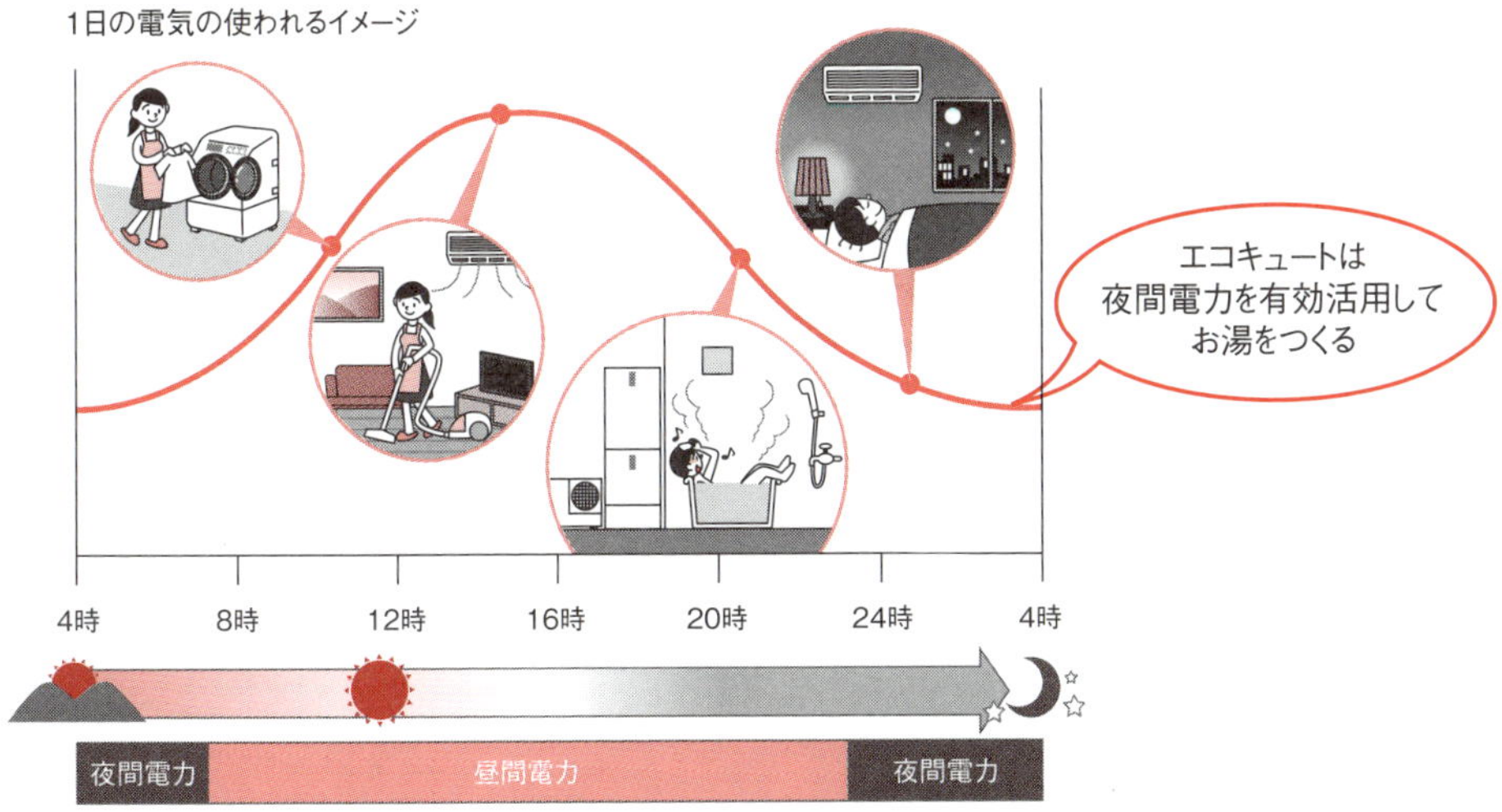
1日の電気の使われるイメージ
エコキュートは
夜間電力を有効活用して
お湯をつくる
4時
8時
12時
16時
20時
24時
4時
夜間電力
昼間電力
夜間電力

ヒートポンプ式給湯機

ヒートポンプの技術により、大気の熱を利用してお湯を沸かす給湯機がヒートポンプ式給湯機である。従来の電気ヒーターを利用した電気温水器と比較して、経済性・機能面など大きく上回るシステムであり、近年のオール電化住宅における代表的な給湯システムとなっている（**図1・2**）。

エアコンと同じR410A冷媒を用いたものと、自然冷媒（CO_2）を用いた熱交換式の住宅用電気給湯機があり、自然冷媒を用いた給湯機は「エコキュート」と総称される。ヒートポンプユニットと貯湯タンクユニットで構成され、給湯や床暖房に利用する。

貯湯タンクは、できる限り給湯箇所に近接して設置することが、省エネの観点からも望ましい。また、給湯機用排水管を単独で設置する必要があり、貯湯タンクの点検・設置スペースなど、設計時に考慮するべき事項がある（**図3**）。

ヒートポンプユニットの内部は、冷

図3 エコキュートの設計

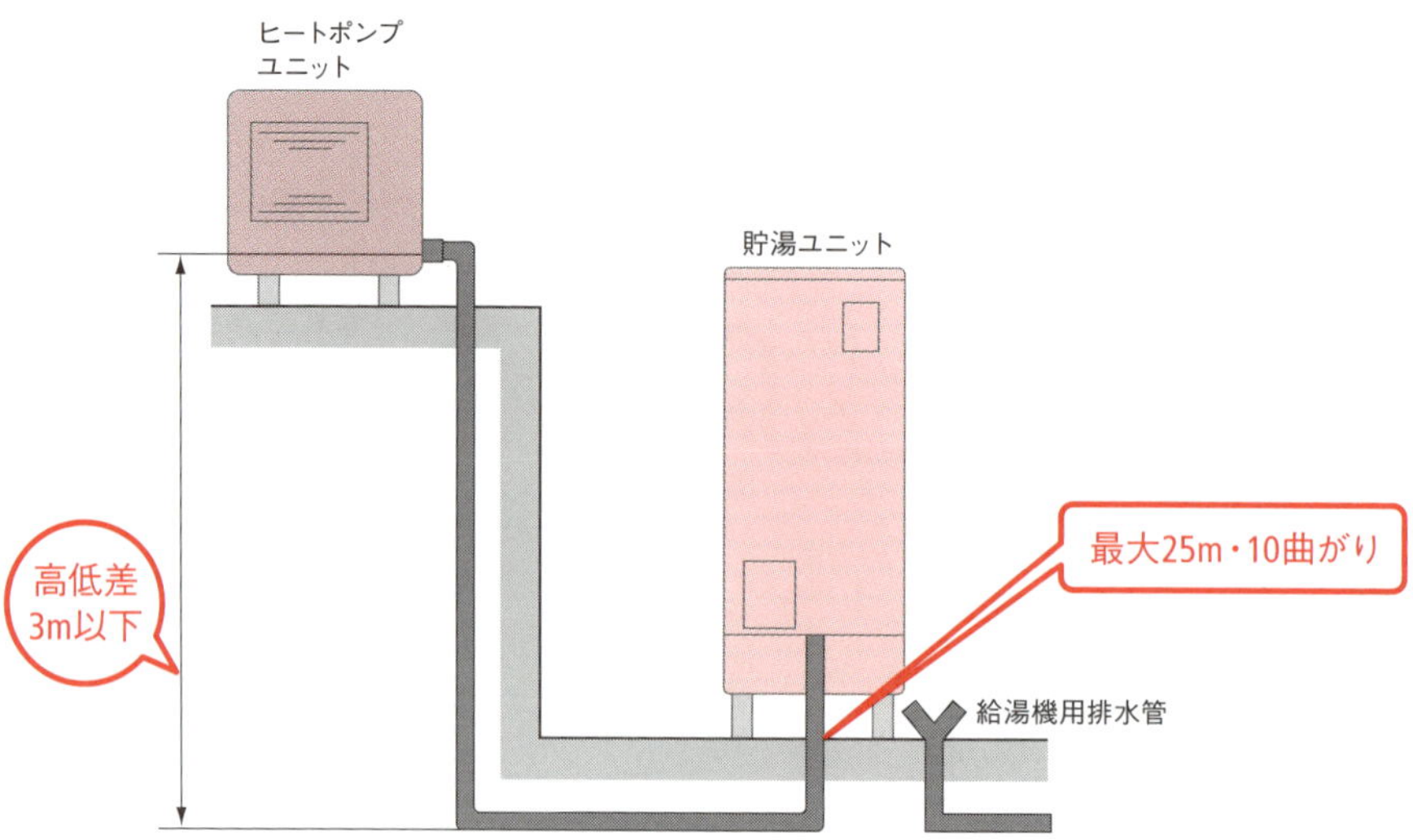
ヒートポンプ
ユニット
貯湯ユニット
最大25m・10曲がり
高低差
3m以下
給湯機用排水管

図4 オール電化普及率

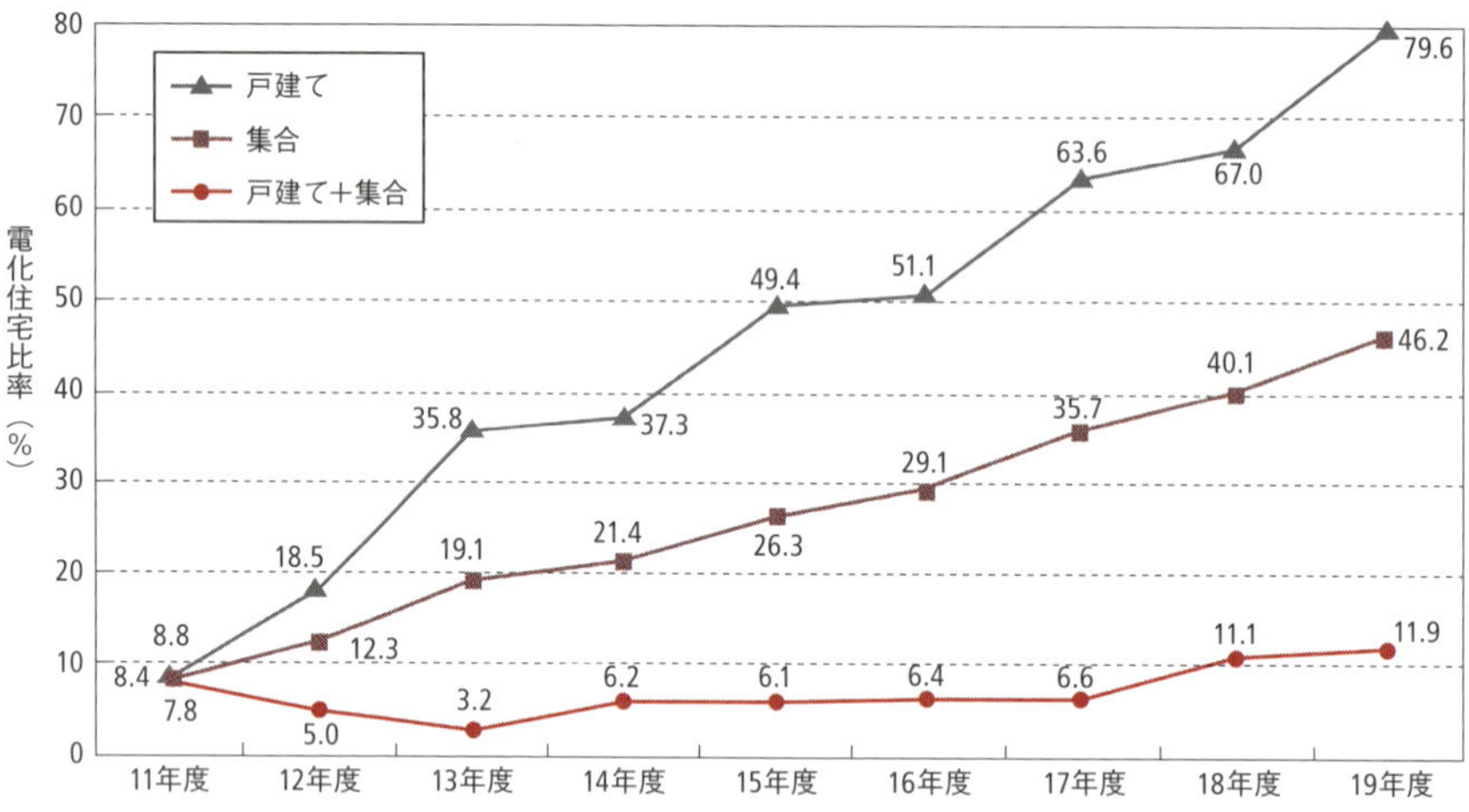
戸建て
集合
戸建て＋集合
電化住宅比率（%）
11年度
12年度
13年度
14年度
15年度
16年度
17年度
18年度
19年度
8.8
18.5
35.8
37.3
49.4
51.1
63.6
67.0
79.6
8.4
12.3
19.1
21.4
26.3
29.1
35.7
40.1
46.2
7.8
5.0
3.2
6.2
6.1
6.4
6.6
11.1
11.9

（注）電化住宅比率は、国土交通省総合政策局発表の数値に基づき算定

媒を減圧して低温になる状態と、加圧して高温になる状態を繰り返している。低温状態の冷媒に大気（CO_2）を取り込み、コンプレッサーで加圧することで高温にして、水を温める。夜間電力を利用して行うことでランニングコストが抑えられ、エネルギー消費効率が高く、燃焼が伴わないためCO_2を排出しない、地球環境に優しい給湯システムである。

大気の熱を利用するため、寒冷地向きではなく、比較的温暖な地域に適している。しかし、ライフラインが停止した場合、復旧の早い電気を利用した給湯システムであるため、温水についても早期復旧が図れるなどのメリットがある。また、ヒートポンプユニットは、年間を通じて深夜に稼働するため、隣家や寝室などに近接した設置を避けるように配慮する必要がある。

補助金制度

エコキュートに対する国の補助金制度は、平成22年度で終了したが、一部の自治体では継続している。近年では、オール電化住宅が、集合住宅だけでなく戸建て住宅にも飛躍的に普及してきており、今後の補助金制度の復活はないと考えられている（**図4**）。しかし、エコキュートを組み合わせたオー

図5 潜熱回収型ガス給湯機

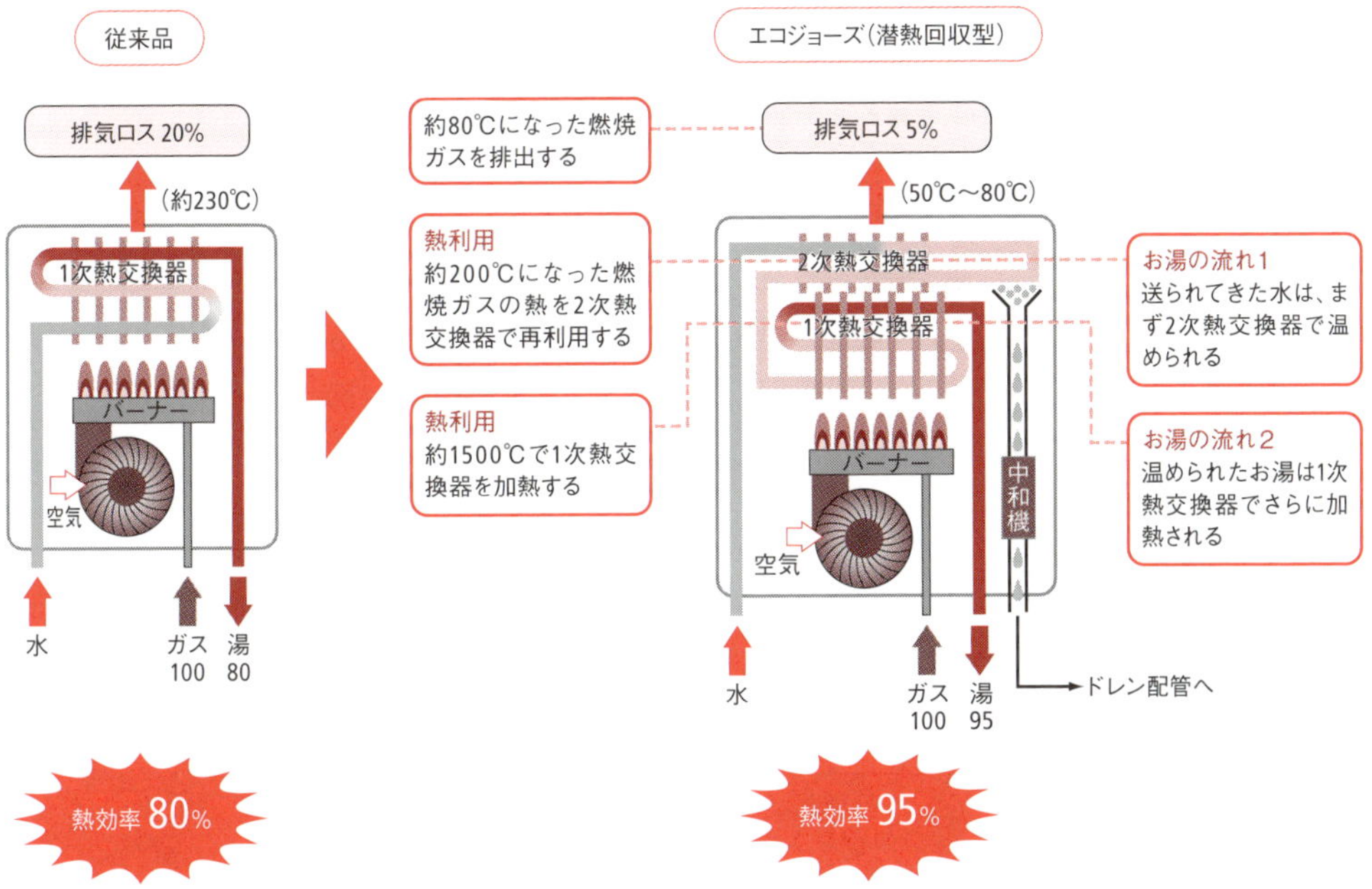
従来品
排気ロス 20%
(約230℃)
1次熱交換器
バーナー
空気
水
ガス 100
湯 80
熱効率 80%
エコジョーズ（潜熱回収型）
約80℃になった燃焼ガスを排出する
熱利用
約200℃になった燃焼ガスの熱を2次熱交換器で再利用する
熱利用
約1500℃で1次熱交換器を加熱する
排気ロス 5%
(50℃～80℃)
2次熱交換器
1次熱交換器
バーナー
中和機
空気
お湯の流れ1
送られてきた水は、まず2次熱交換器で温められる
お湯の流れ2
温められたお湯は1次熱交換器でさらに加熱される
水
ガス 100
湯 95
ドレン配管へ
熱効率 95%

図6 省エネ効果1

年間のCO_2削減効果

240.3kg-CO_2
（ブナの木 48.1本分）

※年間の省エネ効果は、木造戸建住宅、床面積120㎡、4人家族を想定し、給湯負荷17.1GJ、床暖房負荷9.9GJで試算

図7 省エネ効果2

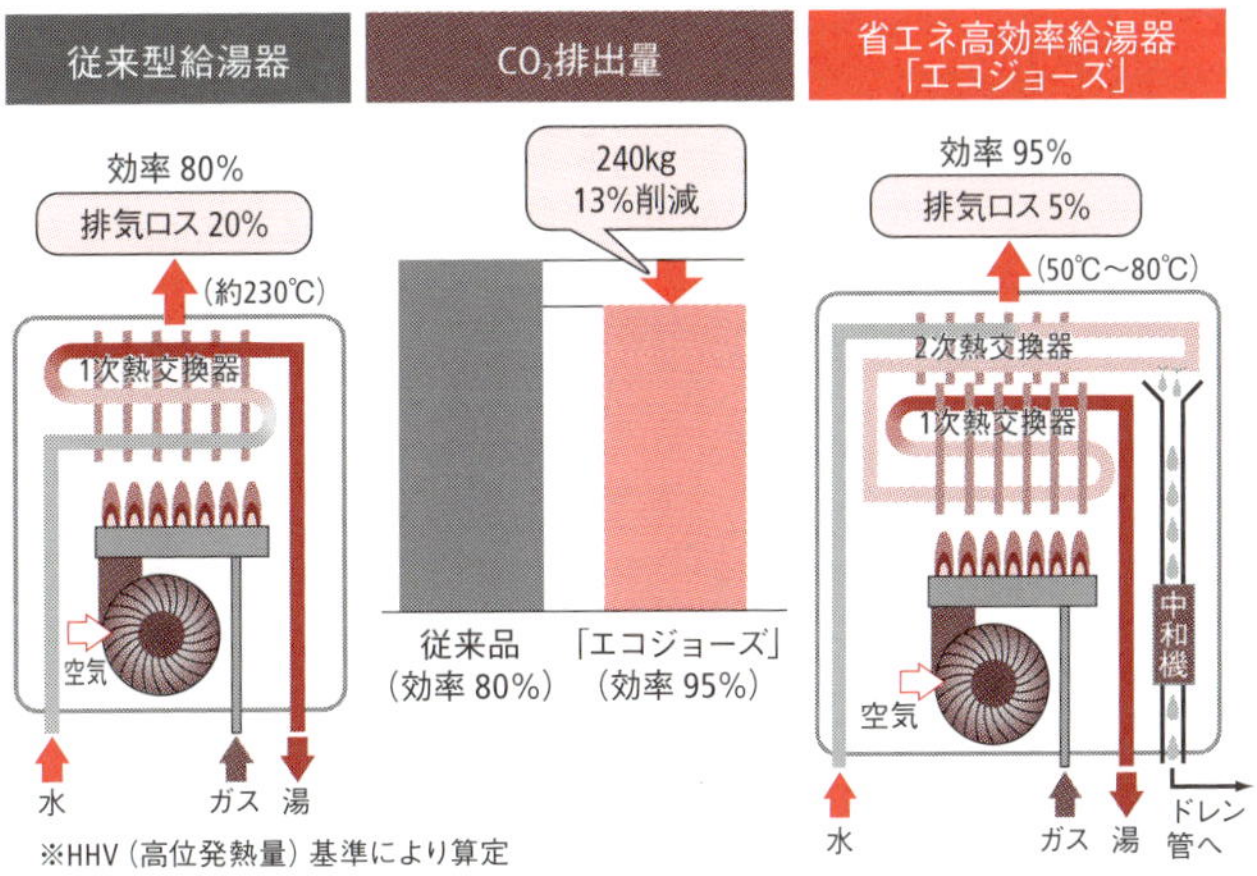
従来型給湯器
CO_2排出量
省エネ高効率給湯器「エコジョーズ」
効率 80%
排気ロス 20%
(約230℃)
1次熱交換器
空気
水
ガス
湯
240kg
13%削減
従来品（効率 80%）
「エコジョーズ」（効率 95%）
効率 95%
排気ロス 5%
(50℃～80℃)
2次熱交換器
1次熱交換器
中和機
空気
水
ガス
湯
ドレン管へ

※HHV（高位発熱量）基準により算定

ル電化補助金や太陽光発電の補助金など、利用できる制度も多い。

潜熱回収型ガス給湯機

従来のガス給湯機で排出していた約200℃の排気ガス中の熱を、2次熱交換器で回収する技術を搭載したガス給湯機を「エコジョーズ」（石油を使用したものを、「エコフィール」）という。今までの給湯機の熱効率が80％であったのに対し、95％の熱効率を実現させた新型の潜熱回収型ガス給湯機である（**図5**）。

給湯機が高効率となることで、ランニングコストが抑えられ、燃焼に伴うCO_2排出量も低減する（**図6**）。また、補助金などによりイニシャルコストを従来のガス給湯機と変わらない程度に抑えられる。しかし、2次交換機から発生するドレン水の排水処理が必要なため、集合住宅などでは、採用できないことがあるので注意が必要である。

現在、一部のエコジョーズでは、浴槽排水後に中和したドレン水を、追い焚き配管に流して排出することで、ドレン排水が困難な場所に設置できる給湯機も開発されている（**図7**）。給湯機からの排ガス温度が低くなり上昇気流の力が弱く、排ガスが近くに停滞する可能性があり、注意されたい。

図8 家庭用コージェネレーション

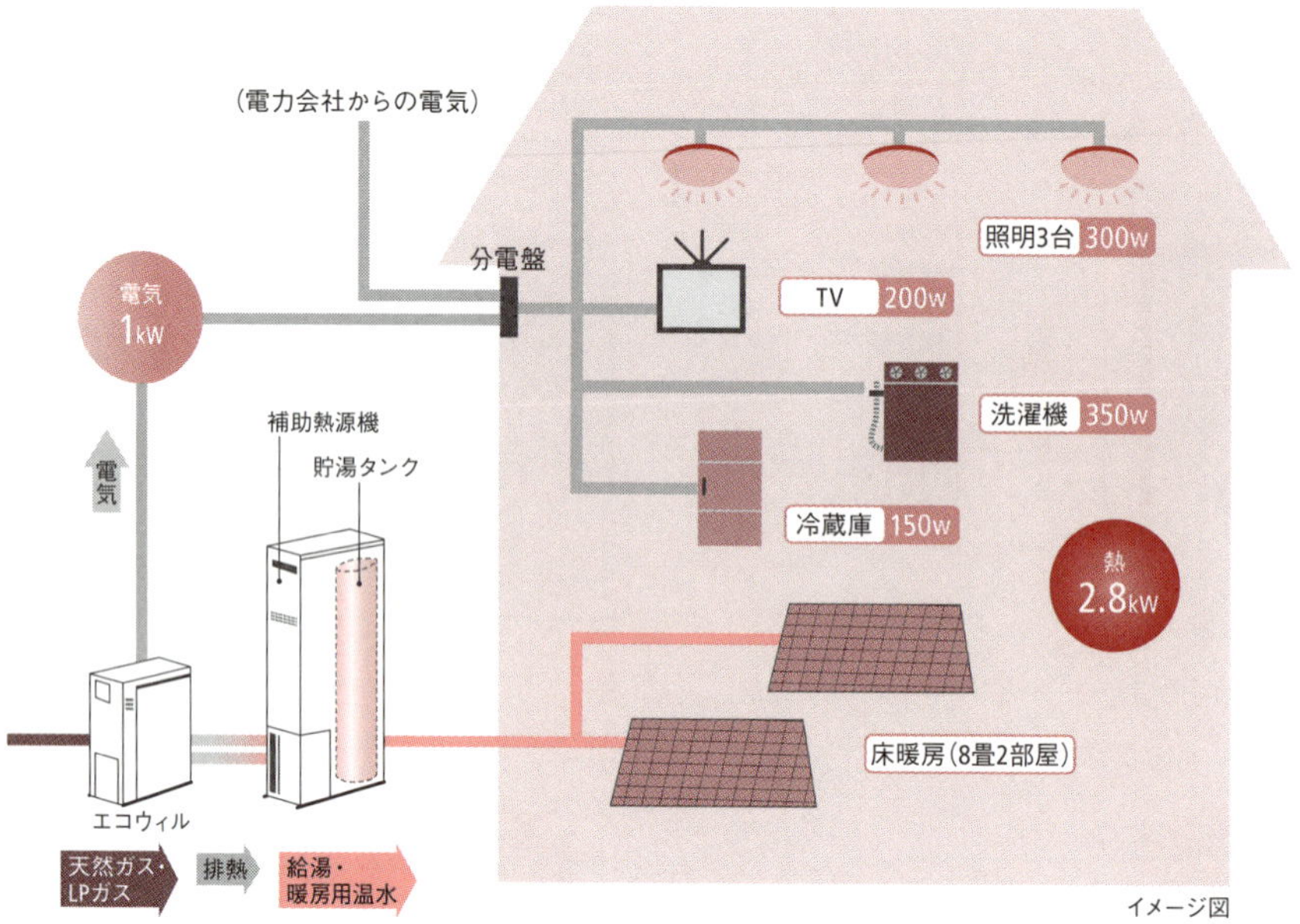

（電力会社からの電気）
分電盤
電気 1kW
電気
補助熱源機
貯湯タンク
照明3台 300w
TV 200w
洗濯機 350w
冷蔵庫 150w
熱 2.8kW
床暖房（8畳2部屋）
エコウィル
天然ガス・LPガス
排熱
給湯・暖房用温水
イメージ図

図9 家庭用コージェネレーションの省エネ効果

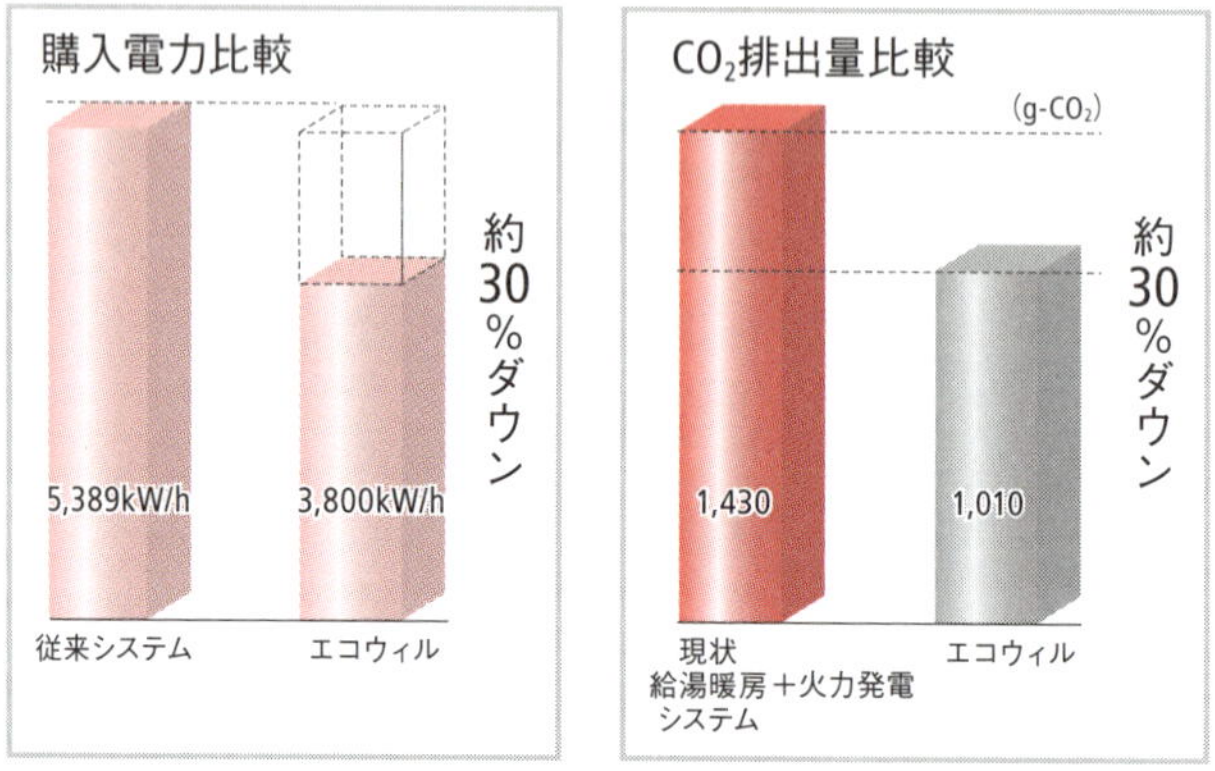

購入電力比較
5,389kW/h
3,800kW/h
約30%ダウン
従来システム
エコウィル
CO_2排出量比較
(g-CO_2)
1,430
1,010
約30%ダウン
現状
給湯暖房＋火力発電システム
エコウィル

家庭用コージェネレーションシステム

1つのエネルギー源（ガスなどの燃料）から、電気や熱など2つ以上のエネルギーを同時に取り出す仕組みをコージェネレーションシステムという。このシステムで戸建て住宅用に考えられたガスエンジンを使用した家庭用コージェネレーションシステムがある（**図8**）。その中でも現在最も期待されているガス発電・給湯システムが「エコウィル」である。

注目のエコウィル

エコウィルは、1kWの発電をする際に発生する排熱2.8kWを有効利用して、お湯を温めるシステムである。発電で発生した熱を直接利用するため、エネルギー利用効率が77％と高く、省エネと環境面で優れたシステムである（**図9**）。

発電した分の電気使用量が減るため、電気料金が安くなり、経済的である。さらに、ガス会社によっては専用料金メニューによりガス料金の割引を受けられるなどのメリットがある。しかし、貯湯タンクを設置するスペースを確保しなければならず従来のガス給湯機と比較して初期費用が倍増すると

図10 燃料電池の仕組み

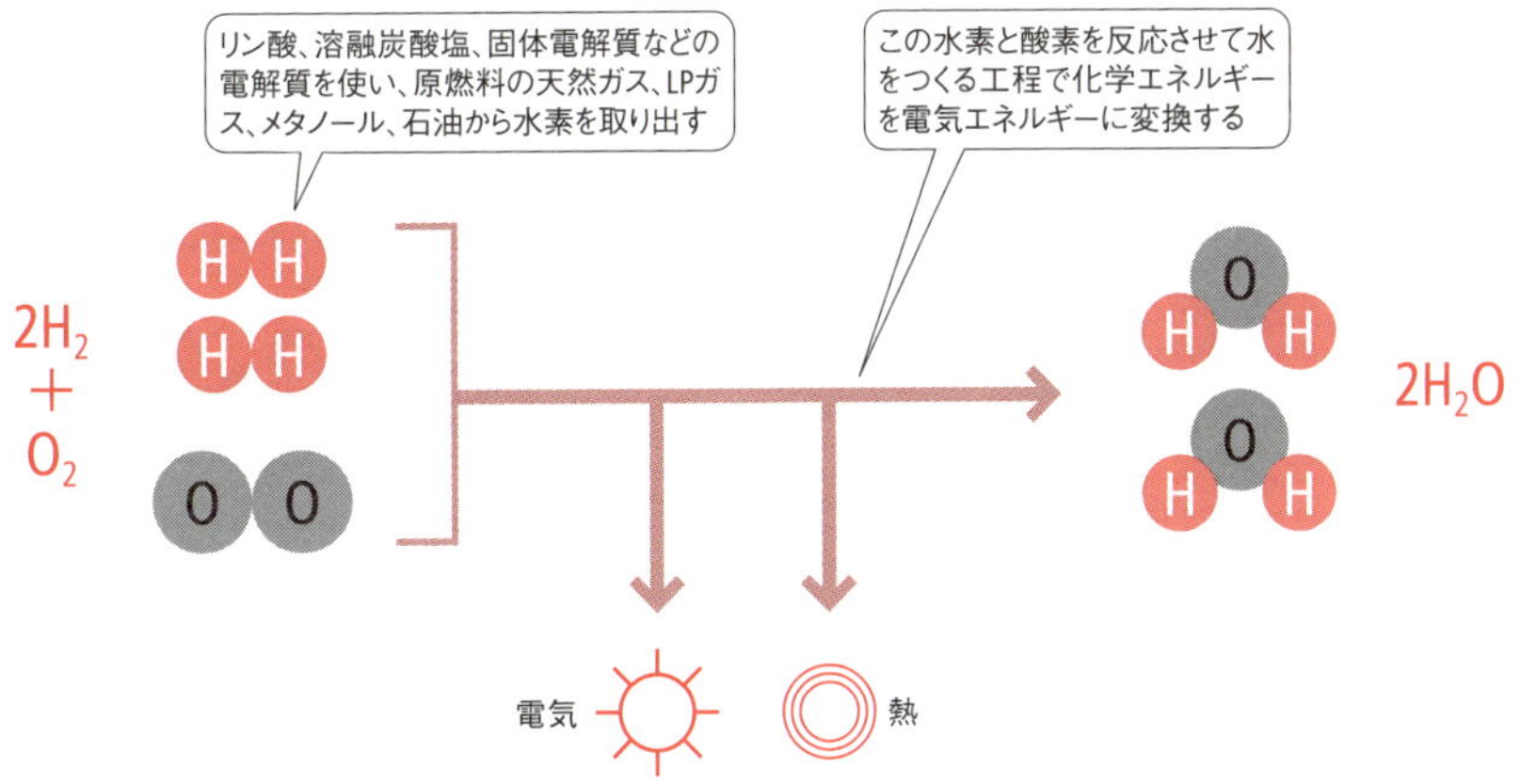

リン酸、溶融炭酸塩、固体電解質などの電解質を使い、原燃料の天然ガス、LPガス、メタノール、石油から水素を取り出す
この水素と酸素を反応させて水をつくる工程で化学エネルギーを電気エネルギーに変換する
$2H_2$ ＋ O_2
$2H_2O$
電気
熱

図11 エネファームの仕組み

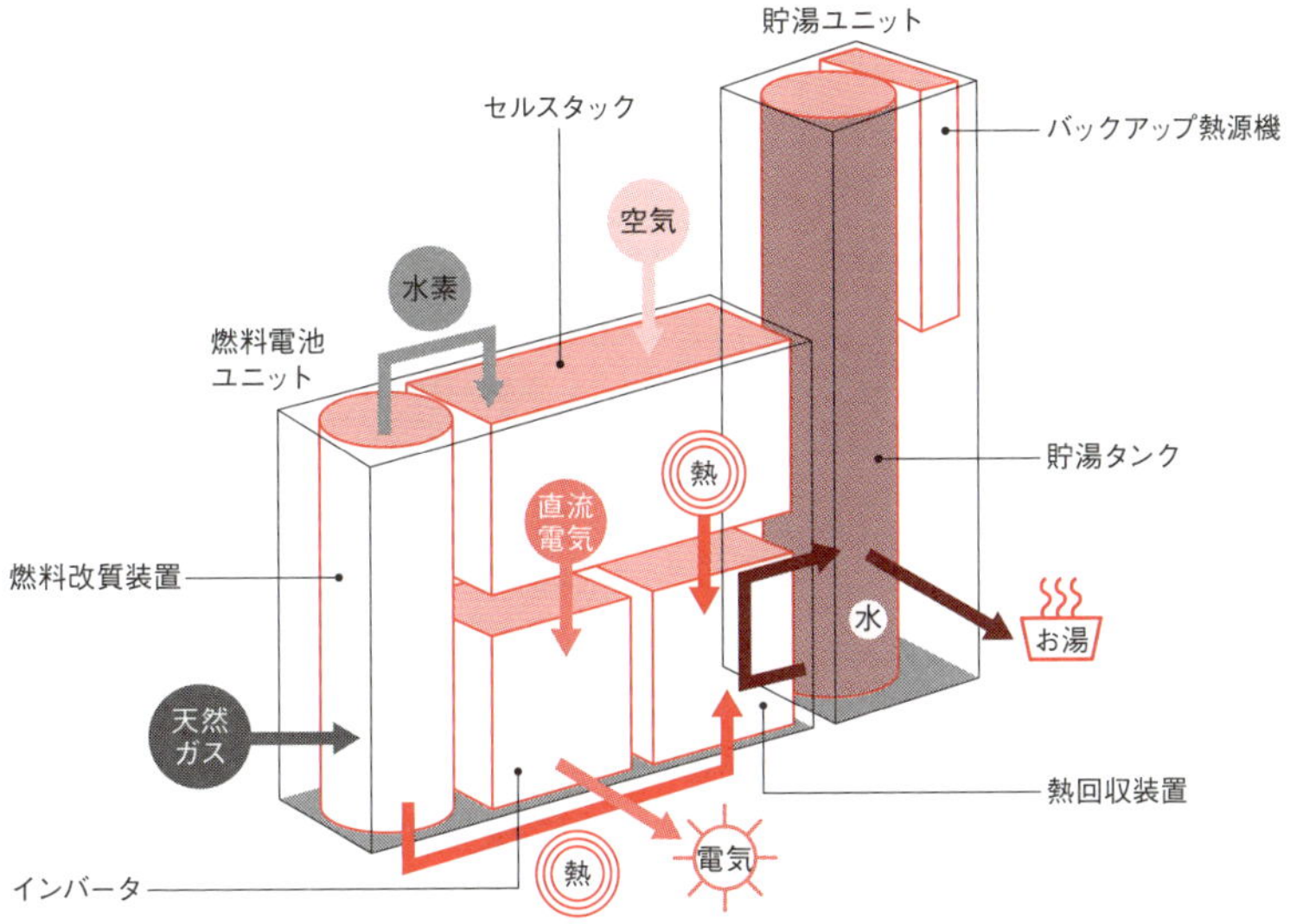

貯湯ユニット
セルスタック
バックアップ熱源機
空気
水素
燃料電池ユニット
貯湯タンク
熱
直流電気
燃料改質装置
水
お湯
天然ガス
熱回収装置
熱
電気
インバータ

いう課題がある。また、停電時には発電できず、お湯の使用量が少ない季節は発電量が減少するといったことも生じる。

家庭用燃料電池

家庭用の燃料電池は、ガスや灯油などの燃料から水素を取り出し、大気中の酸素と化学反応させて電気を作り出す仕組みである（**図10**）。エネルギーを直接電気エネルギーに変換するため、発電効率が高く、CO_2などの温室効果ガスを発生しないのも特徴である。さらに、発電時に排熱を利用してお湯をつくるコージェネレーションシステムとも組み合わされる。

エネファームの効果

家庭に導入できる最先端の発電・給湯システムが、家庭用燃料電池コージェネレーションシステム「エネファーム」である（**図11**）。エネファームの発電能力は1kWと750Wの2機種あり、補助熱源をもっているため、湯切れの心配はない。また、エネファームが稼働していない場合や最大発電量を上回る電気を使用した場合は、電力会社からの電気を利用するので、電気が不足する心配はない。

エネファームの燃料は、天然ガスを

図12 エネファームの省エネ効果1

エネファーム700Wh発電時の発電量（700Wh）と
熱回収量（900Wh）を従来のシステムで賄った場合との比較

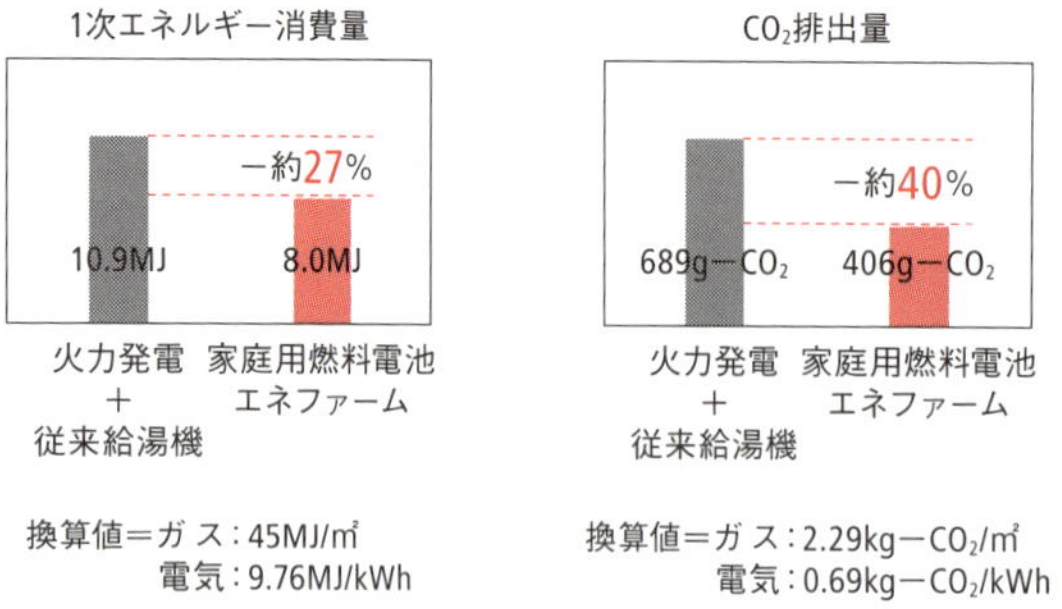

1次エネルギー消費量
－約27％
10.9MJ
8.0MJ
火力発電
＋
従来給湯機
家庭用燃料電池
エネファーム
換算値＝ガス：45MJ/㎥
電気：9.76MJ/kWh
CO2排出量
－約40％
689g－CO2
406g－CO2
火力発電
＋
従来給湯機
家庭用燃料電池
エネファーム
換算値＝ガス：2.29kg－CO2/㎥
電気：0.69kg－CO2/kWh

図13 エネファームの省エネ効果2

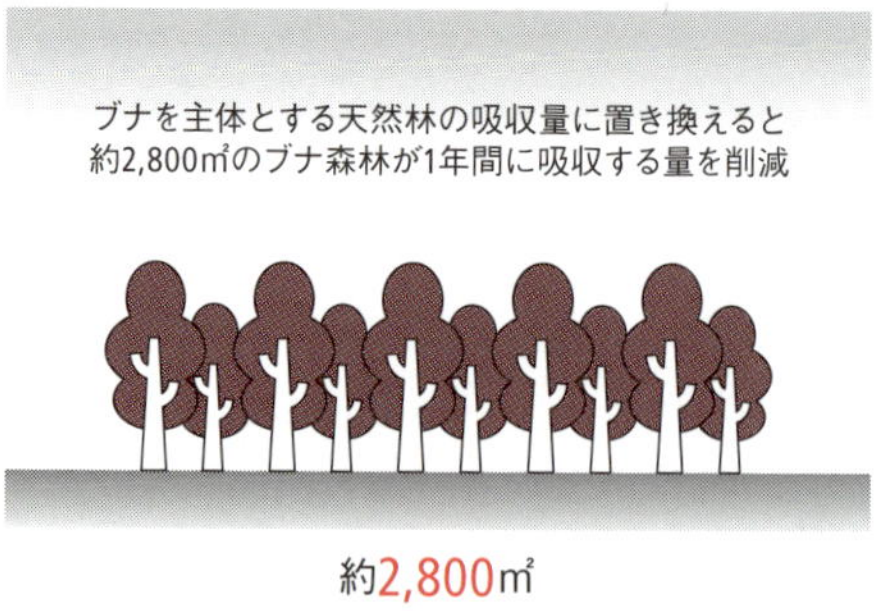

ブナを主体とする天然林の吸収量に置き換えると
約2,800㎡のブナ森林が1年間に吸収する量を削減
約2,800㎡

※ブナ天然林のCO_2吸収量原単位＝4.6［t－CO_2/ha・年］
（出典） 日本林業協会 資料
※戸建住宅4人家族を想定（大阪ガス試算）

図14 W発電システム

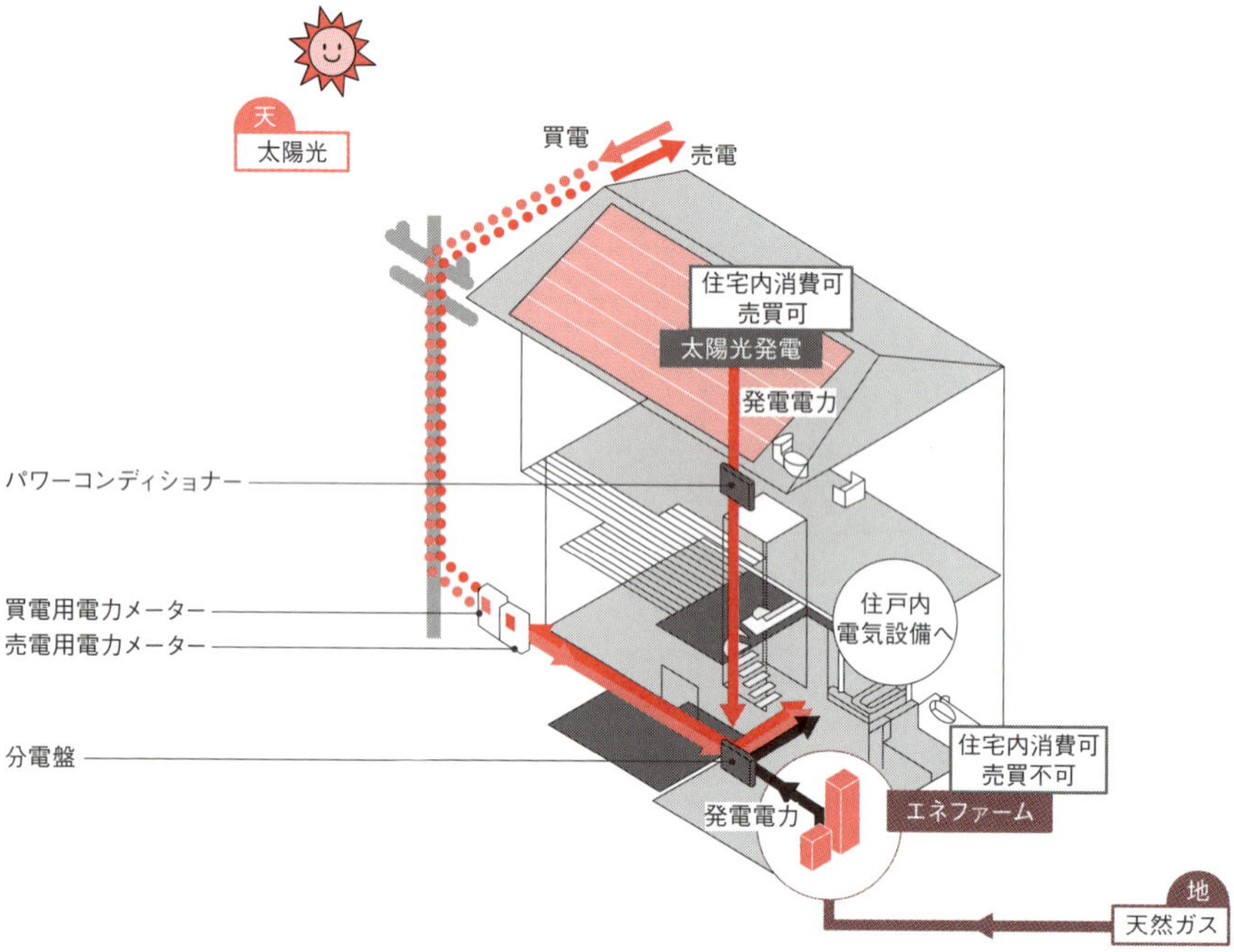

天
太陽光
買電
売電
住宅内消費可
売買可
太陽光発電
発電電力
パワーコンディショナー
買電用電力メーター
売電用電力メーター
住戸内
電気設備へ
分電盤
住宅内消費可
売買不可
発電電力
エネファーム
地
天然ガス

有効活用するため、従来のガス給湯システムと比較して、1次エネルギー消費量は約27％削減され、CO_2排出量は約40％削減される。すなわち、家庭で簡単にできる分散型の効果の高い発電システムであり、地球温暖化対策として注目されている発電・給湯システムである（図12・13）。

W発電システム

また、エネファームは太陽光発電と組み合わせる「W発電システム」を構築することで、効果が倍増する。太陽光発電は天候により発電量が左右されるが、エネファームは生活に応じて発電させることが可能である（図14）。W発電システムは、エネファームの発電分が住宅内で優先的に消費され、電力消費を全体的に削減する。すなわち、太陽光発電単体の場合よりも売電量が多くなる効果がある。

補助金制度

省エネ効果は高いが機器の価格も高いエネファームは、平成23年度以降も引き続き国からの補助金が支給される。再生可能エネルギー法案の成立に伴い、エネファームの今後の普及促進が見込まれるが、補助金制度はその年に応じた先着順と利用者数による分配

図15 ハイブリッド給湯機の仕組み

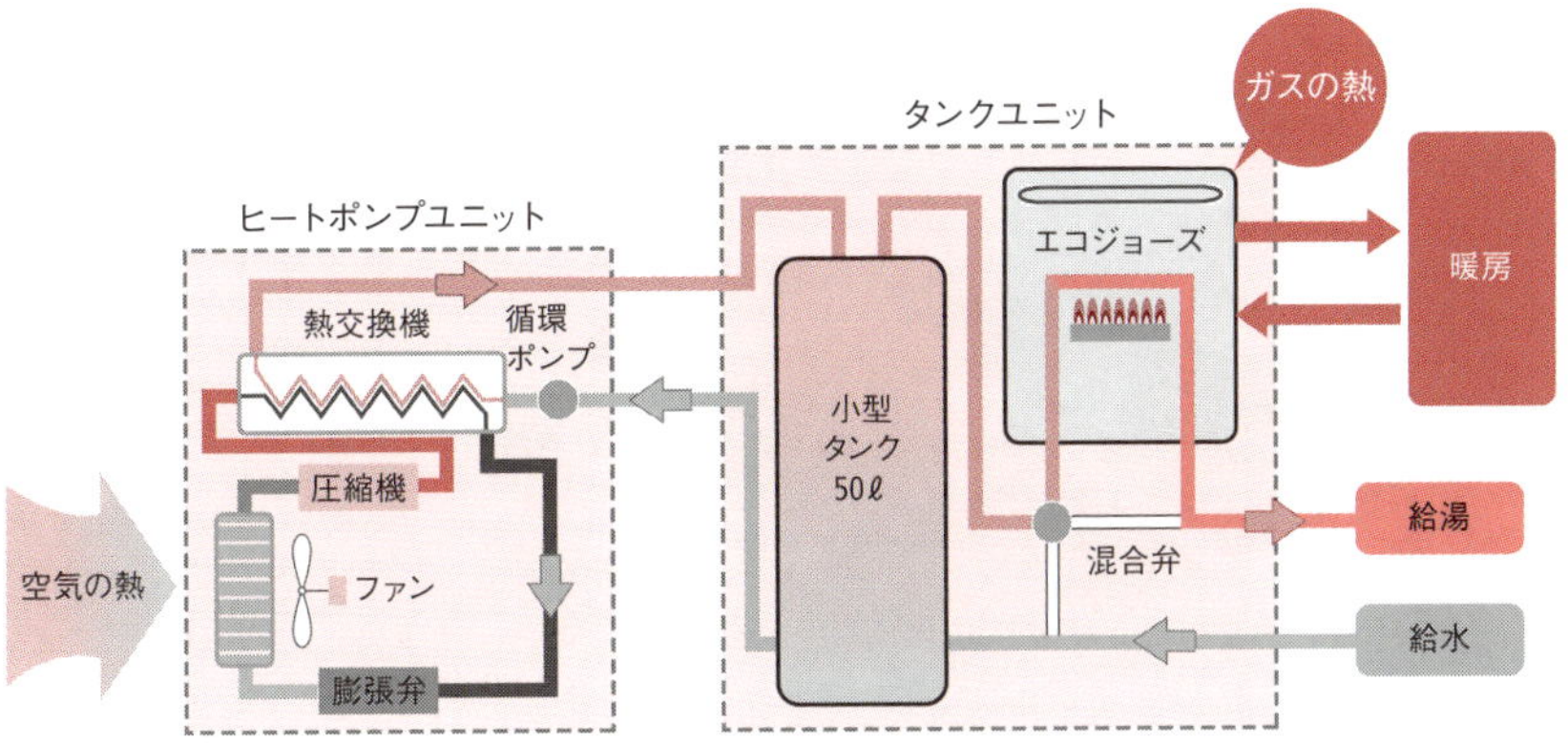
ガスの熱
タンクユニット
ヒートポンプユニット
エコジョーズ
暖房
熱交換機
循環
ポンプ
小型
タンク
50ℓ
圧縮機
給湯
混合弁
空気の熱
ファン
給水
膨張弁

図16 ハイブリッド給湯機の省エネ効果

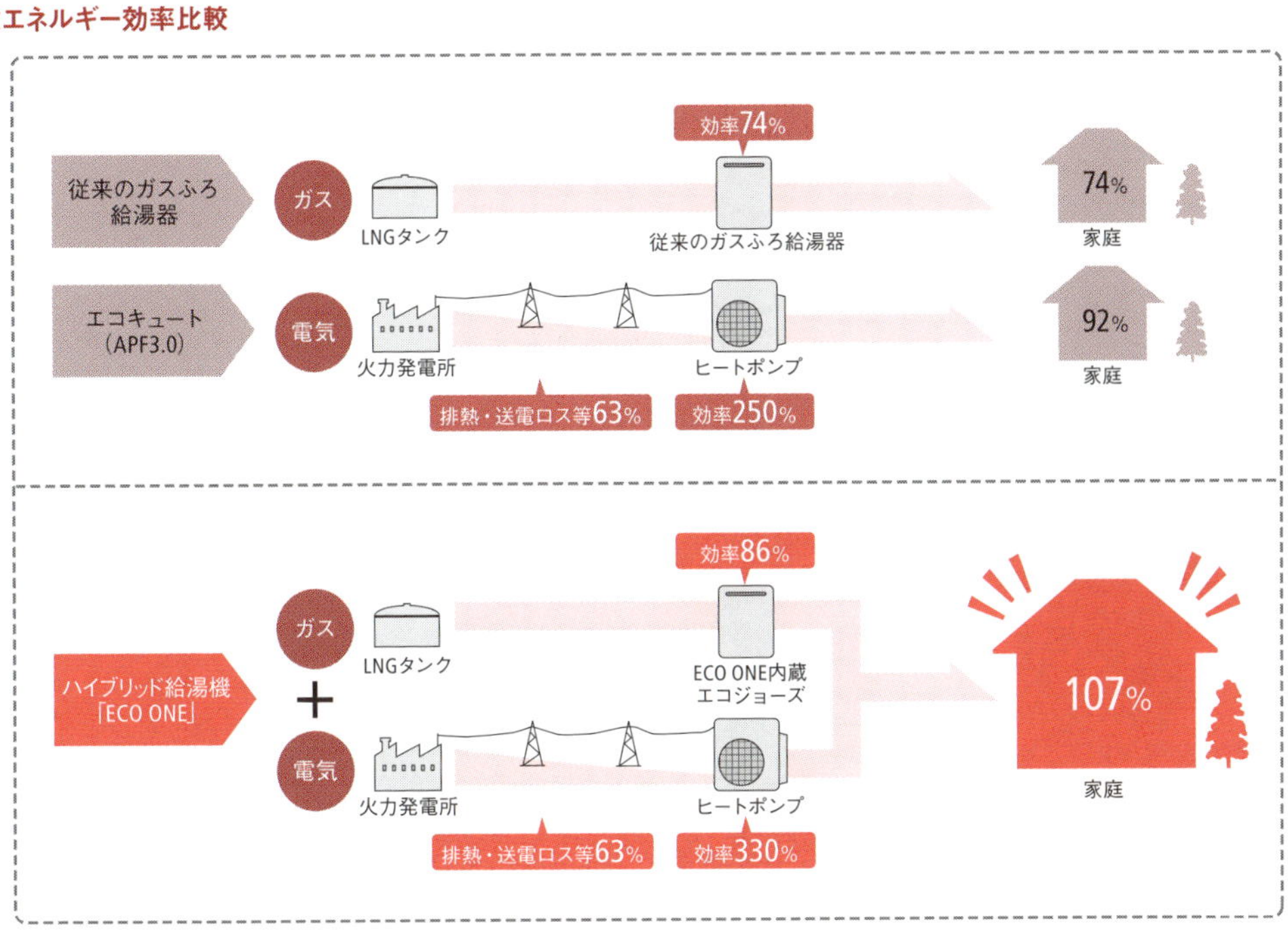
1次エネルギー効率比較
効率74%
従来のガスふろ
給湯器
ガス
LNGタンク
従来のガスふろ給湯器
74%
家庭
エコキュート
(APF3.0)
電気
火力発電所
ヒートポンプ
92%
家庭
排熱・送電ロス等63%
効率250%
効率86%
ガス
LNGタンク
ECO ONE内蔵
エコジョーズ
ハイブリッド給湯機
「ECO ONE」
+
電気
火力発電所
ヒートポンプ
107%
家庭
排熱・送電ロス等63%
効率330%

のため、申請の際は注意が必要である。太陽光発電の補助金制度も併せて利用できるため、W発電システムを構築することが、非常に効果的である。

ハイブリッド給湯機

ガスと電気のエネルギーを組み合わせた世界初の家庭用ハイブリッド給湯機を「エコワン」という（**図15**）。具体的には、エコキュートに代表される電気のヒートポンプの技術と、エコジョーズに代表されるガスの高効率潜熱回収型の技術を組み合わせて、両者の長所を取り入れた給湯システムである。

現在、普及している給湯機では成し得なかった1次エネルギー効率の向上が、この給湯システムでは全国すべての地域で100％を超えている。また、エネファームと同様にエコワンと太陽光発電と組み合わせる「W発電システム」を構築することで、その効果がより高まる（**図16**）。

まだ、技術的な課題は残っているものの、時代に対応した次世代型の給湯システムといえる。これからの給湯システムは、電気がよい、ガスがよいなどと争っていた時代から、ライフラインの安定やエネルギーの安全保障の観点からも、限られたエネルギーを有効に利用していくエコ設計が必要とされ

図17 集熱パネルの仕組み

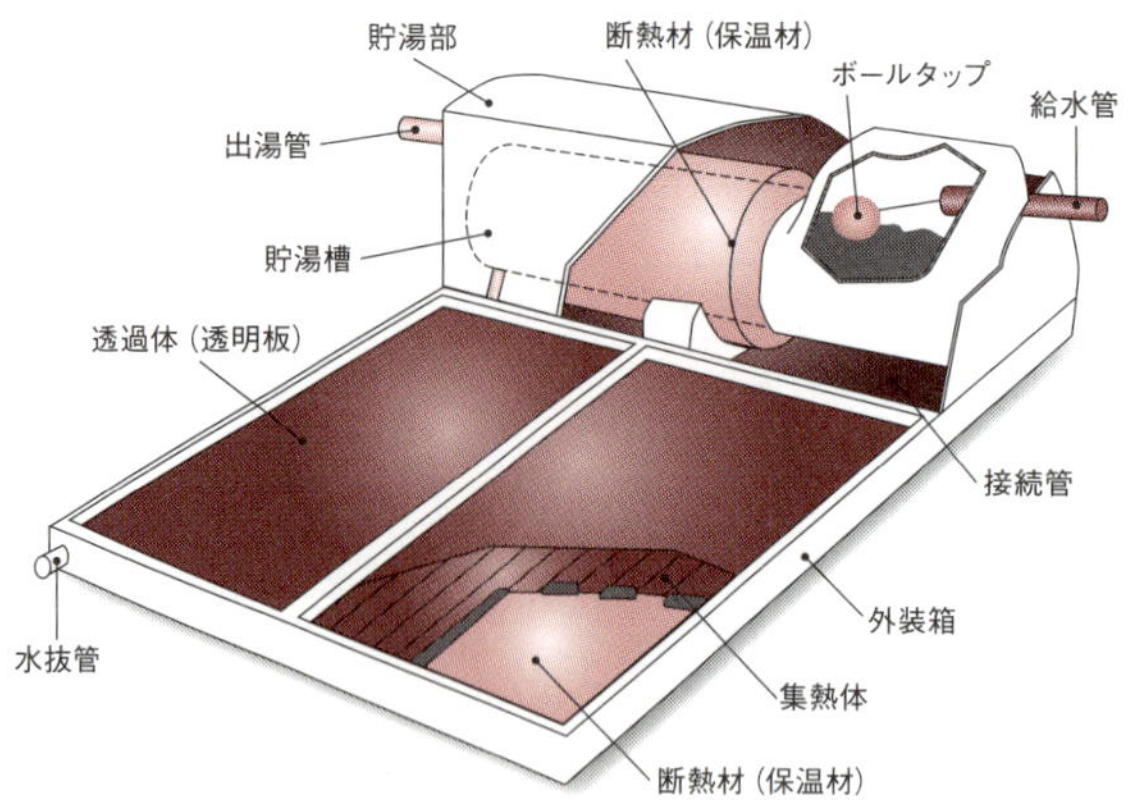
貯湯部
断熱材（保温材）
ボールタップ
給水管
出湯管
貯湯槽
透過体（透明板）
接続管
外装箱
水抜管
集熱体
断熱材（保温材）

自然循環式と強制循環式があり、現在広く普及している自然循環式は、図のように集熱器と貯湯タンクが一体となった構造が多い

図18 太陽熱温水器の仕組み

太陽熱温水器は、太陽光に含まれる赤外線を熱として利用することで水を温める蓄熱式の給湯システムでパッシブソーラーの一種

水道直結式太陽熱温水器
＋
ソーラー接続ユニット〈ポンプレスタイプ〉

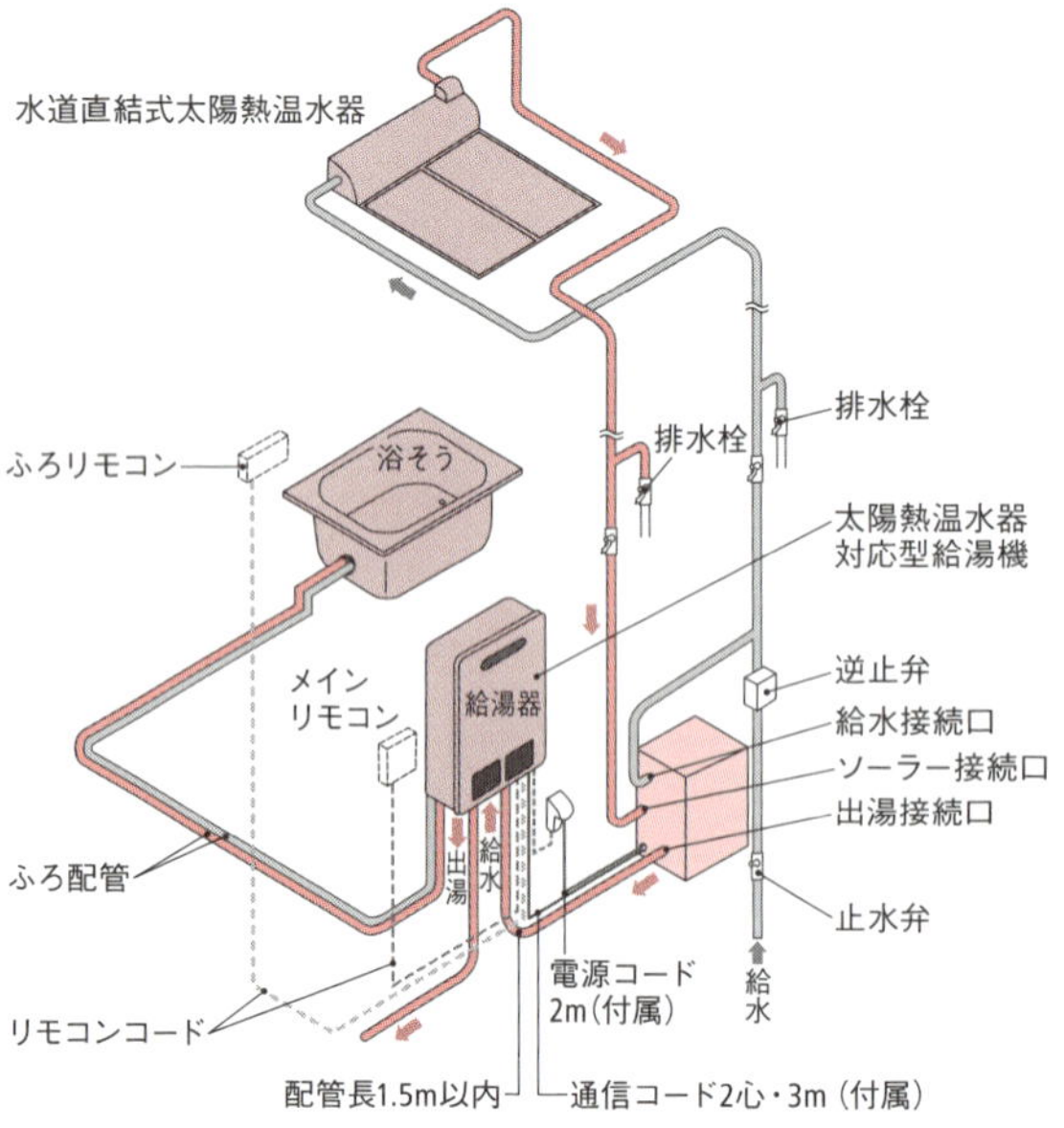
水道直結式太陽熱温水器
排水栓
排水栓
ふろリモコン
浴そう
太陽熱温水器
対応型給湯機
メイン
リモコン
給湯器
逆止弁
給水接続口
ソーラー接続口
出湯接続口
ふろ配管
出湯
給水
止水弁
電源コード
2m（付属）
給水
リモコンコード
配管長1.5m以内
通信コード2心・3m（付属）

ている。

太陽熱温水器

太陽熱温水器は、太陽光に含まれる赤外線を熱として利用することで水を温める蓄熱式の給湯システムであり、パッシブソーラーの一種である。

自然循環式と強制循環式があり、現在広く普及している自然循環式は、集熱器と貯湯タンクが一体となった構造が多い（図17）。

自然循環式には、水を循環させるタイプと不凍液を循環させるタイプがあり、構造・衛生面や経済性の面で違いがある。屋根面の荷重が増大するため、後設置の際は注意が必要である（図18）。

アクティブソーラーの一種として、ヒートポンプと組み合わせた太陽熱温水器もあり、高効率ではあるが、仕組みが複雑であり設置コストが高い。住宅用太陽熱高度利用システム補助制度を活用することができる。

太陽光発電との併用も可能であり、発電と集熱を同時に行う光・熱複合ソーラーシステムもある。総合的な利用効率も高く、非常に省エネに寄与する製品であるが、製造に高度な技術が必要なためコストが高く、まだ普及していない。

図19 地中熱利用給湯の仕組み

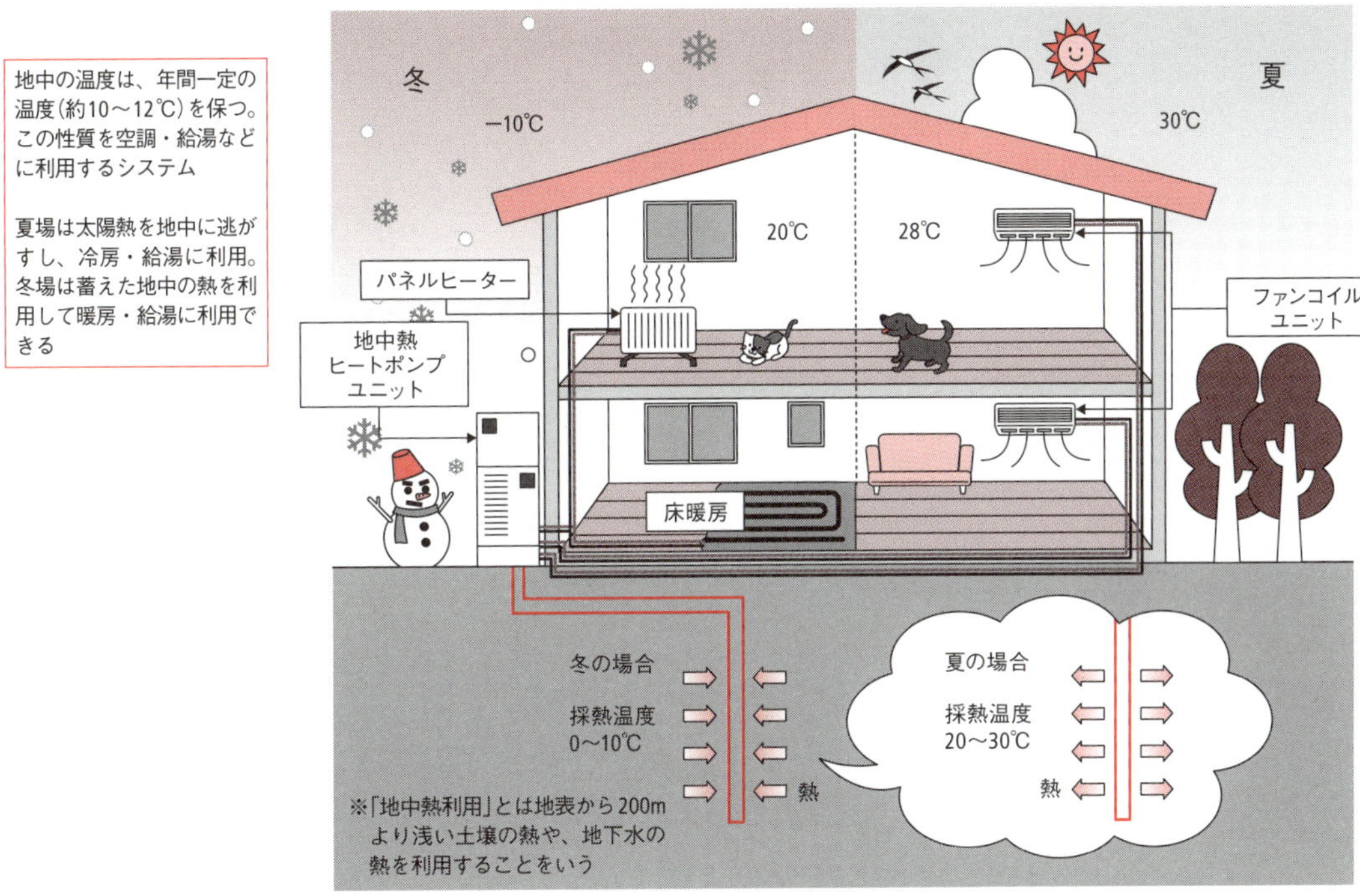
地中の温度は、年間一定の温度（約10～12℃）を保つ。この性質を空調・給湯などに利用するシステム
夏場は太陽熱を地中に逃がすし、冷房・給湯に利用。冬場は蓄えた地中の熱を利用して暖房・給湯に利用できる
冬
－10℃
夏
30℃
20℃
28℃
パネルヒーター
地中熱
ヒートポンプ
ユニット
ファンコイル
ユニット
床暖房
冬の場合
採熱温度
0～10℃
熱
夏の場合
採熱温度
20～30℃
熱
※「地中熱利用」とは地表から200mより浅い土壌の熱や、地下水の熱を利用することをいう

図20 地中熱利用給湯の省エネ効果

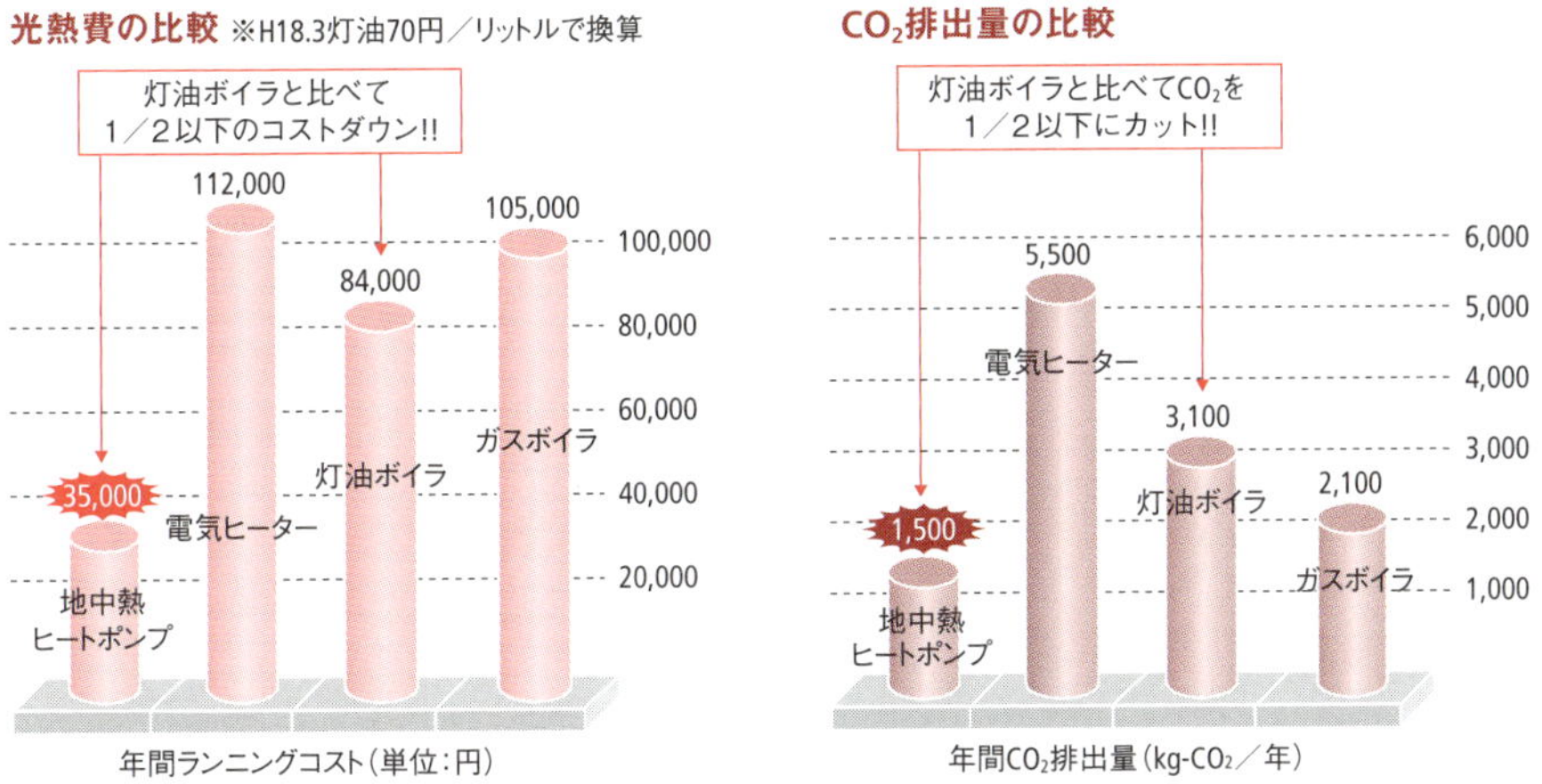
光熱費の比較 ※H18.3灯油70円／リットルで換算
灯油ボイラと比べて
1／2以下のコストダウン!!
35,000
112,000
84,000
105,000
100,000
80,000
60,000
40,000
20,000
地中熱
ヒートポンプ
電気ヒーター
灯油ボイラ
ガスボイラ
年間ランニングコスト（単位：円）
CO₂排出量の比較
灯油ボイラと比べてCO₂を
1／2以下にカット!!
1,500
5,500
3,100
2,100
6,000
5,000
4,000
3,000
2,000
1,000
地中熱
ヒートポンプ
電気ヒーター
灯油ボイラ
ガスボイラ
年間CO₂排出量（kg-CO₂／年）

地中熱利用給湯

地下は、大気に比べて温度変化の影響を受けにくく、温度は一年を通してほぼ一定である。大気の熱を利用するヒートポンプは有効な自然エネルギーを活用するシステムだが、外気温の低い冬場は大幅に熱効率が落ちるという欠点がある。この点、地中熱給湯は、安定した地中の熱を利用して、熱交換の効率を高めるため、環境貢献の面からも効果の高い技術であるといえる。

地中熱の利用で、一般的によく行われているものは地中を孔井（ボーリング）して杭道に配管を設置し、配管内に水や不凍液を循環させて、地中と熱交換を行う方式である（**図19**）。そのほかに、河川・池などを利用する方式もある。

補助金対象

地中熱利用は再生可能エネルギーとして期待されている給湯方法の1つであり、戸建住宅への展開も視野に入れた研究・開発が進められている。まだ設置工事費が高いデメリットがあるが、平成23年度以降の補助金導入の対象にもなっており、省エネ推進を目的として普及・推進が図られている給湯設備である（**図20**）。

図21 バイオマスエネルギーとは

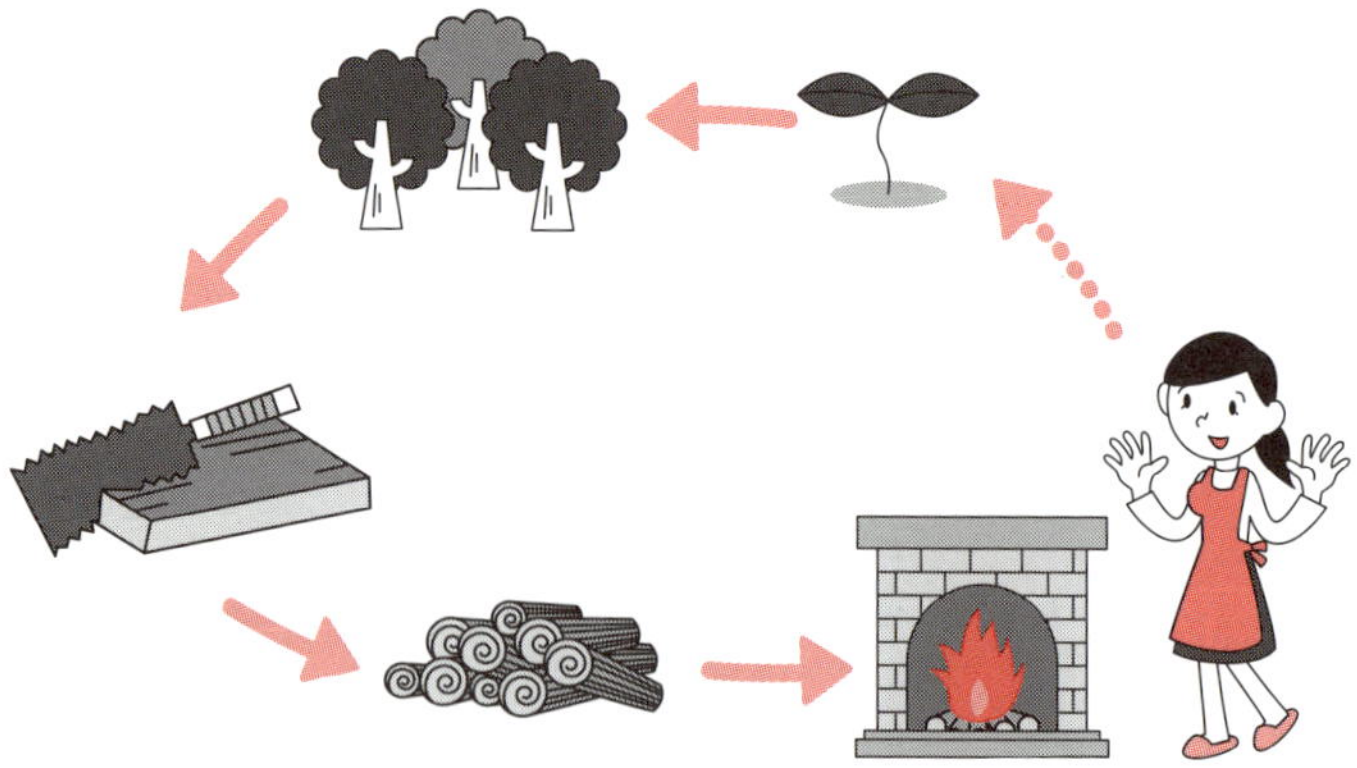

牛糞や木くず（チップ）やペレット（木くずを固めた燃料）
などを燃やしたり、ガス化して冷暖房や給湯に利用する

図22 バイオマス給湯システム

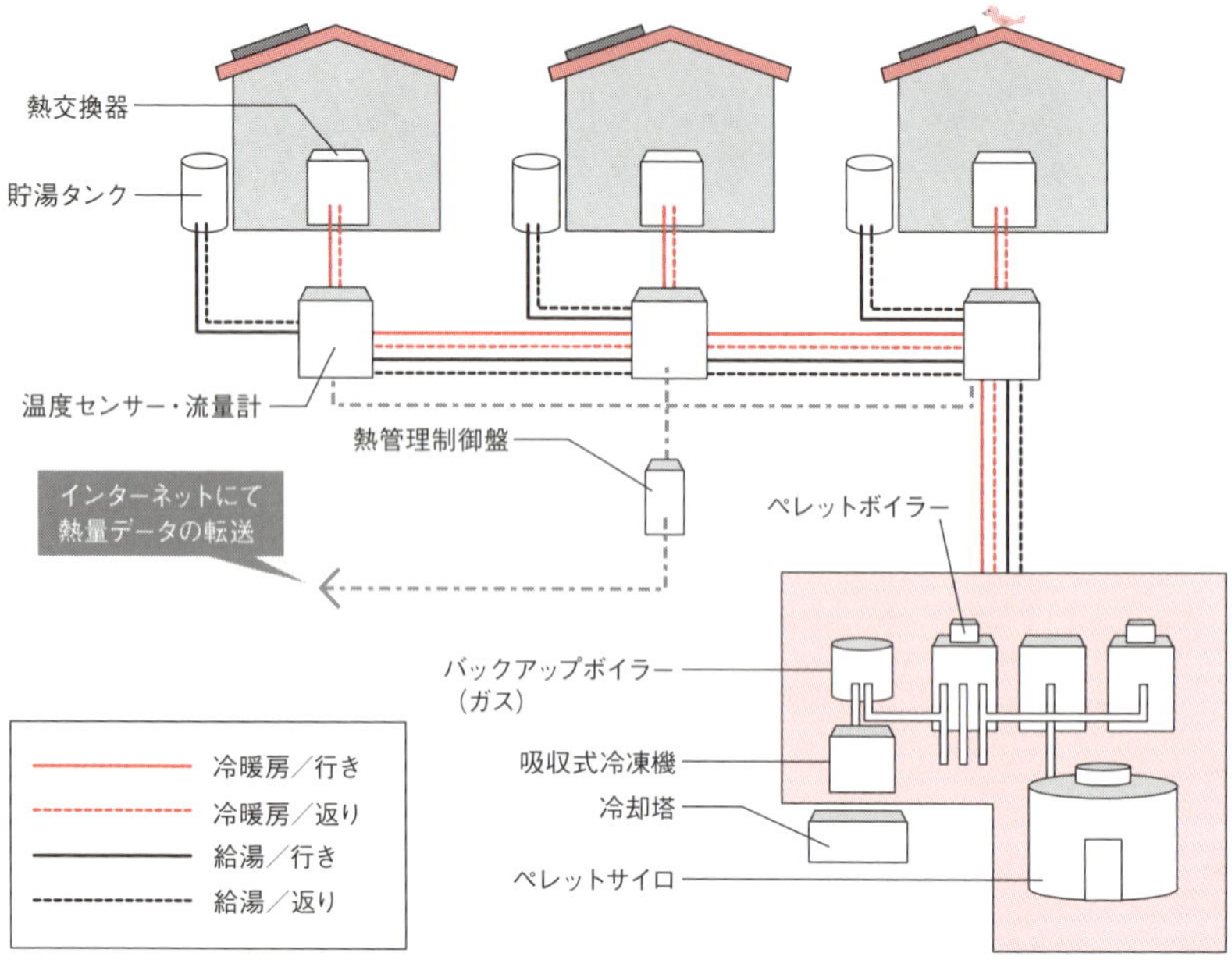
熱交換器
貯湯タンク
温度センサー・流量計
熱管理制御盤
インターネットにて
熱量データの転送
ペレットボイラー
バックアップボイラー
（ガス）
吸収式冷凍機
冷却塔
ペレットサイロ
冷暖房／行き
冷暖房／返り
給湯／行き
給湯／返り

ペレットを燃料とした地域集中冷暖房システムの導入図

バイオマス給湯システム

バイオマスとは、生物生産の結果として、空間に存在している生物体の現存量のことである。植物体に有機物として蓄えられた未利用のエネルギーを、有効に活用することで化石燃料の使用を削減するエコ技術である（**図21**）。

バイオマス給湯とは、間伐材やチップ、ペレットなどを燃料とし、木に吸収されたCO_2を大気に戻すというカーボンニュートラルの考え方から生まれた、環境に優しい給湯システムである。チップボイラーや薪給湯システムなど、地域性に応じた様々なバイオマス給湯システムがある（**図22**）。日本の国土の80％以上は森林であり、豊富な森林資源を有効に活用できることから、近年注目されている新しい給湯システムである。

バイオマス利用は、日本の産業活性化にもつながると考えられているが、個人住宅単位ではなく地域全体として、一連のバイオマス利用の流れを構築する必要がある。まだ解決しなければならない問題は多いが、循環型社会形成のため非常に有効なエネルギーであり、そのエネルギーを利用した効果的な給湯設備である。

エコな衛生器具算定

表 法規などによる所要器具数

(a) 法令などの基準

建物種別	適用法規などの名称	区分	最小器具数［個］		備考
			大便器	小便器	
作業(事業)場	労働安全衛生規則	男子 女子	$\frac{労働者数^{*}}{60}$ $\frac{労働者数^{*}}{20}$	$\frac{労働者数^{*}}{30}$	*同時に就業する労働者数
事務所	事務所衛生基準規則	男子 女子	同上 同上	同上	
事業付属寄宿舎（第1種寄宿舎）	事業附属寄宿舎規程	寄宿者数100人以下 101～500人 501人以上	$\frac{寄宿者数}{15}$ $7+\frac{寄宿者数-100}{20}$ $27+\frac{寄宿者数-500}{25}$		

(b) 条例の基準（東京都の例）

建物種別	適用法規などの名称	区分	最小器具数［個］	備考
			大便器＋小便器	
劇場・映画館 演芸場・観覧場 公会堂・集会場	東京都建築安全条例	階の客席床面積300㎡以下 300超え600㎡以下 600超え900㎡以下 900㎡を超える	$\frac{客席床面積}{15}$ $20+\frac{客席床面積-300}{20}$ $35+\frac{客席床面積-600}{30}$ $45+\frac{客席床面積-900}{60}$	男子の大便器＋小便器数と女子便器数はほぼ同数とする 男子の大便器は小便器5個以内ごとに1個設ける

エコな衛生器具の設備設計

環境に配慮した衛生器具の設備設計を行うためには、適正な器具数を設置し、設置する器具に節水型器具を選定することが重要である。単純にエコを考えるならば、器具数を最小限とし、すべてを節水型器具にすればよい。しかし、器具数が不足すれば、利用者に不便を感じさせ、建物としての機能が損なわれることになる。したがって、適正な器具数で、積極的に節水型器具を採用することが望ましい。

適正な衛生器具数の算定

衛生器具数は、給水管や排水管の管径決定にも影響するため、過剰な設置は、経済的にも環境にも好ましくない。建物の用途、規模、利用者数、利用頻度などに適した個数を慎重に決定する必要がある。衛生器具の設置個数の算定は、法規などによって最少器具数が規定されている場合もある（**表**）。

具体的な個数を決定するために、空気調和・衛生工学会で行われた調査研

図 事務所の適正器具数

(a) 男子大便器

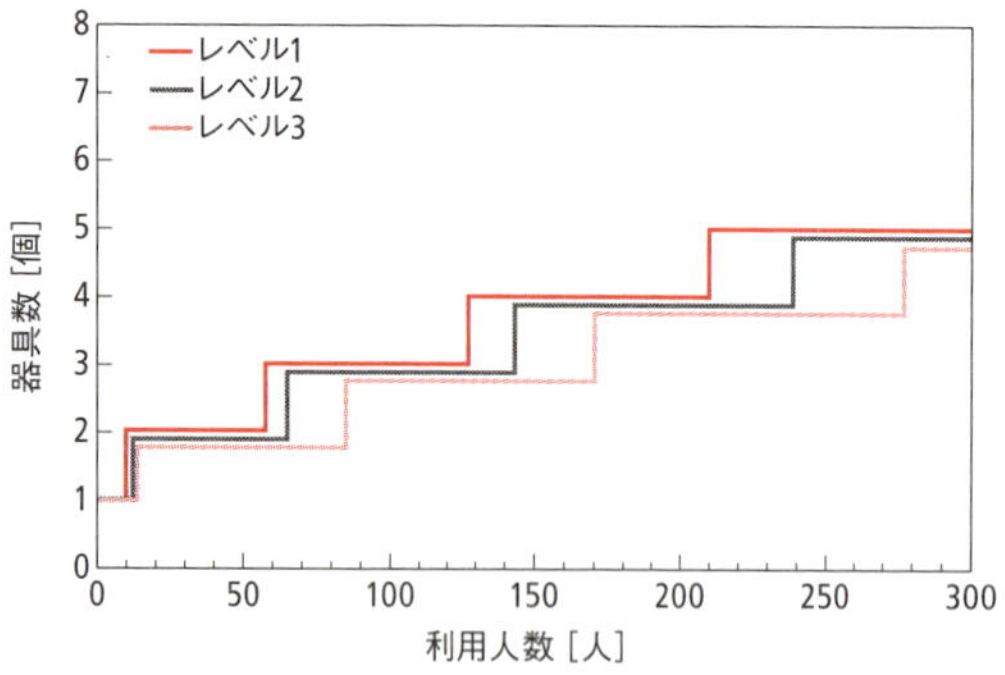
レベル1
レベル2
レベル3
器具数［個］
利用人数［人］

(d) 女子便器

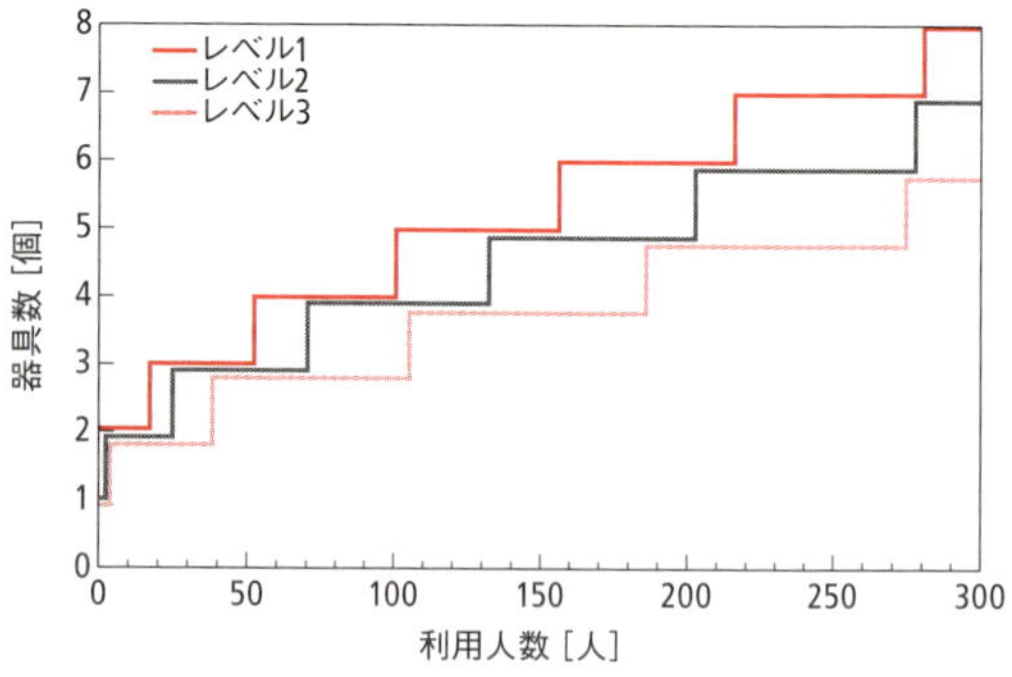
レベル1
レベル2
レベル3
器具数［個］
利用人数［人］

(b) 男子小便器

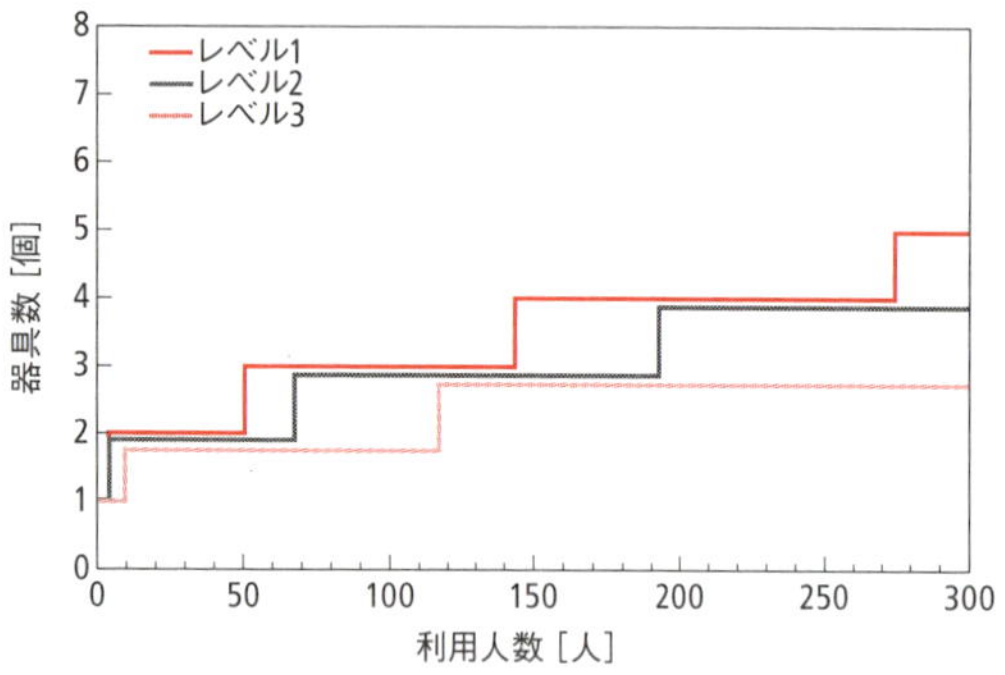
レベル1
レベル2
レベル3
器具数［個］
利用人数［人］

(e) 女子洗面器

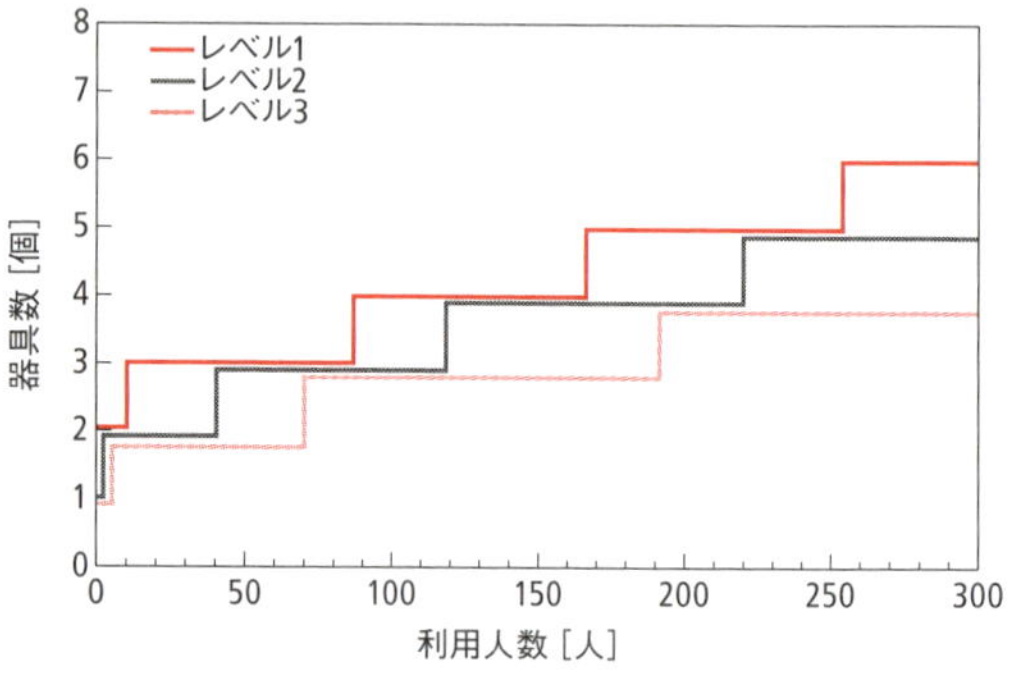
レベル1
レベル2
レベル3
器具数［個］
利用人数［人］

(c) 男子洗面器

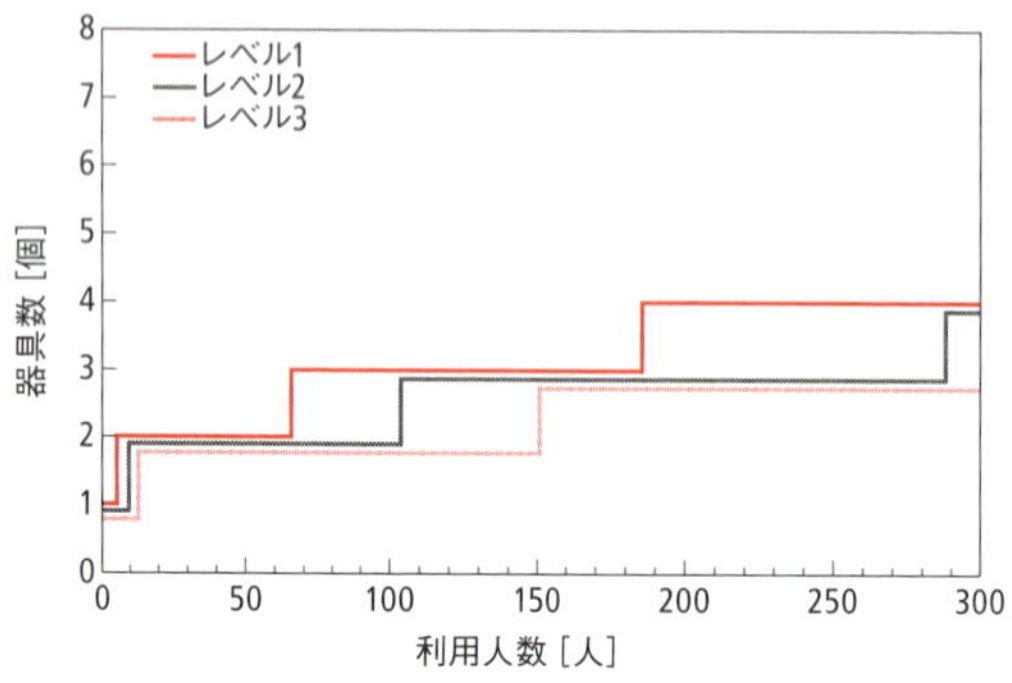
レベル1
レベル2
レベル3
器具数［個］
利用人数［人］

究をもとに、〝衛生器具の適正個数算定法〟が提案され、実務で用いられている。この算定方法では、待ち時間に対する利用者の意識や評価などから、3段階のサービスレベルを設け、この中から設計者が判断して適当と思われるレベルを選定する（図）。レベル1はゆとりのある数、待ち時間の少ない良好な器具数である。レベル2は平均的、標準的な数、待ち時間の器具数である。レベル3は最低限度の数で、待ち時間が最も長くなる器具数である。

事務所ビルでは各フロアにトイレを設置するのが一般的だが、使用者は必ずしも滞在フロアのトイレを利用しなければならないわけではない。複数階で相互にトイレを利用できる動線計画や設計コンセプトなども考慮して計画することがエコにつながる。また、現在の利用状況のみならず、将来の利用者の変化やリニューアルの余地を考慮し決定することが望ましい。

トイレ空間では、器具使用時の吐水や洗浄水のほか、維持管理のために器具自体を清掃する洗浄水量も発生する。この水量も器具数が多いと増加し、無視できない量となる。建物の特性、利用者の特性、動線計画、維持管理などを総合的に考え、エコにつながる衛生器具の算定が求められている。

節水・節湯型器具

表 エコまち法,省エネ法に関係する節水水栓・節湯水栓の定義

基準名	低炭素建築物認定基準	
“節水に資する水栓”に該当する水栓	①以下に掲げる水栓のうち、財団法人日本環境協会のエコマーク認定を取得したもの	②①と同等以上の節水機能を有するものとして、以下に掲げる水栓
	節水コマ内蔵水栓 定流量弁内蔵水栓 泡沫機能付水栓 湯水混合水栓(サーモスタット式) 湯水混合水栓(シングルレバー式) 時間止め水栓 定量止め水栓 自閉水栓 自動水栓(自己発電機構付、AC100Vタイプ) 手元一時止水機構付シャワーヘッド組込水栓	イ) 節水コマ内蔵水栓 ロ) 流量制御部品内蔵水栓 ハ) 小流量吐水水栓 ニ) サーモスタット湯水混合水栓 ホ) シングル湯水混合水栓 ヘ) 時間止め水栓 ト) 定量止め水栓 チ) 自閉式水栓 リ) 自動水栓 ヌ) 手元止水機構付水栓

基準名		住宅・建築物の省エネ基準	住宅事業建築主の判断の基準	従来型水栓の吐水量 台所・洗面水栓： 最適流量6ℓ/分 浴室シャワー水栓： 最適流量10ℓ/分
節湯水栓の定義		「住宅・建築物の省エネ基準」にて定められた節湯水栓の構造を有するものまたは適合条件を満たすもの(従来型水栓に対する削減量)	一般社団法人日本パルプ工業会にて定められた節湯水栓のモニター方法にて、削減基準を満たしているもの(従来型水栓に対する削減量)	
節湯種類と効果	手元止水機構	節湯A1　台所水栓：9%削減 浴室シャワー水栓：20%削減	節湯A　台所水栓：9%削減 浴室シャワー水栓：20%削減	節湯水栓の例 台所水栓 (節湯A1、節湯AB) 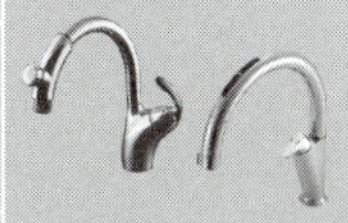
	小流量吐水機構	節湯B1　浴室シャワー水栓：15%削減	節湯B　台所水栓：17%削減 浴室シャワー水栓：15%削減	
	水優先吐水機構	節湯C1　台所水栓：30%削減 洗面水栓：30%削減		浴室シャワー水栓 (節湯B1) 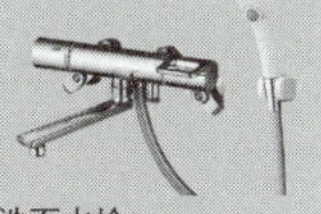
	節湯種類組合せ	節湯A1 節湯B1　浴室シャワー水栓：32%削減	節湯AB　台所水栓：24%削減 浴室シャワー水栓：32%削減	洗面水栓 (節湯C1)
		節湯A1 節湯C1　台所水栓：9%削減		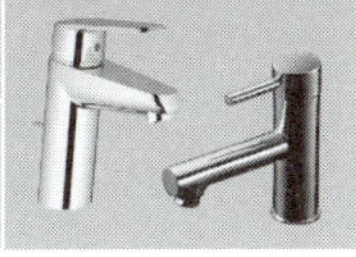
		節湯A1 節湯C1　台所水栓：47%削減	節湯A1 節湯C1 節湯AB　台所水栓：47%削減	

(出典)　一般社団法人日本パルプ工業会(節湯水栓・節水水栓について)より作成

節水・節湯型器具

単水栓の節水方法として、「節水コマ」が用いられてきた。最近では単水栓の採用が減っているが、既存の単水栓には「節水コマ」が有効である。また、近年の技術開発の進歩により、各種衛生器具の節水、節湯が進んでいる。

節水型器具には、日本環境協会のエコマーク認定基準がある。「都市の低炭素化の促進に関する法律（エコまち法）」に基づき策定された「低炭素建築物認定基準」でも、節水水栓としてエコマーク認定されたものか、同等以上の節水機能を有するものの採用が選択的項目の1つとされた（**表・注1**）。

また、「エネルギーの使用の合理化に関する法律（省エネ法）」に基づき、新築住宅の省エネ性能の向上を促す「住宅事業建築主の判断の基準」や（**注2**）、さらなる温暖化対策として、「住宅・建築物の省エネ基準」が設定された（**注3**）。これらの基準では、住宅でも節湯型機器などの設置が求められている（**表**）。

(注1)低炭素建築物認定基準：建築物に係るエネルギーの使用の合理化の一層の促進その他の建築物の低炭素化の促進のために誘導すべき基準。平成24年経済産業省・国土交通省・環境省告示第119号、平成25年経済産業省・国土交通省・環境省告示第149号一部改正　(注2) 特定住宅に必要とされる性能の向上に関する住宅事業建築主の判断の基準。平成21年経済産業省・国土交通省告示第2号、平成26年経済産業省・国土交通省告示第5号一部改正　(注3) エネルギーの使用の合理化に関する建築主等及び特定建築物の所有者の判断の基準。平成25年経済産業省・国土交通省告示第1号、平成25年経済産業省・国土交通省告示第7号一部改正

図1 ハイブリッドトイレの構造

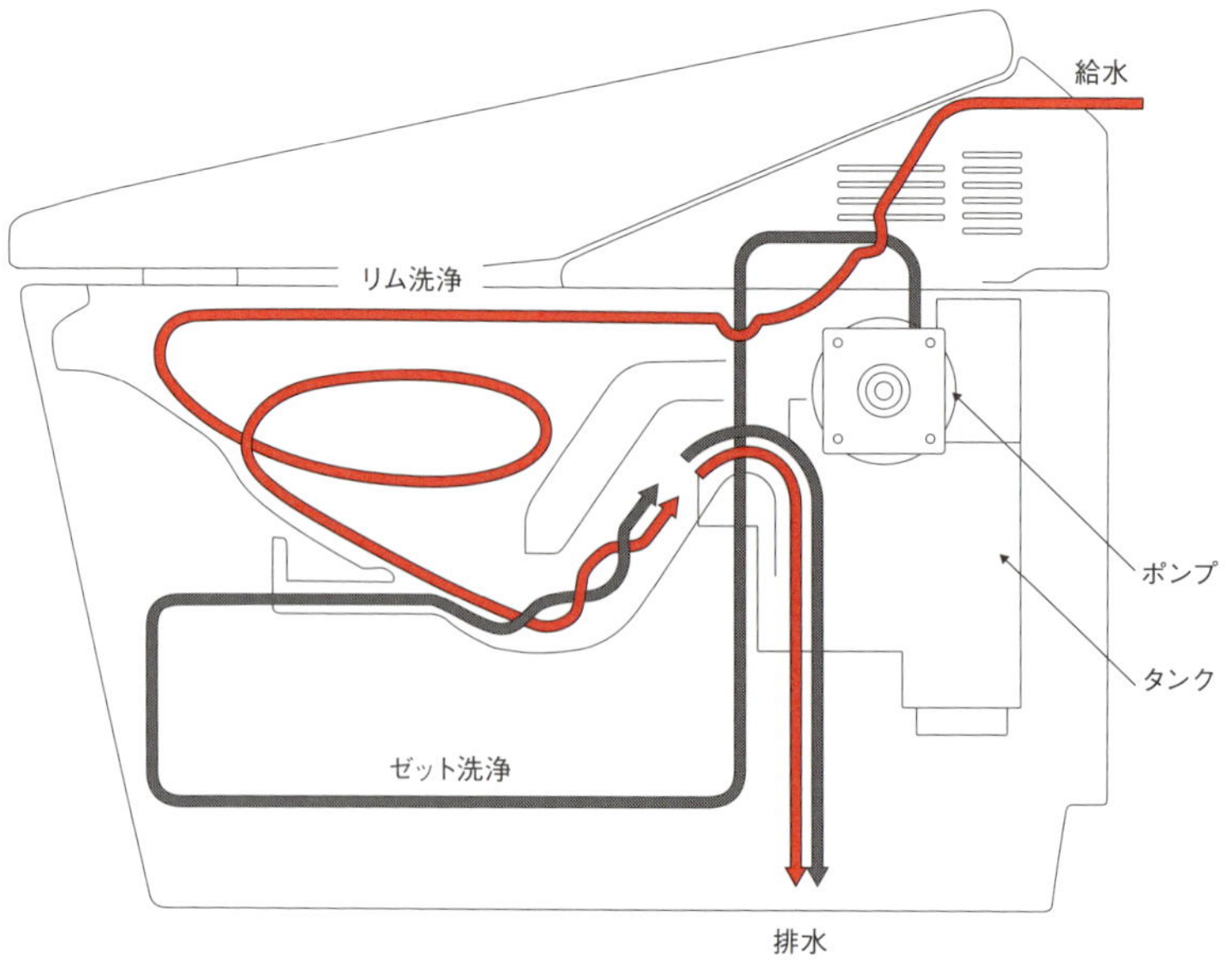
給水
リム洗浄
ポンプ
タンク
ゼット洗浄
排水

（出典） TOTOカタログ

図2 超節水型便器の節水効果

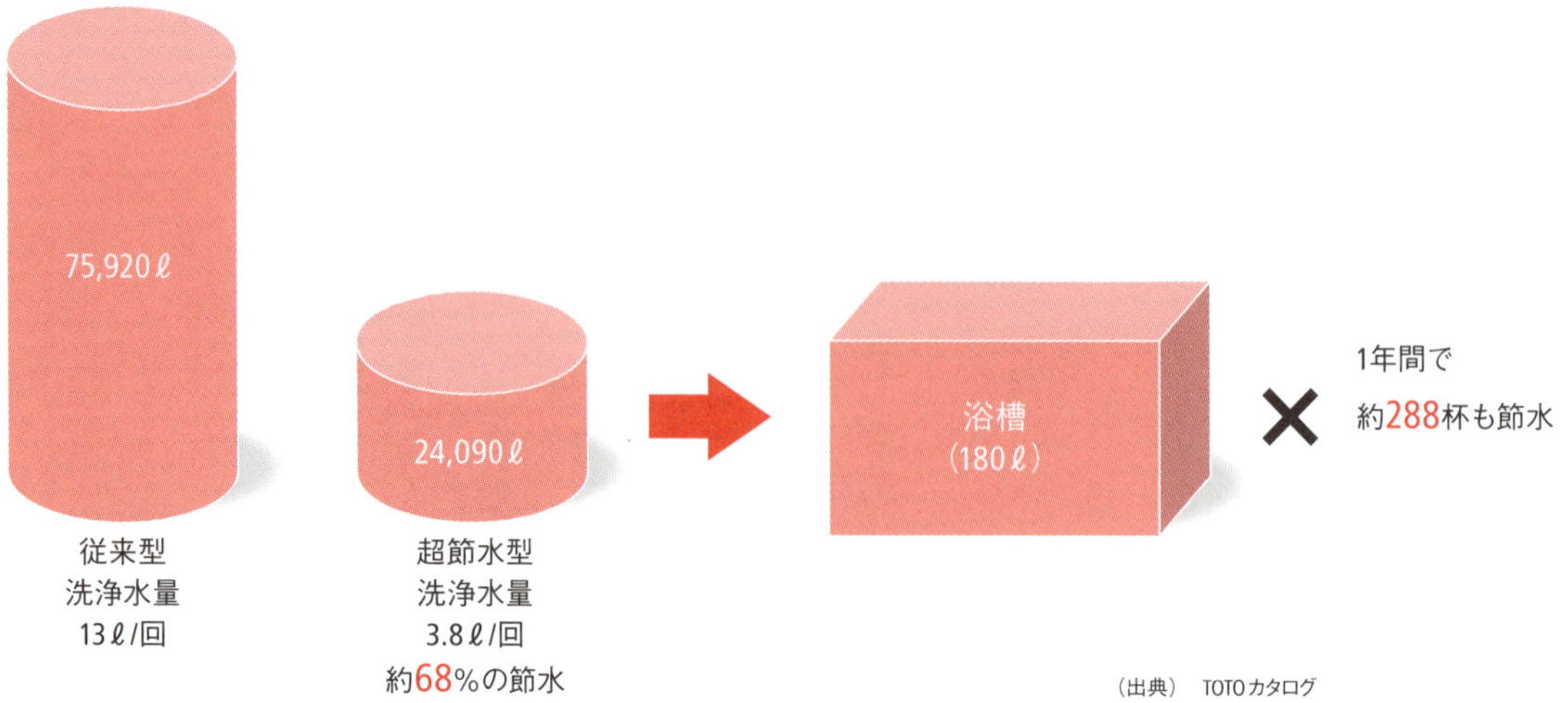
75,920ℓ
24,090ℓ
浴槽
(180ℓ)
×
1年間で
約288杯も節水
従来型
洗浄水量
13ℓ/回
超節水型
洗浄水量
3.8ℓ/回
約68%の節水

（出典） TOTOカタログ

また、家庭の水使用量の約1／4を占めるトイレにおいて、各種メーカーの努力によって大便器の節水化が進んでいる。従来型のロータンクタイプで1回当たり13リットル程度の水を使用していたが、洗浄方法に改良が重ねられ、現在は同じロータンクタイプでも6リットル程度の使用水量である。最新の節水型便器では5リットル未満の水量で洗浄するものもある。

次に具体的な節水・節湯型器具の例をいくつか示す。

ハイブリッド大便器

大便器において、「タンク式」と「洗浄弁式」の2種の水を融合させて洗浄するタイプのトイレをハイブリッド大便器という（**図1・2**）。従来、便器の洗浄システムは、主に「タンク式」と「洗浄弁式（フラッシュバルブ式）」に分けられていた。「タンク式」はタンクに貯めた水を用いて洗浄するため、水圧に左右されないというメリットがあるが、タンクスペースが必要である。一方、「洗浄弁式」は、タンクがないためトイレ空間が広くなるというメリットがあるが、給水圧力を直接利用するので、必要水圧が不足すると洗浄が不十分になり、圧力が低い階では設置できない場合もある。この両者

写真1 節湯型水栓の概要

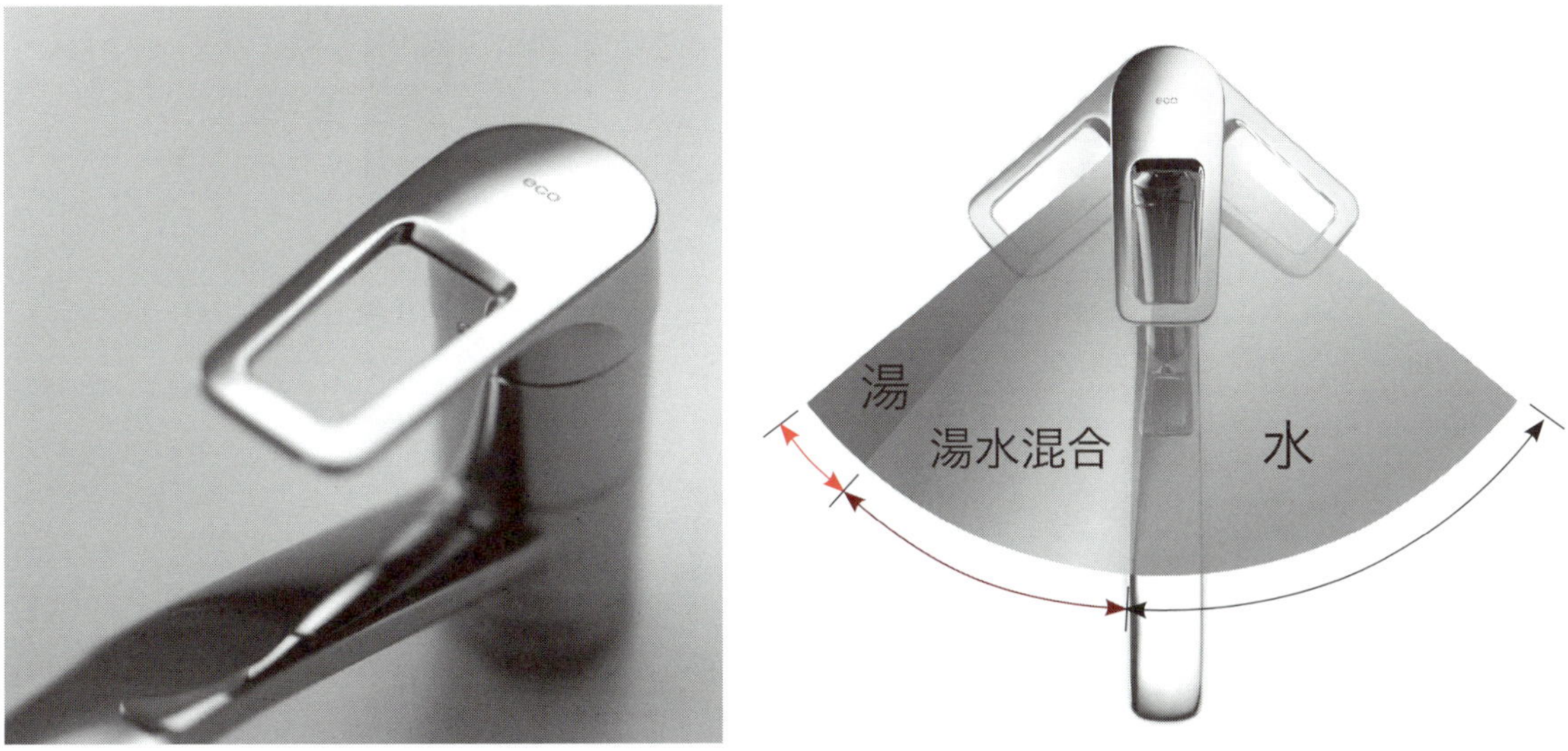
eco
湯
湯水混合
水

（出典） TOTOカタログより

写真2 空気混入型節湯シャワー

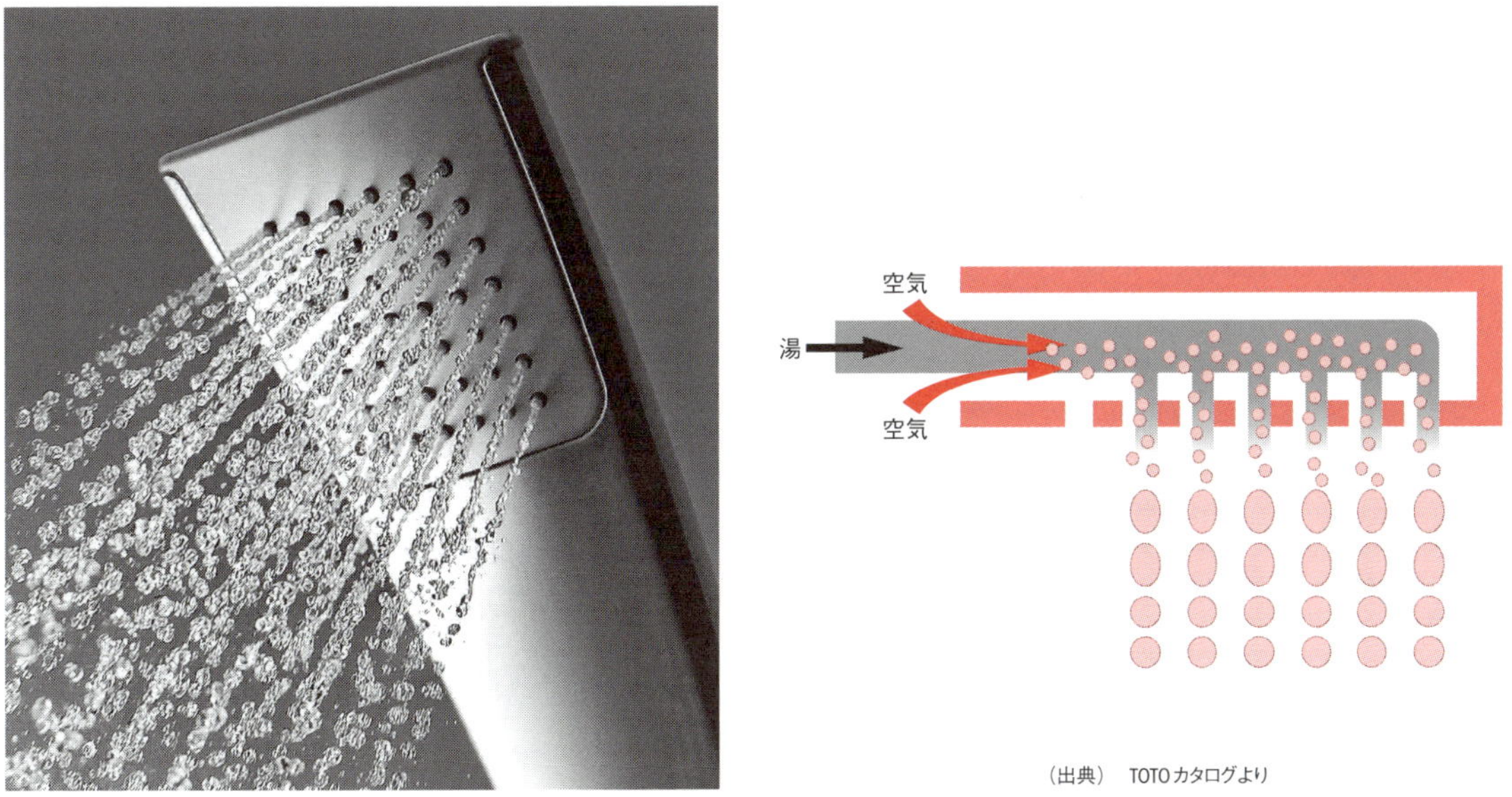
空気
湯
空気

（出典） TOTOカタログより

のデメリットを解消させたのがハイブリッド大便器で、水圧に左右されない「タンク式」と「洗浄弁式」の両方の洗浄システムをもつ（**図1**）。ポンプの力によって少ないタンク水量でも力強い洗浄ができるよう開発されている。これにより、効率のよい洗浄と搬送が可能になっている。

節湯型水栓

従来のシングルレバー混合水栓はレバー中央部で水と湯が混合されて吐水していた。このため、利用者が気づかずに給湯機を作動させていたり、沸き上げた湯が配管途中まで来ている段階で使用が終わり、吐水されないこともあった。これを、レバー中央部で水が出るように改良したものが節湯型水栓（**写真1**）である。この水栓は、湯側にレバーを移動するとカチッと手ごたえが得られる機構となっており、無意識による無駄な給湯を防ぎ、湯と水を使い分けるよう工夫されている。

自動水栓

事務所などのトイレの手洗い水栓では、センサー部分に手を差し出すと自動的に水が出る自動水栓が採用される場合が多い。この機能を用いて、水を出すだけではなく、止めることもでき

写真3 節水ボタン付きシャワーヘッド

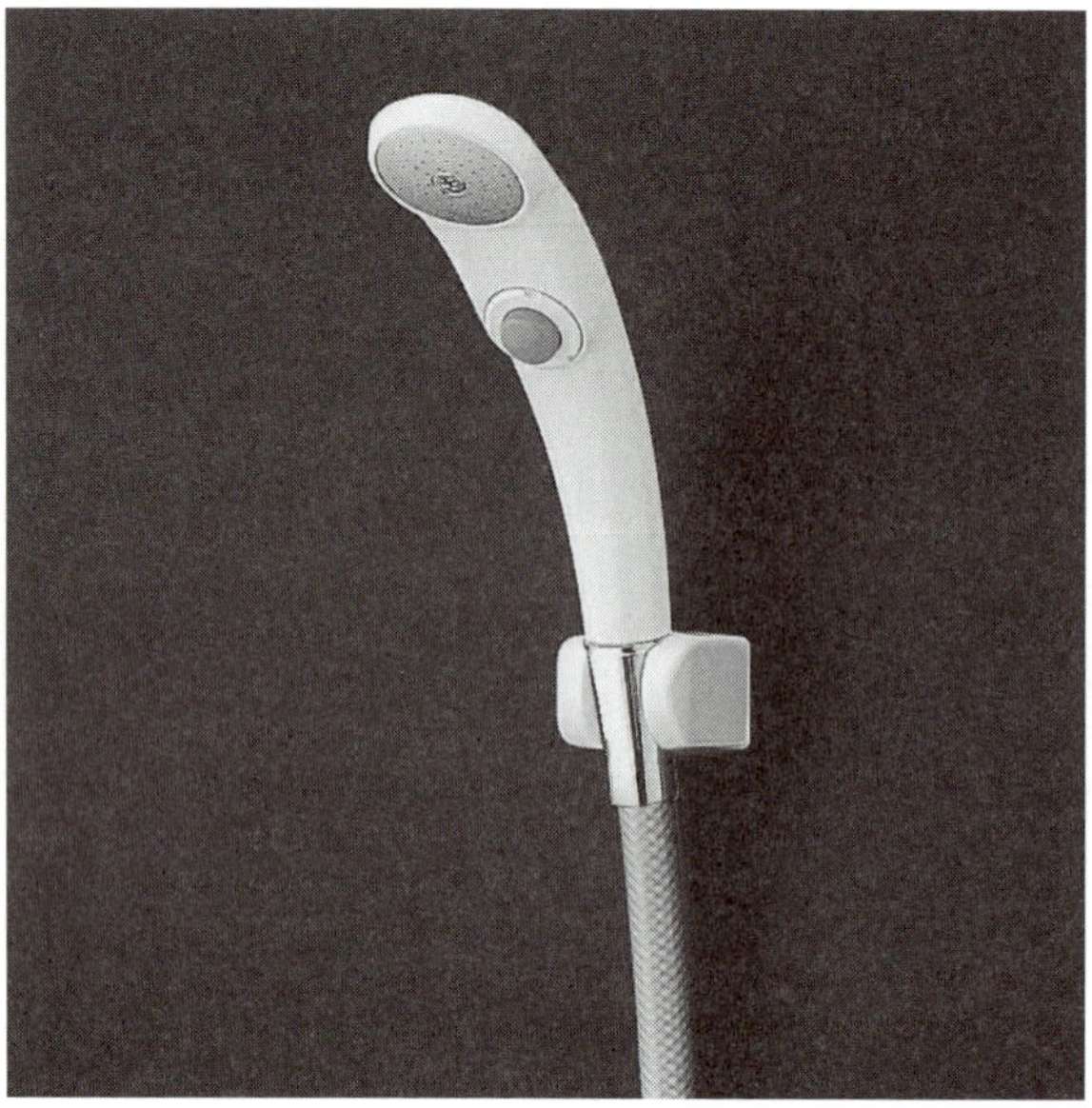

（出典） TOTOカタログより

図3 保温浴槽の効果

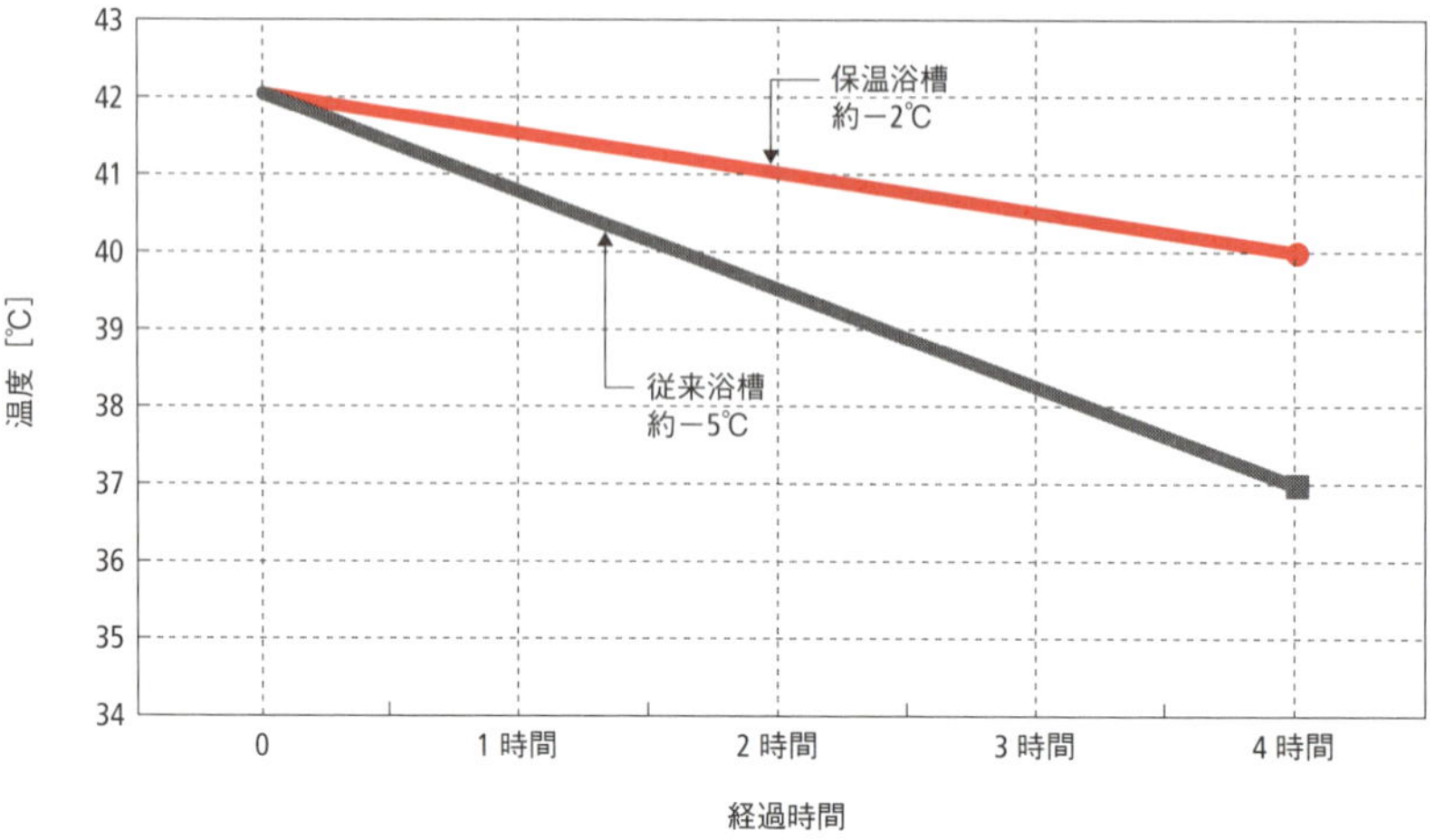
43
42
41
40
39
38
37
36
35
34
温度［℃］
保温浴槽
約−2℃
従来浴槽
約−5℃
0
1時間
2時間
3時間
4時間
経過時間

（出典） LIXILカタログより作成

るよう改良した水栓が家庭の台所などの水栓でも採用されてきている。

節水型シャワーヘッド

シャワーで節水、節湯を図るためには、シャワーヘッド自体の構造を工夫し、吐水量を制限するか、シャワーヘッドの手元でON・OFFが切り替えられる仕組みを用いるなどの方法が考えられる。

最近は、吐水量を制限しつつ、使用感は従来と変わらない節水型シャワーヘッドや、吐水に空気を含ませ、水の粒を大きくし、節水しながら使用感を得られる器具も開発されている（**写真2**）。シャワーヘッドの手元のスイッチで、開閉がこまめにできるタイプのシャワーヘッドは、使用者の操作性を向上させることで、無駄な水・湯の吐水を防ぐことができる（**写真3**）。

保温浴槽

浴槽については、浴槽に貯められた湯が放熱によって熱を奪われるのを防ぐため、浴槽自体の保温性を高めたものが開発されている。**図3**にこのタイプの浴槽の保温効果を示す。浴槽の保温材と専用の組ふたによって湯が冷めにくい構造となっている。約4時間後で温度は約2℃しか下がらない。

排水負荷とエコ設計法

図1 重力排水方式

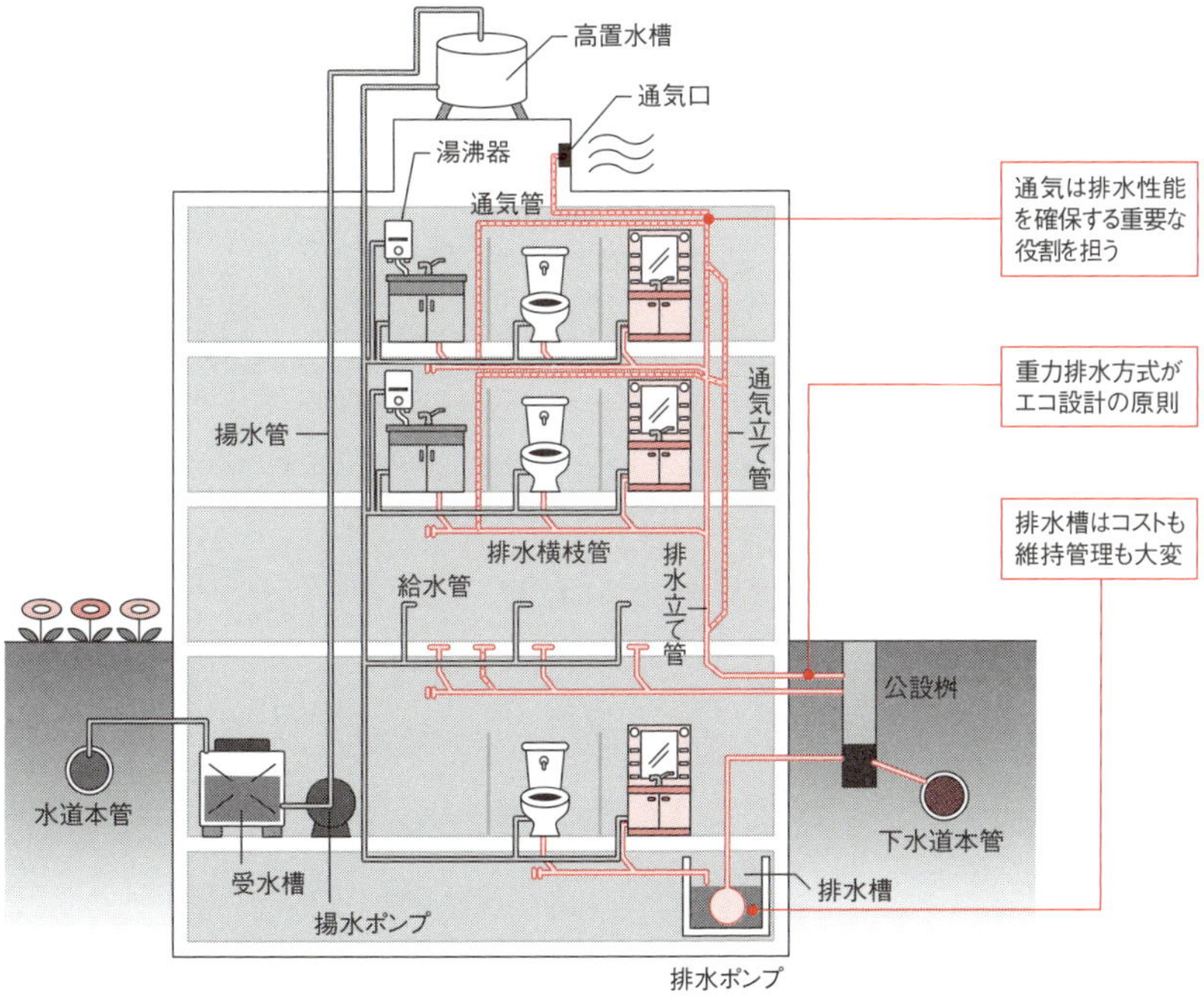
高置水槽
通気口
湯沸器
通気管
通気は排水性能を確保する重要な役割を担う
重力排水方式がエコ設計の原則
通気立て管
揚水管
排水槽はコストも維持管理も大変
排水横枝管
排水立て管
給水管
公設桝
水道本管
下水道本管
受水槽
排水槽
揚水ポンプ
排水ポンプ

（出典） http://www.nukui-j.net/water/post.html

写真 各地で発生しているゲリラ豪雨

ゲリラ豪雨による冠水被害

（出典） http://yomibito.at.webry.info/200808/article_13.html

排水設備のエコ設計法

排水設備は、設備設計者が最初に検討を行わなければならない項目である。地球上にいる以上、排水は重力に逆らうことはできない。逆にいえば、重力があるから自然に排水が行えるのである。すなわち、建物内で排水ルート上に障害物があった場合、排水管を上にあげたり戻したりすることは不可能ということである。重力排水を原則とした設計を行うことが、最善の排水設備計画であり、エコ設計につながる手法である（**図1**）。

雨水排水設備は、設計時に特に注意が必要である。近年の異常気象による台風やゲリラ豪雨の影響で、洪水や浸水などの被害が数多く発生している（**写真**）。下水道管の許容流量を超えた場合や河川が氾濫した場合などは対処のしようがない。敷地内において雨水排水をできる限り処理することが必要である。都市部では、雨水浸透・貯留槽などにより排水調整を行っているが、雨水を再利用する考えまでには至っていない。

21世紀は、水の世紀とも呼ばれ、数十年後には世界的な水不足が起こるといわれている。これからの時代の雨水排水は、地球環境への配慮を見据えて、単なる雨水貯留・浸透施設から、再利用を考慮した雨水処理設備を設計時に盛り込んでいく必要がある（**図2**）。

表1 各種衛生器具などの器具排水負荷単位数

器具名	トラップの最小口径（mm）	器具排水負荷単位数
大便器（私室用）	75※	4
（公衆用）	75※	6,8
小便器（壁掛け小型）	40※	4
（ストール大型）	50※	4,5
洗面器	30※	1
洗面器（並列式）	40	2
手洗器	25※	0.5
手術用洗面器	30※	2
洗髪器	30※	2
水飲み器または冷水機	30※	0.5
歯科用ユニット、歯科用洗面器	30	1
浴槽（住宅用）	30※, 40	2
（洋風）	40※, 50	3
囲いシャワー	50	2
連立シャワー（ヘッド1個当たり）		3
ビデ	30※	1
掃除流し（台形ストラップ付き）	65※	2.5
	75	3
洗濯流し	40	2
掃除・雑用流し（Pトラップ付き）	40～50	2
洗濯機（住宅用）	50	3
（営業用）	50	3
連合流し	40※	2
連合流し（ディスポーザ付き）	40	4
汚物流し	75	6
実験流し	40※	1.5

器具名	トラップの最小口径（mm）	器具排水負荷単位数
手術用流し	40	3
調理用流し（住宅用）	40※	2
（住宅用ディスポーザ付き）	40	2
（住宅用ディスポーザ付きかつ皿洗機付）	40	3
（パントリー、皿洗い用）	40～50	4
（湯沸し場用）	40～50	3
（バーシンク私室用）	40	1
（バーシンク公衆用）	40	2
皿洗機（住宅用）	40	2
ディスポーザ（営業用）	50	3
（営業用）	1.8ℓ/minごと	2
床排水	40	2
	50	3
	75	5
標準器具以外のもの	30	1
	40	2
	50	3
	65	4
	75	5
	100	6
一組の浴室器具（洗浄タンク付大便器、洗面器、浴槽）		6
一組の浴室器具（洗浄弁付大便器、洗面器、浴槽）		8
排水ポンプ・エゼクタ吐出し量3.6ℓ/minごと		2

※SHASE-S 206に規定がある

表2 排水負荷の算出

	器具	個数	器具給水負荷単位	器具給水負荷単位合計
各階	大便器（フラッシュバルブ）	3	8	23
	小便器（フラッシュバルブ）	2	4	8
	手洗器	4	0.5	2
	掃除流し	1	2.5	2.5
	事務室用流し	1	2	2
小計				37.5
1～5階の合計（37.5×5）				187.5

図2 雨水の再利用を考慮したエコ設計

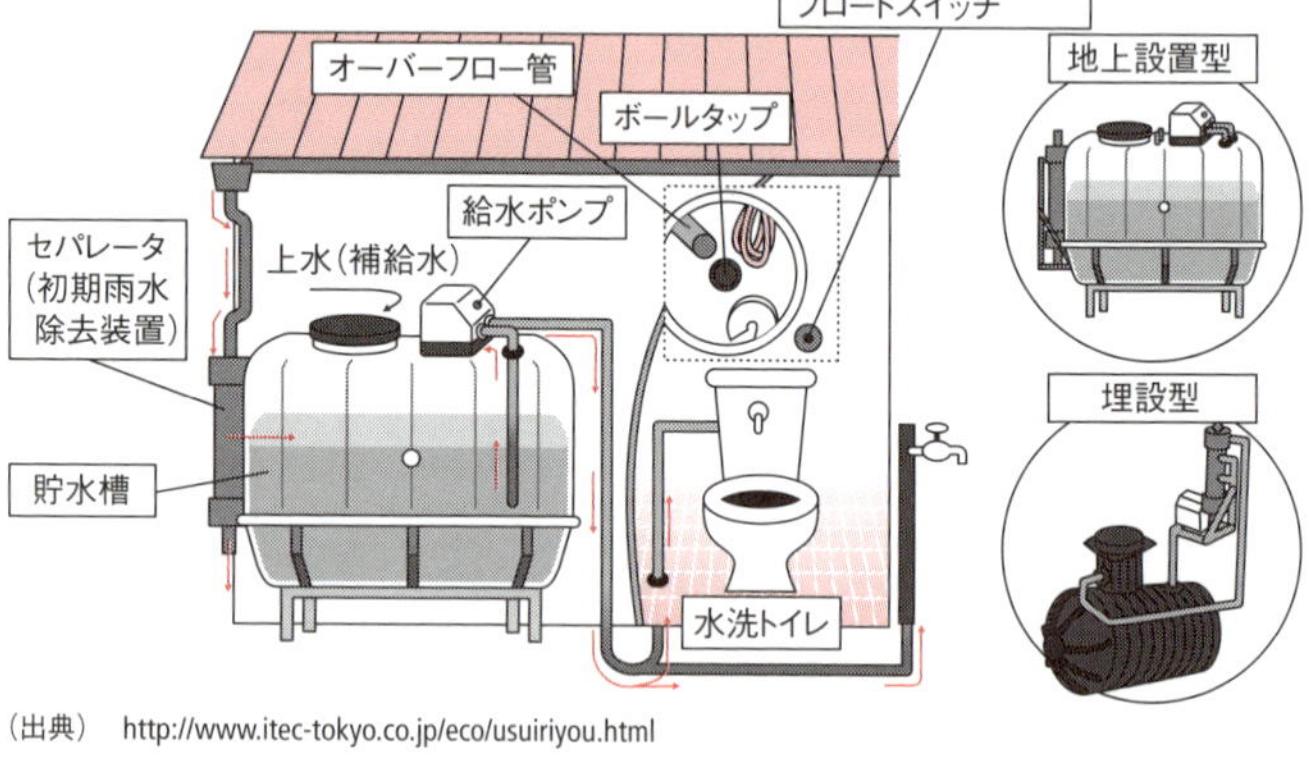

ポンプ空運転防止用フロートスイッチ
オーバーフロー管
ボールタップ
給水ポンプ
上水（補給水）
セパレータ（初期雨水除去装置）
貯水槽
水洗トイレ
地上設置型
埋設型

（出典） http://www.itec-tokyo.co.jp/eco/usuiriyou.html

しかし、コストを考えると、建物単独での雨水利用は非常に難しい。そのため、国や地方自治体が持続可能な社会実現に向けた地区計画・再開発計画を推進していく必要がある。

排水負荷

排水負荷を算出する目的は、適切な排水管のサイズを選定することにある。排水負荷の算出には、器具排水負荷単位法と定常流量法があり、一般的な建物には前者が用いられ、集合住宅（特に集合管を使用する場合）に後者が採用されている（**表1・2**）。

雨水排水は、降雨量と屋根面積から雨水排水管のサイズを選定する方法が一般的であり、集水口は閉塞防止のために2カ所以上設置することが望ましい。この時の降雨量は、理科年表に基づき地域ごとに定められたものであるが、近年のゲリラ豪雨や集中豪雨などの影響で、過去の降雨量を超える場合も数多く見受けられる。

そのため、設計数値の規定見直しが行われていない現状では、降雨量に安全係数を乗じた数値を採用することがよい。想定外の雨水の浸水被害を考慮した設計は、最小限の初期費用で最大限の効果を発揮するエコ設備設計であるともいえる。

エコな排水方式

◆雨水浸透施設

図1

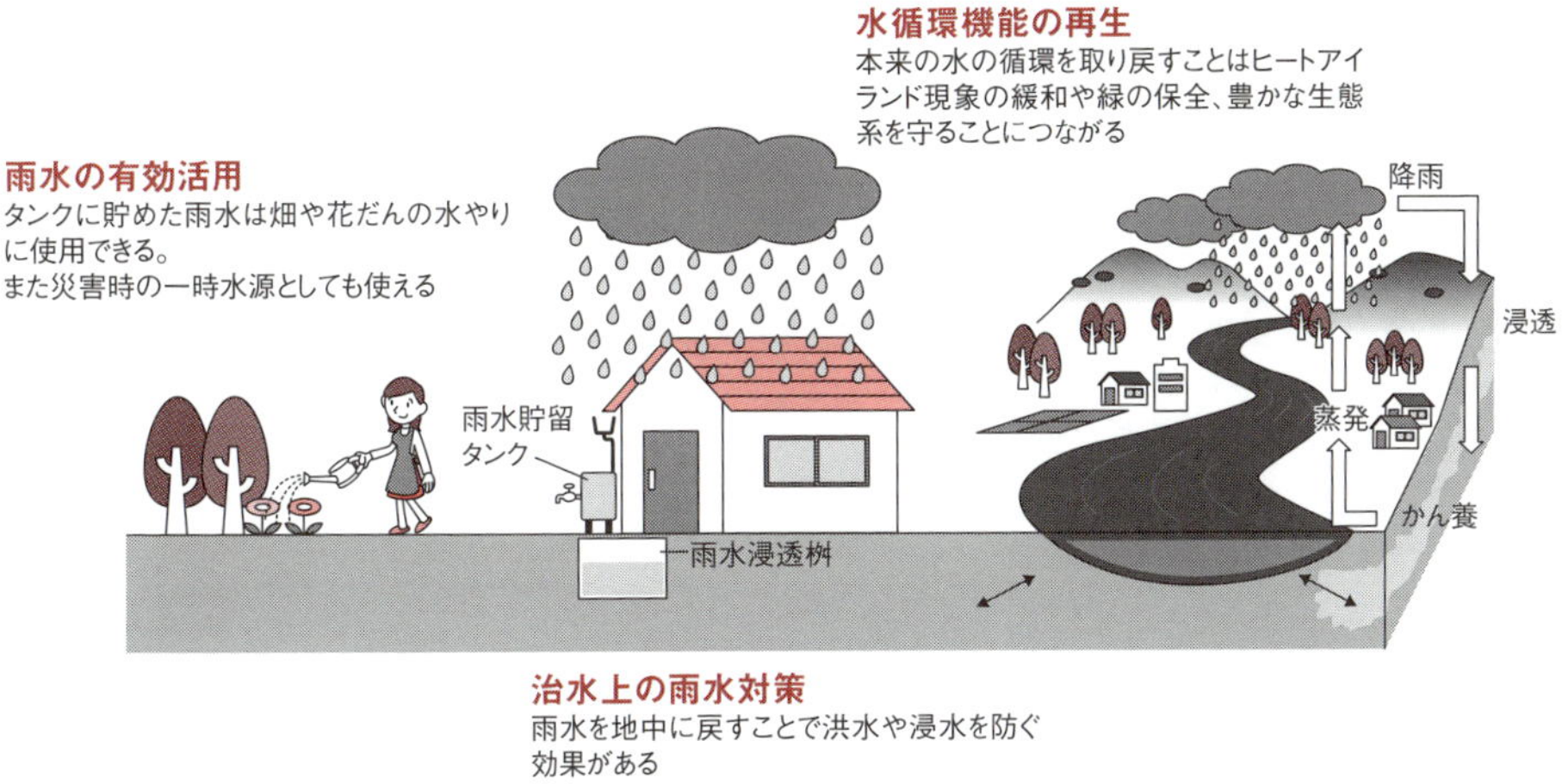
水循環機能の再生
本来の水の循環を取り戻すことはヒートアイランド現象の緩和や緑の保全、豊かな生態系を守ることにつながる
雨水の有効活用
タンクに貯めた雨水は畑や花だんの水やりに使用できる。
また災害時の一時水源としても使える
降雨
浸透
蒸発
かん養
雨水貯留タンク
雨水浸透桝
治水上の雨水対策
雨水を地中に戻すことで洪水や浸水を防ぐ効果がある

（出典） http://www.city.otsu.shiga.jp/www/contents/1268268177675/index.html

図2 雨水浸透桝

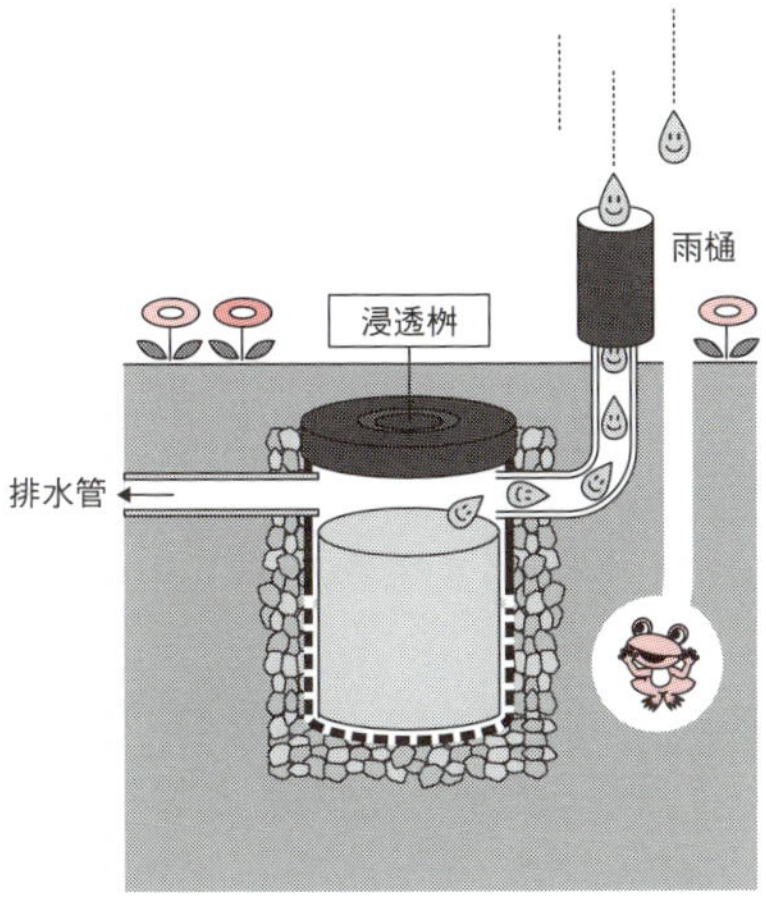
雨樋
浸透桝
排水管

図3 雨水貯留槽

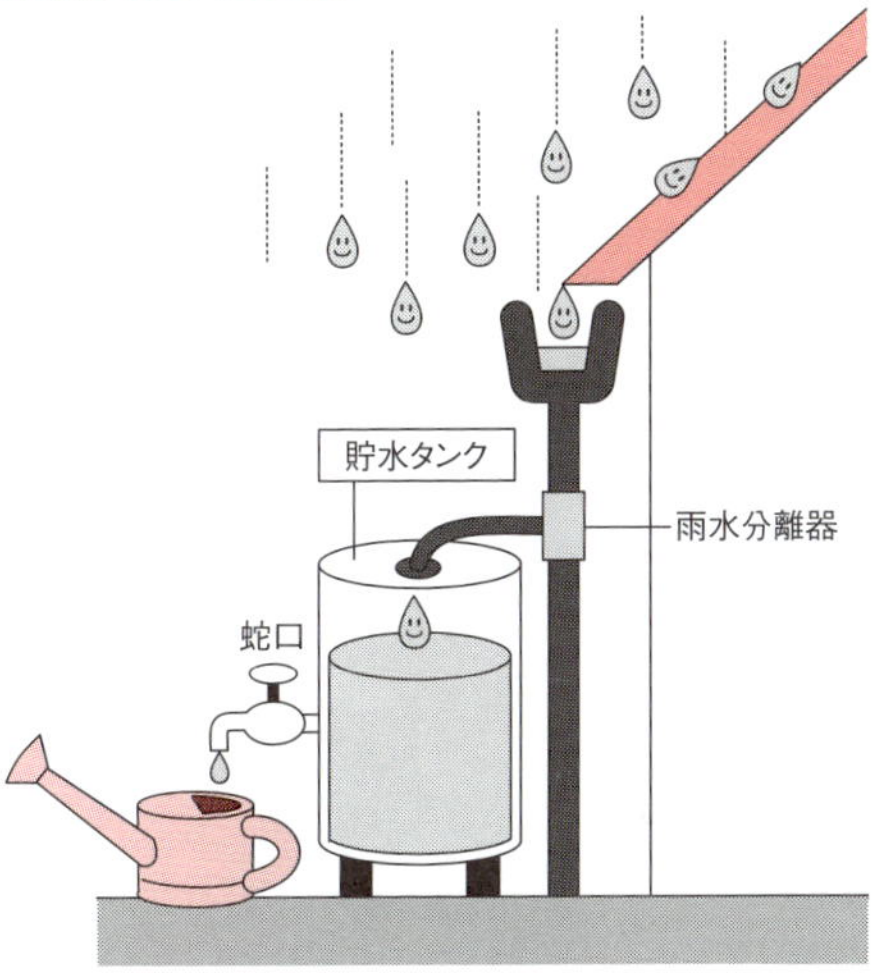
貯水タンク
雨水分離器
蛇口

雨水浸透施設

都市化の進展とともに、土壌の雨水の貯留・浸透機能が低下している。そのため、短時間に下水道へ雨水が流れ込んだ場合、大規模な水害を招く恐れがある。

雨水浸透施設は、生活と都市の機能を守るだけでなく、下水処理の軽減にもつながり、健全な水循環系を形成し、広く環境負荷の低減に寄与するものである（図1）。平成22年に国土交通省が雨水浸透の整備促進を発表した。今後は全国的に雨水浸透施設が普及していくものと考えられるが、建築物の設計時の考慮が重要である。

雨水浸透施設には浸透桝、浸透トレンチ、雨水貯留槽などがあり、いずれも宅地内にて雨水を浸透処理する（図2・3）。しかし、それらの浸透施設は、維持管理を適切に行わないと、目詰まりにより浸透能力が低下する。地面下で敷地内の狭小部に設置されるため、清掃が困難であり、個人で維持管理を行うことが非常に難しい。そのため、

図4 エコマックスの仕組み

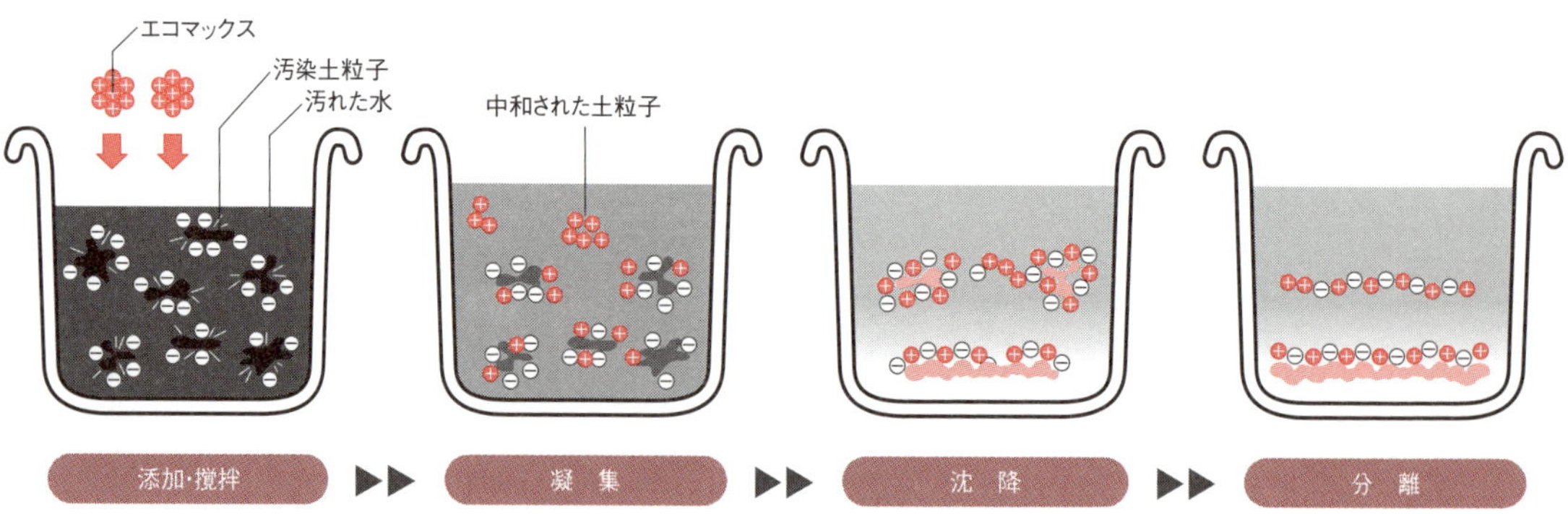
エコマックス
汚染土粒子
汚れた水
中和された土粒子
添加・撹拌
凝集
沈降
分離

汚水にエコマックスを添加し、撹拌する。汚染土粒子をエコマックスが吸着し、中和。
水底に沈殿し、中和された土粒子と上澄水に分離される

（出典） http://www.aisan-ecomax.co.jp/ecomax/

図5 低コスト型環境浄化資材

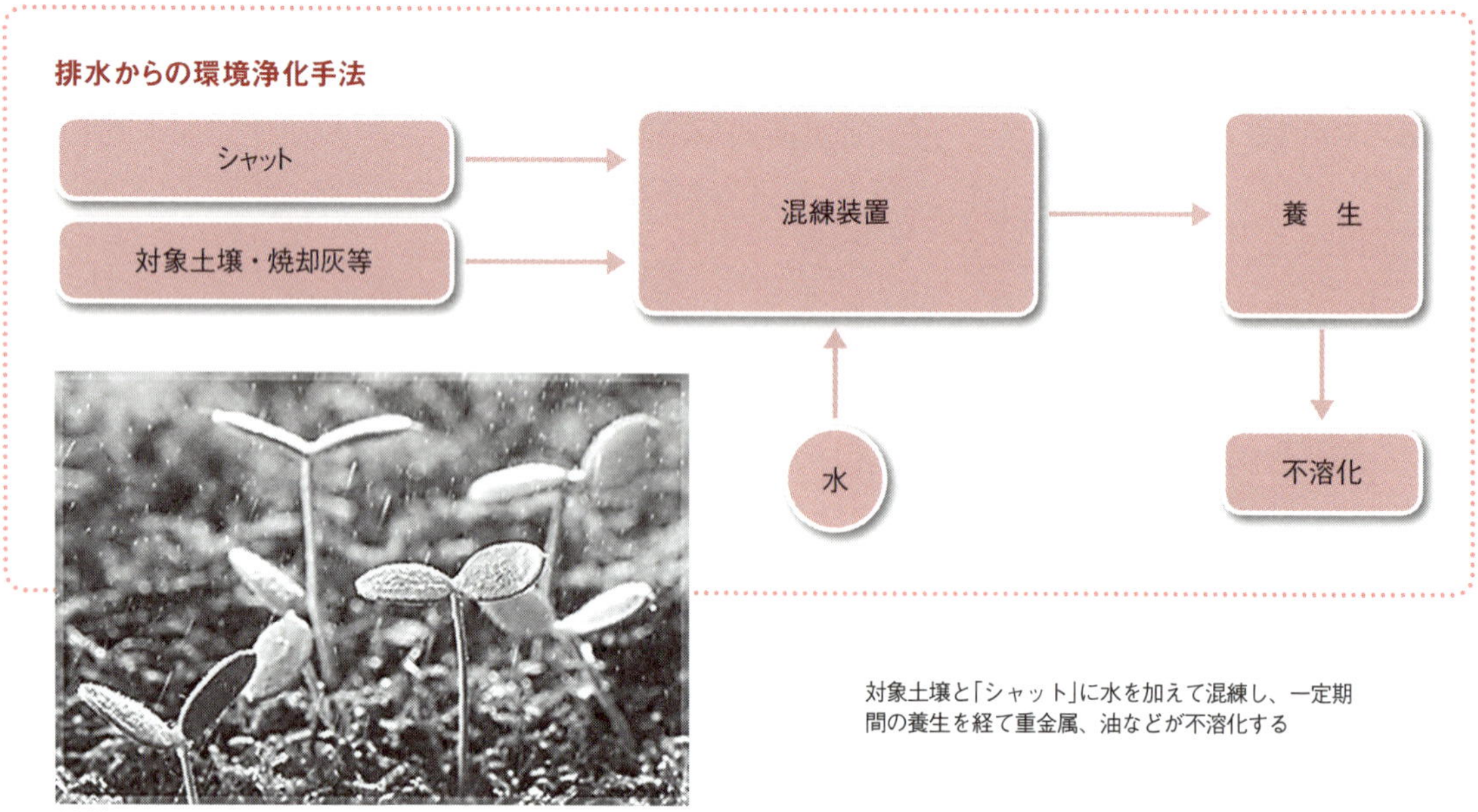
排水からの環境浄化手法
シャット
対象土壌・焼却灰等
混練装置
養生
水
不溶化

対象土壌と「シャット」に水を加えて混練し、一定期間の養生を経て重金属、油などが不溶化する

（出典） http://www.aisan-ecomax.co.jp/heavymetals/shut/

設計時は維持管理の簡便性を考慮した配置計画を行う必要がある。

エコマックス

人間活動によって生み出された様々な有害物質は、そのまま下水道や河川に流すことができない。環境問題だけでなく、人や生態系に対して被害が生じる恐れがあるためである。日本では、水質汚濁防止法などの規定があるが、アジアなどの発展途上国では、まだ規定のない地域も数多く存在する。汚染は、その地域だけではなく、地球全体にまで及ぶ可能性があることを忘れてはならない。

エコマックスは、天然の鉱物を主成分とした、環境負荷が低く安全性の高い、無機系凝集剤である。紛体・液体・硬化剤など様々な種類があり、処理の困難な有機性の強い排水や、幅広い分野で使用可能である。プラントや処理施設の簡素化につながり、大幅に設備投資が抑えられる（**図4**）。このほか、土壌や水質中に含まれる重金属や油を不溶化する手法もある（**図5**）。

今後の循環型社会の構築においては、従来の排水方式からの転換が必要不可欠である。次世代の排水方式として、水を捨てる設計から、水を有効に再利用する設計が求められている。

◆ディスポーザー排水処理システムの仕組み

図6 ディスポーザー排水処理システム

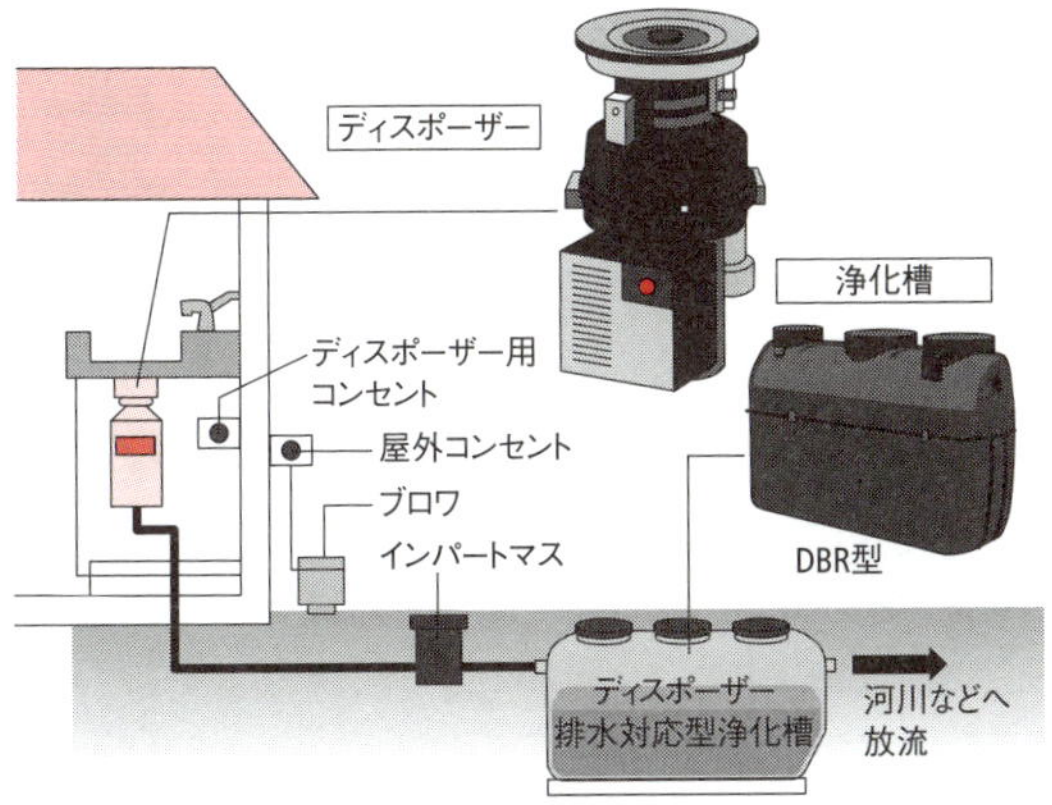
ディスポーザー
浄化槽
ディスポーザー用
コンセント
屋外コンセント
ブロワ
インバートマス
DBR型
ディスポーザー
排水対応型浄化槽
河川などへ
放流

（出典） http://www.housetec.co.jp/products/environment/disposer/dbr.html

図7 ディスポーザー適合評価

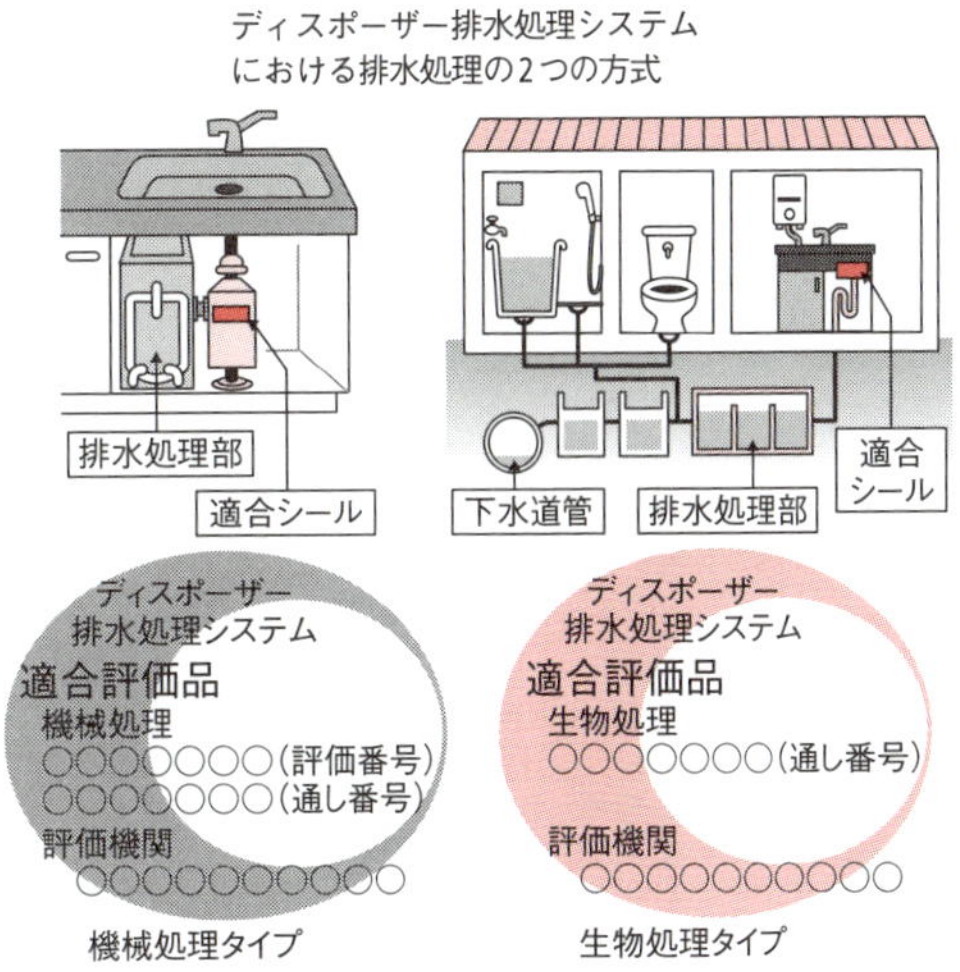
ディスポーザー排水処理システム
における排水処理の2つの方式
排水処理部
適合シール
下水道管
排水処理部
適合
シール
ディスポーザー
排水処理システム
適合評価品
機械処理
○○○○○○○(評価番号)
○○○○○○○(通し番号)
評価機関
○○○○○○○○○○
機械処理タイプ
ディスポーザー
排水処理システム
適合評価品
生物処理
○○○○○○○(通し番号)
評価機関
○○○○○○○○○○
生物処理タイプ

（出典） http://www.gesui.metro.tokyo.jp/kanko/kankou/2009tokyo/14.htm

図8 ディスポーザーの普及

（出典） http://blog.goo.ne.jp/121golf

ディスポーザー排水処理システム

ディスポーザー排水処理システムは、ディスポーザー（生ごみ粉砕機）で粉砕した生ごみを含む排水を、排水処理装置（除害施設）で浄化あるいは分離処理した後に下水道へ流すものである（図６・７）。キッチン排水の段階で生ごみがなくなるシステムであり、衛生的で、腐敗臭や虫害発生などの解決策にもなる。

しかし、日本では普及が遅れている。その大きな理由として、下水道の汚濁負荷を増大させ、水環境への影響も懸念されるとして、自治体により採用が自粛されてきたからである。

ただし、ディスポーザーを使用せずに単に生ごみとして処理した場合、ダイオキシンの問題がある。大量の水分を含むごみを燃やすには莫大なエネルギーを消費し、運搬時においても多大なエネルギーを消費する。また、日本においては、ごみ全体の約１／３が生ごみであるという統計データもある。

総体的なエネルギー投入量を考えた上で、ごみ処理場にて生ごみを燃やすエネルギーと、ディスポーザー排水処理システムによる下水道処理のエネルギーを比較した場合、圧倒的に後者のほうが地球温暖化対策に寄与していることになる。

ディスポーザー排水処理システムの普及と動向

ディスポーザー排水処理システムは、都市部の高層マンションでは標準装備されてきており、戸建て住宅用も普及してきている。今後の普及推進は各地方自治体の方針や、取り組みによるところが大きいが、個人で簡単に設置できることから、実務上・技術上の課題がおざなりになる場合が多く、使用者のモラルが問われている。そのため、ディスポーザー排水処理システムの導入には、慎重な対応をしている自治体が多い。

しかし、ディスポーザー排水処理システムの普及は、環境負荷の削減、衛生問題の改善だけでなく、ごみ処理に係る全体的な行政コストの低減にもつながる。初期費用が発生することや排水処理システムの設置スペースなどの諸問題はあるが、設備設計者としてシステムの導入を検討するべきである。また、ディスポーザー排水の有効利用として、汚泥のコンポスト化やバイオマス利用などの資源利用率を高めていくことで、循環型社会の形成にもつながると考える（図８）。

生ごみ堆肥化装置

図1 生ごみ堆肥化の原理

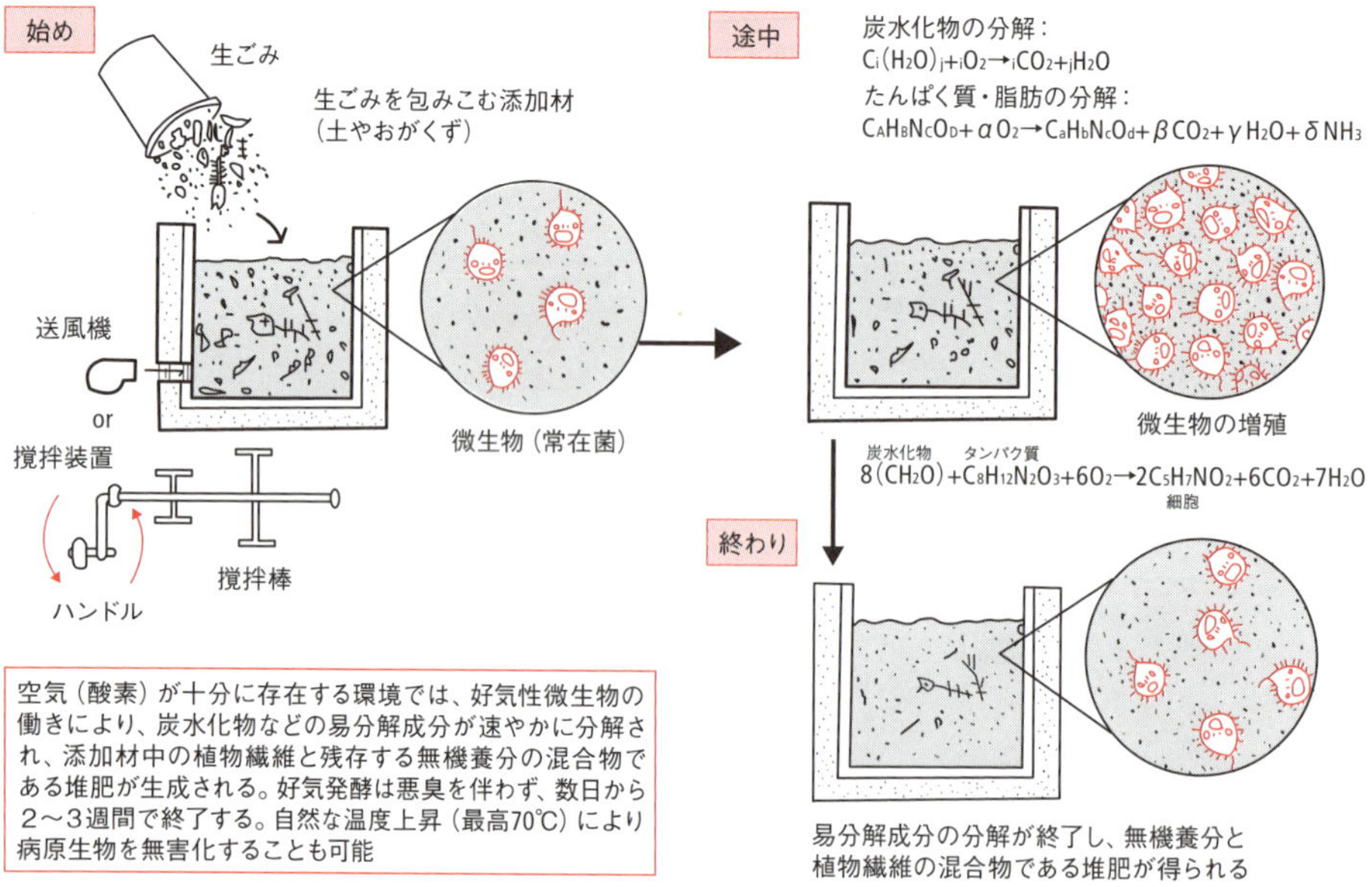

始め
生ごみ
生ごみを包みこむ添加材
（土やおがくず）
送風機
or
撹拌装置
撹拌棒
ハンドル
微生物（常在菌）
途中
炭水化物の分解：
$C_i(H_2O)_j + iO_2 \rightarrow iCO_2 + jH_2O$
たんぱく質・脂肪の分解：
$C_AH_BN_CO_D + \alpha O_2 \rightarrow C_aH_bN_cO_d + \beta CO_2 + \gamma H_2O + \delta NH_3$
微生物の増殖
炭水化物 タンパク質 細胞
$8(CH_2O) + C_8H_{12}N_2O_3 + 6O_2 \rightarrow 2C_5H_7NO_2 + 6CO_2 + 7H_2O$
終わり
空気（酸素）が十分に存在する環境では、好気性微生物の働きにより、炭水化物などの易分解成分が速やかに分解され、添加材中の植物繊維と残存する無機養分の混合物である堆肥が生成される。好気発酵は悪臭を伴わず、数日から2～3週間で終了する。自然な温度上昇（最高70℃）により病原生物を無害化することも可能
易分解成分の分解が終了し、無機養分と植物繊維の混合物である堆肥が得られる

図2 発酵槽内容物の温度と堆肥化速度の関係

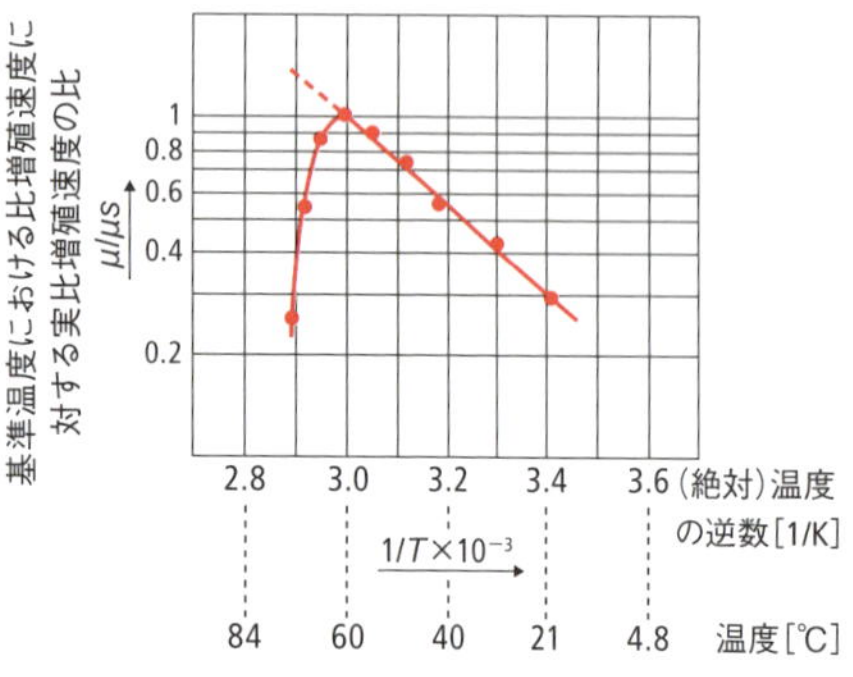

基準温度における比増殖速度に対する実比増殖速度の比
μ/μs
1
0.8
0.6
0.4
0.2
2.8
3.0
3.2
3.4
3.6（絶対）温度の逆数[1/K]
1/T×10⁻³
84
60
40
21
4.8
温度[℃]

温度50～60℃で微生物増殖＝有機物分解が最速になる

図3 発酵槽内容物の含水率と堆肥化速度の関係

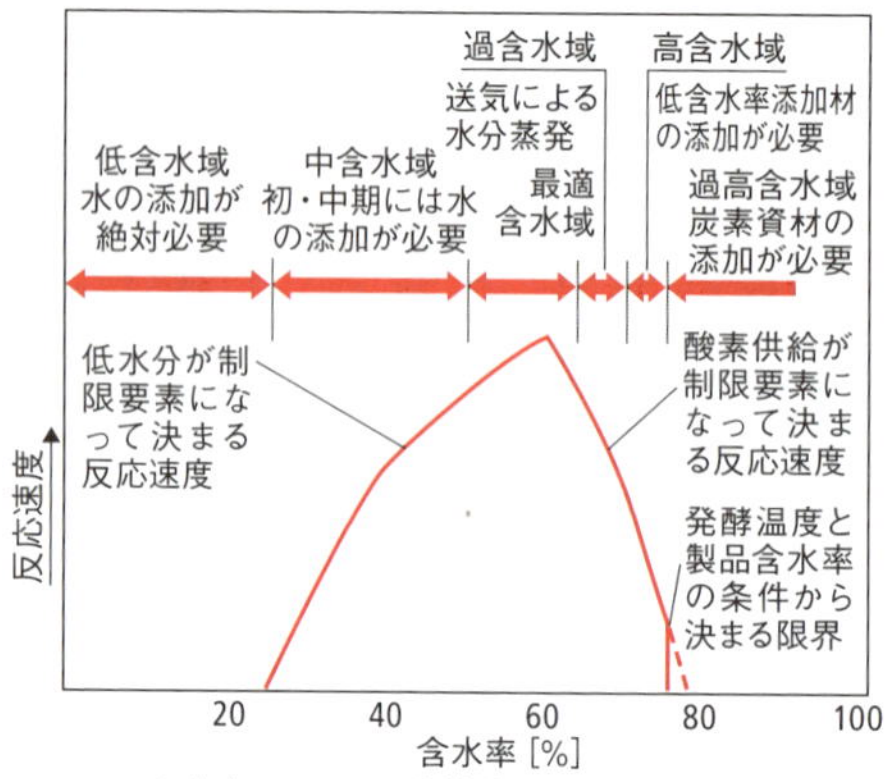

過含水域
高含水域
送気による水分蒸発
低含水率添加材の添加が必要
低含水域 水の添加が絶対必要
中含水域 初・中期には水の添加が必要
最適含水域
過高含水域 炭素資材の添加が必要
低水分が制限要素になって決まる反応速度
酸素供給が制限要素になって決まる反応速度
発酵温度と製品含水率の条件から決まる限界
反応速度
20
40
60
80
100
含水率[%]

含水率50～60%で有機物分解が最速になる

（出典） 図2・3 藤田賢二著「コンポスト化技術——廃棄物有効利用のテクノロジー」技報堂出版（1995年）35～77頁（著者が一部加筆）

生ごみ堆肥化の原理

人間は建物を使って生活を営み、その生活には食糧や周囲の植栽は欠かせない。エコ建築の設計においても、台所からの生ごみ（厨芥）や、植栽を剪定した屑の処理を考える必要がある。これら生物由来の有機物のごみ（生ごみ）には、炭水化物、脂肪、たんぱく質、繊維質が含まれており、空気が十分に存在する環境では、酸素呼吸を行う微生物の働きにより、二酸化炭素や水、アンモニアに分解される（**図1**）。

好気発酵と嫌気発酵

空気が十分に存在する条件における微生物による有機物分解作用を好気発酵という。その反対に、空気流通が行われない条件での有機物分解を嫌気発酵という。例えば、ごみ袋の中で水浸しになっている生ごみは嫌気発酵を起こす。その結果、酢酸などの低級脂肪酸などが悪臭を放つ。嫌気発酵では発酵の終了までに数ヶ月を要するのに対して、好気発酵は数日から2週間程度

図4 各種有機物の炭素率（C/N比）

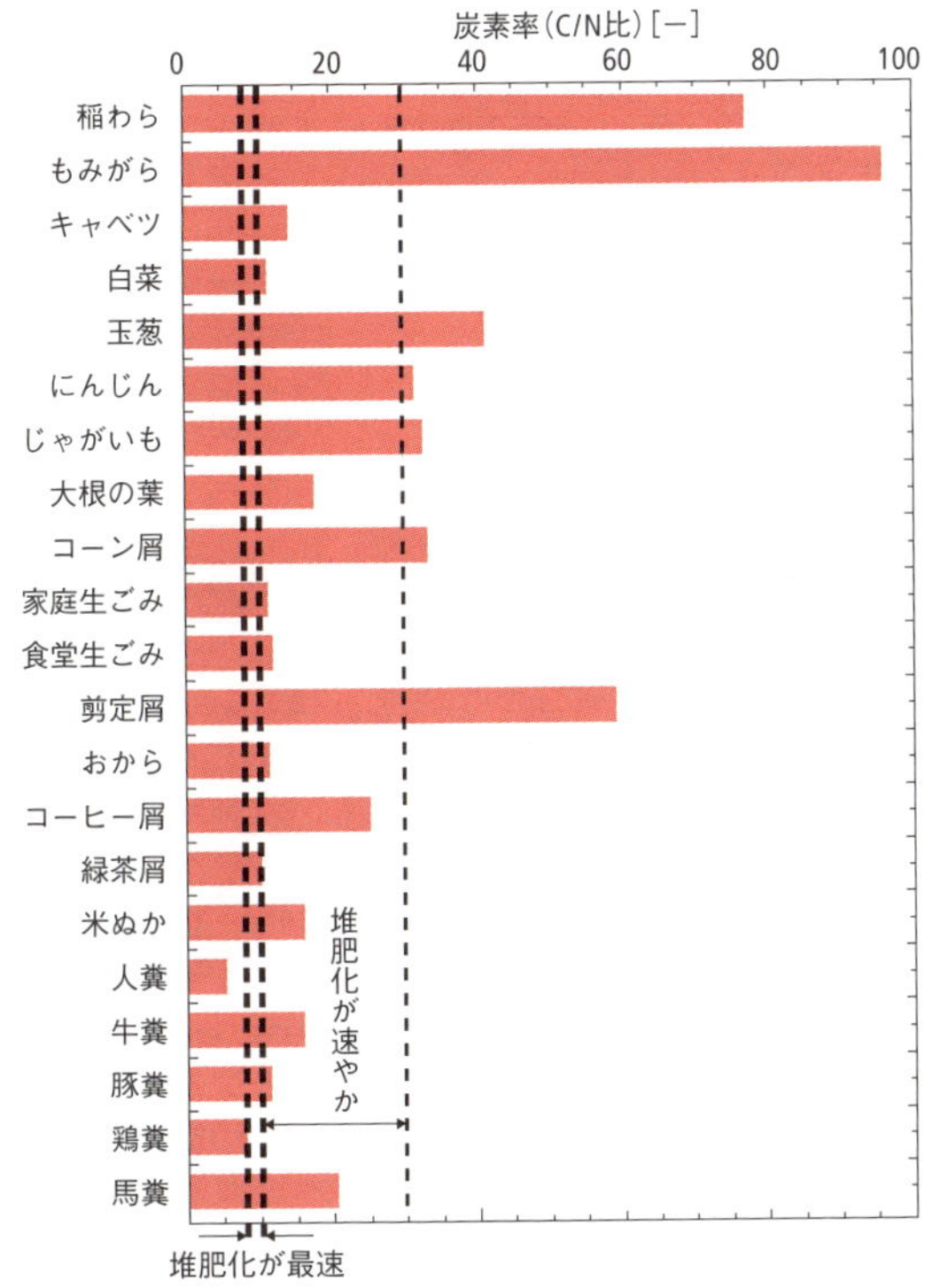
炭素率（C/N比）[－]
0
20
40
60
80
100
稲わら
もみがら
キャベツ
白菜
玉葱
にんじん
じゃがいも
大根の葉
コーン屑
家庭生ごみ
食堂生ごみ
剪定屑
おから
コーヒー屑
緑茶屑
米ぬか
人糞
牛糞
豚糞
鶏糞
馬糞
堆肥化が速やか
堆肥化が最速

（出典） 藤原俊六郎著「堆肥のつくり方・使い方 原理から実際まで」農文協（2008年）、132～134頁 のデータをもとに著者が作成

図5 無電力生ごみ堆肥化装置（「はらぺこ君」）

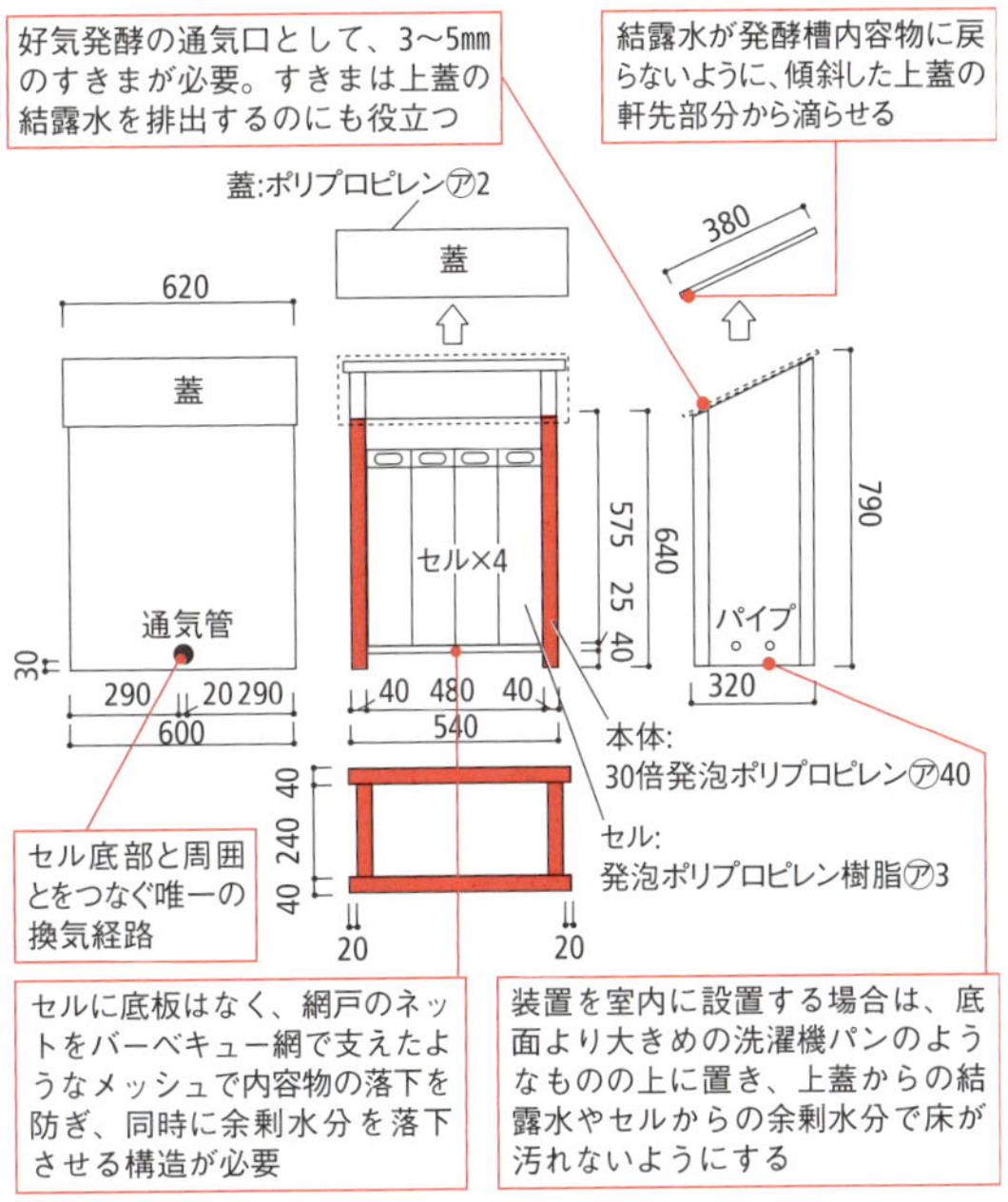
好気発酵の通気口として、3～5㎜のすきまが必要。すきまは上蓋の結露水を排出するのにも役立つ
結露水が発酵槽内容物に戻らないように、傾斜した上蓋の軒先部分から滴らせる
蓋:ポリプロピレン㋐2
蓋
620
蓋
380
通気管
セル×4
パイプ
575
640
25
40
790
30
290
20
290
600
40
480
40
540
320
本体:
30倍発泡ポリプロピレン㋐40
40
240
40
20
20
セル:
発泡ポリプロピレン樹脂㋐3
セル底部と周囲とをつなぐ唯一の換気経路
セルに底板はなく、網戸のネットをバーベキュー網で支えたようなメッシュで内容物の落下を防ぎ、同時に余剰水分を落下させる構造が必要
装置を室内に設置する場合は、底面より大きめの洗濯機パンのようなものの上に置き、上蓋からの結露水やセルからの余剰水分で床が汚れないようにする

断熱材でできた箱の内部にセルが4つ挿入されており、日ごとに異なるセルで堆肥化。セル底部のネット、蓋と本体上端との隙間が自然換気の経路（平石年弘氏開発）

（出典） 平石年弘著「自然通気を利用した小型多槽式生ごみ堆肥化装置の性能検証」日本建築学会環境系論文集 第586号（2004年12月）69～74頁

で済み、悪臭が発生することはない。発酵条件がよければ好気発酵槽の内容物温度は最高で70℃まで達するので、高温状態を維持することにより病原生物の無害化も可能になる。

すなわち、生ごみの堆肥化とは、好気発酵により有機物中の易分解成分（炭水化物・脂肪）を速やかに分解し、残存する難分解成分の植物繊維と無機成分（リン酸、アンモニアなど）の混合物を堆肥として得ることである。堆肥は有機肥料であり、英語でコンポストといわれる。

最も有機物分解が進む条件は、発酵槽の内容物温度が50～60℃、質量含水率が50～60％である（図2・3）。発酵槽の容量が1㎥未満の場合、熱損失が大きくなるので、内容物の高温維持のため発酵槽に厚さ30㎜以上の断熱材を設置する必要がある。

生ごみ堆肥化の注意点

生ごみの堆肥化で最も避けなければならないことは、内容物の高含水率化である。内容物含水率が60％以上になると内容物中の空気流通が阻害され、70％以上では嫌気発酵を起こす。そのため、生ごみ堆肥化装置では、発酵槽に腐葉土やおがくずなどの低含水率の添加材を充満させて、内容物の全体としての含水率を下げ、空気流通のための空隙を確保する。それと同時に、撹拌や通気を行うようにする。

堆肥化原料の炭素率（C／N比）

生ごみの堆肥化は、生ごみを食糧とする微生物がさかんに増殖することによって機能する現象である。微生物が増殖するためには、彼らの身体の構成に必要なたんぱく質などの窒素源も、堆肥化の原料として必要になる。このため、生ごみの堆肥化では、その原料における窒素に対する炭素の質量の比（炭素率、またはC／N比）にも配慮する必要がある。堆肥化原料の炭素率が10～30の時に有機物分解が速やかになり、7～10の時に最速になる。

定期的に投入する厨芥などの炭素率にその投入質量（乾燥基準）を乗じたものと、添加材の炭素率にその投入質量（乾燥基準）を乗じたものの和を厨芥と添加材の質量の和で除した値（内容物全体の炭素率）が7～30になることを1つの目標として、添加材の種類と投入量を決めるようにする（図4）。

生ごみ堆肥化の実際

明石高専の平石年弘先生が開発した無電力生ごみ堆肥化装置「はらぺこ君」（図5・6）は、分厚い断熱材の

図6 無電力生ごみ堆肥化装置を用いた生ごみ堆肥化の手順

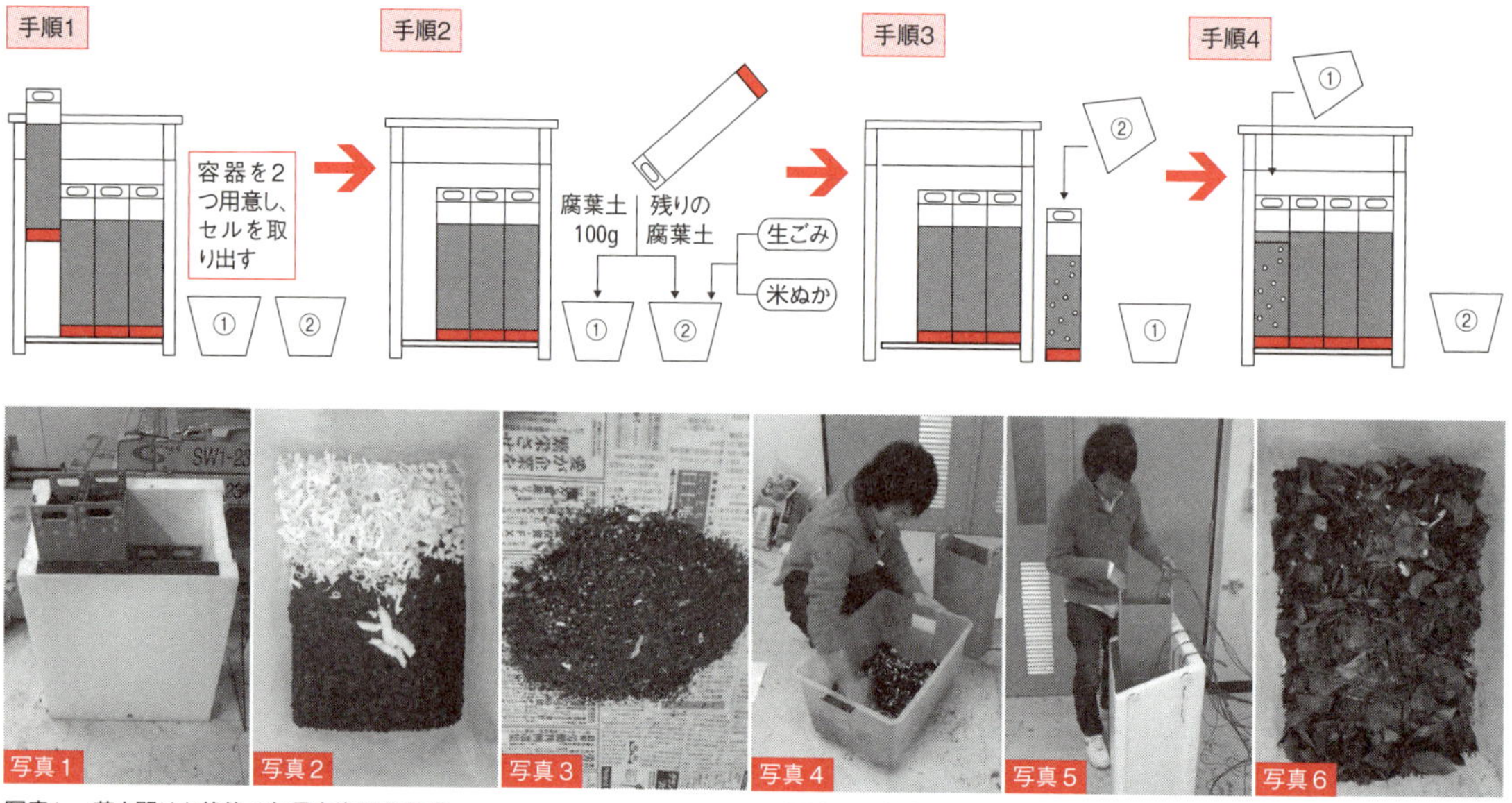
手順1
容器を2つ用意し、セルを取り出す
①
②
手順2
腐葉土100g
残りの腐葉土
生ごみ
米ぬか
手順3
手順4
写真1
写真2
写真3
写真4
写真5
写真6

写真1　蓋を開けた状態の無電力堆肥化装置
写真2　投入前の生ごみと腐葉土
写真3　米ぬか。発酵の主役である微生物にエネルギーを供給するだけでなく、生体合成に必要な窒素の供給をも行う、堆肥化の必須材料
写真4　内容物の破砕と撹拌。生ごみの速やかな分解にはあらかじめ生ごみの大きさを2〜5㎝角程度に破砕するのが効果的
写真5　セルの挿入
写真6　発酵後の内容物。生ごみが腐葉土のようになり、体積が減少

（出典）　水澤崇則著「家庭用生ごみ堆肥化装置の運用簡易化に関する実験―添加材による発酵条件の調整」東海大学大学院建築学専攻2008年度修士論文（2009年）

図7 生ごみ堆肥化装置の内容物温度変化

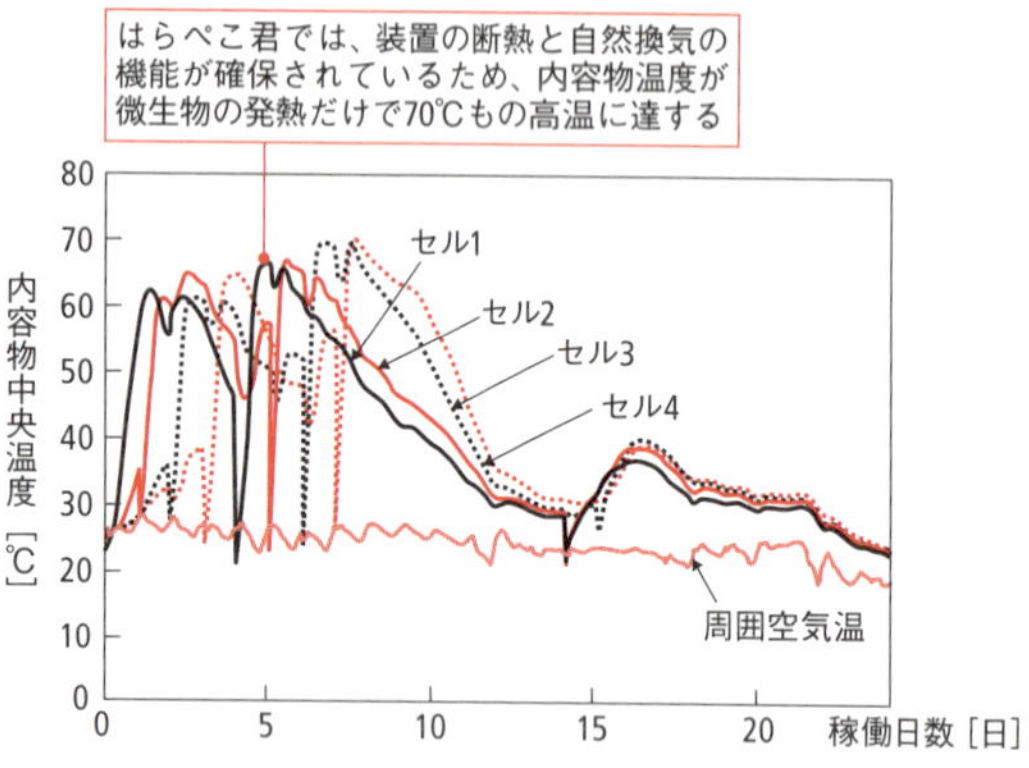
はらぺこ君では、装置の断熱と自然換気の機能が確保されているため、内容物温度が微生物の発熱だけで70℃もの高温に達する
内容物中央温度[℃]
80
70
60
50
40
30
20
10
0
セル1
セル2
セル3
セル4
周囲空気温
0
5
10
15
20
稼働日数[日]

（出典）　水澤崇則著「家庭用生ごみ堆肥化装置の運用簡易化に関する実験―添加材による発酵条件の調整」東海大学大学院建築学専攻2008年度修士論文（2009年）

図8 生ごみ堆肥化装置の内容物質量変化

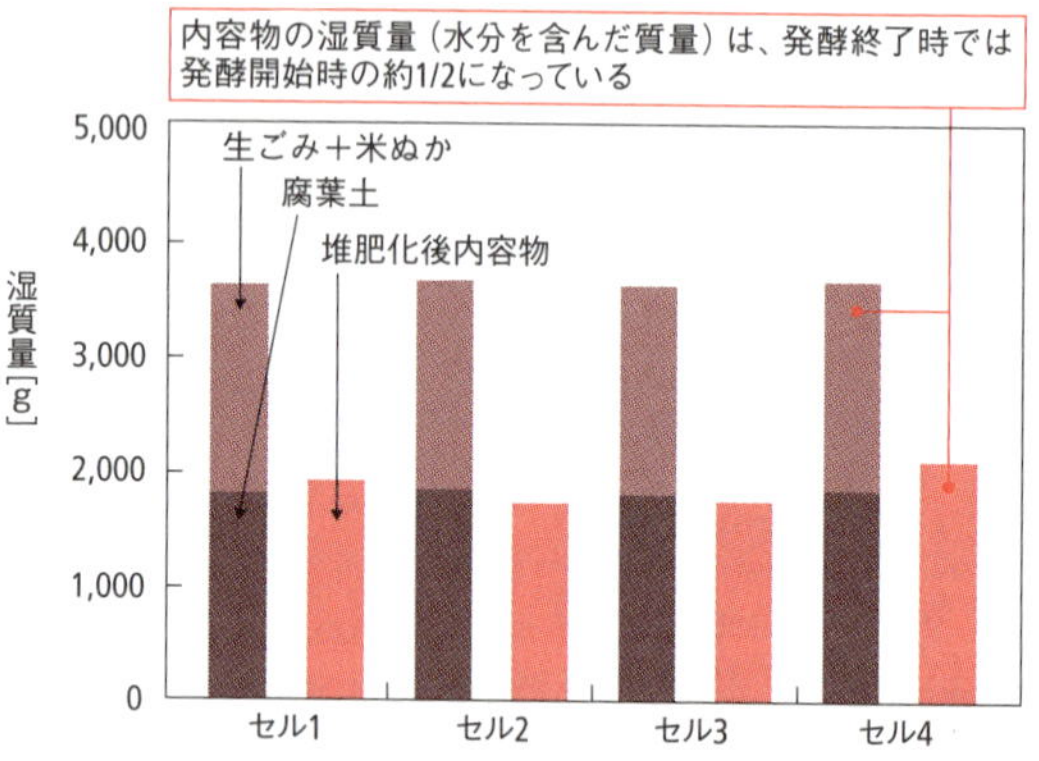
内容物の湿質量(水分を含んだ質量)は、発酵終了時では発酵開始時の約1/2になっている
湿質量[g]
5,000
4,000
3,000
2,000
1,000
0
生ごみ＋米ぬか
腐葉土
堆肥化後内容物
セル1
セル2
セル3
セル4

（出典）　水澤崇則著「家庭用生ごみ堆肥化装置の運用簡易化に関する実験―添加材による発酵条件の調整」東海大学大学院建築学専攻2008年度修士論文（2009年）

内部に合成樹脂製のセルが4つ収納されており、毎日異なるセルに生ごみを投入するようになっている。

この装置は、断熱と自然換気の機能が十分に確保されているため、内容物温度が微生物の発熱だけで70℃もの高温に達する。高温になった装置内では、暖気の上昇を利用した自然換気により好気発酵を促している。

発酵が終了すると、内容物温度は周囲空気温程度にまで下降し、内容物は腐葉土と変わらない外観になる。内容物の湿質量（水分を含んだ質量）は、発酵終了時では発酵開始時の約1／2になっている（**図7・8**）。

堆肥化開始時にセルの上端まで充填されていた内容物は、4日間の発酵を経て、10㎝以上降下することもある。添加材として投入した腐葉土を除けば、生ごみはほとんど分解されてしまうので、この堆肥化方法の場合、生成堆肥の受入れ先にあまり神経質になる必要がない。

最も重要なのは、住まい手自身が堆肥化の原理・条件を十分に理解したうえで、装置を的確に運用するライフスタイルを継続することである。そのためには、篤農家や、生ごみ堆肥化に長けた専門家の訪問支援の体制が必要である。

バイオトイレ

図1 バイオトイレの適正運用条件[1)]
（糞尿混合式バイオトイレについての適正運用条件の提案）

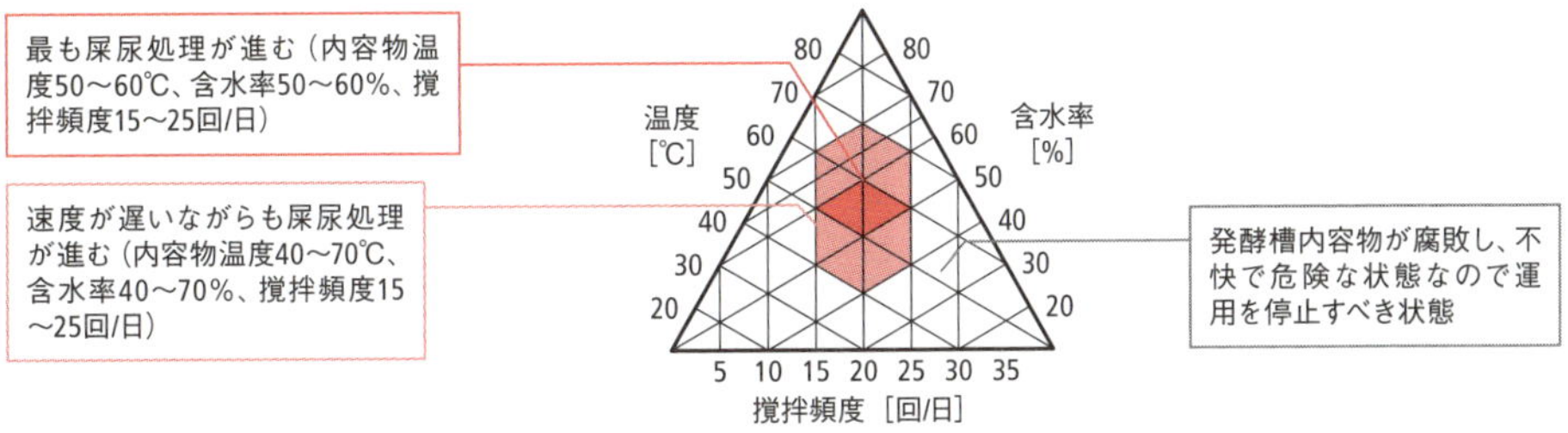
最も屎尿処理が進む（内容物温度50～60℃、含水率50～60%、撹拌頻度15～25回/日）
速度が遅いながらも屎尿処理が進む（内容物温度40～70℃、含水率40～70%、撹拌頻度15～25回/日）
温度 [℃]
含水率 [%]
80 70 60 50 40 30 20
5 10 15 20 25 30 35
撹拌頻度 [回/日]
発酵槽内容物が腐敗し、不快で危険な状態なので運用を停止すべき状態

図2 屋外仮設用の糞尿分離型バイオトイレの断面

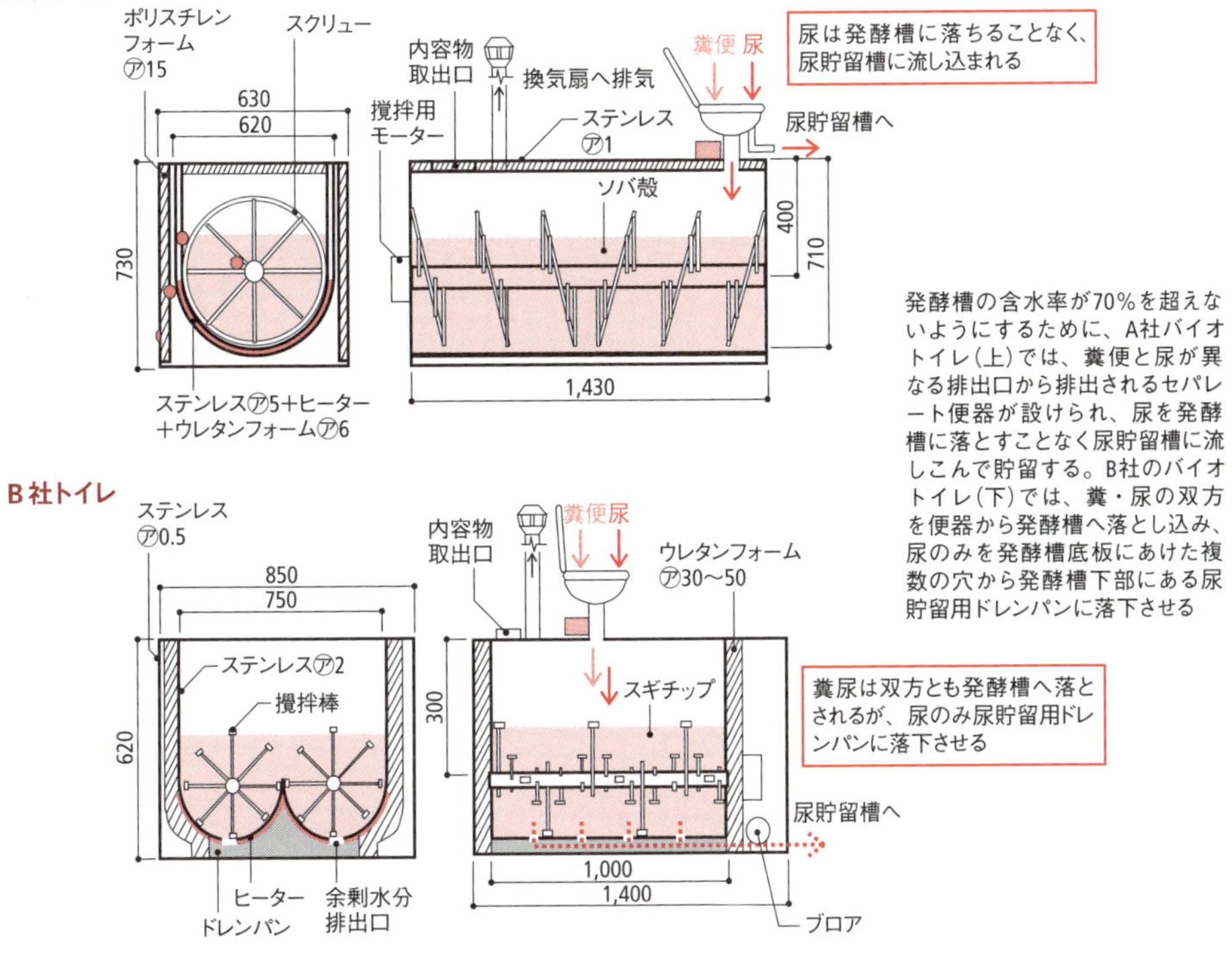
A社トイレ
ポリスチレンフォーム ㋐15
スクリュー
630
620
730
ステンレス㋐5＋ヒーター＋ウレタンフォーム㋐6
内容物取出口
換気扇へ排気
撹拌用モーター
ステンレス ㋐1
糞便 尿
尿は発酵槽に落ちることなく、尿貯留槽に流し込まれる
尿貯留槽へ
ソバ殻
400
710
1,430
発酵槽の含水率が70%を超えないようにするために、A社バイオトイレ(上)では、糞便と尿が異なる排出口から排出されるセパレート便器が設けられ、尿を発酵槽に落とすことなく尿貯留槽に流しこんで貯留する。B社のバイオトイレ(下)では、糞・尿の双方を便器から発酵槽へ落とし込み、尿のみを発酵槽底板にあけた複数の穴から発酵槽下部にある尿貯留用ドレンパンに落下させる
B社トイレ
ステンレス ㋐0.5
850
750
ステンレス㋐2
撹拌棒
620
ヒーター
ドレンパン
余剰水分排出口
内容物取出口
糞便尿
ウレタンフォーム ㋐30～50
300
スギチップ
糞尿は双方とも発酵槽へ落とされるが、尿のみ尿貯留用ドレンパンに落下させる
尿貯留槽へ
1,000
1,400
ブロア

バイオトイレの仕組み

バイオトイレは、後述する**図2**や**写真7・8**に示すように、便器下部に設けた発酵槽に糞便を投下させ、発酵槽中でオガクズなどの低含水率添加材とともに、糞便を微生物の好気発酵によって分解する装置である。好気発酵を促進するため、電動か手動の内容物撹拌装置や、送風機が必要である。ただし、含水率を上昇させる尿がひんぱんに投入されるので、内容物含水率が70%を超えて上昇すると、発酵槽中の内容物が嫌気発酵、腐敗を起こし、悪臭を放ちかねない。

図1は、糞尿混合式バイオトイレについての適正運用条件の提案である。[1)] この図は、内容物温度50～60℃、含水率50～60％、撹拌頻度15～25回／日（60分に1回から90分に1回）の条件で最も屎尿処理が進み（図中の濃い網掛け部分）、内容物温度40～70度、含水率40～70％、撹拌頻度15～25回／日の条件では速度が遅いながらも屎尿の処理が行われ（図中の薄い網掛け部

（出典）1)　M. A. Lopez Zavala and N. Funamizu (2009). Design and operation of the bio-toiletsystem, Water Science & Technology, Vol. 53, No.9, pp.55-61, 2005

写真1 屋外仮設用の糞尿分離型バイオトイレの外観

バイオミカレット

写真2 外装パネルを外した屋外仮設用バイオトイレの発酵槽

発酵槽が保温のための断熱材で覆われている。写真は、内容物をのぞけるように発酵槽の点検蓋を外した状態

写真3 糞尿分離式バイオトイレの室内

バイオミカレット

写真4 床下の発酵槽内容物撹拌用モーター

分）、それ以外の条件では内容物腐敗に伴う不快・危険性から、運用を停止すべき状態であることが示されている（図中の網掛けがない部分）。糞便と尿とを混合して処理することは、高い含水率での腐敗のリスクだけでなく、糞便に混入する病原生物が、無機肥料として活用できる尿にまで伝搬するリスクを回避することにつながる。高含水率の状態であると、高温での好気発酵は進まないので、病原生物の加熱による無害化も行えず、悪循環に陥るのである。

糞尿分離式のバイオトイレ

このようなことから、バイオトイレでは糞便と尿とを分離した状態で浄化する仕組みを具備するようになっている。あるバイオトイレでは糞便と尿が異なる排出口から排出されるセパレート便器が設けられており、尿を発酵槽に落とすことなく尿貯留槽に流し込んで貯留されるようにしている。

また、別のバイオトイレでは、糞・尿の双方を便器から発酵槽へ落とし込み、尿のみを発酵槽底板に穿った複数の孔から発酵槽下部にある尿貯留用ドレンパンに落下させるようになっている。このような糞尿分離式のバイオトイレを用いれば、内容物の腐敗を著し

図3 屋外公衆用バイオトイレの内容物温度 [2)]

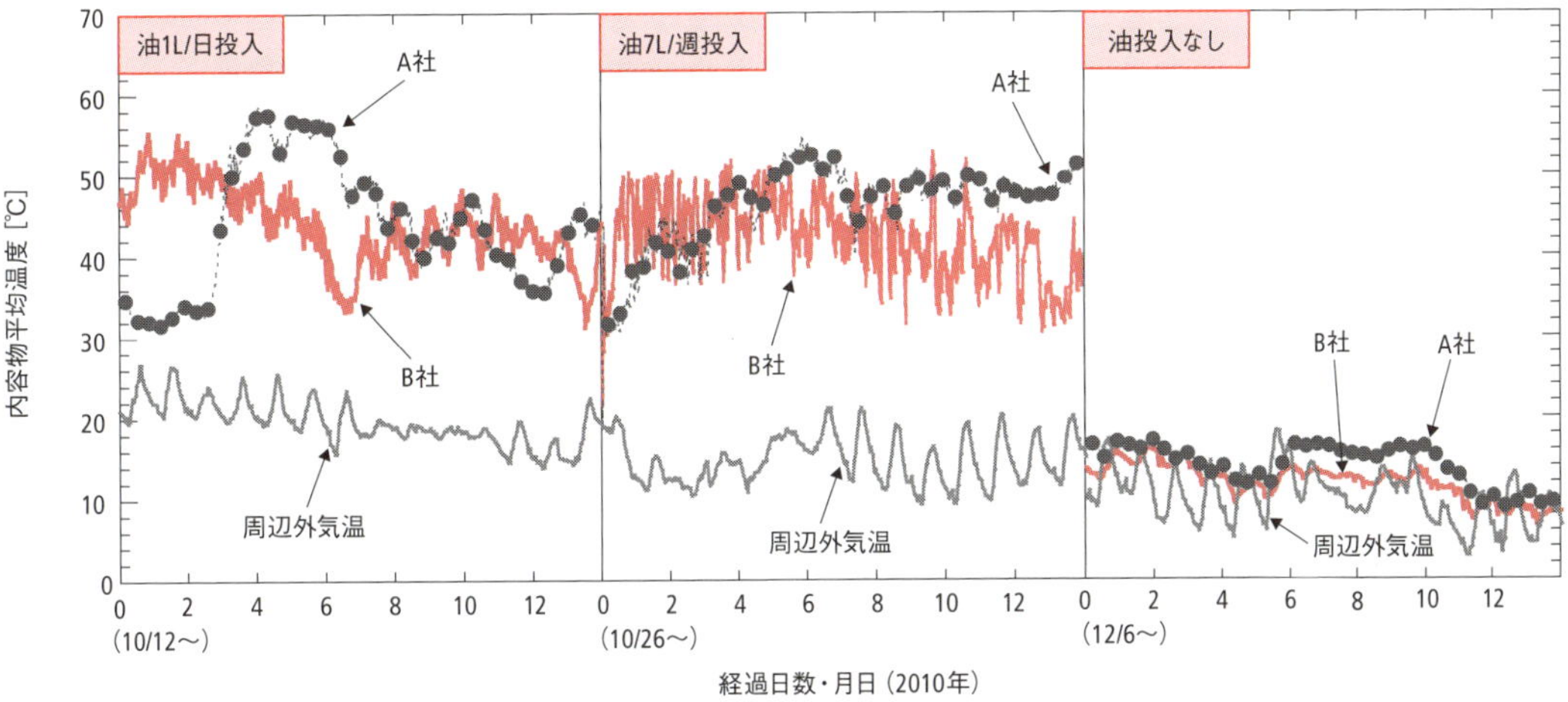
油1L/日投入
油7L/週投入
油投入なし
A社
B社
周辺外気温
内容物平均温度 [℃]
0
10
20
30
40
50
60
70
0 2 4 6 8 10 12
(10/12～)
(10/26～)
(12/6～)
経過日数・月日 (2010年)

屋外公衆用のバイオトイレを戸建て住宅で使用した場合と、微生物にとって食物（糞便）の投入量が不足し、発熱が少なくなるため、内容物温度が上昇せず外気温とあまり変わらない。この場合、高発熱の添加材を投入すると高温発酵が促進され、微生物の餌不足が解消されるが、廃食用油では内容物の粘性が上がりすぎるため、ほかの添加材がよい

図4 屋外公衆用糞尿分離式バイオトイレの内容物含水率 [2)]

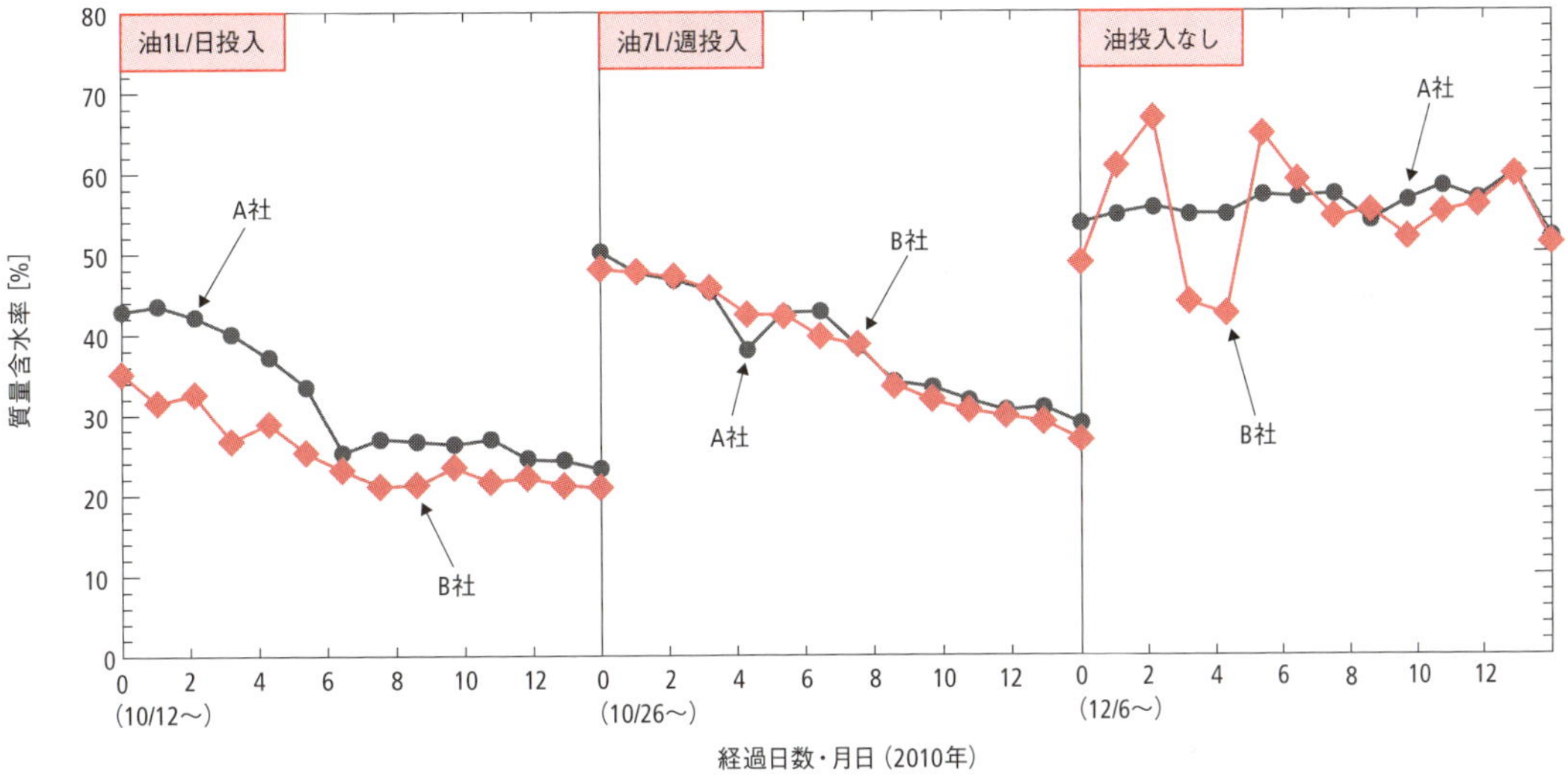
油1L/日投入
油7L/週投入
油投入なし
A社
B社
質量含水率 [%]
0
10
20
30
40
50
60
70
80
0 2 4 6 8 10 12
(10/12～)
(10/26～)
(12/6～)
経過日数・月日 (2010年)

高発熱添加材である廃油を投入しない場合だけ、高温発酵が促進されている発酵槽内容物の含水率が減少しない。糞尿分離式バイオトイレで高温発酵が行われると、内容物の水分が蒸発し、含水率が大きく減少する

く回避しやすくなる。

ちなみに、筆者の研究室で屋外公衆用のバイオトイレを、家庭利用を想定してそのまま使用する実験を行ったところ、発酵槽内容物の温度を50℃以上に上昇させるには糞便の投入量（発熱量）が不足して内容物温度があまり上昇しなかった。しかしながら、廃食用油を高発熱添加材として投入してみると、内容物の高温維持がある程度可能になった。そのことを表すのが、**図3**である。ただし、廃食用油を投入すると内容物の粘性が増して撹拌が次第に困難になるため、内容物温度の上昇には米ぬかを投入するなどの対応が必要である。この点に関しては現在研究中である。

また、**図4**に示すように、糞尿分離式バイオトイレでは内容物含水率が70%を超えておらず、廃食用油の投入で高温発酵が促進されている場合では内容物中の水分蒸発が進み、むしろ含水率が30%近くにまで低下している。この場合、含水率が低く水分を受けとめる余地が十分にあるので、高温発酵が促進されている条件では、むしろ尿の処理量を家庭利用よりも大きくすることができることを意味する。糞尿分離式バイオトイレでは余剰水分の排除機構が備わっているがゆえに、高温の好

写真5 糞尿分離式バイオトイレの発酵槽点検口

写真6 糞尿分離式バイオトイレの発酵槽内部（撹拌棒が見えている）

写真7 住宅（別荘）用糞尿分離型バイオトイレ（正面）

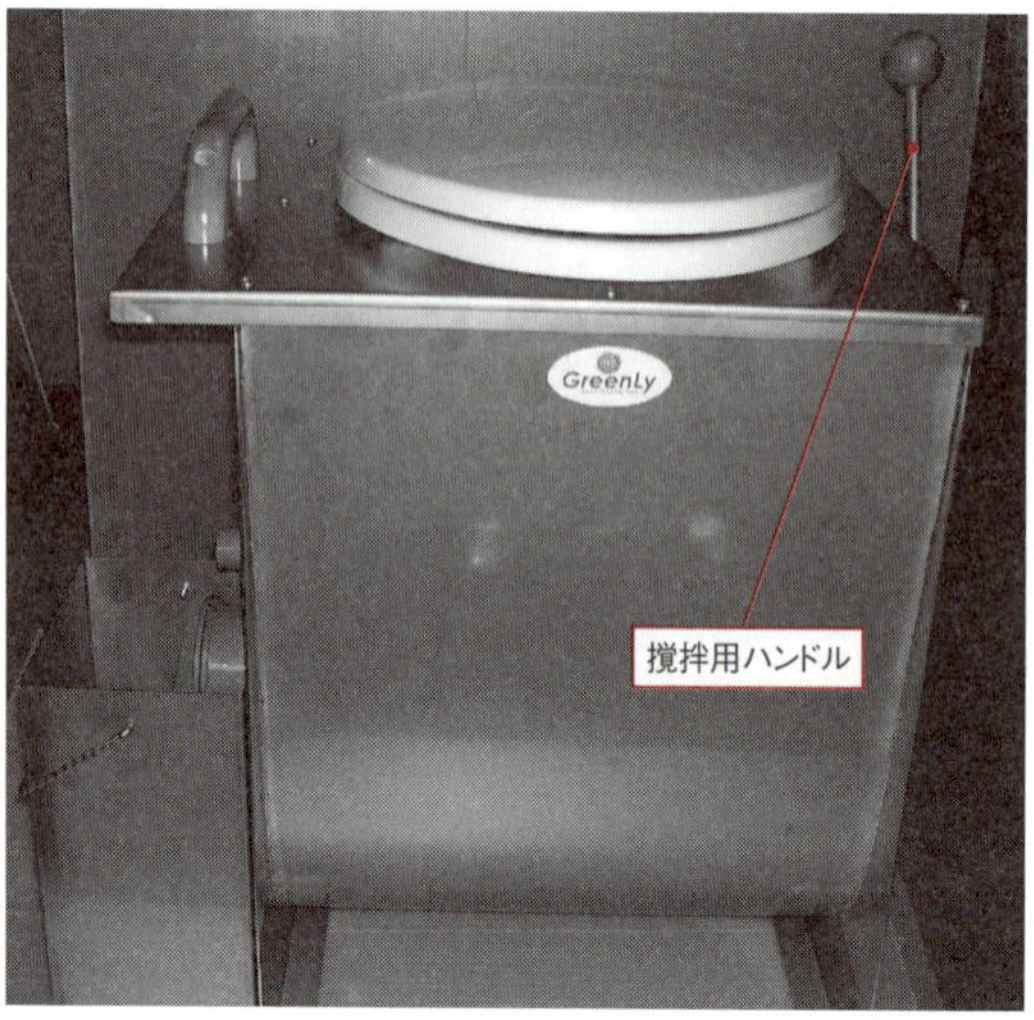
GreenLy
撹拌用ハンドル

ハンドルで手動により内容物を撹拌する

写真8 住宅（別荘）用糞尿分離型バイオトイレ（側面）

尿貯留タンクが併設されている

気発酵が促進されるので、高含水率による内容物腐敗を避けることができる。

図1や**写真1**などで紹介したバイオトイレ商品の多くは、下水道が敷設できないような港湾や離島、山間地、建設現場などにおける屋外公衆トイレを想定して、生産・販売・レンタルが行われている。これらは戸建て住宅に転用されることもある。メーカーが推奨する、これら屋外公衆用トイレの使用回数の目安は、例えばA社では50回／日（大小区別なし）、B社では60～80回／日である。戸建て住宅（別荘など）専用の糞尿分離式バイオトイレには、**写真7・8**のようなものがある。

バイオトイレの使用条件

バイオトイレでは、撹拌を人力で行えれば、水も電気も不要になる。ただし、バイオトイレの使用には、無電力生ごみ堆肥化装置と同様に、堆肥化の原理・条件を十分に理解し、装置の的確な運用というライフスタイルが必要条件となる。そのため、バイオトイレメーカーのA社とB社は、その営業エリア内におけるトイレに対して、定期的な点検・メンテナンスを必ず実施したうえで、ユーザーがバイオトイレを使用するようにしている。

（出典）2）　高橋達・石原衣梨：廃食用油を高発熱添加材とした屎尿分離式バイオトイレの自然発酵に関する実験、日本建築学会大会学術講演梗概集、D-1、pp.639-640、2011年

合併処理浄化槽

写真 合併浄化槽の設置工事の様子（設置完了時から遡っている）

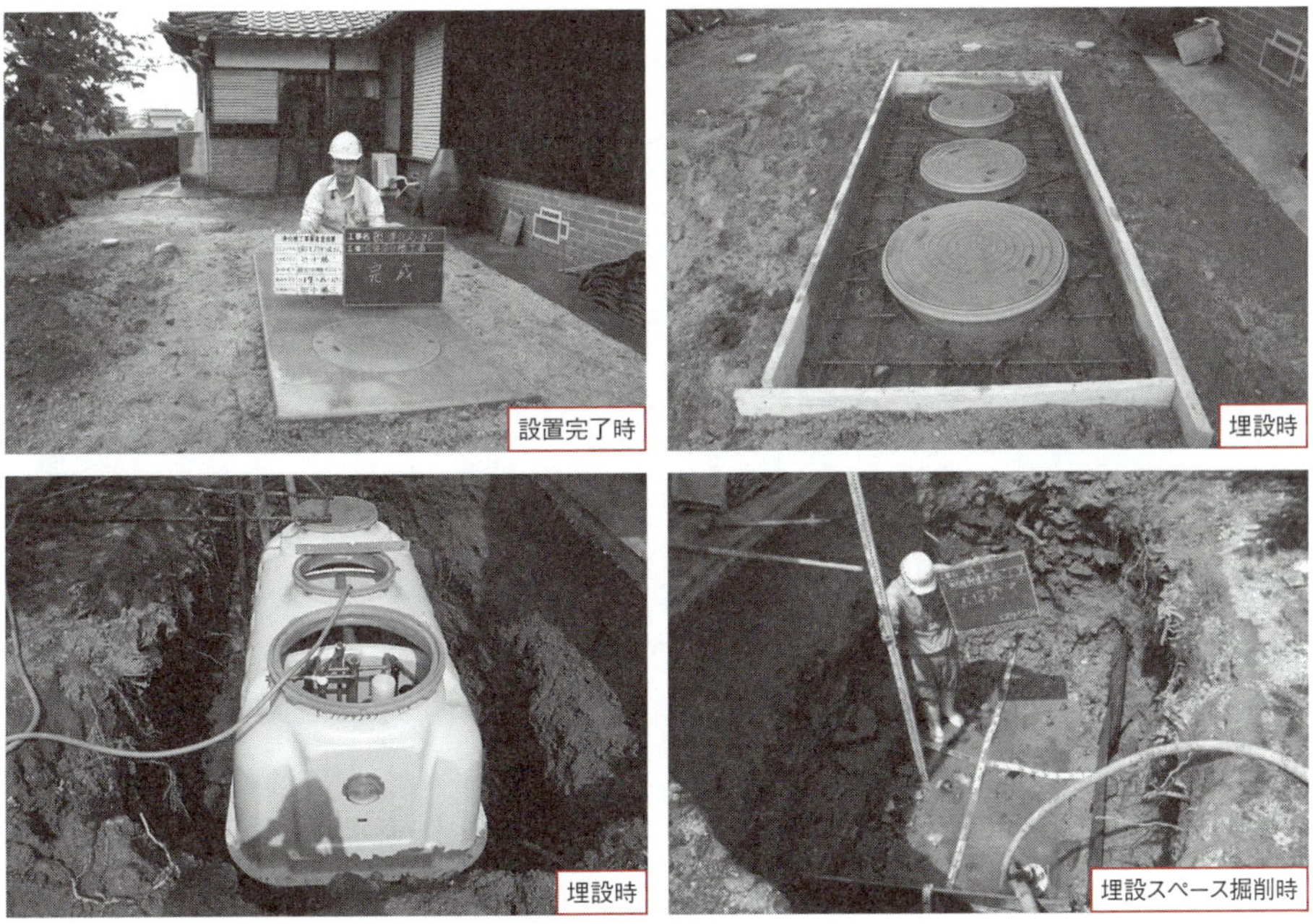
設置完了時
埋設時
埋設時
埋設スペース掘削時

（出典） http://sksys.blog51.fc2.com/blog-entry-78.html（（有）エスケイシステムの合併浄化槽工事ブログ）

山間地など、下水道を敷設できないような地域では、下水道の代わりに合併処理浄化槽という生活排水浄化装置を建物に必ず設置することが浄化槽法で義務付けられている。私たちは、建築というと、地面の上に表れている建物ばかりを見がちである。建物も人間と同じく足元＝基礎が大事だが、肝心な部分は地中に埋もれて視界に入らない。合併浄化槽もその存在が無視されることが珍しくない（**図1**）。

合併浄化槽とは

合併処理浄化槽（以下、合併浄化漕）という名称は、汚水（トイレからの排水）と雑排水（トイレ以外からの生活排水）の双方を浄化処理することに由来する。1960年代の環境問題の1つに河川・湖沼の水質汚濁があったが、これは生活排水のうち汚水のみを微生物分解や沈殿作用によって浄化処理し、雑排水は処理せず水環境に垂れ流しにする単独処理浄化槽の使用が主な原因の1つであった。そのため、単独処理浄化槽は、2001年に新設が禁止となり、2006年に建築基準法の「屎尿浄化槽構造基準」から削除され、公認の建築設備から除外された。

建築基準法には「不遡及の原則」があり、設置当時は合法でも現在では非合法である「既存不適格」の建築・設備を黙認するようになっている。既存の単独処理浄化槽は、浄化槽とみなす〝みなし浄化槽〟と扱われ撤廃を強制することができないため、下水道敷設の計画がない地域については、いまだに単独処理浄化槽による水質汚染が深刻な地域が存在する。そのため、合併処理浄化槽への転換を図る努力が求められている。

好気漕と嫌気漕

図1は合併浄化槽の構造の例である。合併浄化槽には、〝好気槽〟と呼ばれる水槽と〝嫌気槽〟と呼ばれる水槽とが設けられている。好気槽では、ブロア（送風機）により空気を水中に送り込み、有酸素状態で活発に分解活動を行う微生物によって排水中の炭水化物や脂肪などの分解しやすい有機養

図1 合併浄化槽の構造の例

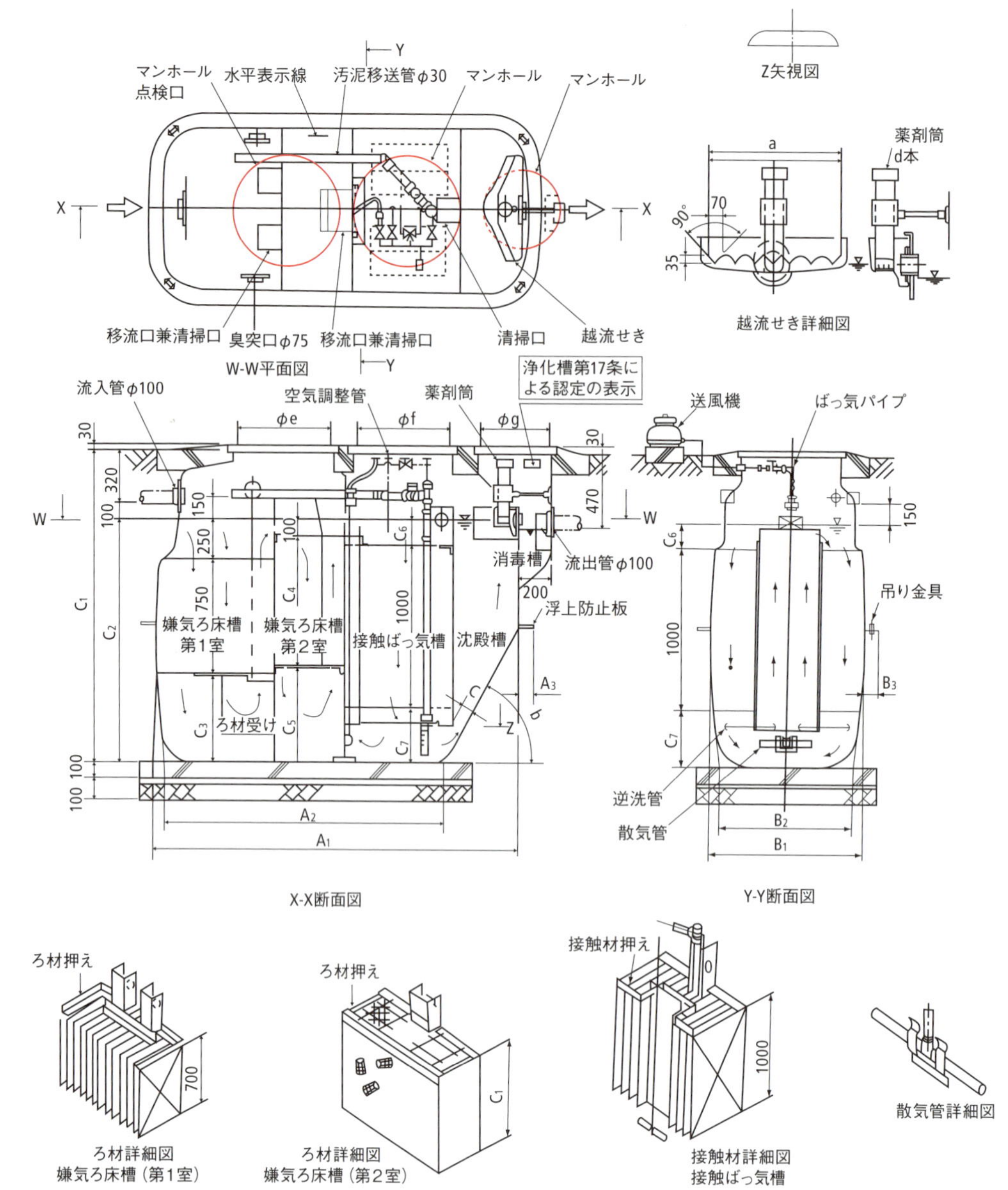

マンホール点検口
水平表示線
汚泥移送管φ30
マンホール
マンホール
Z矢視図
薬剤筒
d本
越流せき詳細図
移流口兼清掃口
臭突口φ75
移流口兼清掃口
清掃口
越流せき
W-W平面図
浄化槽第17条による認定の表示
流入管φ100
空気調整管
薬剤筒
送風機
ばっ気パイプ
消毒槽
流出管φ100
浮上防止板
吊り金具
嫌気ろ床槽第1室
嫌気ろ床槽第2室
接触ばっ気槽
沈殿槽
ろ材受け
逆洗管
散気管
X-X断面図
Y-Y断面図
ろ材押え
ろ材押え
接触材押え
散気管詳細図
ろ材詳細図
嫌気ろ床槽（第1室）
ろ材詳細図
嫌気ろ床槽（第2室）
接触材詳細図
接触ばっ気槽

（出典）（社）建築設備技術者協会編「建築設備設計マニュアルⅡ給排水・衛生（第三版）編」技術書院（2002年）108～115頁

分を分解し除去するようになっている。

例えば、排水中の炭水化物がブドウ糖$C_6H_{12}O_6$であれば、$C_6H_{12}O_6+6O_2\rightarrow 6CO_2+6H_2O$という化学反応（ブドウ糖の酸化反応）が、ブロアからの空気の存在で可能になり、好気槽から二酸化炭素と水のみが排出され、水質汚濁物質が除去される。

他方、嫌気槽では、無酸素状態で分解活動を行う微生物をろ床（菌床）と呼ばれる多孔質材料に棲息させて、繊維質やタンパク質の分解・除去を行わせるようになっている。ブドウ糖が嫌気発酵で分解される場合は、$C_6H_{12}O_6\rightarrow 3CH_3COOH$という化学反応が行われ、反応生成物である酢酸$CH_3COOH$が、さらに低分子の化合物に分解される。

高度処理型合併浄化槽

通常の合併浄化槽は有機物の分解除去を行うが、高度処理型の合併処理浄化槽はさらに無機のリン・窒素も除去する。排水浄化では、好気槽と嫌気槽という相反する条件の環境が必要であり、合併浄化槽の実際の運転では好気槽・嫌気槽を何回か循環させることで排水を浄化している。下水処理場の排水浄化のメカニズムも大枠では合併浄化槽と同様である。

合併浄化槽は処理対象の人数により容量や排水の処理方式が異なる。例えば、国土交通省は処理人員数が50人以下ではBOD（注）の除去率90％以上、処理水のBOD20㎎／L以下という規制を告示で与えており、浄化槽メーカーは告示以上の性能をもつ合併浄化槽を提供するようにしている。

図2 合併浄化槽の必要容量算定手順

流 入

BOD 除去率 90％以上
放流水 BOD 濃度 20 mg / ℓ 以下
処理対象人員 5 人～ 50 人

（分離接触ばっ気方式）

沈殿分離槽

1）有効容量

$n≦5$	$V=2.5$
$6≦n≦10$	$V=2.5+0.5(n-5)$
$11≦n≦50$	$V=5+0.25(n-10)$

2）2 室直列に接続

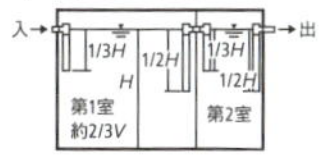

入
出
1/3H
1/2H
H
1/3H
1/2H
第1室
約2/3V
第2室

3）H=1.2m以上ただし 10 人以上 1.5m以上
4）ポンプますを前置する場合
①ポンプ台数 2 台以上
②ポンプ 1 台当たり能力
日平均汚水量に見合う容量
③ます容量
1 台のポンプで移送し、汚水があふれない容量

接触ばっ気槽

1）有効容量

$n≦5$	$V=1$
$6≦n≦10$	$V=1+0.2(n-5)$
$11≦n≦50$	$V=2+0.16(n-10)$

2）有効容量が 5.2 ㎥を超える場合、2 室に区分し直列に接続
2 室に区分する場合 第 1 室容量 おおむね 3/5V
3）有効水深 1.2m以上（ただし 10 人以上 1.5m以上）
4）ろ材充てん率 有効容量のおおむね 55％
5）空気量（調節できる構造とする）（Q ㎥ / h）

$n≦5$	$Q=2$
$6≦n≦10$	$Q=2+0.4(n-5)$
$11≦n≦50$	$Q=4+0.25(n-10)$

6）有効容量 5.2 ㎥を超える場合 消泡装置を設ける

（嫌気ろ床接触ばっ気方式）

嫌気ろ床槽

1）有効容量

$n≦5$	$V=1.5$
$6≦n≦10$	$V=1.5+0.4(n-5)$
$11≦n≦50$	$V=3.5+0.2(n-10)$

2）2 室以上直列に接続
第 1 室有効容量 1/2V～2/3V
3）有効水深 1.2m以上
ただし 10 人以上 1.5m以上
4）ろ材充てん率
第 1 室 有効容量のおおむね 40％
他室 〃 〃 60％
5）ろ材に汚泥清掃孔（直径 15 ㎝以上）を設け、各室の浮上物および汚泥の引抜きができる構造
6）ポンプますを前置する場合
（左記参照）

（脱窒ろ床接触ばっ気方法）

脱窒ろ床槽

1）有効容量

$n≦5$	$V=2.5$
$6≦n≦10$	$V=2.5+0.5(n-5)$
$11≦n≦50$	$V=5+0.3(n-10)$

2）2 室以上直列に接続
第 1 室有効容量 1/2V～2/3V
3）有効水深 1.4m以上
ただし 10 人以上 1.5m以上
4）ろ材充てん率
第 1 室 有効容量のおおむね 40％
他室 〃 〃 60％
5）ろ材に汚泥清掃孔（直径 15 ㎝以上）を設け、各室の浮上物および汚泥の引抜きができる構造
6）ポンプますを前置する場合
（左記参照）

接触ばっ気槽

1）有効容量

$n≦5$	$V=1.5$
$6≦n≦10$	$V=1.5+0.3(n-5)$
$11≦n≦50$	$V=3+0.26(n-10)$

2）処理対象人員が 18 人を超える場合、2 室に区分し直列に接続
2 室に区分する場合 第 1 室容量 おおむね 3/5V
3）有効水深（2 室に区分する場合は、第 1 室の有効水深）
1.4m以上（ただし 10 人以上 1.5m以上）
4）ろ材充てん率 有効容量のおおむね 55％
5）空気量（調節できる構造とする）（Q ㎥ / h）

$n≦5$	$Q=5$
$6≦n≦10$	$Q=5+0.9(n-5)$
$11≦n≦50$	$Q=9.5+0.67(n-10)$

6）処理対象人員が 18 人を超える場合、消泡装置を設ける

沈殿槽

1）有効容量

$n≦5$	$V=0.3$
$6≦n≦10$	$V=0.3+0.08(n-5)$
$11≦n≦50$	$V=0.7+0.04(n-10)$

2）有効容量 1.5 ㎡以下の場合、重力浸透方式とし、1.5 ㎡を超える場合、ホッパ型とする
3）ホッパ型沈殿槽 水面積負荷 8 ㎥ /（㎡・日）、越流負荷 20 ㎥ /（m・日）以下
4）有効水深 1m以上（ただしホッパ型の場合 ホッパ高さの 1/2 に相当する長さは含めない）
5）ホッパ型の平面形状は、円形または正多角形（正三角形を除く）とし、ホッパ勾配 60° 以上

消毒槽

1）塩素接触による消毒作用を有効に継続して行うことができる構造

放 流

※n：処理対象人員（人） V：有効容量（㎥）
（出典） （社）建築設備技術者協会編「建築設備設計マニュアルⅡ給排水・衛生（第三版）編」技術書院（2002 年）108～115 頁

必要容量の算定手順

日本では、建築・設備の設計者が合併浄化槽そのものを設計をすることはなく、建物延べ床面積から処理人員数を求め、合併浄化槽の必要容量を算定する作業を行う（図2）。以下が嫌気ろ床接触ばっ気方式の合併浄化槽の容量算定手順である。①戸建て住宅の場合、処理人員数は、延べ床面積が130㎡以下であれば5人、130㎡より大きければ7人とする。②集合住宅の場合、処理人員数は、延べ床面積の0.05倍にする。③嫌気ろ床槽全室の有効容量は、処理人数5以下で1.5㎥、6～10で1.5＋0.4×（処理人員数－5）㎥、11～50で3.5＋0.2×（処理人員数－5）㎥。④第1嫌気ろ床槽は、嫌気ろ床槽全室の有効容量の0.4倍、第2嫌気ろ床槽は、嫌気ろ床槽全室の有効容量の0.6倍。⑤接触曝気槽（好気槽）の有効容量は、処理人員数5以下で1㎥、6～10で1＋0.2×（処理人員数－5）㎥、11～50で2＋0.16×（処理人員数－10）㎥。

このほかに、曝気用のブロアや排水ポンプの能力の算定も行う（詳細は国土交通省住宅局「浄化槽の構造基準・同解説 2006年版」日本建築センター）。

（注） BOD除去率とは、合併浄化槽への流入排水のBOD（BOD in）と流出排水のBOD（BOD out）の差を流入排水のBODで割った割合のこと（（BODin-BODout）/BODin）

消火設備のエコ設計

表1 消火設備の選定1

用途 ＼ 水素消火設備			スプリンクラー消火設備					屋内消火栓設備		
			一般	地階・無窓階	4階以上10階以下の階	地階を除く階数が11以上の防火対象物	指定可燃物	一般	地階・無窓階又は4階以上の階	指定可燃物
(1)	イ	劇場、映画館、演芸場、観覧場	平屋建以外で床面積の合計6000㎡以上※1	床面積1000㎡	床面積1500㎡	全部	危険物の規制に関する政令で定める数量の一〇〇〇倍以上(可燃性液体類を除く)	延べ面積500㎡以上	床面積100㎡以上	危険物の規制に関する政令で定める数量の七五〇倍以上(可燃性液体類を除く)
	ロ	公会堂、集会場								
(2)	イ	キャバレー、ナイトクラブの類		1000	1000			700	150	
	ロ	遊技場、ダンスホール								
	ハ	風俗関連特殊営業を営む店舗等								
	ニ	カラオケボックス等								
(3)	イ	待合、料理店の類			1500					
	ロ	飲食店								
(4)		百貨店、店舗、展示場等	3000		1000					
(5)	イ	旅館、ホテル、宿泊所の類	6000※2		1500					
	ロ	寄宿舎、下宿、共同住宅	−	−	−	11階以上の階				
(6)	イ	病院、診療所、助産所	6000※3	1000	1500	全部				
	ロ	老人短期入所施設等	275※4							
	ハ	老人デイサービスセンター等	6000							
	ニ	幼稚園又は特別支援学校								
(7)		小学校、中学校、高校、大学等	−	−	−	11階以上の階				
(8)		図書館、博物館、美術館の類								
(9)	イ	蒸気浴場、熱気浴場の類	6000	1000	1500	全部				
	ロ	イに掲げるもの以外の公衆浴場	−	−	−	11階以上の階				
(10)		車両の停車場、船舶等の発着場								
(11)		神社、寺院、教会の類						1000	200	
(12)	イ	工場、作業場						700	150	
	ロ	映画スタジオ、テレビスタジオ								
(13)	イ	自動車車庫、駐車場						−	−	
	ロ	飛行機等の格納庫								
(14)		倉庫	700※5					700	150	
(15)		前各項に該当しない事業場	−					1000	200	
(16-1)	イ	複合用途防火対象物※1	3000※6	1000	1500※9	全部		−	−	
	ロ	複合用途防火対象物※1	−	−	−	11階以上の階				
(16-2)		地下街	1000※7					150		
(16-3)		準地下街	1000※8					−		
(17)		重要文化財、史跡等	−							

（※1） 舞台部は地階、無窓階、4階以上は300㎡以上。その他は500㎡以上 （※2） 平屋建以外 （※3） 病院は3000㎡ （※4） 平屋建も含む （※5） ラック式について、高さ10mを超え、かつ700㎡以上 （※6） 特定部分の床面積の合計が3000㎡以上で当該部分の存する階 （※7） 述べ面積1000㎡以上、(6)項ロの用途に供される部分 （※8） 述べ面積1000㎡以上でかつ特定用途に供される部分の床面積の合計が500㎡以上 （※9） (1)〜(15)項の用途部分ごとに当該用途の基準に従って設置

消火設備

初期消火を目的とした設備が消火設備である。消火の原理としては、燃焼物の除去、熱を奪うことによる冷却、酸素を遮断することによる窒息、科学的な連鎖反応を抑制させる4つの作用がある。

建築物などの一般可燃物の火災には、冷却作用が効果的であり、屋内消火栓設備やスプリンクラー消火設備などの散水による水系の消火設備が該当する。また、特殊な引火物や石油類などの液体危険物の火災には、窒息作用と冷却作用を用いた泡消火設備・水噴霧消火設備が効果的である。電気設備等の火災には、消火剤の放出による窒息作用および連鎖反応抑制作用を用いた粉末消火設備・ガス消火設備を用いる。このように、建物の用途によって、消防法に定められた適切な設備を選定し、設置する（**表1・2**）。

消火設備は、すばやく的確に消火することにより、延焼範囲を拡大させないことが重要である。これは消火活動

表2 消火設備の選定2

用途 ＼ 特殊消火設備			スプリンクラー	水噴霧	泡	不活性ガス	ハロゲン化物	粉末
令別表一(13)項ロ　飛行機又は回転翼航空機の格納庫					○			○
令別表1の防火対象物の部分で	屋上部分で回転翼航空機、垂直離着陸航空機の発着場				○			○
	道路の用に供される部分	屋上部分　600㎡以上 その他　400㎡以上		○	○	○（移）		○（移）
	自転車の修理、又は整備の用に供される部分	地階又は二階以上　200㎡以上 一階　500㎡以上			○	○	□	○
	駐車の用に供される部分	地階又は二階以上　200㎡以上 一階　500㎡以上 屋上部分　300㎡以上 機械装置による駐車場収容台数　10台以上		○	○	○	□	○
	発電機、変圧器等の電気設備室　200㎡以上					○	□	○
	鍛造場、ボイラー室、乾燥室等　多量の火気使用部分　200㎡以上					○	□	○
	通信機器室　500㎡以上					○	○	○
	指定数量の1000倍以上の指定可燃物を貯蔵し取り扱う部分	綿花類、木毛、かんなくず、ぼろ、紙くず、糸類、わら類、再生資源燃料、合成樹脂類	○	○	○	○（全）		
		ぼろ・紙くず（動植物油がしみ込んでいるもの）、石炭、木炭	○	○	○			
		可燃性固体類、可燃性液体類、合成樹脂類	○※	○	○	○	□	○
		木材加工品、木くず	○	○	○	○（全）	□（全）	

※可燃性液体類を除く

図1 消火設備のエコ設計

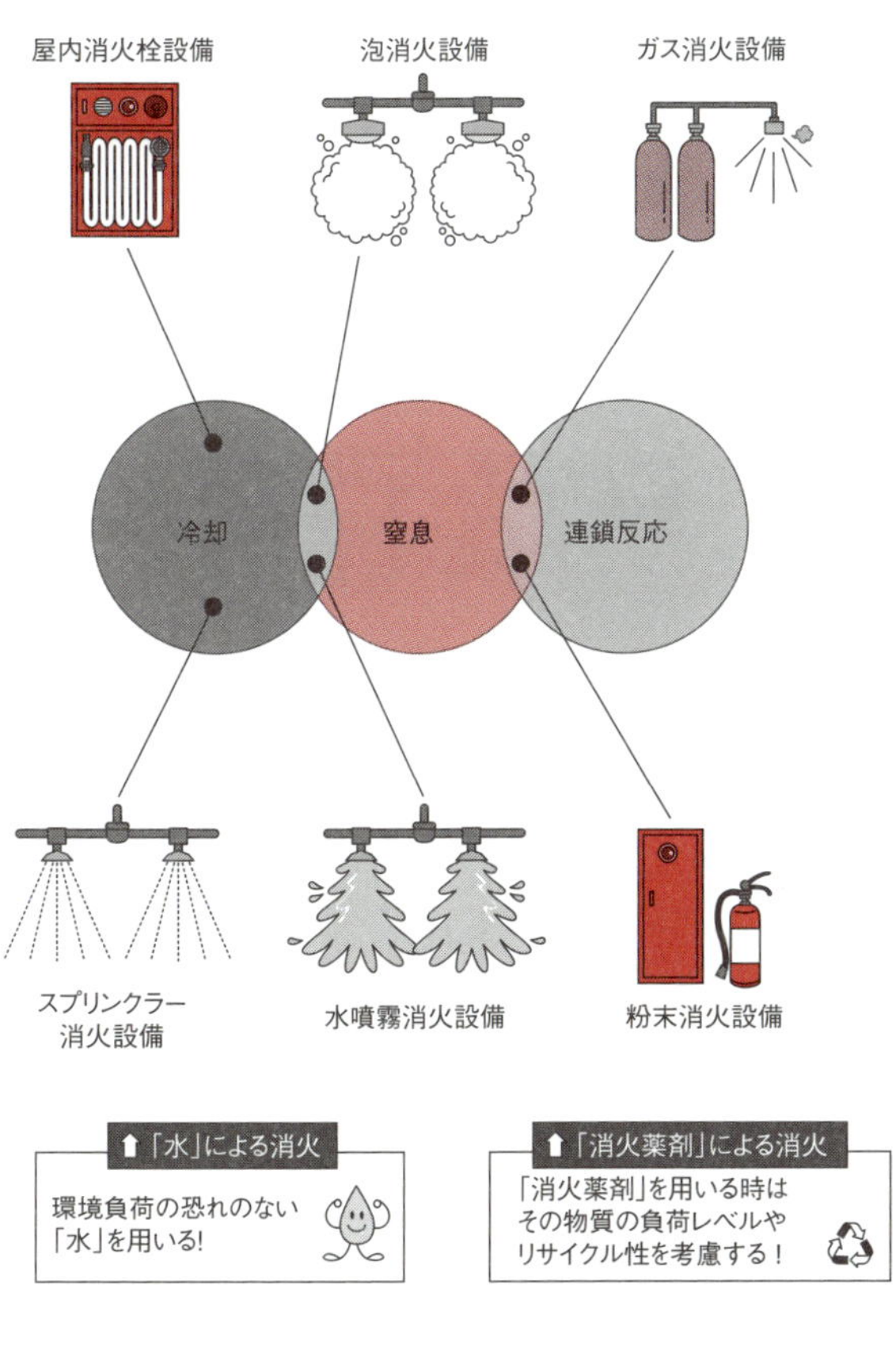
屋内消火栓設備
泡消火設備
ガス消火設備
冷却
窒息
連鎖反応
スプリンクラー消火設備
水噴霧消火設備
粉末消火設備
「水」による消火
環境負荷の恐れのない「水」を用いる！
「消火薬剤」による消火
「消火薬剤」を用いる時はその物質の負荷レベルやリサイクル性を考慮する！

図2 消火器に関するエネルギー消費量の比較

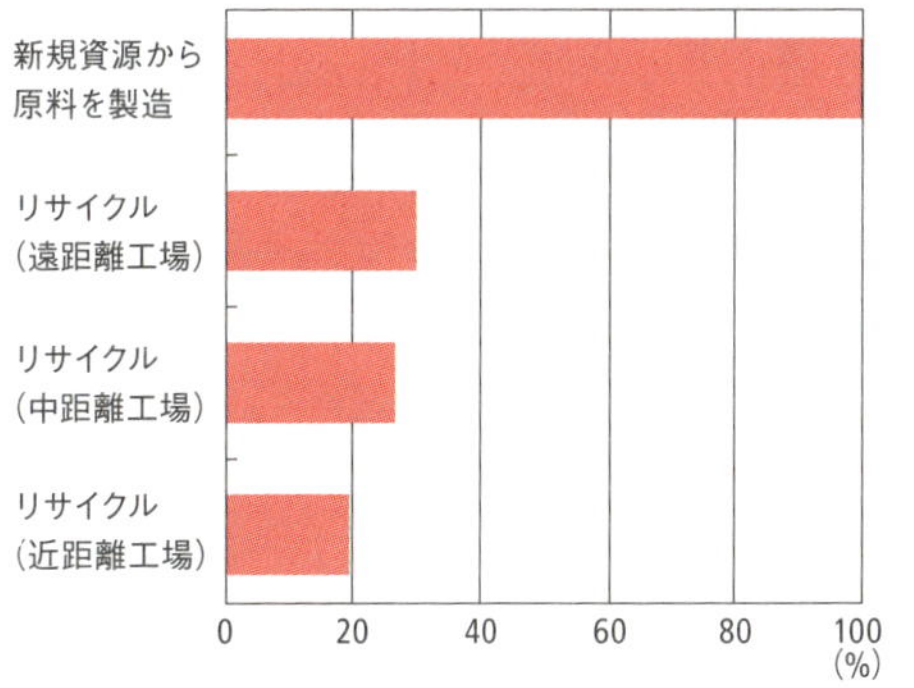
新規資源から原料を製造
リサイクル（遠距離工場）
リサイクル（中距離工場）
リサイクル（近距離工場）
0
20
40
60
80
100
(%)

（出典）　平成15年消火器・防炎物品のリサイクル推進検討報告書（総務省消防庁）

および復旧のために使われるエネルギー低減にもつながる。

エコ設備設計とするためには、消火ガスが地球環境に与える影響や、消火剤のリサイクル性についても考慮するべきである（**図1**）。例えば、消火剤のリサイクル性という点ではエコマークのついている消火器は消火剤の再生材料が40％以上使用されている。これにより、製造エネルギーは7割削減が可能となっている（**図2**）。

各種消火設備

図1 屋内消火栓設備

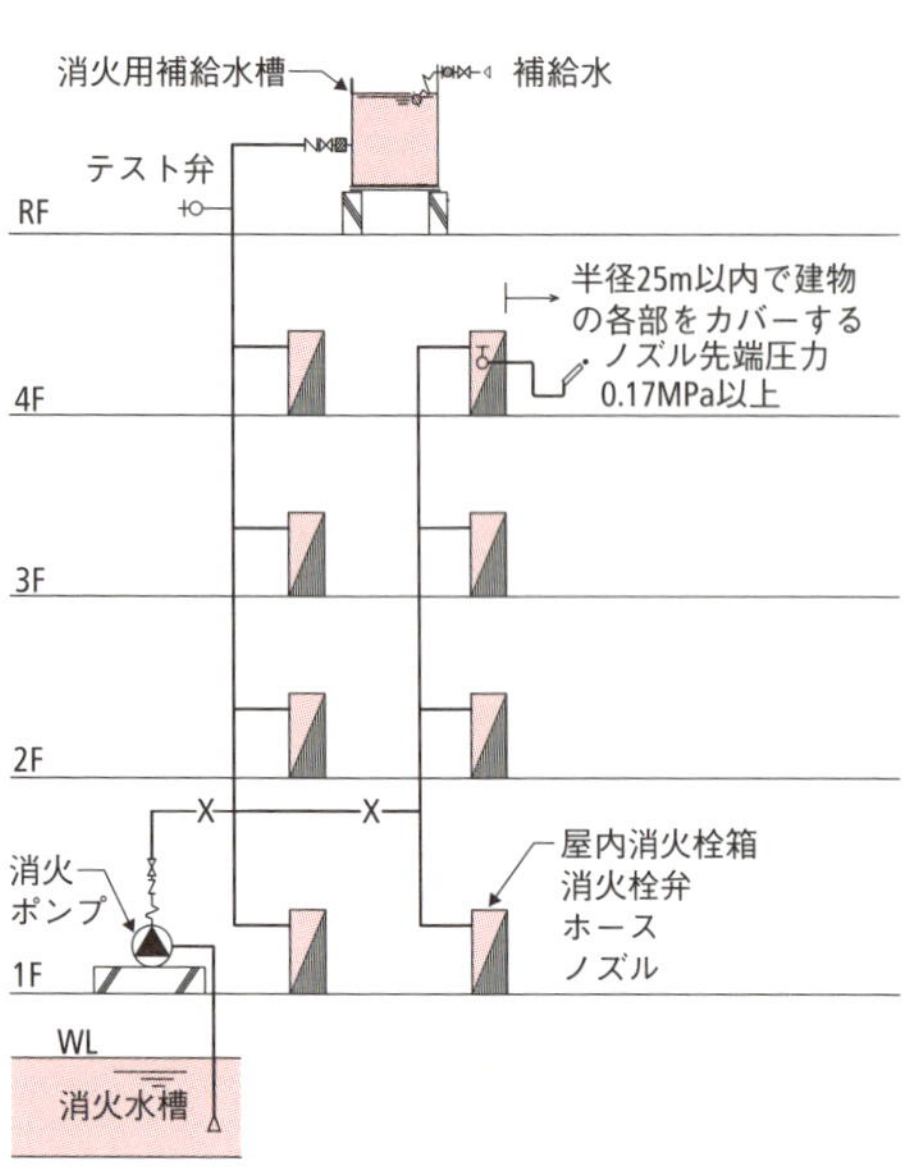
消火用補給水槽
補給水
テスト弁
RF
4F
3F
2F
1F
半径25m以内で建物の各部をカバーするノズル先端圧力0.17MPa以上
消火ポンプ
屋内消火栓箱
消火栓弁
ホース
ノズル
WL
消火水槽

図2 スプリンクラー消火設備

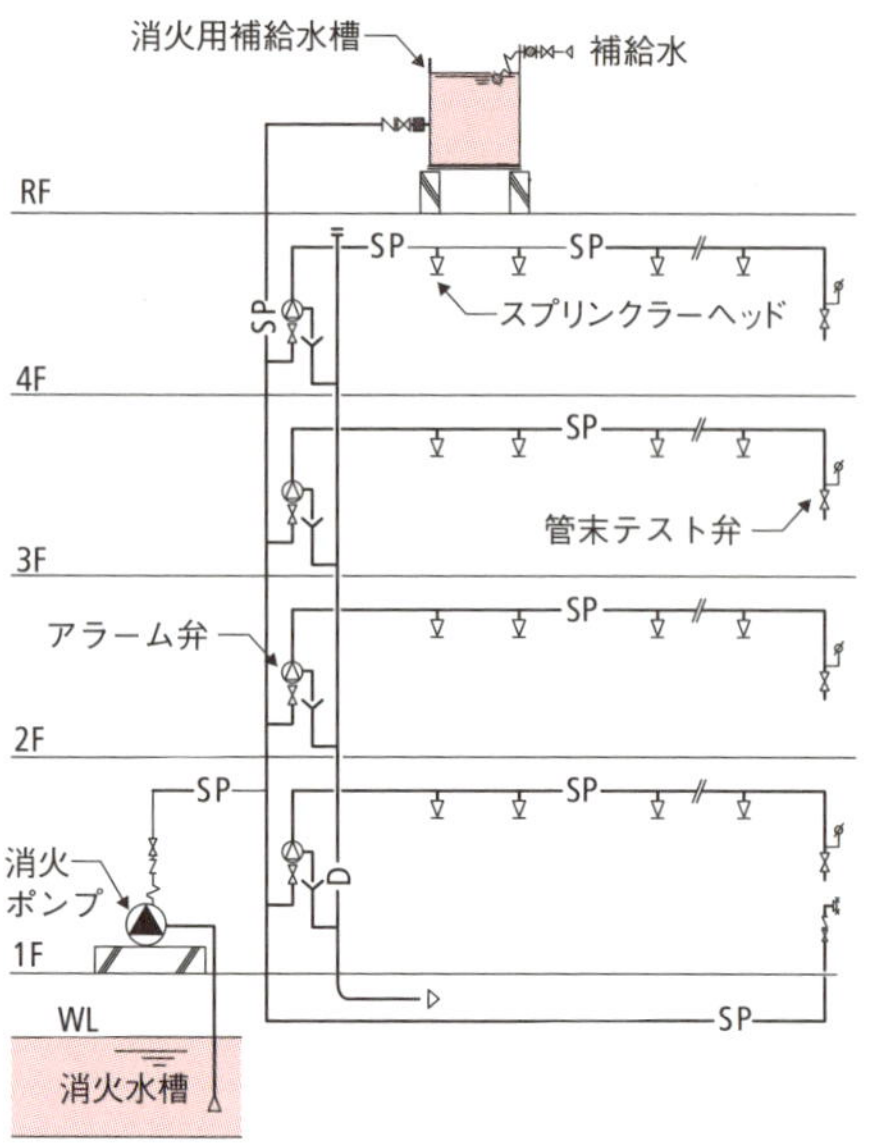
消火用補給水槽
補給水
RF
4F
3F
2F
1F
SP
スプリンクラーヘッド
管末テスト弁
アラーム弁
消火ポンプ
WL
消火水槽

図3 泡消火設備

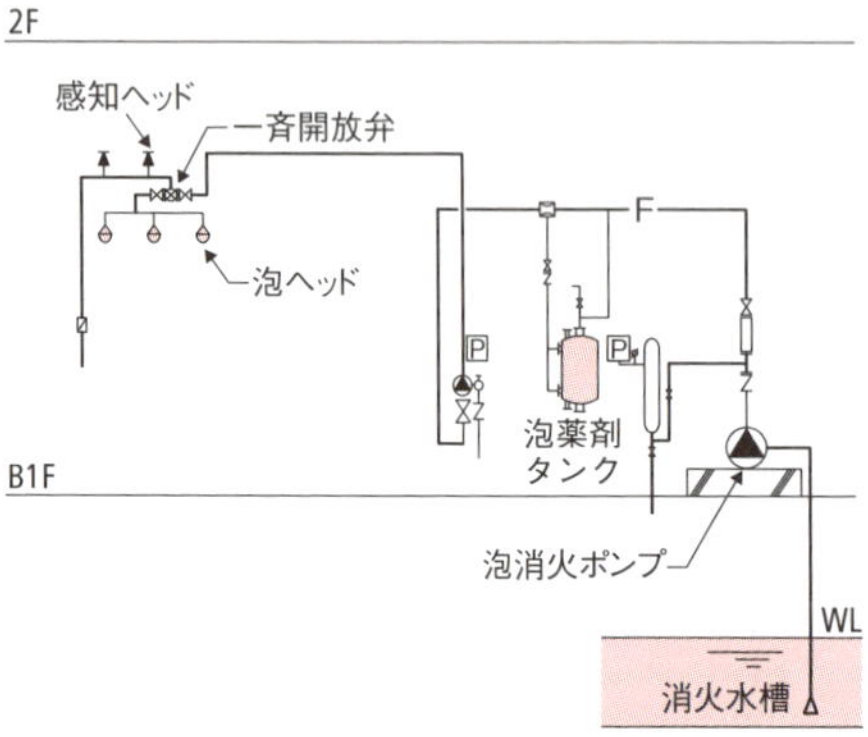
2F
感知ヘッド
一斉開放弁
泡ヘッド
F
P
泡薬剤タンク
B1F
泡消火ポンプ
WL
消火水槽

図4 閉鎖型泡消火設備

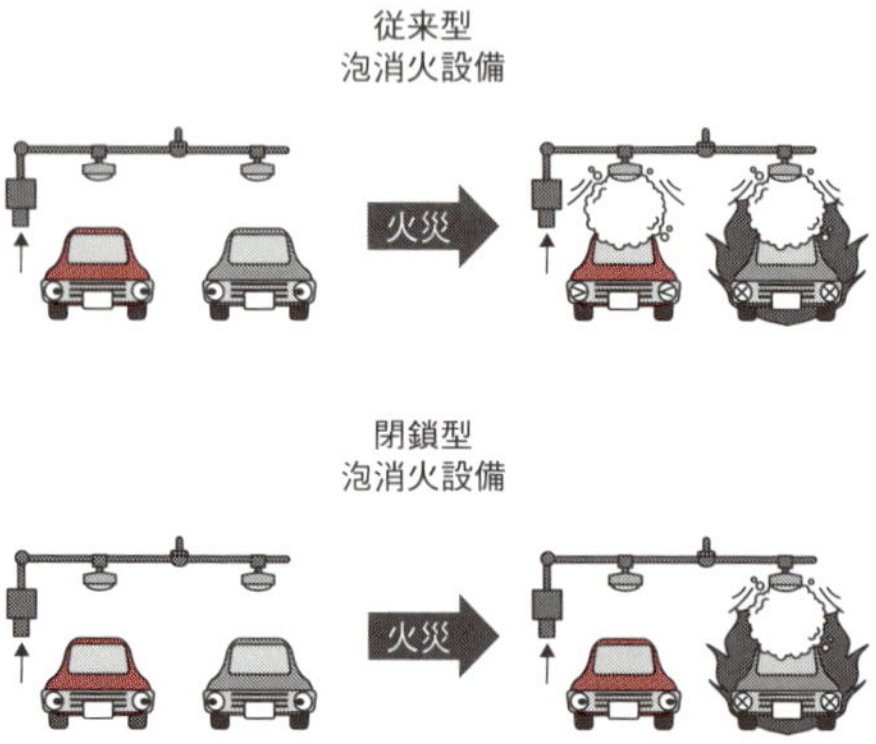
従来型
泡消火設備
火災
閉鎖型
泡消火設備
火災

屋内消火栓設備

消火水槽、消火ポンプ、消火栓箱等で構成される水系の消火設備が屋内消火栓設備である（図1）。車庫や特殊格納庫を除き、すべての建物用途で用いることができる。

ガスや粉末剤などの消火剤を用いず、水による消火を行うため、環境に与える影響が少ない設備といえる。建物内にいる人が消火栓箱に収納されたノズル・ホースを取り出し、射程範囲内の火災に放水して消火を行うので、的確な消火を行うためには、定期的な訓練が必要である。

スプリンクラー消火設備

水系の消火設備であるスプリンクラー消火設備は、天井面に設置したスプリンクラーヘッドから自動または手動で散水して消火を行う（図2）。

火災を感知し、自動で散水を行えるため、早期の消火には極めて有効である。特に老人短期入通所施設等では規模の小さな建物でも設置を義務付けるとともに、スプリンクラーを簡易化し、水道直結型のスプリンクラー設備が設置可能となっている。

泡消火設備

駐車場や指定可燃物の貯蔵場所などの、可燃性液体の火災の際に用いられる設備である（図3）。泡放出口から自動または手動で泡を放出することにより消火を行う。設置方式には固定式と移動式の2種類がある。

固定式の泡消火設備では、自動または手動で一斉開放弁を作動させることにより防護区画内すべての泡ヘッドから放出を行う。そのため、集中消火を行うことが難しく、防護区画内の火災に無関係な箇所にも影響が及ぶ。そこで、屋内駐車場では従来の開放型の泡ヘッドではなく、閉鎖型の泡ヘッドを用いたシステムが提案されるようになっている（図4）。

閉鎖型の泡ヘッドが火災を感知し作動することにより、防護区画全体ではなく、火災発生箇所のみで消火を行うことができる。これにより、消火剤の必要以上の消費防止や水源・ポンプ容量を小さくすることが可能となる。

ガス消火設備

ガス消火設備は防護区画内に消火剤を放出することにより、酸素濃度を下げ、消火を行う設備である（表）。消火剤による汚損が少ないため、復旧を早急に行う必要がある施設などで設置される。ガス消火設備（図5）は大きく分類すると、ハロン消火設備と不活性ガス消火設備に分かれる。

ハロンガスは人体に対する毒性が少なく、消火効果が高いため、ガス消火設備の消火剤として広く普及していた。しかし、オゾン層破壊の特定物質として指定されたため、生産が全廃となった。現在は基本的に既設の施設のみの使用となっており、これに代わり、オゾン層を破壊しないHFC－23・HFC－227eaが使用されるようになっている。これらの消火剤はオゾン層を破壊しないが、一方で地球温暖化係数が高いため、結果として環境負荷は小さくならないという問題がある。そこで、2010年には地球温暖化係数を小さくした消火剤が新たに追加されている。

不活性ガス消火設備のガスには二酸化炭素、窒素、アルゴナイト、イナージェンの4種類がある。不活性ガスは地球温暖化係数が1以下で環境評価は高い。しかし、二酸化炭素は人体に影響があると考えられるため、設置は常時人がいない部分となっている。その他のガスにおいても、設置する場合には避難安全性などを十分に検討しなければならない。

表 ガス消火設備の特性

	ハロンガス				不活性ガス			
消火システム	ハロン1301	HFC-23	HFC-227ea	FK-5-1-12	二酸化炭素	窒素	IG-55	IG-541
化学式または組成	CF_3Br	CHF_3	CH_3 $CHFCF_3$	CF_3CF_2 C(O) $CF(CF_3)_2$	CO_2	N_2	Ar：50% N_2：50%	Ar：40% N_2：52% CO_2：8%
消火原理	燃焼連鎖反応抑制	燃焼連鎖反応抑制	燃焼連鎖反応抑制	燃焼連鎖反応抑制	酸素希釈冷却	酸素希釈	酸素希釈	酸素希釈
貯蔵状態	液体（窒素加圧）	液体	液体（窒素加圧）	液体	液体	気体	気体	気体
放射時間（秒）	30	10	10	10	60	60	60	60
オゾン層破壊係数（DOP）	10	0	0	0	0	0	0	0
地球温暖化指数（GWP）	4900	9000	2050	1	1	0	0	0.08
人命への安全性	安全	安全	安全	安全	危険	安全	安全	安全
放出中の視野	湿度により視界不良	湿度により視界不良	湿度により視界不良	不良	視界不良	視界良好	視界良好	視界良好
分解ガス	HF・HBr	HFはハロンの6～8倍	HFはハロンの6～8倍	あり	なし	なし	なし	なし
ボンベ本数比								

図5 ガス消火設備

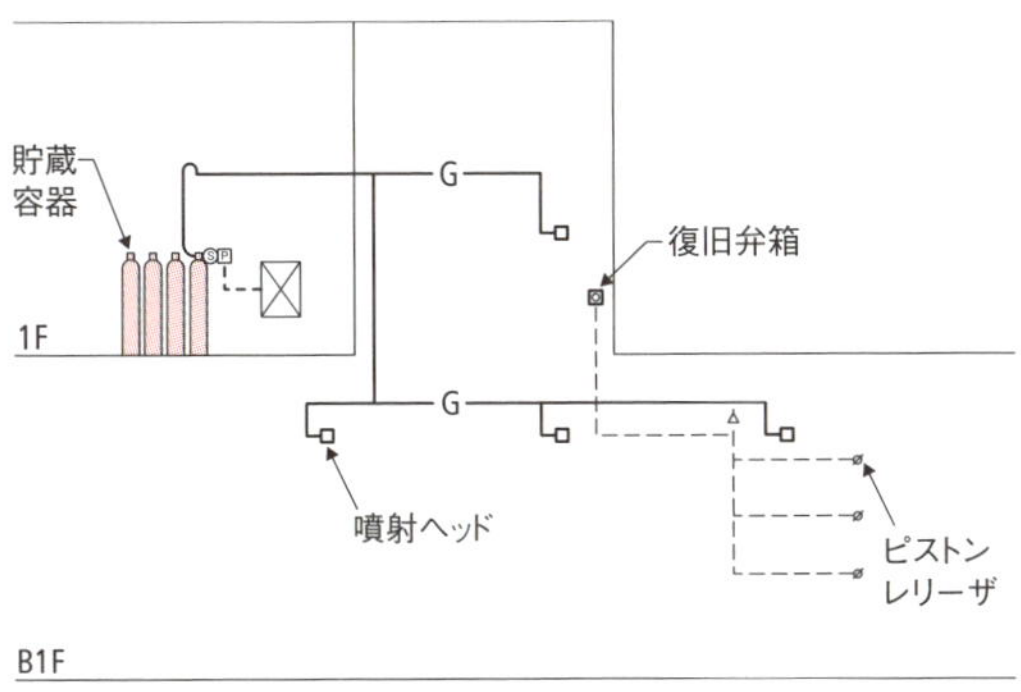

貯蔵容器
G
G
復旧弁箱
1F
噴射ヘッド
ピストンレリーザ
B1F

水の多段利用

図1 下水温度と気温の温度差

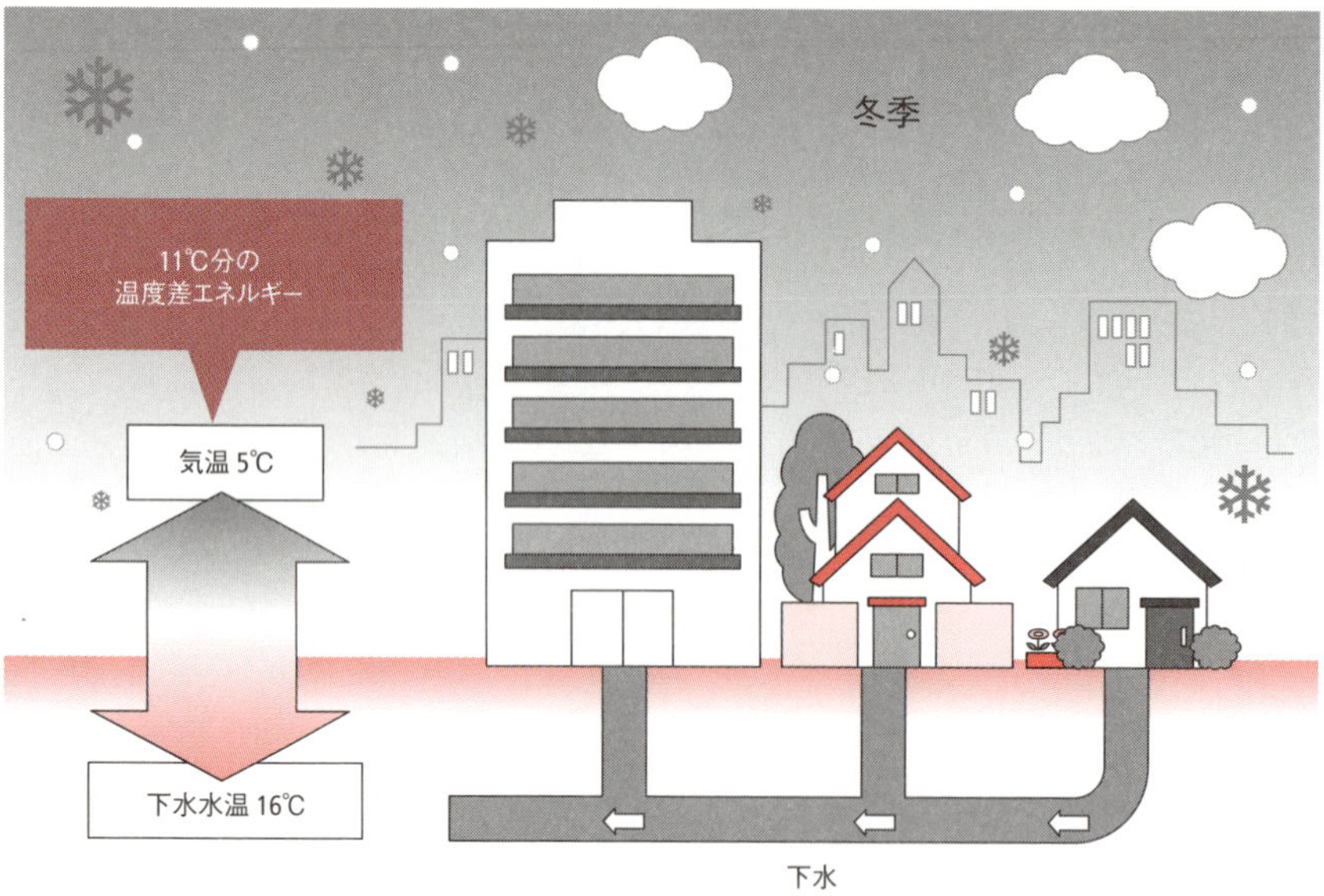
冬季
11℃分の
温度差エネルギー
気温 5℃
下水水温 16℃
下水

図2 東京都K事業所のシステムフロー図

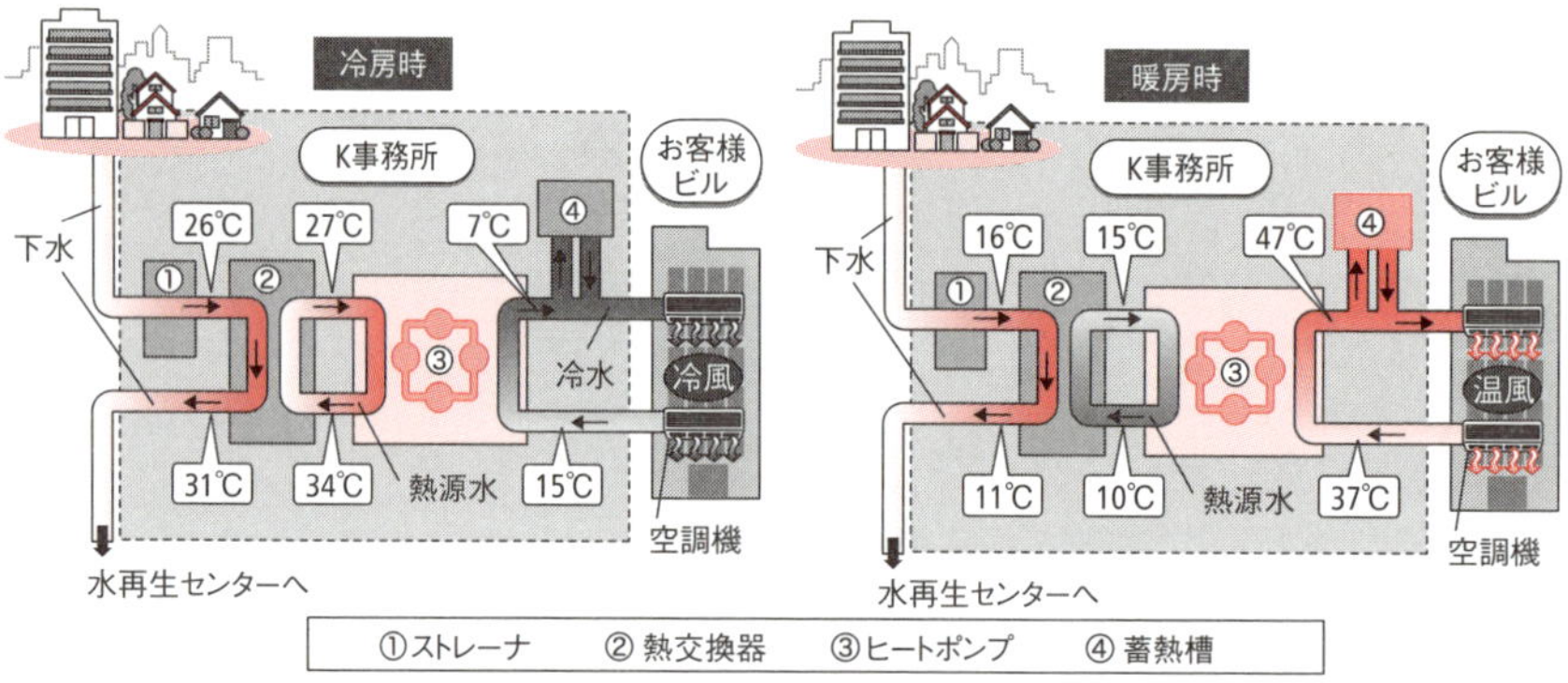
冷房時
K事務所
お客様ビル
下水
26℃
27℃
7℃
冷水
冷風
31℃
34℃
熱源水
15℃
空調機
水再生センターへ
暖房時
16℃
15℃
47℃
温風
11℃
10℃
37℃
①ストレーナ ②熱交換器 ③ヒートポンプ ④蓄熱槽

着られなくなった洋服を人にあげたり、リメイクするなどリユース、リサイクルをすることはエコの1つといえる。自分では捨てるものでも、他人から見れば、活用できるものはたくさんある。建築設備でいえば、排水もその1つである。排水は下水処理場や浄化槽へ捨てるものだと考えられているが、多段階的に活用できる要素が含まれている。それは熱と養分と水量である。

熱の活用

排水は、外気に比べて夏は冷たく、冬は暖かい（**図1**）。夏は水道水が外気よりも冷たいため、排水も冷たくなる。冬は給湯を多く利用するため、外気より暖かくなる。排水の大部分が下水道を通り、下水処理場に流れるため、下水道（本管）や処理場は熱が多く集まり、廃熱を活用しやすい環境である。しかし、排水熱利用している処理場は少なく、ほとんどが下水処理水を利用しており、未処理水を利用している処理場は少ない。東京のK事業所

（出典） 図1・2 東京下水道エネルギー株式会社 http://tse-kk.co.jp/sewageheat/index.shtml

図3 下水道本管での熱交換図

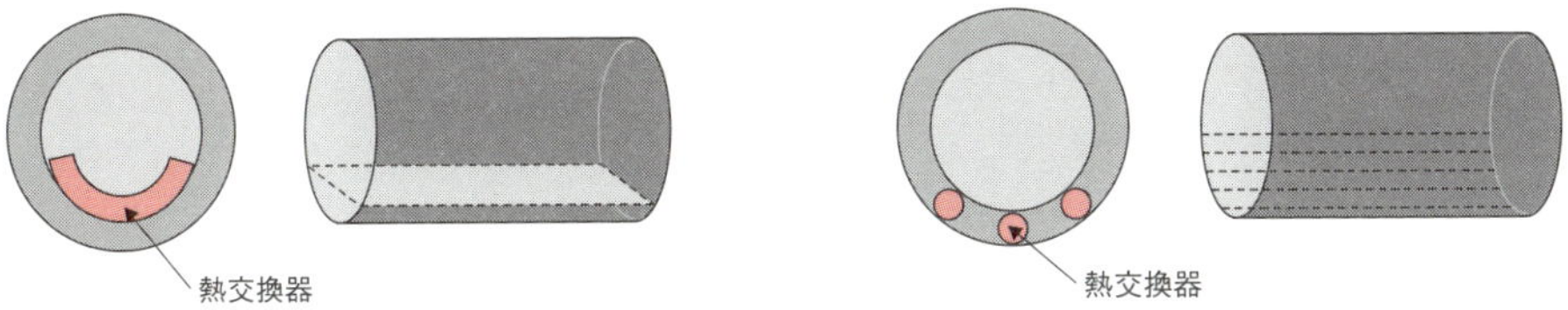

下水本管内表面に熱交換器を設置するタイプ
熱交換器
熱交換器を下水本管に埋め込むタイプ
熱交換器

写真 寒冷地での排熱利用

投雪口

公共下水道合流管の投雪口に
雪を入れる様子

図4 過去の植生浄化システム図

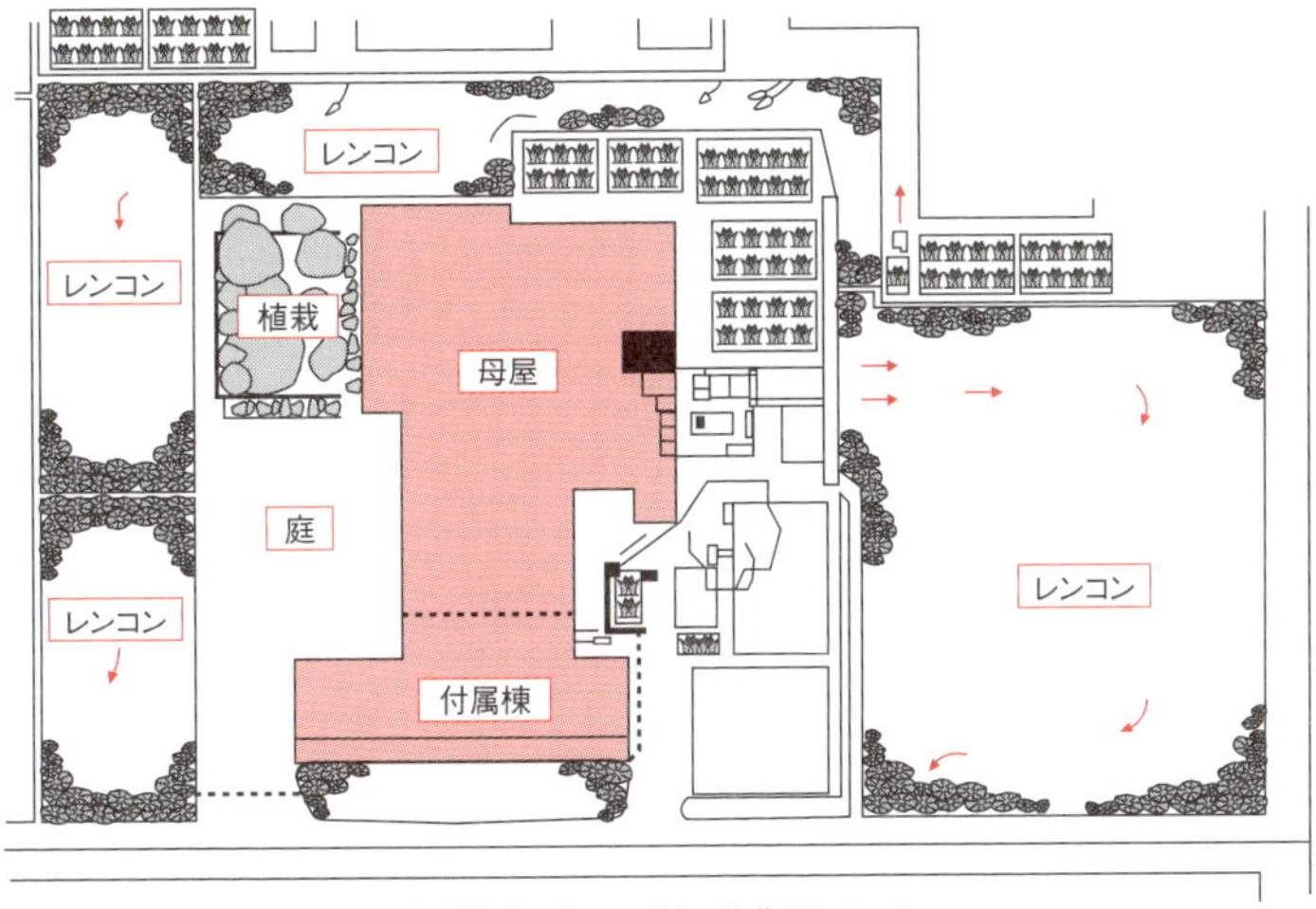

レンコン
レンコン
植栽
母屋
庭
レンコン
付属棟
レンコン

生活排水が蓮田に流れ、浄化されている

では、未処理水を電動ヒートポンプの熱源水に利用し、蓄熱槽と組み合わせ、周辺地域に冷温熱を供給している（**図2**）。また、ドイツやスイスなどでは下水道本管に熱交換器を設置し、熱を利用している（**図3**）。

排水熱は、寒冷地では融雪設備として活用できる。青森の一部では、直径1m以上の公共下水道合流管に投雪口を設置し、排水熱によって雪を溶かし除去している（**写真**）。北海道では、融雪路盤を設置し、排水熱によるロードヒーティングを試みている。排水熱をヒートポンプ用熱源にすることにより、エネルギーを削減している。

養分の活用

排水の養分を活用するために、活躍するのが動植物である。排水も動植物からすれば栄養源である。過去に日本の集落の一部では、家庭排水を動植物たちの栄養として蓮田や鯉のいる池に流し込んでいた（**図4**）。排水の養分を動植物が食べ、吸収することにより、排水は浄化され、河川に放流していた。

当時は現在のように排水設備が整備されていなかったため、動植物によって排水負荷（養分）を低減させていた。現代においても、下水処理場での排水

（出典） 図3 まちづくりと一体となった熱エネルギーの有効利用に関する研究会 未利用エネルギー等の活用拡大に向けて資料 写真 豪雪地域における安全安心な地域づくりに関する懇談会 青森市資料 図4 白砂 他：農村集落の生活環境に関する研究 8. 家庭排水の処理方式（2） 日本建築学会（九州）学術講演梗概集、469〜470頁、1981年

図5 住宅における排水養分を活用したシステム図

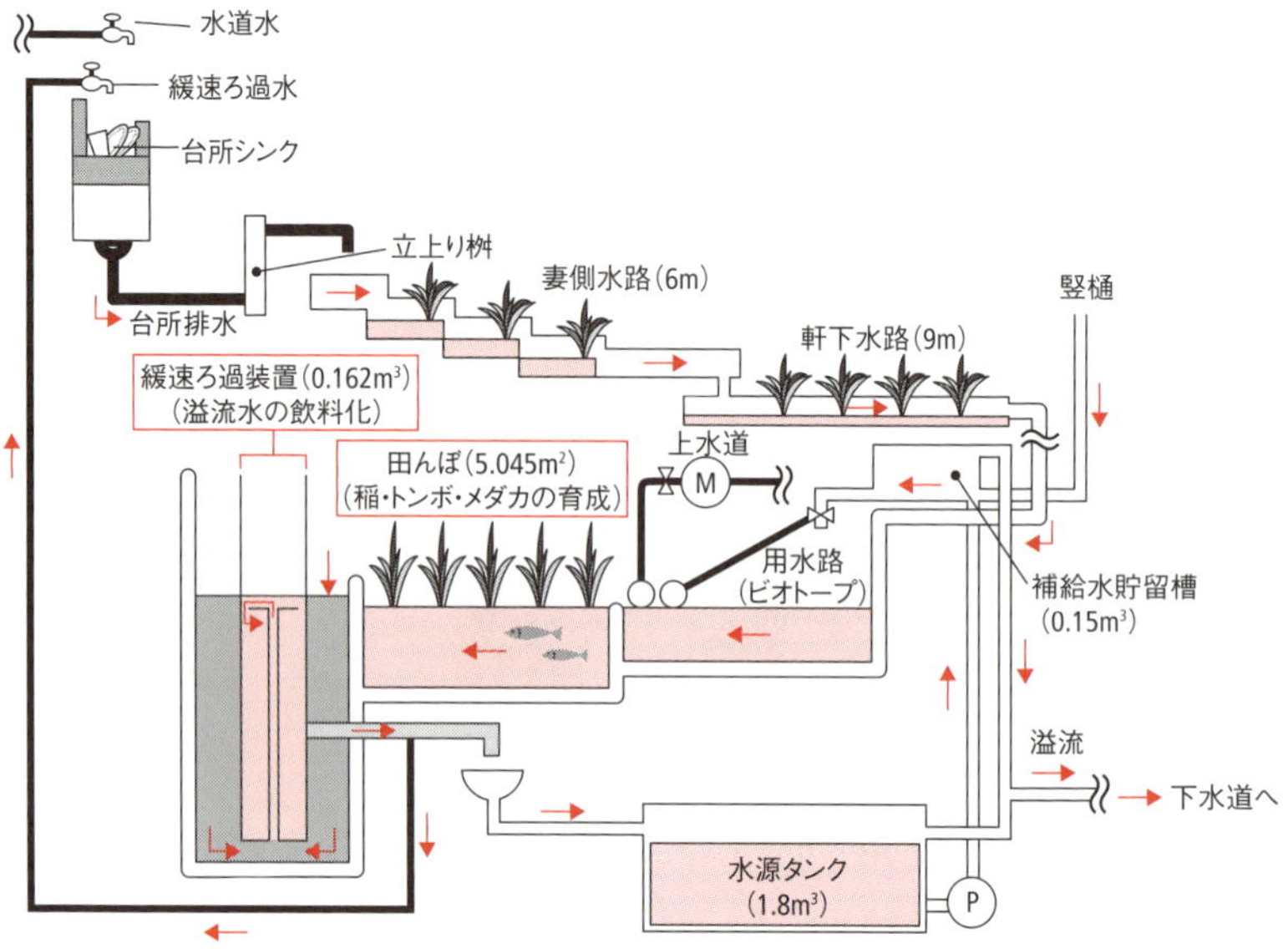
水道水
緩速ろ過水
台所シンク
立上り桝
妻側水路(6m)
竪樋
台所排水
軒下水路(9m)
緩速ろ過装置(0.162m³)
(溢流水の飲料化)
上水道
田んぼ(5.045m²)
(稲・トンボ・メダカの育成)
用水路
(ビオトープ)
補給水貯留槽
(0.15m³)
溢流
下水道へ
水源タンク
(1.8m³)
M
P

図6 水路に生息する水生植物

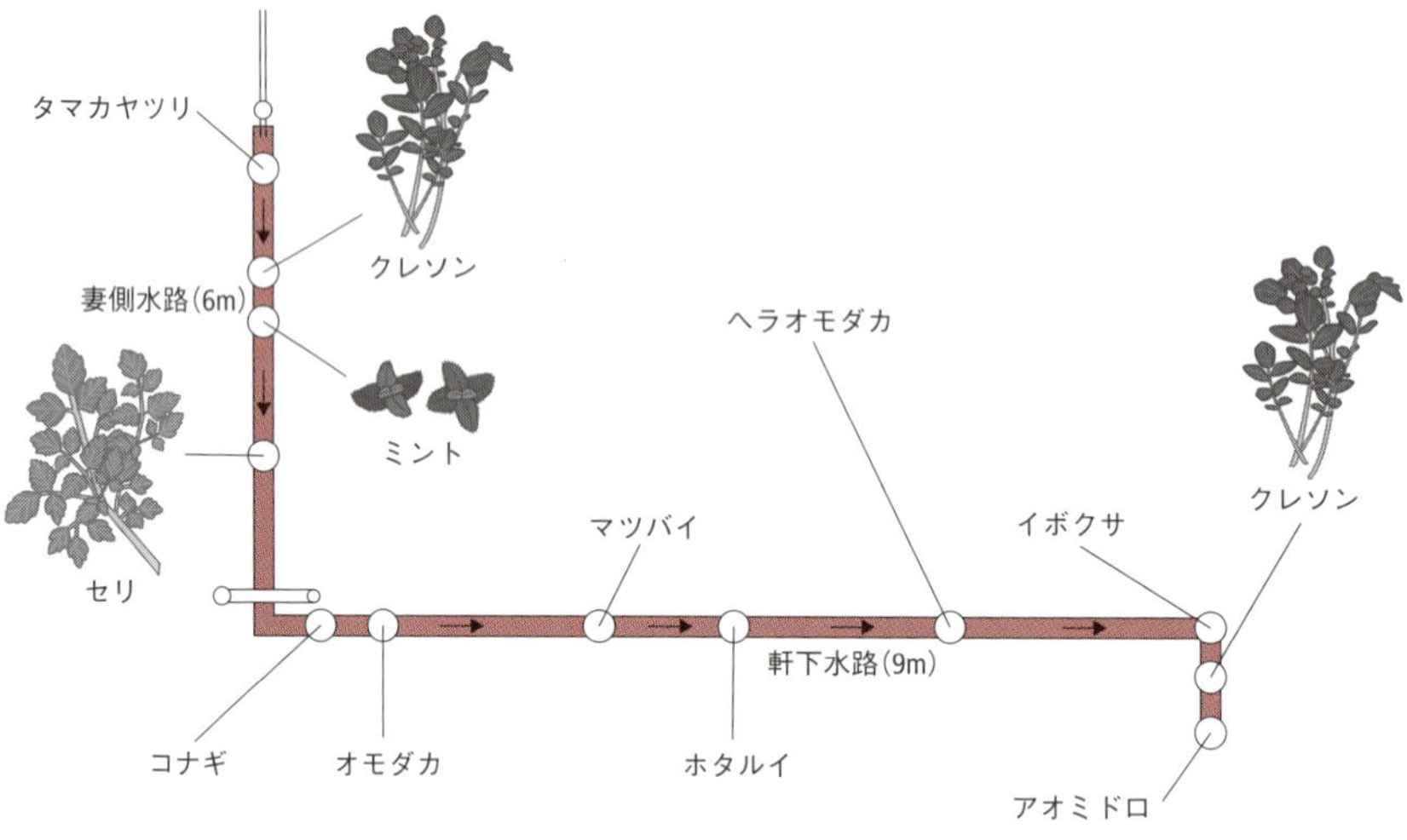
タマカヤツリ
クレソン
妻側水路(6m)
ミント
セリ
ヘラオモダカ
クレソン
マツバイ
イボクサ
軒下水路(9m)
コナギ
オモダカ
ホタルイ
アオミドロ

（出典）　図5・6　歓崎・布施・高橋 他：植生浄化・緩速ろ過・ビオトープの複合システムによる水質浄化に関する実測調査（その1.植生浄化・緩速ろ過の水質浄化能力）　日本建築学会（九州）学術講演梗概集、609～610頁、2007年

負荷低減のために、動植物たちが活躍できる場所が必要である。

排水養分を活用したシステムを導入している住宅の例を示す（**図5**）。このシステムは、植生水路とビオトープ、田んぼ、緩速ろ過で構成されており、台所排水が植生水路→ビオトープ→田んぼ→緩速ろ過と流れる。緩速ろ過を通った再生水は、台所で使用することができ、飲水も可能である。

植生水路には、上流にタマカヤツリ・クレソン・ミント・セリ、中流にはコナギ等の水生植物が植えられている。また水中にはサカマキガイ、土中にはイトミミズが生息している（**図6**）。ビオトープには金魚・メダカ・タニシなどが生息し、田んぼとビオトープがつながっているため、金魚などが田んぼの中を泳いでいる光景を見ることができる。田んぼには稲が植えられ、秋になると収穫も可能である。また、台所排水以外に補給水として貯留している雨水を利用している。季節によって様々な花を咲かせ、昆虫などが集まってくる。秋になるとトンボなどが田んぼの周りに飛んでいる。このシステム内で小さな生態系を生んでいる。このように排水の養分から、浄化処理、生物育成、植物生産、さらには景観創造と、多くを生み出している。

ビオトープ

図1 ビオトープ　雑木林や草原、河川、田畑など動植物の生息可能な空間

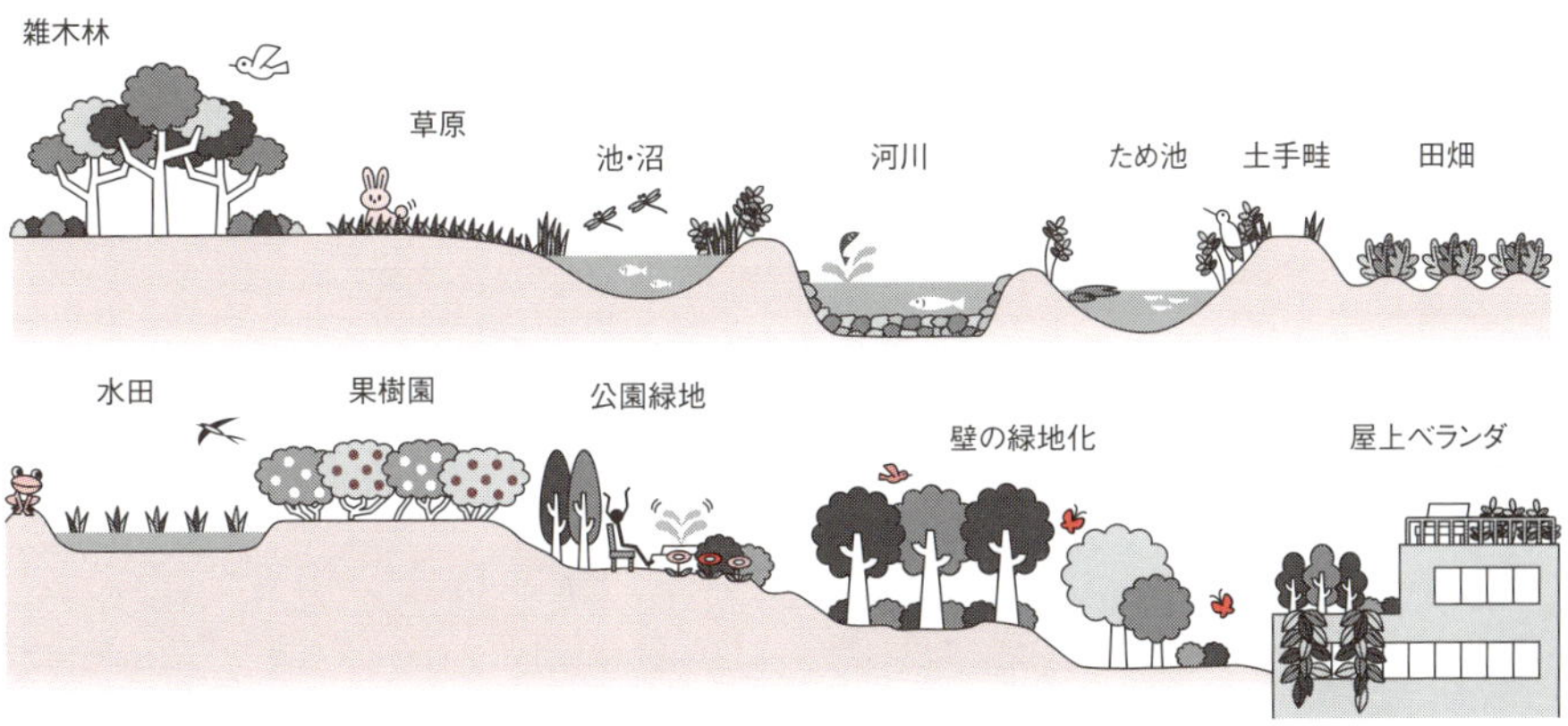
雑木林
草原
池・沼
河川
ため池
土手畦
田畑
水田
果樹園
公園緑地
壁の緑地化
屋上ベランダ

写真1 六本木ヒルズ屋上庭園

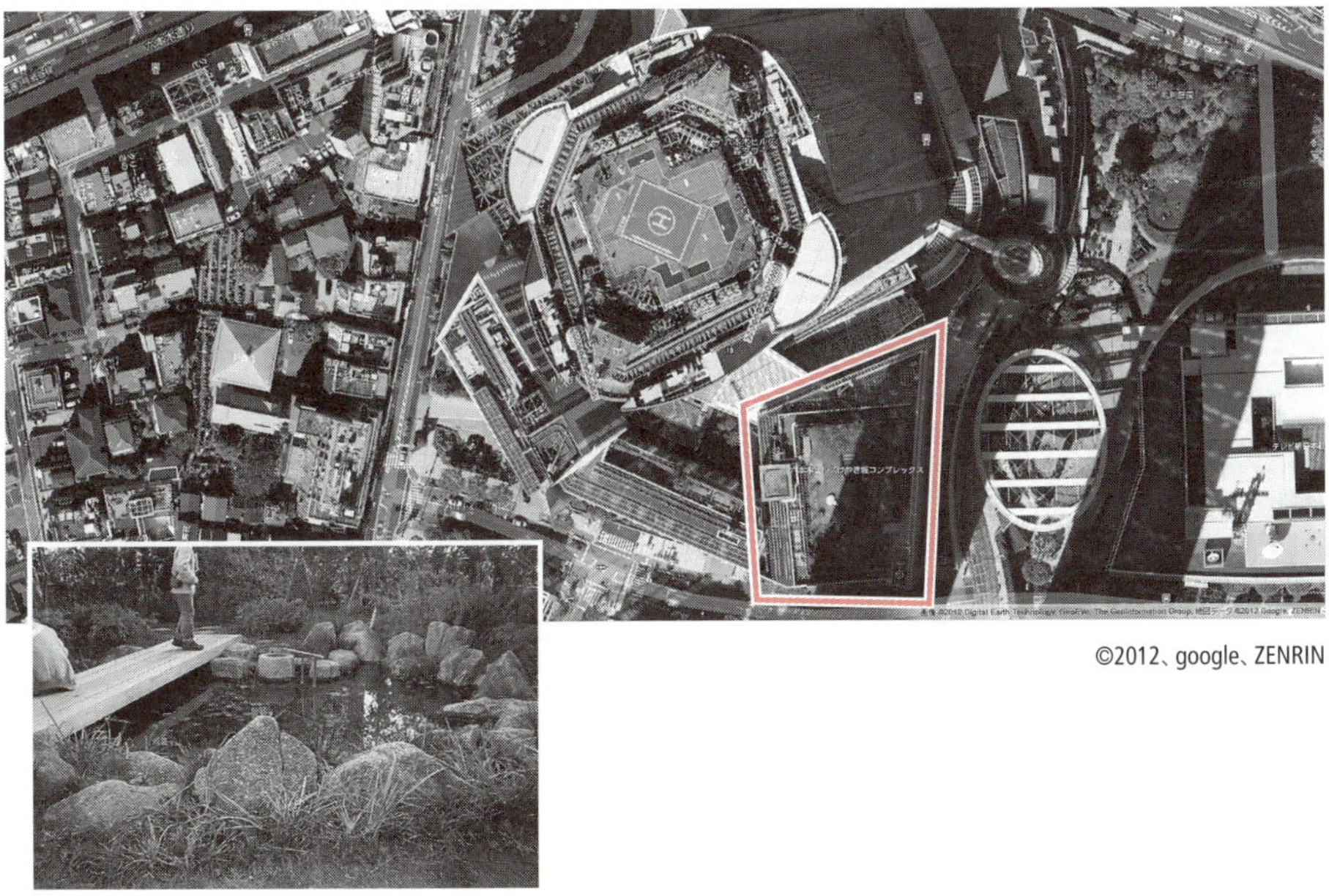

©2012、google、ZENRIN

ビオトープとは、野生生物の生息する空間を意味しており、雑木林や草原、河川、田畑など動植物の生息可能な空間を指す（**図1**）。建築では庭や屋上の池などの水辺周辺がそれにあたる。屋上緑化や公園などの庭園を見ると、ビオトープをつくるには広い場所や費用が必要であると考えられるが、緑のカーテンやガーデニングなども立派なビオトープである。

屋上緑化

屋上緑化は、ヒートアイランド現象の抑制策として、ビルや学校などに多く設置されている。自然環境が少ない都市域では人間や動植物たちにも、緑のオアシスといえるだろう。六本木ヒルズの屋上では、池とともに庭園が広がり、水田や菜園などが設置されている。水辺には、くちぼそ（魚）、どじょう、アマガエル（アオガエル）、トンボ、バッタ、トウキョウダルマガエルなどの生物が生息している（**写真1**）。このビオトープでは、稲作や野菜づくりなどの農業体験をすることが

（出典）　図1　養父志乃夫 著：ビオトープづくり実践帳
写真1　六本木ヒルズ けやき坂コンプレックス屋上庭園　http://www.roppongihills.com/green/rooftop_garden/
東京都市大学環境情報学部環境情報学科田中章研究室　http://www.yc.tcu.ac.jp/~tanaka-semi/activity/04bio_roppongi.html

図2 ビオトープ池、沼、ため池

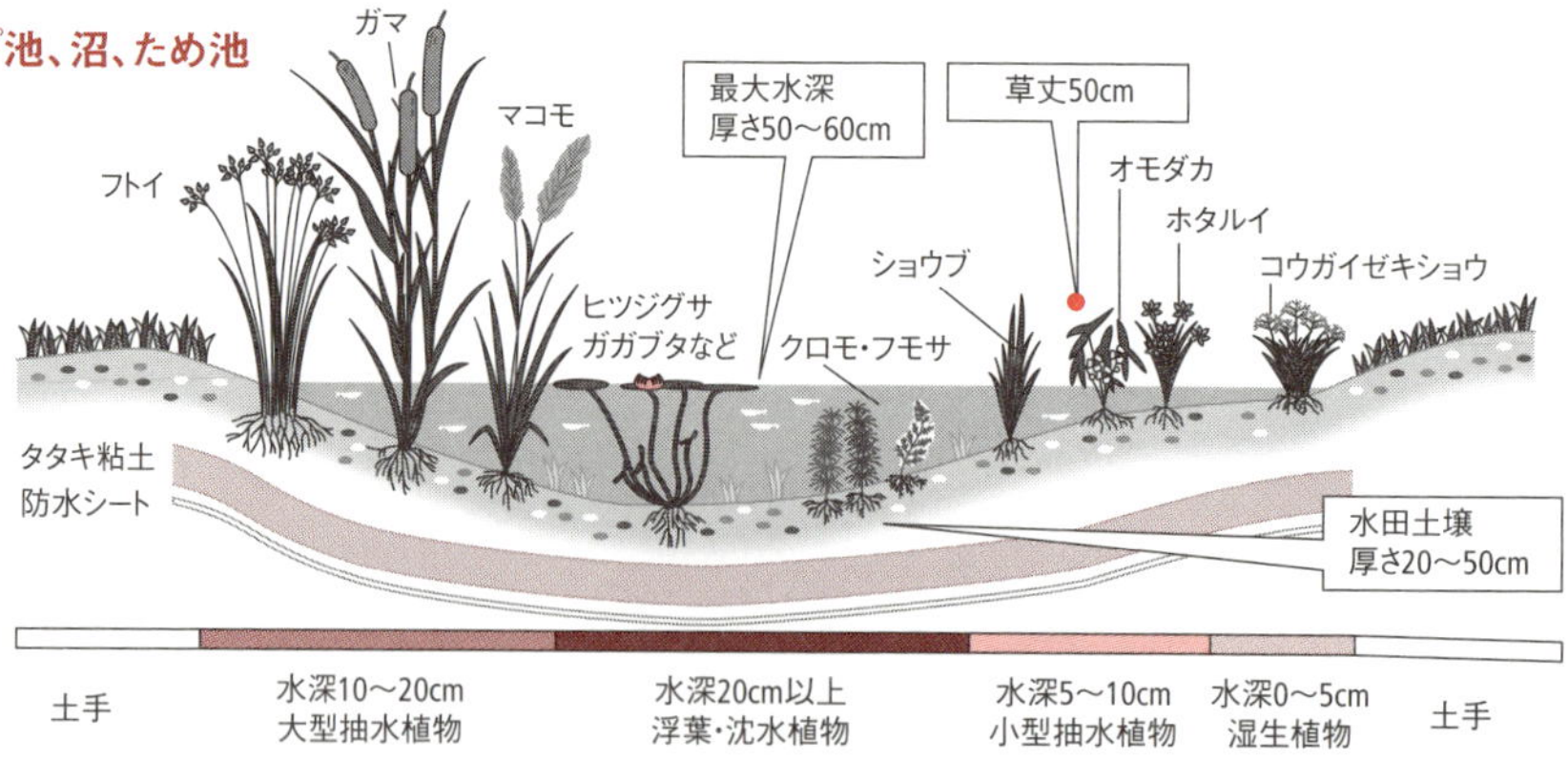

ガマ
マコモ
フトイ
最大水深
厚さ50～60cm
草丈50cm
オモダカ
ホタルイ
ショウブ
コウガイゼキショウ
ヒツジグサ
ガガブタなど
クロモ・フモサ
タタキ粘土
防水シート
水田土壌
厚さ20～50cm
土手
水深10～20cm
大型抽水植物
水深20cm以上
浮葉・沈水植物
水深5～10cm
小型抽水植物
水深0～5cm
湿生植物
土手

写真2 ビオトープ池、沼、ため池

図3 ベランダ等でプランターを使ったガーデニング

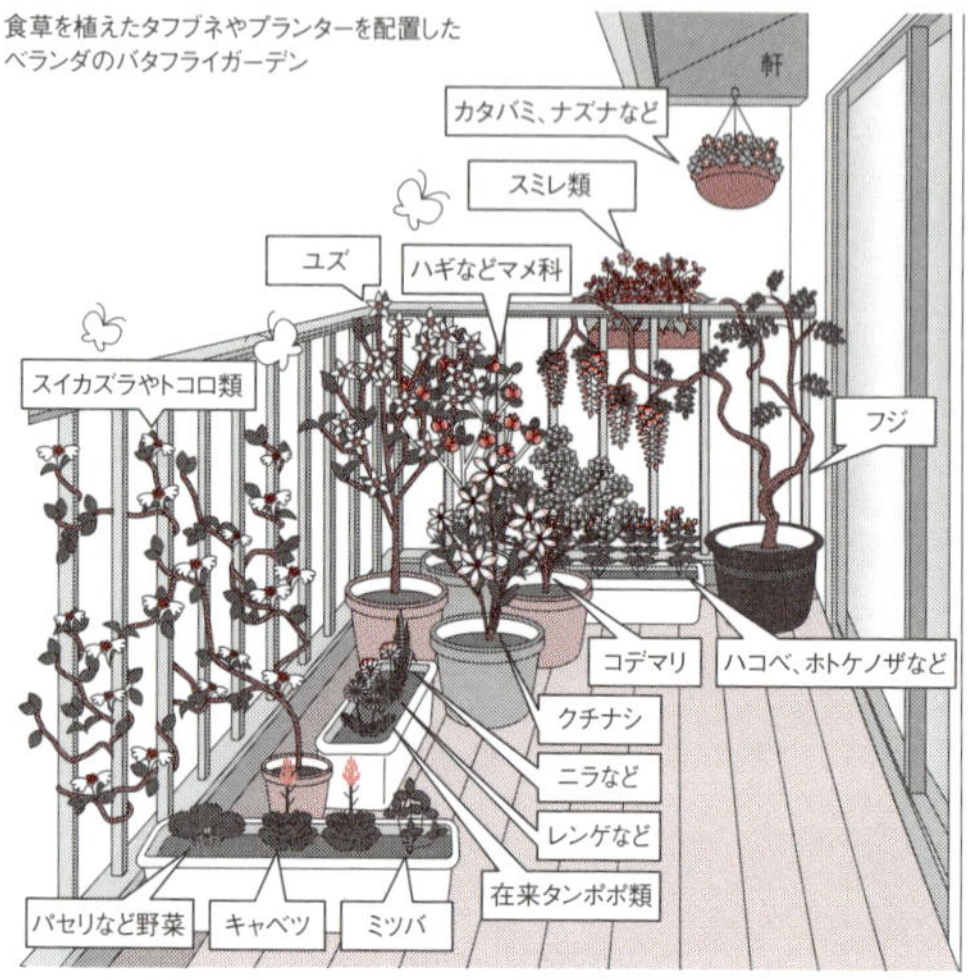

食草を植えたタフブネやプランターを配置した
ベランダのバタフライガーデン
軒
カタバミ、ナズナなど
スミレ類
ユズ
ハギなどマメ科
スイカズラやトコロ類
フジ
コデマリ
ハコベ、ホトケノザなど
クチナシ
ニラなど
レンゲなど
在来タンポポ類
パセリなど野菜
キャベツ
ミツバ

写真3 ベランダ等でプランターを使ったガーデニング

でき、自然環境とふれあう学習の場として活躍している。

小さな池では、水深によって栽培できる植物が決まる。水深0～5cmではコウガイゼキショウなどの湿生植物を育てることができる。また、水深5～10cmではショウブ、オモダカなどの小型抽水植物が育つ。湿生植物・小型抽水植物は草丈が50cm程度になる。水深が10～20cmになると、ガマやマコモなどの大型抽水植物が育ち、草丈が1.5～2mになる。これら水深0～20cm程度の場所は、トンボなどの産卵・羽化場所となり、幼虫は水底の泥砂中を住処としている。水深が20cm以上になるとクロモなどの沈水植物やヒツジグサのような浮葉植物が育つ。浮葉植物の最大水深は約50～60cmのため、それ以上深くすることはない。エコトーン（注）、これをつくることにより、多様な植物を育てることができる。また一緒にメダカなどを放流するとよい（図2、写真2）。

ガーデニング・水鉢

ガーデニングを楽しんでいる人は多く、庭が小さい場合や、ない時にはプランターなどを利用して、四季折々の草花を楽しんでいる。大掛かりな池がつくれない場合には、水鉢などを使

（注）　エコトーンとは、乾燥した土手から次第に水深が深くなる構造
（出典）　図2・3、写真2・3　養父志乃夫 著．ビオトープづくり実践帳

写真4 水鉢や市販ひょうたん池を使ったビオトープ

図4 草花の開花時期

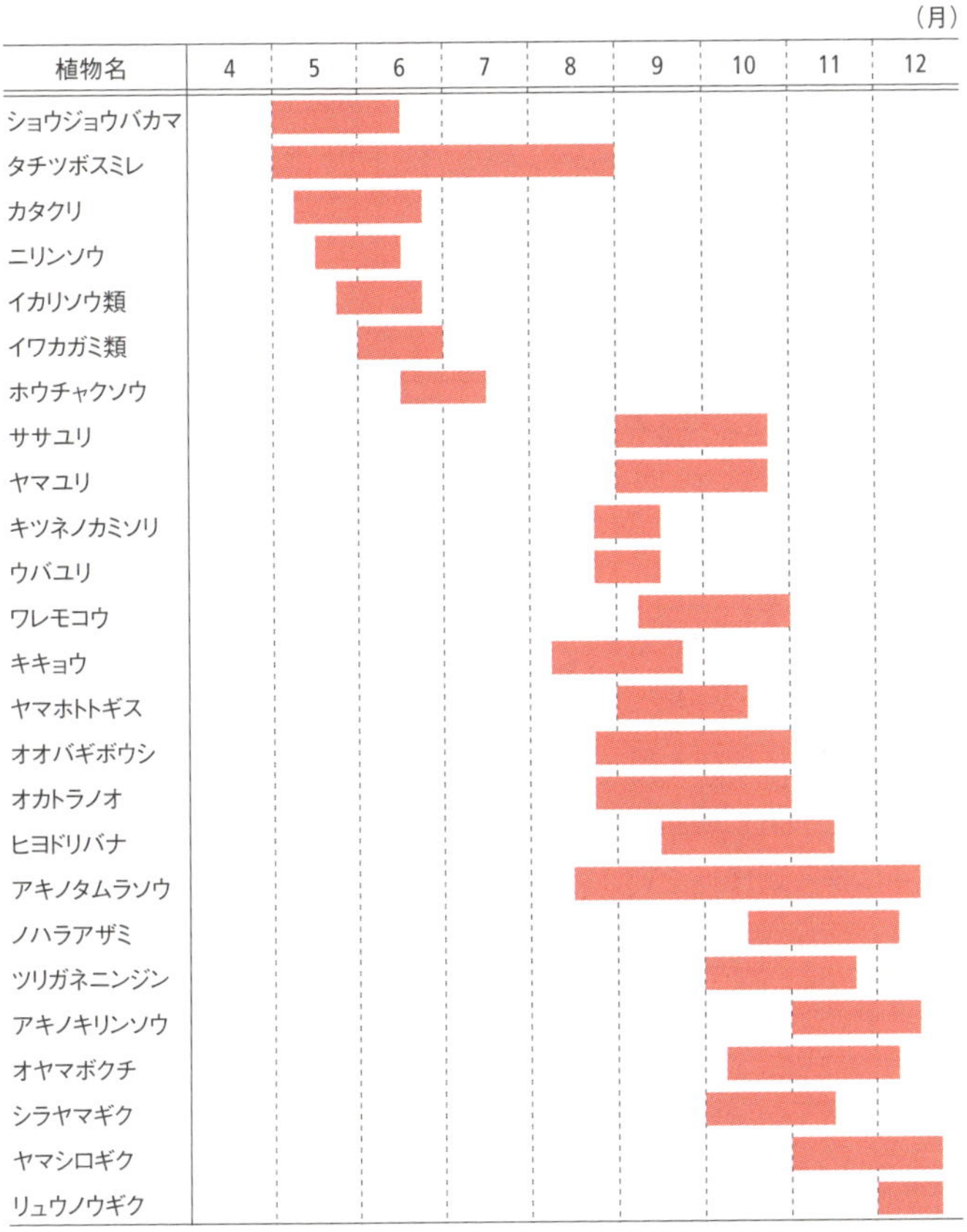

（月）
植物名
4
5
6
7
8
9
10
11
12
ショウジョウバカマ
タチツボスミレ
カタクリ
ニリンソウ
イカリソウ類
イワカガミ類
ホウチャクソウ
ササユリ
ヤマユリ
キツネノカミソリ
ウバユリ
ワレモコウ
キキョウ
ヤマホトトギス
オオバギボウシ
オカトラノオ
ヒヨドリバナ
アキノタムラソウ
ノハラアザミ
ツリガネニンジン
アキノキリンソウ
オヤマボクチ
シラヤマギク
ヤマシロギク
リュウノウギク

図5 自然再生ふくい行動プロジェクトのポスター

みんなで
生き物を呼び戻そう!
自然再生ふくい行動プロジェクトとは?

い、小魚などの水生生物を飼うのもよいだろう（**図3**、**写真3・4**）。

ガーデニングは、殺虫剤や化学肥料を使い、好きな草花を育てるのが一般的である。しかしビオトープは、すべての動植物が生きている中で食物連鎖が生まれ、プランター1つでも、小さな生態系が生まれている。生態系にとって害虫も役者の一人（匹）である。一人の役者がいなくなると、劇が開演されないように、生態系をつくることができない。農薬を使うことで生態系を全滅させる場合もある。

花壇やプランターでビオトープをつくる場合には、チョウやミツバチが集まるような草花を植えるとよい。草花にチョウやミツバチが集まり、それをエサにトンボやカマキリ、さらには鳥と食物連鎖が発生し、生態系が形成される。草花は春から秋にかけて、花咲く時期が異なる草花を選ぶ。チョウやミツバチが長期間集まるとともに、花咲く景観も長く楽しめる（**図4**）。

積極的にビオトープを整備することで、動植物の生息環境を再生し、生態系が生まれる。そして多くの動植物が共存できる。また福井県では「自然再生ふくい行動プロジェクト」として、県民一人ひとりが身近な生き物を守り育む活動を行っている（**図5**）。

（出典）写真4 養父志乃夫 著：ビオトープづくり実践帳
図4 養父志乃夫 著：ビオトープづくり実践帳より著者作成
図5 福井県 自然再生ふくい行動プロジェクト http://www.pref.fukui.lg.jp/doc/shizen/shizensaisei/about.html

Column

抗菌とエコ

エコロゴ
（カナダ）

ブルーエンジェル
（ドイツ）

グリーンマーク
（台湾）

エコマーク
（日本）

ISOタイプⅠ「環境ラベル制度（ISO14024）」は、環境先進国といわれるドイツのブルーエンジェルマーク（1978年開始）をはじめ、30カ国以上で実施されている。我が国唯一の「環境ラベル制度」であるエコマーク認定は、（財）日本環境財団の事業の一環として1989年に開始された。その目的は、日常生活に伴う環境への負荷の低減などを通じて、環境保全に役立つと認められる商品にエコマークを付与することにより、商品の環境的側面に関する情報を広く社会に提供し、環境に優しくありたいと願う消費者への商品の選択を促すことにある。

建築設備関連のエコマーク認定商品は、節水型機器をはじめ、近年では家庭用雨水貯留槽および雨水を地中へ浸透させるための溝・管・ます、住宅用太陽光発電システムなど対象範囲が広がりつつある。認定開始当初の対象品は水栓に限定した節水型器機のみであった。10年が経過した1999年に節水型器機に対する認定基準の抜本的な見直しが行われ、トイレ関連（大便器・小便器）などもその対象となった。

基準見直しの作業当時、エコマーク認定商品は、医療関連商品を除いて抗菌性を有する材料の使用を認めないという原則を筆者は初めて知った。これは抗菌性の材料を使用することで、生態系への影響が懸念されるためである。その後、種々の面から議論が行われ、大便器の特定部位に限定して抗菌部材を認める基準案が策定された。基準見直し時の座長の大役は、本質的な生態系の原則を、真摯に受け止める機会でもあった。

（市川 憲良）

第3章 熱源設備

図1 エアコン構成図

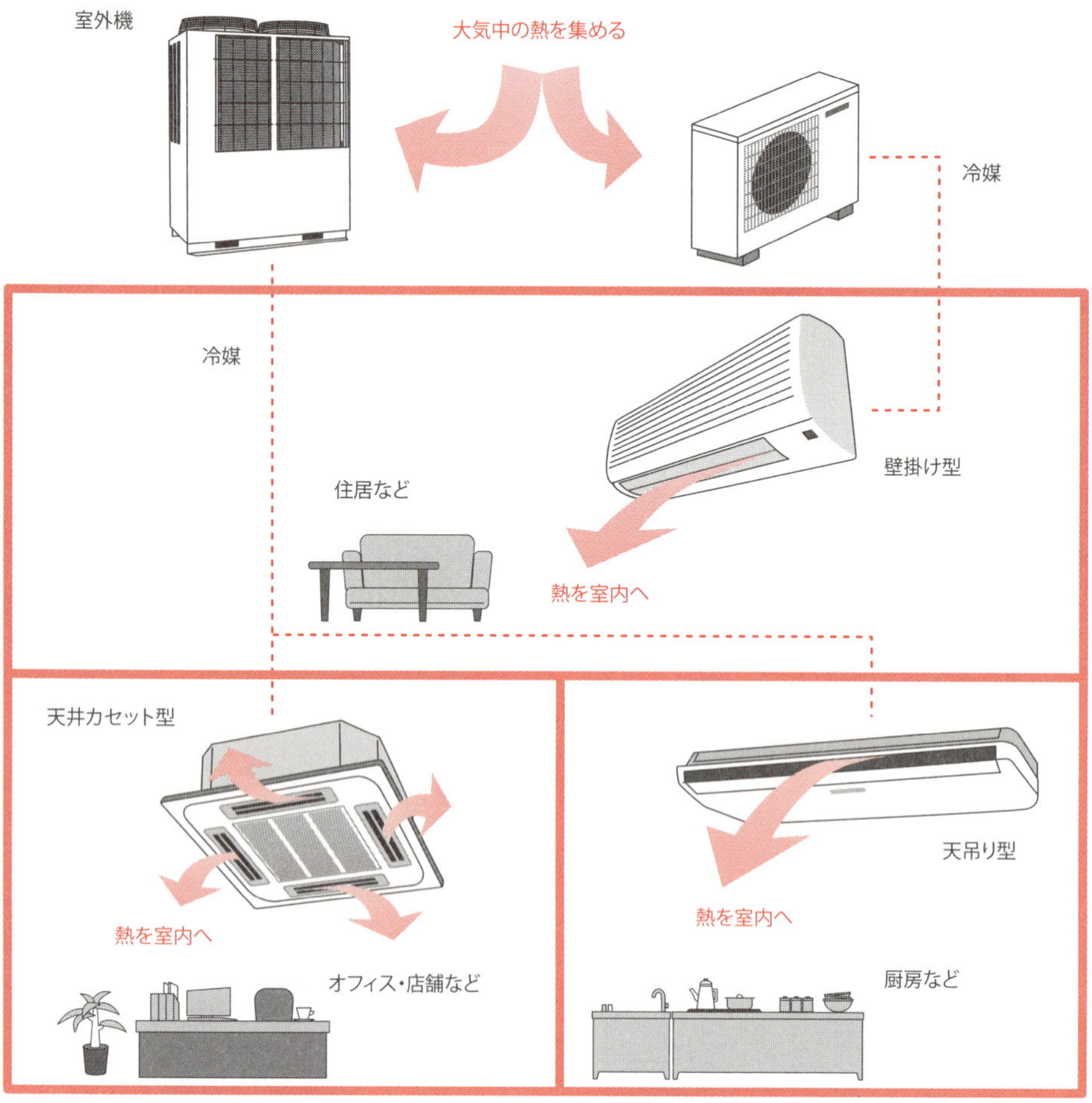
室外機
大気中の熱を集める
冷媒
冷媒
壁掛け型
住居など
熱を室内へ
天井カセット型
天吊り型
熱を室内へ
熱を室内へ
オフィス・店舗など
厨房など

ヒートポンプ

ヒートポンプ

ヒートポンプ（Heat pump）とは、冷凍機の原理に基づいて、外部からエネルギーを取り出して、低い温度から高い温度へ熱を移動させる装置と、その技術のことである。冷房並びに暖房をするための技術として使用されており、エアコン（**図1**）などがその代表例である。

ヒートポンプの仕組み

ヒートポンプは冷凍サイクルにより熱交換を行う（**図2**）。

エアコンで冷房する場合を考えると、室外機にある圧縮機に電気（ガスや蒸気の場合もある）エネルギーを加えて冷媒を圧縮することにより熱が生み出され、冷媒は暖かい（高温高圧）気体となる。これが、凝縮器に取り込んだ屋外の空気により、熱交換の仕組みで冷やされ、冷媒は少し冷えた（中温高圧）液体となる。この液体を室内機に送り込み、膨張弁により膨張させることによって急激に温度を下げ、冷

図2 冷凍サイクル

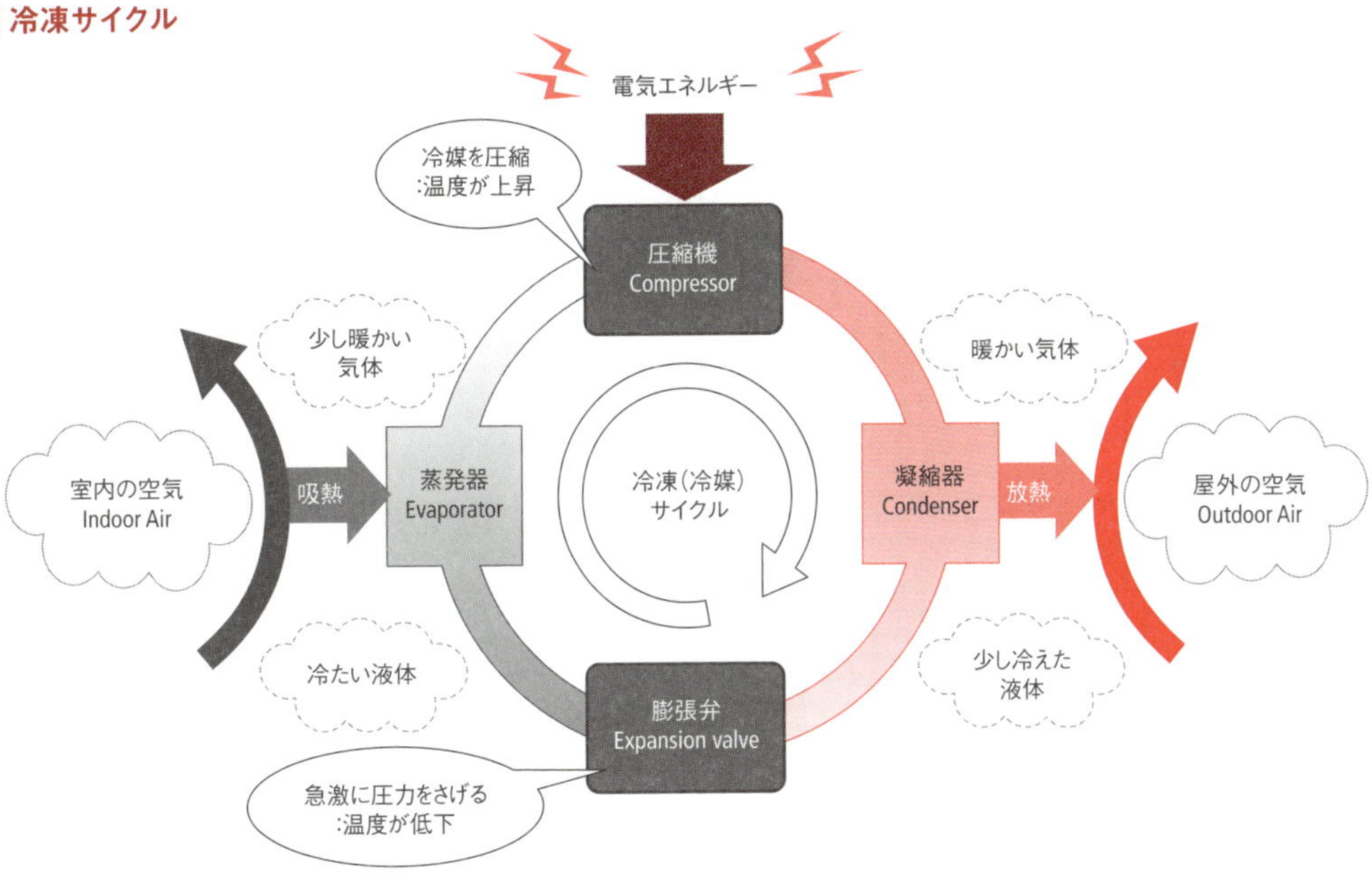

電気エネルギー
冷媒を圧縮
:温度が上昇
圧縮機
Compressor
少し暖かい
気体
暖かい気体
室内の空気
Indoor Air
吸熱
蒸発器
Evaporator
冷凍(冷媒)
サイクル
凝縮器
Condenser
放熱
屋外の空気
Outdoor Air
冷たい液体
少し冷えた
液体
膨張弁
Expansion valve
急激に圧力をさげる
:温度が低下

冷房の場合

① 室外機にある圧縮機に電気（ガスや蒸気の場合もある）エネルギーを加えて冷媒を圧縮することにより熱が生み出され、冷媒は暖かい(高温高圧)気体となる
② これが、凝縮器に取り込んだ屋外の空気により、熱交換の仕組みで冷やされ、冷媒は少し冷えた(中温高圧)液体となる
③ この液体を室内機に送り込み、膨張弁により膨張させることによって急激に温度を下げ、冷媒は低温低圧の液体となり、蒸発器で気化することにより室内の周囲の熱を奪い、室内には冷たい空気が送り込まれる
④ 膨張し蒸発器にて熱交換されて少し暖かくなった(中温低圧)気体は、ふたたび室外機の圧縮機に戻り、再度圧縮される

媒は低温低圧の液体となり、蒸発器で気化することにより室内の周囲の熱を奪い、室内には冷たい空気が送り込まれる。そして、膨張し蒸発器にて熱交換されて少し暖かくなった(中温低圧)気体は、ふたたび室外機の圧縮機に戻り、再度圧縮される…というサイクルを繰り返して冷房が行われる。

ヒートポンプの熱源

ヒートポンプは基本的に熱源の種類と被加熱媒体の種類から、水熱源―水加熱、水熱源―空気加熱、空気熱源―水加熱、空気熱源―空気加熱の4方式に区分される。

熱源としては、空気、河川、海水、地中熱、および工場・地下鉄・電気機器・ケーブル・下水から発生する排熱など様々なものが用いられる。

ヒートポンプのエコ

こうしたヒートポンプは、外部から投入するエネルギーに対して、数倍の熱を回収することができるため、省エネ化を図る技術として進化している。また、冷房手段としてヒートポンプ技術以外の代替的な技術が存在していないことから、主要な技術となっている。

ヒートポンプの性能

ヒートポンプの性能を表す成績係数COP（Coefficient of Performance）は省エネ法にも設定されており、定格冷房・定格暖房時の消費電力1kW当たりの冷房・暖房能力を表す。この数値が高いほど、高性能な機器であることを示している。

冷房COP：$COP_c = Q_c / W$

暖房COP：$COP_h = Q_h / W$

Q_c：冷房能力（kW）

Q_h：暖房能力（kW）

W：（定格冷房／定格暖房）消費電力（kW）

ヒートポンプの活用

身近なヒートポンプの利用例として、マンションや戸建住宅用のヒートポンプ給湯器「エコキュート」がある。

エコキュートは、深夜の安価な夜間電力を利用して湯をつくり、貯湯した湯を必要な時に提供する給湯システムである。通常のガス燃焼式給湯器に比べて約6割の化石燃料を削減でき、約4割のCO_2削減効果があるとされている。また、冷媒には地球に優しい自然冷媒のCO_2が使われている点も注目される。

蓄熱システム

図1 蓄熱システム

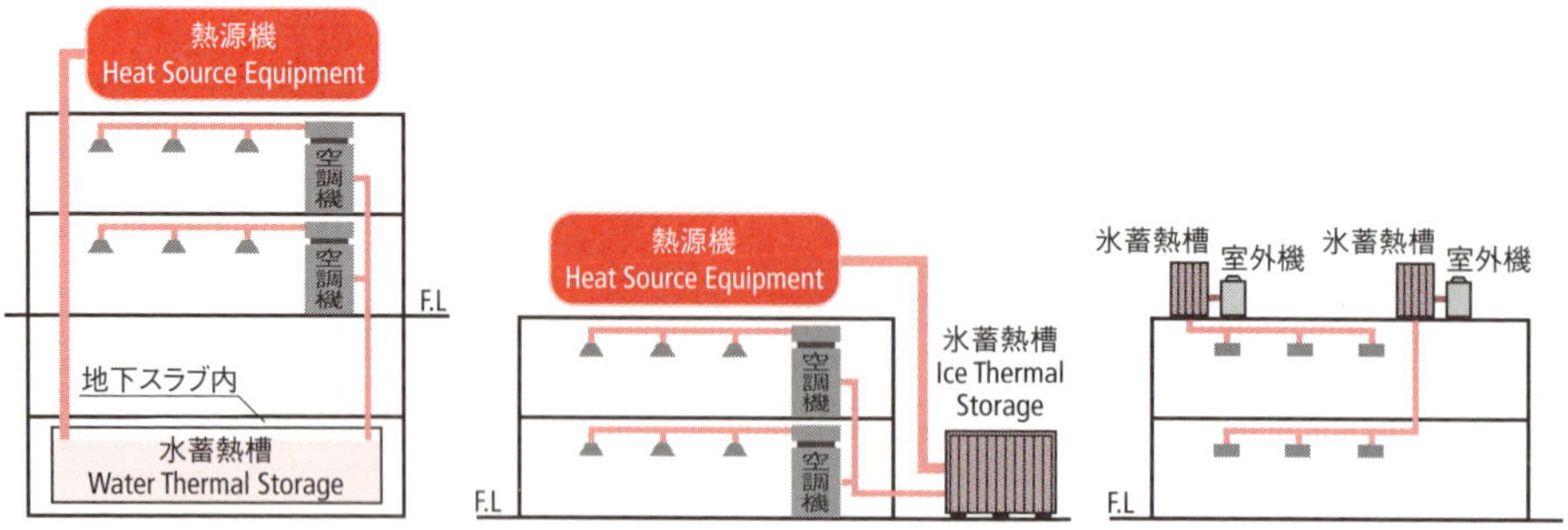
熱源機
Heat Source Equipment
空調機
空調機
F.L
地下スラブ内
水蓄熱槽
Water Thermal Storage
熱源機
Heat Source Equipment
空調機
空調機
氷蓄熱槽
Ice Thermal
Storage
F.L
氷蓄熱槽
室外機
氷蓄熱槽
室外機
F.L

水蓄熱槽システム　　氷蓄熱槽システム（中央熱源方式）　　氷蓄熱槽システム（個別熱源方式）

図2 水蓄熱と氷蓄熱の比較

		水蓄熱	氷蓄熱	
蓄熱媒体	熱の形態	顕　熱	潜　熱	
	蓄熱材	水	氷	
蓄熱の利用形態		冷水を直接利用	冷水を直接・間接利用	熱源システムの高効率化に利用
特　徴		・大規模建物 ・二重スラブ（ピット）を有効活用 ・大型の水槽が必要 ・ポンプは大きい	・中大規模 ・水蓄熱に比べて蓄熱槽が小さい ・水蓄熱に比べて熱源機容量が低減できる ・2次側空調機へ冷水を送水 ・ブラインを使用する場合は水熱交換器を介する	・小中大規模 ・氷蓄熱をエアコンの補助熱源に利用 ①凝縮器の熱源として利用 ②冷媒過冷却の熱源として利用 ・単体の電力負荷平準化は小さいが、普及台数が多くなれば効果大

蓄熱システムの特徴

蓄熱システムは、熱源装置の運転を夜間に移行できるので、電力の負荷平準化やピーク電力の緩和を図ることができる。また、熱源装置容量の削減や廉価な蓄熱用電力の利用による電気の従量料金の低減、契約電力の低減による電気基本料金の節減など、経済的なメリットがある。さらに、停電時や熱源装置故障時のバックアップ熱源にできるなどの特徴がある（**図1**）。しかし、蓄熱槽からの熱損失、開放式システム配管の場合のポンプ動力増加、配管腐食の危険性といったデメリットもある。

水蓄熱と氷蓄熱

建築の空調に利用される蓄熱材は、容易に利用でき、経済性に優れるため、水や氷が用いられる。水蓄熱は物体の顕熱量変化を利用（水の温度差を利用）し、氷蓄熱は物体の相変化（潜熱量変化）による融解熱を利用する。

蓄熱量は、同容量の蓄熱槽であれ

図3 水蓄熱システムの種類

種類	多数連続槽		縦型単層
	連通管方式	改良もぐりぜき方式	温度成層方式
平面	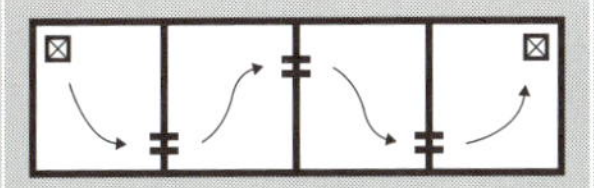	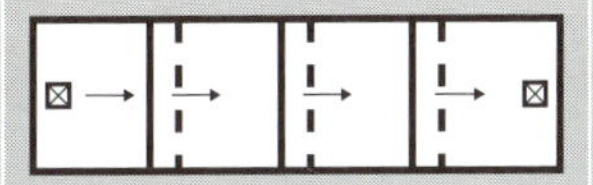	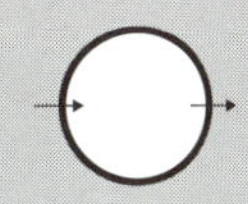
断面	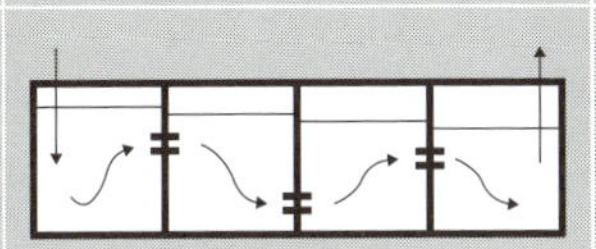	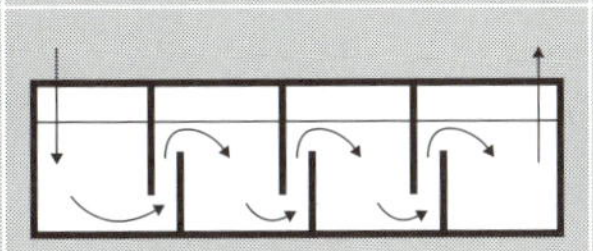	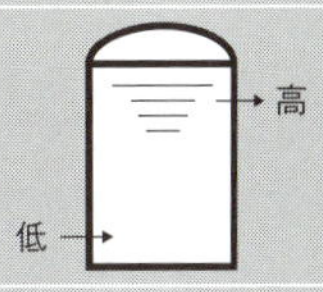高 低
スペース利用度	水位差あり	良好	良好
槽内温度分布	ムラを生じやすい	一様	上下方向に温度分布
死水域	生じやすい	少ない	ほとんど生じない
制御性	難しい	良好	難しい
保守・メンテナンス	複雑	複雑	簡単

図4 氷蓄熱システムの種類

種類		スタティック型		ダイナミック型
		内融式	外融式	
特徴	蓄熱時（製氷）	水槽内のコイルに冷媒またはブラインを通すことでコイルの周りに製氷		蓄熱槽外部で製氷した氷を、シャーベット状などにして搬送・蓄熱
	放熱時（解氷）	内側から解氷 ・残氷制御が不要 ・高い製氷率で蓄熱可能 ・熱交換器を設置し冷水で利用	外側から解氷 ・急な負荷変動への対応が容易 ・低温冷水取出しが可能 ・システムが単純	搬送して解氷 ・急な負荷変動への対応が容易 ・蓄熱槽の形状を自由に選択できる
概要		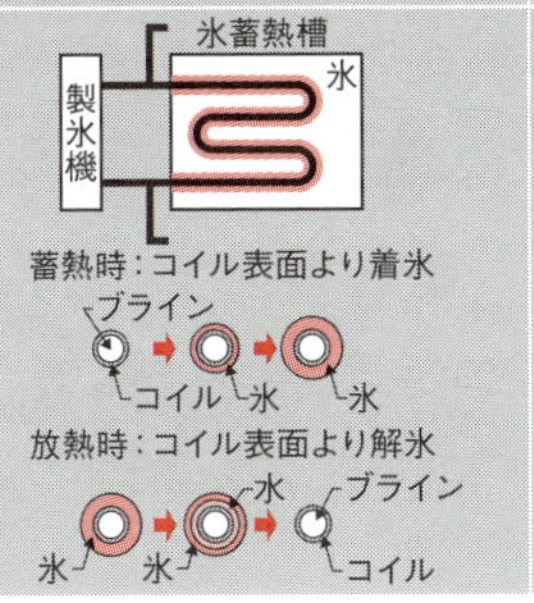氷蓄熱槽 製氷機 氷 蓄熱時：コイル表面より着氷 ブライン コイル 氷 氷 放熱時：コイル表面より解氷 氷 ブライン 氷 氷 コイル	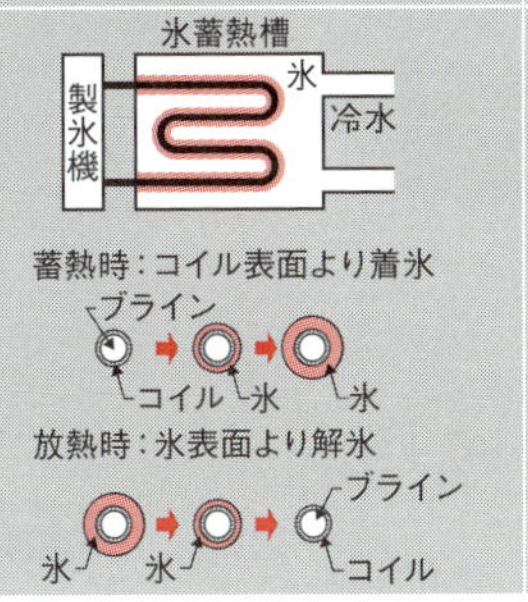氷蓄熱槽 製氷機 氷 冷水 蓄熱時：コイル表面より着氷 ブライン コイル 氷 氷 放熱時：氷表面より解氷 ブライン 氷 氷 コイル	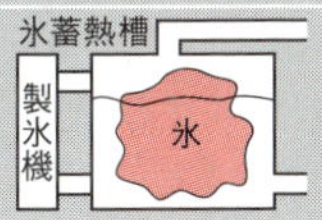氷蓄熱槽 製氷機 氷シャーベット状 または ハーベスト状

スタティック型とは、蓄熱槽の中に製氷コイルを設置し、パイプの外側または内側に氷を生成させる静的な製氷方式
ダイナミック型とは、シャーベット状やハーベスト状の氷を利用したもので、蓄熱槽外部の熱交換器で氷を生成し、その氷を蓄熱槽に搬送・蓄熱する動的な製氷方式

ば、氷蓄熱のほうが多く蓄熱できるが、熱源装置の効率は、取出し温度が高い水蓄熱のほうが高い。搬送動力に関しては、氷蓄熱では大温度差送水や大温度差送風が可能となるので、氷蓄熱のほうが小さくできる。導入費用では、熱源装置のコストは氷蓄熱のほうが高くなり、蓄熱槽のコストは、水蓄熱槽として未利用の二重ピットを利用できるなら、水蓄熱槽のほうが安くなる（図2）。

水蓄熱システム

水蓄熱槽の種類としては、連通管方式や改良もぐりぜきなどによる最下層二重床内利用の連結完全混合水槽型と、地域冷暖房や大規模建物などの大型熱源施設に採用される温度成層型蓄熱槽などがある（図3）。

氷蓄熱システム

氷蓄熱システムには、パッケージ型の室内機を組み合わせてフロアやゾーンなどに個別対応を可能とした個別分散型氷蓄熱システムと、中央熱源方式に使用される現場築造型氷蓄熱システムやユニット型氷蓄熱システムがある。また、製氷方式によりスタティック（静止）型とダイナミック（離氷）型に分類される（図4）。

（出典） 国土交通大臣登録 平成22年度 設備設計一級建築士講習テキスト（上巻）（財）建築技術教育普及センター
（財）ヒートポンプ・蓄熱センターHP

太陽熱利用

図1 太陽熱集熱器の種類

代表的な集熱器の特徴	
平板型集熱器 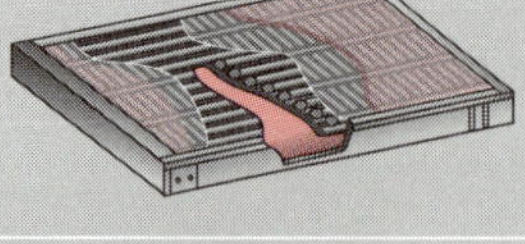	・既存の設備に接続が可能 ・比較的安価である ・傾斜角度を付ける必要がある ・水漏れ、凍結の心配がある
真空管型集熱器 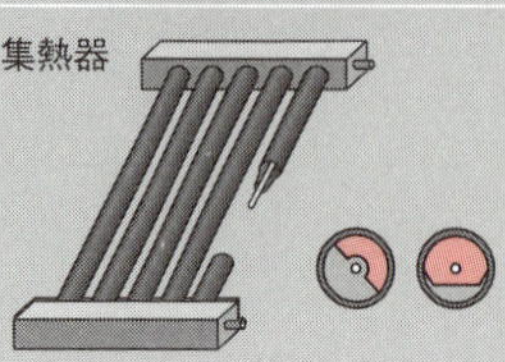	・既存の設備に接続が可能 ・集熱効率が良く、集熱面積が少ない ・水平設置が可能 ・高温集熱に有利 ・水漏れ、凍結の心配がある ・比較的高価である
空気式集熱器 	・水漏れ、凍結の心配がない ・建築との一体化が可能でデザイン性に優れている ・ダクトが大きく施工スペースが必要 ・集熱空気を直接暖房に使用するので、利用効率が高い

図2 日本における太陽熱温水器・ソーラーシステムの変遷

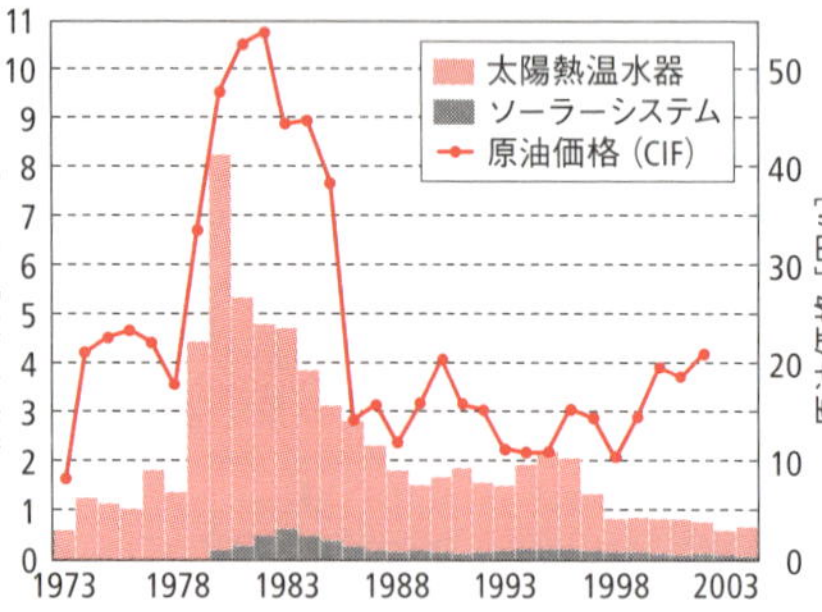

設置実績［万台/年］
原油価格［円/L］
太陽熱温水器
ソーラーシステム
原油価格（CIF）
0 1 2 3 4 5 6 7 8 9 10 11
0 10 20 30 40 50
1973 1978 1983 1988 1993 1998 2003

図3 太陽エネルギー利用効率の比較

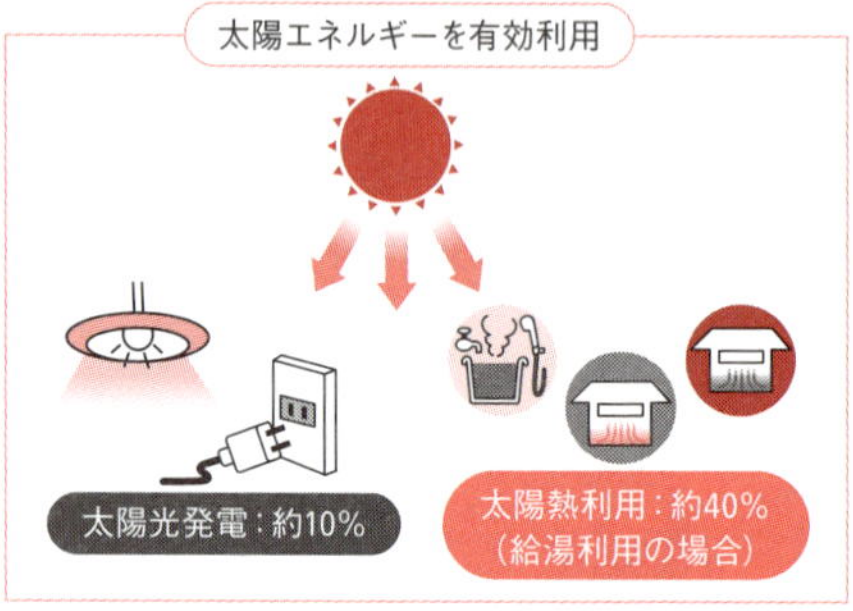

太陽エネルギーを有効利用
太陽光発電：約10%
太陽熱利用：約40%
（給湯利用の場合）

太陽熱利用は、石油危機後の1980年代に盛んに研究され、太陽熱集熱器（図1）と組み合わせた給湯や冷暖房に利用する各種のソーラーシステムが開発されたが、その後、石油価格の安定化などにより下火となった。一方、これに代わり太陽光発電技術が注目されるようになり、技術的にも大幅に進展を遂げて広く普及しつつある。

2011年3月11日の東日本大震災以来、再度太陽エネルギーが注目を浴びており、太陽熱利用が見直されつつある（図2）。その理由として太陽熱の利用効率が高いことが挙げられる。特に住宅においては、一般的な家庭で約30%を給湯によるエネルギー消費が占めており、太陽熱利用との親和性は高い（図3）。さらに、補助熱源にヒートポンプシステムを組み合わせることにより、高効率で安定した性能を発揮する機器も登場している。

一方、建築に関わるエネルギー消費量を住宅系と二分する業務系においては、そのエネルギー消費量の過半を空調に費やしている。さらに、関東以西

図4 吸収式冷凍機の基本原理と太陽熱利用

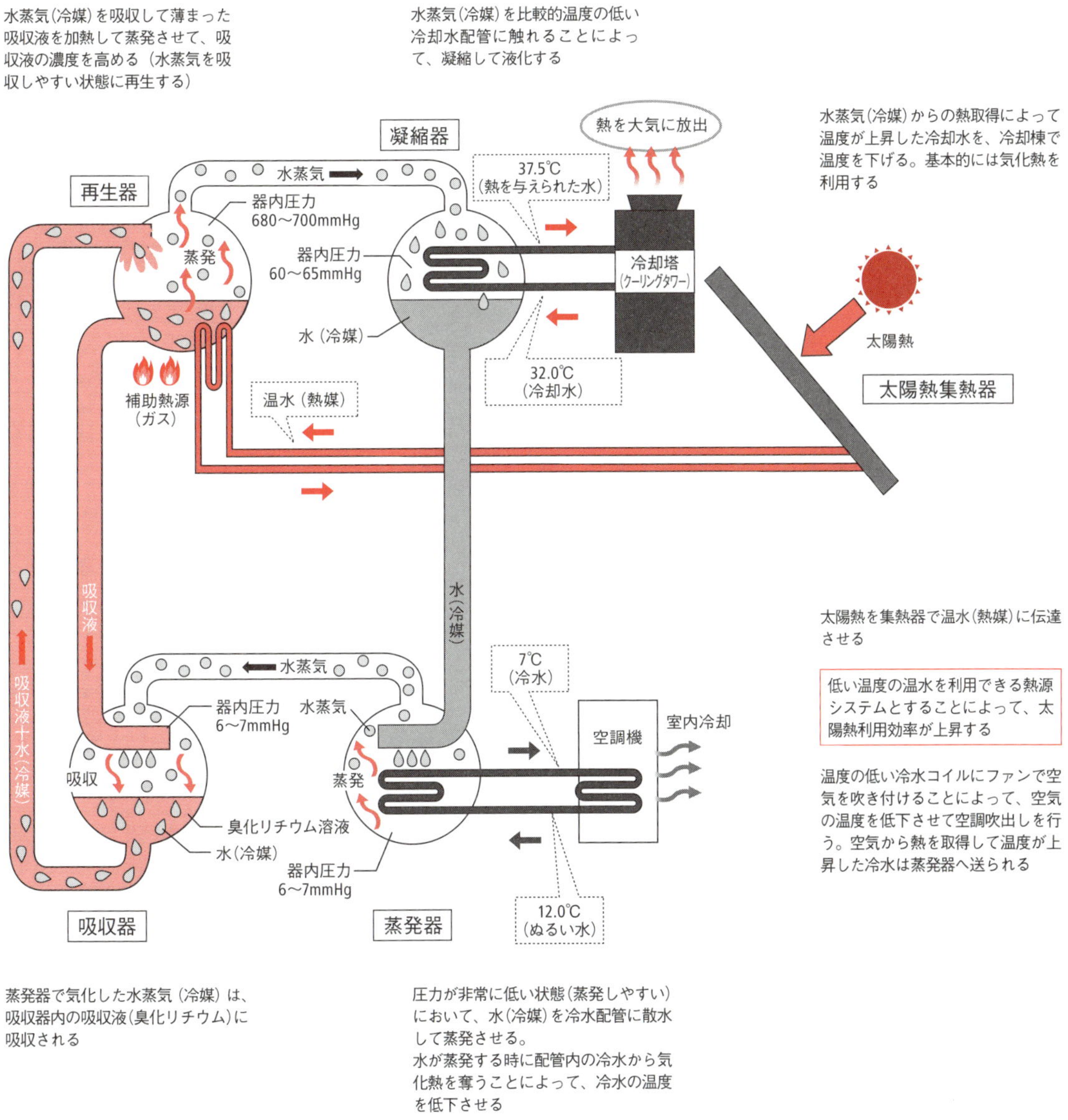

水蒸気(冷媒)を吸収して薄まった吸収液を加熱して蒸発させて、吸収液の濃度を高める（水蒸気を吸収しやすい状態に再生する）
水蒸気(冷媒)を比較的温度の低い冷却水配管に触れることによって、凝縮して液化する
水蒸気(冷媒)からの熱取得によって温度が上昇した冷却水を、冷却棟で温度を下げる。基本的には気化熱を利用する
凝縮器
熱を大気に放出
再生器
水蒸気
器内圧力
680〜700mmHg
37.5℃
(熱を与えられた水)
蒸発
器内圧力
60〜65mmHg
冷却塔
(クーリングタワー)
水（冷媒）
32.0℃
(冷却水)
太陽熱
太陽熱集熱器
補助熱源
(ガス)
温水（熱媒）
吸収液
水(冷媒)
吸収液+水(冷媒)
太陽熱を集熱器で温水(熱媒)に伝達させる
低い温度の温水を利用できる熱源システムとすることによって、太陽熱利用効率が上昇する
水蒸気
7℃
(冷水)
器内圧力
6〜7mmHg
水蒸気
空調機
室内冷却
吸収
蒸発
臭化リチウム溶液
水(冷媒)
器内圧力
6〜7mmHg
温度の低い冷水コイルにファンで空気を吹き付けることによって、空気の温度を低下させて空調吹出しを行う。空気から熱を取得して温度が上昇した冷水は蒸発器へ送られる
吸収器
蒸発器
12.0℃
(ぬるい水)
蒸発器で気化した水蒸気（冷媒）は、吸収器内の吸収液(臭化リチウム)に吸収される
圧力が非常に低い状態(蒸発しやすい)において、水(冷媒)を冷水配管に散水して蒸発させる。
水が蒸発する時に配管内の冷水から気化熱を奪うことによって、冷水の温度を低下させる

では通年で冷房負荷が卓越している。そこで、太陽熱を利用した、吸収式冷凍機のような冷熱源再生成システムも有効な手段の1つとなり得る。

吸収式冷凍機

吸収式冷凍機（**図4**）の基本原理は気化熱を利用することである（蒸発器）。ここでは、水（冷媒）が蒸発しやすい状態を作り出すために液体状の吸収剤（臭化リチウムなど）を用いている（吸収器）。さらに、この吸収液を循環して利用するために加熱蒸発させて、吸収液の濃度を元に戻している（再生器）。この過程で加熱熱源が必要になる。

一般的な吸収式冷凍機では、加熱にガスによる燃焼熱を用いるが、太陽熱集熱器による温水を利用することによって化石燃料の使用量を抑えることができる。ただし、太陽熱だけでは再生器における蒸発を賄えない状況が生じるので、補助熱源を併設する必要がある。

機器によっては、補助ガス熱源をコージェネレーションと組み合わせることによって多段的なエネルギー利用を試みるシステムもある。一般的な吸収式冷凍機と比較して年間の1次エネルギー消費量で約24%、CO_2排出量で約21%低減した実績がある（**注**）。

（注）平成22年6月22日東京ガス・大阪ガス・東邦ガス プレスリリースより

1 建築計画
2 給排水設備
3 熱源設備
4 空調設備
5 電気設備
6 評価手法
7 事例解説
8 維持管理

コージェネレーション

図1 従来の発電システムとコージェネレーションシステム

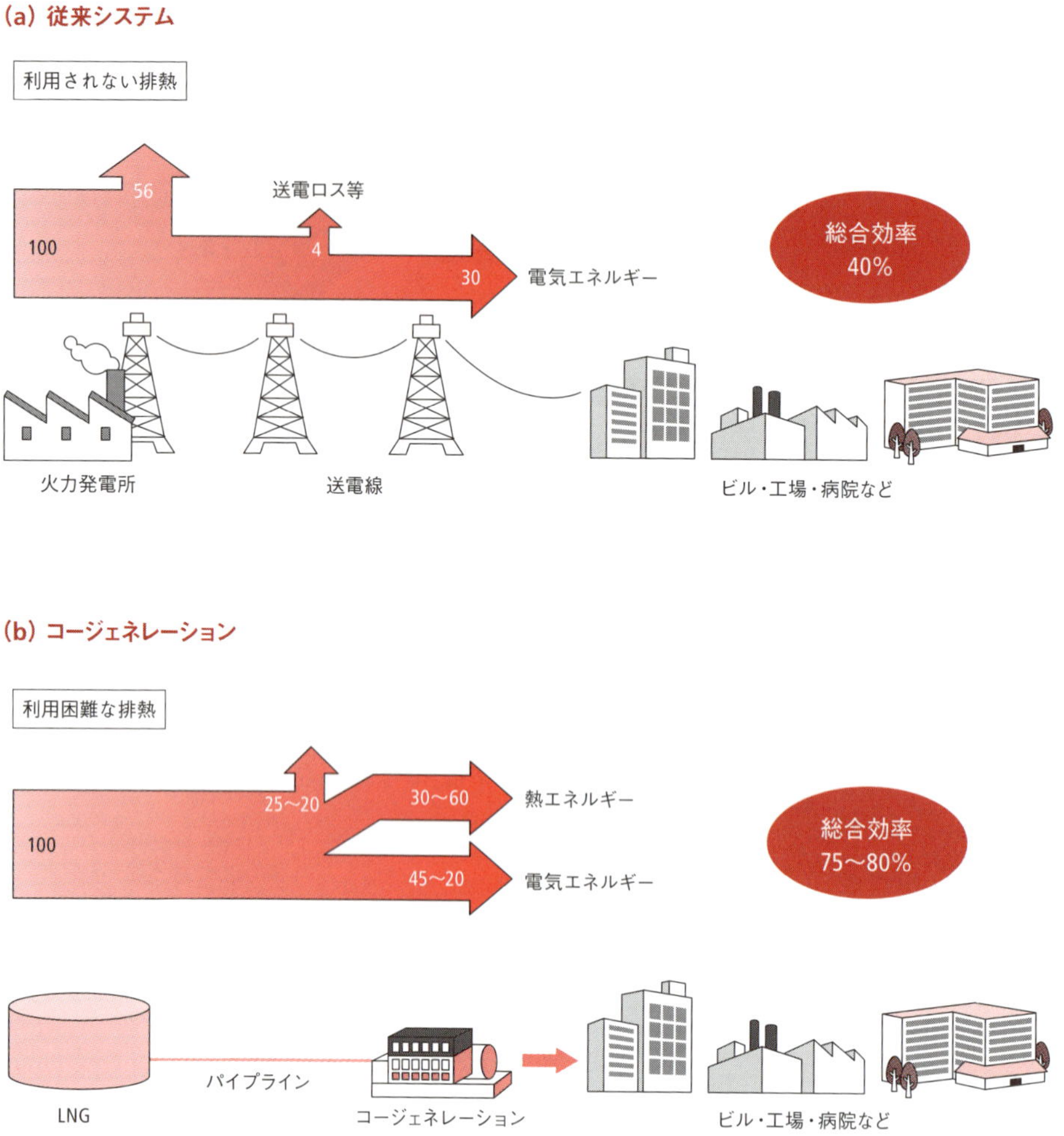
(a) 従来システム
利用されない排熱
56
送電ロス等
100
4
30
電気エネルギー
総合効率
40%
火力発電所
送電線
ビル・工場・病院など
(b) コージェネレーション
利用困難な排熱
25〜20
30〜60
熱エネルギー
100
45〜20
電気エネルギー
総合効率
75〜80%
パイプライン
LNG
コージェネレーション
ビル・工場・病院など

コージェネレーションシステムとは

コージェネレーションとは、「Co（ともに）」と「Generation（発生する）」を組み合わせた造語である。

コージェネレーションシステムは、燃料を燃焼させてエンジンやガスタービンを駆動させ、電力をつくる時に発生する冷却水や排気ガスなどの熱を、温水や蒸気として冷暖房・給湯・産業用の熱源として利用する。「熱」と「電気」を合わせて供給するため「熱電併給」ともいう。燃料は石油、天然ガス、LPガス、などである。

コージェネレーションの歴史は古く、19世紀後半にドイツで導入が始まり、その後、欧州やアメリカで研究が進み、日本では1986年頃から導入が始まった。

従来システムとの違い

火力発電など今までの発電システムでは、発電で発生した熱は捨てていたため、エネルギーの総合効率は40％程

図2 コージェネレーションシステムの種類

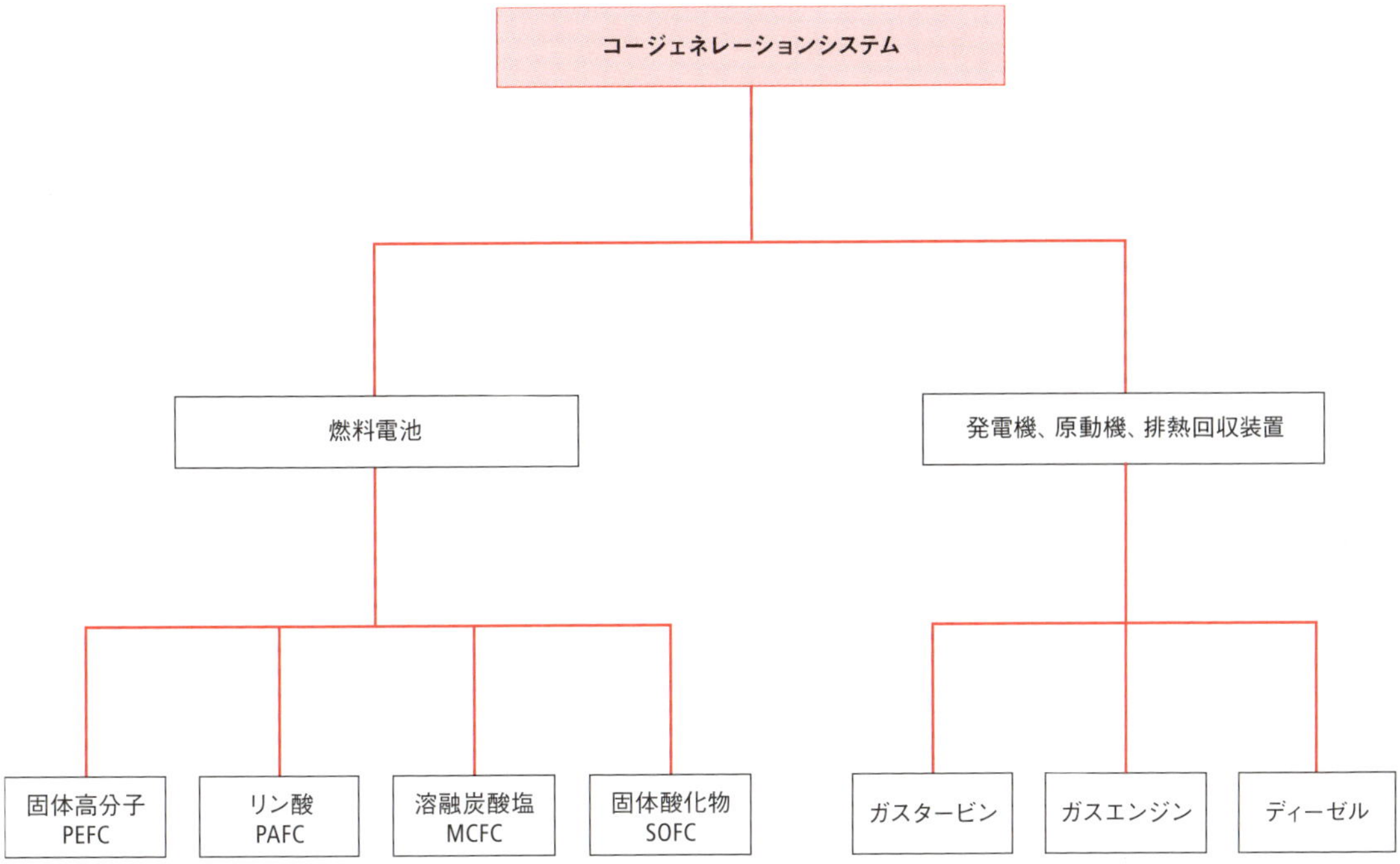
コージェネレーションシステム
燃料電池
発電機、原動機、排熱回収装置
固体高分子
PEFC
リン酸
PAFC
溶融炭酸塩
MCFC
固体酸化物
SOFC
ガスタービン
ガスエンジン
ディーゼル

度だったが、コージェネレーションシステムでは75～80％もの総合効率が可能となる（**図1**）。また、電気を使用する施設で発電するため送電ロスも少なくなる。

このため省エネや二酸化炭素の削減に効果があるエコな発電方式として、地球温暖化対策としても期待されている。病院・ホテル・学校・一般企業などに導入されており、近年では家庭用のコージェネレーションシステムも実用化されている。

コージェネレーションシステムの種類

コージェネレーションシステムは大きく2つに分けられる。1つは、発電機、原動機、排熱回収装置により構成されるシステムであり、もう1つは、都市ガスから生成される水素と空気中の酸素から直流電流を作り出す燃料電池である。

前者はさらに、原動機の種類によって、ガスタービン方式、ガスエンジン方式、ディーゼルエンジン方式に分類される。発電効率はエンジン型が最も高いが、総合効率では同程度となる。

燃料電池の種類は主に、固体高分子形（PEFC）、リン酸形（PAFC）、溶融炭酸塩形（MCFC）、固体酸化物形（SOFC）がある。産業用で展開されている燃料電池はPAFC、戸建て住宅用に採用されている燃料電池は、低温での作動が可能なPEFCである（**図2**）。

システム計画の際の留意点

コージェネレーションシステムを導入する場合には、省エネ・経済性の観点から、長時間安定的にシステムを定格運転でき、システムからの排熱を最大限回収できることが重要である。

①計画建築で給湯負荷など熱使用が継続的にある。

②発電電力を使用する場合、常用、非常用での使用を明確にする。

③連続運転をする場合、万が一のバックアップがなくても支障をきたさないシステムであること。

④計画する建物に、年間を通して安定した電力需要と熱負荷が存在するか。

⑤時刻別の電力需要と熱負荷パターンが類似しているか。

⑥電力需要と熱負荷のバランス（熱電比：熱電比には、回収熱量を発電電力量で除した装置の熱電比と、空調熱需要を電力需要で除した施設の熱電比がある）が適切か。

といった点に留意する必要がある。

（出典）　コージェネレーション・エネルギー高度利用センターホームページ http://www.ace.or.jp
日本ガス協会ホームページ http://www.gas.or.jp/
国土交通大臣登録 平成22年度 設備設計一級建築士講習テキスト（上巻）（財）建築技術教育普及センター

エネルギー問題

図1 灯油暖房におけるエクセルギーの投入・消費

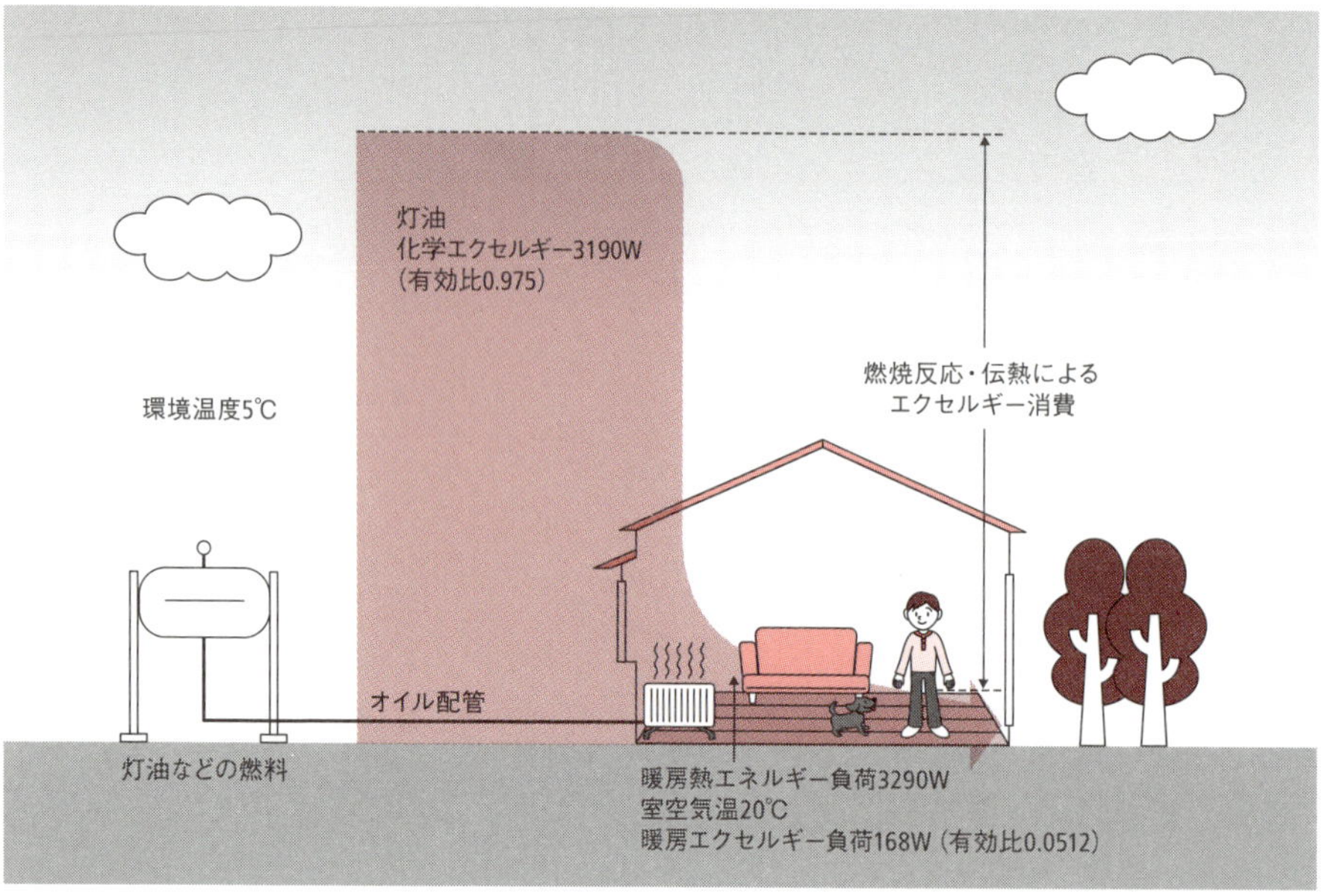
灯油
化学エクセルギー3190W
（有効比0.975）
燃焼反応・伝熱による
エクセルギー消費
環境温度5℃
オイル配管
灯油などの燃料
暖房熱エネルギー負荷3290W
室空気温20℃
暖房エクセルギー負荷168W（有効比0.0512）

ピークの暖房熱エネルギー負荷を3290W（＝45W/m²×73m²）、室空気温を20℃、環境（外気）温度を5℃、暖房装置の熱効率を100%として試算。有効比とはエクセルギーでエネルギーを割った割合

２０１１年３月11日の東日本大震災を引き金にした福島第一原発の人災事故以来、われわれ日本人は、原発立地地域だけでなく、首都圏をはるかに越える広範囲で放射能汚染に苦しめられるようになってしまった。ダイオキシンのような化学毒物であれば、数百℃に達する高温の熱を加えて物質自体を分解し無害化できるが、素粒子（物質の極小単位）の挙動で生じる放射性物質は事実上無害化が不可能である。高エネルギー加速機で放射性廃棄物の原子核を別の原子核に変換することは可能ではあるが、処理できる放射性物質の量に対して人類が生み出した放射性廃棄物の量が天文学的数字であるし、そもそも高エネルギー加速機で放射性廃棄物の原子核を別の原子核に変換しても、それもまた放射性物質だからである。[1] 常識で考えれば、この一点だけですでに、原子力というエネルギー源の選択はありえないだろう。

原子力の推進はこのような不合理から始まっているので、その結果として、原発関連コストの上乗せによる電気料金高騰という不経済や、作業員・周辺住民の被曝という非人道をも招くことになっている。不幸にも福島原発震災を経験しているわれわれは、二度と同じ轍を踏まないようにするために、エネルギー問題の議論をこのような認識からスタートしなければならない。

これからのエネルギー源をどうするかが、現在、国家的課題として認識されつつある。それでは、そもそもエネルギーの一体、何が問題なのか。問題の所在と本質を見極めることなしに世の中のキャンペーンに付和雷同してしまっては、建築・設備の設計者は見識も探究心もない職能者と言われてもしかたない。そこで、本節ではエネルギー問題に関わる誤解から解説する。

エネルギーに関する二つの誤解

●エネルギーの質

エネルギーには保存の法則がある。物質には質量保存の法則がある。エネルギーや物質が様々に存在形態を変化させても、その総量がそれぞれ不変で

（出典）　1）山本義隆著「福島の原発事故をめぐって—いくつか学び考えたこと」みすず書房（2011年8月）26～33頁

図2 電熱ヒーターを用いた暖房におけるエクセルギーの投入・消費

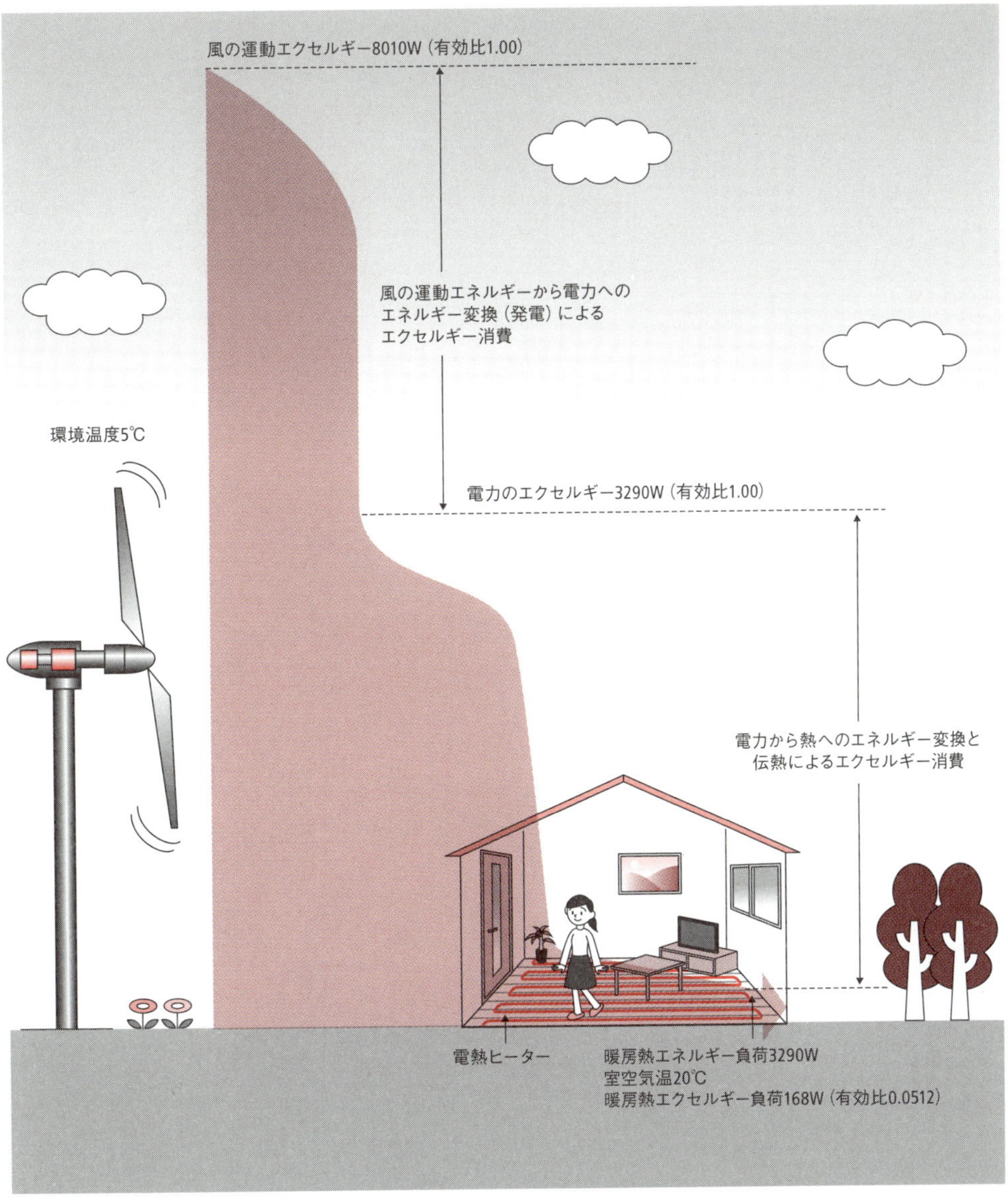

風の運動エクセルギー8010W（有効比1.00）
風の運動エネルギーから電力への
エネルギー変換（発電）による
エクセルギー消費
環境温度5℃
電力のエクセルギー3290W（有効比1.00）
電力から熱へのエネルギー変換と
伝熱によるエクセルギー消費
電熱ヒーター
暖房熱エネルギー負荷3290W
室空気温20℃
暖房熱エクセルギー負荷168W（有効比0.0512）

風力発電の発電効率は送電ロスも含めて40％と仮定。他の条件は図1と同じ

あることを表す公理である。

　私たちが、質量という言葉を使うときに、対象となる物質の何らかの有用性を感じながら使うことはないように思う。しかし、私たちがエネルギーという言葉を使う場合には、何らかの有用性を感じて使っていると思う。さらにいえば、有用性のないエネルギーなどエネルギーではない、と暗黙裡に確信している人が多いのではないだろうか。この違いが意味することは実は深い。

　物理学上のエネルギーの概念は、歴史的には運動エネルギーや位置エネルギーなどといった力学的エネルギーから始まっており、それらは物体を運ぶという、有用なエネルギーそのものである。これに対して、熱は、その仕事当量が見出されたぐらいであって、力学的仕事がすべて熱に変換できることが分かったから、熱もエネルギーの1つと認めることになったのである。しかし、熱のすべてを力学的仕事に変換できるわけではないのは、日常的経験からすぐに想像できるだろう。全量を熱に変換できる力学的仕事もエネルギーであり、一部しか力学的仕事に変換できない熱もまたエネルギーである。すなわち、エネルギーの有用性には差異が存在するのである。

　エネルギーの正しい定義は、「光、

図3 工場廃熱を利用した暖房におけるエクセルギーの投入・消費

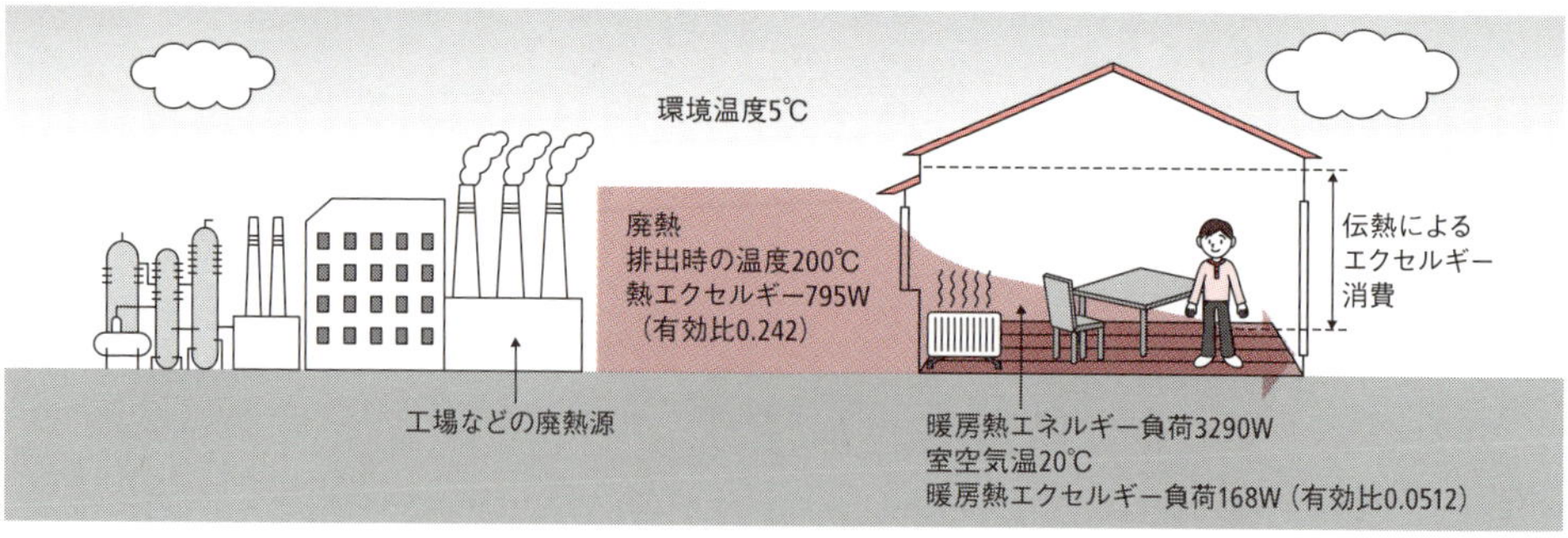
環境温度5℃
廃熱
排出時の温度200℃
熱エクセルギー795W
(有効比0.242)
伝熱による
エクセルギー
消費
工場などの廃熱源
暖房熱エネルギー負荷3290W
室空気温20℃
暖房熱エクセルギー負荷168W (有効比0.0512)

廃熱の排出源の温度は200℃、送水時の熱損失はないと仮定。他の条件は図1と同じ

図4 蛍光灯におけるエクセルギーの投入・消費

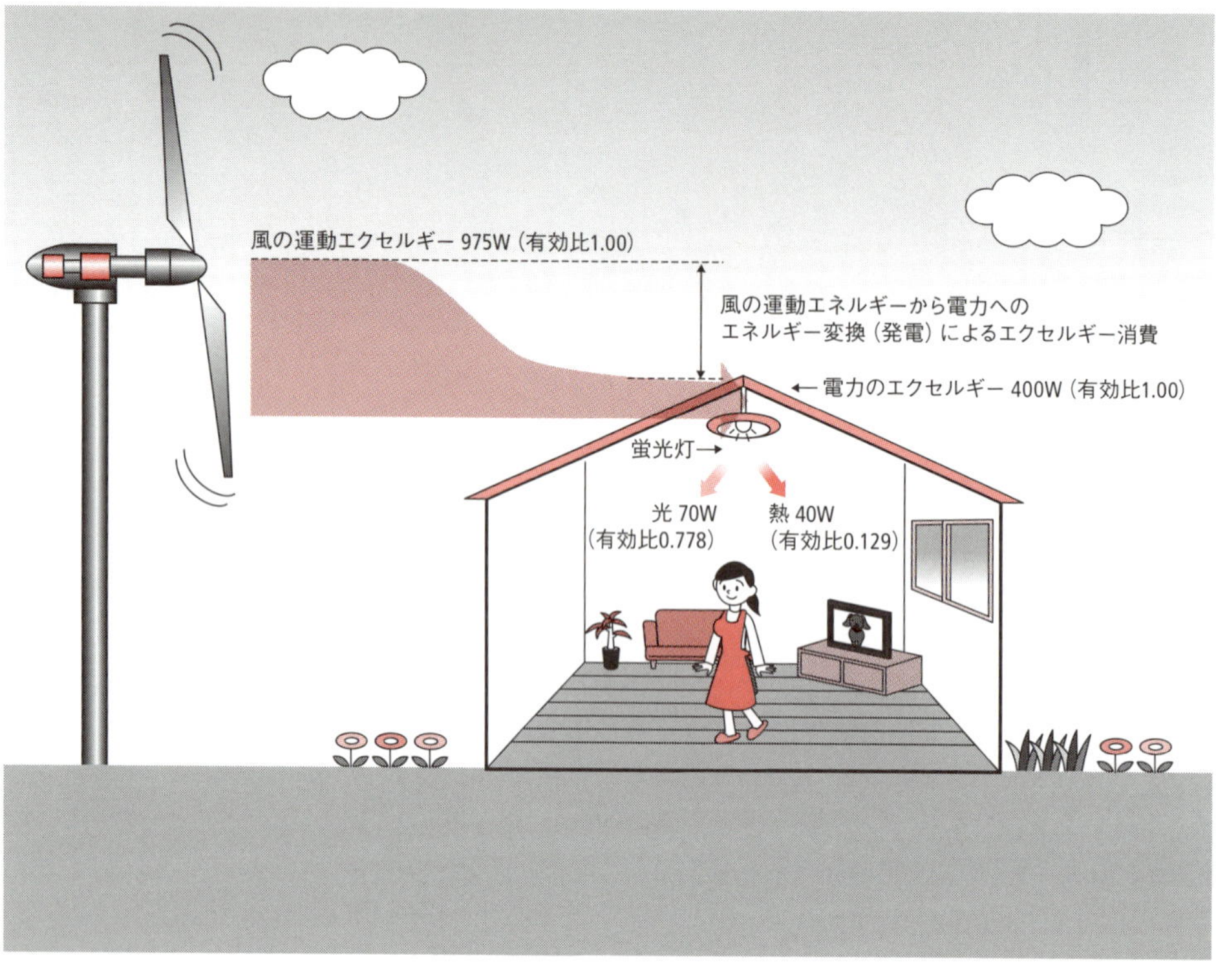
風の運動エクセルギー 975W (有効比1.00)
風の運動エネルギーから電力への
エネルギー変換(発電)によるエクセルギー消費
電力のエクセルギー 400W (有効比1.00)
蛍光灯
光 70W
(有効比0.778)
熱 40W
(有効比0.129)

熱、化学エネルギー、運動エネルギー、位置エネルギーなどと、形態が異なっていたり、形態が変化しても、その総量が変わらない、保存される物理量」である。エネルギーには有用性が高いものと低いものがあり、玉石混淆である。なおかつ、エネルギーの数値では、その有用性までは把握できない。これら二点に、とりわけ注意する必要がある。

●エネルギーは消費されない保存量

「エネルギーの消費」という表現をテレビや新聞で見聞きしない日はないように思う。しかし、少し考えてみると、エネルギーには保存の法則があって、増えもしなければ減りもしないことが思い出されるはずである。「エネルギーの消費」は物理学に反する誤った表現なので、正しくは「エネルギーの使用」となる。エネルギー消費という表現で表したかったのは、実はエネルギーのうち、力学的仕事のような高質(有用)成分が、その使用の過程で熱のような低質成分に変換され、低質成分が増えてしまう現象を指している。

●消費されるのはエクセルギー

以上で述べたようにエネルギーには高質成分と低質成分とがあり、その合成された総体がエネルギーである。成分の内訳をいちいち取り上げるのは煩雑なので、エネルギーの形態ごとに高

図5 東京都に対するエネルギーの需要と供給のマッチング提案

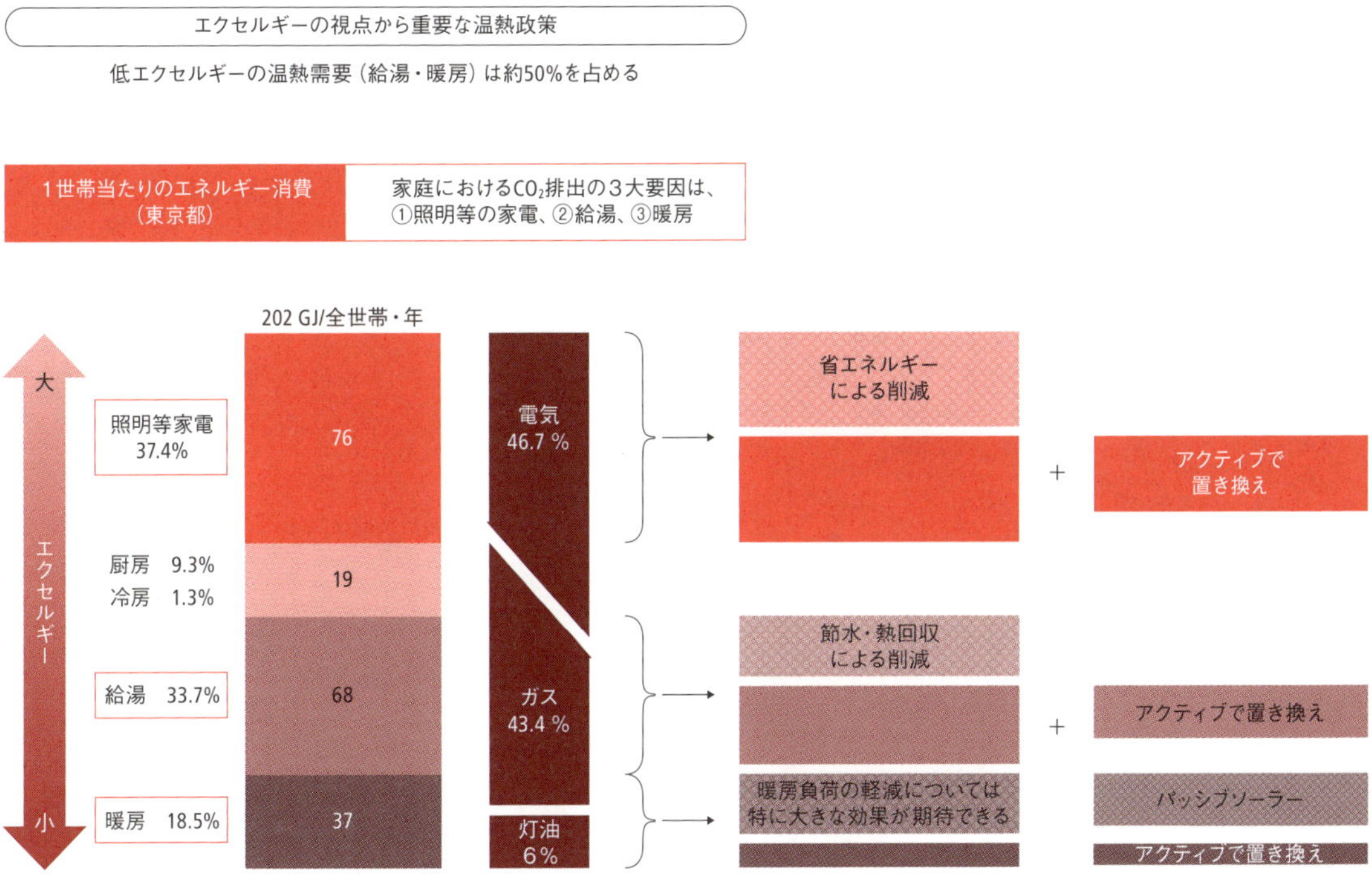
エクセルギーの視点から重要な温熱政策
低エクセルギーの温熱需要（給湯・暖房）は約50%を占める
1世帯当たりのエネルギー消費（東京都）
家庭におけるCO_2排出の3大要因は、①照明等の家電、②給湯、③暖房
202 GJ/全世帯・年
大
エクセルギー
小
照明等家電 37.4%
厨房 9.3%
冷房 1.3%
給湯 33.7%
暖房 18.5%
76
19
68
37
電気 46.7 %
ガス 43.4 %
灯油 6 %
省エネルギーによる削減
アクティブで置き換え
節水・熱回収による削減
アクティブで置き換え
暖房負荷の軽減については特に大きな効果が期待できる
パッシブソーラー
アクティブで置き換え

（出典） http://www.kankyo.metro.tokyo.jp/climate/renewable_energy/attachement/02isep.pdf（東京都環境局の太陽熱テイクオフ大会2010年1月31日における飯田哲也氏講演資料）、飯田哲也「エネルギー政策のイノベーション—原発の終わり、これからの社会」学芸出版社、134頁（2011年12月）

質成分だけを扱うようにしたほうがよい。このエネルギーの高質成分を表す物理量がエクセルギーである。エクセルギーはエネルギーの質を表す物理量ともいわれているが、より正確な定義を述べると、「エネルギーや物質が環境に拡散していく能力」[2]となる。詳細は本頁下にある出典を読んでほしい。

エネルギー使用のヒエラルキー

●エクセルギーの見方

図1は灯油焚きヒーターで暖房需要を賄う場合についてエクセルギーの投入・消費過程を試算した例である。ヒーターの熱効率を１００%と仮定すると、室空間に３２９０Ｗの熱エネルギーを供給するために必要な灯油の化学エネルギーは、当然ながら３２９０Ｗである。灯油の化学エクセルギーは３１９０Ｗである。エネルギーに対するエクセルギーの割合を有効比といい、化学エクセルギーの有効比は０・９７５、すなわち化学エネルギーのうち実に97・5%がエクセルギーである。

他方、室空気から外皮への貫流熱のエクセルギー、すなわち暖房熱エクセルギー負荷は１６８Ｗであり、暖房熱エネルギー負荷３２９０Ｗの約５%にすぎない。熱は、原子の振動が原子ごとにランダムな方向に拡散しながら伝播する現象であり、拡散を伴うためにエクセルギーと有効比が小さくなっている。

灯油焚きヒーターに投入される化学エクセルギー３１９０Ｗと暖房熱エクセルギー負荷１６８Ｗの差３０２２Ｗは、灯油燃焼におけるエネルギー・物質の拡散と、ヒーターから室内空間への伝熱（熱拡散）によって消費されるエクセルギーである。投入されるエクセルギーの95%が消費されることによってはじめて室内に熱エクセルギーが供給されていることは、大きな浪費に見える。しかし、様々なシステムについてエクセルギーの計算を数多く行った結果、どのようなシステムも、90%以上のエクセルギー消費を避けられないことがわかっている。[2] そうであるなら、機器効率の向上ばかりに目を向けるのではなく、自然のポテンシャルの活用とライフスタイルの見直しこそに、われわれは目を向ける必要がある。例えば、投入エクセルギーを化石燃料ではなく、太陽熱やバイオマスなどの更新性資源にすればよい。いずれも使わずに放置している資源である。

図2は風力発電で得られた電力を用いて電熱ヒーターによって暖房熱負荷を賄う場合についてエクセルギーの投

（出典） 2）宿谷昌則編、西川竜二・高橋達・斉藤雅也・浅田秀男・伊澤康一・岩松俊哉・マーセル シュバイカ共著「エクセルギーと環境の理論—流れ・循環のデザインとは何か［改訂版］」井上書院（2010年）

図6 国際エネルギー機構IEA Annex49研究グループによるエネルギーの需要／供給のマッチング案[4]

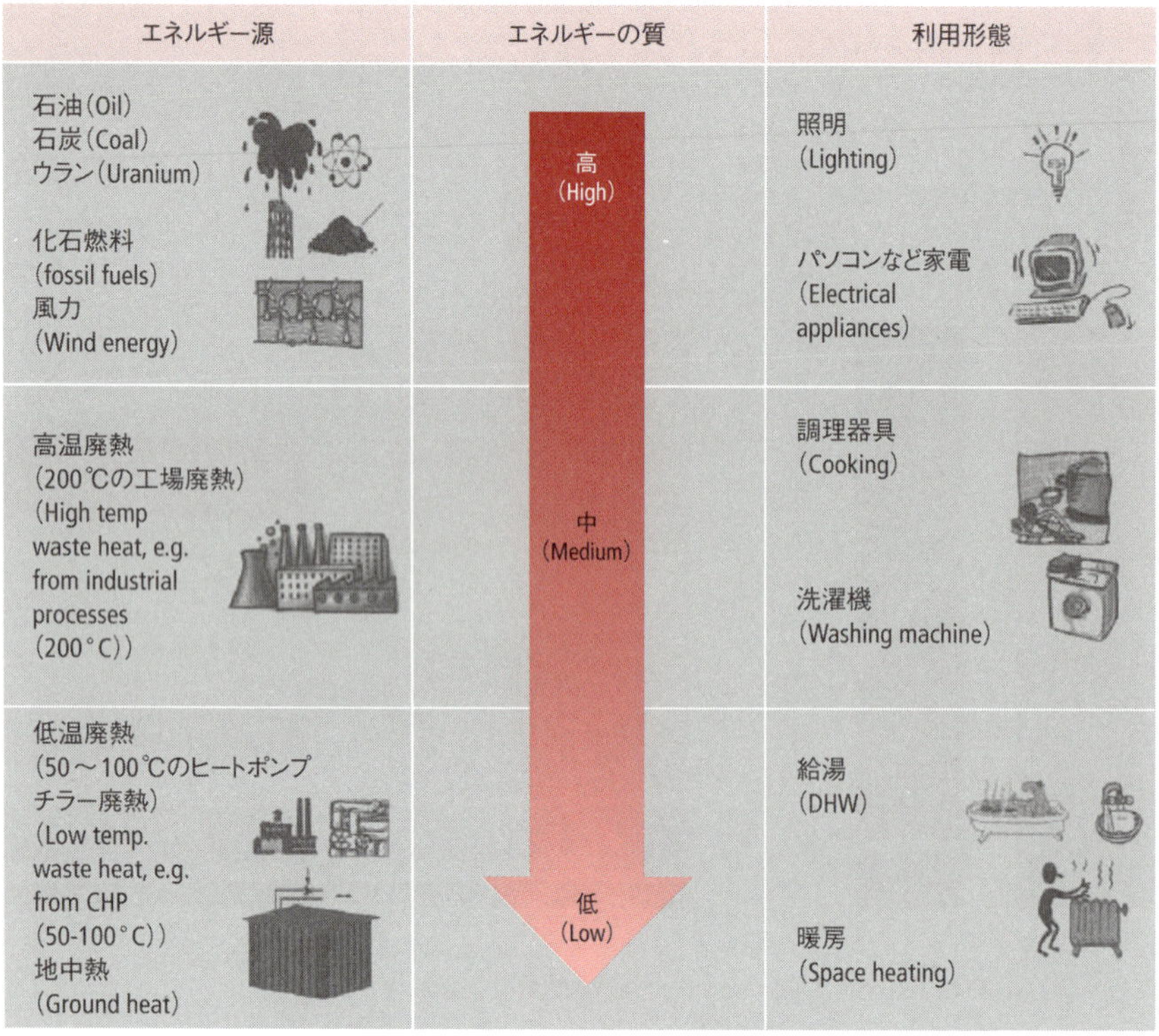
エネルギー源
エネルギーの質
利用形態
石油（Oil）
石炭（Coal）
ウラン（Uranium）
化石燃料
（fossil fuels）
風力
（Wind energy）
高温廃熱
（200℃の工場廃熱）
（High temp
waste heat, e.g.
from industrial
processes
（200°C））
低温廃熱
（50～100℃のヒートポンプ
チラー廃熱）
（Low temp.
waste heat, e.g.
from CHP
（50-100°C））
地中熱
（Ground heat）
高
（High）
中
（Medium）
低
（Low）
照明
（Lighting）
パソコンなど家電
（Electrical
appliances）
調理器具
（Cooking）
洗濯機
（Washing machine）
給湯
（DHW）
暖房
（Space heating）

入・消費過程を試算した例である。風がもつ運動エネルギーはまったく拡散を伴わない形態のエネルギーなので、エクセルギーそのものである。力学的エネルギーは物体原子が拡散することなくすべてが画一的に同方向の運動を行う現象であり、また、電力は電子の画一的運動による現象なので、これもまた拡散を伴わない。そのため、いずれも有効比が1.0である。送電ロスも含んだ発電効率を40％とすると、電熱ヒーターから3290Wの熱エネルギーを放出させるには、発電所までさかのぼって、8010Wの運動エクセルギーが風車に投入される必要がある。発電所への投入エクセルギーは灯油焚きヒーターへの投入エクセルギーの2.7倍相当と著しく大きい。数10℃で流れる熱という低質なエネルギー需要に対して、運動エネルギーという高質なエネルギーを電力に換えて供給しているために、莫大なエクセルギー消費が生じてしまっている。暖房熱エクセルギー負荷という需要に対して発電所へのエクセルギー投入は、なんと約50倍である。深夜電力を用いた蓄熱式であっても、各サブシステムを流れるエクセルギーの値同士の比は変わらないので、このような暖房方式は採用すべきではない。

例えば、120頁図3のように、建物に対して近隣にある工場の廃熱が暖房熱源として供給できる場合を想定すると、同じ暖房熱エクセルギー負荷に対して、供給温水がもつ熱エクセルギーは795Wで済む。廃熱源の温度が200℃の場合、有効比は0・242で化学エネルギーや運動エクセルギーに比べればずっと小さい。低質なエネルギー需要に太陽熱や高温廃熱のような、低質なエネルギーの供給を行えば、エクセルギー浪費を回避することが可能になるわけである。

120頁図4は風力発電所からの電力を供給して400Wの蛍光灯照明を行う場合について、エクセルギーの投入・消費過程を試算した例である。蛍光灯からの光は有効比が0・778で高く、高質なエネルギーである。運動エネルギー、電力は有効比が1.0で高く、これらもまた高質なエネルギーである。高質なエネルギー需要に対して高質なエネルギーの供給を行っているので、光のエクセルギー70Wという需要に対して発電所へのエクセルギー投入は約14倍の975Wで済んでいる。

このようなエクセルギーの見方から、エネルギーの供給について、需要に対応させた順位付けの提案を行う試みが、少ないながらもある。その一つはエネルギー政策のコンサルタントである飯田哲也氏（環境エネルギー政策研究所 代表）が東京都に提案したエネルギー需給のマッチング（121頁、図5）である[3]。今一つは、国際エネルギー機構（IEA）の研究グループ（Annex49）がエクセルギー理論に基づいて行った提案（図6）である[4]。今後は、このようなエネルギーの需要・供給に関する原理をさらに考究し、政策に反映させる必要があるだろう。

（出典） 3) http://www.kankyo.metro.tokyo.jp/climate/renewable_energy/attachement/02isep.pdf（東京都環境局の太陽熱テイクオフ大会（2010年1月31日）における飯田哲也氏講演資料）
4) http://www.annex49.com/background.html（国際エネルギー機構IEA Annex49研究グループWebSite、Summary Report: "Exergy Assessment Guidebook for the Built Environment"）

自然エネルギー賦存量

図1 東京における水平面全日射の等エクセルギー線図[×100W/㎡]

網掛けの内側が冷房期、外側が暖房期、網掛け部分が中間期

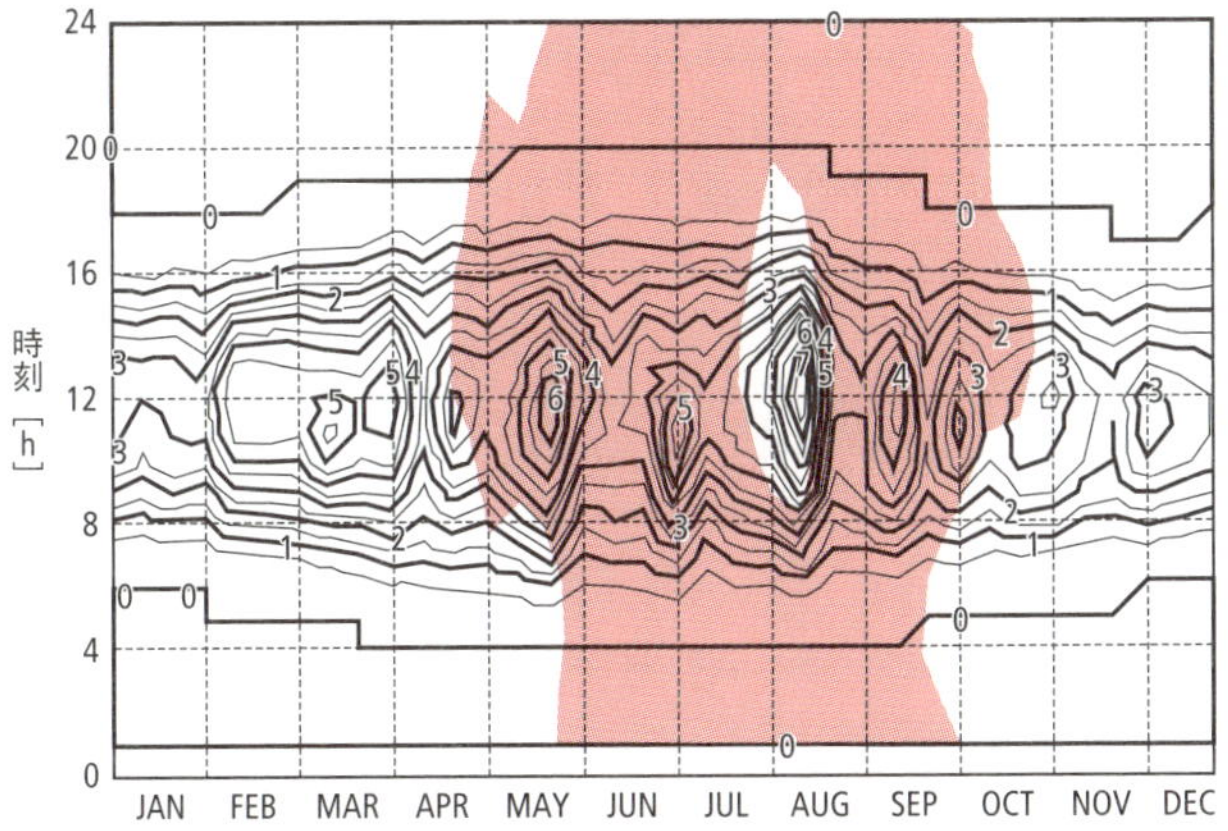
時刻[h]
0
4
8
12
16
20
24
JAN FEB MAR APR MAY JUN JUL AUG SEP OCT NOV DEC

（出典） 西川竜二・宿谷昌則著「自然エクセルギー賦存量の計算」日本建築学会計画系論文集、第504号（1998年2月）39～46頁

図2 東京における南鉛直面全日射の等エクセルギー線図[×100W/㎡]

網掛けの内側が冷房期、外側が暖房期、網掛け部分が中間期

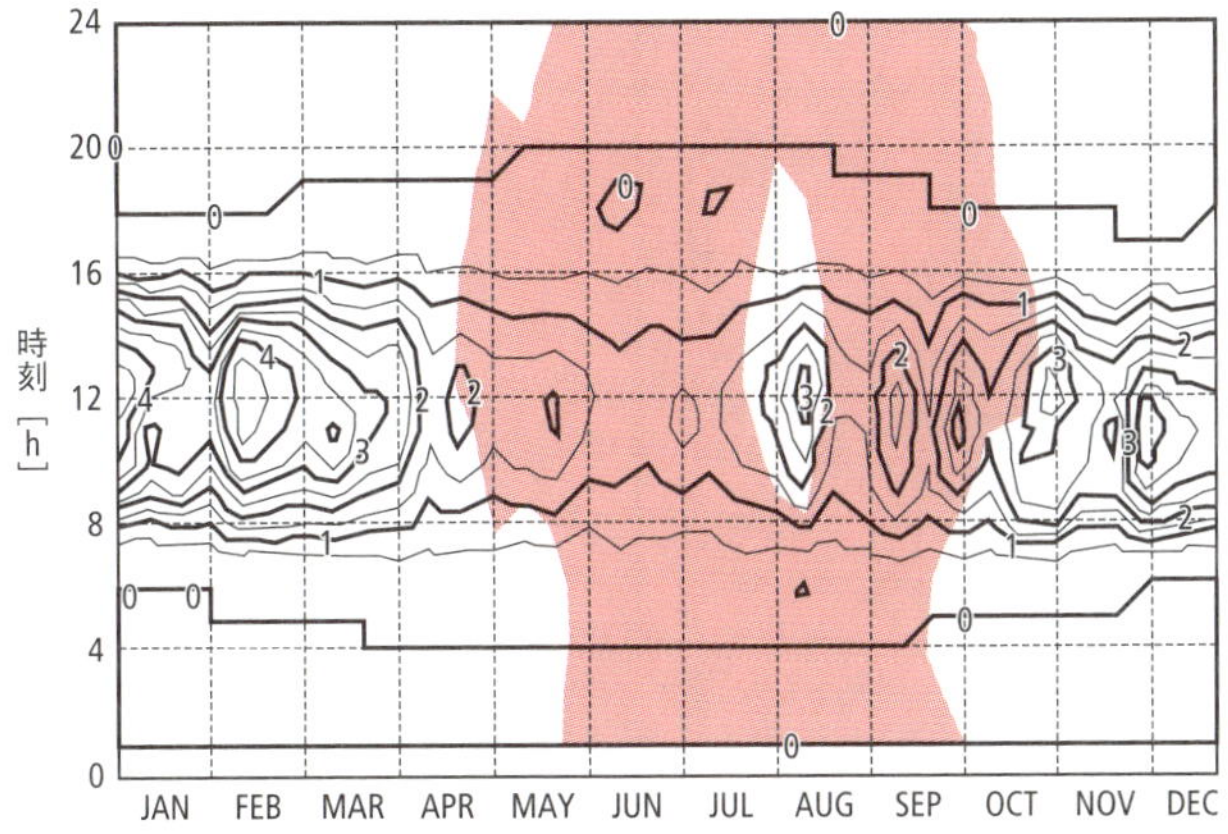
時刻[h]
0
4
8
12
16
20
24
JAN FEB MAR APR MAY JUN JUL AUG SEP OCT NOV DEC

（出典） 西川竜二・宿谷昌則著「自然エクセルギー賦存量の計算」日本建築学会計画系論文集、第504号（1998年2月）39～46頁

自然エクセルギーの賦存量

エネルギーは、その高質成分であるエクセルギーも合わせて考えなければ資源の浪費に陥る可能性がある。ここでは、いわゆる自然エネルギーについてもエクセルギーでとらえ、建築で生かし得る天賦のポテンシャルの見出し方から考えることにする。

図1～5は、東京の気象データを用いて自然エクセルギーの賦存量を計算した結果である。**図1～4**の、図中の網掛け部分は、屋外気候が「暑くも寒くもなく、不快でもない」時間帯であり、網掛け部分の内側は「暑くて不快な時間帯」、外側は「寒くて不快な時間帯」を表している。**図5**では、網掛け部分は冷却のポテンシャル（冷エクセルギー[1]）がある時間帯を、それ以外の部分は加熱のポテンシャル（温エクセルギー[1]）がある時間帯を表している。

これらの線図は、それぞれの自然エクセルギーを温冷感と照らし合わせて見ることで、その自然エクセルギーを取り込むべきかいなかを判断するためにつくられたものである。

例えば、**図2**の南鉛直面の日射エクセルギーは、年間を通じて100W／㎡以上になっている。最も高い山部分は400W／㎡台で、1月、2月の10

（出典） 1)宿谷昌則編、西川竜二・高橋達・斉藤雅也・浅田秀男・伊澤康一・岩松俊哉・マーセル シュバイカ共著：エクセルギーと環境の理論―流れ・循環のデザインとは何か[改訂版]、井上書院、2010年

図3 東京における実効放射の等エクセルギー線図[W/㎡]

網掛けの内側が冷房期、外側が暖房期、網掛け部分が中間期

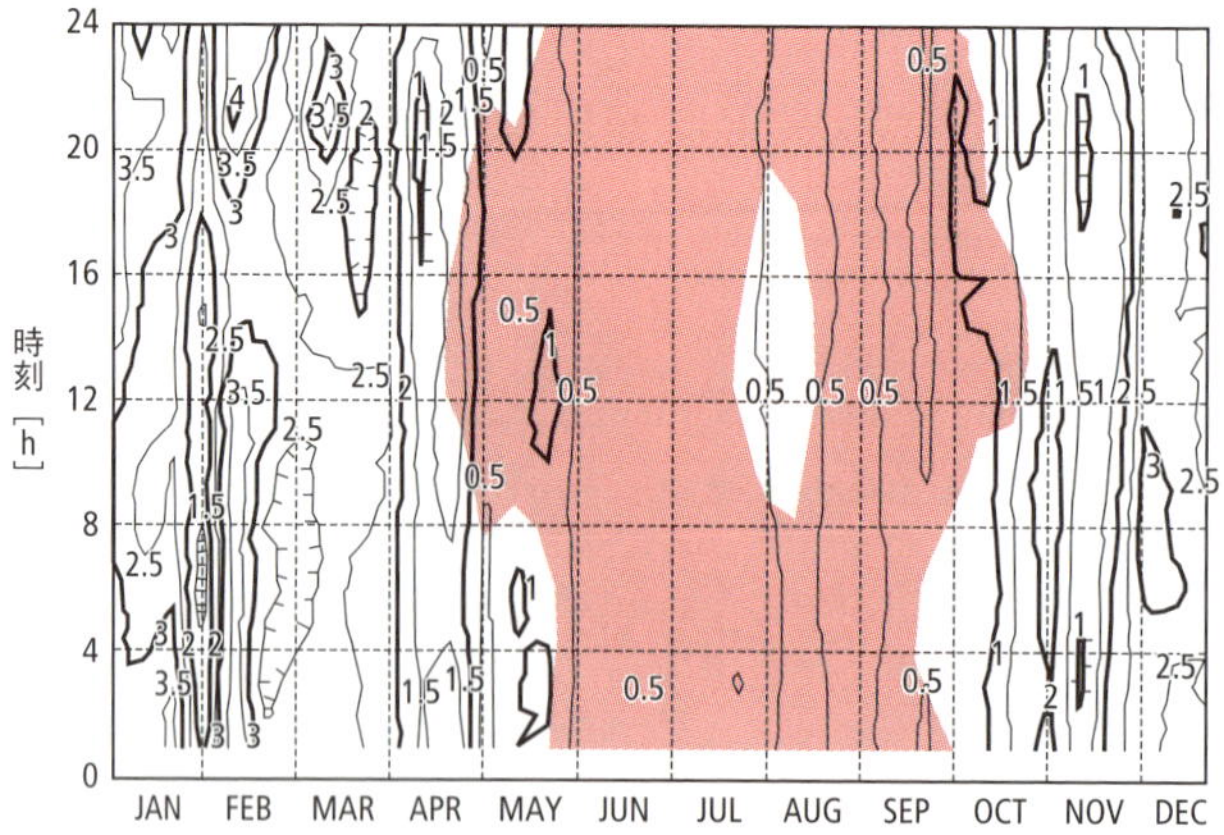

時刻[h]
0
4
8
12
16
20
24
JAN FEB MAR APR MAY JUN JUL AUG SEP OCT NOV DEC

（出典） 西川竜二・宿谷昌則著「自然エクセルギー賦存量の計算」日本建築学会計画系論文集、第504号（1998年2月）39〜46頁

図4 東京における屋根散水により室内で取り出せるエクセルギー[W/㎡]

網掛けの内側が冷房期、外側が暖房期、網掛け部分が中間期

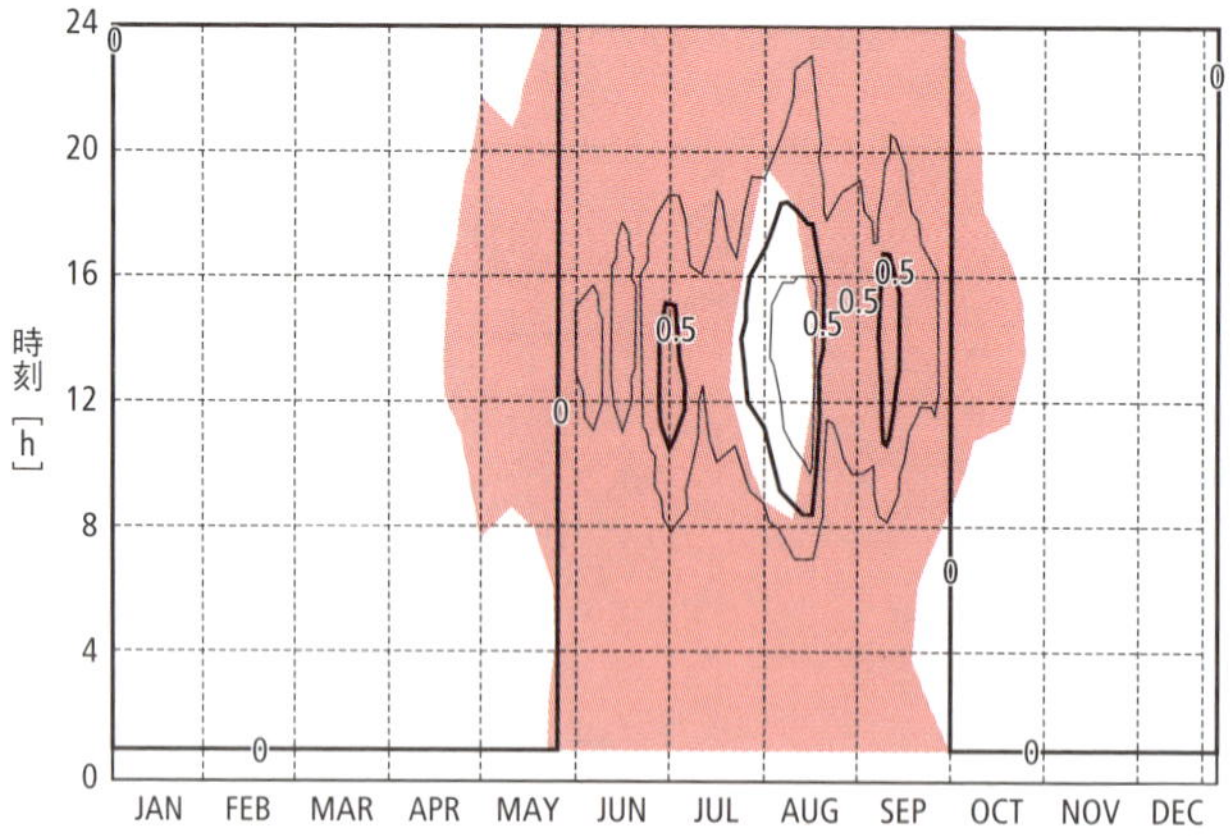

時刻[h]
0
4
8
12
16
20
24
JAN FEB MAR APR MAY JUN JUL AUG SEP OCT NOV DEC

（出典） 西川竜二・宿谷昌則著「自然エクセルギー賦存量の計算」日本建築学会計画系論文集、第504号（1998年2月）39〜46頁

時から12時頃に現れることが見てとれる。この時期にこそダイレクトゲイン方式や太陽集熱器などによって日射を室内に導入すべきことが確認できる。

図3の実効放射のエクセルギーは1日における時刻変化が小さく、夏期では0・5〜1・0W／㎡になっており、日射エクセルギーに比べると、その値は著しく小さい。しかし、遮熱・断熱が十分なパッシブ建築や放射冷房の空間で得られる冷放射エクセルギーは0・02〜0・1W／㎡であるので、[1]実効放射のエクセルギーは決して小さくない。実効放射を冷房に生かすには、その冷エクセルギーを取り込む過程でできるだけ消費させないような、できるだけシンプルなシステムを計画・施工する必要がある。

図4は屋根散水を行った場合に、室内に取り込まれる冷エクセルギーの変化を示している。暑くて不快な時期の7月上旬から8月中頃にかけて冷エクセルギーの最大値0・75W／㎡が現れている。散水で得られる冷エクセルギーも実効放射と同様に決して小さいといえない。地中の深さ1mまでの土壌は常に温エクセルギー、すなわち加熱のポテンシャルをもっているが、深さ5m以上では8月前半に冷エクセルギーが最大値400kJ／㎥程度になって

図5 東京における地中の蓄エクセルギー［×100kJ/m³］

網掛け部分は冷エクセルギー（冷却のポテンシャル）、それ以外の部分は温エクセルギー（加熱のポテンシャル）をその深さの土壌1m³がもっていることを表している

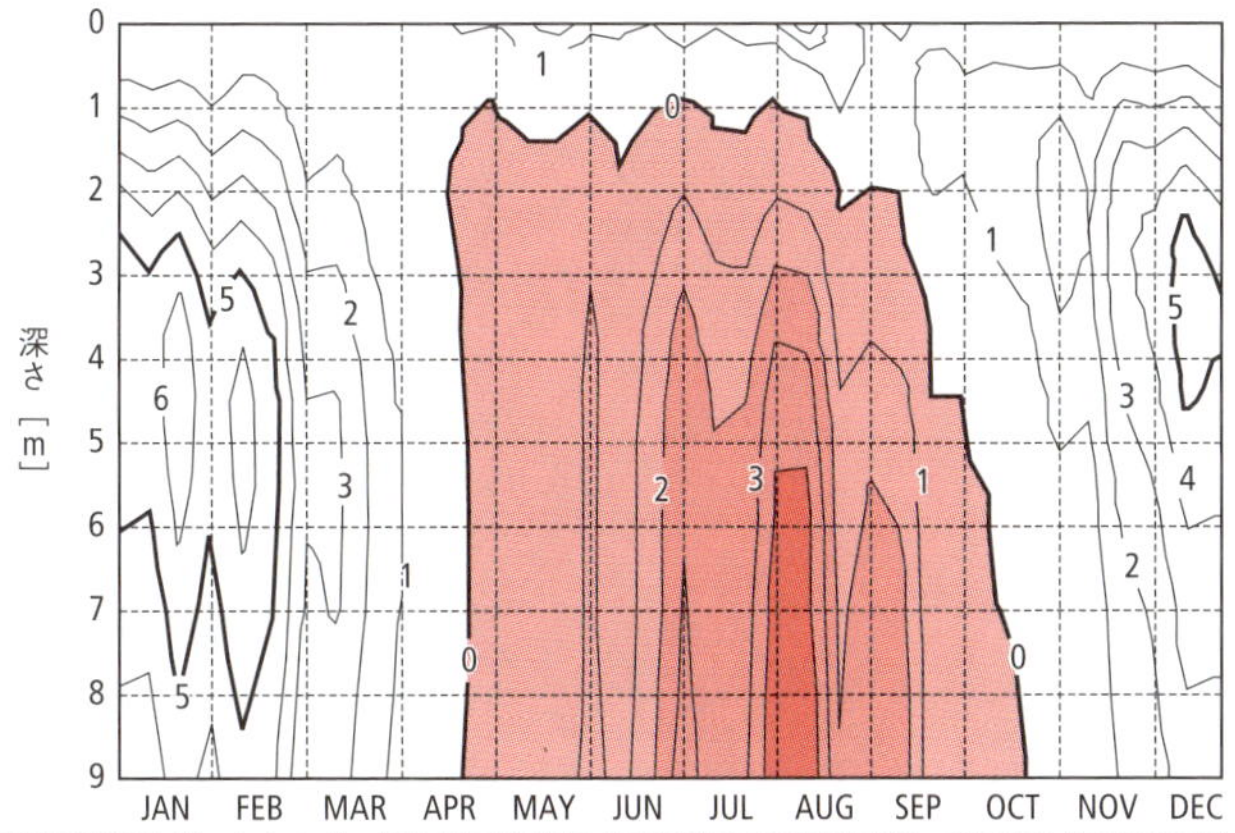
深さ［m］
0
1
2
3
4
5
6
7
8
9
JAN
FEB
MAR
APR
MAY
JUN
JUL
AUG
SEP
OCT
NOV
DEC

（出典） 西川竜二・宿谷昌則著「自然エクセルギー賦存量の計算」日本建築学会計画系論文集、第504号（1998年2月）39～46頁

図6 都道府県別の自然エネルギー自給率

自給率の高い地域のエネルギー源別年間供給量構成比（%）

	青森県	岩手県	秋田県	富山県	長野県	大分県	鹿児島県
太陽エネルギー	0.9	3.7	0.8	1.4	8.9	6.9	16.2
風力エネルギー	50.6	12.8	18.5	0.5	0.0	1.1	16.4
地熱エネルギー	21.0	46.9	45.2	3.2	9.2	73.5	37.5
小水力エネルギー	27.5	36.6	34.1	94.4	81.4	15.5	28.8
バイオマスエネルギー	0.0	0.0	1.4	0.4	0.5	3.5	1.1
合計	100.0	100.0	100.0	100.0	100.0	100.0	100.0

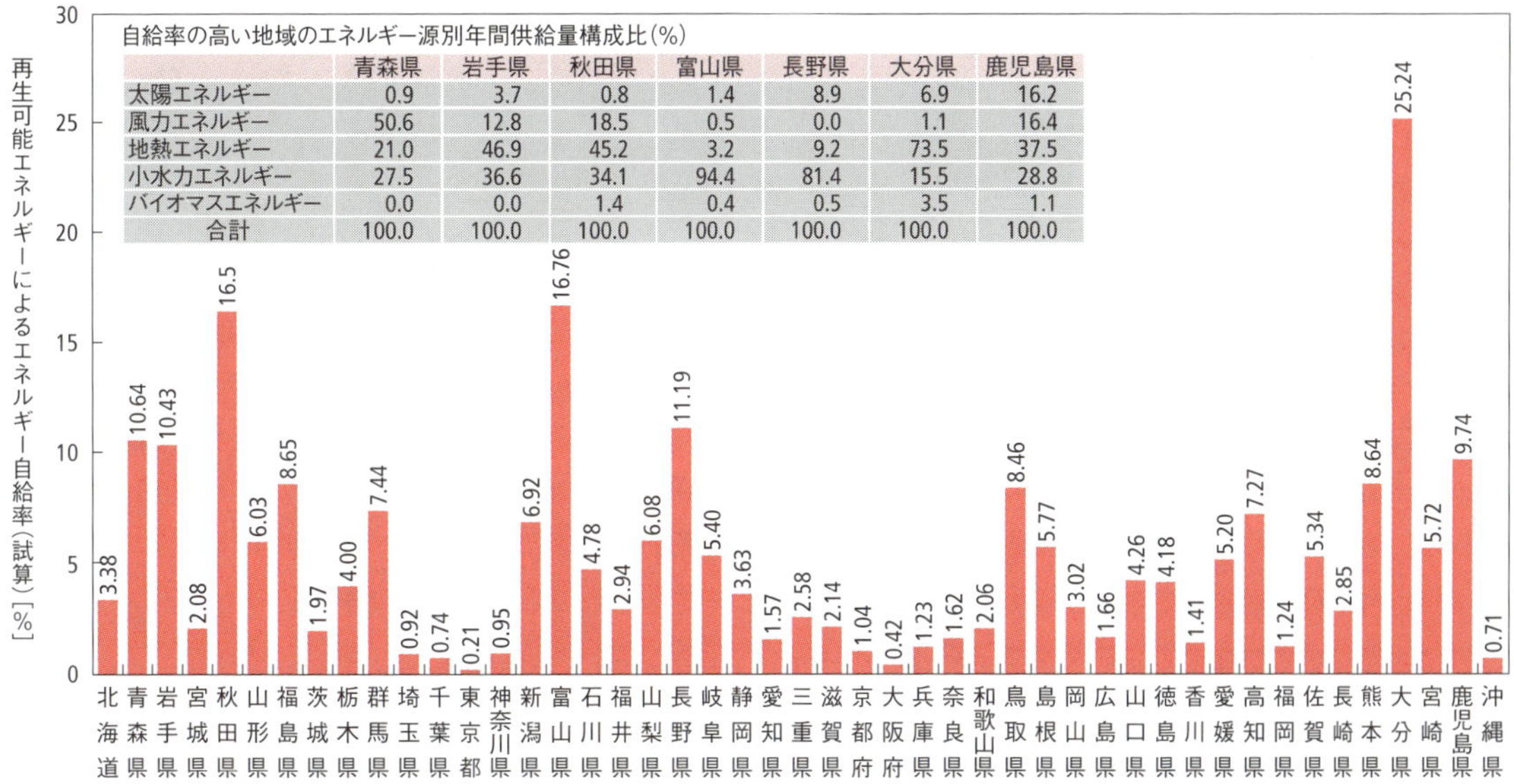
再生可能エネルギーによるエネルギー自給率（試算）［%］
0
5
10
15
20
25
30
北海道 3.38
青森県 10.64
岩手県 10.43
宮城県 2.08
秋田県 16.5
山形県 6.03
福島県 8.65
茨城県 1.97
栃木県 4.00
群馬県 7.44
埼玉県 0.92
千葉県 0.74
東京都 0.21
神奈川県 0.95
新潟県 6.92
富山県 16.76
石川県 4.78
福井県 2.94
山梨県 6.08
長野県 11.19
岐阜県 5.40
静岡県 3.63
愛知県 1.57
三重県 2.58
滋賀県 2.14
京都府 1.04
大阪府 0.42
兵庫県 1.23
奈良県 1.62
和歌山県 2.06
鳥取県 8.46
島根県 5.77
岡山県 3.02
広島県 1.66
山口県 4.26
徳島県 4.18
香川県 1.41
愛媛県 5.20
高知県 7.27
福岡県 1.24
佐賀県 5.34
長崎県 2.85
熊本県 8.64
大分県 25.24
宮崎県 5.72
鹿児島県 9.74
沖縄県 0.71

（注） 自然エネルギー自給率＝自然エネルギー供給量÷エネルギー需要量×100
自然エネルギー供給量は、以下の再生可能エネルギーの供給能力（原則として2008年3月末時点の設備が対象）。①太陽光発電（一般家庭、業務用）、②事業用風力発電、③地熱発電、④小水力発電（10,000kW以下）の水路式（調整池を含む）、⑤バイオマス発電（バイオマス比率が定まっているもの。ごみ発電は除く）、⑥太陽熱利用（一般家庭、事業用）、⑦地熱利用（温泉熱利用（浴用・他目的利用）、地中熱利用）。なお、ペレットストーブなど熱利用の木質バイオマスは今回の試算では含まれず
エネルギー需要としては、「民生部門」（家庭用と業務用を含む）と「農業・水産業部門」が対象（資源エネルギー庁「都道府県別エネルギー消費統計」2005年度データ）。すなわち農林・水産業を除く工場などの「産業用」と乗用車ガソリンなど「運輸用」は含まない。エネルギー需要の形態としては、「電力」と「熱」の双方が対象
（資料） 千葉大学公共研究センター・NPO法人環境エネルギー政策研究所「永続地帯2008年報告書」
（出典） http://sustainable-zone.org/index.php?%A5%C7%A1%BC%A5%BF%BD%B8（永続地帯ホームページ、千葉大学倉阪秀史研究室）

いる（図5）。9月には土壌が冷エクセルギー源から温エクセルギー源に変化している。

地域性を生かす

図6は都道府県別に自然エネルギー自給率（エネルギー需要に対する自然エネルギー供給量[2]）を推定した結果である。自然エネルギーは偏在しており、時間的に不安定でエネルギー源には不向きである、という意見を見聞きすることが多い。しかし、図中の大分県は、すでに2008年の時点でエネルギー需要の約25%を自然エネルギーで賄っている。温泉が豊富に湧き出る大分県では地熱の利用が盛んに行われているため、安定的に自然エネルギーを利用することが可能である。この他、山岳地の河川を豊富にもつ富山県では、小水力の利用が盛んで、自然エネルギー自給率が約17%になっている。

日本より高緯度で日射量の小さくなる地域の割合が大きいドイツでは、自然エネルギーの熱利用が義務付けられている[3]。日本には、自然エネルギー自給率を上げる〈伸びしろ〉がまだまだあるのではないか、と筆者は思う。私達は、頭のなかに刷り込まれた「常識」を一新したうえでエネルギーの問題を考えなおすといいのだろう。

（出典） 2) http://sustainable-zone.org/index.php?%A5%C7%A1%BC%A5%BF%BD%B8（永続地帯ホームページ、千葉大学倉阪秀史研究室）
3) 飯田哲也「エネルギー政策のイノベーション―原発の終わり、これからの社会」学芸出版社、133～139頁（2011年12月）

Column

エントロピーの少ないものづくり

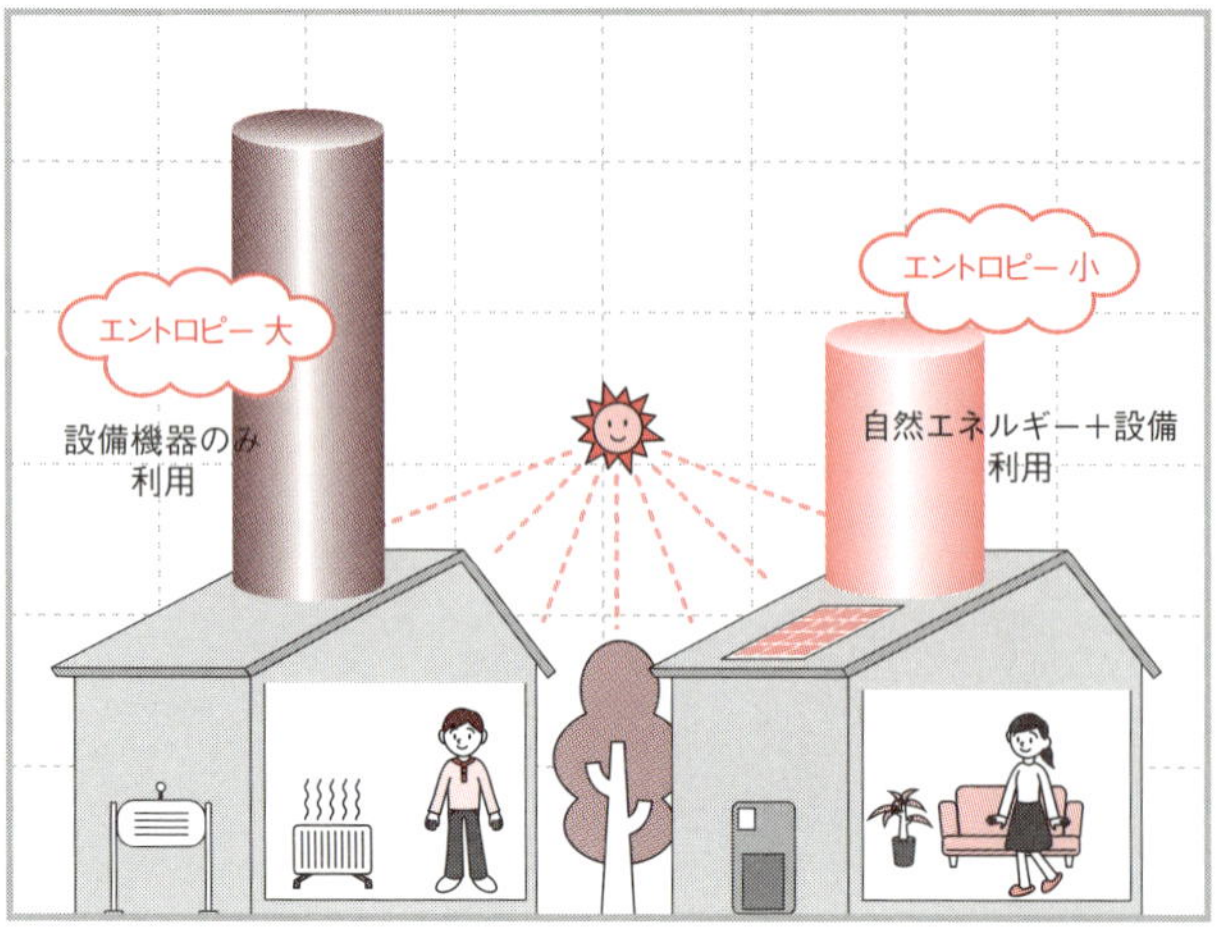
エントロピー 大
設備機器のみ
利用
エントロピー 小
自然エネルギー＋設備
利用

政治評論家の草柳大蔵氏の履いたイタリア製靴のお古を何十年にわたり、お下がりとして大切に履いている。草柳大蔵氏と言えば、首都移転の討論会で、都市をつくる時に気を付けなければならない要素として、「エントロピーの少ない都市づくり」を提言していたことを思い出す。この考え方は省エネルギーでエコな設備設計の根幹にも通じるもので、エネルギーを有効に利用するためにはエントロピーを少なくすることが重要であり、それこそがエコロジーにつながることであると理解している。そのため、設備システムの構築ではいかにエントロピーを少なくするかについて思考を巡らせる作業を繰り返している。その結果として、給湯や冷暖房設備システムにおいて自然エネルギー利用が提案の一つとなるようになった。

今でも草柳大蔵氏から頂いた靴はソールの貼り替えをしながら大切に使い続けているのである。

（柿沼 整三）

太陽光

図1 太陽光による発電の仕組み

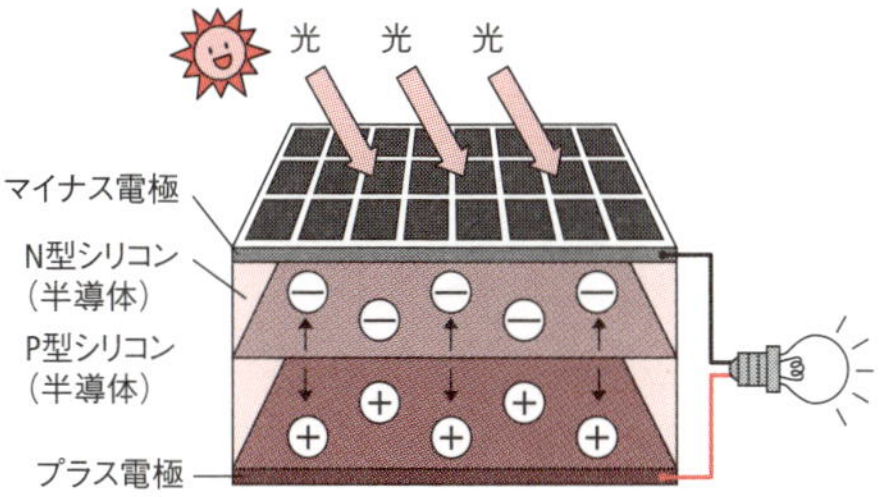
光
光
光
マイナス電極
N型シリコン
（半導体）
P型シリコン
（半導体）
プラス電極

図2 太陽光発電システム（住宅）

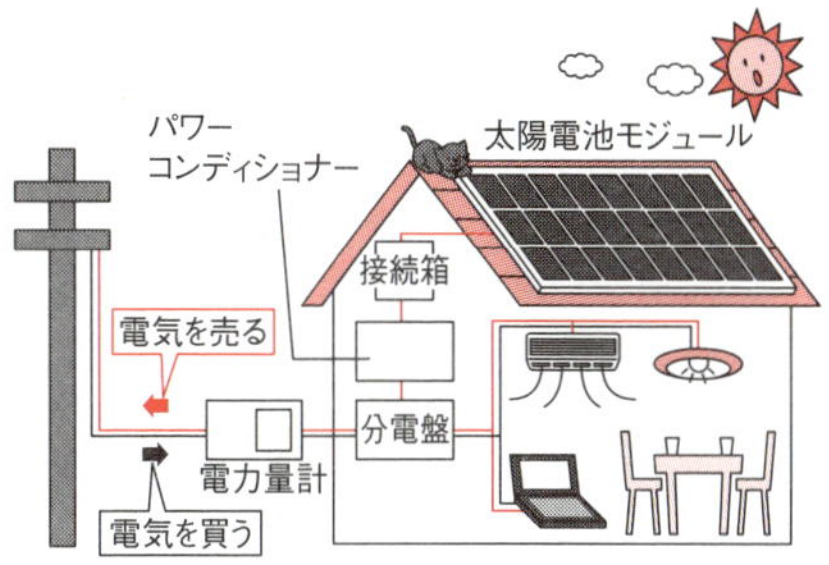
パワー
コンディショナー
太陽電池モジュール
接続箱
電気を売る
分電盤
電力量計
電気を買う

表 太陽光発電システムのメリットとデメリット

太陽光発電システムのメリット	太陽光発電システムのデメリット
・燃料が不必要 ・公害を出さずクリーンである ・家庭・設備の光熱費削減に資する ・日本全体でのエネルギー自給率の向上 ・二酸化炭素（CO_2）排出量の低減 ・ほかの発電設備と異なり小規模でも効率が低下しない	・初期投資費用（イニシャルコスト）が高いため投資回収年数が長い ・夜間は発電できない ・天候により発電量が左右される

太陽光発電システム

太陽光発電システム（注）とは、太陽電池（太陽光発電モジュール）を利用して太陽の光エネルギーを直接電気に変換する発電方式である（図1）。再生可能エネルギーに分類されるエコ設備である。「太陽電池（太陽光発電モジュール）」「電力制御装置（パワーコンディショナー）」「電力量計」などの一連の設備を総称して、太陽光発電システムと呼ぶ（図2）。

近年、地球温暖化の防止に向けた二酸化炭素排出量削減などの要請や、東日本大震災の原発事故の影響による企業や家庭での節電への取り組みから、いっそうの注目を集めている。政府の補助金・助成金も含めて導入が進んでおり、大規模なものだけでなく、一般家庭の屋根に設置するタイプも普及している。太陽光発電システムのメリットとデメリットは表のとおりである。

太陽電池とは、光起電力効果を利用し、太陽の光エネルギーを電気エネルギーに変換するパネルのことである。光吸収層の材料や素子の形態により、様々な種類に分類される。それぞれ異なった特徴をもっており、用途に応じて使い分けられている。ソーラーパネル（Solar Panel）とも呼ばれる。

電力制御装置（パワーコンディショナー）は、太陽電池で作られた電気エネルギーが直流電力のため、通常使用する設備のために交流電力に変換する装置である。電力制御装置における変換効率によっても実際に取り出せる電力が違ってくることがあるので注意する必要がある。

変換効率とは、太陽光発電システムにおいて、太陽の光エネルギーを電気エネルギーに変換したときの割合のことである。変換効率が高いほど、効果的に電気を作ることができる。

ただし、単結晶シリコン系の太陽電池では、気温が上がると変換効率が著しく低下する性質がある。このため、気温が高く日射量が多い夏場に比べて、気温が低く日射量が少ない春や秋の方が発電量が多い場合もあり、その地域の特性に合わせた選定が必要となる。

（注） Photovoltaic power generation System のソーラー発電

雪氷利用システム

図1 空気方式による雪氷冷熱システム

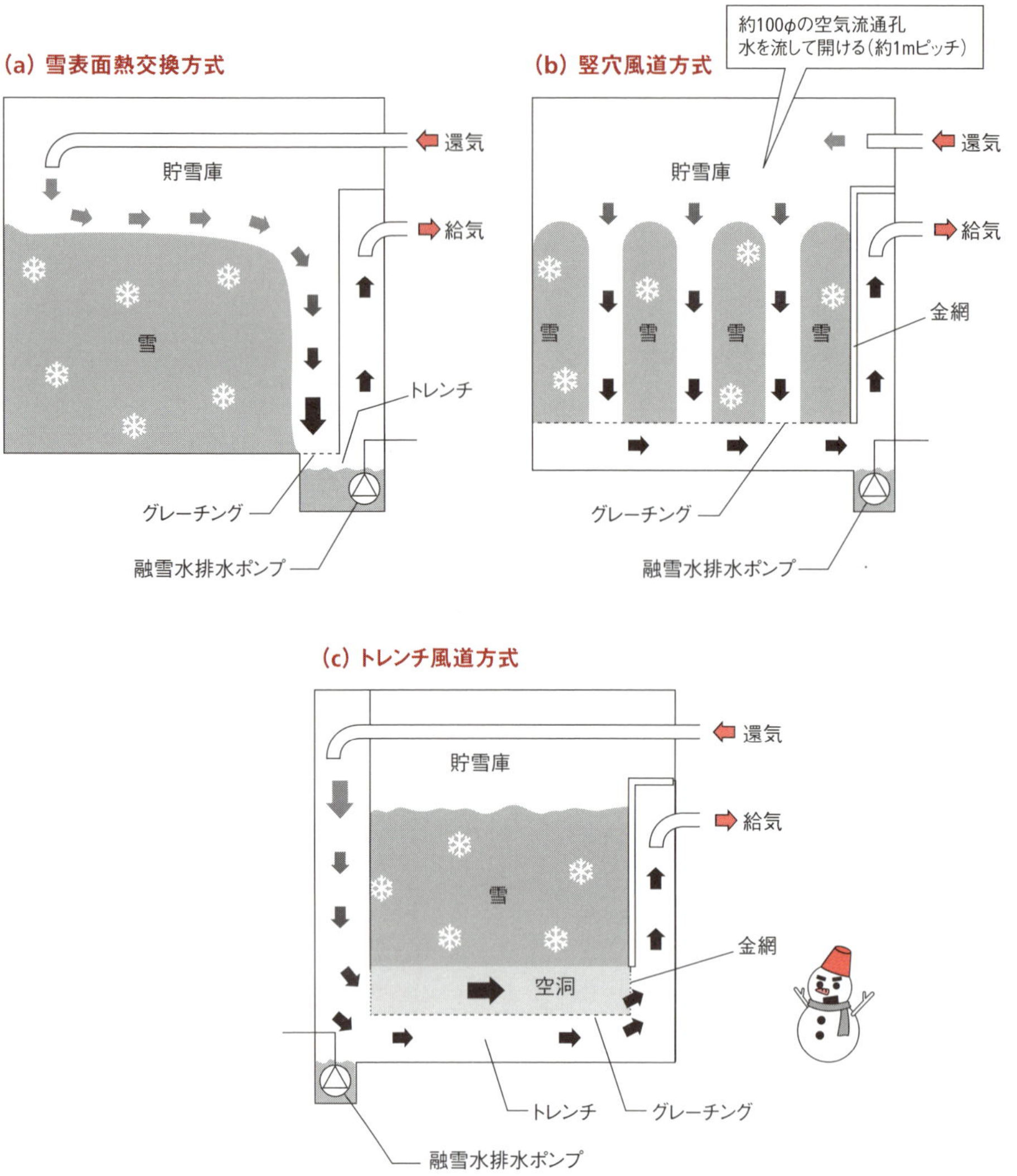
(a) 雪表面熱交換方式
貯雪庫
還気
給気
雪
トレンチ
グレーチング
融雪水排水ポンプ
(b) 竪穴風道方式
約100φの空気流通孔
水を流して開ける（約1mピッチ）
貯雪庫
還気
給気
金網
雪
雪
雪
雪
グレーチング
融雪水排水ポンプ
(c) トレンチ風道方式
還気
貯雪庫
給気
雪
金網
空洞
トレンチ
グレーチング
融雪水排水ポンプ

冬に大量に雪が降る地域では、道路に積もった雪を除雪する必要がある。雪は冷熱を蓄えており、この自然の熱エネルギーを利用して、夏場の空調に利用する利雪システムがエコ設備として注目されている。

雪氷冷熱利用の方式

雪氷冷熱の利用方式には、空気方式と冷水方式の2種類がある。

空気方式は、空気と雪氷を直接接触させて、得ることのできる低温高湿度の空気を利用する。得られる空気の温度は3～5℃（Dry Bulb、乾球温度）程度、湿度は90～95％（Relative Humidity、相対湿度）程度になる。主に米や野菜などの農作物の低温貯蔵に利用される。

冷水方式は、雪氷をいったん溶かすことによって発生する融雪水の冷熱を、熱交換器で空調機側の冷水と熱交換し利用する。冷水の取出し温度としては、5～7℃程度になる。主に一般的な空調の冷房として利用されることが多い。

図2 冷水方式の雪氷冷熱システム

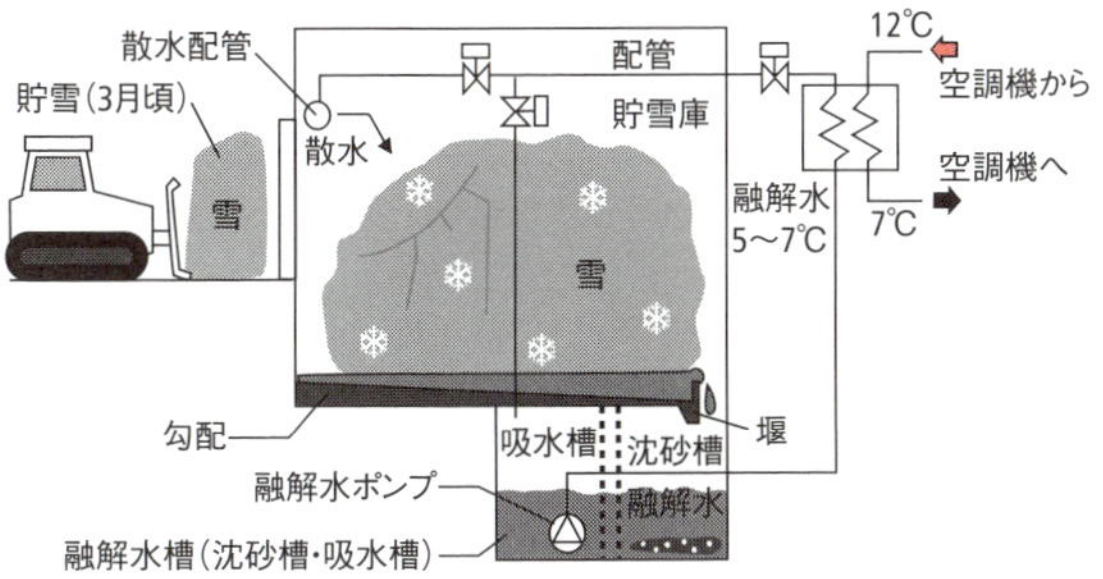
散水配管
貯雪(3月頃)
配管
貯雪庫
12℃
空調機から
散水
雪
雪
融解水
5~7℃
空調機へ
7℃
勾配
吸水槽
沈砂槽
堰
融解水ポンプ
融解水
融解水槽(沈砂槽・吸水槽)

表 空気方式の雪氷冷熱利用による各方式の特徴

	雪表面熱交換方式	竪穴風道方式	トレンチ風道方式
貯雪庫建築費	安い	高い	高い
冷却性能	悪い	良い	良い
その他		空気流通孔の開孔を作る作業が必要となる	

写真 ガラスのピラミッド(北海道:モエレ沼公園)

空気方式の雪氷冷熱利用

雪表面熱交換方式は、貯雪庫の建築コストは安いものの、冷却性能としては他の方式に比べて劣っている。竪穴風道方式は、空気と雪氷の接触面積は大きくとれるが、空気流通孔の開孔作業が必要になる(**図1**、**表**)。

冷水方式の雪氷冷熱利用

雪氷を溶かすことによる融雪水の冷熱を利用する。融雪水をポンプで熱交換器に送り、空調機側の冷水と熱交換し利用する。冷水の取出し温度としては、5~7℃程度になる(**図2**)。

雪氷冷熱の利用例

代表的な使用例として、札幌市の中心部からやや北にあるモエレ沼公園(イサム・ノグチのマスターデザイン)内のガラスのピラミッドの建物(**写真**)が挙げられる。この建物は、夏場の冷房に雪氷冷熱が利用されている。

このほか、北海道の玄関口である新千歳空港において実施例がある。「エコ・エアポート」の実現に向けた環境施策の一環として、空港内で除雪した雪冷熱を利用し、5月から9月までの5ヶ月間、空港施設に使用する冷房の3割程度を雪冷熱で賄っている。

(出典) 新エネ雪氷利用研究会ホームページ http://www.seppyou.com/

VWV・VM制御

図1 CWVとVWVの比較

CWV方式は熱源機の過大な設計、2次側でのバイパス過多、冷温水往還温度差縮減、熱源機COP低下、2次側での除室能力低下など、連鎖的な弊害が生じ得る

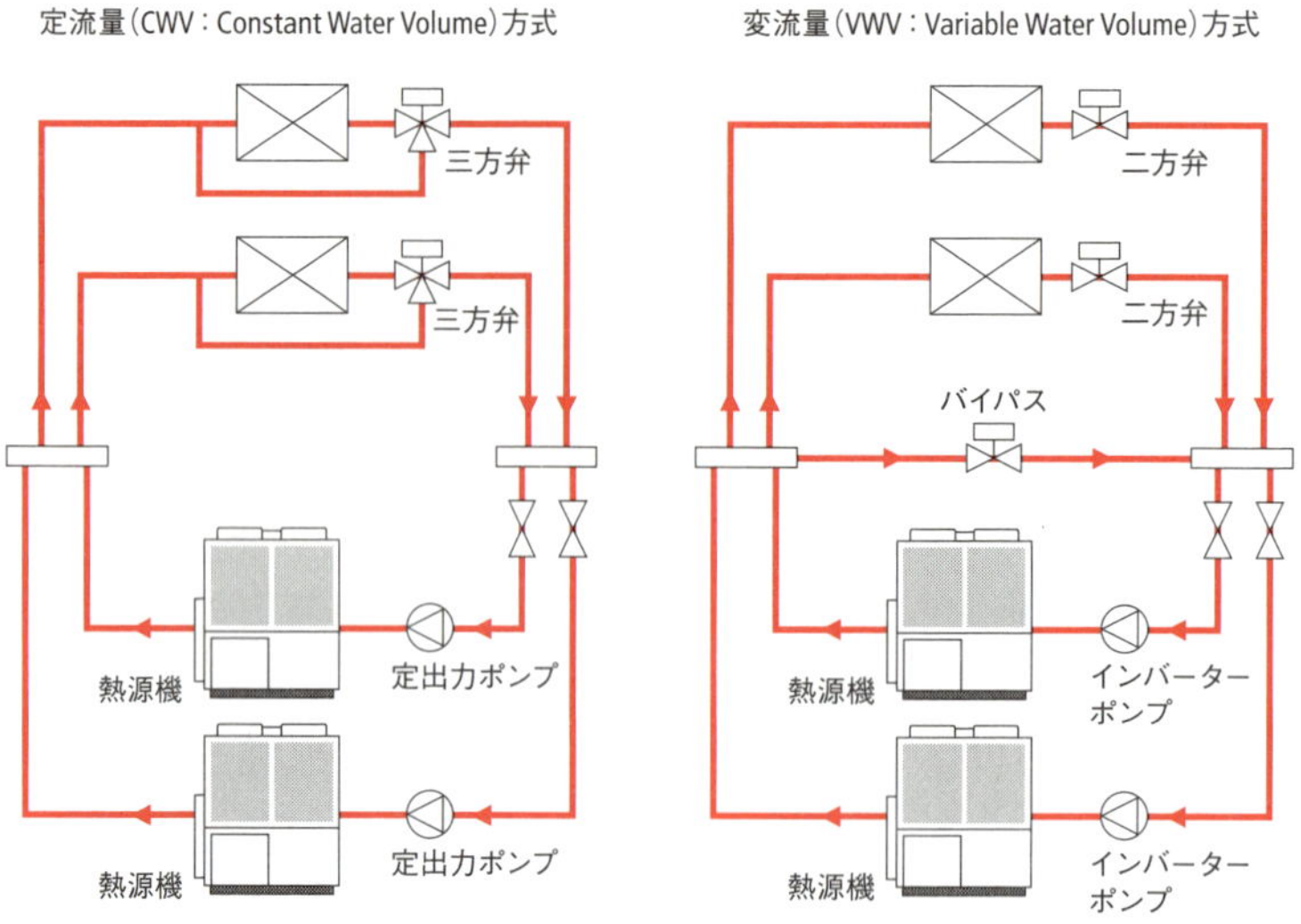
定流量（CWV：Constant Water Volume）方式
三方弁
三方弁
熱源機
定出力ポンプ
熱源機
定出力ポンプ
変流量（VWV：Variable Water Volume）方式
二方弁
二方弁
バイパス
熱源機
インバーターポンプ
熱源機
インバーターポンプ

図2 制御方式とポンプ動力特性

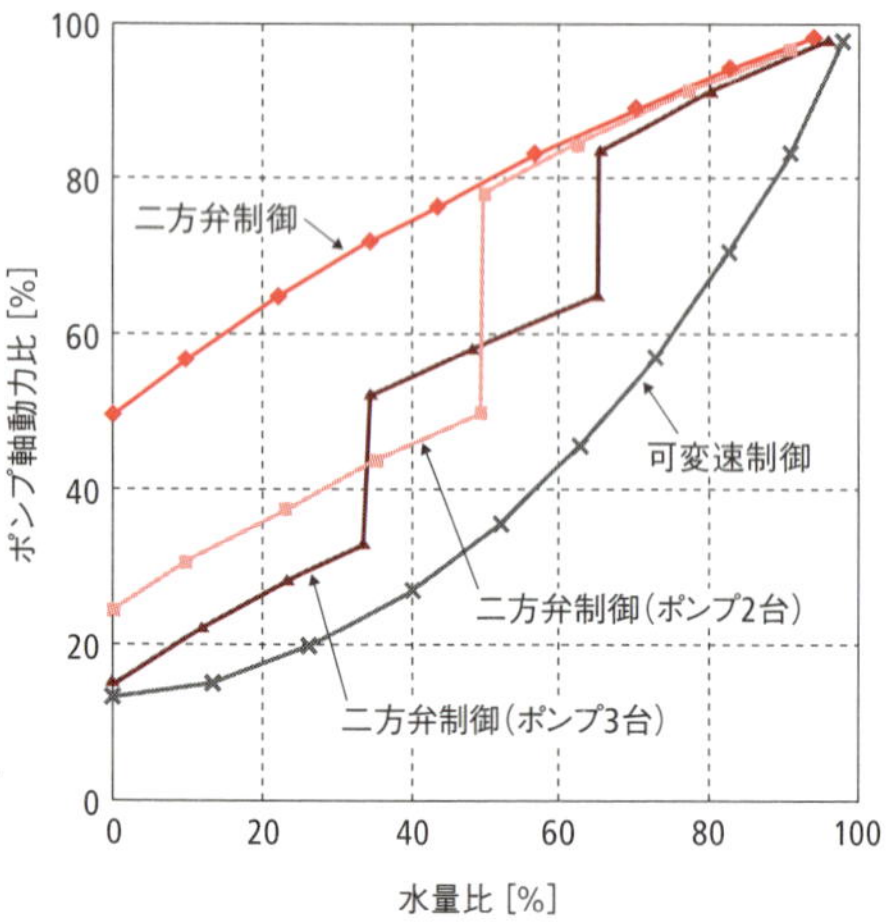
ポンプ軸動力比 [%]
水量比 [%]
二方弁制御
可変速制御
二方弁制御（ポンプ2台）
二方弁制御（ポンプ3台）
0
20
40
60
80
100

ポンプの流量調節方法には
①台数制御
②可変速制御　がある。
左図に示すように、どちらの場合も省エネルギー効果は可変速制御が最も大きい。可変速制御では、ファンやポンプのモータの回転数をインバータで調節する

CWV方式とVWV方式

送水方式の最も基本的なCWV（定流量）方式は、負荷が減少すると空調機のコイルへの冷温水を三方弁でバイパスさせることにより、系統全体の流量を一定に保ちながら、2次側への供給熱量を調整する。循環ポンプは負荷の変動に関係なく、定速で運転する。

ここで、熱源機の生産熱量が2次側の要求熱量に比べて過大になると、バイパス流量が大きくなり、冷温水の往還温度差が確保できなくなる。これにより、熱源機のCOP（**注1**）が低下するだけでなく、空調機においても吹き出し温度の上昇による除湿能力低下などの弊害が生じる場合がある。このような現象は設備容量の過大設計が原因となる場合が多いため、設計当初の熱負荷予測と実使用状況下の整合性を含めて、竣工後の検証が必要である。

一方、VWV（変流量）方式の場合は負荷の変動に対応して配管系の循環水量を変化させるため、ポンプの消費電力が節電できる。さらに、往還温度

（注1）消費電力1kWあたりの冷却・加熱能力を表した値

図3 超高層オフィスAビルの空調配管系統図

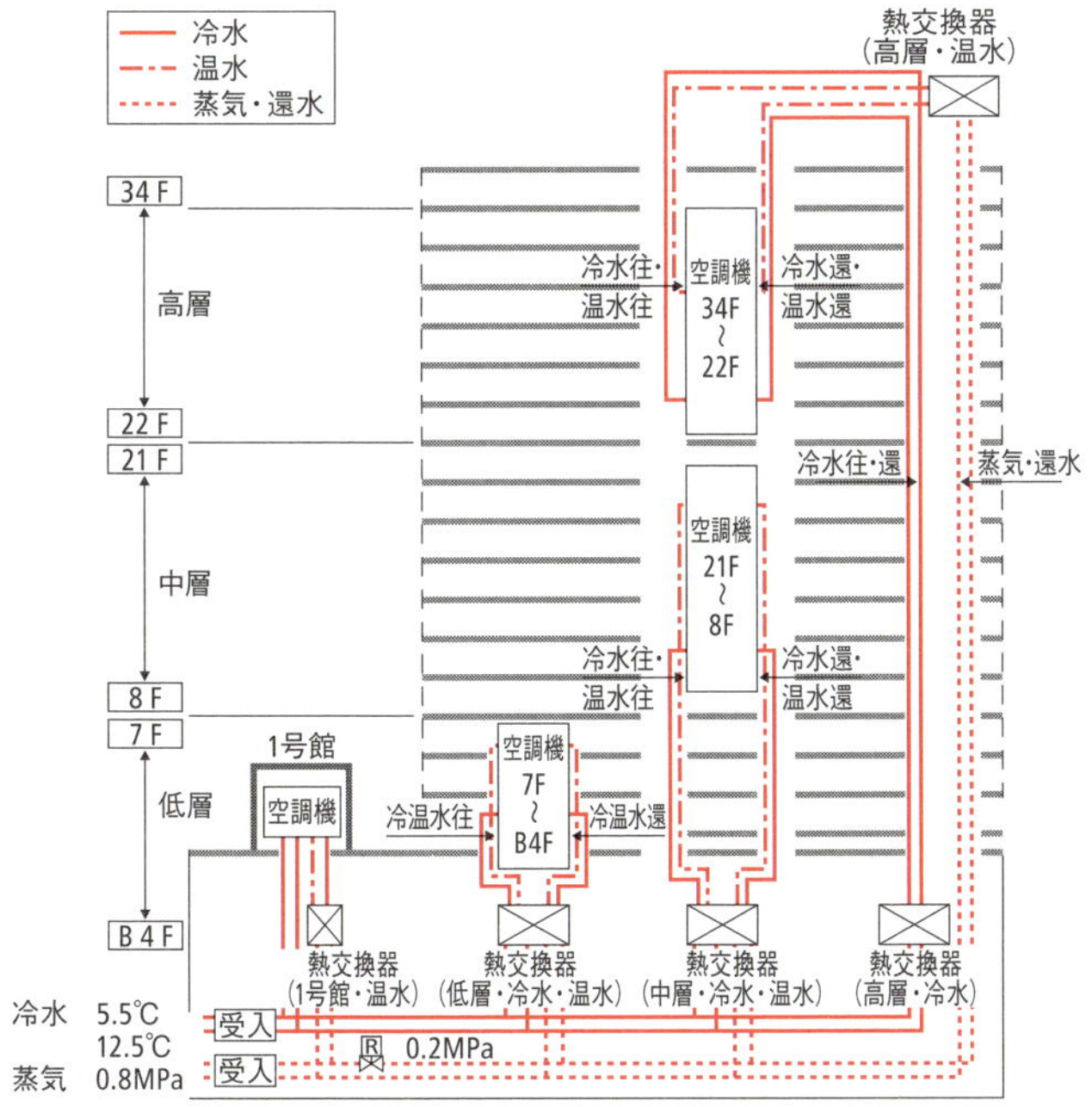

冷水
温水
蒸気・還水
熱交換器（高層・温水）
34F
高層
22F
21F
中層
8F
7F
低層
B4F
冷水往・温水往
空調機 34F ~ 22F
冷水還・温水還
冷水往・還
蒸気・還水
空調機 21F ~ 8F
1号館
空調機
空調機 7F ~ B4F
冷温水往
冷温水還
熱交換器（1号館・温水）
熱交換器（低層・冷水・温水）
熱交換器（中層・冷水・温水）
熱交換器（高層・冷水）
冷水 5.5℃
12.5℃
蒸気 0.8MPa
受入
受入
0.2MPa

図4 VWV-VM制御の構築例（Aビル）

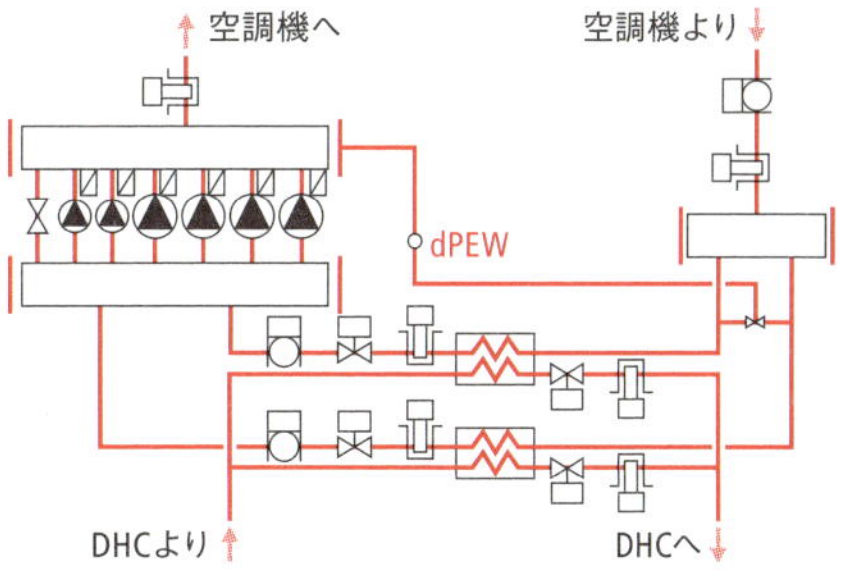

空調機へ
空調機より
dPEW
DHCより
DHCへ

Aビルでは、DHC（地域冷房）施設より冷熱源として冷水を、温熱源として蒸気を受け入れ、熱交換器を介して2次側空調機に冷水、温水を供給する。冷水、温水系統とも往還温度差は10℃で設計され、配管は3系統にゾーニングされている。冷温水ポンプは、台数制御及びインバータ制御による変流量方式を採用し、各ゾーンの負荷変動に応じた流量制御を行っている

図5 月別平均値のWTFと負荷流量の関係（Aビル）

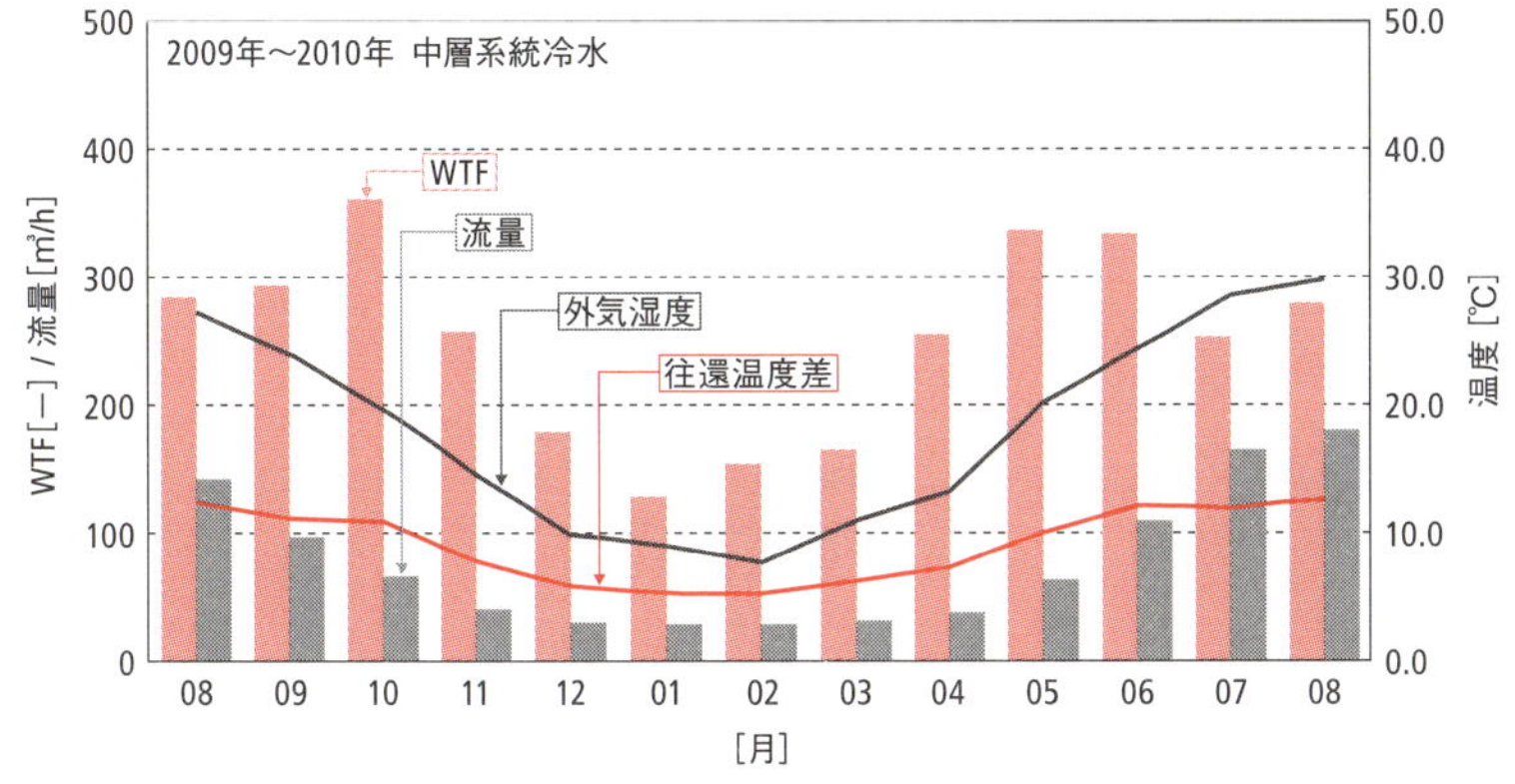

2009年~2010年 中層系統冷水
WTF
流量
外気湿度
往還温度差
WTF[－] / 流量[m³/h]
温度[℃]
[月]
500
400
300
200
100
0
50.0
40.0
30.0
20.0
10.0
0.0
08 09 10 11 12 01 02 03 04 05 06 07 08

水の期間熱搬送効率WTF
＝∫冷温水製造（搬送）熱量／∫ポンプの電力消費量
（空気調和・衛生工学会推奨値は開放系で20以上、密閉系で35以上）

差を維持してCOPを向上するとともに、2次側の高効率化や室内環境の調整能力向上にも寄与し得る（図1）。

VWV-VM制御

VWV-VM制御とは2次ポンプで空調機の制御情報をもとに、ポンプ供給圧力設定を変更するフィードバック制御である（図2）。還り水量から負荷流量を検知し、2次ポンプの台数制御を行い、往還配管ヘッダ間差圧によりインバータの回転数制御を行う。各インバータは同一の回転数を出力する。次に空調機の制御弁開度情報を用いて、必要な水量を維持しながら制御弁が極力全開になるまで、インバータでモータ回転数を下げ、ポンプ動力を低減する。

Aビル（図3~5）は、一年中冷水の要求があり、WTF（注2）は推奨値より大幅に大きい100以上の値となった。12月~3月の冬期は往還温度差が小さいが、外気冷房で負荷処理後の小さい冷房負荷を少流量で処理している時間が多いためである。負荷が大きい夏期は往還温度差が12℃以上でポンプ効率も高いため、月平均WTFが300近い値となっている。これにより、通常のVWV制御と比べ最大50%程度の省エネが可能となる。

（注2） 水の期間熱搬送効率

VAV制御

図1 VAVの仕様が想定される状況

大部屋の負荷分布に応じた風量調整
小部屋の使用状況に応じた風量調整

図2 要求風量設定の模式図

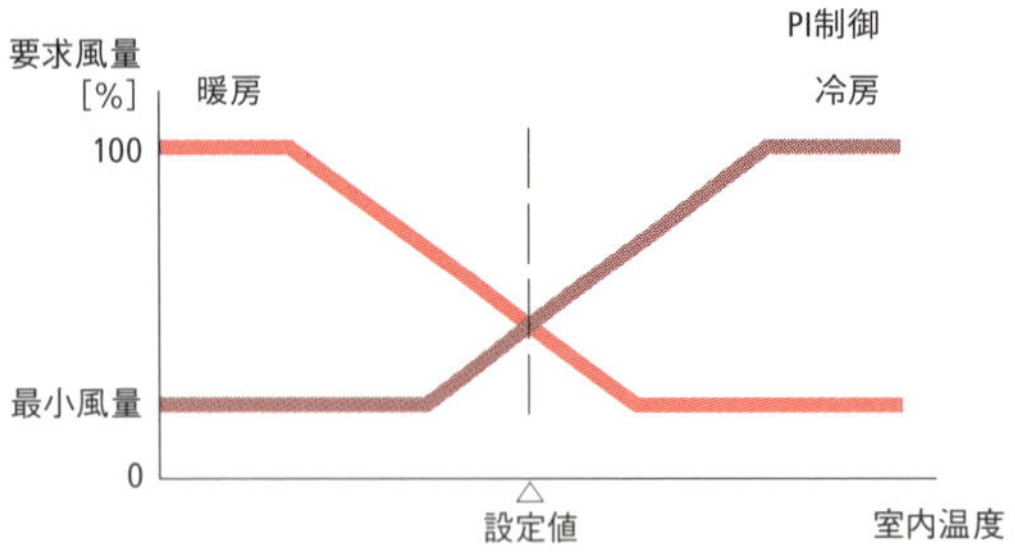
要求風量
[%]
暖房
PI制御
冷房
100
最小風量
0
設定値
室内温度

要求風量設定の模式図

室内温度を検出してDDCV（VAVコントローラ）にて設定温度と比較する。その偏差によって要求風量を算出し、VAV風量センサーよりの実風量との過不足風量を求め、左図のようにVAVダンパーモータに対し開または閉出力を行う

図3 冷温水の2方弁制御

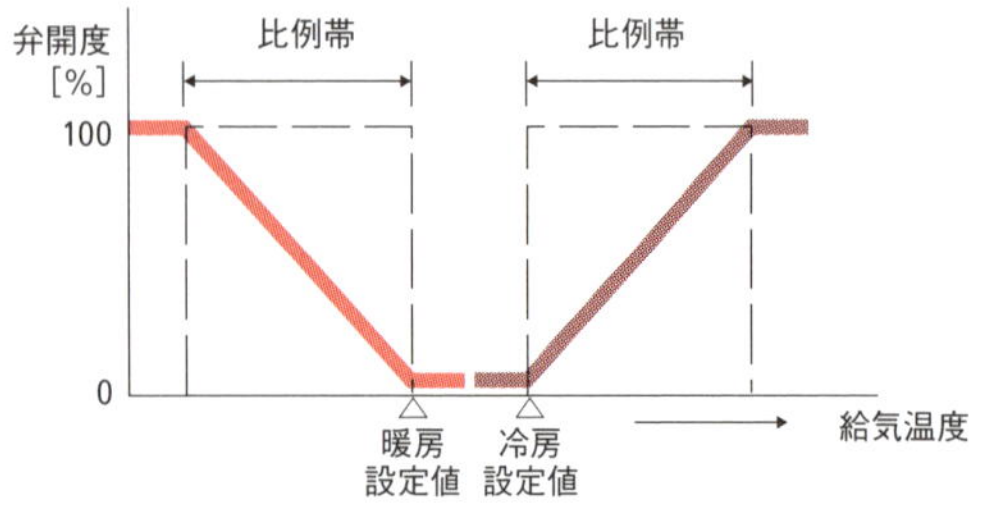
弁開度
[%]
比例帯
比例帯
100
0
暖房
設定値
冷房
設定値
給気温度

制御中の各VAVの最大風量と要求風量の比により給気温度設定を自動的に変更する。いずれか1つのVAVの最大風量と要求風量との比が一定値に達したら給気温度設定を変更する

VAV制御の特徴

CAV（定風量）では、熱負荷の偏在や、VA変動への対応が難しい。VAV（変風量）を採用することで、負荷の偏在や変動に対するフレキシビリティが高まり、部分負荷時の送風ファンの出力を抑えて搬送動力が削減できる。また、CAV方式と比較して空調機やダクトなどの容量を抑えて設計することが可能になるため、建築全体の計画に好影響をもたらす（**図1**）。

一方で、負荷が小さい場合に供給風量を抑制しすぎると、必要外気導入量を確保できなくなるため、風量の下限値を制御上に組み込んだり、CO_2濃度制御を連動するといった対応が必要になる。また、風量が小さくなると、冷房時に冷気のドラフトが生じる。ここでも送風温度と風量の状況を、制御にフィードバックすることが必要となる。また、除湿が不十分になる恐れもある。したがって、VAVの導入は省エネにつながるが、多くの検討事項を伴い、制御も複雑なものとなりやすい

図4 ロードリセット制御下での給気風量・給気温度の傾向（Bビル）

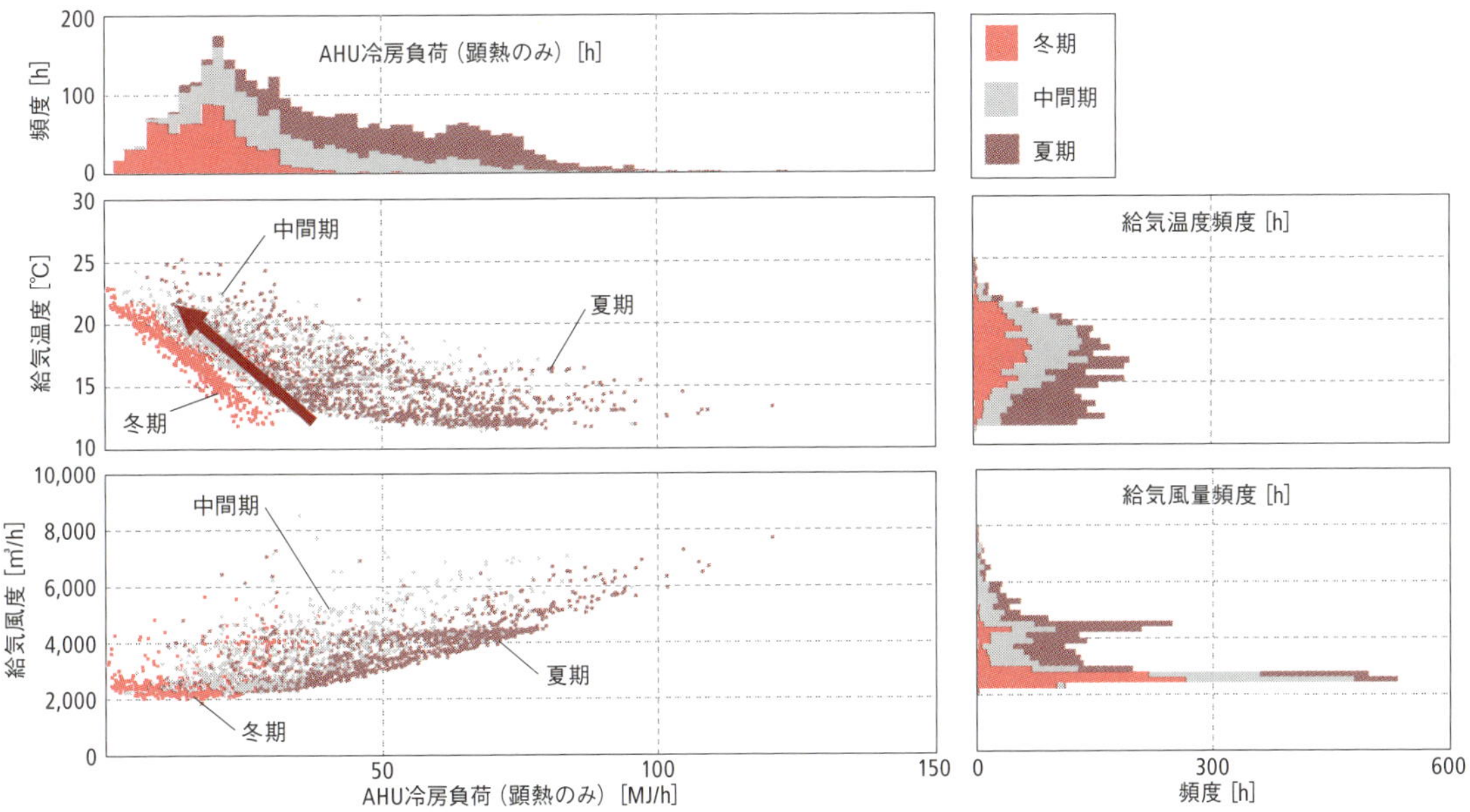
冬期
中間期
夏期
AHU冷房負荷（顕熱のみ）[h]
頻度 [h]
200
100
0
給気温度 [℃]
30
25
20
15
10
中間期
夏期
冬期
給気温度頻度 [h]
給気風量 [m³/h]
10,000
8,000
6,000
4,000
2,000
0
中間期
夏期
冬期
給気風量頻度 [h]
50
100
150
AHU冷房負荷（顕熱のみ）[MJ/h]
0
300
600
頻度 [h]

図5 制御パラメータに起因する室温ハンチング

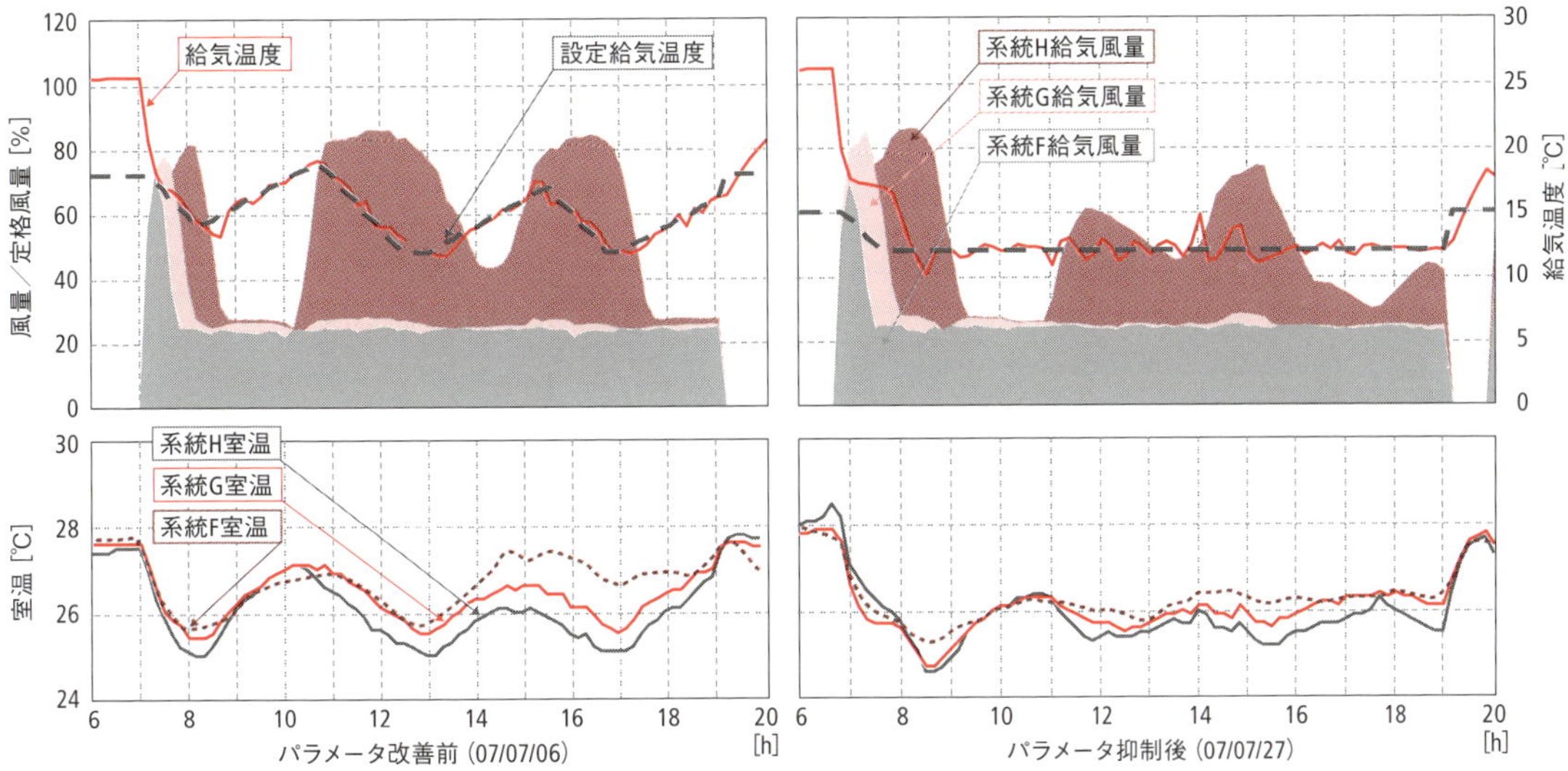
風量／定格風量 [%]
120
100
80
60
40
20
0
給気温度
設定給気温度
系統H給気風量
系統G給気風量
系統F給気風量
給気温度 [℃]
30
25
20
15
10
5
0
室温 [℃]
30
28
26
24
系統H室温
系統G室温
系統F室温
6
8
10
12
14
16
18
20
[h]
パラメータ改善前（07/07/06）
パラメータ抑制後（07/07/27）

傾向にあるといえる（**図2・3**）。

ロードリセット制御

ロードリセット制御とは、VAV制御下での低負荷時における極端な風量低下による温熱環境の悪化を回避するために、低負荷状態が一定時間継続した時に空調機の給気温度を自動変更する制御である。

図4はロードリセット制御下における給気温度・空調機風量（VAVと連動してインバータ制御）の冷房負荷との関係と、出現頻度を示したものである。年間を通して冷房負荷が発生しているが、冬期の冷房負荷が少ない時期にロードリセット制御により給気温度が上昇して風量を確保している。

図5にロードリセット制御の設定変更前後における空調機給気風量・温度および室温の時刻変動を示す。変更前はロードリセットが頻繁に発動し、室温に周期的な変動が生じてしまう。しかし、ロードリセット発動のしきいを変更することにより、給気温度の安定に伴って風量の過剰な変動がなくなり、室温の変動幅を抑制することができている。このような問題は多くの現場で潜在的に生じており、VAV制御においては実使用状況下における運転検証・改善が不可欠となる。

インバータ制御

図1 インバータの基本構成

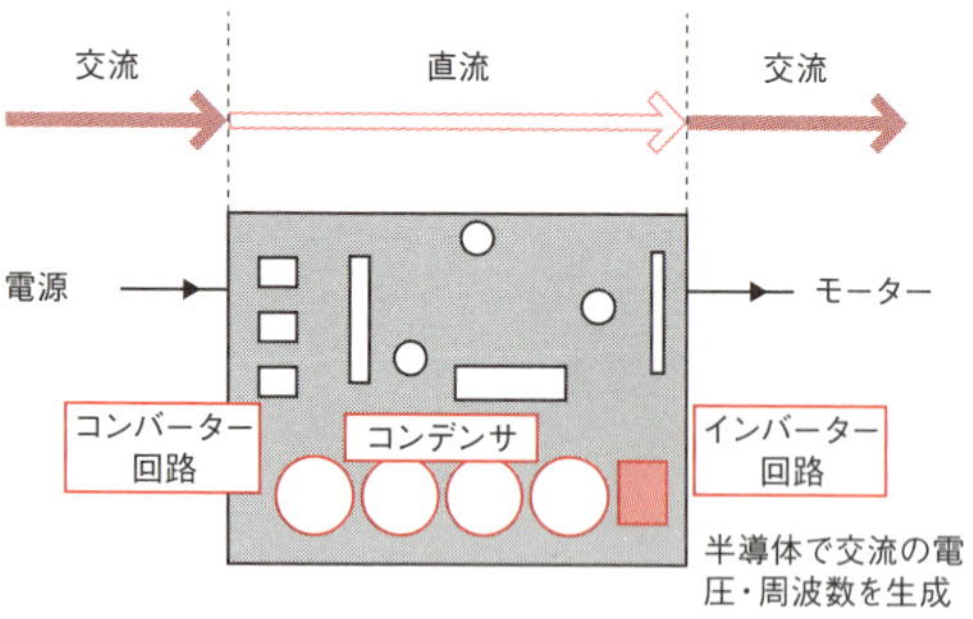
交流
直流
交流
電源
モーター
コンバーター回路
コンデンサ
インバーター回路
半導体で交流の電圧・周波数を生成

図2 モータ容量に対する効率の変化

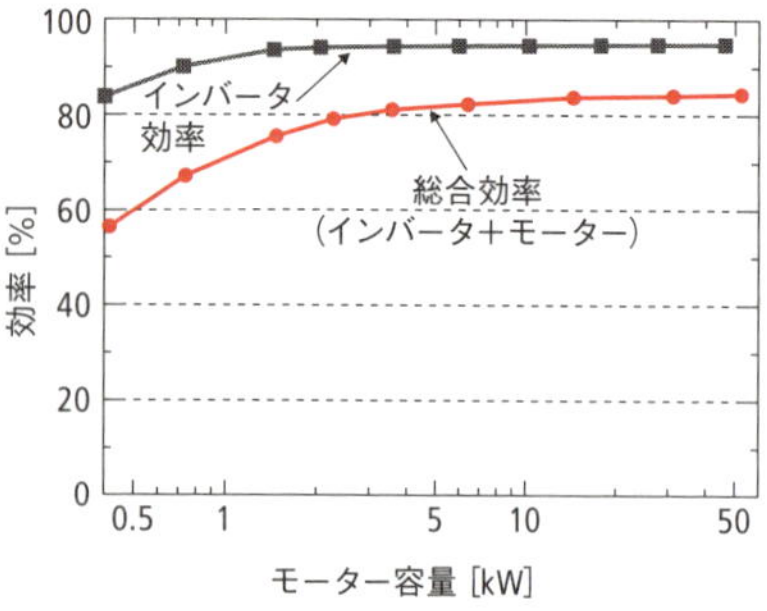
インバータ効率
総合効率
(インバータ+モーター)
効率 [%]
モーター容量 [kW]
100
80
60
40
20
0
0.5
1
5
10
50

図3 送風ファン制御による必要電力の比較

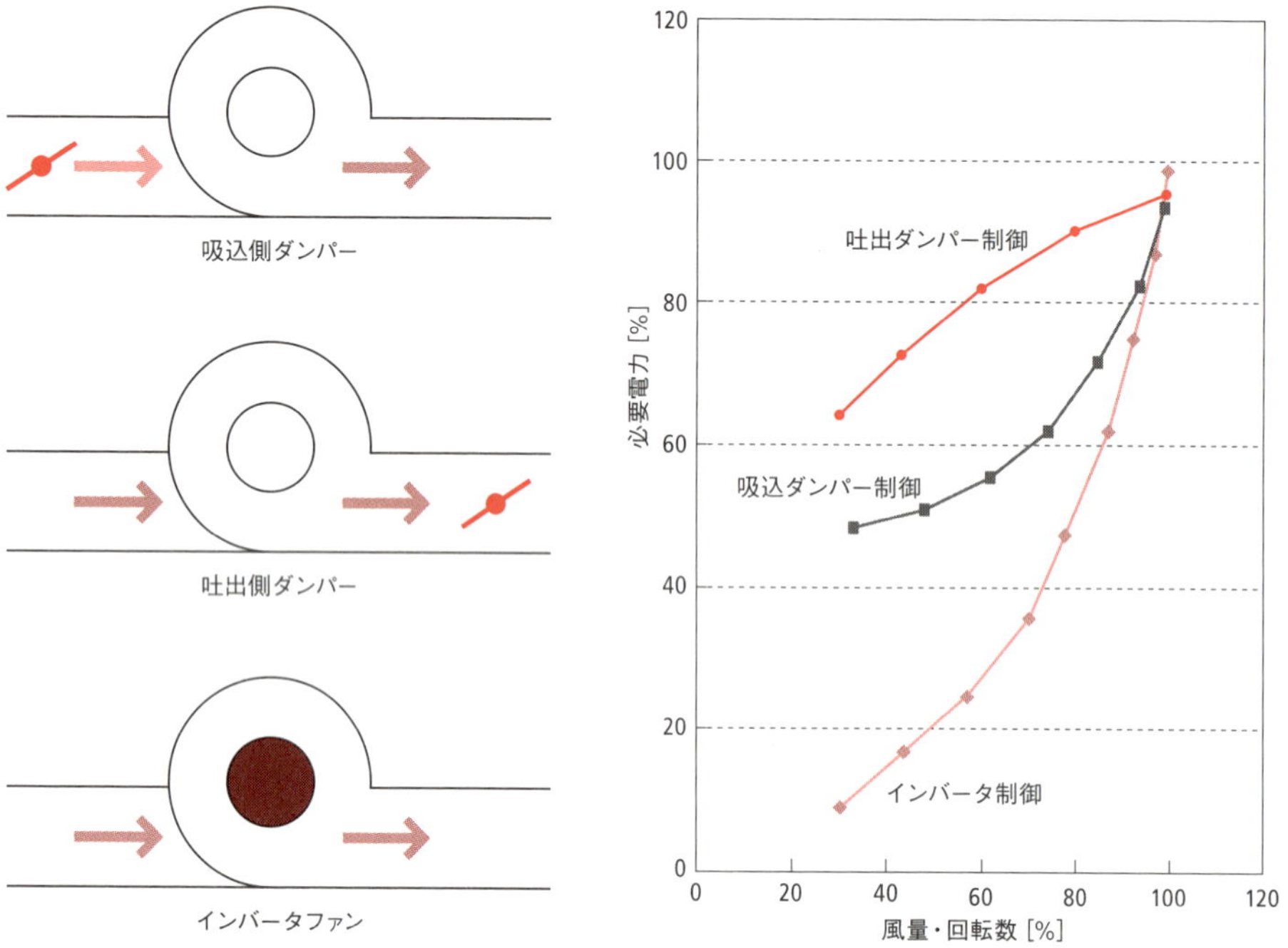
吸込側ダンパー
吐出側ダンパー
インバータファン
吐出ダンパー制御
吸込ダンパー制御
インバータ制御
必要電力 [%]
風量・回転数 [%]
120
100
80
60
40
20
0
20
40
60
80
100
120

インバータ制御の基本

インバータは我々の身のまわりに存在する電子機器の多くに搭載されている。建築設備においては、ファン、ポンプの風量や流量の制御に不可欠な技術である。

インバータの役割は機器に供給する電力の周波数と電圧を自在に変化させることにある。交流はそのままで変化させることができないため、**図1**に示すように、コンバータ回路で交流から直流に変換してから周波数と電圧を調整し、再度交流に変換して供給するのである。ただし、インバータに伴う電力損失（インバータロス）もあるため、モータの効率と併せた評価が必要である。

インバータの効果

ここでは、送風ファンを例にインバータの効果を示す（**図2**）。定出力ファンの場合は、ダンパーの角度調整によって風量を制御する吐出側ダンパー制御や吸込側ダンパー制御となる。こ

図4 要求給気風量と実績値の比較（Bビル2004年度）

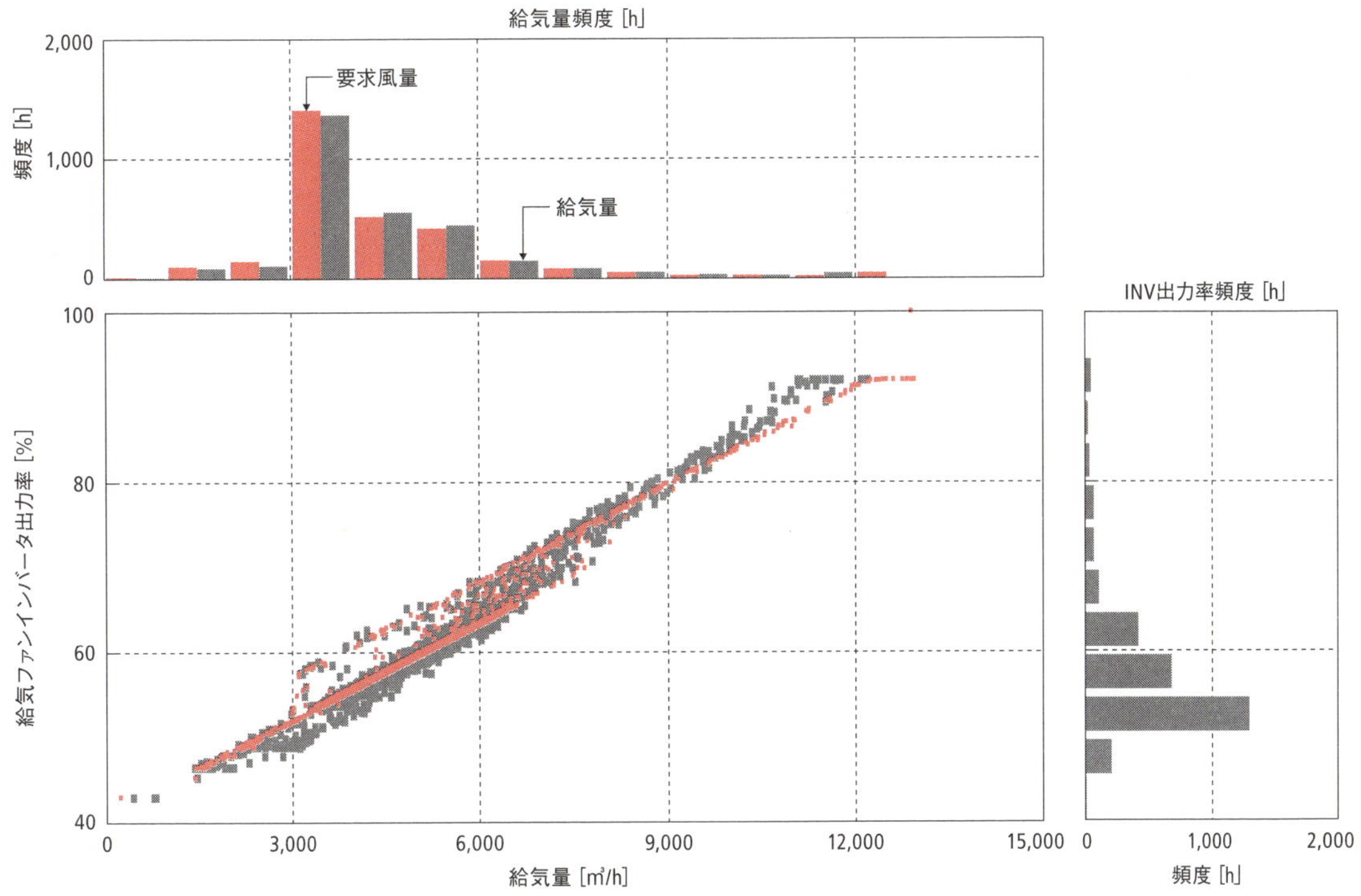
給気量頻度［h］
2,000
1,000
0
頻度［h］
要求風量
給気量
100
80
60
40
給気ファンインバータ出力率［%］
0
3,000
6,000
9,000
12,000
15,000
給気量［m³/h］
INV出力率頻度［h］
0
1,000
2,000
頻度［h］

図5 月別冷房負荷とATF（Bビル2004年度）

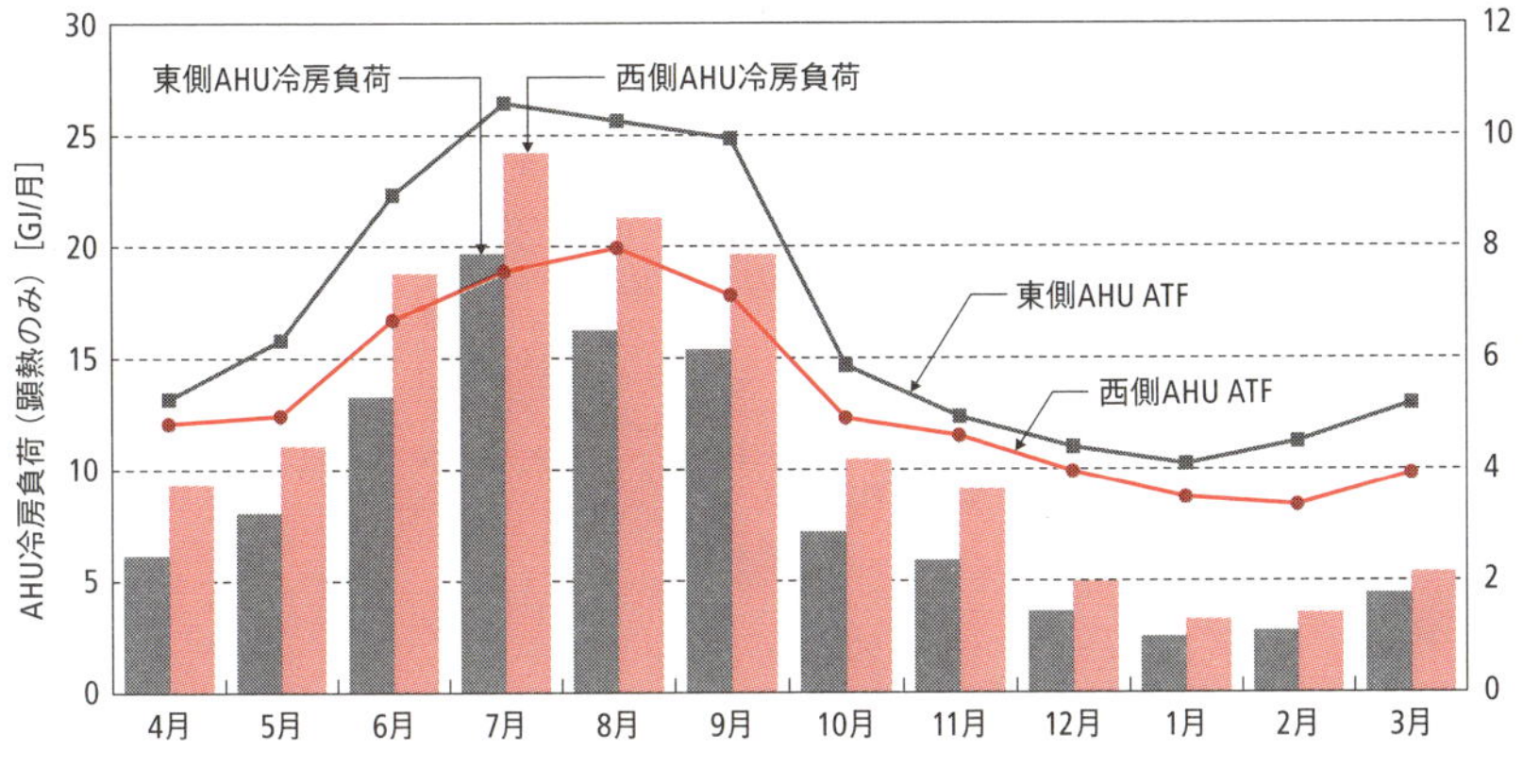
30
25
20
15
10
5
0
AHU冷房負荷（顕熱のみ）［GJ/月］
12
10
8
6
4
2
0
ATF［－］
東側AHU冷房負荷
西側AHU冷房負荷
東側AHU ATF
西側AHU ATF
4月
5月
6月
7月
8月
9月
10月
11月
12月
1月
2月
3月

空気の期間熱搬送効率ATF=
∫冷温水製造（搬送）熱量［MJ/h］/
∫ファンの電力消費量

れらの場合、仕事量の目安となる風量が下がった場合でも、送風機（モータ）の回転速度はほとんど変わらないことから所要動力もほとんど減少しない（**図3**）。

この点、インバータ駆動では、負荷が必要とする電力に見合った必要最小限の電力が供給されることから、電力の損失が少なく省エネルギーの運転が可能となる。

要求給気風量と実績値

図4にBビルの代表ゾーンにおける空調機の要求給気風量と実績値との比較を示す。

給気ファンインバータ出力率に対しての要求風量と実績値は、給気量頻度よりも差が小さく、要求に対して精度の高い運用が行えていることが伺える。

図5に同じ空調機の月別冷房負荷（顕熱（**注**）のみ）とATF（空気の期間熱搬送効率）を示す。中間期・冬期においては冷房負荷が減少し熱搬送密度が小さくなるものの、AHU（ファン・コイル・加湿器・エアフィルタ、ケーシングで構成されている空調機）単位消費電力量当たりの冷房負荷（顕熱のみ）を示す指標であるATFの目標4以上をほぼ満足している。

（注）温度が上昇または下降する際に変化する熱を指す

配線材料

表 絶縁電線とケーブルの一例

配線の用途	電線／ケーブル	名称	特徴
電力用配線	電線	IV電線	ビニルの絶縁電線で、屋内用配線などに用いられる（許容温度60℃）
		HIV電線	IV電線よりも耐熱性能が向上されている（許容温度75℃）
	ケーブル	CVケーブル	絶縁体は架橋ポリエチレン、シースはビニールで電力引き込み線、動力配線に用いられる
		CVTケーブル	絶縁電線それぞれがシースに覆われていて、介在物がなく軽く、放熱しやすい
		VVFケーブル	絶縁体とシースはビニルで、低圧配線に多く用いられている
		CVVケーブル	機器の制御用のケーブルである
		CVVSケーブル	CVVケーブルに静電遮蔽として銅遮蔽テープが付いている
通信用配線		CCPケーブル	電話用の配線として使用される。シースにはポリエチレンが使われる
		UTPケーブル	2本の導線を撚り合わせている。構内LANケーブルに用いられる
		STPケーブル	UTPケーブルにシールドが付いている
		同軸ケーブル	テレビとアンテナの接続に用いられる。高周波信号の伝送に適している
		光ファイバーケーブル	ガラスやプラスチック繊維でできている。電気信号を光信号に変換して伝送する
防災用配線		FP（耐火）ケーブル	30分間で840℃に達しても耐え得るものである
		HP（耐熱）ケーブル	15分間で380℃に達しても耐え得るものである
		AEケーブル	火災報知設備の感知器配線など警報用として用いられる

◆電力用配線の種類

図1 絶縁電線とケーブル

電線とケーブルの違い

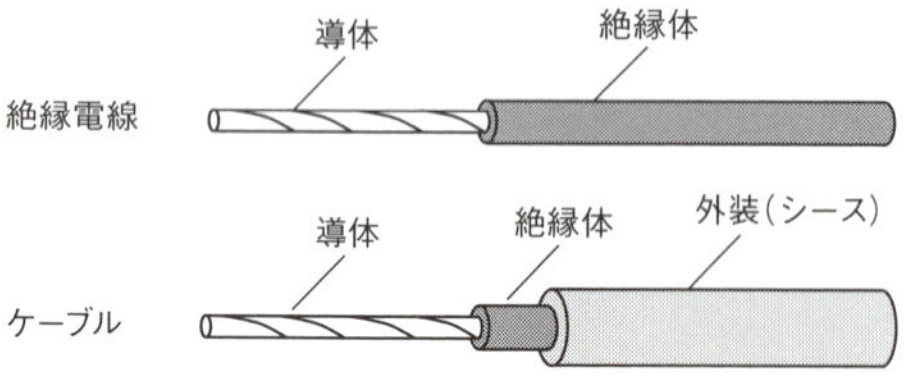
導体
絶縁体
絶縁電線
導体
絶縁体
外装（シース）
ケーブル

図2 IV電線

IV電線/HIV電線

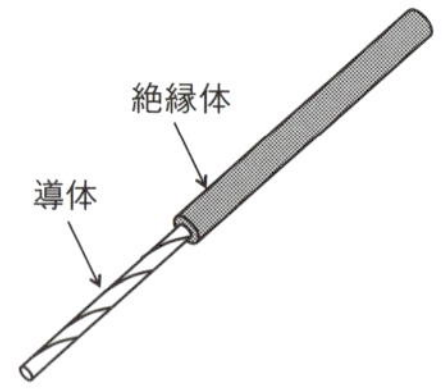
絶縁体
導体

図3 CVケーブルとCVTケーブル

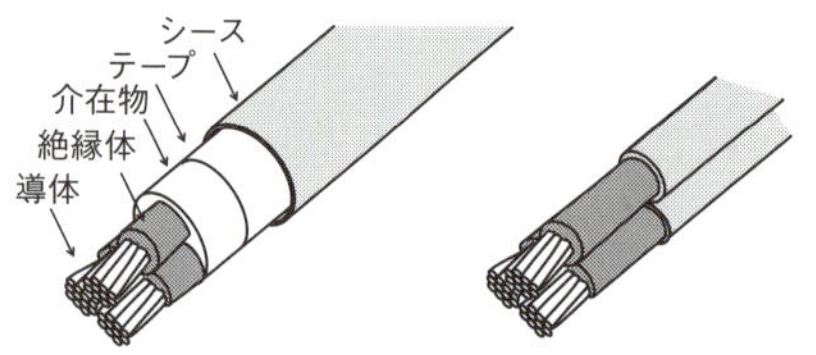
CVケーブル
シース
テープ
介在物
絶縁体
導体
CVTケーブル

※図中の介在物とは電線を円形に仕上げるための詰め物のことである

図4 VVFケーブル

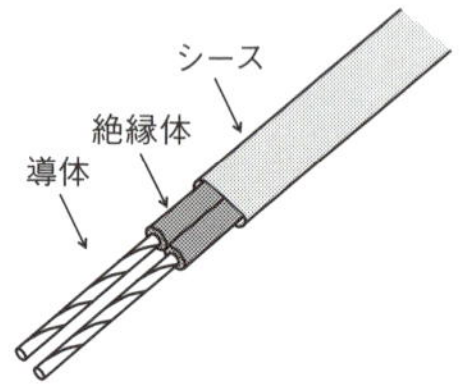
シース
絶縁体
導体

電線は、電気の流れやすい材料（導体）でできている。導体には銅やアルミが使われることが多い。導体が絶縁体に覆われたものを、絶縁電線と呼ぶ。絶縁電線の絶縁体の周りに外装（シース）で被覆したものが、ケーブルである（**図1**）。

シースで被覆するのは、外力や腐食による損傷を防ぎ、強度を増すためである。絶縁体の材料には、ビニルやポリエチレンなどのプラスチック材料が用いられ、シースにはプラスチック材料のほか金属が用いられることもある。電線やケーブルには、様々な種類がある（**表**）。

電力用配線

絶縁電線としてはIV電線、HIV電線と、CVケーブル、CVTケーブル、VVFケーブル、CVVケーブル、CVVSケーブルなどがある。

IV電線は、銅線にビニルの絶縁がしてあり、照明やコンセントなどの屋内配線や制御盤内の配線など多岐にわたって用いられる（**図2**）。IV電線

◆通信用配線

図5 CVVケーブルとCVVSケーブル

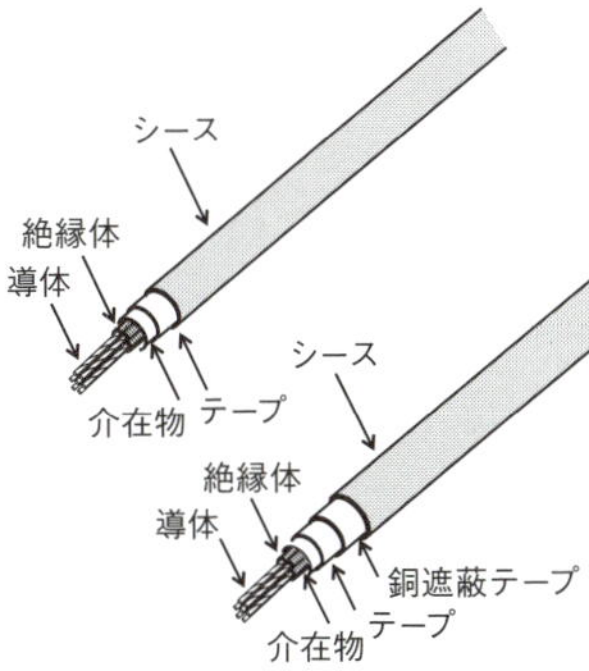

シース
絶縁体
導体
介在物
テープ
シース
絶縁体
導体
銅遮蔽テープ
テープ
介在物

図6 CCPケーブル

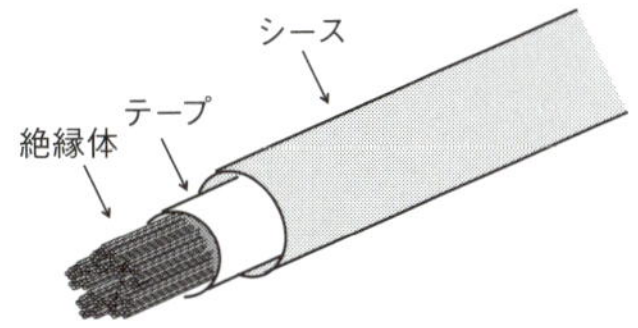

シース
テープ
絶縁体

図7 UTPケーブル

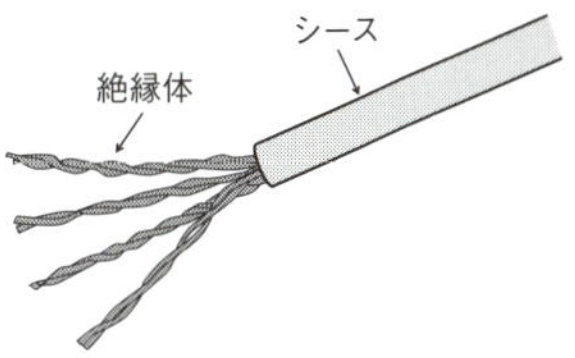

シース
絶縁体

図8 STPケーブル

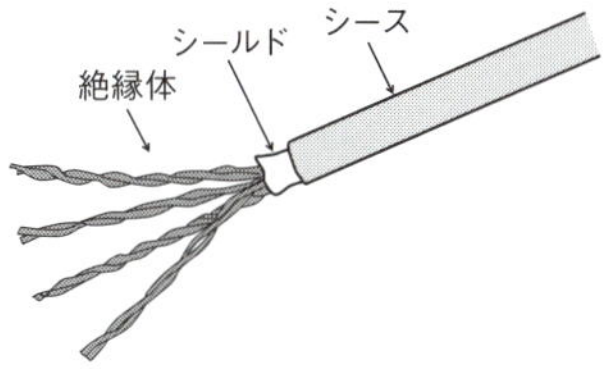

シース
シールド
絶縁体

図9 同軸ケーブル

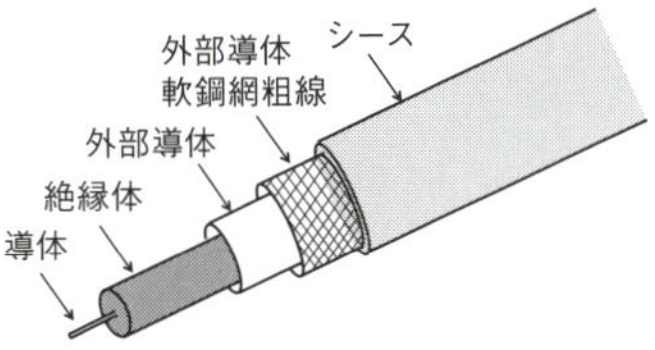

シース
外部導体
軟銅網粗線
外部導体
絶縁体
導体

図10 光ファイバーケーブル

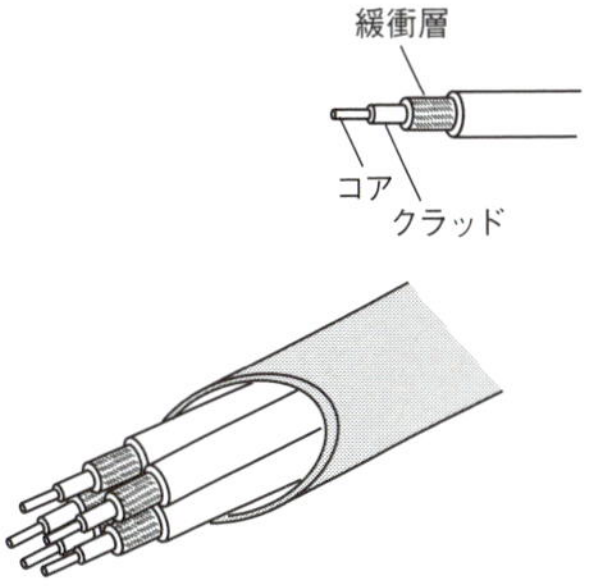

緩衝層
コア
クラッド

の許容温度は60℃だが、耐熱性を向上させたものにHIVケーブル（二種ビニル絶縁電線）があり、許容温度は75℃である。許容電流もIVケーブルより大きい。

CV（架橋ポリエチレン絶縁ビニルシース）ケーブルは、銅製の撚り線でできた導線に架橋ポリエチレンで絶縁して、ビニルのシースを取り付けたものである（**図3**）。建物では、電力引き込み線や動力配線などとして使われている。CVケーブルは2～3本の絶縁電線が1つのシースでまとめて覆われている。CVTケーブルは、絶縁電線のそれぞれがシースで覆われて、寄り集まる形状をしている。また、介在物（**注1**）がなく軽くなり、放熱しやすくなるため許容電流が大きくなる。

VVF（ビニル絶縁シース平型）ケーブルは、芯にビニルの被覆がされており、その周りにビニルシースを取り付けたものである（**図4**）。断面は平らである。導体に太いものがなく、許容電流が小さいため、建物では低圧の配線に多く用いられる。

CVV（制御用ビニル絶縁シース）ケーブルは、機器の遠隔操作や自動制御に用いられる。静電遮蔽をするため銅遮蔽テープが付いたものをCVVSケーブルという（**図5**）。

通信用配線

通信用配線には、電話線として用いられるCCPケーブル（**図6**）やUTPケーブル（**図7**）などがある。UTPケーブルは2本の導線を撚り合わせ、LANケーブルとして使用される。

また、UTPケーブルの撚り線ごとにシールドして、ノイズを排除することを目的としたSTPケーブル（**図8**）がある。

同軸ケーブルは、テレビを受像するためにテレビとアンテナの接続に用いられる（**図9**）。導線の周りは電磁シールドのために外部導体で覆われている。周波数特性が優れていて、高周波の信号を送るのに適している。

光ファイバーケーブルは、屈折率の異なるガラスもしくはプラスチック材料を線状に配置したものである。中心部（コア）と、光を反射させるため、コアの周りには屈折率の小さい部分（クラッド）で囲まれている（**図10**）。光ファイバーは、電気信号を光信号に変換して伝送するもので、光がガラスを通る過程で屈折と反射を繰り返しながら伝わっていく。なお、光信号を送っているため、電磁界の影響を受けない。

（注1）　電線を円形に仕上げる詰め物で、強度にも関わってくる

◆防災用ケーブル

図11 AEケーブル

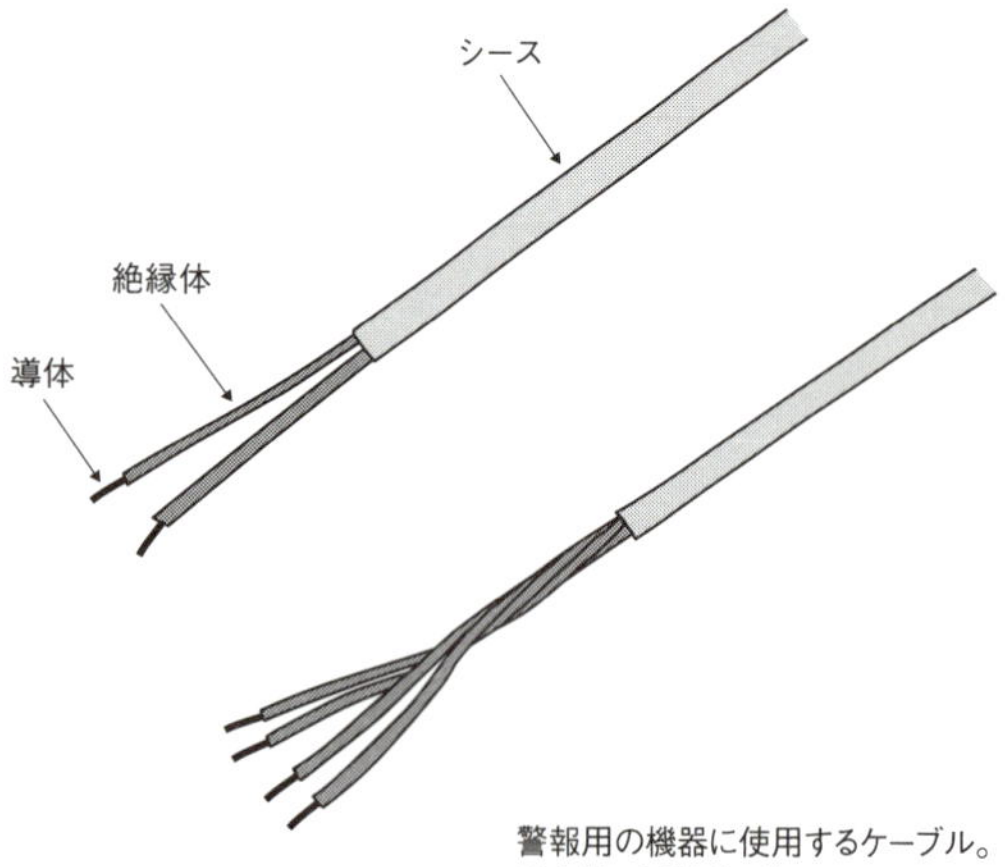
シース
絶縁体
導体

警報用の機器に使用するケーブル。
耐火性・耐熱性がない

図12 FPケーブル(耐火ケーブル)

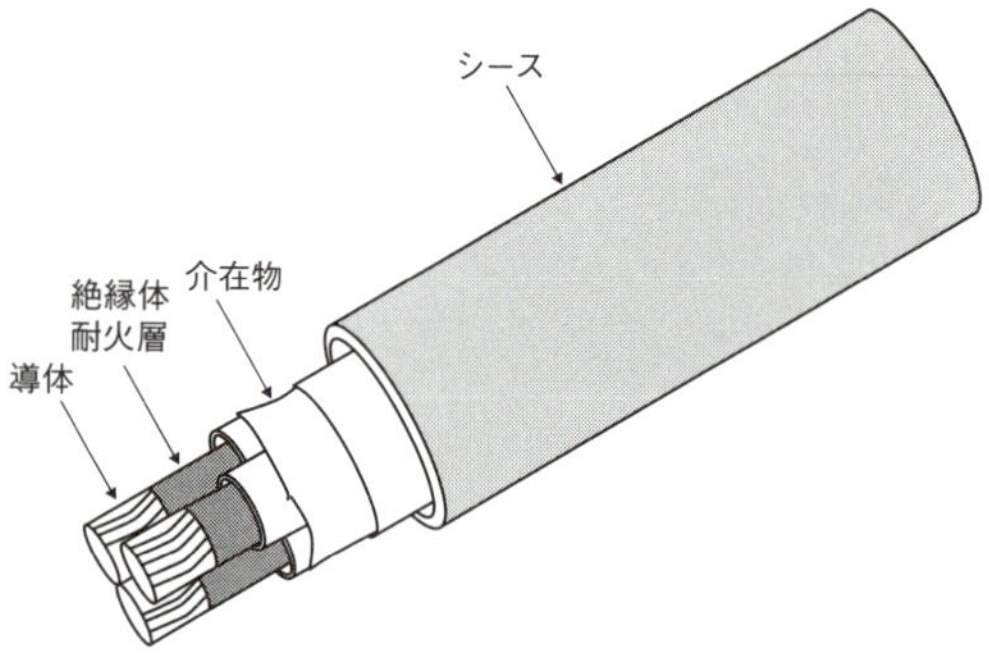
シース
介在物
絶縁体
耐火層
導体

消火設備等の電源に使用するケーブル。
耐火性がある

図13 HPケーブル(耐熱ケーブル)

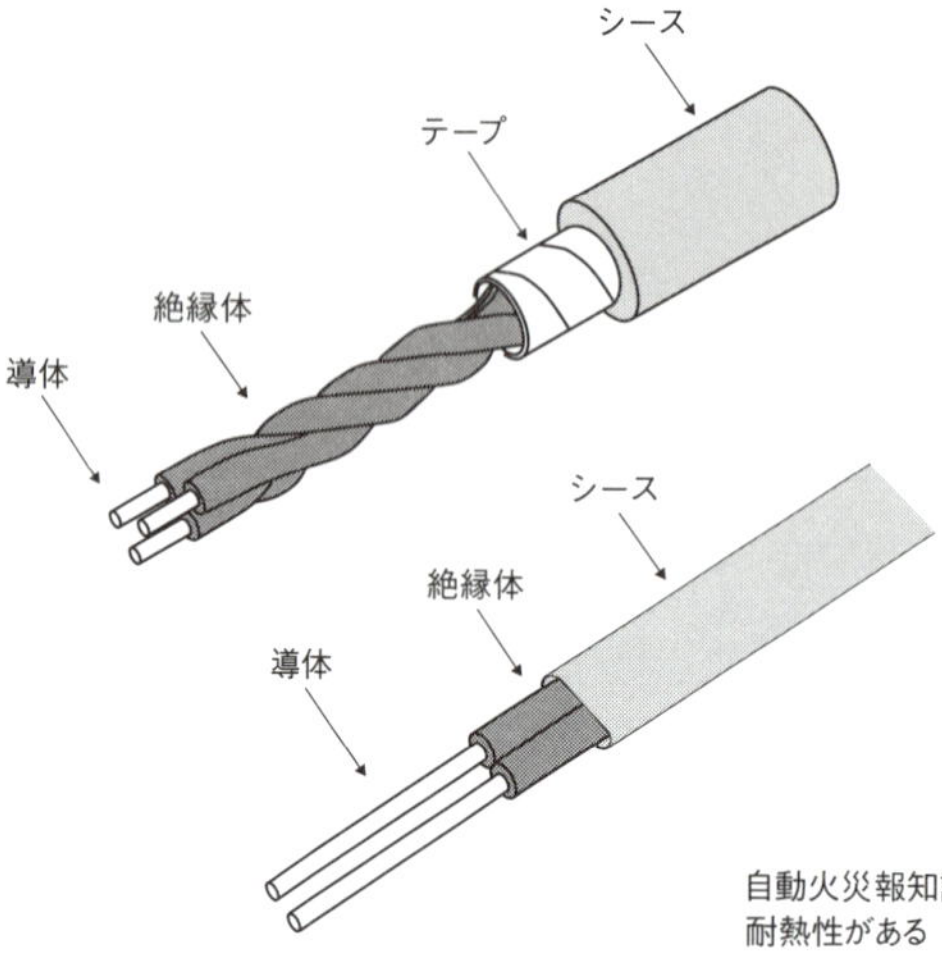
シース
テープ
絶縁体
導体
シース
絶縁体
導体

自動火災報知設備等の制御に使用するケーブル。
耐熱性がある

防災用ケーブル

AEケーブルは、火災報知機の感知器配線など警報用に使われる。耐火性や耐熱性がないので、あくまで警報用機器にのみ使用される(図11)。

FP(耐火)ケーブルは耐火性があり、消火設備などの電源配線に用いる電力用ケーブルである。30分間で840℃まで加熱しても耐えうるものと定められている(図12)。一方、HP(耐熱)ケーブルは火災報知機の制御配線や非常ベルなどに使用される。15分間で380℃まで加熱しても耐えられるものと定められている(図13)。

配線方式

受変電設備から分電盤まで、送電の際に使われる幹線での配線方式には、主に次のような配線がある。

金属管配線は金属管の中に絶縁電線を通す方式である。交流の電気が流れるところでは電磁的な平衡を保つために、1つの回路の電線をすべて同一の管内に収める(図14)。管内で電線を接続することは禁止されており、接続するときには鋼板製の箱を用意する必要がある。施設場所に制限はない。金属ダクト配線は、厚さ1.2㎜以上の鉄板で作成し、幅5㎝以上のダクトに絶縁

◆配線方式

図14 金属管配線

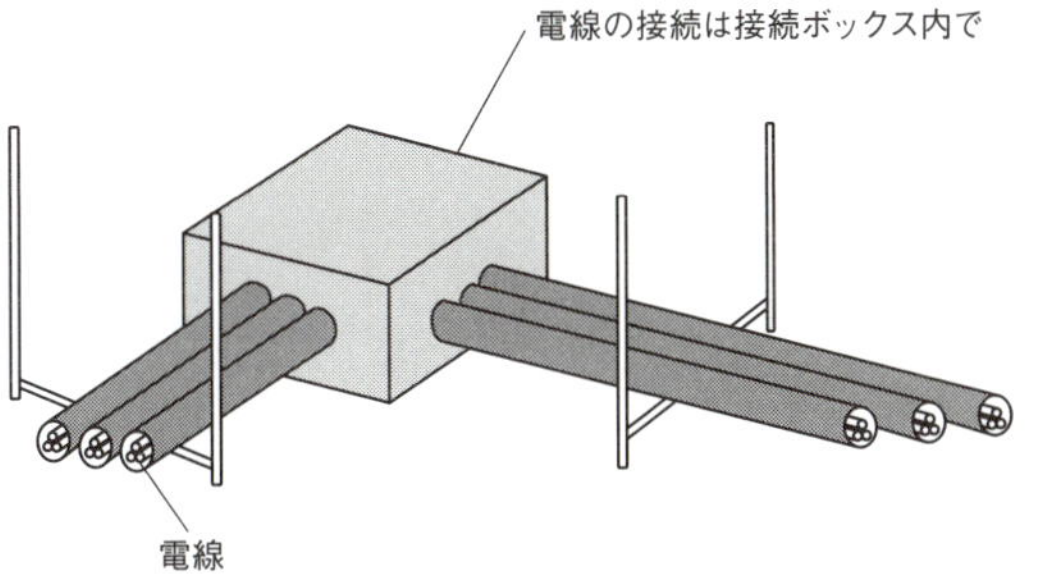

電線の接続は接続ボックス内で
電線

金属管の中に絶縁電線を通す。
どこでも設置可能

図15 金属ダクト配線

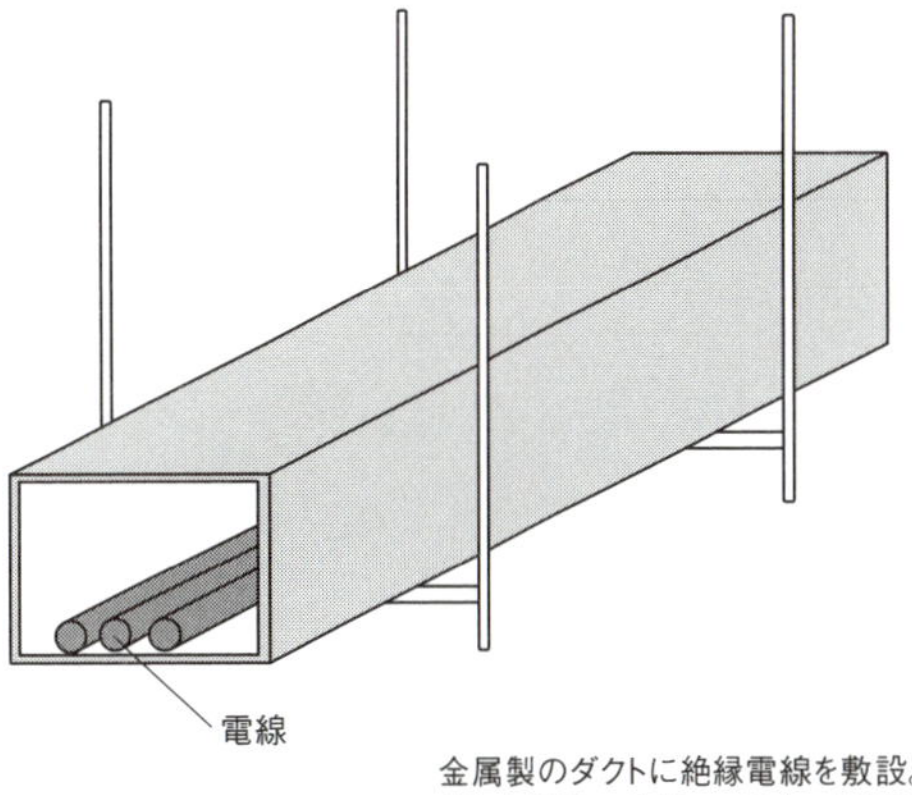

電線

金属製のダクトに絶縁電線を敷設。乾燥した場所、点検のできない場所には設置不可能

図16 ケーブルラック

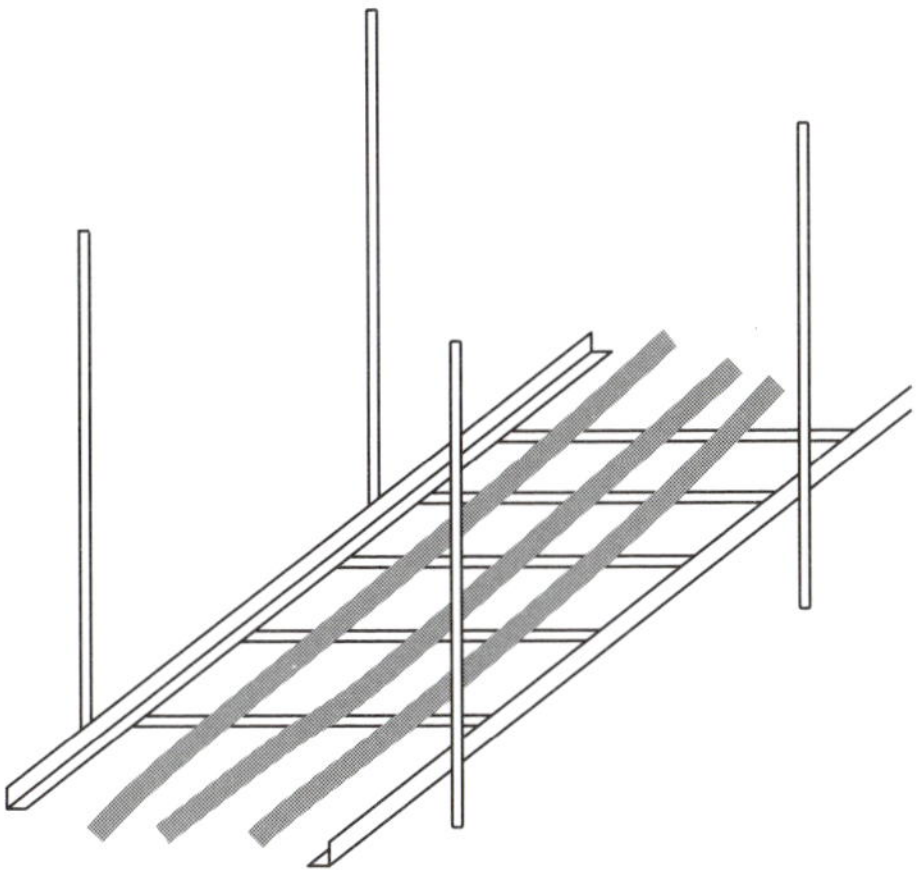

はしご状の支持材にケーブルを敷設。後から、どこでも設置可能。
新しくケーブルを追加することも可能

図17 バスダクト

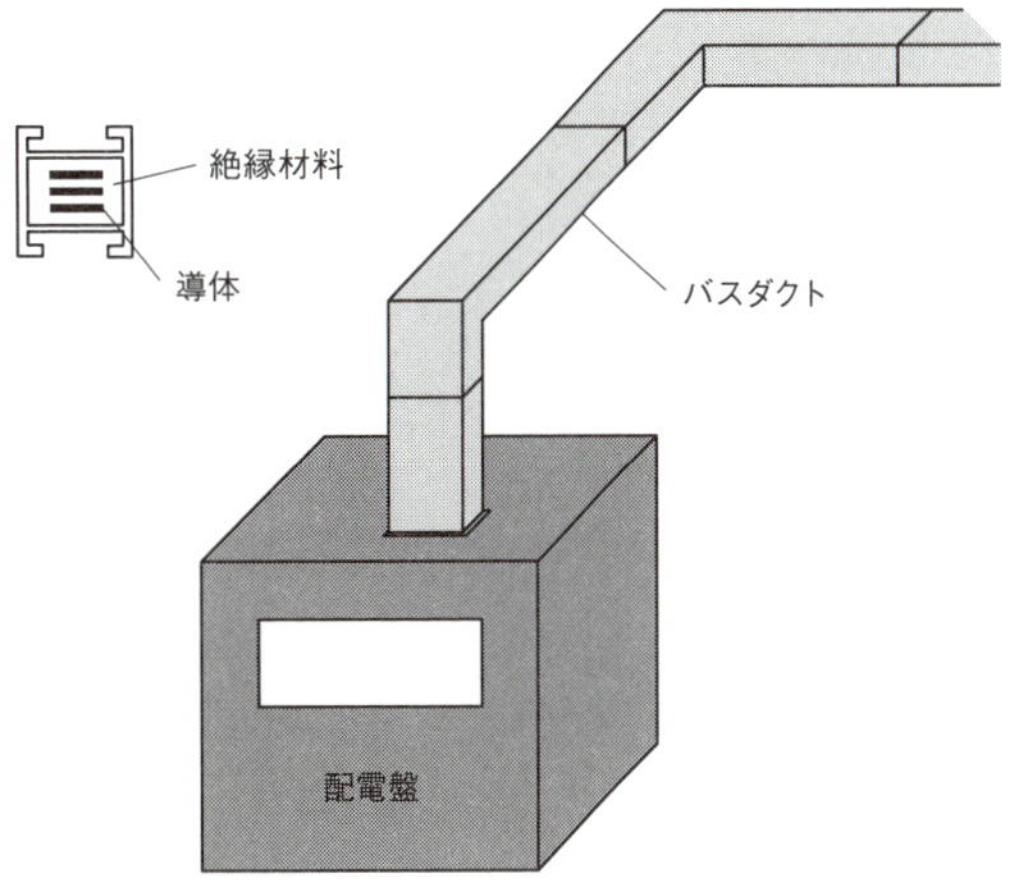

絶縁材料
導体
バスダクト
配電盤

金属製のダクトに帯状の導体を絶縁材料で固定して収める。
大容量の幹線で用いられる

電線を敷設する。施設場所に制限があり、乾燥した場所や点検が不可能な場所には設置することができない（図15）。ケーブルラックは、ラックにケーブルをまとめて並べて配線する。新しいケーブルを追加することもできる。施設場所に制限はない（図16）。

バスダクトは高層ビルなど大容量の電流が太い幹線で用いられる。絶縁電線を用いず、金属製のダクト内に帯状または管状、丸棒状の銅や帯状のアルミニウムの導体を絶縁材料で固定して収めたものである（図17）。

エコマテリアル電線・ケーブル

エコロジーに配慮した電線やケーブルを総称してEM（Eco Material）電線やEMケーブルと呼んでいる。被覆電線やケーブルには被覆材料に鉛などの重金属を使わず、廃棄時の土壌汚染を防止する。導線に使われる金属（主に銅）は、再利用される。

絶縁材料に塩化物やハロゲンを含まないようにし、焼却時に塩化物由来のダイオキシン類やハロゲンが水素と反応してハロゲン由来のガス（注2）が出ないようにしている。また、水酸化アルミニウムなどの発煙抑制剤が含まれるので、燃焼時の煙の発生も少なくなる。

（注2） フッ化水素、塩化水素、臭化水素など

Column

守

省エネ性能
高い？
省エネ性能
低い？

攻撃は最大の防御なりと言う。

設備機器を設置し、長期修繕計画を盛り込んで施主に建築を引き渡す。引渡書類には、設備機器の維持管理に必要な長期修繕計画書も同梱されている。しかし、通常は、特別に長期修繕計画に合わせた設備機器の更新作業はしないという建築が多く、設備機器類が異常な状態になってから修繕や改修を行なう場合が多いのが実情である。もし、設備機器の長期修繕計画書まで作られているのならば、是非これに従って維持管理を進めたい。なぜなら、長期修繕時に設備機器をメンテナンスする方が、長く機器を使用できるからである。

ときどき、効率の良い設備機器があるとすぐに飛び付く方がいる。そして、タイミングを考えずに、まだ使える機器であるにも関わらず、更新をしてしまう。その設備単体だけで見ると省エネで効率が良いようだが、建物全体とのバランスの中で見ると効率が悪い場合もある。つまり、設備機器を長期修繕計画に従ってきちんとメンテナンスすることが、建物全体を維持するための最大の防御につながると言える。皮肉なことに、もう少し長く機器類と付き合う考え方の方が効率が良いとその御仁に気づかせることは、相当に効率が悪い作業となる。

（柿沼 整三）

第4章 空調設備

室内の気流分布

図1 各種吹出し口

レジスター（VH-S型）

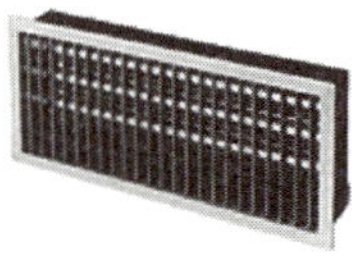

風量と吹出し角度（縦横方向）の調整が可能。水平吹出しに使用

アネモ型ディフューザ

コーンの調整により風量・風向の調整可能。天井吹出しに使用

ラインディフューザ

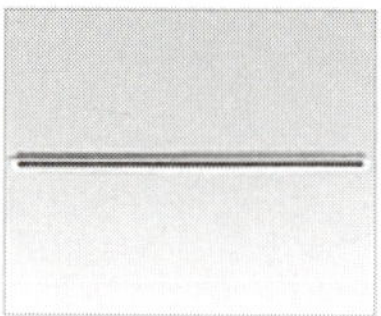

風向可変。意匠上の納まりがよい

ノズル

誘引空気量が少なく、到達距離が大きい。大空間に使用

図2 アネモ型ディフューザの配置時の留意点

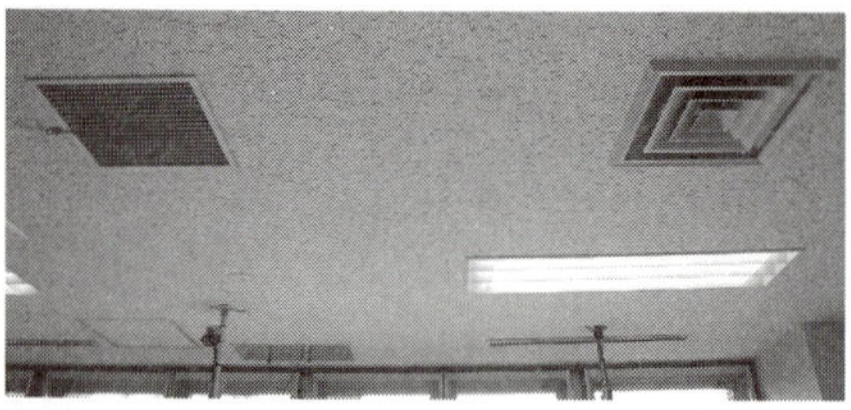

角型アネモディフューザの吹出し気流方向に、吸込み口が設置されていると室内空気と十分混合する前に室外に排出されてしまう

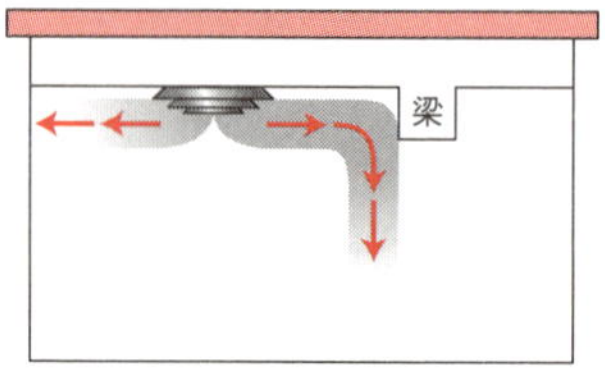
梁

冷房に用いる場合、吹出し気流方向に梁などの障害物があるとコールドドラフトが生じてしまう

図3 コールドドラフト現象とその対策

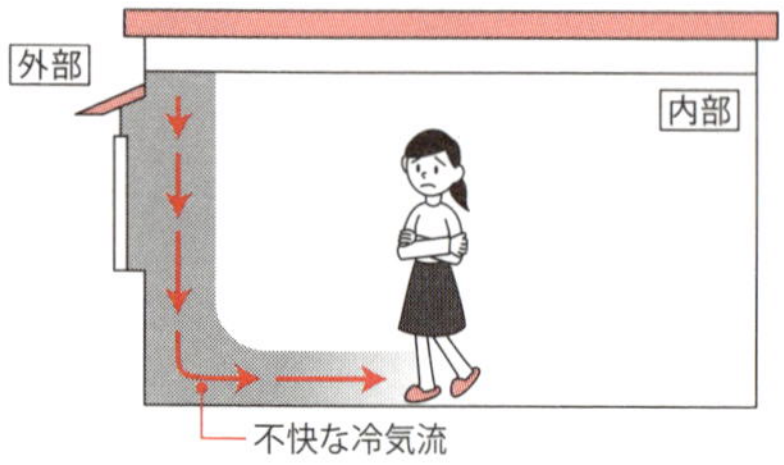
外部
内部
不快な冷気流

窓ガラス付近の空気が冷やされ、下降気流（コールドドラフト）が発生し、執務者に不快感を与える

外部
上向き吹出し気流
内部
ファンコイルユニットor給気ダクト

コールドドラフトに温風を吹き付けて、冷気流が室内に侵入するのを防ぐ

事務所空間における気流分布

空調を行う居室内では、居住者の快適性や省エネの観点から、気流分布を適切な範囲に保つことが重要である。また、一般的な事務所空間は、居住スペースにおける温度・湿度の均一性が求められるため、夏期において積極的に冷涼感を得たい場合を除き、局所的な気流の増大を防ぐことが大切なポイントとなる。

適切な気流分布を実現するためには、各種吹出し口の特徴を十分に理解したうえで、吹出し口と吸込み口の位置を決定する必要がある（図1）。

吹出し口は、吹出し気流が直接執務スペースに流入しないように、到達距離を考慮した分散配置とし、空調空気を均一に拡散させる。

吸込み口は、吹出し気流が直接到達する位置に配置することを避ける（図2）。また気流の流れにくいゾーンなどに、空間全体に空調空気が均一に到達するような配置が望ましい。

窓面付近は外部環境の影響を受けや

図4 開口部配置と通気輪道

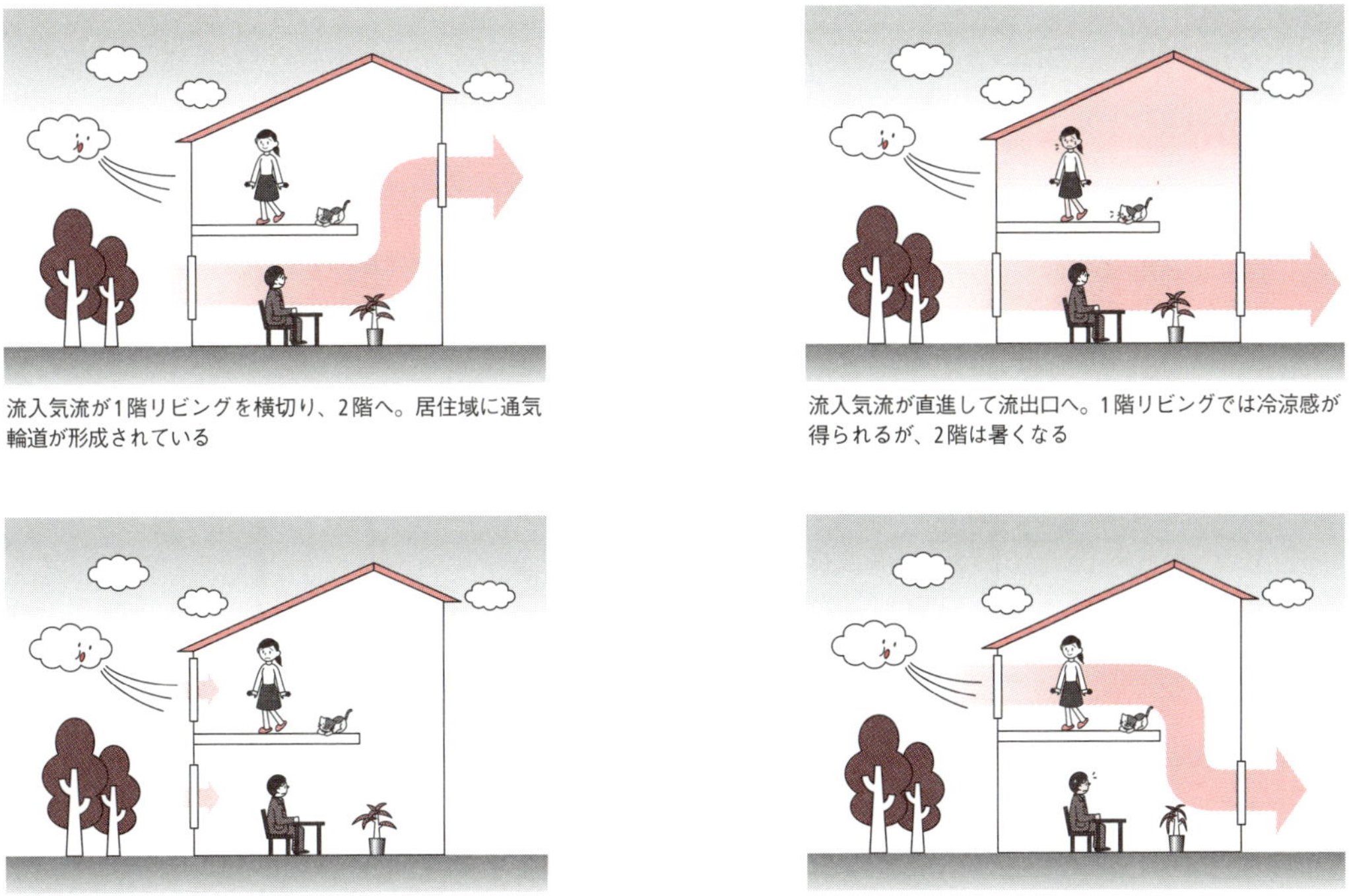

流入気流が1階リビングを横切り、2階へ。居住域に通気輪道が形成されている

流入気流が直進して流出口へ。1階リビングでは冷涼感が得られるが、2階は暑くなる

流出口がないので流入気流が居住域を通らず通気輪道が形成されない

流入気流が2階から1階の流出口へ。2階では冷涼感が得られるが、1階リビングは暑くなる

図5 数値シミュレーションによる気流予測

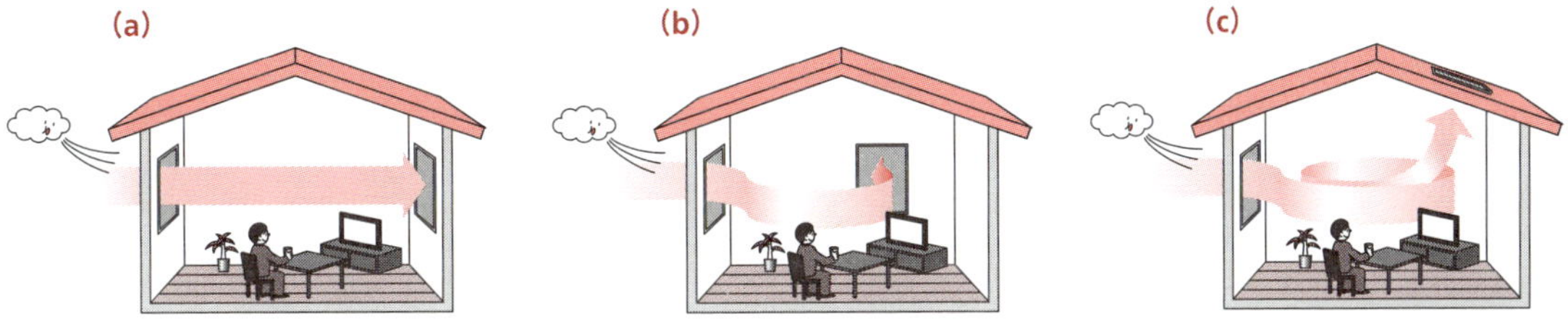
(a)
(b)
(c)

外部風向・風速、窓開口面積は同様に設定。窓配置によって室内の気流分布は大きく異なる。(a) では通気輪道が居住域を直進しているが、(b) は居住域風速が小さい。(c) では天窓を配置しており、居住域風速が比較的大きい結果となった

すい。特に冬期に発生するコールドドラフトは執務者の快適性を著しく損なうため、窓面下部にファンコイルユニットや給気ダクトを配置し、下降気流を打ち消すように上向き吹出し気流を確保する（図3）。

住宅における気流分布

高気密・高断熱住宅では居室間での温度差が小さくなった。特に冬期における快適性が大きく向上したが、夏期においては、日本古来の環境調整手法である通風に対する配慮が不十分であるケースが多い。省エネ重視の観点からも、通風の有効利用が住宅建築の重要テーマと認識されつつある。

通風の駆動力は外部風であるが、日本では地域による風向・風速の頻度の相違が大きい。そのため、対象地域の卓越風（注1）を把握することが風通しのよい家を計画するうえでは重要である。

次に重要なのは室内の気流分布である。通風による冷涼感を得るためには、居住者が直接気流を浴びる必要がある。そのためには通気輪道（注2）が居住域を通過するように、窓の大きさや配置を決定する必要がある。風上側の開口面積を可変できるように設定し、室内に間仕切りなどの障害物を設置するなどの工夫も効果的である（図4・5）。

（注1） 卓越風とはある地域、期間に頻繁に現れる風向きの風
（注2） 通風気流の通り道

換気効率・空気齢

◆換気の役割

図1

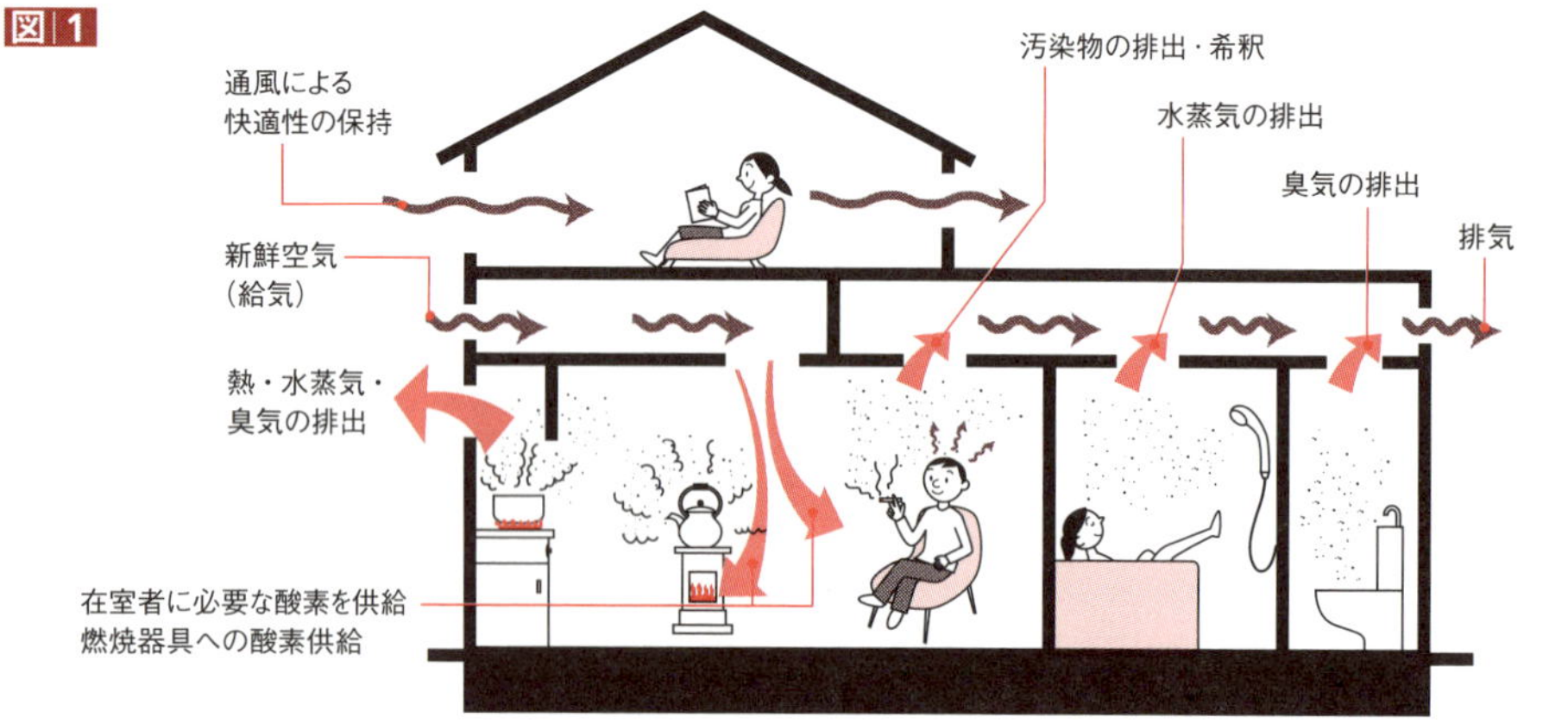

通風による
快適性の保持
新鮮空気
（給気）
熱・水蒸気・
臭気の排出
在室者に必要な酸素を供給
燃焼器具への酸素供給
汚染物の排出・希釈
水蒸気の排出
臭気の排出
排気

図2

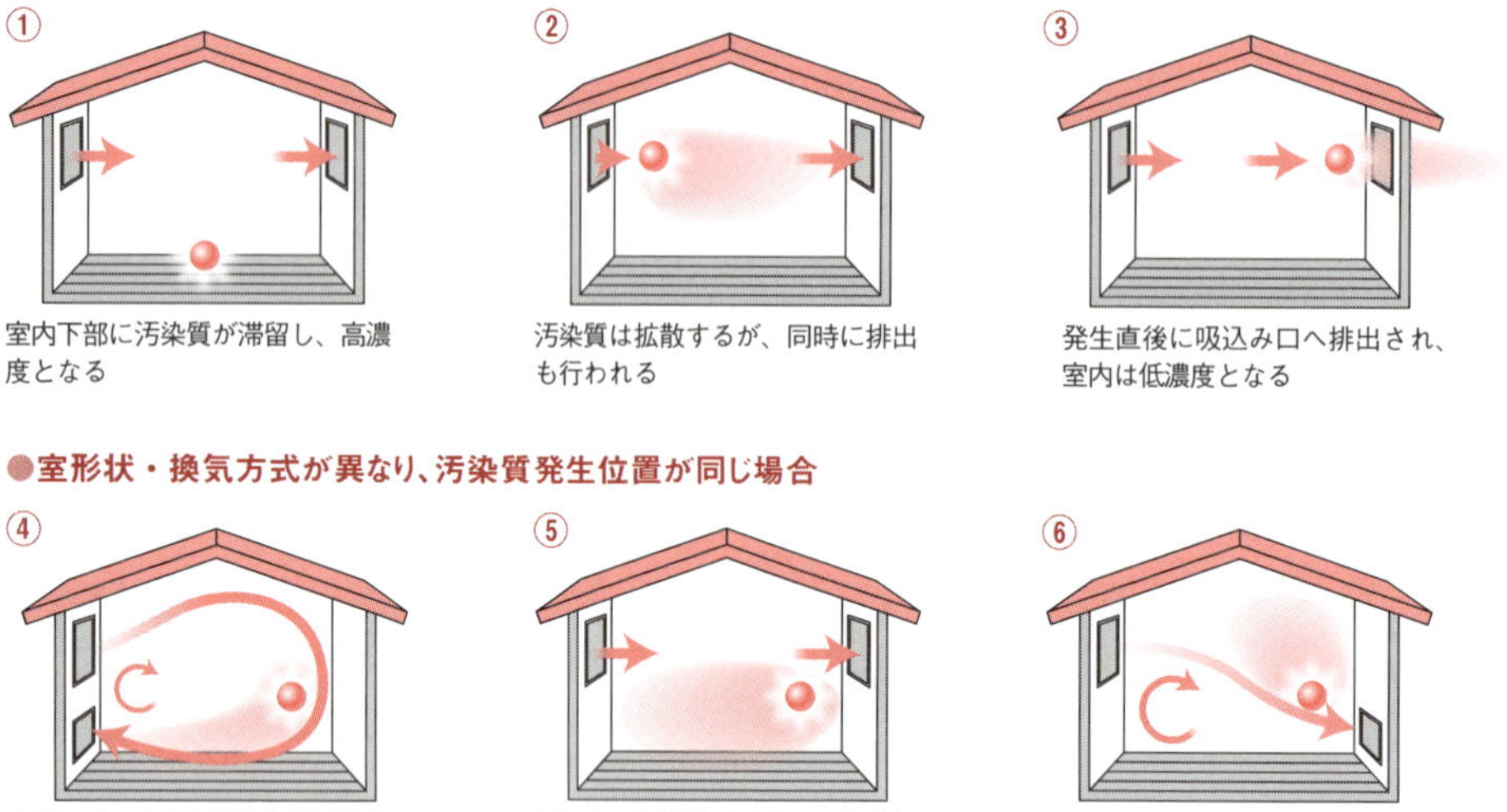

●室形状・換気方式が同じで、汚染質発生位置が異なる場合

① 室内下部に汚染質が滞留し、高濃度となる

② 汚染質は拡散するが、同時に排出も行われる

③ 発生直後に吸込み口へ排出され、室内は低濃度となる

●室形状・換気方式が異なり、汚染質発生位置が同じ場合

④ 吹出し口への気流経路上に発生位置があるため、速やかに排出される

⑤ 室下部に汚染質が拡散し、室上部は換気される

⑥ 吸込み口に近い右半分に汚染質が滞留する

※●は汚染質の発生源

換気効率指標の必要性

空調設備の重要な役割の1つに換気が挙げられる。換気は室内空気の清浄度を一定に保ち、居住者の健康を守るために行われる（図1）。建築基準法では、空調設備を有する建物における室内汚染質濃度の基準が定められ、これに基づき基準濃度以内になるように換気を計画する。換気計画は、一般的に瞬時一様拡散または完全混合状態（注1）を仮定する。

しかし実際には、居室ごとに吹出し口や吸込み口の配置・汚染質の発生位置などが違うため、換気の条件が異なる。居室内各所の換気特性は室内気流や汚染濃度の影響を受けるため、この仮定により換気設計を行う場合、部分的に一定の空気質を確保できないことが考えられる（図2）。逆に、これを回避するために余裕をもった換気計画とした場合、取り入れる外気量が増え、空調負荷が増える。このようなエネルギーの無駄を省き、十分な空気質を実現する換気計画を行うことがエコ

（注1） 汚染質濃度が室内の至る所で同じであると仮定すること

図3 新鮮空気の到達状況と汚染空気

給気口
新鮮空気
排気口
家具
コピー機

図4 空気齢および空気余命、空気寿命の概念

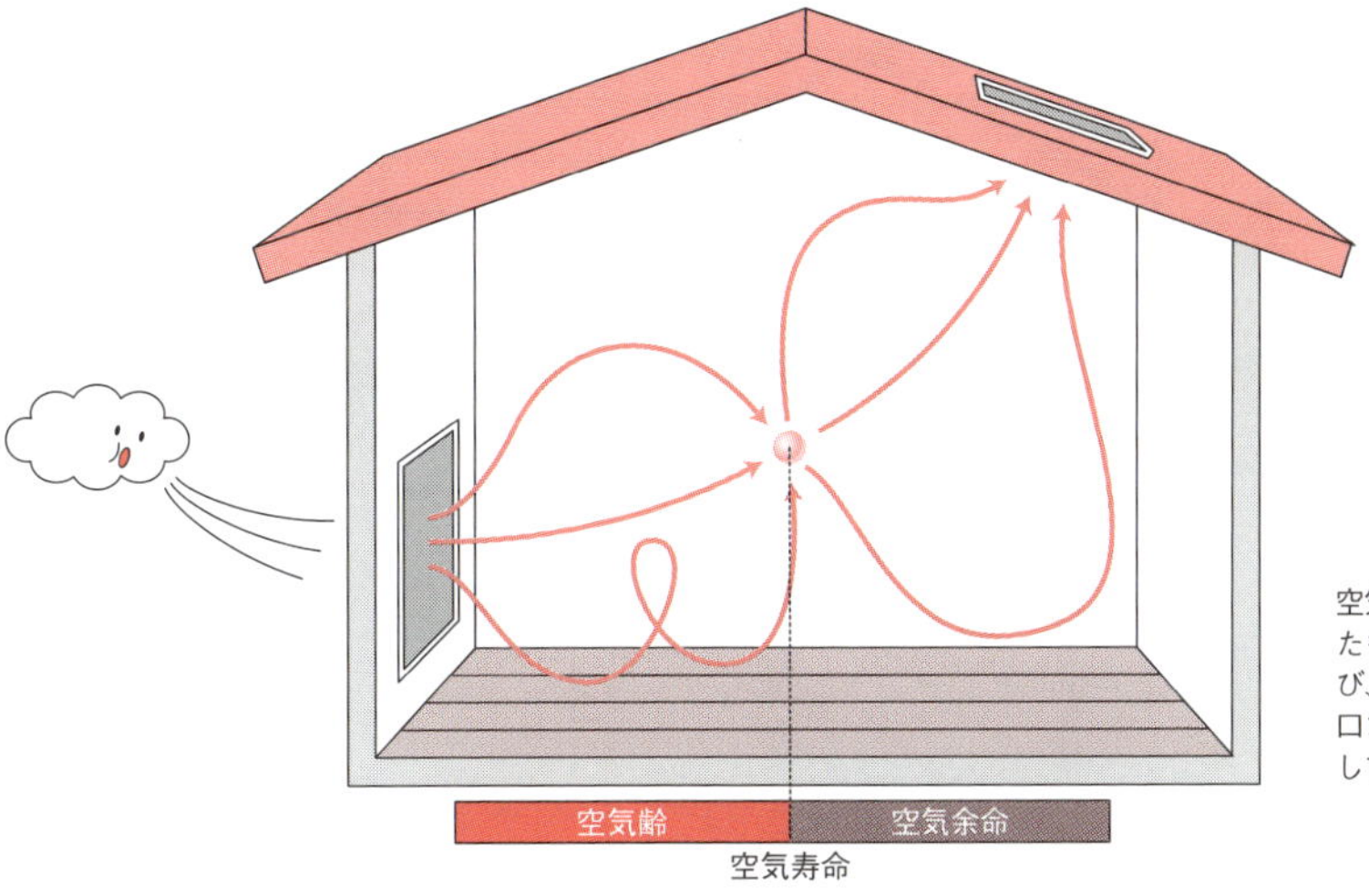
空気齢
空気余命
空気寿命

空気齢に空気余命を加えたものを「空気寿命」と呼び、吹出し口から吸込み口までの空気の一生を示している

設備設計であり、そのためには「換気効率指標」（注2）が必要である。

換気効率指標「空気齢」

換気効率指標の1つに、新鮮空気の到達状況を示す「空気齢」がある。

空気齢は「新鮮外気が吹出し口から供給され、ある地点に到達するまでの平均時間」であり、空気の年齢を示している。ある居室における空気齢分布を見てみると、吹出し口付近は供給直後の新鮮空気で満たされているため、値は小さい。また、吹出し口から遠く離れた吸込み口付近では、空気齢の値は大きく、到達するまでの過程で空気が汚染されている可能性が高くなる。すなわち空気齢とは、古い空気ほど汚染されている、という直観的な概念を示したものである（図3・4）。

その他の換気効率指標

空気齢以外の指標として「ある地点の空気が吸込み口に到達するまでの平均時間」で表される「空気余命」がある。汚染質の発生源における空気余命が小さければ、発生した汚染物質は素早く除去される。空気齢に空気余命を加えたものを「空気寿命」と呼び、吹出し口から吸込み口までの空気の一生を示している。

（注2） 新鮮空気の分配状況や汚染質の拡散状況を示す指標

シックハウス対策

図1 シックハウス症候群とは

化学物質による
室内空気汚染
頭痛・めまい・・・
換気の不足
気密性の向上

シックハウス症候群の原因物質は、主に合板や木質系フローリングの接着剤として用いられるホルムアルデヒドや、トルエン、キシレン、防蟻剤として利用されるクロルピリホスなどのVOCなど

図2 原因物質の発生源

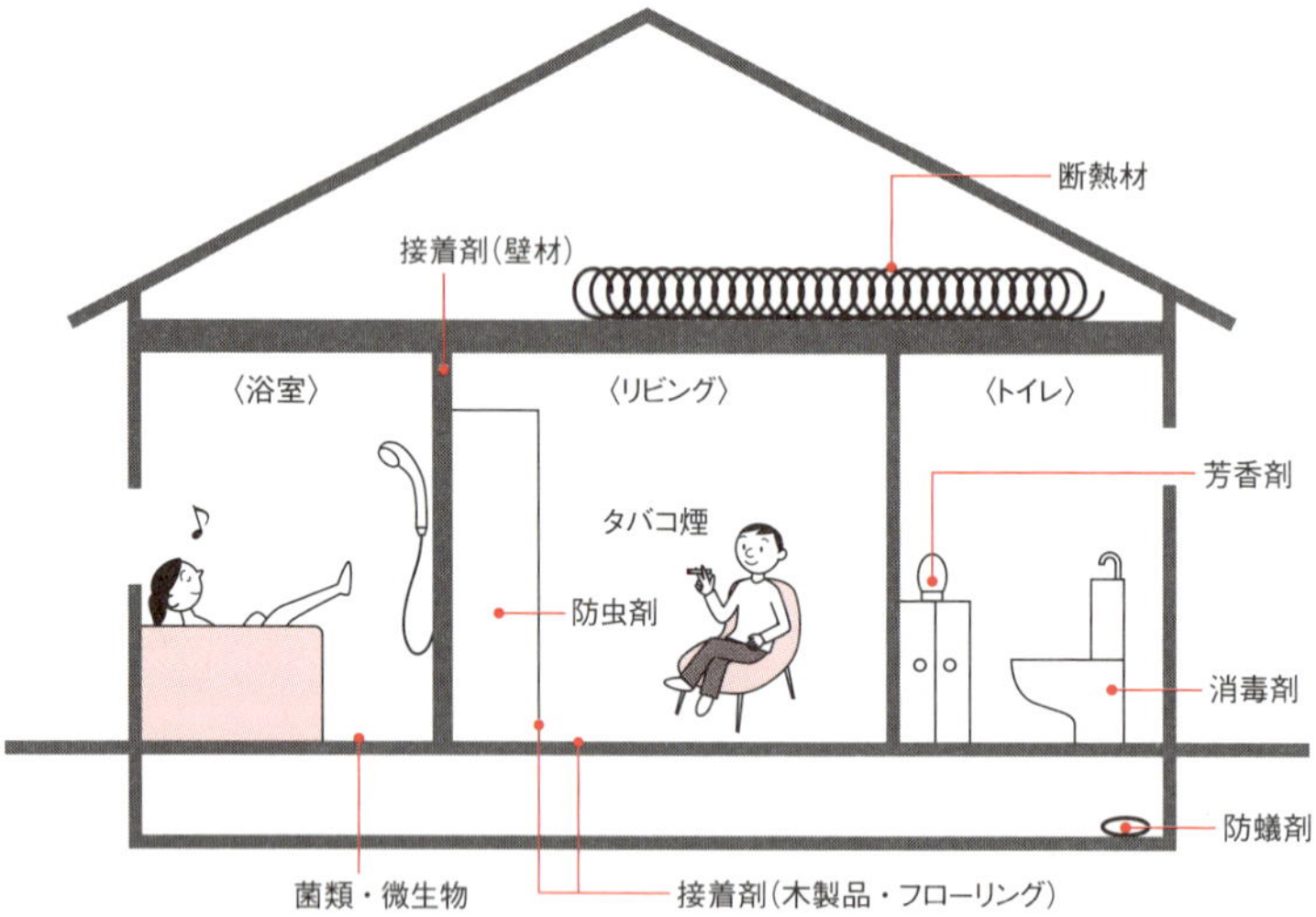
断熱材
接着剤(壁材)
〈浴室〉
〈リビング〉
〈トイレ〉
芳香剤
タバコ煙
防虫剤
消毒剤
防蟻剤
菌類・微生物
接着剤(木製品・フローリング)

シックハウス症候群

世界中の民家の形態を調べてみると、実に様々な形をしている。これは、その土地の風土・気候に合わせてつくられたためである。日本においても伝統的な民家は、蒸し暑い夏を乗り切るため、天然素材の木を使い、風通しがよいように設計されている。しかし高度経済成長期以降、増加する住宅需要に対応し、安価で施工性に優れた人工建材が多く使用されるようになった。その後、1970年代に起きた石油ショックを契機に、冷暖房の効率化を目的とした高気密化住宅が広く普及した。その結果、人工建材から放散される化学物質が気密性の高い室内に充満し、居住者に健康被害をもたらす「シックハウス症候群」(**図1**)が顕在化した。

原因物質

シックハウス症候群の原因物質は、主に合板や木質系フローリングの接着剤として用いられるホルムアルデヒドや、トルエン、キシレン、防蟻剤とし

表 厚生労働省の室内濃度指針値

揮発性有機化合物	室内濃度指針値[1]	毒性指標	用途
ホルムアルデヒド	0.10mg/㎥(0.08ppm)[2]	ヒト吸入暴露における鼻咽頭粘膜への刺激	接着剤、防腐剤
トルエン	0.26mg/㎥(0.07ppm)	ヒト吸入暴露における精神行動機能および生殖発生への影響	接着剤、塗料の溶剤
キシレン	0.87mg/㎥(0.20ppm)	妊娠ラット吸入暴露における出生児の中枢神経発達への影響	接着剤、塗料の溶剤、可塑剤
パラジクロロベンゼン	0.24mg/㎥(0.04ppm)	ビーグル犬経口暴露における肝臓および腎臓等への影響	防虫剤、芳香剤
エチルベンゼン	3.8mg/㎥(0.88ppm)	マウスおよびラット吸入暴露における肝臓および腎臓等への影響	塗料の溶剤
スチレン	0.22mg/㎥(0.08ppm)	ラット吸入暴露における脳や肝臓への影響	断熱材
クロルピリホス	1μg/㎥(0.07ppb) 小児の場合は 0.1μg/㎥(0.007ppb)	母ラット経口暴露における新生児の神経発達への影響および新生児脳への形態学的影響	殺虫剤、防蟻剤
フタル酸ジ-n-ブチル	0.22mg/㎥(0.02ppm)	母ラット経口暴露における新生児の生殖器の構造異常等への影響	可塑剤
テトラデカン	0.33mg/㎥(0.04ppm)	C_8-C_{16}混合物のラット経口暴露における肝臓への影響	塗料の溶剤、灯油
フタル酸ジ-2-エチルヘキシル	0.12mg/㎥(7.6ppb)	ラット経口暴露における精巣への病理組織学的影響	可塑剤
ダイアジノン	0.29μg/㎥(0.02ppb)	ラット吸入暴露における血漿および赤血球コリンエステラーゼ活性への影響	殺虫剤
アセトアルデヒド	0.048mg/㎥(0.03ppm)	ラットに対する経気道暴露による鼻腔嗅覚上皮への影響	接着剤、防腐剤
フェノルカブ	0.033mg/㎥(3.8ppb)	ラットに対する経口混餌反復投与毒性におけるコリンエステラーゼ(ChE)活性阻害等への影響	防蟻剤
TVOC (総揮発性有機化合物)[3]	0.4mg/㎥	国内の室内VOC実態調査の結果から、合理的に達成可能な限り低い値で決定	

1) 気中濃度の換算は25℃、1気圧による　2) 30分間の平均濃度を対象とする　3) 室内空気質の向上を合理的に達成するための暫定指針値

図3 建築基準法に基づくシックハウス対策(一戸建て)

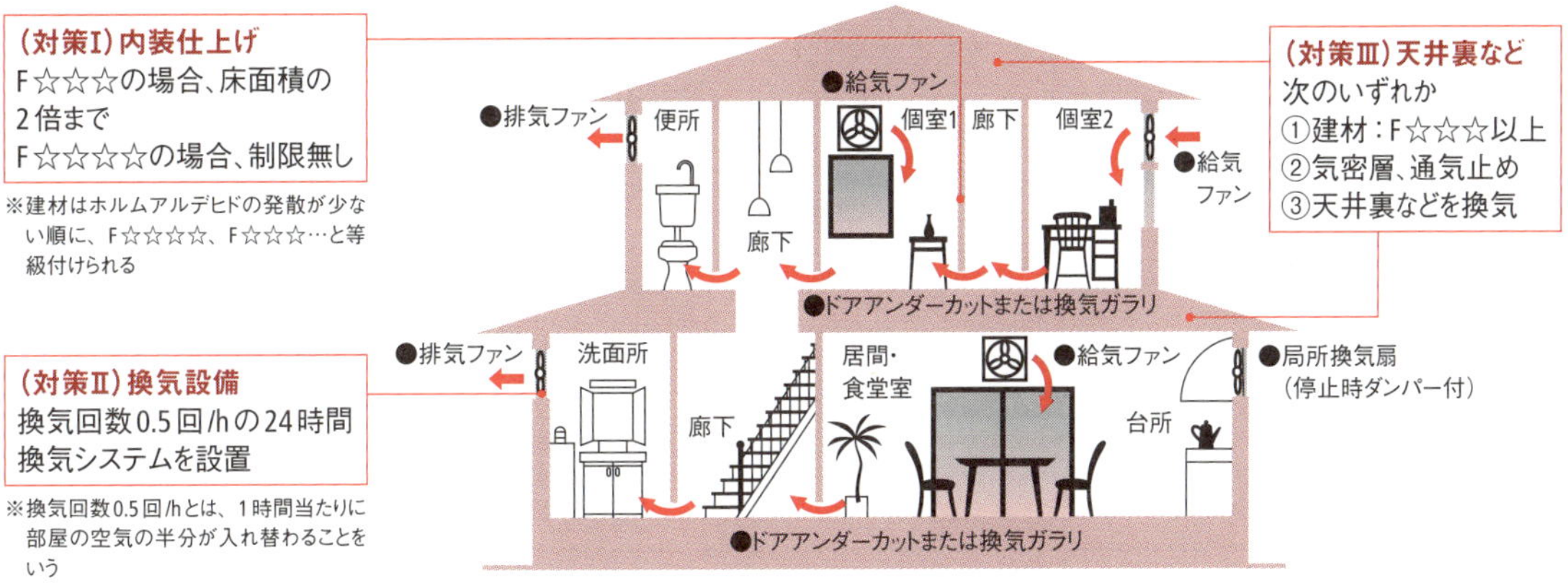

(対策Ⅰ)内装仕上げ
F☆☆☆の場合、床面積の2倍まで
F☆☆☆☆の場合、制限無し
※建材はホルムアルデヒドの発散が少ない順に、F☆☆☆☆、F☆☆☆…と等級付けられる
(対策Ⅱ)換気設備
換気回数0.5回/hの24時間換気システムを設置
※換気回数0.5回/hとは、1時間当たりに部屋の空気の半分が入れ替わることをいう
(対策Ⅲ)天井裏など
次のいずれか
①建材:F☆☆☆以上
②気密層、通気止め
③天井裏などを換気
●排気ファン
便所
●給気ファン
個室1
廊下
個室2
●給気ファン
廊下
●ドアアンダーカットまたは換気ガラリ
●排気ファン
洗面所
居間・食堂室
●給気ファン
●局所換気扇(停止時ダンパー付)
廊下
台所
●ドアアンダーカットまたは換気ガラリ

て利用されるクロルピリホスなどのVOC（注1）である。また、タバコ煙に含まれる化学物質は約4千種類、有害物質は200種類といわれ、室内環境を悪化させる要因の1つである（図2）。

シックハウス対策

居室内に存在するVOCは非常に多いといわれているが、特に健康被害が懸念される物質に関して、厚生労働省により室内濃度指針値が示されている（表）。2003年に建築基準法が改正され、内装仕上げに使用可能なホルムアルデヒド発散建材の使用面積規定、機械換気設備の設置義務などが新たに盛り込まれた（図3）。なお木質フローリング材などのホルムアルデヒド発散建材は、放散量に応じたラベリングが実施され、現在、流通しているほとんどの建材が使用規制の対象外であるF☆☆☆☆（注2）となっている。

これまで、一連の行政の対応は一定レベルの成果を上げた。しかし、シックハウス症候群は個人差が大きく、厚生労働省が示す各物質を指針値以内に保ったとしても、すべての人の健康が保障される訳ではない。エコの観点からも、天然素材や通風換気の採用など、機械力に頼らない手法を併用し、汚染質濃度低減に努めるべきと考える。

(注1)　揮発性有機化合物質の総称。英：Volatile Organic Compounds＝VOC
(注2)　F☆☆☆☆（Fフォースター）：建材のホルムアルデヒドの放散量に応じた4段階の等級のうち、放散量が最も少ない等級。☆の数が多いほど放散量が少ない

エコシャフトで換気＋採光

図 エコシャフトとシャフトとつながる事務所スペースの解析事例

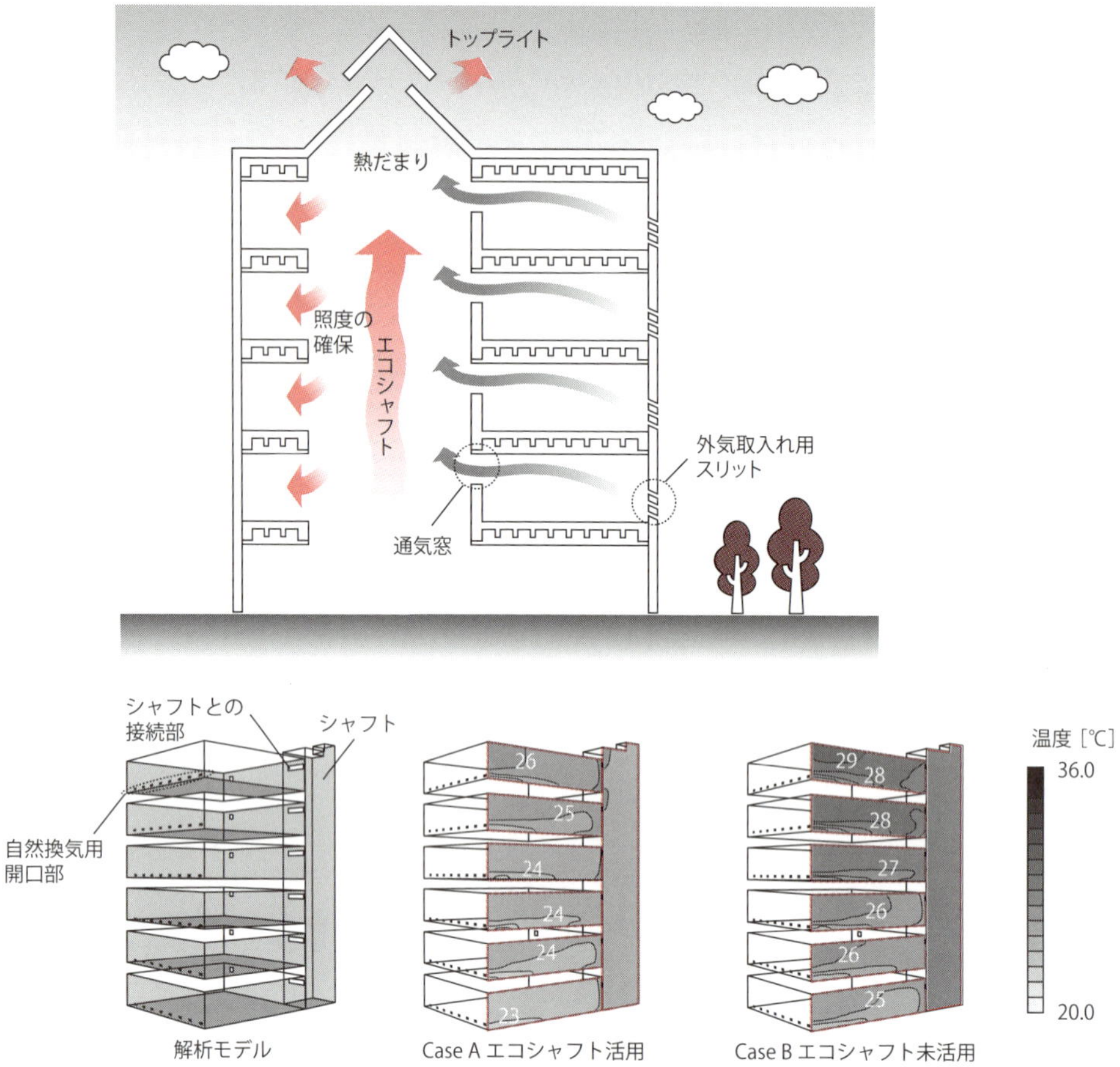
トップライト
熱だまり
照度の確保
エコシャフト
外気取入れ用スリット
通気窓
シャフトとの接続部
シャフト
自然換気用開口部
温度［℃］
36.0
20.0
26
25
24
24
24
23
29
28
28
27
26
26
25
解析モデル
Case A エコシャフト活用
Case B エコシャフト未活用

Case Aはシャフト頂部が外気に開放しており、エコシャフトとして機能する。Case Bのシャフト頂部は閉じており、エコシャフトとしては機能しない。事務所スペースの空気温度は、エコシャフトを活用したCase AがCase Bより約1～3℃低くなっている

解析条件　シャフトを持つ6階建ての事務所建築を模擬。事務スペースは外気側下部に自然換気用開口部があり、その反対側にエコシャフトを有する。外気温を20℃とし、非空調の中間期を想定。各ケースとも床面に発熱(機器発熱15W／㎡, 照明発熱20 W／㎡,人体発熱11.25 W／㎡)を与え、換気回数6回/hで機械換気を実施。外気からの熱貫流、日射の影響は無視した
解析実施：明星大学小笠原研究室　大江翔平氏

自然換気と採光が可能

エコシャフトとは、煙突効果で自然換気を行う「吹抜け」である。自然換気による省エネを目的としているため、通常の設備用シャフトと区別されている。エコシャフトを有効利用するためには、シャフトと居室をつなぐ通気窓と、外気取入れ用スリットを併設する必要がある。エコシャフト上部に熱だまりが形成されると、煙突効果によって上昇気流が発生する。その結果、エコシャフトから離れた位置に設置した外気取入れスリットが負圧となり、外気が流入する。流入した外気は、居室内を通り、通気窓を通過してエコシャフトへと導かれる。

室温が外気温度より高い場合には、空調・換気用エネルギーの削減を図ることができる。エコシャフト上部をトップライトにすることで、その周辺部の照度を確保し、照明用エネルギーを削減できる可能性もある。この場合、エコシャフトは風や光を導く「坪庭」と同じ役割を担っているといえる。

Column

解法

設計図
数学は…
$x = 2 \times \frac{b}{5}$
建築は…
= 施主の要望 ×
地域性
人
風土

数学の問題は公式を用いて解法へと向かうと、一直線で答えが得られる。これとは対照的に、建築はある一定の公式にあてはめて、答えが得られることはなく、地域や人やその風土に合わせ要求を表現し具現化していく、その手法には公式というものはなく、住まい手と設計者の感性によって形を作り上げていくものであるとも言える。そのため、建築物はさまざまな形が表現され個性を作り出している。この表現する機会を得た時の建築家の姿は、まさしく水を得た魚の様である。仕事に打ち込んで、納得のいく解法を探した結果、建築家が得るもの、その答えが設計図なのである。筆者は仕事柄、多くの設計図を見てきており、理解しているつもりであるが、それでも竣工時の答えまでは導き出せないことが多く、建築家の解法に触れて感動させられることが多い。だからこそ、その解に期待したくなるのである。

（柿沼 整三）

温熱環境の6要素

図1 体温調節反応とコア・シェルの変化

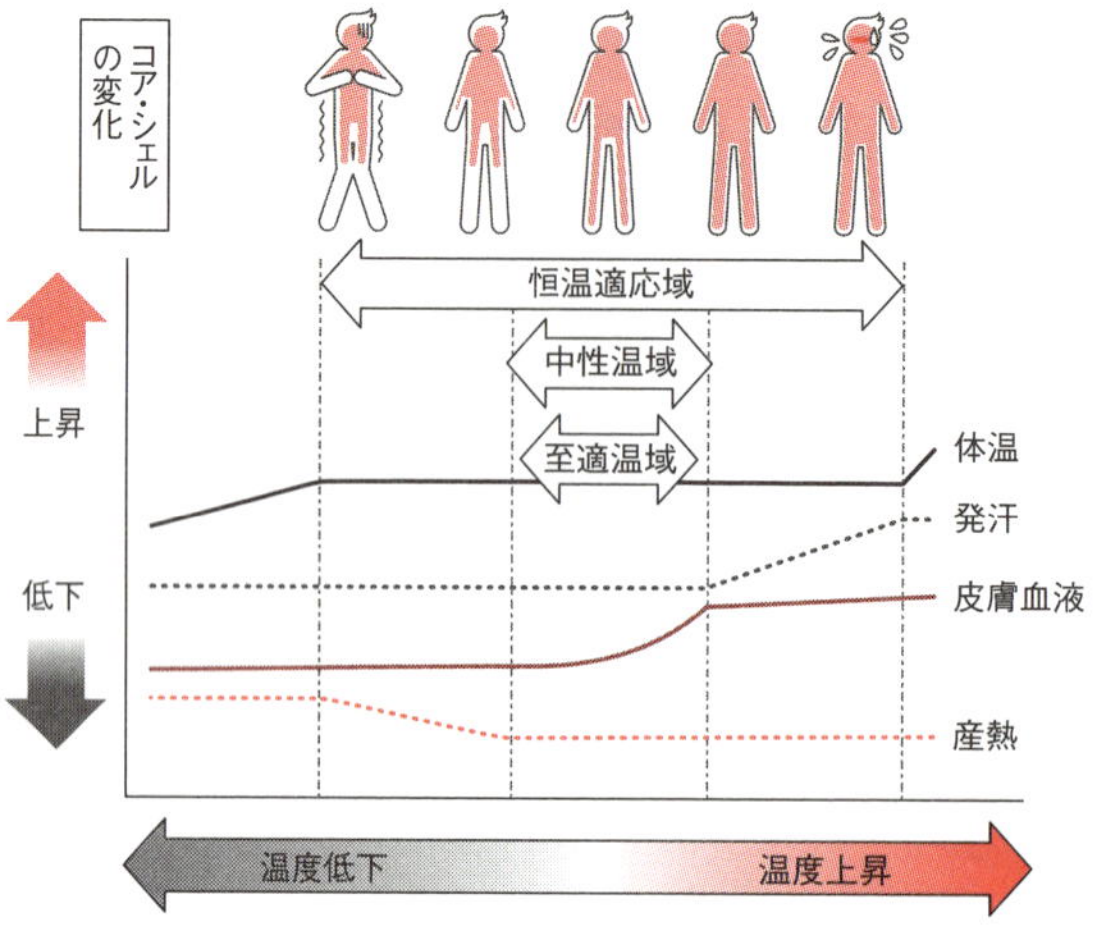
コア・シェルの変化
上昇
低下
恒温適応域
中性温域
至適温域
体温
発汗
皮膚血液
産熱
温度低下
温度上昇

図2 温熱環境の6要素

蒸発
2 放射温度
3 相対湿度
放射
1 空気温度
4 気流速度
産熱
対流
6 着衣量
5 代謝量

体温の恒常性

人間には非常に精緻な体温調節機能が備わっている。人間を取り巻く周辺環境の温度が大きく変動しても、人間の生命維持に欠くことのできない臓器などの体温はほぼ36・5℃程度に保たれている。これを体温の恒常性という。これらの臓器部分の温度をコア部、体表面に近い皮膚や皮下脂肪などをシェル部と分けると体温の恒常性を理解しやすい。環境温度によってコア部とシェル部の大きさは変化する（図1）。

環境温度が高い場合、毛細血管の拡張などによりコア部が拡大し、放熱を促進する。逆に寒い環境下では、コア部の温度維持のためにシェル部が増大する。このようなコア・シェル部の大きさ変化で体温調節が可能な範囲を超えた場合、発汗や筋肉痙攣（シバリング）によって体温維持を図る。

温熱環境の6要素

人体は代謝によって常に産熱し、それを対流・放射・蒸発によって絶えず

写真 執務スペースにおける放射温度

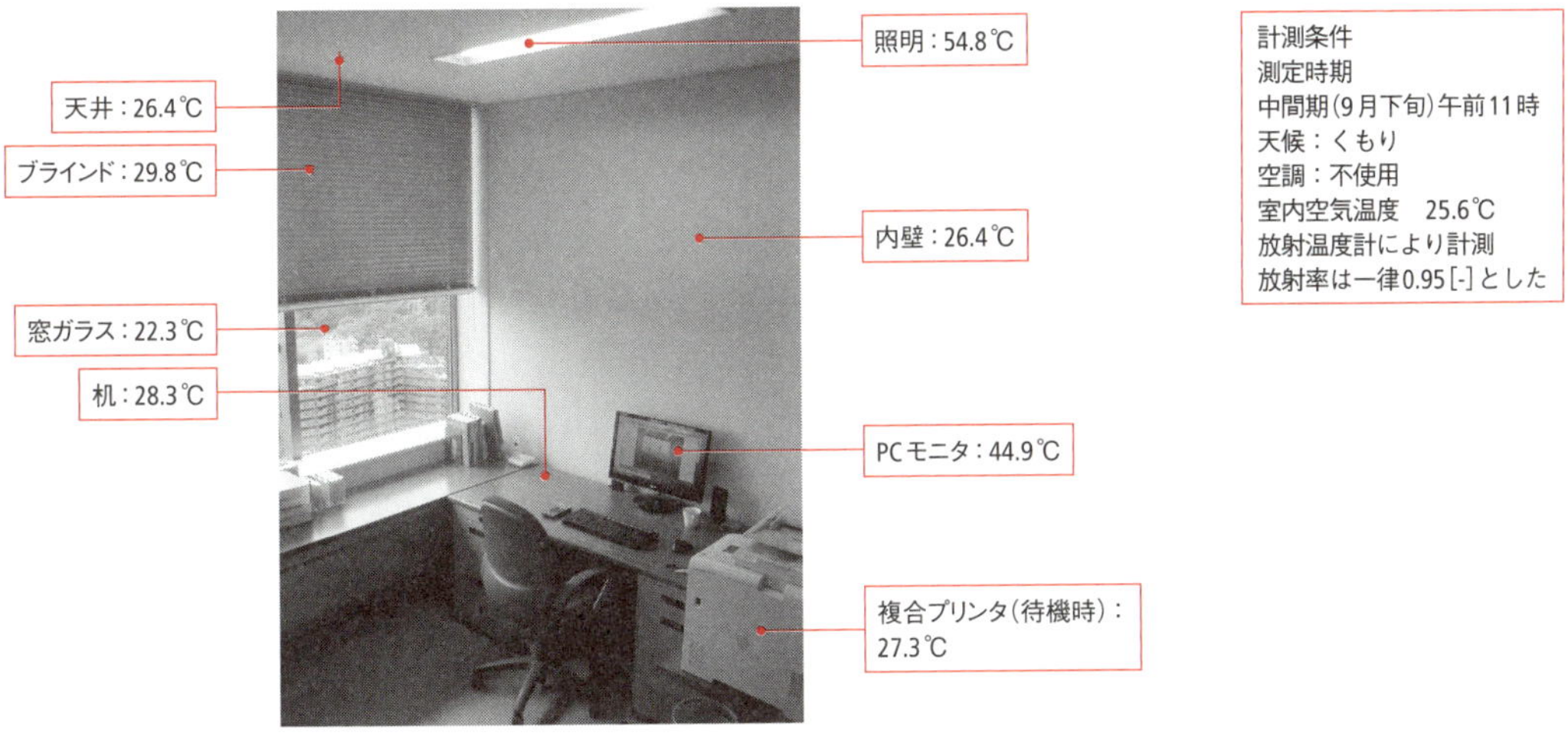

照明：54.8℃
天井：26.4℃
ブラインド：29.8℃
内壁：26.4℃
窓ガラス：22.3℃
机：28.3℃
PCモニタ：44.9℃
複合プリンタ（待機時）：27.3℃
計測条件
測定時期
中間期（9月下旬）午前11時
天候：くもり
空調：不使用
室内空気温度　25.6℃
放射温度計により計測
放射率は一律0.95[-]とした

図3 各種状態における代謝量

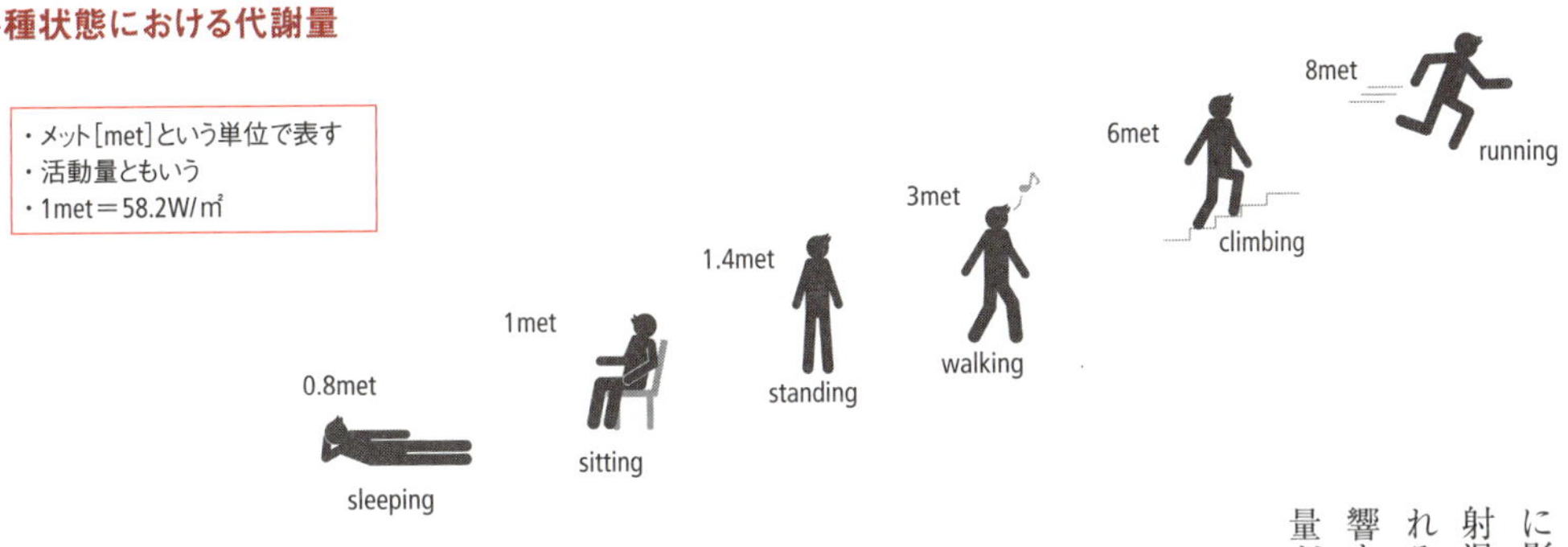

・メット[met]という単位で表す
・活動量ともいう
・1met＝58.2W/㎡
0.8met
sleeping
1met
sitting
1.4met
standing
3met
walking
6met
climbing
8met
running

図4 着衣状態とclo値

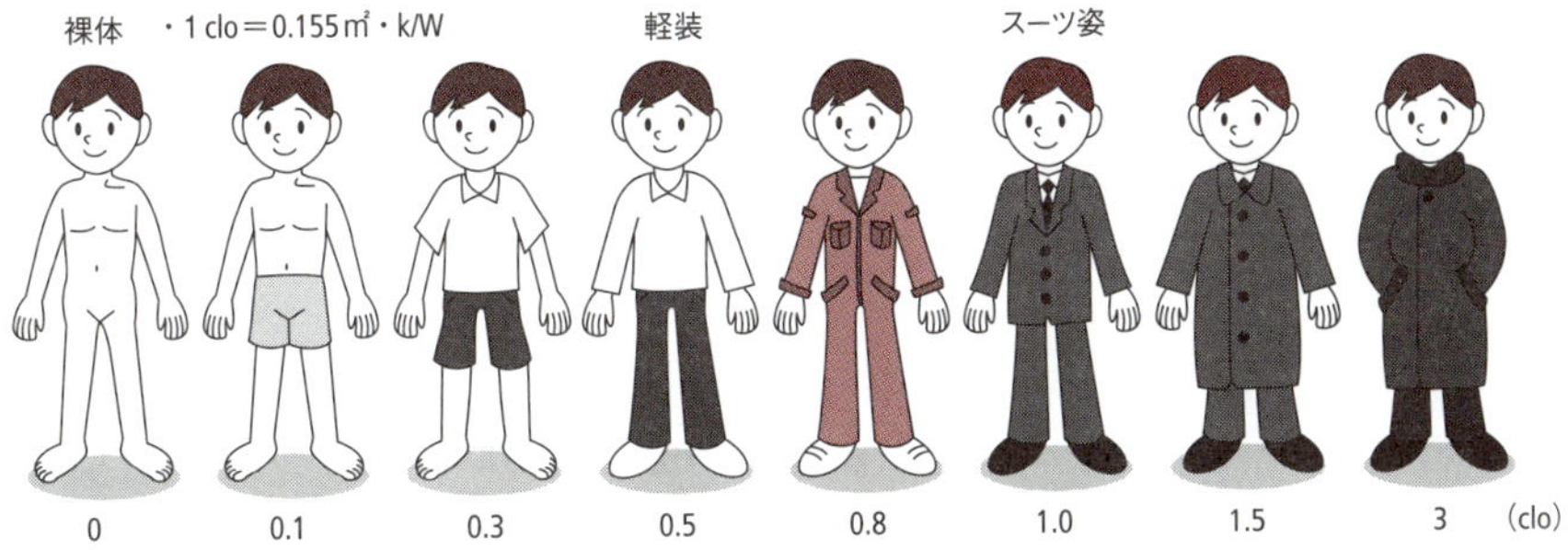

裸体
・1 clo＝0.155㎡・k/W
軽装
スーツ姿
0
0.1
0.3
0.5
0.8
1.0
1.5
3
(clo)

環境へ放熱している。人体の放熱機構に影響する環境側の要素は、気温・放射温度・相対湿度・気流速度が挙げられる。加えて、人間側の温熱感覚に影響を及ぼす要素としては代謝量・着衣量が挙げられる。これら6つの要素が温熱環境の基本6要素（**図2**）であり、周辺環境を温熱的に評価する場合にはこの6要素を把握する必要がある。

気温・放射温度

気温は物体表面の対流による熱放散に影響する。低気温時には、皮膚温との温度差が大きくなり、熱放散が増大する。放射温度は放射による熱授受に関連する（**写真**）。温熱指標においては平均放射温度MRT（**注**）が用いられるが、扱いの簡便さから周壁温度の平均値で代用される場合もある。

相対湿度・気流速度

相対湿度は蒸発による放熱に関係する。人体表面では発汗していなくても、皮膚表面からは水分蒸発による放熱（不感蒸泄）が繰り返されている。気流速度は気温とともに対流に関連し、高風速環境では対流による熱放散が促進される。

代謝量・着衣量

代謝量は椅座安静状態を基準とし、met（メット）という単位で表される。事務作業は1.2met、歩行状態で2.5met程度である（**図3**）。着衣量は衣服の熱抵抗を基準として表され、単位にclo（クロ）が用いられる（**図4**）。

（注）周囲の全方向から受ける熱放射を平均化して温度表示したもの

温熱感覚指標のET*、SET*、PMV

◆各種温熱指標

図1 有効温度　ET*

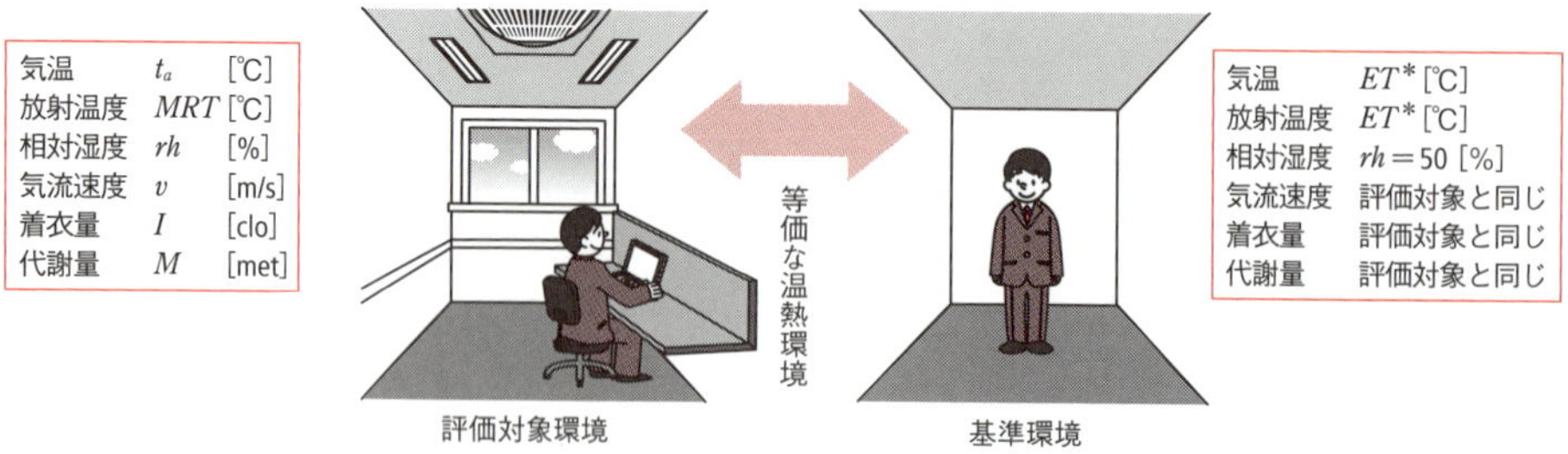
気温 t_a [℃]
放射温度 MRT [℃]
相対湿度 rh [%]
気流速度 v [m/s]
着衣量 I [clo]
代謝量 M [met]
等価な温熱環境
評価対象環境
基準環境
気温 ET* [℃]
放射温度 ET* [℃]
相対湿度 rh＝50 [%]
気流速度 評価対象と同じ
着衣量 評価対象と同じ
代謝量 評価対象と同じ

図2 標準新有効温度　SET*

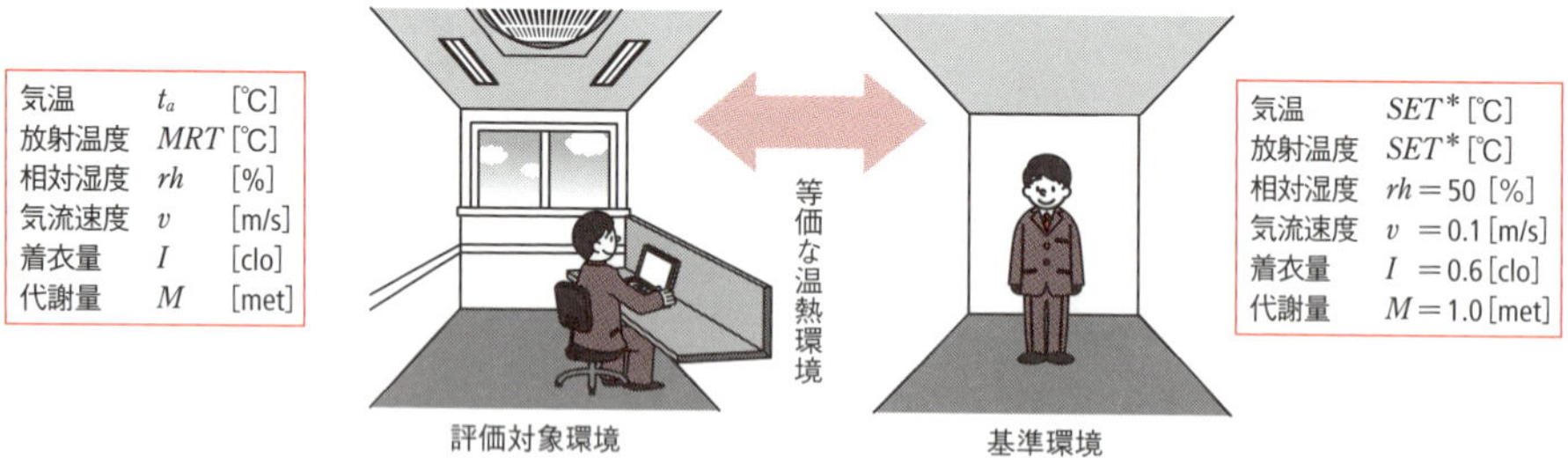
気温 t_a [℃]
放射温度 MRT [℃]
相対湿度 rh [%]
気流速度 v [m/s]
着衣量 I [clo]
代謝量 M [met]
等価な温熱環境
評価対象環境
基準環境
気温 SET* [℃]
放射温度 SET* [℃]
相対湿度 rh＝50 [%]
気流速度 v ＝0.1 [m/s]
着衣量 I ＝0.6 [clo]
代謝量 M＝1.0 [met]

表 PMVと温冷感

PMV	温冷感	予測不満足者率（PPD）
＋3	非常に暑い	99％
＋2	暑い	75％
＋1	やや暑い	25％
0	どちらでもない	5％
－1	やや寒い	25％
－2	寒い	75％
－3	非常に寒い	99％

人体の熱収支計算と実験による温冷感申告をリンクさせたもの

温熱感覚指標の必要性

150頁の図1・2の枠中に示した温熱感覚6要素の組み合わせはほぼ無限に存在する。しかし、異なる空間の温熱環境を比較したり、快適性を評価することができれば、とても便利である。このため、評価対象の環境を、ある基準状態において等価な温熱感覚を得る温度で表した「体感温度」などの温熱感覚指標が用いられるようになった。次に代表的な温熱感覚指標について取り上げる。

①有効温度ET*（注1、図1）

2層モデル（注2）と呼ばれる人体数値モデルに基づき、温熱感覚6要素をすべて考慮した指標である。「評価環境と同一の皮膚表面温度・発汗による濡れ面積率・皮膚表面放熱量を与える相対湿度50％の時の気温」と定義される。

②標準新有効温度SET*（図2）

ET*をベースに、さらに標準化を図ったものである。標準環境の条件を、気流：無風（人体発熱に起因する

（注1）＊はスターと読む

図3 SET*算出ソフト

	Air Temperature	Mean Radiant Temperature	Relative Air Velocity	Relative Humidity	Barometric Pressure	Weight	Body Surfase Area	Clothing	Metabolic Rate	External Work	SET*	ET*	tsk	w	Esk
2	[deg.C]	[deg.C]	[m/s]	[%]	[mmHg]	[kg]	[m²]	[clo]	[W/m²]	[W/m²]	[deg.C]	[deg.C]	[deg.C]	[-]	[W/m²]
3	10	10	0.1	50	760	70	1.8	0	58.2	0	0.0	9.9	26.11	0.06	8.23
4	13	13	0.1	50	760	70	1.8	0	58.2	0	4.2	13.0	26.98	0.06	8.36
5	16	16	0.1	50	760	70	1.8	0	58.2	0	8.3	16.0	27.91	0.06	8.47
6	19	19	0.1	50	760	70	1.8	0	58.2	0	12.4	19.0	28.93	0.06	8.59
7	22	22	0.1	50	760	70	1.8	0	58.2	0	16.6	22.0	30.08	0.06	8.74
8	25	25	0.1	50	760	70	1.8	0	58.2	0	20.4	25.0	31.63	0.06	9.13
9	28	28	0.1	50	760	70	1.8	0	58.2	0	23.8	28.0	33.73	0.06	9.95
10	31	31	0.1	50	760	70	1.8	0	58.2	0	27.5	31.0	34.52	0.17	27.31
11	34	34	0.1	50	760	70	1.8	0	58.2	0	31.2	34.0	35.27	0.30	45.03
12	37	37	0.1	50	760	70	1.8	0	58.2	0	34.9	37.0	35.91	0.47	63.91
13	40	40	0.1	50	760	70	1.8	0	58.2	0	38.6	40.0	36.37	0.72	84.47

左列から
空気温度（Air Temperature）、平均放射温度（Mean Radiant Temperature）、気流速度（Relative Air Velocity）、相対湿度（Relative Humidity）、気圧（Barometric Pressure）、体重（Weight）、体表面積（Body Surface Area）、着衣量（Clothing）、代謝量（Metabolic Rate）、外部仕事（External Work）を入力する仕様となっている
SET*を求める場合には、気圧、体重、体表面積の入力は不要である

図4 PMV算出ソフト

	Air Temperature	Mean Radiant Temperature	Relative Air Velocity	Relative Humidity	Clothing	Metabolic Rate	PMV	PPD
2	[℃]	[℃]	[m/s]	[%]	[clo]	[met]		[%]
3	32	32	0.25	70	0.35	1	2.28	87.7
4	25.6	25.6	0.1	50	0.6	1	0.03	5.0
5	15	15	0.5	30	1	1	-3.15	99.6
6	32	32	0.2	60	0.6	1	2.37	90.3
7	18	18	0.2	30	1.2	1	-1.36	43.5
8	16	16	0.1	50	0.5	1	-3.82	100.0
9	18	18	0.1	50	0.5	1	-3.06	99.3
10	20	20	0.1	50	0.5	1	-2.29	88.0
11	22	22	0.1	50	0.5	1	-1.52	52.0
12	24	24	0.1	50	0.5	1	-0.77	17.6
13	26	26	0.1	50	0.5	1	-0.03	5.0
14	28	28	0.1	50	0.5	1	0.72	15.9
15	30	30	0.1	50	0.5	1	1.48	49.9
16	32	32	0.1	50	0.5	1	2.25	86.8
17	34	34	0.1	50	0.5	1	3.04	99.3

左列から
空気温度（Air Temperature）、平均放射温度（Mean Radiant Temperature）、気流速度（Relative Air Velocity）、相対湿度（Relative Humidity）、着衣量（Clothing）、代謝量（Metabolic Rate）を入力する
右列にPMVとPPD（予測不満足者率）が算出される

図5 クールビズ導入オフィスのPMV

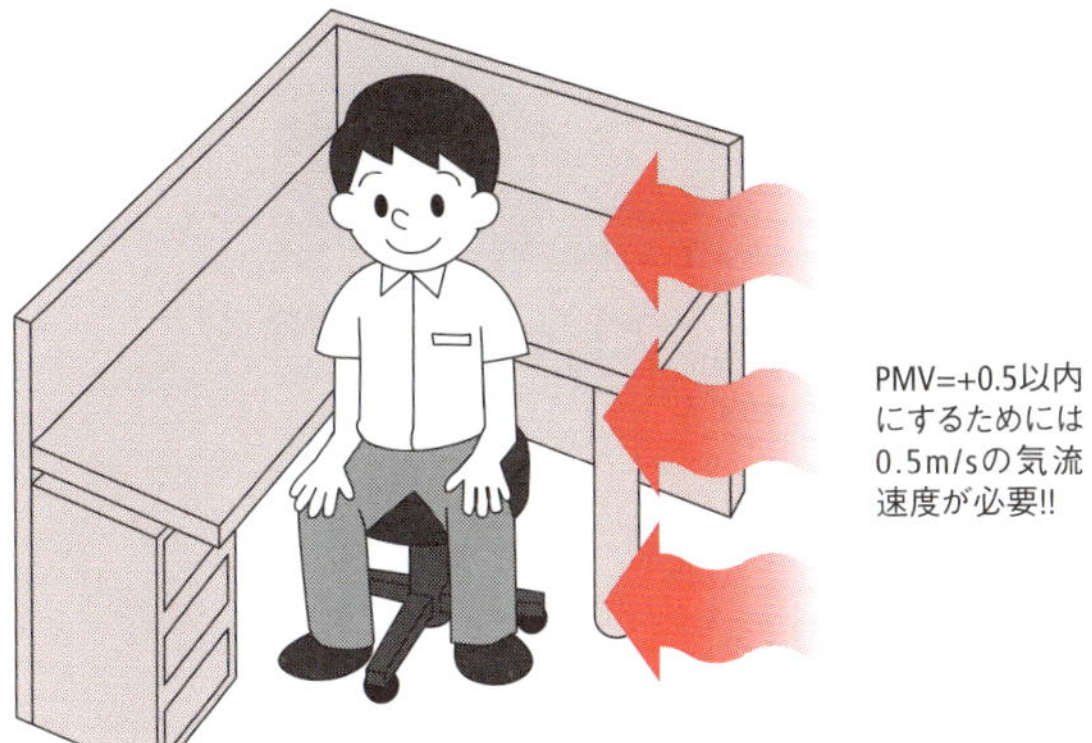

PMV=+0.5以内にするためには0.5m/sの気流速度が必要!!

計算条件
服装：0.5clo（下着・半袖ワイシャツ・ズボン・靴下・革靴）
空気温度：28℃
放射温度：29℃（室内の熱負荷を考慮）
相対湿度：50％
代謝量：1.1 met

気流速度0.1m/sでは
PMV＝＋1.0（やや暑い）となる
PMV＝＋0.5以内を実現するためには
0.5m/s以上の気流速度が必要

自然対流の影響により0.1 m/sと定義）、着衣量：0.6 clo、代謝量：1.0 metとしている。

③予測温冷感申告PMV（注2、表）

人体の熱収支計算と実験による温冷感申告をリンクさせたものである。PMVの値は-3（非常に寒い）から+3（非常に暑い）の範囲の数値で表され、いわゆる体感温度とは異なる。適用範囲の限界が指摘されることもあるが、直観的に温冷感を表すことができるため、広く用いられている。

温熱感覚指標の使用方法

各種温熱感覚指標を実際に使用するには、公開されているソフトウェア（注3、図3・4）を用いるのが便利である。また、算出に必要な放射温度や温湿度を測定するための機器も比較的安価で入手可能である。

クールビズと温熱感覚指標

クールビズの普及により、空調設定温度を28℃とするオフィスが増えている。軽装状態（0.5 clo）を仮定し、空気温度28℃、放射温度29℃、相対湿度50％、代謝量1.1 metの環境下でPMVを+0.5以下にするためには、0.5 m/s以上の気流速度が必要となる（図5）。扇風機の併用はそのよい例である。

（注2）　ファンガーの予測温冷感申告PMV
（注3）　早稲田大学・田辺新一研究室のHPでは、PMVの算出ソフトウェアなどを無償でダウンロードできる（図4）http://www.tanabe.arch.waseda.ac.jp/

温熱環境の測定・評価

写真1 各種測定機器

温湿度測定器

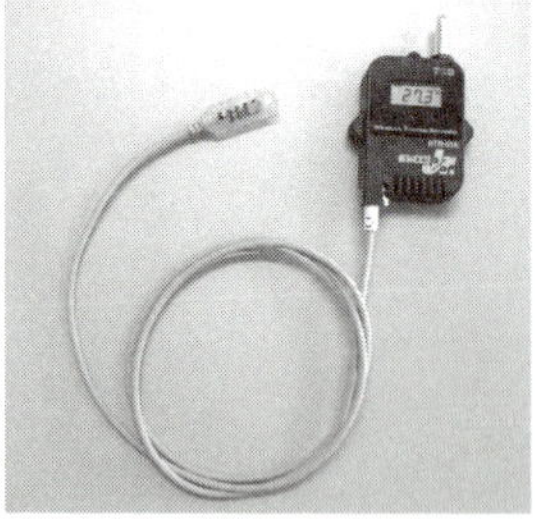

メモリー内蔵計測間隔など設定可能

放射温度計

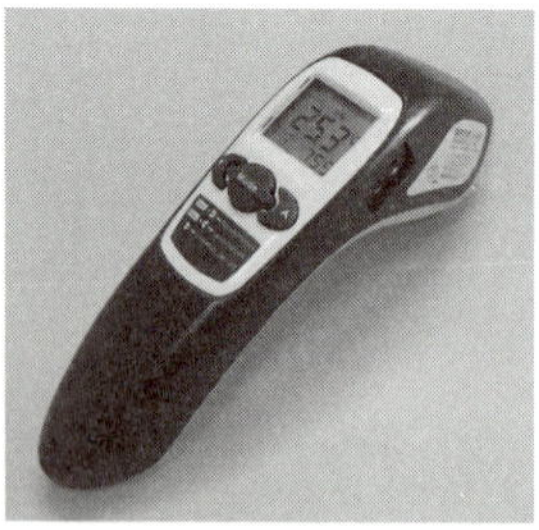

ハンディタイプ

放射温度計の計測

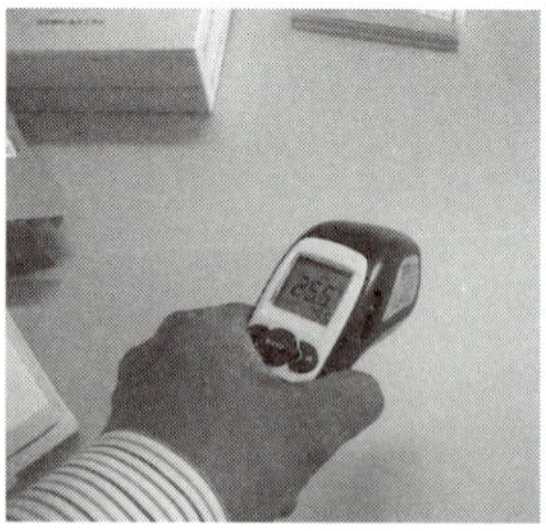

赤いポイントの表面温度を計測

写真2 サーマルマネキン

立位状態

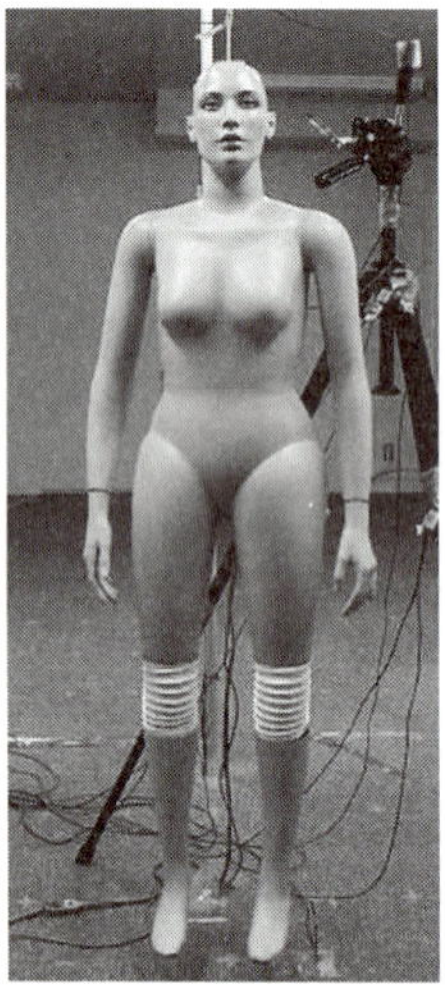

デンマーク製のサーマルマネキン。デンマーク人の平均身長は日本人と比べて高い。そのため、女性タイプのマネキンを導入する場合が多い

椅座状態

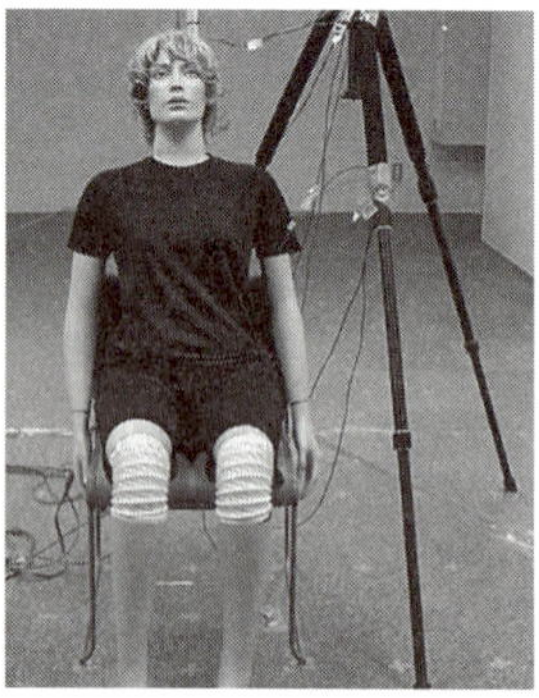

半袖シャツ・ショートパンツを着用し、椅子座の状態。人間の着衣状態を模擬することができる

熱画像

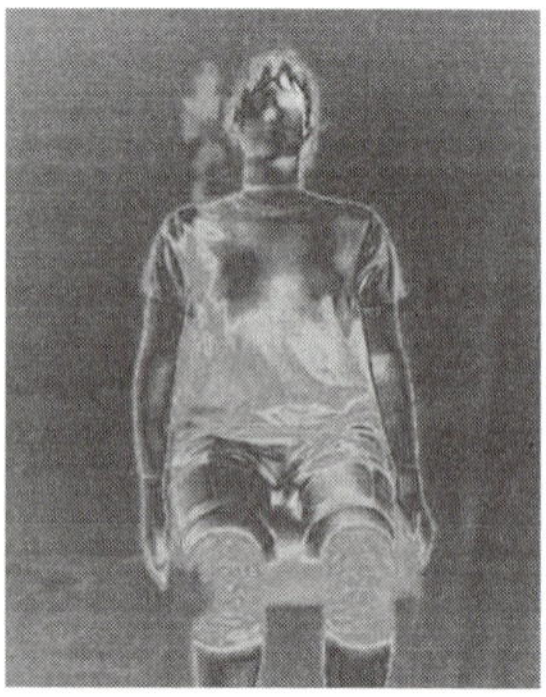

左の椅座状態のサーモグラフィ。着衣表面温度は空気温度と皮膚温度の間に収斂する

温熱環境の測定

通常、人間の滞在する室内空間では、温度や湿度の空間的な分布があり、時間で変動する。つまり、温熱感覚指標を使用して環境評価を行う場合、6要素のすべてをなるべく正確に把握することが重要となる。精緻な予測を必要としない場合や、室内環境を一定の範囲内で制御したい場合には、状況に応じた要素のみを測定すればよい。一般的なオフィス空調では、多くの場合、室内の空気温度と湿度のみを測定している。放射冷暖房を行っている空間では、放射温度の測定が重要である（**写真1**）。

サーマルマネキンを用いた環境評価

実際の生活空間では、体のそれぞれの部分が様々な環境に暴露されている。対流や放射による熱放散も部位ごとに異なる。そのため、室内空間の平均的な空気温度・放射温度を用いて評価を行うと、大きな誤差を生む場合が

図1 不均一環境における温熱評価（局所空調の例）

空調吹出し
ユニット
上半身は低温空調
気流に暴露
空間下部は直接的な
空調空気の供給なし
このように机上に空調空気
の吹出しユニットを配した
局所空調を行う執務スペー
スでは、空調気流を直接浴
びる上半身と、机の下に位
置する下半身の暴露環境は
明らかに異なる

図2 数値サーマルマネキンによる温熱評価

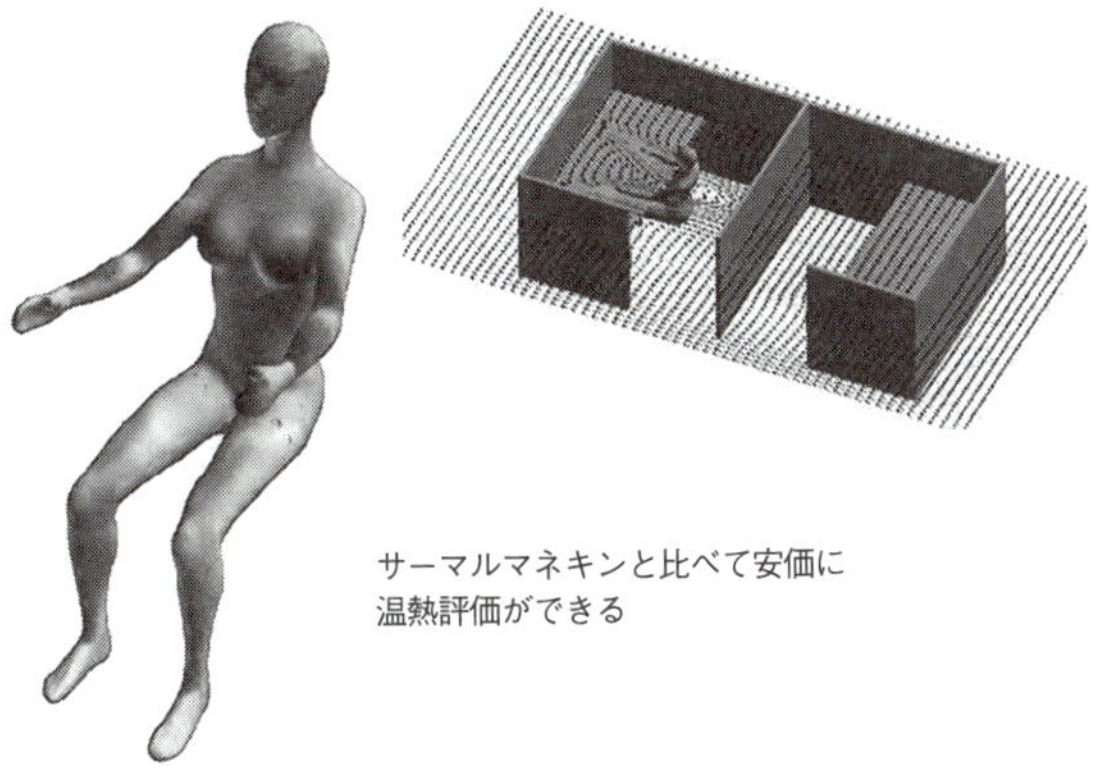
サーマルマネキンと比べて安価に
温熱評価ができる

写真3 サーマルマネキンを用いた温熱評価

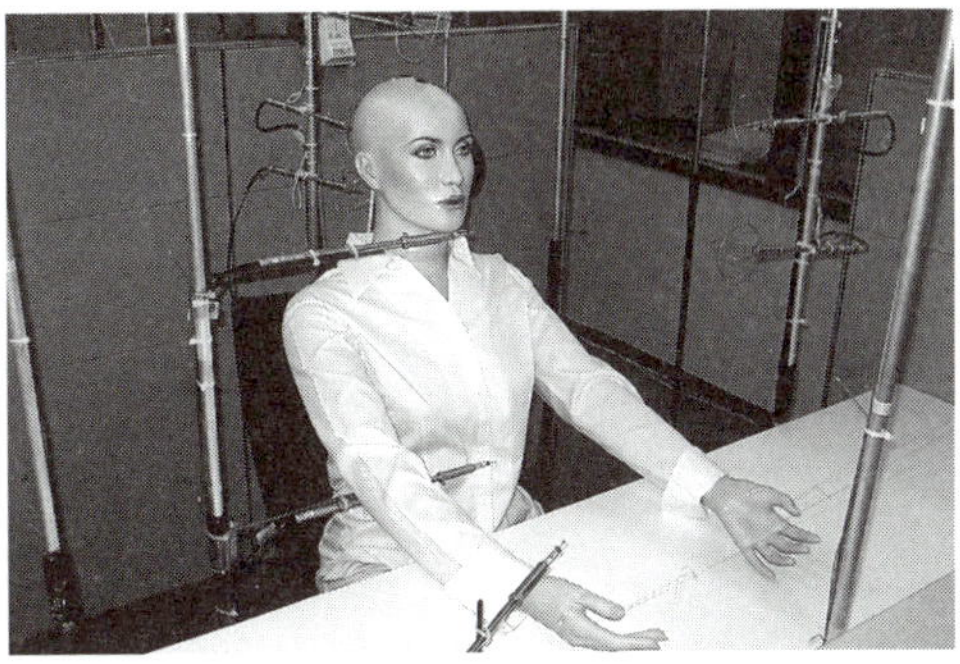

ある。この場合、複雑な人体形状を再現し、着衣量や人体発熱を模擬できるサーマルマネキンを用いると便利である（**写真2**）。これは体の各部位の発熱条件を設定でき、発熱量（放散量）や表面温度の測定が可能である。

例えば、机上に空調空気の吹出しユニットを配した局所空調を行う執務スペースでは、空調気流を直接浴びる上半身と、机の下に位置する下半身の暴露環境は明らかに異なる（**図1**）が、このような不均一な環境においても温熱評価を行うことができる。

数値シミュレーションによる環境評価

数値流体力学（ＣＦＤ）に基づく気流解析の進歩やコンピュータの性能向上により、室内の詳細な温度・湿度・気流分布の予測が可能となった。さらに近年では、サーマルマネキンを用いる代わりに、人体形状を解析空間に取り込み、仮想環境下での人体の温熱生理反応を予測することができるようになった（**図2**）。サーマルマネキン（**写真3**）は非常に高価なため、数値シミュレーションによる予測技術は経済的な環境評価ツールとして定着しつつあり、エコ設備設計のシミュレーションツールとして有効・有益である。

空調負荷と空調方式

図1 空調負荷（ ⟶ ：熱流）

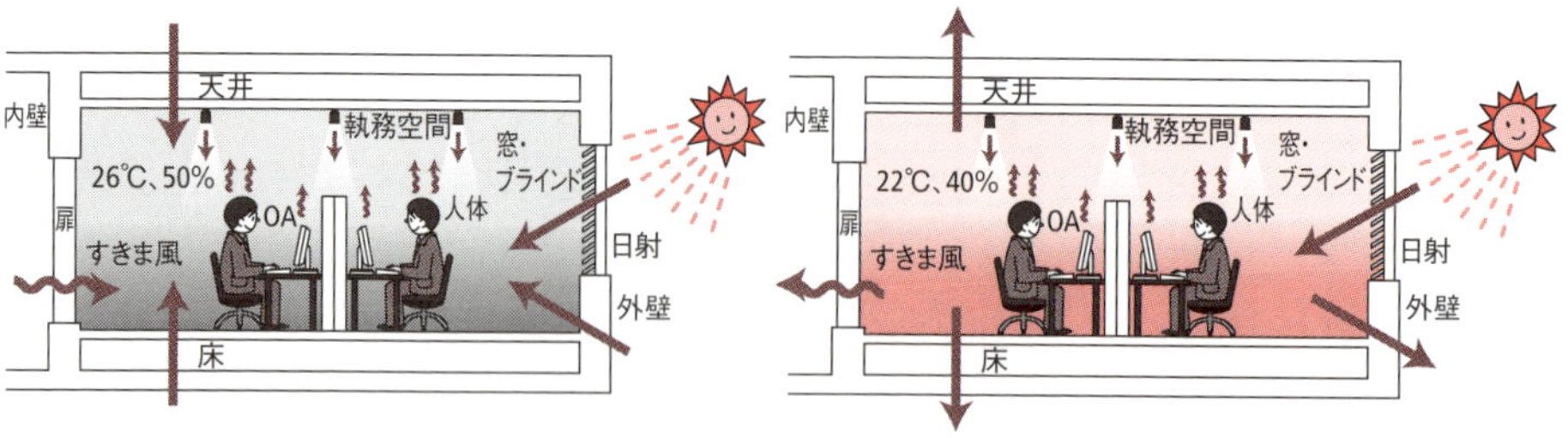
天井
内壁
扉
執務空間
26℃、50%
OA
窓・ブラインド
人体
すきま風
日射
外壁
床
22℃、40%

(a) 冷房負荷　(b) 暖房負荷

表1 冷房負荷の要因

種類	内容		顕熱	潜熱
室内取得負荷	(1) 壁体	外壁・屋根	q_{WO}	－
		内壁・床・建具	q_{WI}	－
	(2) 窓ガラス	伝導	q_{GC}	－
		日射	q_{GR}	－
	(3) すきま風		q_{IS}	q_{IL}
	(4) 人体		q_{HS}	q_{HL}
	(5) 機器（照明など）		q_{ES}	q_{EL}
外気負荷	(6) 取入れ外気		q_{OS}	q_{OL}

図2 冷房負荷の関係（ ⟶ ：熱流）

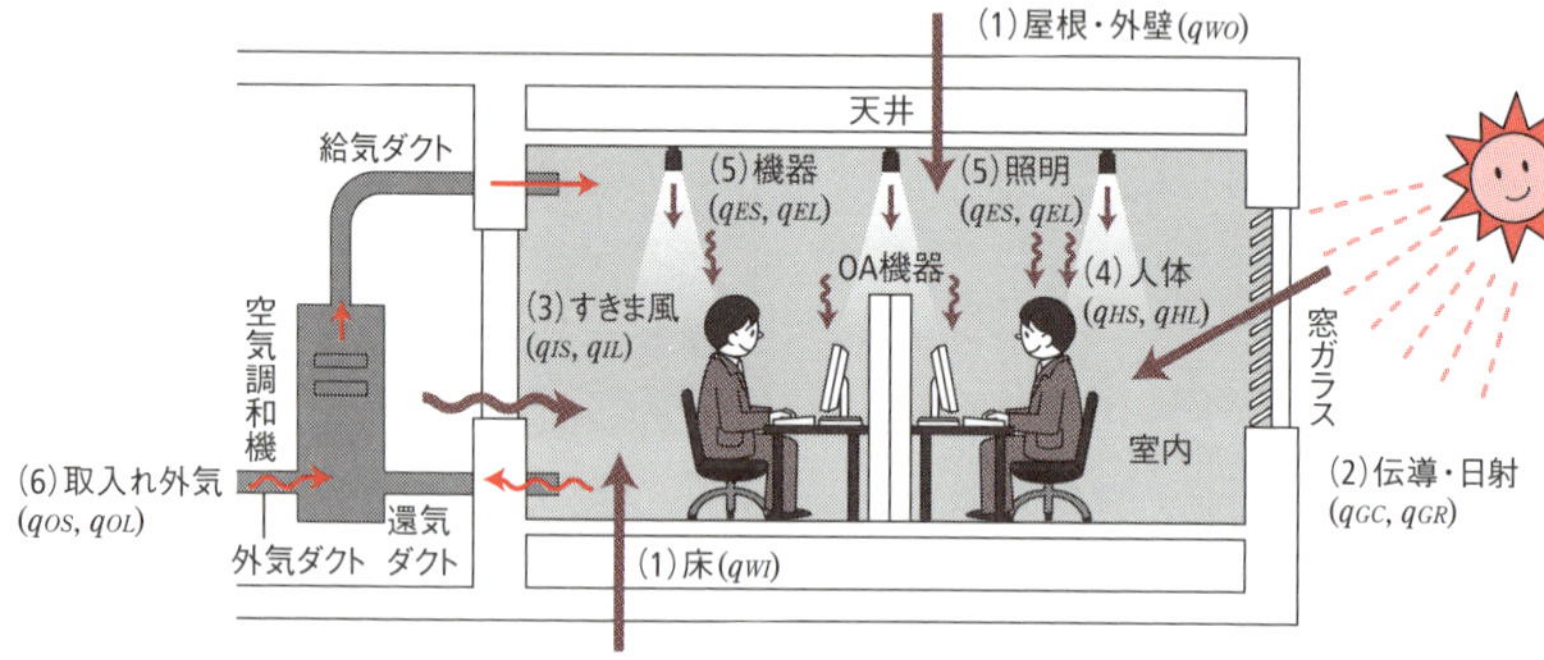
(1) 屋根・外壁 (q_{WO})
天井
給気ダクト
(5) 機器 (q_{ES}, q_{EL})
(5) 照明 (q_{ES}, q_{EL})
OA機器
(4) 人体 (q_{HS}, q_{HL})
(3) すきま風 (q_{IS}, q_{IL})
空気調和機
窓ガラス
室内
(6) 取入れ外気 (q_{OS}, q_{OL})
還気ダクト
外気ダクト
(1) 床 (q_{WI})
(2) 伝導・日射 (q_{GC}, q_{GR})

冷房負荷と暖房負荷

夏場は、外気から室内に熱や湿気が入ってくる。さらに、室内の照明や家電製品、人間から放出される熱や水蒸気などにより、室内の温度や湿度（相対湿度）が高くなるので、適切な状態を維持するために冷房することになる。

一方、冬期は室内から熱が屋外に逃げ、低温で乾燥した空気が入ってくるため室内の温度や湿度が低くなる。また、在室する人間や暖房器具などにより室内の空気が乾燥するので、適切な状態を維持するために暖房や加湿をすることになる。冷房時に除去すべき熱量を冷房負荷、暖房時に供給すべき熱量を暖房負荷という（**図1**）。

冷房負荷は、空調機などの機器容量を決めるうえで重要である。冷房負荷の要因となるものを**表1**に、その要因の関係を**図2**に示す。

暖房負荷は、ボイラや加熱機器などの容量を決めるうえで重要である。暖房負荷の要因となるものを**表2**、その

表2 暖房負荷の要因

種類	内容		顕熱	潜熱
室内損失負荷	(1)	外壁・屋根・窓ガラス	q_{WO}	—
		床	q_{WI}	—
	(3)	すきま風	q_{IS}	q_{IL}
外気負荷	(6)	換気による損失	q_{OS}	q_{OL}

図3 暖房負荷の関係（⟶：熱流）

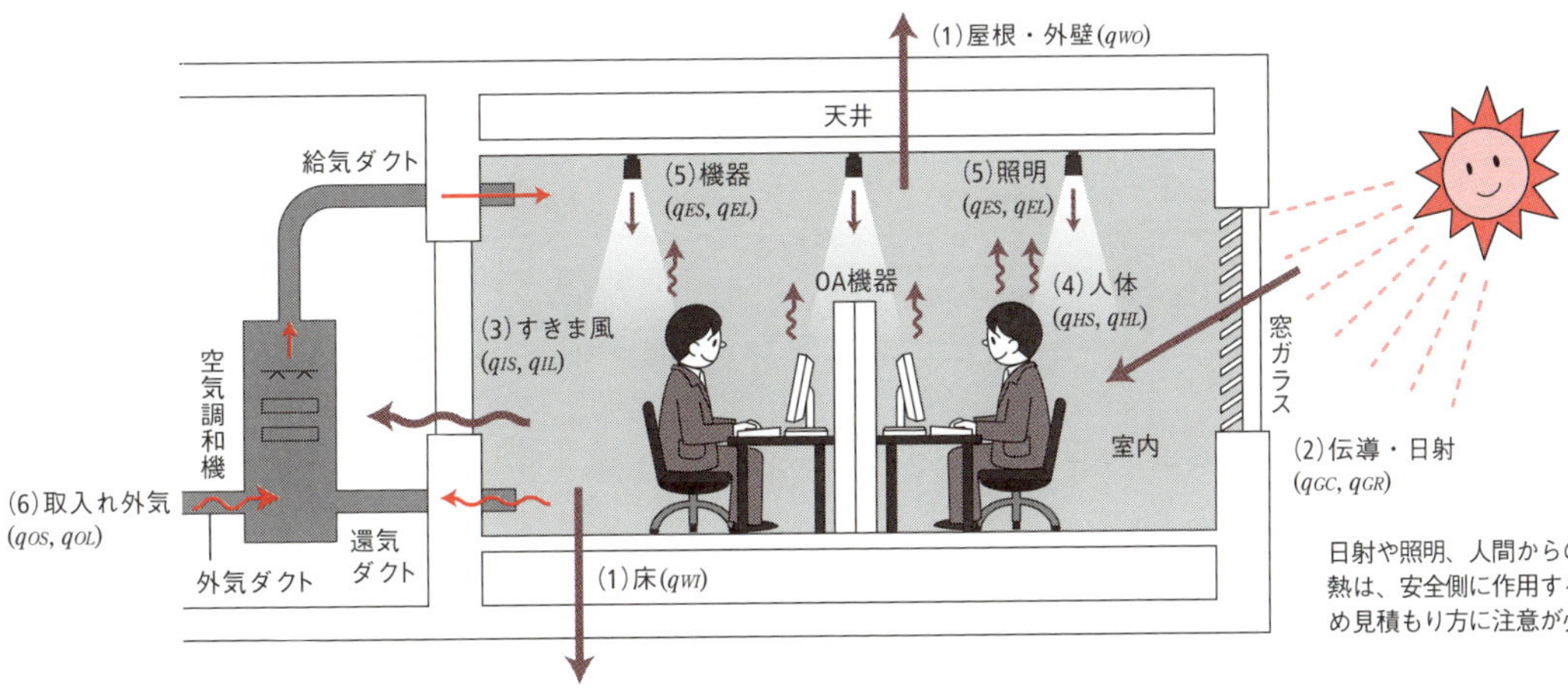
(1)屋根・外壁(q_{WO})
天井
給気ダクト
(5)機器
(q_{ES}, q_{EL})
(5)照明
(q_{ES}, q_{EL})
OA機器
(4)人体
(q_{HS}, q_{HL})
(3)すきま風
(q_{IS}, q_{IL})
空気調和機
窓ガラス
室内
(2)伝導・日射
(q_{GC}, q_{GR})
(6)取入れ外気
(q_{OS}, q_{OL})
外気ダクト
還気ダクト
(1)床(q_{WI})

日射や照明、人間からの発熱は、安全側に作用するため見積もり方に注意が必要

表3 空調方式の種類

設置方法	熱(冷)媒	代表的な空調方式
中央式	全空気方式	定風量単一ダクト方式(CAV (Constant Air Volume)方式) 変風量単一ダクト方式(VAV (Variable Air Volume)方式) 2重ダクト方式 各階ユニット方式
	水-空気併用方式	ファンコイルユニット方式(ダクト併用) 放射冷暖房方式(ダクト併用)
	全水方式	ファンコイルユニット方式
個別式	冷媒方式	パッケージユニット方式(水冷式・空冷式)

空調機を中央機械室などに設置して一括して空調を行う中央式と各階や各ゾーンに空調機を分散して設置して空調を行う個別式がある

要因の関係を図3に示す。また、暖房負荷では、日射や照明、人間からの発熱は、安全側に作用するため見積もり方に注意が必要となる。

顕熱負荷と潜熱負荷

室内空気の温度を一定に保つには、その室が取得する熱を除去したり、損失する熱を補給する必要がある。その温度を上昇・下降させる熱量を顕熱負荷という。一方、室内空気の湿度を一定に保つためには、必要に応じて水蒸気を除去したり、補給する必要がある。この湿度を上昇・降下させる水蒸気量を熱量に換算したものを潜熱負荷という。

空調方式

空調方式は、設置方法や熱（冷）媒体の種類により異なる（表3）。設置方法としては、空調機を中央機械室などに設置して一括して空調を行う中央式と各階や各ゾーンに空調機を分散して設置して空調を行う個別式がある。

中央式は、比較的中規模以上の建物を空調するのに適しており、維持管理は中央機械室に集中するので容易である。個別式は、各階や各ゾーンで単独に運転することが可能なため、個別制御と経済性に優れている。

エコな空調方式

図1 タスク・アンビエント空調方式

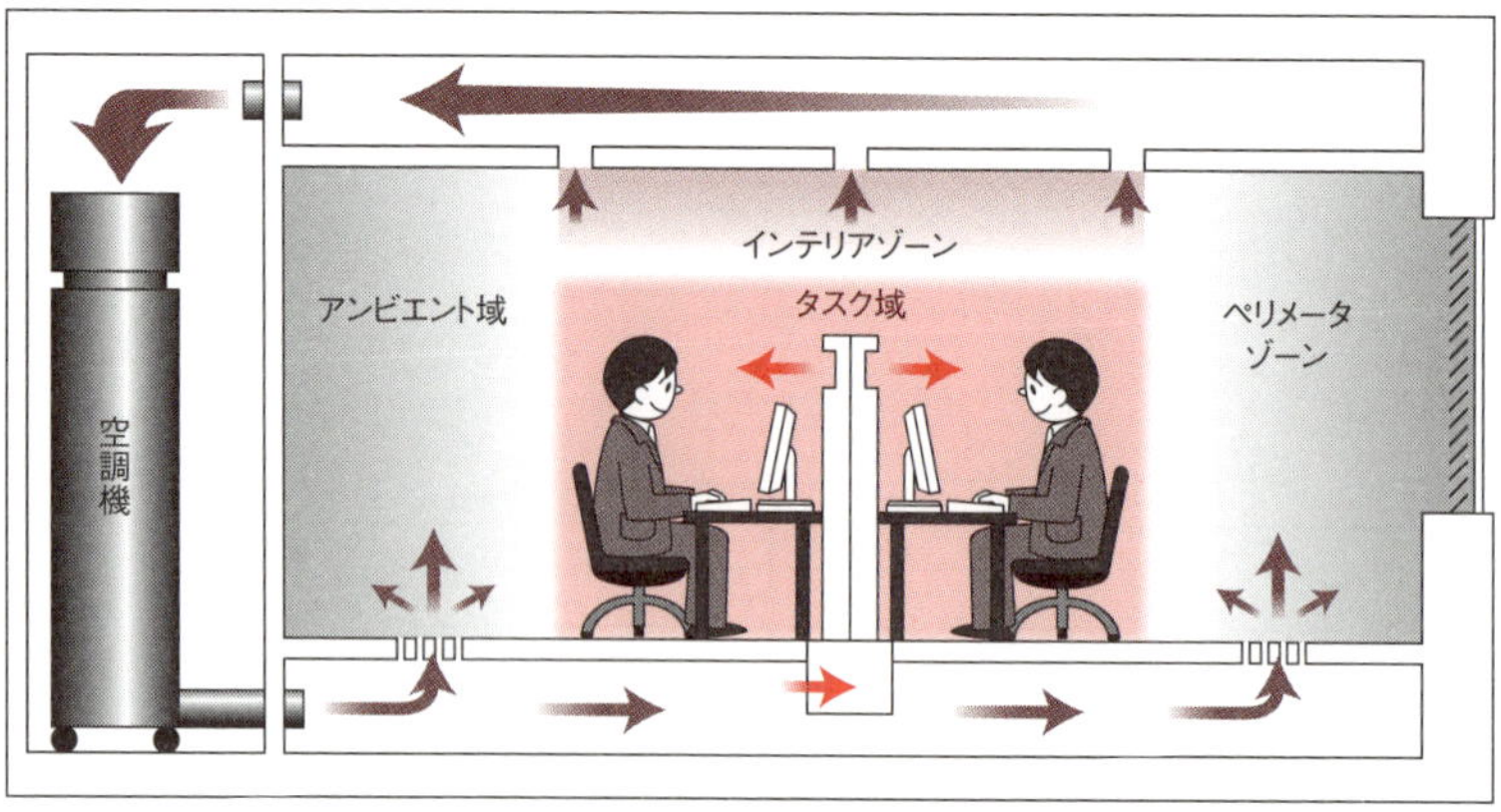
インテリアゾーン
アンビエント域
タスク域
ペリメータゾーン
空調機

人がいる場所など、適正な環境に維持すべき領域（タスク域）を限定して、快適な温度になるように空調する方式

図2 床吹出し空調方式

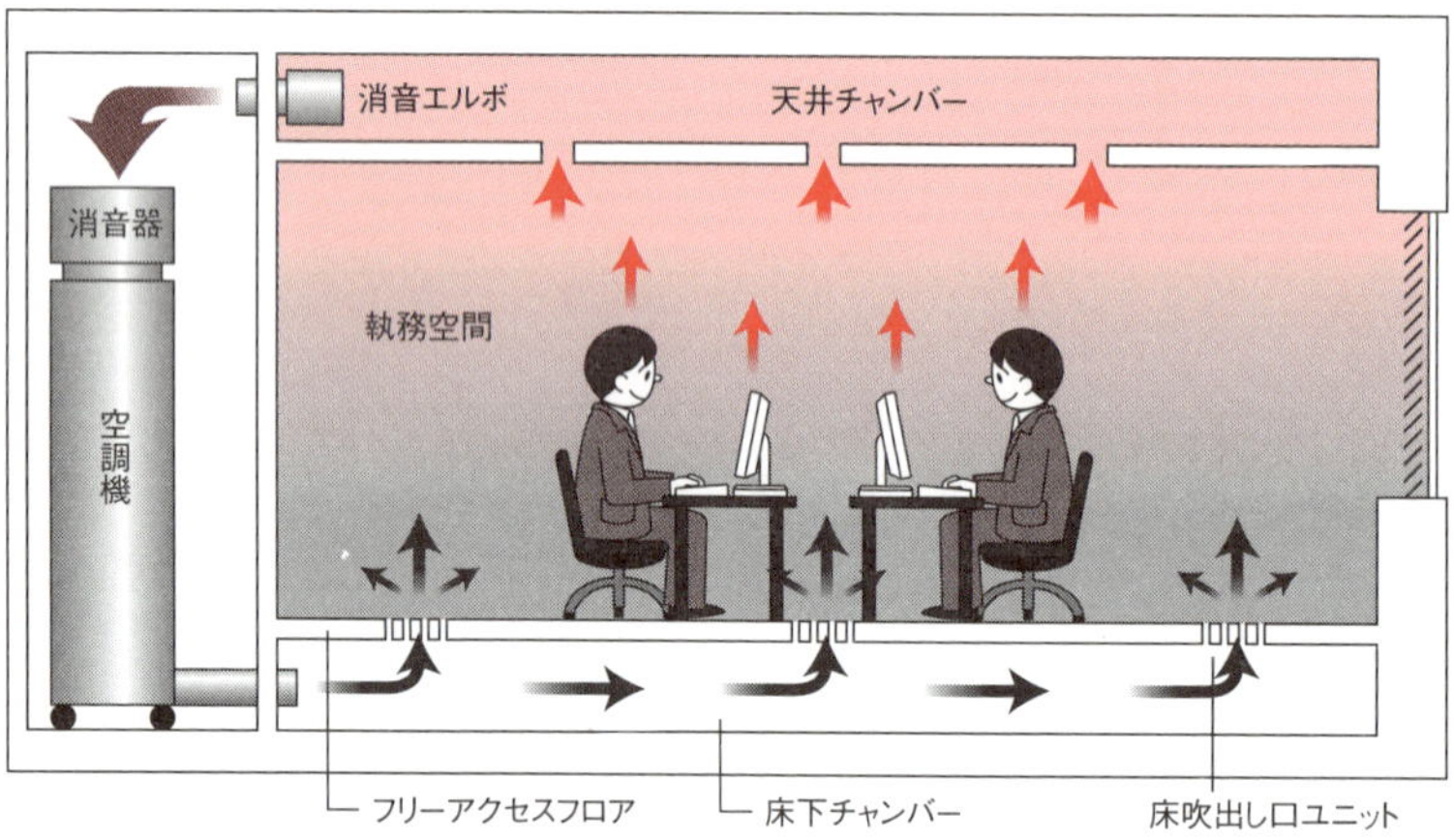
消音エルボ
天井チャンバー
消音器
執務空間
空調機
フリーアクセスフロア
床下チャンバー
床吹出し口ユニット

OAフロアの空間を利用して、下吹出し型の空調機により給気する方式

タスク・アンビエント空調方式

室内全体が均一に快適な温度となるように空調するためには、エネルギー消費量が大きくなる。しかし、人がいる場所など、適正な環境に維持すべき領域（タスク域）を限定して、快適な温度になるように空調すれば、効率的で省エネな空間が実現できる。これがタスク・アンビエント空調方式の考え方である。

オフィスビルであれば、執務者の作業スペース（デスクやOA機器回り）をタスク域に、廊下やオープンスペースなど人が通過するエリアや滞在時間の短いエリアをアンビエント域に分けて、空調を行う（**図1**）。

また、近年ではタスク・アンビエント空調に「PHS」、「ICカード」、「温度センサ」、「人感センサ」などを組み合わせ、エリアごとや在席者ごとに空調を自動的に制御する方法もある。これにより在席者それぞれの温冷感にあわせた環境を実現し、かつ省エネ化を図ることができるので、エコな空調で

図3 置換換気・空調方式

(a) イメージ

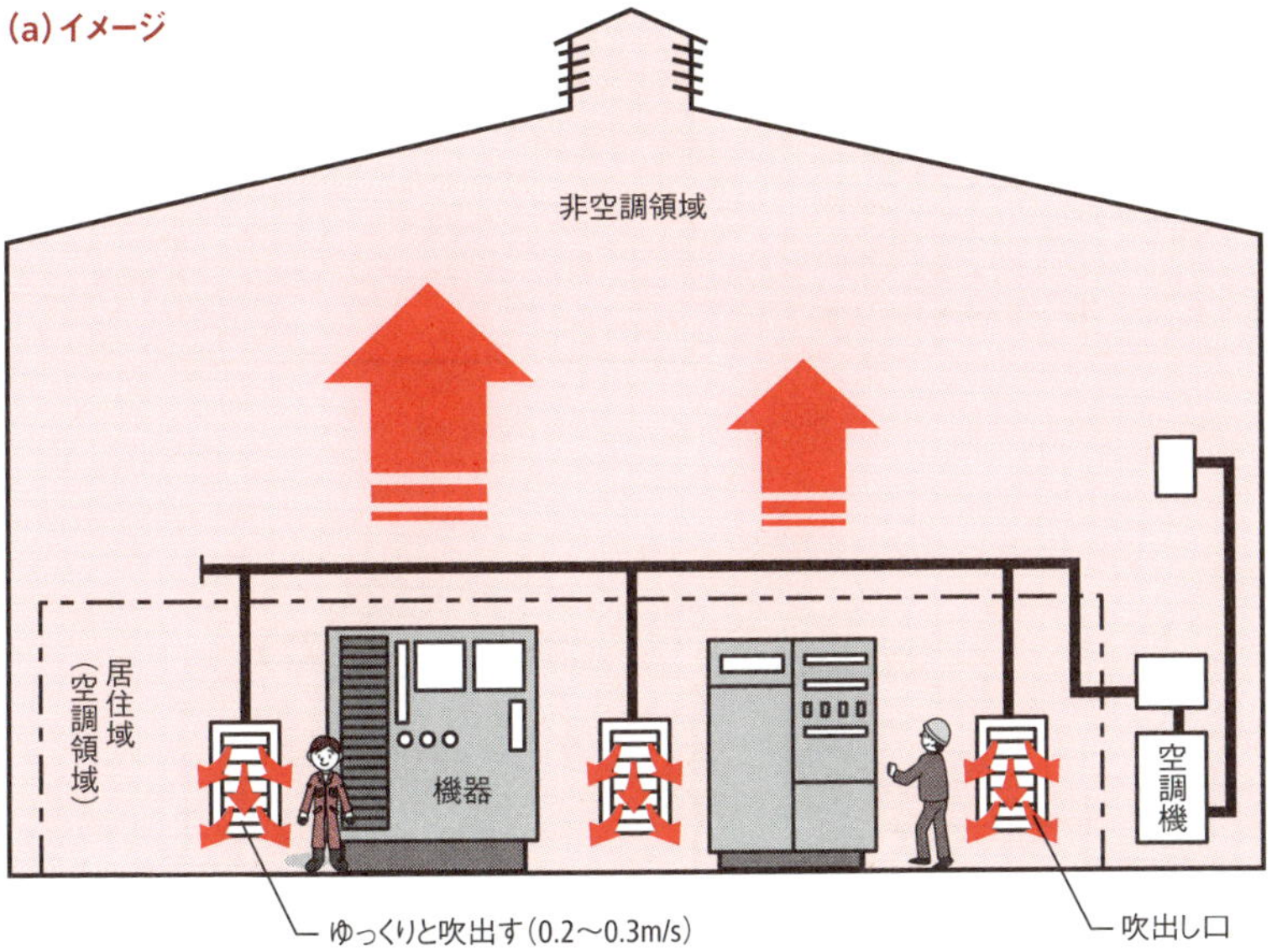

非空調領域
居住域
（空調領域）
機器
空調機
ゆっくりと吹出す（0.2〜0.3m/s）
吹出し口

(b) 1／4円筒型の吹出し口

ストックホルムにあるホテル厨房

室内の発熱する機器や人間から発生する熱上昇流を活用して、室内温度よりやや低温の空気をゆっくりと吹出すことで、居住域・作業領域を効率よく冷房するとともに、良好な空気質環境を提供する

ある。

最近では、タスク域の空調方式として、空調吹出し口を在席スペースごとに設けたパーソナル空調方式が、開発・実用化されている。

床吹出し空調方式

オフィスのインテリジェント化が進み、多くなっているケーブル処理のためのOAフロアの空間を利用して、下吹出し型の空調機により給気する方式が、床吹出し空調方式である（図2）。

種類としては、単一ダクト方式のダクトをOAフロアに置き換えた加圧式床吹出し方式、床に設置した吹出し口にファンが付いた方式や床空間内にブースターファンを設置する方式がある。

床からの熱の放射が有効であり、特に暖房時には居住域外の居室上部の温度が抑えられ、省エネ効果が大きくなる。

●メリット

・オフィス内のOA機器の増設やレイアウト変更に、フレキシブルに対応できる。

・床面付近から新鮮な空気を供給するため、居住域・作業領域における清浄度が高く、換気効率の向上も図れる。

●デメリット

・奥行きのあるオフィスや、空調設備から距離のある領域は、効果が得られにくい。

置換換気・空調方式

ディスプレイスメント空調方式ともいい、暖かい空気は上昇し、冷たい空気は下降するという空気の密度差を利用した空調方式である。

室内の発熱する機器や人間から発生する熱上昇流を活用して、室内温度よりやや低温の空気をゆっくりと吹出すことで、居住域・作業領域を効率よく冷房するとともに、良好な空気質環境を提供することができる（図3）。

従来の混合空調方式に比べて、空調気流によるドラフトの影響がほとんどなく、少ないエネルギーで質の高い室内環境を形成し、ランニングコストも低減できるエコな方式である。工場や業務用厨房、高天井の空間などに適している。

●メリット

・一般的な空調方式よりも給気温度を高くできるため、外気冷房やフリークーリング期間の長期化が図れ、省エネ化・ランニングコスト削減が図れる。

・床面付近から新鮮な空気をゆっく

図4 大温度差送風方式

(a) 従来方式

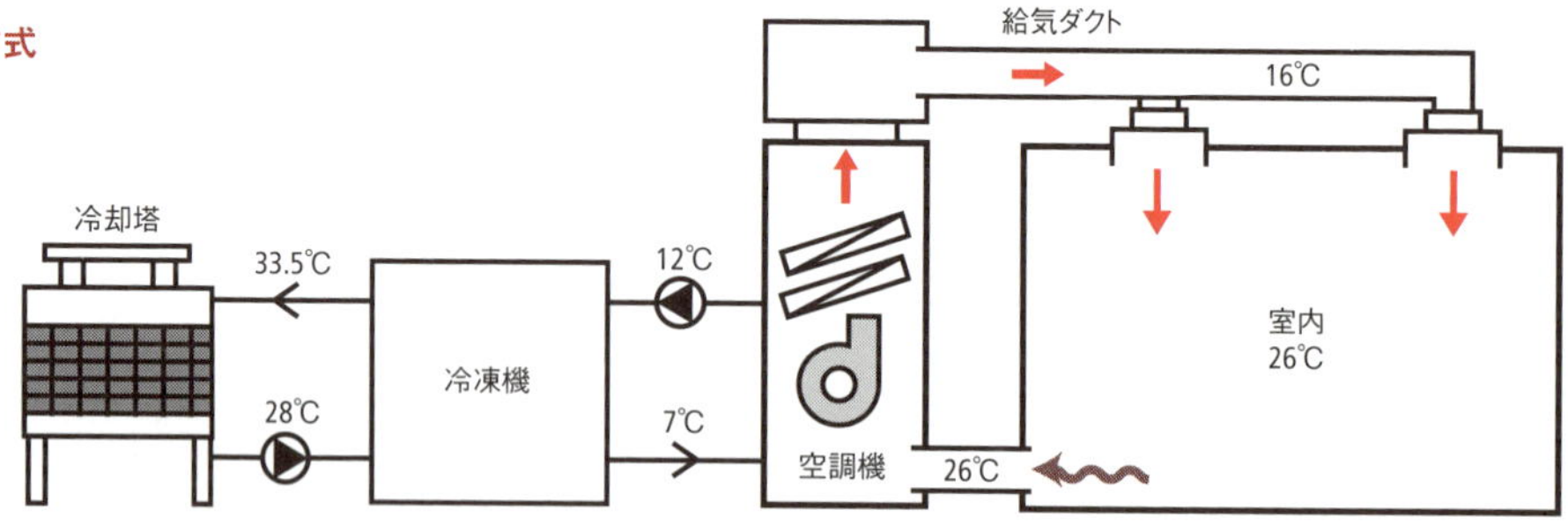
給気ダクト
16℃
冷却塔
33.5℃
12℃
室内
26℃
冷凍機
28℃
7℃
空調機
26℃

熱源から空調設備までの冷水（温水）の往きと還りの温度差を通常より大きくすることで、搬送水量を小さくする空調方式

(b) 大温度差送風方式

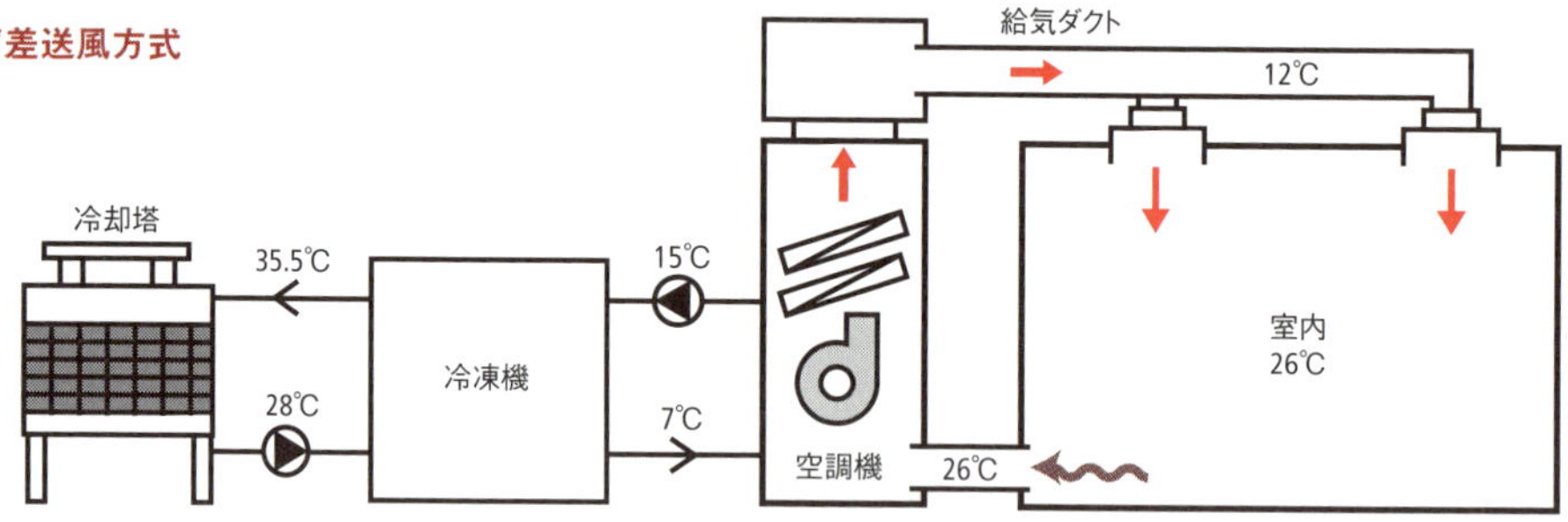
給気ダクト
12℃
冷却塔
35.5℃
15℃
室内
26℃
冷凍機
28℃
7℃
空調機
26℃

上図の従来方式よりも吹出し温度を下げる（Δｔ＝13～15℃）ことにより、
送風量を低減し、送風機にかかる搬送動力を削減する方式

りと供給するため、居住域・作業領域における空気の清浄度が高く維持でき、換気効率の向上が図れる。

●デメリット

・吹出し気流速度が非常にゆっくりであるため、従来の混合空調方式よりも大きな吹出し口設置スペースが必要となり、計画当初から建築や装置配置などとの取り合いに注意が必要である。しかし、デッドスペースを上手に活用することで、デメリットをメリットに変えることが可能となる。

・既製品の置換換気空調用の吹出し口は高価である。

・空気の密度差を利用することや、ゆっくりと吹出すため、屋外との開口部があるような外乱の影響が大きい空間や、暖房負荷が多い空間には適さない。年間を通じて冷房負荷のあるような空間が望ましい。

大温度差空調方式

熱源から空調設備までの冷水（温水）の往きと還りの温度差を通常より大きくすることで、搬送水量を小さくする空調方式である。また、空調機から室内に送風する際の吹出し温度を従来の空調方式（Δt＝10℃）に比べて下げる（Δt＝13～15℃）ことにより、送風量を低減し、送風機にかかる搬送動力を削減する方式であり、空調機コイルの変更を行う。給気の湿度を下げることにより、温度を上げることも可能となる（**図4**）。

●メリット

・空気や水の搬送量を低減することにより搬送動力やダクト、配管サイズを小さくすることができ、イニシャルコスト、ランニングコストを削減できる。

・氷蓄熱ユニットなどと組み合わせることで電力負荷の平準化、夜間運転による効率向上が図れる。

●留意点

・温度差を大きくすると、熱源や空調機を特注しなければならない場合があるので、注意が必要である。

・吹出し口において結露の発生に注意して制気口の仕様、断熱の仕様を決定することが必要である。

・低温冷風空調システムは安定した低温送水が必要である。

・変風量システムで風量を絞る場合は、気流が十分に室内に拡散せず、コールドドラフトを感じることがあるため、吹出し口を選定する際には十分な検討が必要である。

Column

快適性

好みの温度は40℃…
好みの湯の高さは
50cm…。

007シリーズのジェイムズ・ボンドは、毎回対峠する相手となる人物と初めて対面する時は、問答で互いの教養の勝負をしている。そしてボンドは、教養をことさらにひけらかすわけではないが、その高さと深い見識を観る者に感じさせる。

これを建築にあてはめるとどうだろうか？「あなた好みのシャワーの温度や圧力を知っていますか？」「冷暖房において、自分の好みの室温を知っていますか？」。人により快適な室温は違うものだ。

これらを知っていて、それを数値で表現し、伝えること。これが施主にとっての快適性を確保する第一歩である。またそれはある意味教養人としての心がまえの入り口であるとも言える。建築に関わる我われにとっての教養とは、建築の快適性を数値で知っていることである。ところがある時、施主からの要望として、浴槽の好みの温度と満水にする時間が建築家に伝えられた。自分の快適性を知り、数値で伝えることができる。その大富豪こそ相当の教養人と言えるのではないだろうか。

（柿沼 整三）

空調負荷低減

図1 ペリメータレス空気処理方式

(a) エアフローウインド方式

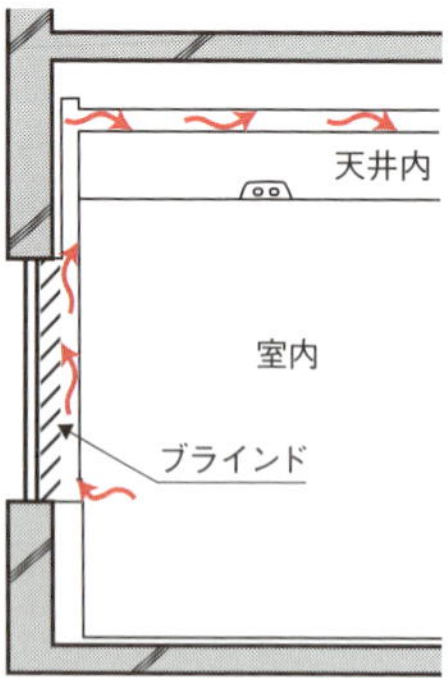
天井内
室内
ブラインド

2重ガラスで、その中空層にブラインドを内蔵し、ブラインドの窓下部に設けたすきまより室内空気を吸込み、上部の天井内に排気することで窓面付近の熱負荷を低減

(b) エアバリア方式

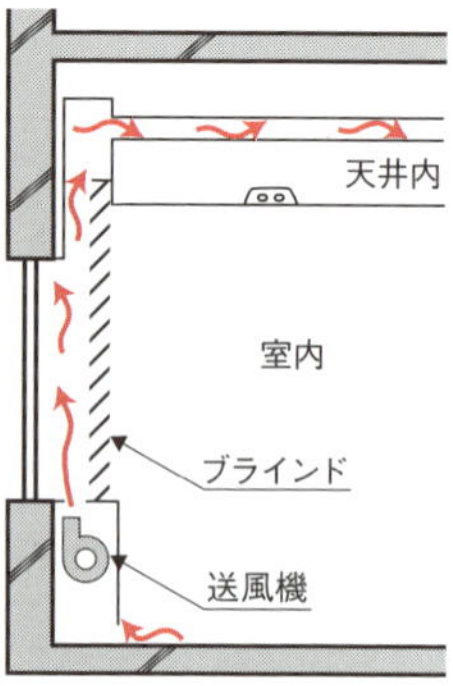
天井内
室内
ブラインド
送風機

窓台下部の内部に送風機を設置し、ガラス面に沿って室内空気を送風し、上部の天井内へと排気することで、エアカーテンをつくり窓や外壁から入った熱が室内に拡散する前に除去

図2 ダブルスキンシステム

(a) 夏期

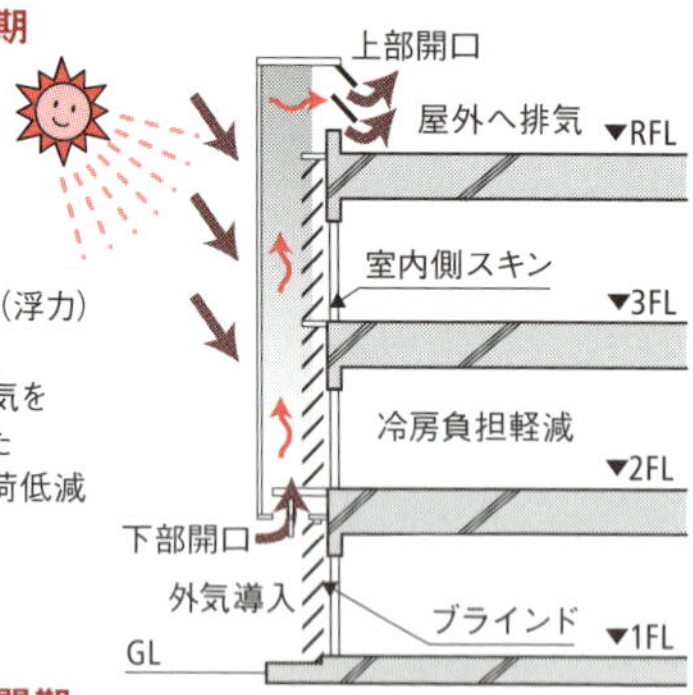
上部開口
屋外へ排気
RFL
室内側スキン
3FL
冷房負担軽減
2FL
下部開口
外気導入
ブラインド
1FL
GL

温度差（浮力）による自然換気を利用した日射負荷低減

(b) 中間期

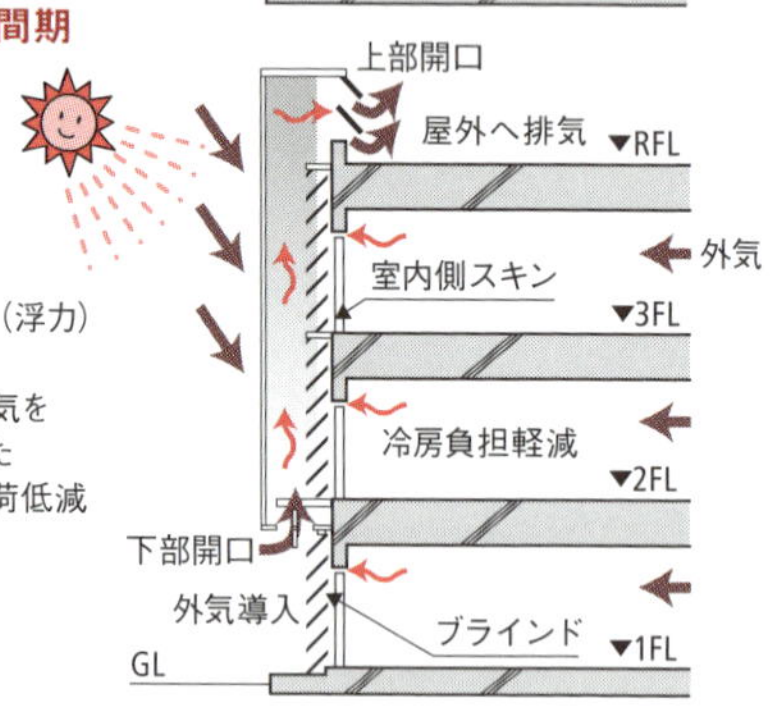
上部開口
屋外へ排気
RFL
外気
室内側スキン
3FL
冷房負担軽減
2FL
下部開口
外気導入
ブラインド
1FL
GL

温度差（浮力）による自然換気を利用した日射負荷低減

(c) 冬期

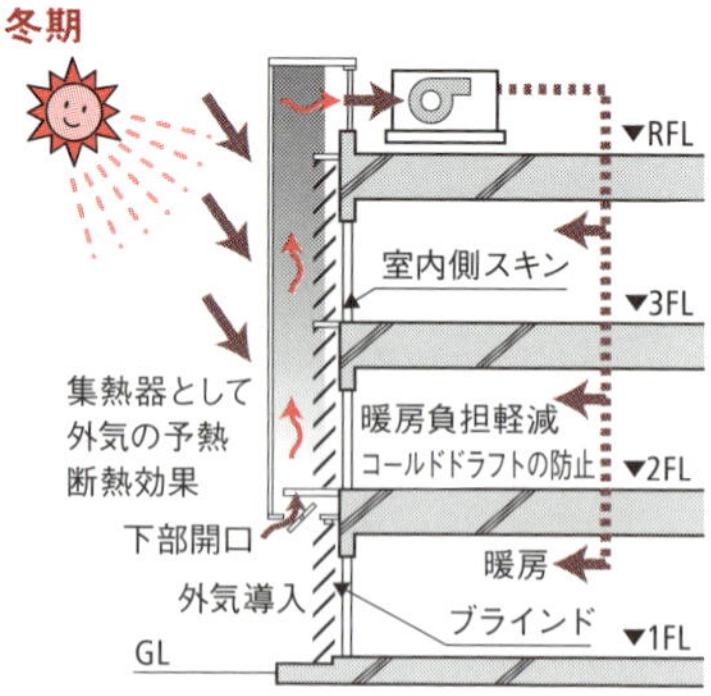
RFL
室内側スキン
3FL
暖房負担軽減
コールドドラフトの防止
2FL
下部開口
暖房
外気導入
ブラインド
1FL
GL

集熱器として外気の予熱断熱効果

建物の外壁の一部または全部をガラスで覆い、ペリメータゾーンでの熱負荷を低減させる。外壁とガラスの間にできた空間の開口部を夏期、中間期、冬期に応じて制御し、空調負荷をコントロールする

ペリメータレス空気処理方式

空調負荷を低減するためには、建物外周部（ペリメータゾーン）のガラス面から受ける外気や日射の負荷（スキンロードという）を処理することが有効である。このペリメータレス空調、代表的な2つの方法を**図1**に示す。

(a) エアフローウインド方式

2重ガラスで、その中空層にブラインドを内蔵し、ブラインドの窓下部に設けたすきまより室内空気を吸込み、上部の天井内に排気することで窓面付近の熱負荷を低減させる。

(b) エアバリア方式

窓台下部の内部に送風機を設置し、ガラス面に沿って室内空気を送風し、上部の天井内へと排気することで、エアカーテンをつくり窓や外壁から入った熱が室内に拡散する前に除去する。

ダブルスキンシステム

建物の外壁の一部または全部をガラスで覆い、ペリメータゾーンでの熱負荷を低減させる。外壁とガラスの間に

図3 ナイトパージのイメージ

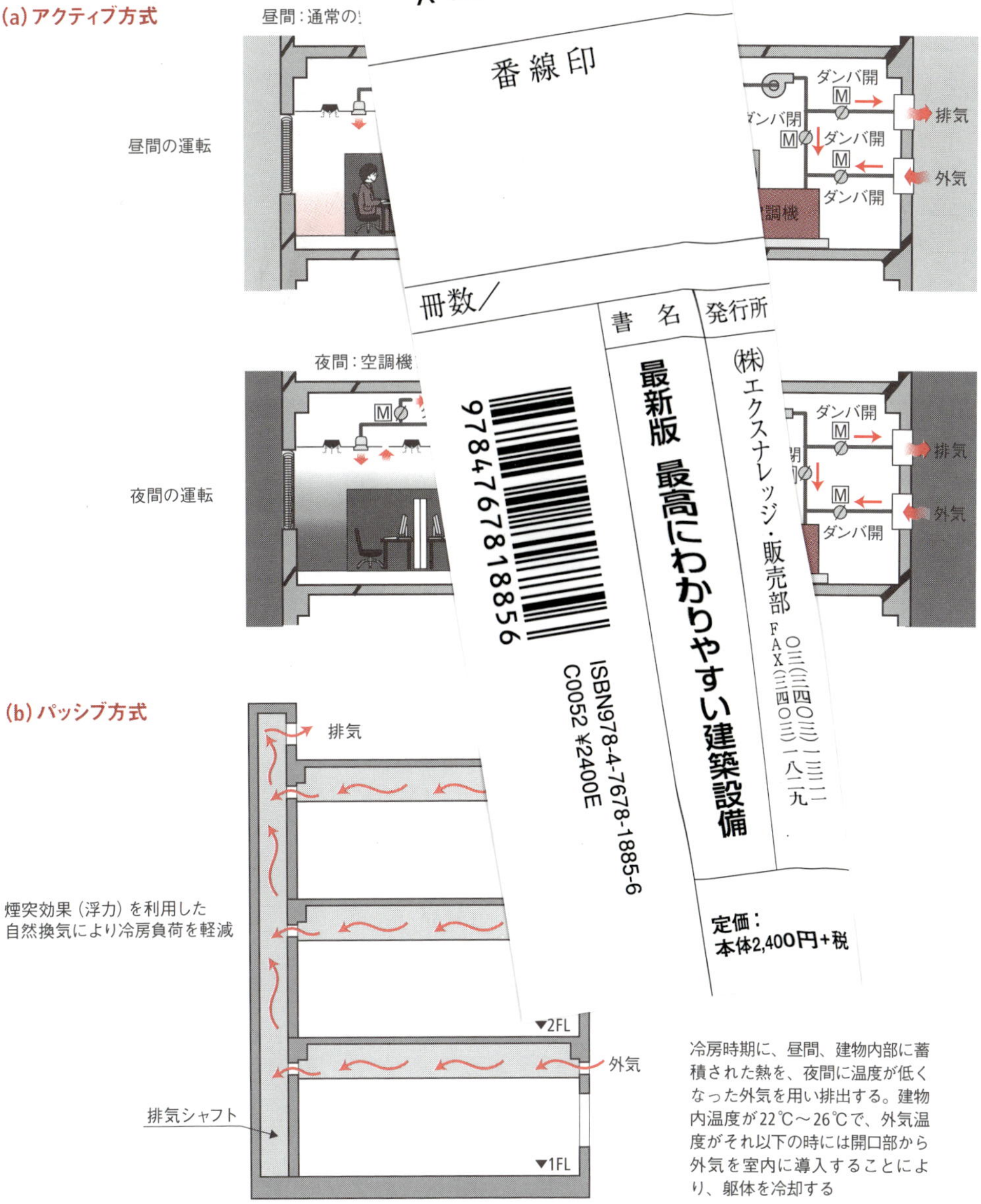
(a) アクティブ方式
昼間：通常の
昼間の運転
ダンパ開
M
排気
ダンパ開
ダンパ開
外気
ダンパ開
調機
夜間：空調機
夜間の運転
ダンパ開
排気
外気
ダンパ開
(b) パッシブ方式
排気
煙突効果（浮力）を利用した
自然換気により冷房負荷を軽減
▼2FL
外気
排気シャフト
▼1FL

冷房時期に、昼間、建物内部に蓄積された熱を、夜間に温度が低くなった外気を用い排出する。建物内温度が22℃～26℃で、外気温度がそれ以下の時には開口部から外気を室内に導入することにより、躯体を冷却する

できた空間の開口部を夏期、中間期、冬期に応じて制御し、空調負荷をコントロールする（**図2**）。夏期：日射により暖められたダブルスキン内の空気の温度差（浮力）を利用した自然換気・通風により、冷房負荷を低減。中間期：ダブルスキンの自然換気・通風を利用して、涼しい外気を室内に取り入れて外気冷房を行い、空調負荷を低減。冬期：日射をダブルスキン内に集熱し、その断熱効果を増加させ、空調機への温風還気を利用し暖房を行う。

ナイトパージ

冷房時期に、昼間、建物内部に蓄積された熱を、夜間に温度が低くなった外気を用い排出する。建物内温度が22℃～26℃で、外気温度がそれ以下の時には開口部から外気を室内に導入することにより、躯体を冷却することができる。躯体が冷えている分、夏期、中間期などに空調機により冷房を開始する時間を延ばすことができ、冷房負荷を低減できる（**図3**）。ナイトパージ時は居住者がいないため、自然換気時より低い外気温度まで利用することができる。また、室内温度が低くなりすぎないように運転時間や室内温度の下限値など運転方法や制御に留意する。

補充記録
書名 最新版 最高にわかりやすい建築設備
発行所 (株)エクスナレッジ・販売部 〇三(三四〇三)一三二一 FAX(三四〇三)一八二九
9784767818856
ISBN978-4-7678-1885-6
C0052 ¥2400E
定価：本体2,400円＋税

ガラス建築におけるエコな空調方式

表1 各種ガラスの光・熱特性

ガラス種類	厚さ (mm)	可視光(%) 反射率	可視光(%) 透過率	日射熱取得率 η	熱貫流率 U(W/(m²·K))
フロート板ガラス	6	7.9	[illegible]	0.85	5.90
熱線吸収板ガラス	6	5.4	[illegible]	0.63	5.90
熱線反射ガラス	6	33.5	[illegible]	0.69	5.80
高遮蔽性能熱線反射ガラス	6	41.0	[illegible]	0.23	4.70
断熱複層ガラス FL3＋A6＋FL3	12	14.8	[illegible]	0.80	3.40
高断熱複層ガラス FL3＋A6＋Low-E 3	12	16.3	[illegible]	0.64	2.60
高遮熱断熱複層ガラス Low-E 3＋A6＋FL3	12	11.9	[illegible]	0.43	2.50
真空ガラス Low-E 3＋真空層0.2＋FL3	6.2	13.2	[illegible]	0.65	1.40

※FL：フロート板ガラス、A：中空層、Low-E：低放射ガラス

図1 各種ガラスの熱収支

(a) 6㎜厚フロート板ガラス

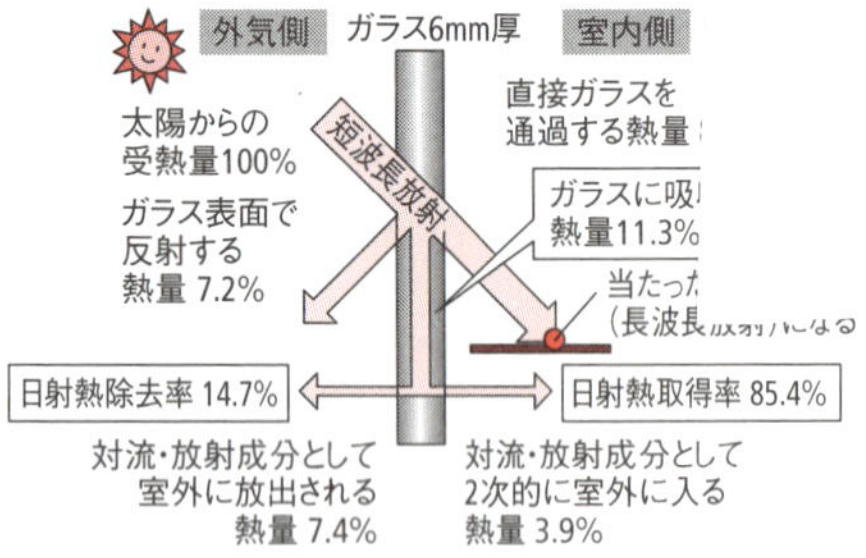
外気側
ガラス6mm厚
室内側
太陽からの受熱量100%
短波長放射
ガラス表面で反射する熱量 7.2%
直接ガラスを通過する熱量
ガラスに吸収される熱量11.3%
当たった
(長波長放射になる
日射熱除去率 14.7%
日射熱取得率 85.4%
対流・放射成分として室外に放出される熱量 7.4%
対流・放射成分として2次的に室外に入る熱量 3.9%

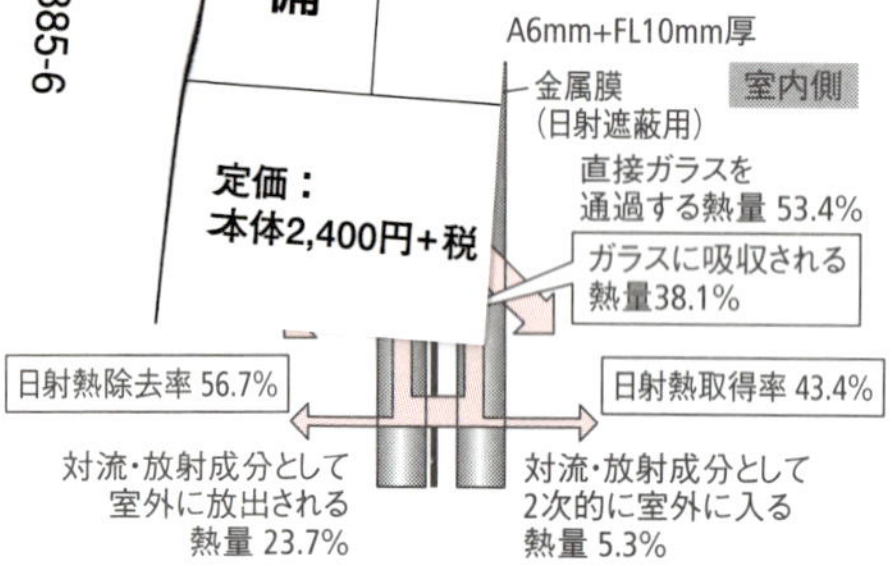
A6mm+FL10mm厚
金属膜(日射遮蔽用)
室内側
直接ガラスを通過する熱量 53.4%
ガラスに吸収される熱量38.1%
日射熱除去率 56.7%
日射熱取得率 43.4%
対流・放射成分として室外に放出される熱量 23.7%
対流・放射成分として2次的に室外に入る熱量 5.3%

(b) 高断熱複層ガラス

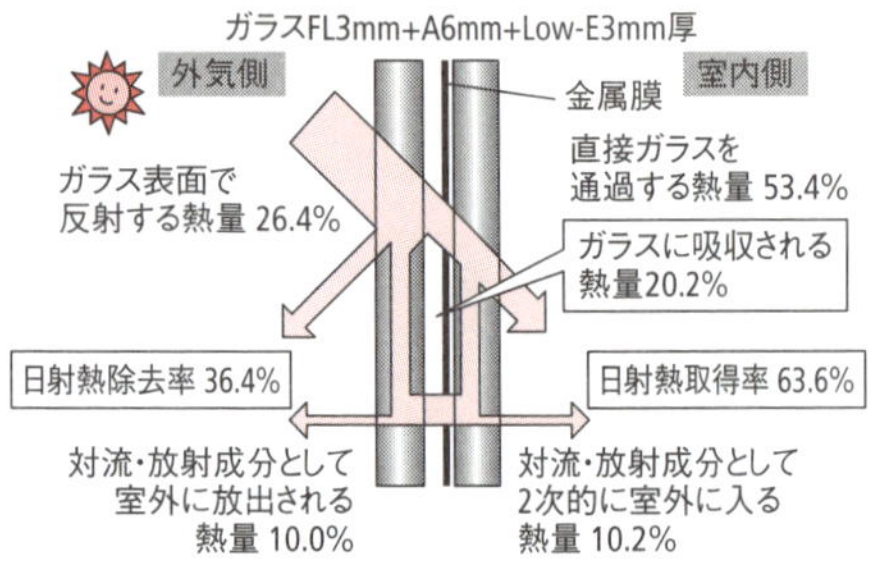
ガラスFL3mm+A6mm+Low-E3mm厚
外気側
室内側
金属膜
ガラス表面で反射する熱量 26.4%
直接ガラスを通過する熱量 53.4%
ガラスに吸収される熱量20.2%
日射熱除去率 36.4%
日射熱取得率 63.6%
対流・放射成分として室外に放出される熱量 10.0%
対流・放射成分として2次的に室外に入る熱量 10.2%

(出典) 旭硝子カタログ技術資料編

ガラス建築

ガラスは、その透明性によって開放的な空間と美しいデザインファサードの実現が可能な材料である。ガラスを多用したガラス建築は、高層のオフィスビルから低層のビル、住宅に至るまで数多く建てられている。ガラスは均一で耐久性に優れており、熱伝導率や膨張性が低く、絶縁性、適度な遮音性がある。過度な応力を受けると一気に破壊する危険性があるが、人体や環境に影響を与える有害物質などを含まない。したがって資源の再生といった環境への配慮を重視するならば、耐久性に優れているガラスが、今後さらに応用される可能性が高い。同時にメンテナンスの面でも、清掃によって汚れを落としやすいといった利点もある。

しかし、建物の透明性が高まる一方で、室内環境は過剰な日射や日照など外部環境の影響を直接受けやすく、夏の日射による冷房負荷と冬の内外温度差による暖房負荷が大きくなり、電力や燃料コストの増大につながる。建物の熱負荷の低減を図ると同時に、透明性、清潔感、耐久性といったガラスの特性を生かし、居住域の快適性を維持することが望まれる。

建物の省エネルギー化を図るには、建物外皮の断熱性、耐光性が不可欠である。省エネ法H25改正省エネ基準では、一次エネルギー消費量を指標に、外皮の評価方法として、非住宅建築物

表2 日射遮蔽部材

日射遮蔽部材	概要図	外部	内部	形式・特徴
庇		○		夏の日射を遮り、冬の日射を室内に取り込めるような寸法関係を求める 水平庇は、太陽高度が高い南面の日射遮蔽効果が高い ライトシェルフの庇上部で反射した光が室内の天井を照らすことで、窓際の直射光を遮蔽しながら、室内奥まで均一な明るさを保つことができる
ルーバー		○		細長い板（羽板）を枠組みに合わせて平行に組んだもの 垂直袖壁は、太陽高度が低い時間帯が受照面となる西面と東面に効果がある。ボックス型、格子ルーバーなども効果的である アルミ製、木製など様々な材質があり、ガラスルーバーは建物の透明性を保つことができる
オーニング		○		外壁の窓上部に取り付ける可動式の日除け 外気の変化に合わせて、日除け部の出入れが可能である テント生地製が一般的で、形状、出寸法、電動・手動の違いなど多種類ある
ブラインドシャッター		○		ブラインドとシャッターの機能を併せもつ ルーバーの角度を調整して、シャッターを閉めたまま通風、採光の確保ができるため、防犯上も有効である
ブラインド		○	○	同じブラインドでも室内側に設けるより、外部にブラインドを設けた場合の遮蔽効果は大きい
ロールスクリーン			○	室内側にブラインドの代わりに布製のロールスクリーンあるいはカーテンを組み合わせる ブラインドとほぼ同じ遮蔽効果がある

はPAL*（**注1**）、住宅は外皮平均熱貫流率U_A値（**注2**）、平均日射熱取得率η_A値（**注3**）を基準としている。

各種ガラスの熱収支（**図1**）を見ると、太陽放射のうちフロートガラスは約85%が室内の熱負荷となる。高断熱複層ガラスは、Low-Eガラス（**注3**）を複層ガラスの中空層の室内側に貼ることで、高い断熱性能が得られる。遮熱断熱複層ガラスは可視光の透過率を約70%に保ちながら室内への流入熱量を約40%に抑えることができる高機能ガラスである。

日射の調整

冬期の日射取得は、暖房負荷の低減につながるが、夏期、中間期は日射遮蔽によって室内に流入する日射熱を抑制し、冷房負荷を削減する必要がある。また、ガラス面からの放射などは室内の温熱快適性に影響を与えるため、ペリメータゾーン（屋内外周部）の工夫が必要である。

表2に屋外側、室内側に設置する日射遮蔽部材とその特徴を示す。室内側に日射遮蔽部材を設けた場合、窓を透過し、部材表面に当たる熱の大部分は室内側に放熱されるため、屋外側に設けたほうが遮蔽効果は高い。

また、熱の流入を防ぎ、光のみ室内

(注1) PAL*（パルスター）：ペリメータゾーン（屋内外周部）の床面積に対する年間熱負荷の割合
(注2) 外皮平均熱貫流率（U_A）：総外壁面積に対する外皮総熱損失量の割合。熱貫流率（U値）は、熱の移動のしやすさを示す値。
(注3) 平均日射熱取得率（η_A）：外皮面積に対する、ガラス窓と天井、壁などの外皮から室内に入射する日射熱の割合。

表3 ガラス建築の環境制御システム

建築システム	概要図（夏期）	概要図（冬期）	形式・特徴
ダブルスキン	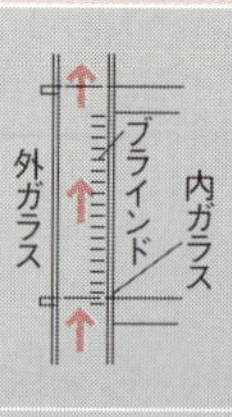外ガラス ブラインド 内ガラス	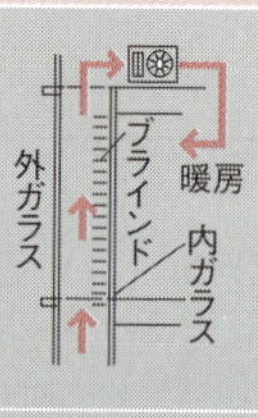外ガラス ブラインド 暖房 内ガラス	外壁面の外側をガラスで構成してダブルスキン化したもの。ガラス建築では、カーテンウォールを2重化してガラスファサードを実現している 夏期、中間期はブラインドで遮蔽したダブルスキン内の日射熱をドラフトで屋外に排出し、日射熱負荷を低減する。超高層でも室内側の窓を開けて、自然換気が可能である 冬期は外気の予熱を行う熱回収効果と断熱効果により暖房負荷削減効果がある
エアフローウィンドウ	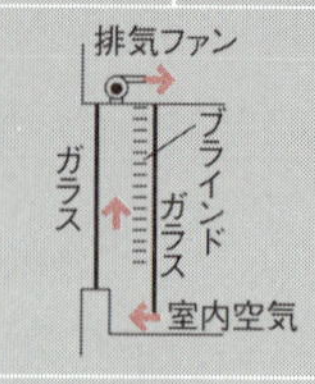排気ファン ガラス ブラインド ガラス 室内空気		ガラス面を2重にして、その中間にブラインドやルーバーを設けたもの 室内の空気を窓下部から吸込み、ガラスの間の空気を上部天井から排気する
簡易エアフローウィンドウ	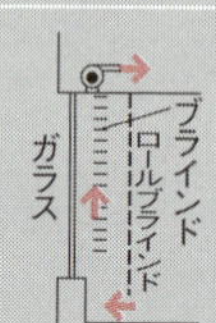ガラス ブラインド ロールブラインド		エアフローウィンドウの内側のガラスに代わるものとして、ロールスクリーンまたはブラインドを使用したもの エアフローウィンドウ方式に比べて窓を2重にする必要がなく、建設費を低減できる
エアバリア	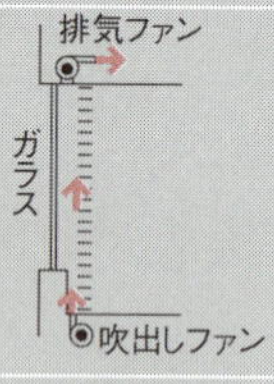排気ファン ガラス 吹出しファン		室内側にガラスを設けず、ガラス面とブラインドの間に上下の空気の流れをつくる。給気と排気ファンを用いて、空気を下部から吹出し、上部で吸込む気流によるバリア効果で熱負荷を除去する
ダイナミック・ファサード	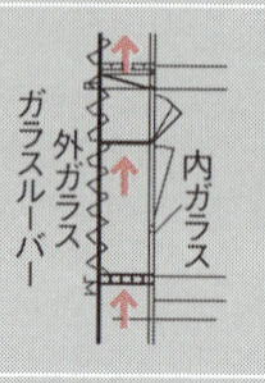外ガラス ガラスルーバー 内ガラス		ダブルスキンを発展させ、外部側を回転ルーバーにしたもの。全面開放可能、角度を変えて日射を遮蔽し、拡散光を反射させて室内の奥まで光を導入できる
バッファーゾーン（熱緩衝空間）	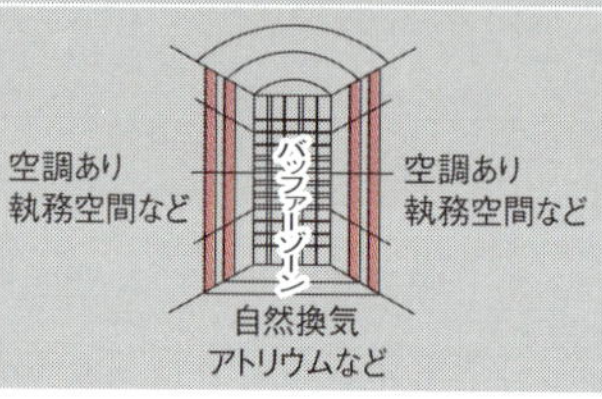空調あり 執務空間など バッファーゾーン 空調あり 執務空間など 自然換気 アトリウムなど		エントランスのアトリウム、廊下などガラスで覆われた空間を自然換気を活用するなど外界の影響を緩和する空間（バッファーゾーン）とし、その内側の居住者が滞在する領域を空調による環境制御を行う 屋内環境を段階的に区分けして省エネ化を図っている

の奥まで届かせるライトシェルフ、光ダクトの昼光利用は、照明エネルギー、冷房負荷削減に効果がある。

ガラス建築の環境制御システムと空調方式

外部環境の変動は、室内の熱環境において、特にペリメータゾーンが影響を受けやすい。ペリメータゾーンの熱負荷は日射や外気温度、方位、時間、季節の影響を受けて1年を通して変化する。

室内の快適性を保つために、空調エリアは変動の少ないインテリアとペリメータに分けてゾーニングされ、これまでペリメータゾーン用の空調方式としてファンコイルユニット方式、天井吹出し方式、アンダーフロア方式などが採用されてきた。

しかし、近年竣工されているガラス建築は、熱負荷を低減する方法として、遮熱、断熱性に優れた高性能ガラスや日射遮蔽部材など建築的手法を用いている。さらに、ペリメータにバリアファンと、補助的な暖房パネルを設置するエアバリア、バッファーゾーン（熱緩衝空間）を設けて、空気を循環させるダブルスキン、エアフローウィンドウなど、いわゆるペリメータレス方式が採用されている（**表3**）。バッ

（出典）●郡公子、石野久彌著「熱負荷計算のための窓性能値に関する研究　日本建築学会環境系論文集　NO.600」（2006年2月）39頁
●郡公子、坂本隼人著「ダブルスキンの熱性能値に関する研究 第1報、空気調和・衛生工学会学術講演会講演論文集」（2010年9月）

表4 設計上の留意点（エアフローウィンドウ、ダブルスキン）

システム	エアフローウィンドウ	ダブルスキン
空調システム	ペリメータレス方式：インテリアゾーンと同一系統	
熱的性能	低←	→高
イニシャルコスト	小←	→大
設計上の留意点	◇熱特性 ・遮蔽係数 0.15～0.3 ・熱貫流率（W/㎡・K） 0.8～1.0	◇熱特性 ・日射侵入率（室内側） シングルガラス：0.3 Low-Eガラス：0.1 熱貫流率（W/㎡・K）（室内側） シングルガラス：2.0～3.0 Low-Eガラス：1.0
	◇通気風量 ・計画初期段階で窓幅1m当たり100CMH程度 ・外気導入量が増加すると、排気量が増えて熱負荷が増大する。熱性能を確保できる最低限の風量で決定する	◇ガラス 外側ガラス：シングル 内側ガラス：複層ガラス（Low-Eなど） 内側ガラスの仕様は、オフィスなどにおける中間期、冬期の冷房負荷の処理など、ダブルスキンに求める性能によって決定する
	◇ブラインドの制御 電動ブラインドの制御は、太陽位置からブラインドのスラット角度を決めて、直射光を制御する	◇ブラインド設置位置 外側ガラス近傍に設置した場合、室内への熱放射の低減、ブラインドの受熱負荷の外部排気が容易となるが、ダブルスキン内部の通風による揺れ、日射やファサードデザインへの配慮が必要である。そのため、内側ガラス近傍に設置する事例が多い
	◇透明ガラスのエアフローウィンドウ 条件：内外透明ガラス8㎜、スラット角度45°、日射吸収率0.5、窓通気量10lit/sec・㎡、連窓、窓高さ3m、ガラス間距離0.45m ・日射透過成分 ブラインドなし：53％、ブラインドあり：4％（45％ブラインドに吸収） ・室内の熱取得 ブラインド使用・窓通気なし：30％、窓通気：19％ ・窓通気による排熱 ブラインド使用時は、窓面日射の26％（うち半分程度は室外に放熱される）	◇自然換気量とダブルスキン高さ 条件：室温、外気温が0℃、ダブルスキン面直達日射100W/㎡ ・日射遮蔽性能（日射熱取得率） 換気なし：0.3 ・自然換気量200lit/sec・mの時 1階レベル：変化なし ・5層吹抜けのダブルスキン200lit/sec・mの時 1階レベル：0.16、5階レベル：0.22 ◇自然換気による排熱率 1階レベル：0.13、最上階：0.05 ◇ダブルスキン空気温度上昇 換気なし：2.0K、換気あり：0.2～1.4K

ファーゾーンとは、居住環境を段階的に区分けして省エネ化を図る方法である。

ペリメータレス方式のダブルスキンとエアフローウィンドウは、夏期は日射遮蔽、冬期は断熱性能の向上によって、熱負荷を削減する手法である。ダブルスキンが、2重ガラス内に生じる温度差による自然対流で通風を行うのに対し、エアフローウィンドウは、送風機により2重ガラス内に室内空気を通す（**表4**）。

また、室内側に窓を設けず、内付けブラインド窓とファンを組み合わせた窓システムとして、簡易エアフロー、プッシュプルウィンドウがある。プッシュプルウィンドウは、複層ガラスを使用し、給気と排気ファンでガラスとブラインドの熱を除去する。ファン稼働時はブラインド表面温度が室温に近くなるため、放射環境が向上する。

小規模のガラス建築では、建物全体がペリメータとなることも予想され、この熱負荷が建物全体の熱負荷となる可能性がある。イニシャルおよびランニングコストを抑制しつつ、エネルギー消費を削減するには、建築的な工夫、自然エネルギーの利用と併せた空調システムが必要であり、室内の居住域環境を快適に保つことが求められる。

空調負荷低減のための制御

図1 外気導入制御を実装した空調システム（Bビル）

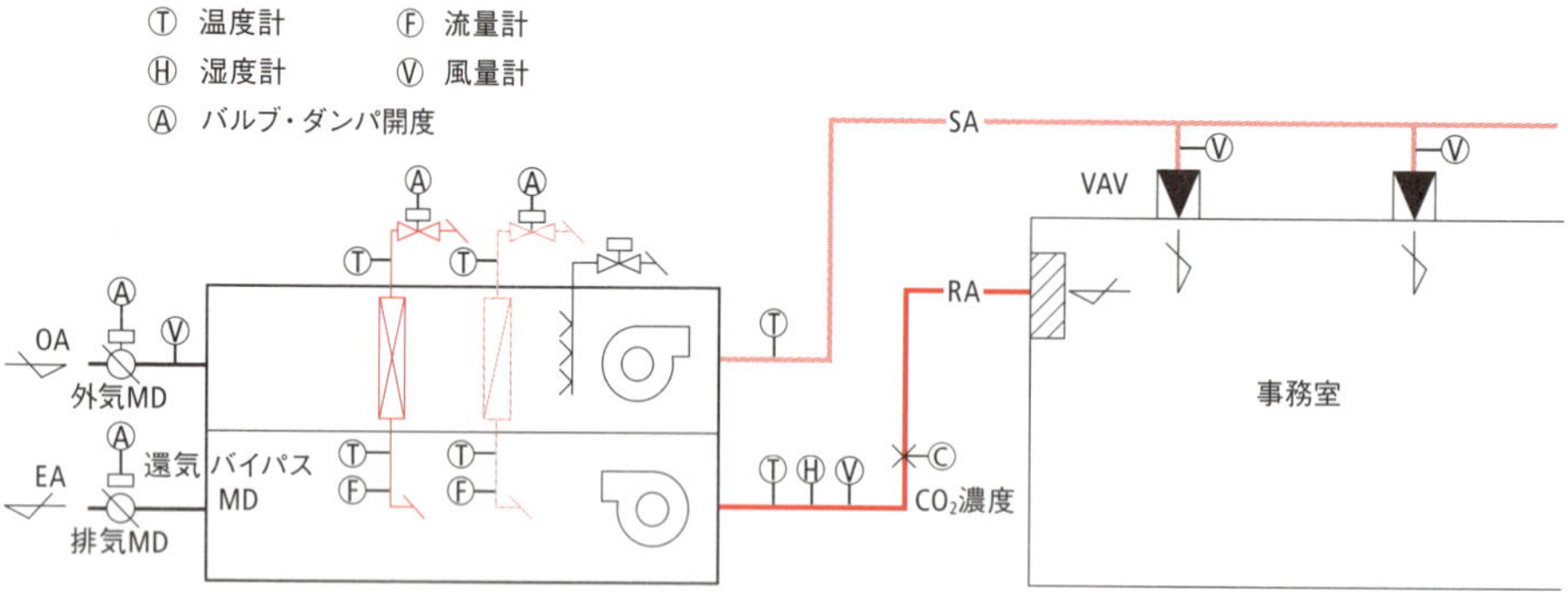
Ⓣ 温度計
Ⓕ 流量計
Ⓗ 湿度計
Ⓥ 風量計
Ⓐ バルブ・ダンパ開度
SA
RA
VAV
事務室
OA
外気MD
EA
還気バイパスMD
排気MD
CO2濃度

図2 年間での外気冷房年間運転可能時間数（2010年東京）

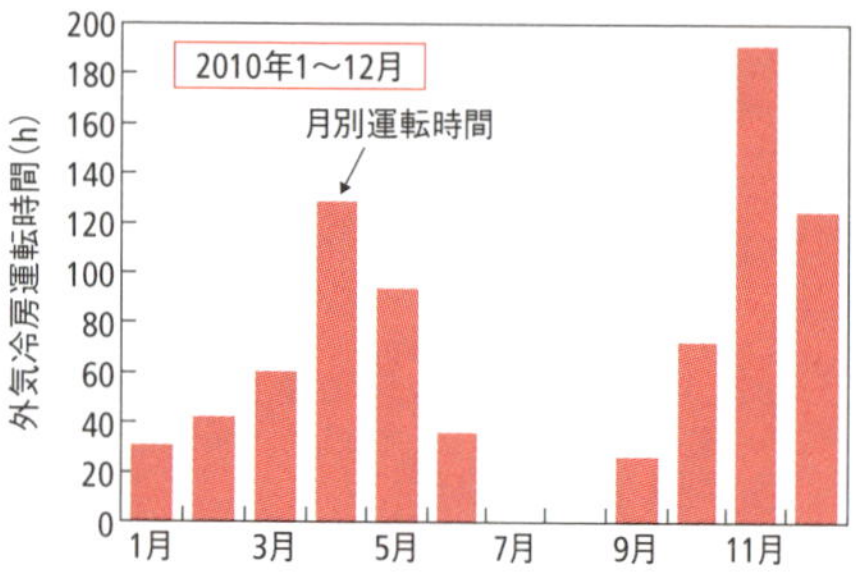
2010年1～12月
月別運転時間
外気冷房運転時間（h）
200
180
160
140
120
100
80
60
40
20
0
1月
3月
5月
7月
9月
11月

図3 外気冷房制御の判断

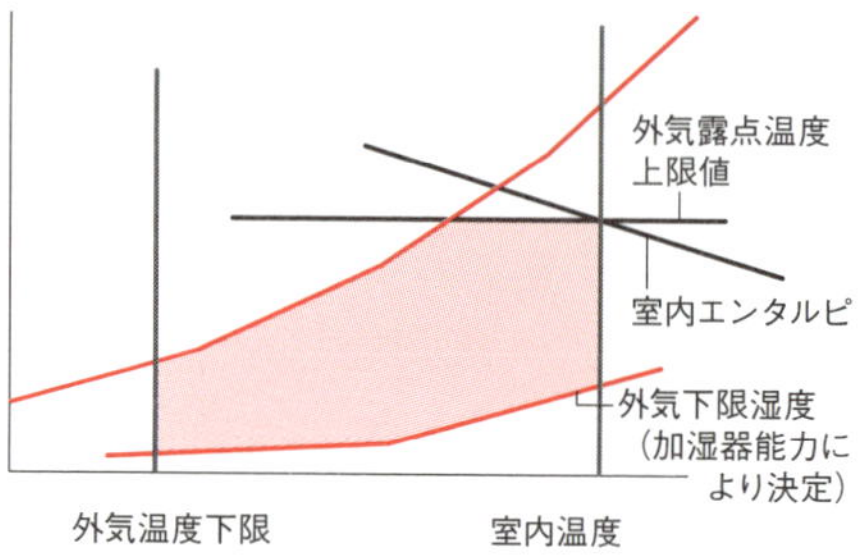
外気露点温度上限値
室内エンタルピ
外気下限湿度（加湿器能力により決定）
外気温度下限
室内温度

外気冷房制御
（エンタルピ、露点温度、温湿度判断）
・外気湿度下限値＜外気湿度
・外気エンタルピ＜室内エンタルピ
・外気露点温度＜外気露点温度上限値
・外気下限温度＜外気温＜室内温度

図4 外気冷房制御におけるモータダンパの動き

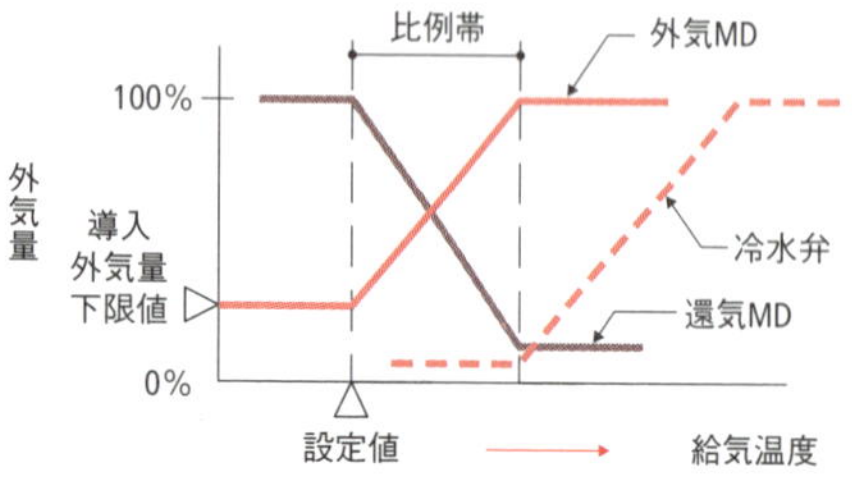
比例帯
外気MD
100％
外気量
導入外気量下限値
冷水弁
還気MD
0％
設定値
給気温度

外気導入に関する制御

空調負荷を削減するための制御として、外気導入に関する制御を取り上げる（**図1**）。関東以西のオフィスビルのように、年間を通して冷房負荷が卓越する状況においては外気冷房の活用は重要な選択肢となる。**図2**に示すように、中間期では外気冷房運転が可能になる時間数が多い。ここでの外気冷房実施は、**図3**の空気線図で示すように、エンタルピ（熱含量）、露点温度、温湿度に基づいて判断する。また、**図4・5**に示すような制御ロジック例では、給気温度に応じたモータダンパの比例制御を行っている。

外気冷房は、単に外気を取り込めばよいというものではなく、外気温が低い季節においては、室内の湿度維持に必要な加湿も含めた制御判断が必要となる。冬期においては外気冷房の実施が加湿に伴うエネルギーロスにつながる場合がある。

図6に超高層オフィスAビル基準階における、CO_2制御実施期間の室内

図5 CO_2制御におけるモータダンパの動き

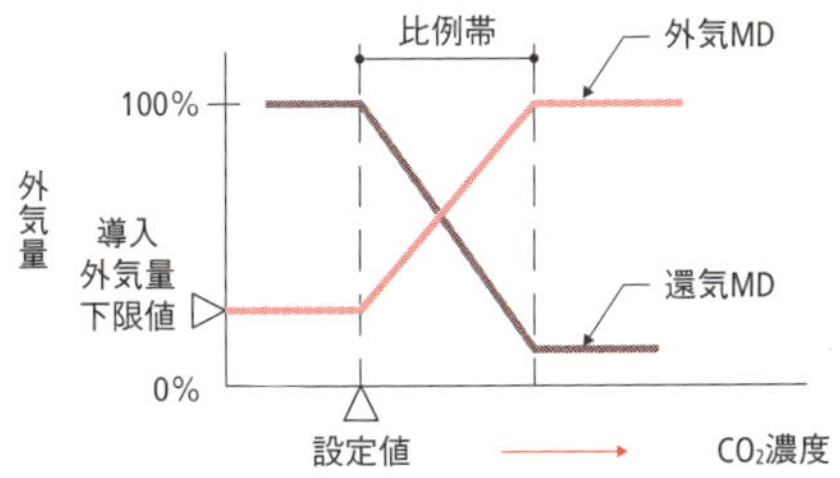

比例帯
外気MD
100%
外気量
導入
外気量
下限値
還気MD
0%
設定値
CO2濃度

室内空気中のCO_2濃度を検出して、外気導入用のモータダンパの比例制御を行う

図6 室内CO_2濃度と外気取入量の関係

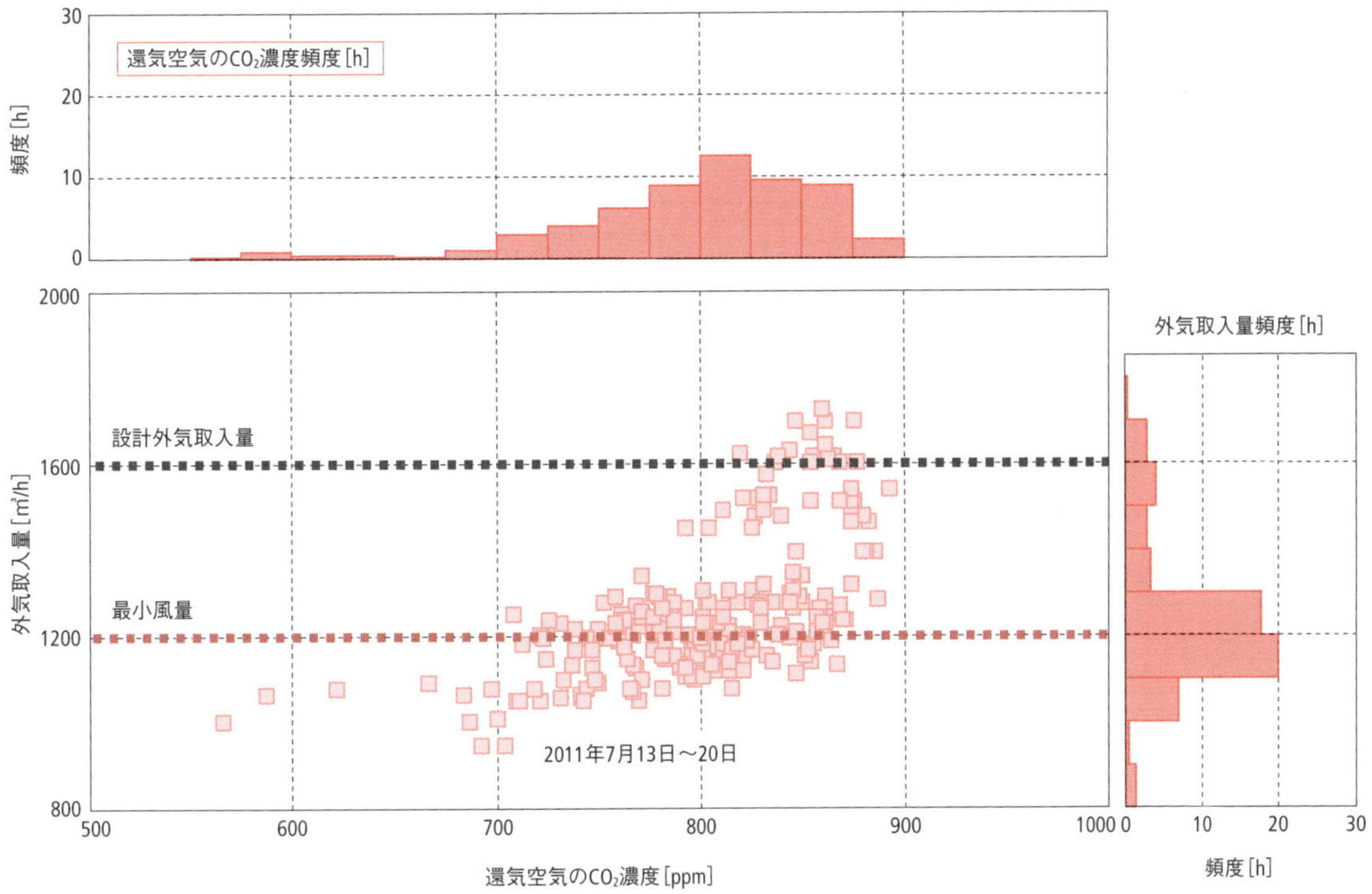

還気空気のCO2濃度頻度[h]
頻度[h]
30
20
10
0
2000
1600
1200
800
設計外気取入量
最小風量
外気取入量[m³/h]
2011年7月13日～20日
500
600
700
800
900
1000
還気空気のCO2濃度[ppm]
外気取入量頻度[h]
0
10
20
30
頻度[h]

図7 CO_2制御による外気負荷削減効果

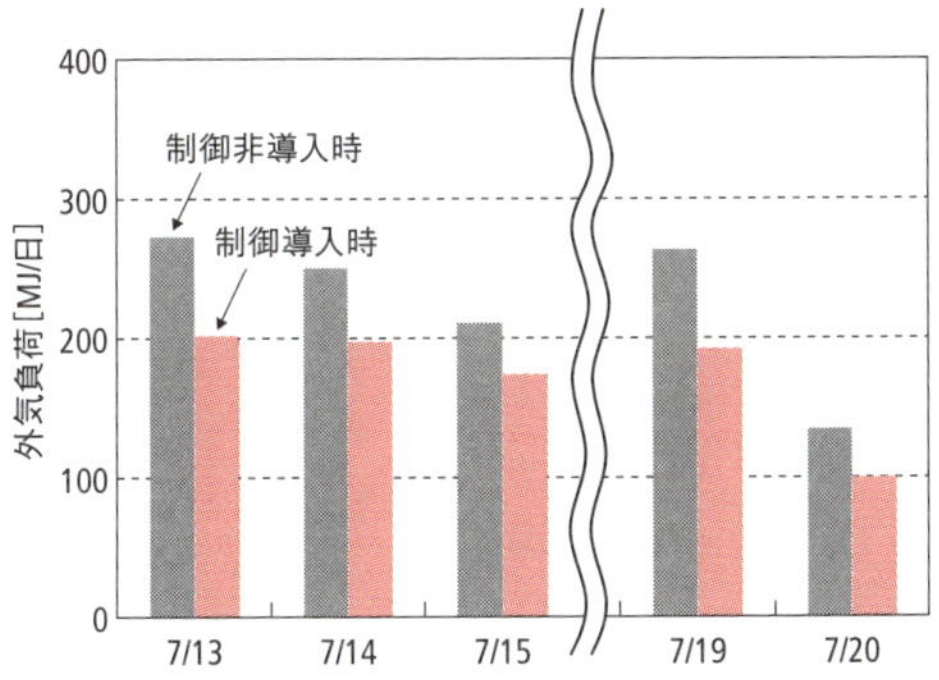

400
300
200
100
0
外気負荷[MJ/日]
制御非導入時
制御導入時
7/13
7/14
7/15
7/19
7/20

CO_2濃度と外気取入量の関係を出現頻度と併せて示す。在室者数の変動などによって濃度にばらつきが見られるが、CO_2濃度はおおむね設定値以内に抑制されながら、多くの時間帯で外気取入量を最小値まで絞ることが可能であった。

本制御時の実績外気負荷と、非導入時を想定した試算値（外気取入量を設計値の5㎥／（h・㎡）とした場合を想定して試算）を比較した結果を図7に示す。おおむね20～30％程度の外気負荷削減効果が得られ、夏期の外気エンタルピ条件が厳しい季節においても、CO_2制御が有効に機能していることが分かる。

放射冷暖房の特徴

図1 電磁波の波長

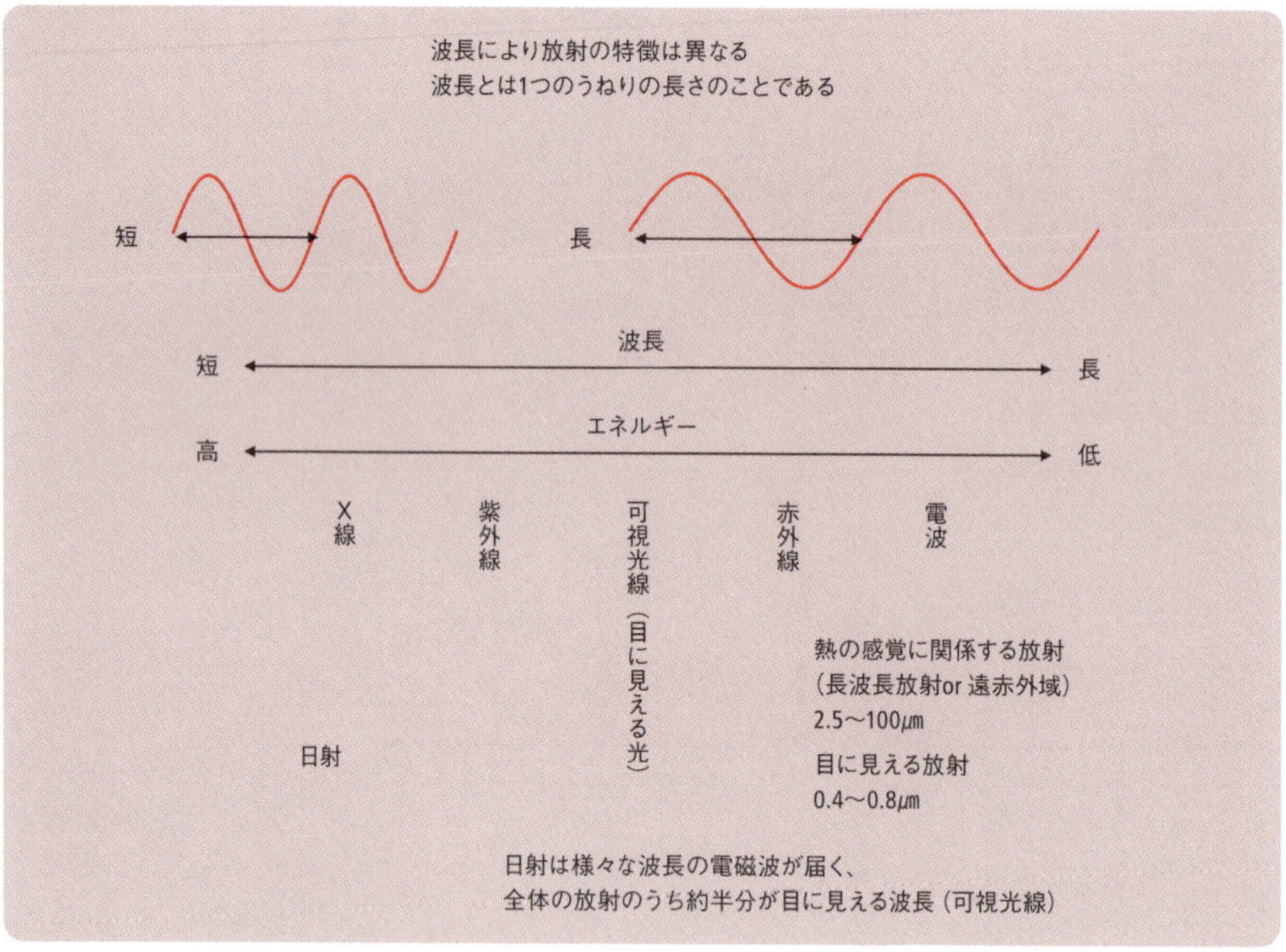
波長により放射の特徴は異なる
波長とは1つのうねりの長さのことである
短
長
波長
短
長
エネルギー
高
低
X線
紫外線
可視光線（目に見える光）
赤外線
電波
熱の感覚に関係する放射
（長波長放射or 遠赤外域）
2.5〜100μm
目に見える放射
0.4〜0.8μm
日射
日射は様々な波長の電磁波が届く、
全体の放射のうち約半分が目に見える波長（可視光線）

図2 波長ごとの黒体放射エネルギー

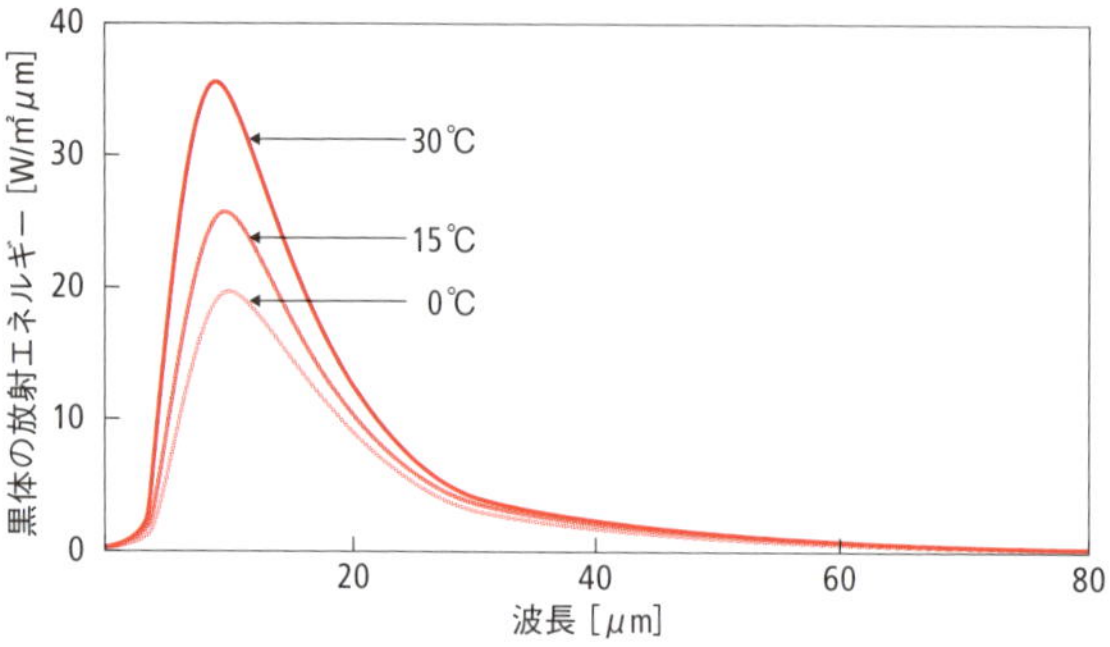
黒体の放射エネルギー［W/m²μm］
40
30
20
10
0
30℃
15℃
0℃
20
40
60
80
波長［μm］

黒体とは、ある温度において最も大きな放射を出す物体

黒体の温度が0℃、15℃、30℃の時の波長ごとの放射エネルギーを計算すると、波長範囲は3〜70μmで、10μm程度で最大となる

放射冷暖房とは

人の温熱感覚は空気温度のほかに、身の周りにある物体の表面温度（放射温度）・湿度・気流速度といった環境側の要素と、代謝熱量・着衣量という人体側の要素で決まってくる。従来型の冷暖房の多くは空気の温度や湿度を調整するものだが、放射冷暖房は、人の周囲の表面温度（放射温度）を調節することによって快適感を得る方式である。

放射は、熱の移動形態の1つである。どのような物質でも、その表面からは、絶対零度（−273℃）でない限り電磁波が出ており、これを放射という。電磁波は、光子と呼ばれる粒の性質と波の性質を併せもつ。電磁波は波長によってその呼び名が変わる（図1）。波長が2.5μmを超える範囲の光は、遠赤外域もしくは長波長放射と呼ばれており、この波長領域の放射が人の温熱感覚に深く関わっている。洞窟に入った時のひんやりとした感覚や、熱した鉄板で火照りを感じるのは、長波長

（出典）●岩松俊哉・星野佳子・片岡えり・宿谷昌則著「開放空間における採冷手法の可能性に関する実験研究」日本建築学会環境系論文集第618号（2007年8月）45〜52頁
●岩松俊哉・淺田秀男・深井友樹・福田秀朗・宿谷昌則著「高温放射冷房と通風による温熱快適性と人体エクセルギー収支に関する研究」日本建築学会環境系論文集第73巻653号（2010年7月）585〜594頁

図3 埋設配管

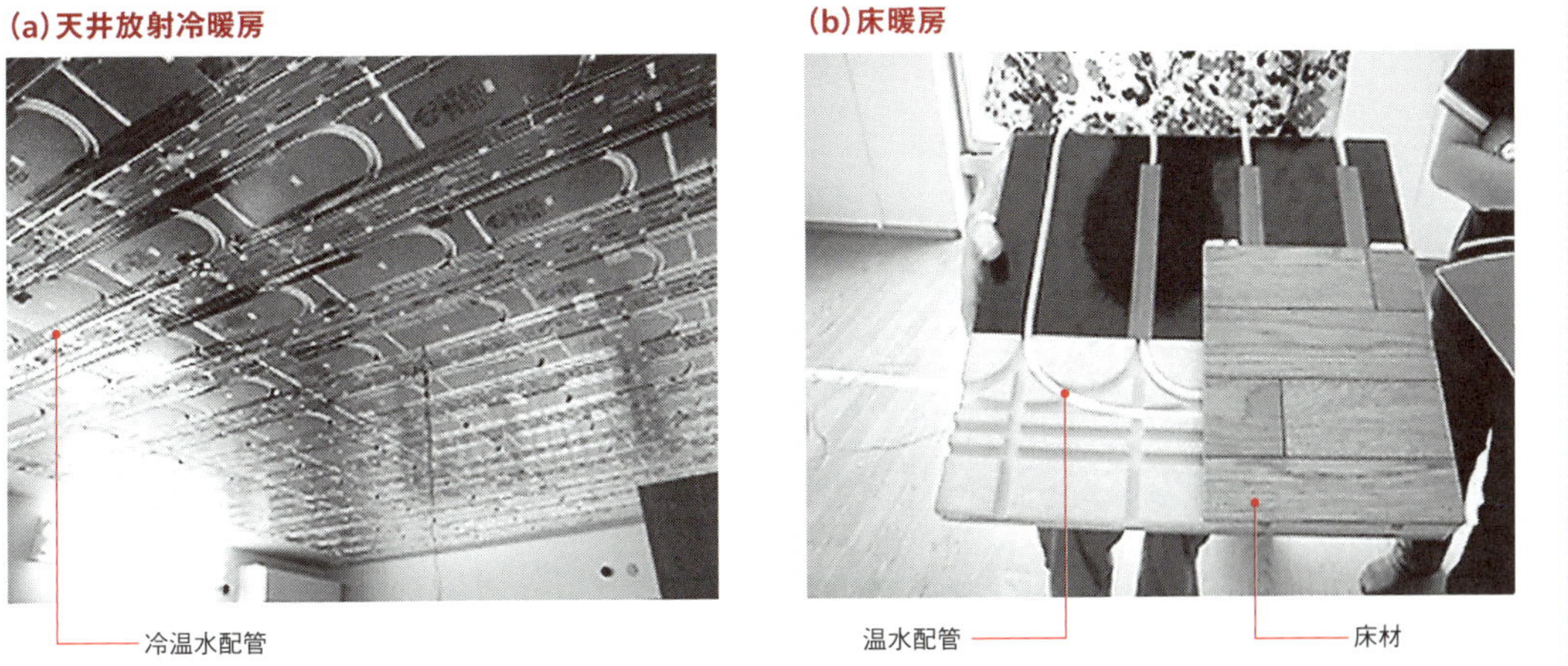
(a) 天井放射冷暖房
冷温水配管
(b) 床暖房
温水配管
床材

図4 放射パネル（ラジエータ）

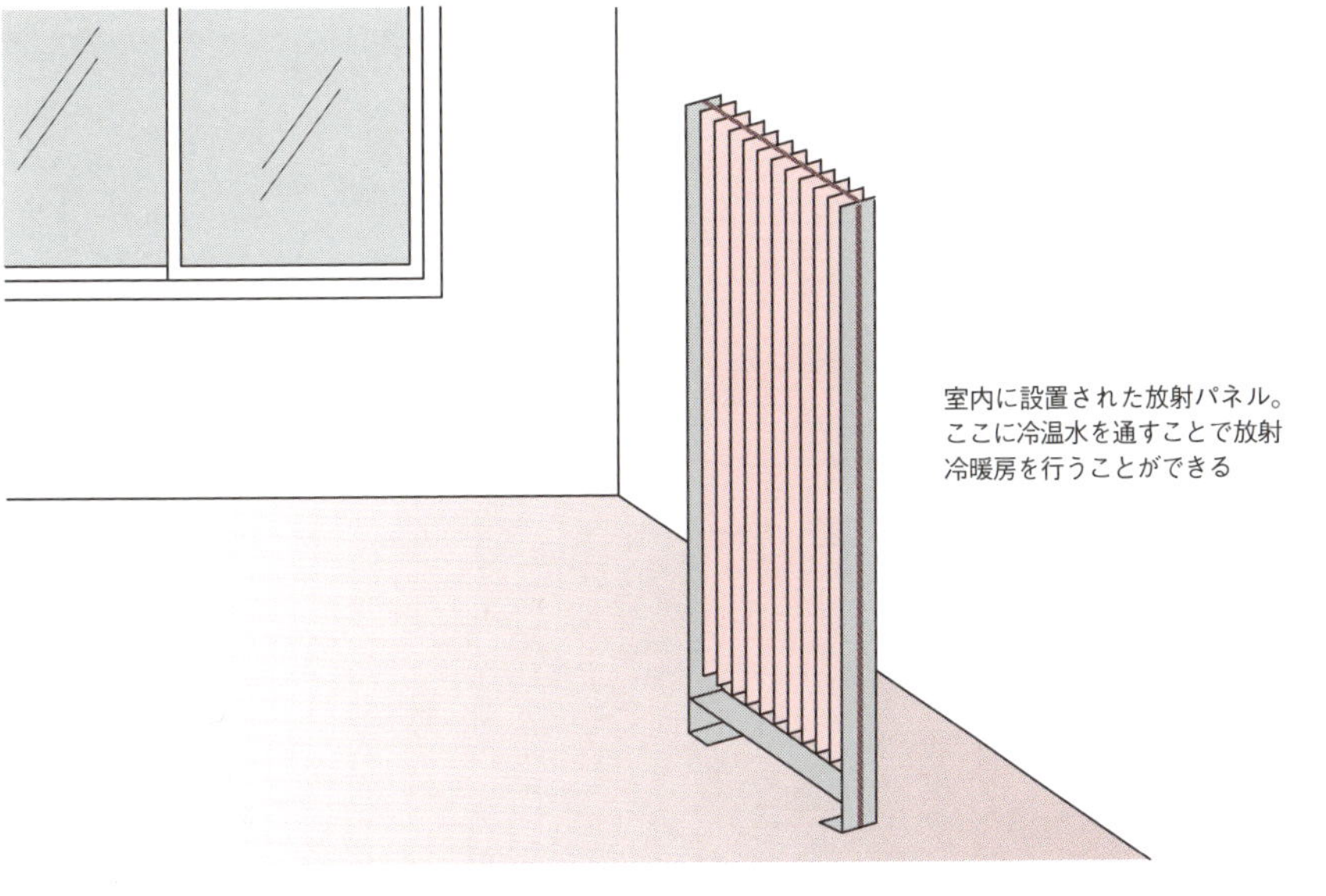
室内に設置された放射パネル。
ここに冷温水を通すことで放射
冷暖房を行うことができる

放射によるものだといえる。ある温度において最も大きな放射を出す物体を黒体という。黒体の温度が0℃、15℃、30℃の時の波長ごとの放射エネルギーを計算すると、波長範囲は3〜70㎛で、10㎛程度で最大となる（**図2**）。

放射冷暖房は、壁・床・天井などの表面の冷却や温めにより、そこからの長波長放射によって心地よさを得ようとする冷暖房方式である。この方法の例として、躯体に冷温水配管を埋設したり（**図3**）、室内に放射パネルを設置して、そこに冷温水が通るようにしたものがある（**図4**）。床暖房は、床下に温水が通る配管を敷設したものであり、まさに放射暖房といえる。その他、天井裏や床下を2重にしてダクト状にし、冷温風を供給して天井や床を冷やしたり温めたりすることで放射面をつくるものもある。

放射と対流

従来の冷暖房設備の多くは空気を冷やす、または温める方式で、エアコン、対流式冷暖房と呼ばれている。放射冷暖房を「放射空調」とも呼ぶが、長波長放射が直接、室内の空気の冷暖房に影響を及ぼすものではない。すなわち、放射温度を調整している面に空気が接すると、対流という熱移動が行わ

（出典）●柿沼整三・伊藤教子著「建築設備入門」オーム社（2008年3月）124〜125頁
●柿沼整三・伊藤教子著「考え方・進め方　建築設備設計」オーム社（2009年4月）150〜153頁
●宿谷昌則編著「エクセルギーと環境の理論」井上書院（2010年9月）210頁

図5 放射冷房と自然通風の組合せ

木陰の心地よさを室内につくる
結露が発生しない程度の
放射冷却と自然通風を行う
発電所
放射パネル
ヒートポンプ

れ、結果として、空気温度が放射面の温度に近づくことになるという、副次的な効果といえよう。放射冷暖房は、空気の温度に直接作用しないので、気流が身体に当たること（ドラフト）による不快感はない。

　冷房の場合は、放射パネル表面が空気の露点温度よりも低くなると、放射パネルの表面に結露が発生し、室内空気を除湿する。この場合、結露の処理を考えなければならない。例えば、放射パネルには、下部にドレンパンが設けられていて、パネル表面に付着した水滴を集めるようになっているものがある。室内における発熱が大きい場合や室内での水蒸気発生が多い場合には、パネル表面温度をかなり低めにして、強い放射で冷やすとともに、積極的に結露を発生させて除湿をするという考え方がある。また、放射面をあまり冷やさずに、対流式冷房や除湿器を併用する場合も多い。

放射と通風の組み合わせ効果

　強い放射面をつくったり、冷房機器や除湿器を併用したりすると、結果として、化石燃料をはじめとする非更新性のエネルギー資源を多く使うことになる。そこで、住宅を想定して、結露が発生しない程度の放射冷却面を室内につくるとともに自然通風をして心地よさを得ようとする試みもある（**図5**）。

　住宅であれば、内部発熱が比較的少ないことや、オフィスなどよりも軽装で過ごせるので、必ずしも強い放射で冷やす必要がない。しかし、結露を発生させないと除湿ができない。さらに、窓を締め切ると、人からの水蒸気発生などで、湿度が上昇する。この場合は外気の湿度がやや高めでも、窓を開けて室内で発生した水蒸気を逃がしながら、自然通風でほどよい気流感を得、風が凪いでいるときには、気流感を得るためにファン（天井扇や扇風機）を回すのもよい。湿度が比較的高めでも、放射環境を整えたうえで、気流感が得られると心地よさが得られる。

　弱い放射と通風を組み合わせて心地よさが得られれば、放射冷房で配管に送り込む冷水やダクト内の冷風の温度を比較的高めにできる。これは、省エネにつながり、井戸水などの自然冷熱源を活用することも可能になる。

　木陰では、涼しいという感覚をもったことはないだろうか。葉の表面温度が低くなっており、風がほどよく吹いて、身体からの放熱を促進する組み合わせ効果による。この心地よさを、室内にもつくれる可能性は高い。

構成機器類

図1 放射冷暖房システムの構成

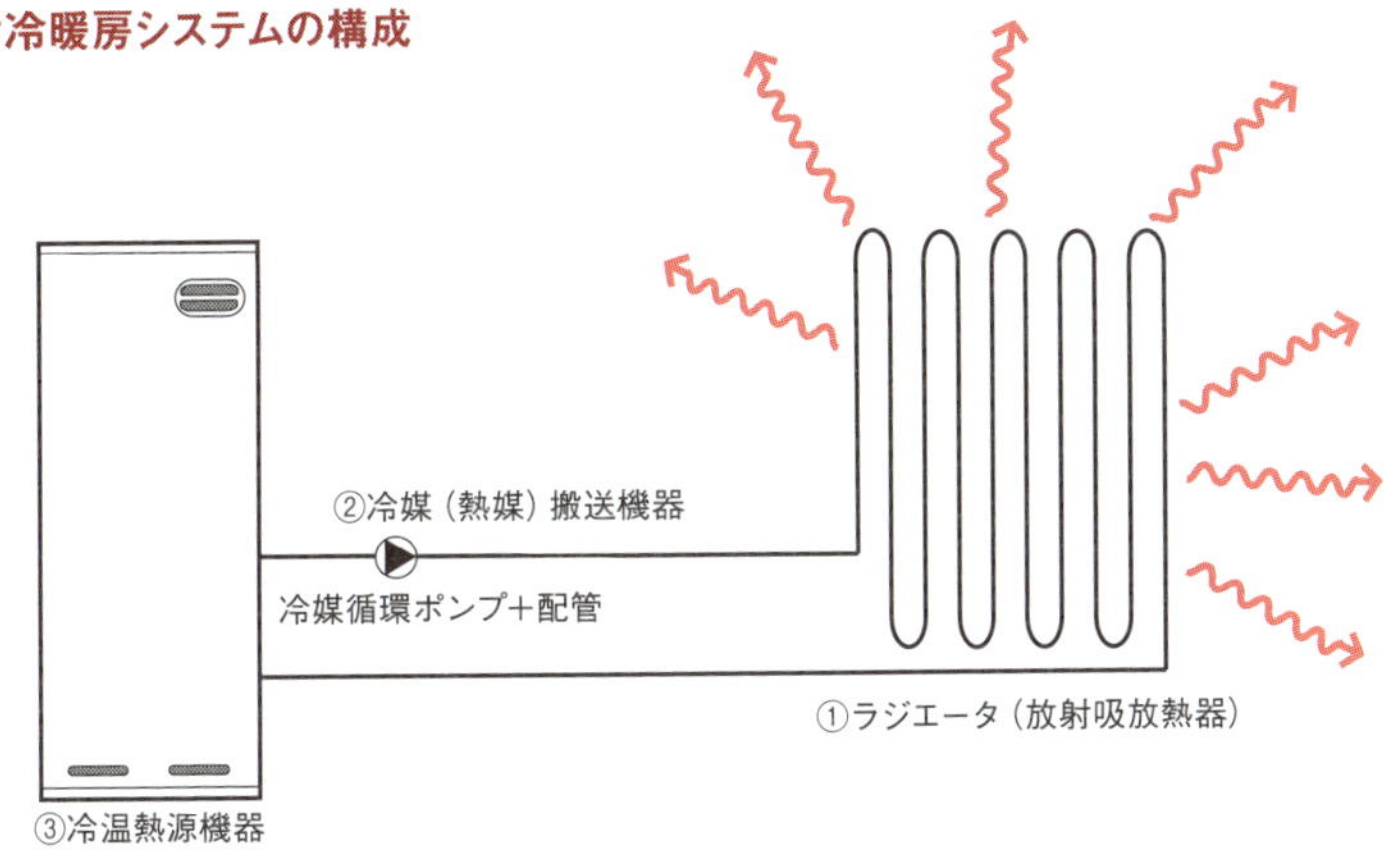
②冷媒（熱媒）搬送機器
冷媒循環ポンプ＋配管
①ラジエータ（放射吸放熱器）
③冷温熱源機器

放射冷暖房システムは、①ラジエータ（放射吸放熱器）、②冷媒（熱媒）搬送機器、③冷温熱源機器の3ユニットで構成される。冷却/加熱源に自然エネルギーをいかに無理なく導入するか、ポンプの揚程・使用電力が過大にならないような配管のルート・ゾーニングをどうするか、ラジエータを露出型にするか床・天井一体型にするか——計画時におけるコンセプトの醸成こそ肝要であるし、設計の醍醐味でもある

◆冷媒配管の埋め込まれた床や天井・壁をそのままラジエータとして使用する例1

写真1 間仕切り壁に設けられた熱交換パネル（左）とそのヘッダー部分（右）

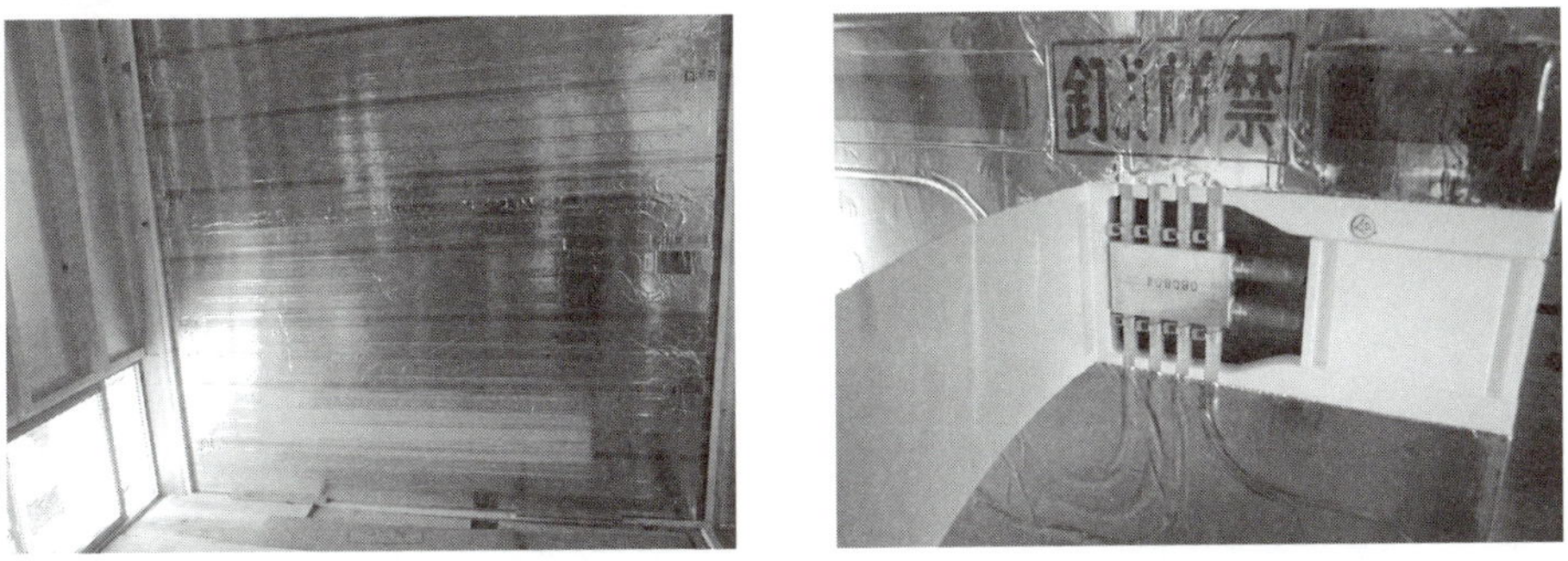

夏期では、冷媒はヘッダーを経て細い冷媒配管に供給され、冷媒配管に接する仕上げボードが冷媒配管から熱を奪われる。周壁より低温になった仕上げボードは周壁や在室者から放射熱を吸収するとともに、室空気から対流伝熱で熱を吸収する。冬期は、夏期とは逆に熱交換パネルで温められた仕上げボードが放射と対流で熱を放出する。この写真の熱交換パネル（床暖房用を壁に転用）では、呼び径7㎜の架橋ポリエチレン管が75㎜間隔でポリエチレンボードに埋め込まれている。熱交換パネルは配管からの伝熱を促進するために、この写真のように光沢のあるアルミ箔で覆われることが多いが、仕上げボードとの間で放射熱伝達が妨げられ伝熱効率が下がるので、アルミ箔はペイントを施し、放射率を上げたほうがよい。そのため、このラジエータは、写真の後の工程でペイントを施している

ラジエータ

放射冷暖房システム（**図1**）の熱媒には、外気集熱式ソーラーハウス（**注1**）やオフィスなどで使われる空気の熱媒もあるが、ここでは住宅の床暖房などで導入例が多い、水を熱媒とするシステムの構成を述べる。なお、熱媒の水には、冬期の凍結による配管の破断を防ぐために不凍液を封入する。

ラジエータとは、遠赤外域の電磁波である放射熱を夏期に吸収して冬期に放出する吸放熱器のことである。ラジエータと室内空間の温度差を大きくしたくない場合には、放射伝熱量をできるだけ大きくするために放熱面積を大きくとる必要がある。そのため、床や天井、壁に熱媒配管を埋設して、それらをそのままラジエータ代わり又は面にする方法がある（**写真1・2**）。

意匠性を考慮したパーティションのようなラジエータを露出型で設ける方法もある（**写真3**）。これは結露許容型ラジエータであり、露点温度以下に冷やした熱媒を供給し、室内からの放

（注1）外気集熱式ソーラーハウス：2重構造になっている屋根の頂部近くにガラス面（透過面）があり、屋根の中空層に取り込まれた外気が太陽熱で加熱された後、ファンによって床下に供給され、コンクリート基礎による蓄熱とソフトな床暖房を行うシステムとして、OMソーラーシステムがある。OMソーラーシステムは、単なる空気集熱ではなく、必要換気量を満たす換気装置も兼ねた太陽熱床暖房のシステムである。詳細は、奥村昭雄「パッシブデザインとOMソーラー」建築資料研究社、1995年を参照

写真2

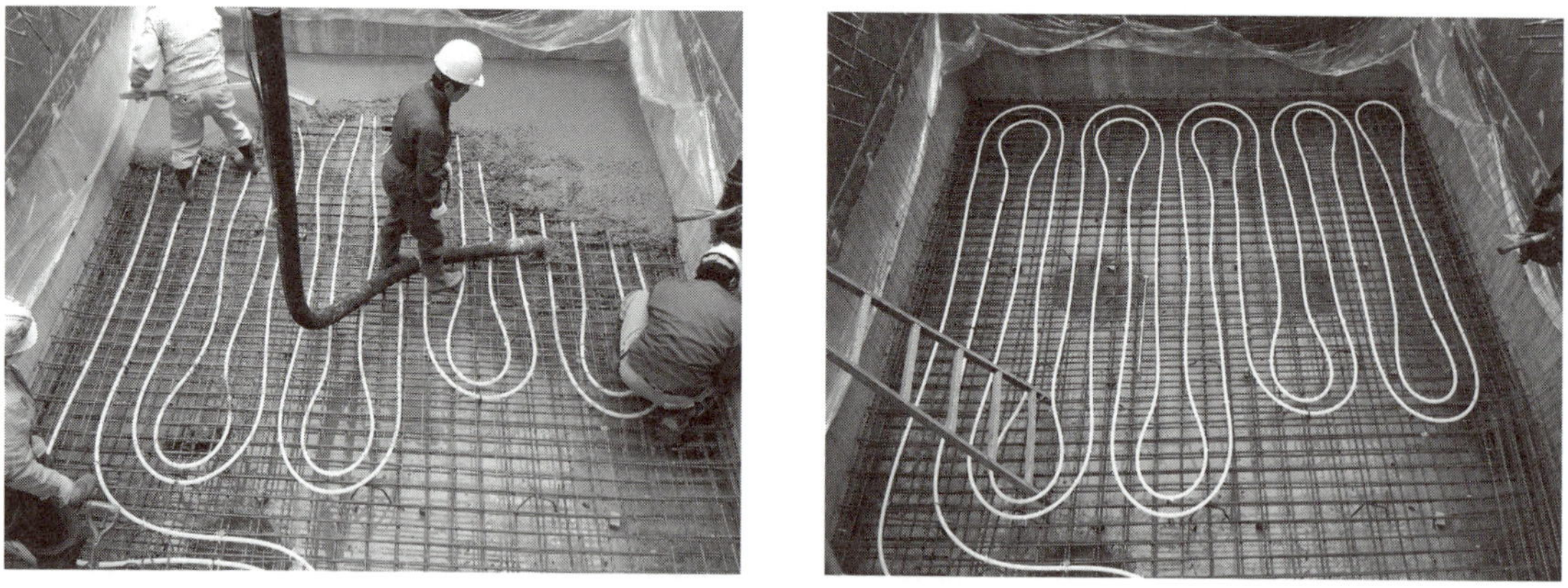

コンクリート床内にあらかじめ設置した放射冷暖房用冷媒配管(左)。コンクリート打設前は架橋ポリエチレン管を鉄筋に結束バンドで固定しておく(右)。配管の曲がり部分は写真のようにスプーンの先端状に膨らませざるを得ず、配管の間隔は100～300㎜が一般的。間隔が短くなるとラジエータ面内の冷媒流量が大きくなり、熱交換量が増加する。防食のため、継ぎ手は合成樹脂製、ニップルなどの金属部分はステンレス製にする

写真3 意匠性を考慮したパーテーションのような露出型ラジエータ

金属製(左)と合成樹脂製(ポリプロピレン[1])の結露許容型ラジエータ(右、ふく射冷暖房クール暖／テスク資材販売)。冷房時では、結露許容型ラジエータは、露点温度以下に冷やした冷媒が供給されることによって、室内から放射・対流現象で熱を吸収するだけでなく、ラジエータ表面での結露により除湿も同時に行う。ラジエータ下部にはドレンパンを設け、結露水を排水管に排除する必要がある。露出型のラジエータは近接する壁面での結露発生以外に室内空間の意匠性にも十分に配慮しながらレイアウトを行う

射・対流によって熱を吸収するだけでなく、ラジエータ表面での結露により除湿も同時に行う。ラジエータ下部にはドレンパンを設け、結露水を排水管に排出する。冷暖房システムは夏・冬で異なる装置を使うと、導入費用がかさむので、ラジエータは通年で同じものを使うことが望ましい。

冷媒搬送機器

冷媒循環ポンプと冷媒配管からなる。配管は一般に管径が小さいほど単価が低く、荷重も小さくなるので導入しやすい。しかし、管内を流れる冷媒の流速が大きくなり、孔食や、ウォーターハンマーによる振動・騒音の障害を招くことになる。さらに、配管の単位長さ当たりの圧力損失(流体抵抗)も大きくなり、揚程の大きい(使用電力の大きい)ポンプを選ばなければならないことにもなる。流量が小さくなるので熱移動量が小さくなるデメリットも生じる。そのため、放射冷暖房用の配管は、管径が呼び径10㎜～20㎜のものがよく使われている。

床暖房用の熱交換パネルとしてユニット製品になっているものは、呼び径10㎜未満の配管がボードにあらかじめ埋め込まれている(**写真1**)。冷媒配管の材料は、腐食防止のため、現在合

(出典) 1) http://www.tsc-jp.com/shizai/research/index.html#01 (テスク資材販売WebSite)

◆各種加熱／冷却機器

写真4 水冷の電動ヒートポンプ（河川水が冷却源）

水冷の電動ヒートポンプは、地中や河川水と冷媒との間で熱交換することにより冷却/加熱用の使用電力を削減した運転が可能になる

写真5 浅井戸・深井戸兼用ポンプ

掘削深さが大きい場合や水質浄化装置が必要な場合は、揚程・使用電力が大きい機種を選ばざるを得ず、コストも増すので、避けたほうがよい

写真6 小型冷却塔

冷却塔のうち最小のサイズのものは放射冷房の冷却源機器として用いることができる。騒音をエアコン室外機並みに下げることが課題である

成樹脂製がよく使われている。

冷却／加熱源機器

加熱／冷却機器は、夏期には低温の冷媒を冬期には高温の熱媒をつくり出し、ラジエータで吸放熱が行えるようにする機器である。化石燃料をエネルギー源とする加熱源機器は、床暖房用のガス焚きや石油焚きなどのボイラーが一般的である。ボイラーは暖房専用機器だが、電動ヒートポンプは放射の冷暖房に兼用できる機器であり、水冷と空冷がある。水冷の電動ヒートポンプは、地中や河川水と冷媒との間で熱交換することにより冷却／加熱用の使用電力を削減した運転が可能になる（**写真4**）。

浅井戸・深井戸兼用ポンプは冷房用の冷却源機器になる（**写真5**）。井戸水、地下水の温度は盛夏時でも、20℃以下になっている例が多く、放射冷房の冷却源にすることが珍しくない。井戸ポンプは冷却源機器でもあり、冷媒搬送機器でもある。井水を冷媒として、結露許容型ではないラジエータに流す場合、結露対策をあらかじめ講じなければならない。井戸の掘削深さが大きい場合や、井戸水の水質浄化装置が必要な場合は、揚程・使用電力が大きい機種を選ばざるを得ず、コストが

図2 燃料熱源機利用放射暖房システム

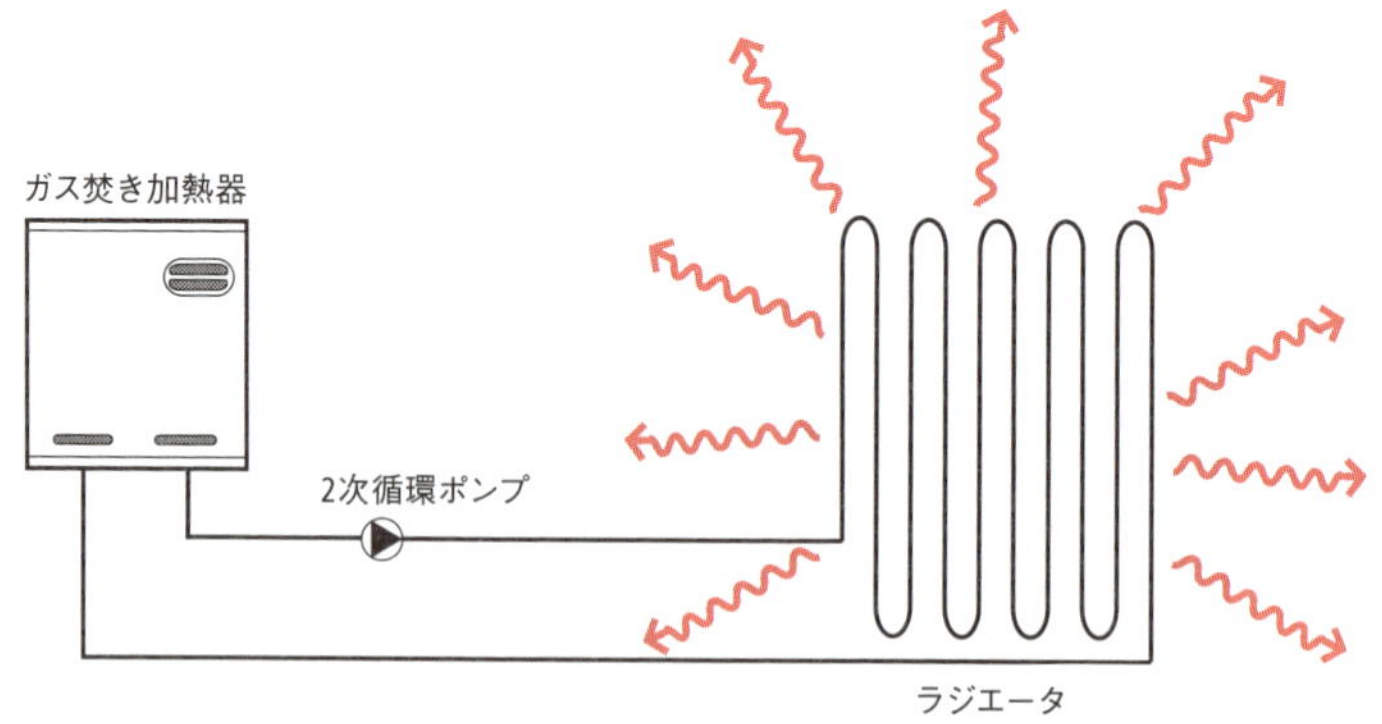
ガス焚き加熱器
2次循環ポンプ
ラジエータ

燃料としては化石燃料よりバイオマス燃料などの更新性資源が望ましいが、国産バイオマスボイラーは操作性・コストの面で発展途上と言われている。そのため、バイオマスボイラーは、採用し続けることによって、使い勝手における改善点をフィードバックし、より低コストで、かつ高性能の機器を育てあげる視点が重要である

図3 ガス焚き加熱機＋太陽集熱器を加熱機とした放射暖房システム

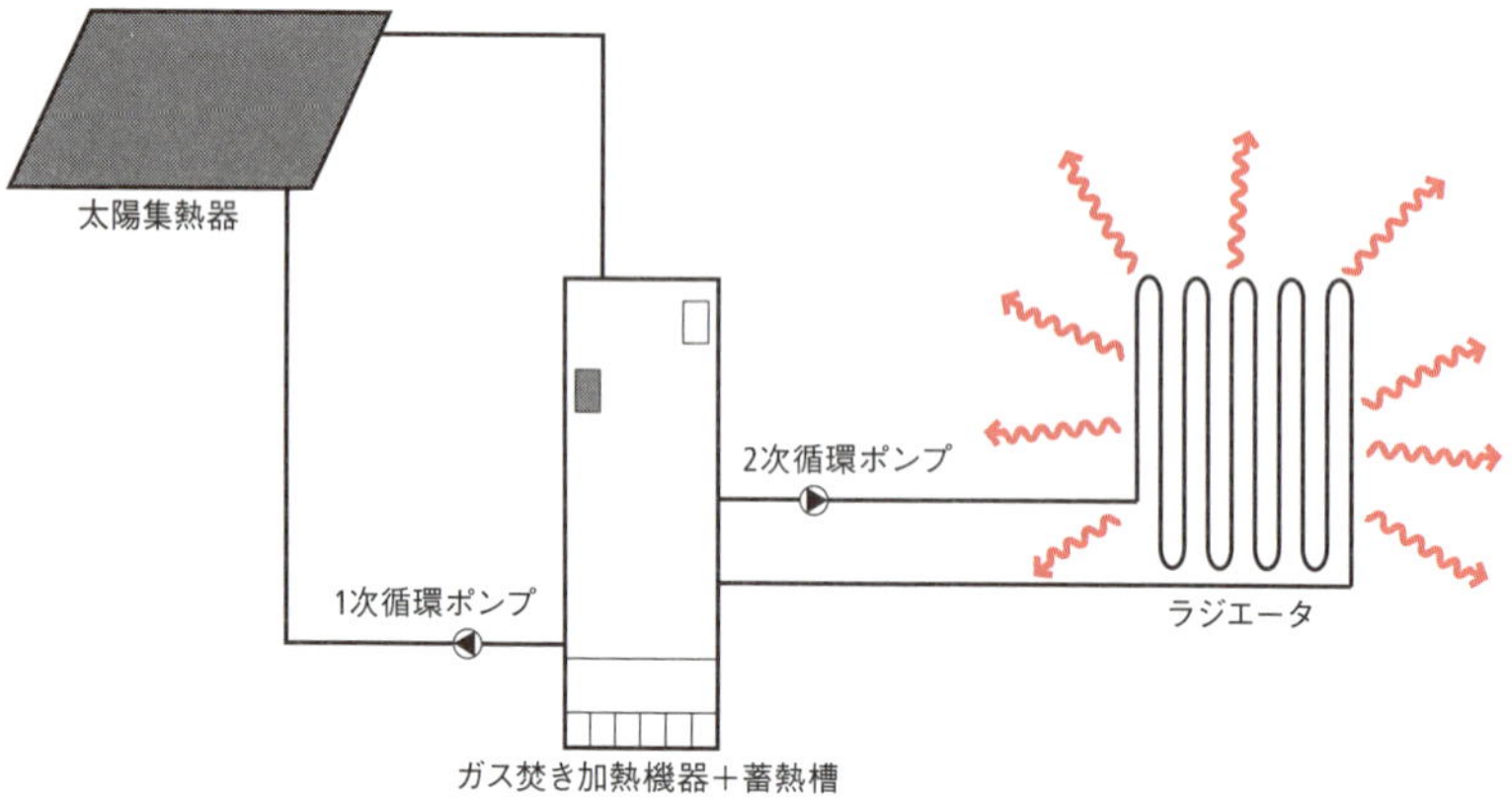
太陽集熱器
2次循環ポンプ
1次循環ポンプ
ラジエータ
ガス焚き加熱機器＋蓄熱槽

冬期以外では集めた余剰熱の対策をあらかじめ講じる必要がある。そのため、主に給湯用と考え太陽集熱器の面積を決定することが一般的。太陽集熱器、加熱機器＋蓄熱槽、ポンプで一式のシステムとして市販されているものがコスト面で優れている

増すので避けたほうがよい。

小型冷却塔を放射冷房の冷却源機器として用いてもおもしろいかもしれない（175頁写真6）。井戸水と異なり、冷却塔で蒸発によって冷却された冷水を用いた放射冷房では表面結露のリスクが著しく低くなる。これは、同じ温湿度の外気であれば、湿球温度（注2）は露点温度より必ず高くなるからだ。

放射冷房・暖房システム

放射冷房・暖房システム構成には、様々な種類がある（図2〜6）。

電動ヒートポンプ利用以外で放射冷暖房を行うためには、冷却塔利用放射冷房と燃料熱源機利用放射暖房やガス焚き加熱機＋太陽集熱器を加熱源機器とした放射暖房の組み合わせ、あるいは、井水利用放射冷房と燃料熱源機利用放射暖房やガス焚き加熱機＋太陽集熱器を加熱源機器とした放射暖房の組み合わせが考えられる。可能な限りシンプルなシステム構成にすることが、設計・施工・運用のすべてにおいて望ましい。また、制御系は、導入費用がルームエアコン以上にかかることが多いので、安価でない場合は導入しなくても成り立つ方法を計画するとよい。

（注2） 蒸発面表面温度の下限値

図4 電動ヒートポンプ利用放射冷暖房システム

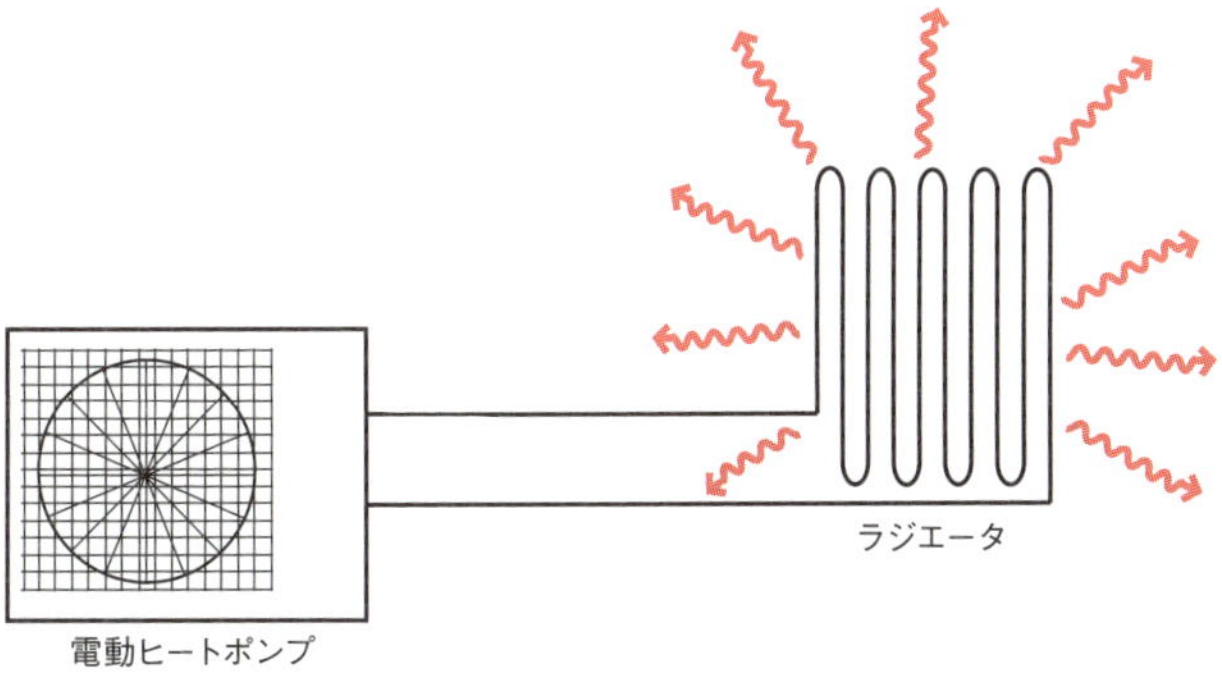
ラジエータ
電動ヒートポンプ

結露許容型のラジエータを採用しない場合、冷房運転時にラジエータ表面で結露が発生するため、その回避が必要。最も簡単な方法はエアコンや除湿機の併設であるが、さらなる機器の導入は施主にとって受け入れにくい。冷媒をラジエータに送る前にファンコイルと熱交換させ、ファンコイルを外気導入ファンと兼用させるとよい

図5 井水利用放射冷房システム

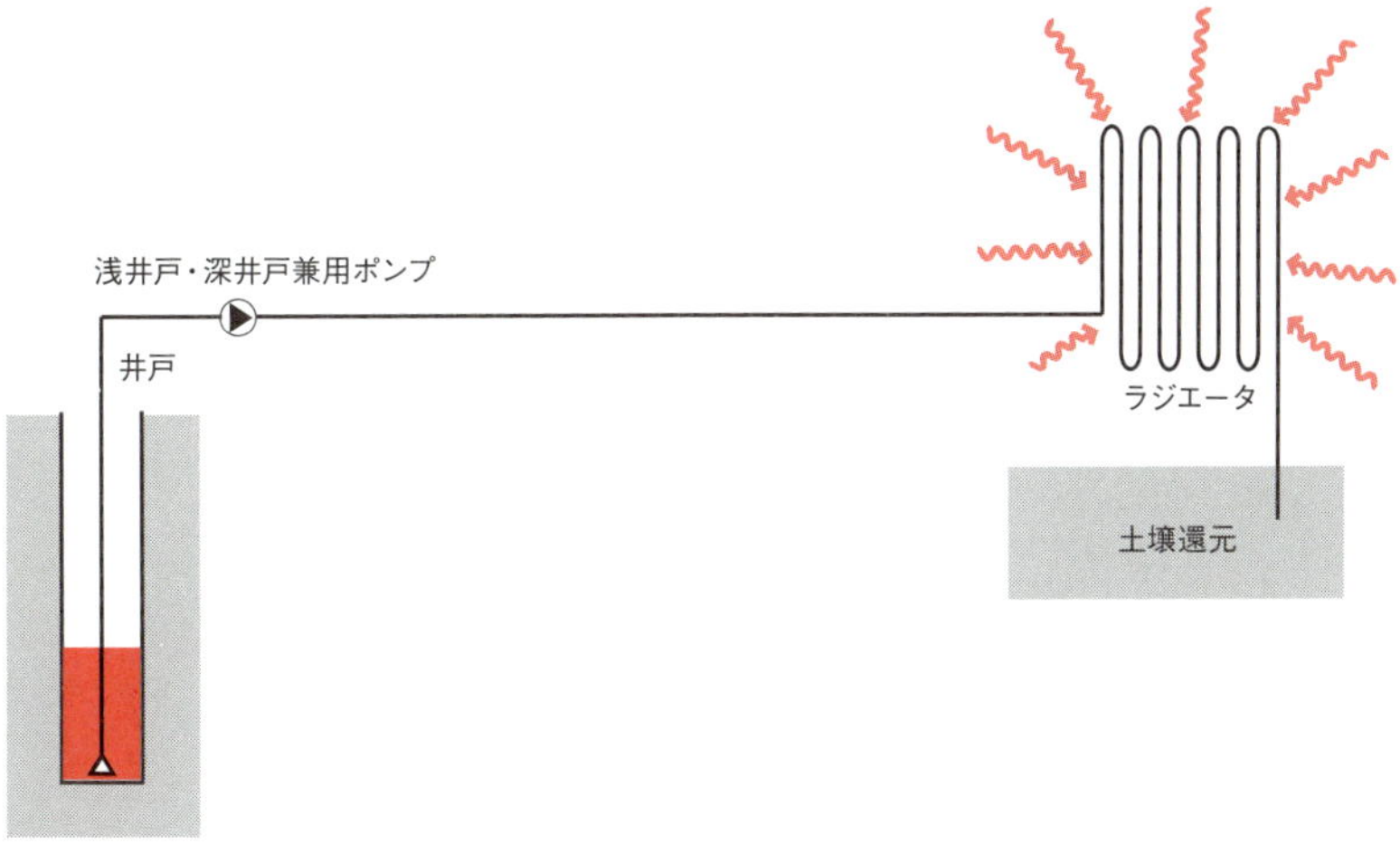
浅井戸・深井戸兼用ポンプ
井戸
ラジエータ
土壌還元

電動ヒートポンプ利用放射冷房と同様に結露許容型のラジエータを採用しない場合、ラジエータ表面で結露が発生するため、井水をラジエータに送る前にファンコイルと熱交換させ、ファンコイルを外気導入ファンと兼用させるとよい

（出典） 高橋達・辻康昭・伊藤教子著「井水放射冷却・外気予冷兼用システムの開発と室内熱環境に関する実測調査」日本建築学会環境系論文集、第76巻、第670号（2011年12月）1043～1049頁

図6 冷却塔利用放射冷房システム

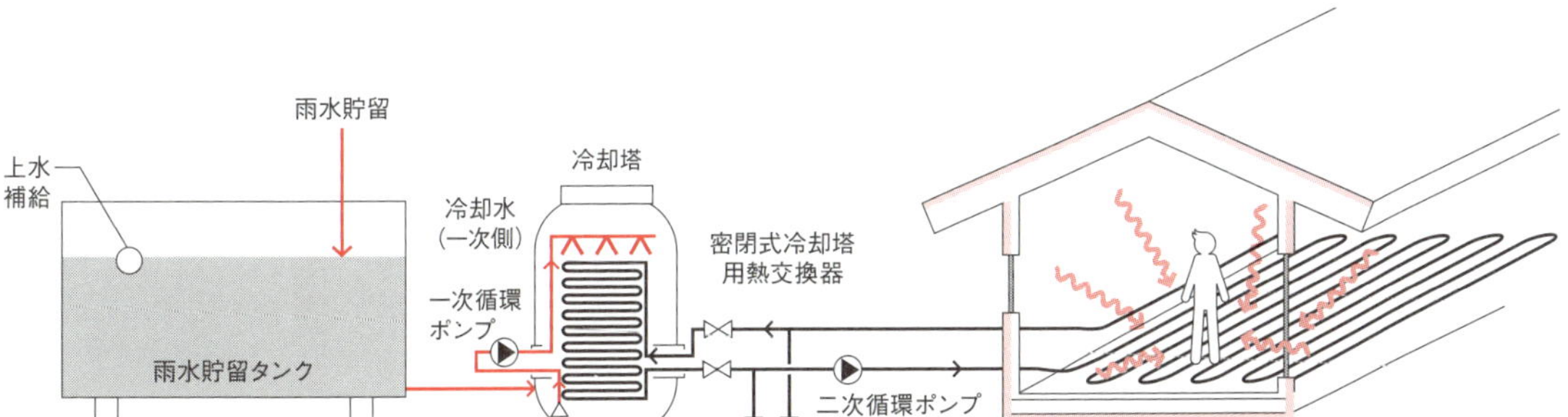
雨水貯留
上水補給
雨水貯留タンク
冷却塔
冷却水（一次側）
一次循環ポンプ
密閉式冷却塔用熱交換器
二次循環ポンプ
放射暖房熱源（夏季閉鎖）
躯体一体型ラジエーター

冷却塔で蒸発によって冷却された冷水を用いた放射冷房では表面結露のリスクが著しく低くなる。同じ温湿度の外気であれば、湿球温度（蒸発面表面温度の下限値）は露点温度より必ず高くなる。

（出典） 甲斐徹郎・高橋達・野沢正光他著「エコリノ読本―Reader of ECO―Renovation」新建新聞社、（2014年8月）82～85頁、石原衣梨・高橋達著「戸建住宅における冷却塔放射冷房の仕様・運用条件に関する研究」日本建築学会環境系論文集第78巻第684号、141～148頁（2013年2月）

放射暖房

図1 オンドル

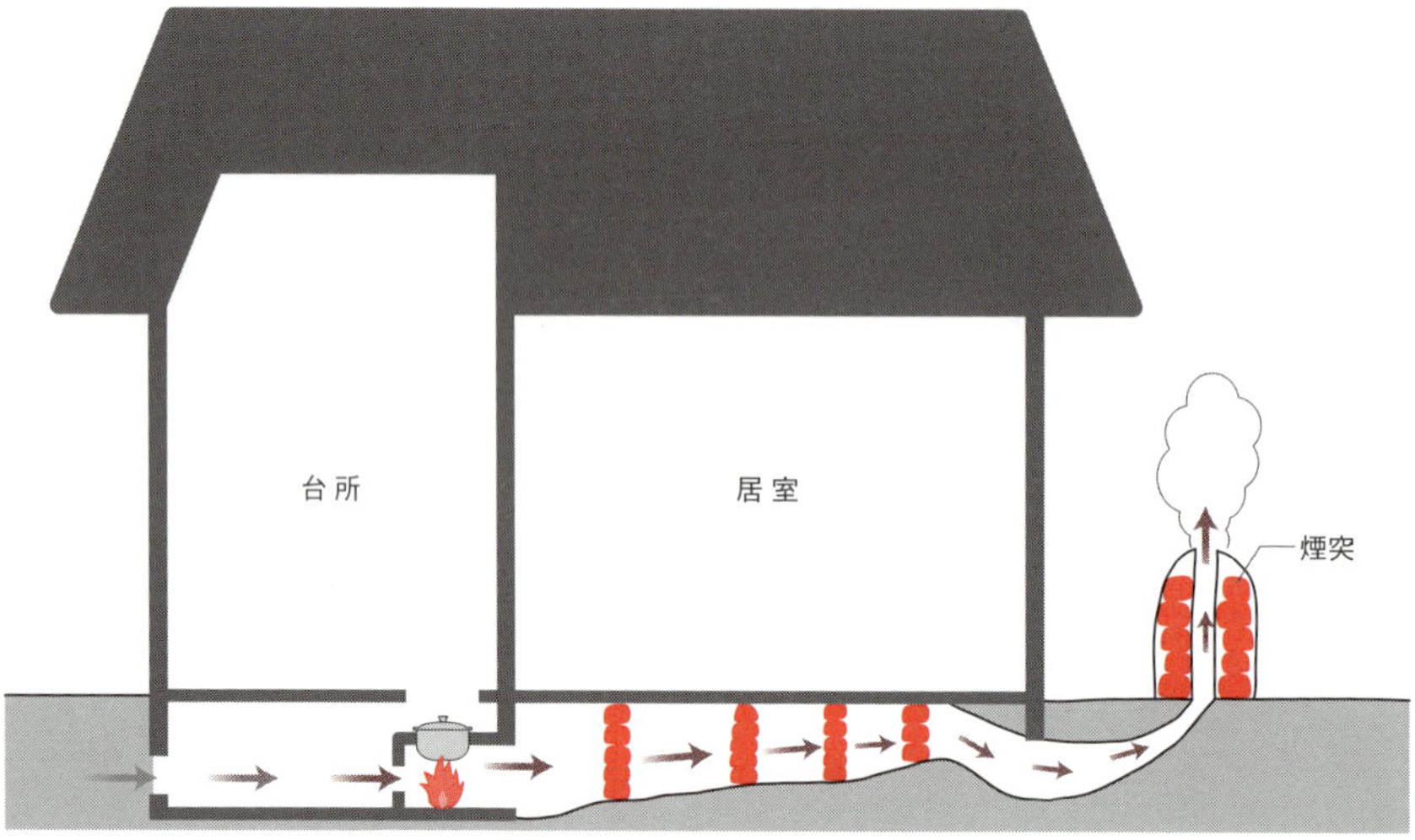
台所
居室
煙突

台所で使用した熱を居室の床暖房として利用

図2 天井放射暖房の熱画像

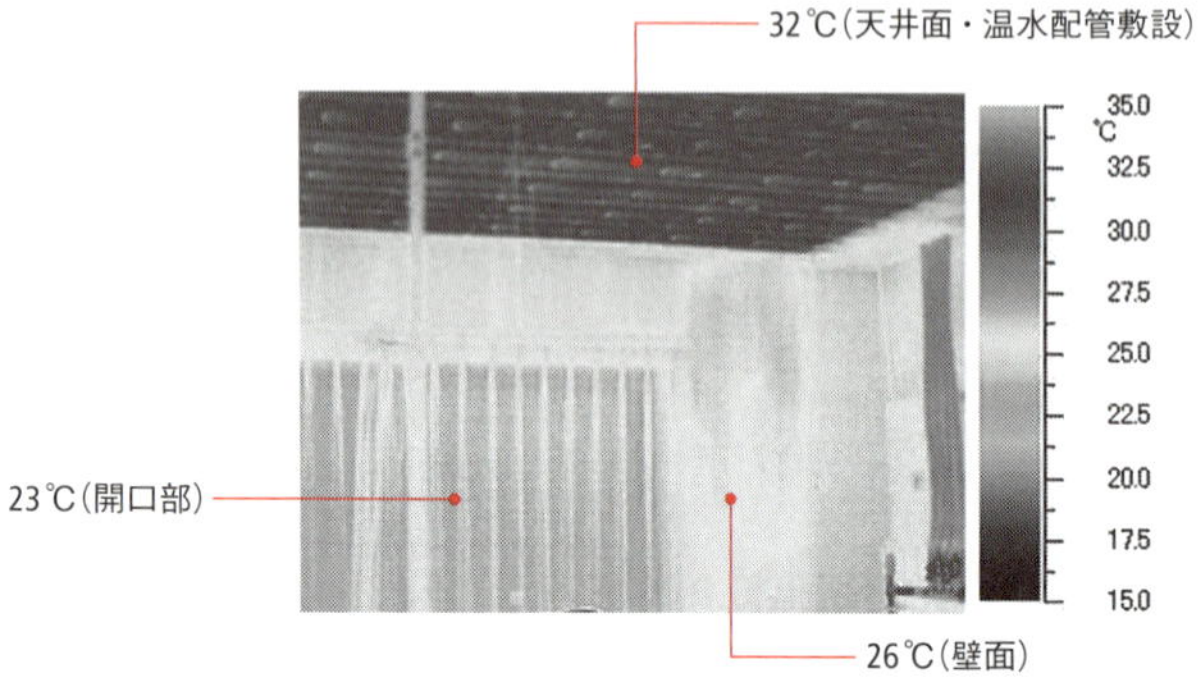
32℃（天井面・温水配管敷設）
23℃（開口部）
26℃（壁面）
35.0
℃
32.5
30.0
27.5
25.0
22.5
20.0
17.5
15.0

放射暖房の特性

焼き肉屋で熱した鉄板を前にすると火照りを感じる。また、冬に日の当たる窓辺で温もりを感じる。これが放射による暖かさである。放射暖房は壁・床・天井面あるいはパネルヒーターを暖めて、そこから出てくる放射が人体に吸収されることで、暖かさを得る暖房方式である。

放射暖房のうち、最もなじみがあると思われるのが床暖房である。床暖房の起源は古代ローマ時代にまでさかのぼり、韓国などアジア地域でも古くから「オンドル」と称して、煮炊きに伴う熱を利用して、居室の床を暖めていた（**図1**）。床暖房は、床下に温水を流す配管を設けたり、電気ヒーターを設けたりして床面を暖めることから、放射暖房といえる。人と床とが接しているので、床の熱が直接人の身体に伝わり、足元を暖めるのにも有効である。床表面から出る放射は天井や壁が受けて暖められ、その結果、人の身体は床以外の面からの放射も受けること

図3 天井暖房の上下温度分布

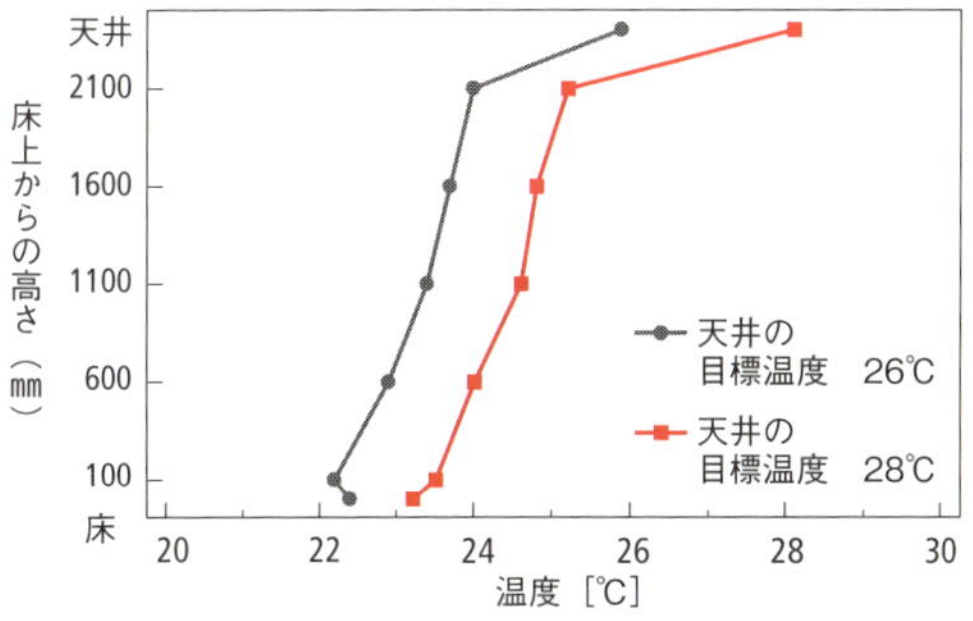
天井
2100
1600
1100
600
100
床
床上からの高さ（㎜）
天井の目標温度 26℃
天井の目標温度 28℃
20
22
24
26
28
30
温度［℃］

床上高さ2100㎜と床上100㎜の空気温度を比較すると、差は2℃以内に収まり、比較的均一な上下温度分布になっている

図4 天井暖房室を体感した後の感想

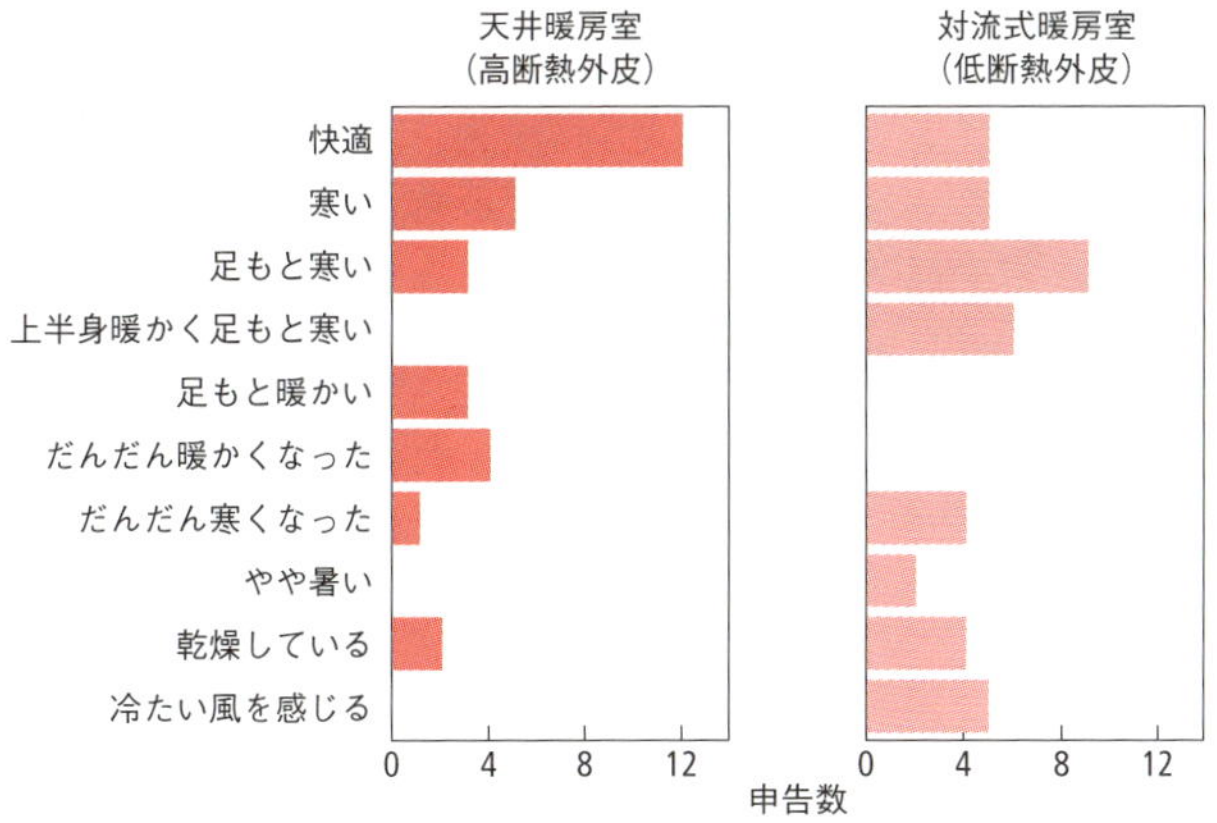
天井暖房室（高断熱外皮）
対流式暖房室（低断熱外皮）
快適
寒い
足もと寒い
上半身暖かく足もと寒い
足もと暖かい
だんだん暖かくなった
だんだん寒くなった
やや暑い
乾燥している
冷たい風を感じる
0
4
8
12
申告数

天井暖房の性能を生かしきるにも、建築躯体の断熱性と気密性の確保が重要である

になる。

放射を受け取る面が十分に断熱されずに冷えていると、暖まりにくいため、建築躯体の断熱性を高めることにより、放射による暖房の効果を高めることができる。したがって、建築躯体と暖房を一体として考えることは極めて重要である。

放射暖房の効果

戸建住宅を模擬した断熱性の高い実験室で、床暖房として使われる温水配管を天井面に敷設し、温水を流した時の温度計測値の一例を図2・3に示す。天井の目標温度を26℃と28℃に設定し、天井暖房を運転した時の室内の上下温度分布である。床上高さ2１00㎜と床上１００㎜の空気温度を比較すると、差は2℃以内に収まり、比較的均一な上下温度分布になっている。これは、空気を直接暖めていないからである。

天井暖房を施した室と対流式暖房を施した室を用意し、双方を体感した被験者に、感想を書いてもらった。感想文からキーワードを抽出して分類した結果を図4に示す。天井暖房を施した室では、「足元が暖かい」や「だんだん暖かくなった」という記述が見られる。これに対して「上半身が暖かく足元が寒い」や「冷たい風を感じる」という回答はなかった。

対流式暖房の室では、断熱性と気密性が低い既設の住宅を想定した。したがって、天井暖房と対流式暖房での被験者の感想の違いは、断熱・気密性能の差異によるところも大きい。しかし、断熱性が低い実際の既設住宅では、周壁温度が低くなり、対流式暖房が高性能であっても、被験者が記述したような寒さを感じる可能性がある。対流式暖房を施して、その性能を生かしきるにも、建築躯体の断熱性と気密性の確保が重要であることが分かる。

また、天井暖房を施した室では、「やんわりと暖かい感じ」「体全体が暖かくなった」「自然な感じで快適」などの回答があった。これらの体感は、長波長放射が体に吸収されることによる特有の暖かさといえる。

天井面の目標温度が26℃の時は送水温度を29℃、天井目標温度28℃では送水温度を31℃にしており、従来の床暖房に比べてかなり低い温度とした。建築外皮の断熱性が高ければ、放射暖房では、柔らかな暖かさ、いわば「温もり」を感じられる空間をつくるために、化石燃料などの非更新性のエネルギー資源の投入を少なくした、「エコ設備設計」が可能となる。

（出典）井澤健輔・三戸部元洋・深井友樹・淺田秀男・岩松俊哉・福田秀朗・大熊武・宿谷昌則著「高温放射冷房と低温放射暖房における快適性に関する実験研究（その3. 冬季実験における環境物理量と快適申告）」日本建築学会大会学術講演梗概集（九州）D-2環境工学Ⅱ（平成19年8月）585～586頁

放射冷房

◆放射冷房の導入事例

写真 1

木造住宅のダイニングとリビングのパーティションを兼ねて導入された結露許容型ラジエータ[1]（東京都杉並区）。ラジエータは電動ヒートポンプによって表面温度が18℃以下に冷やされている

図 1

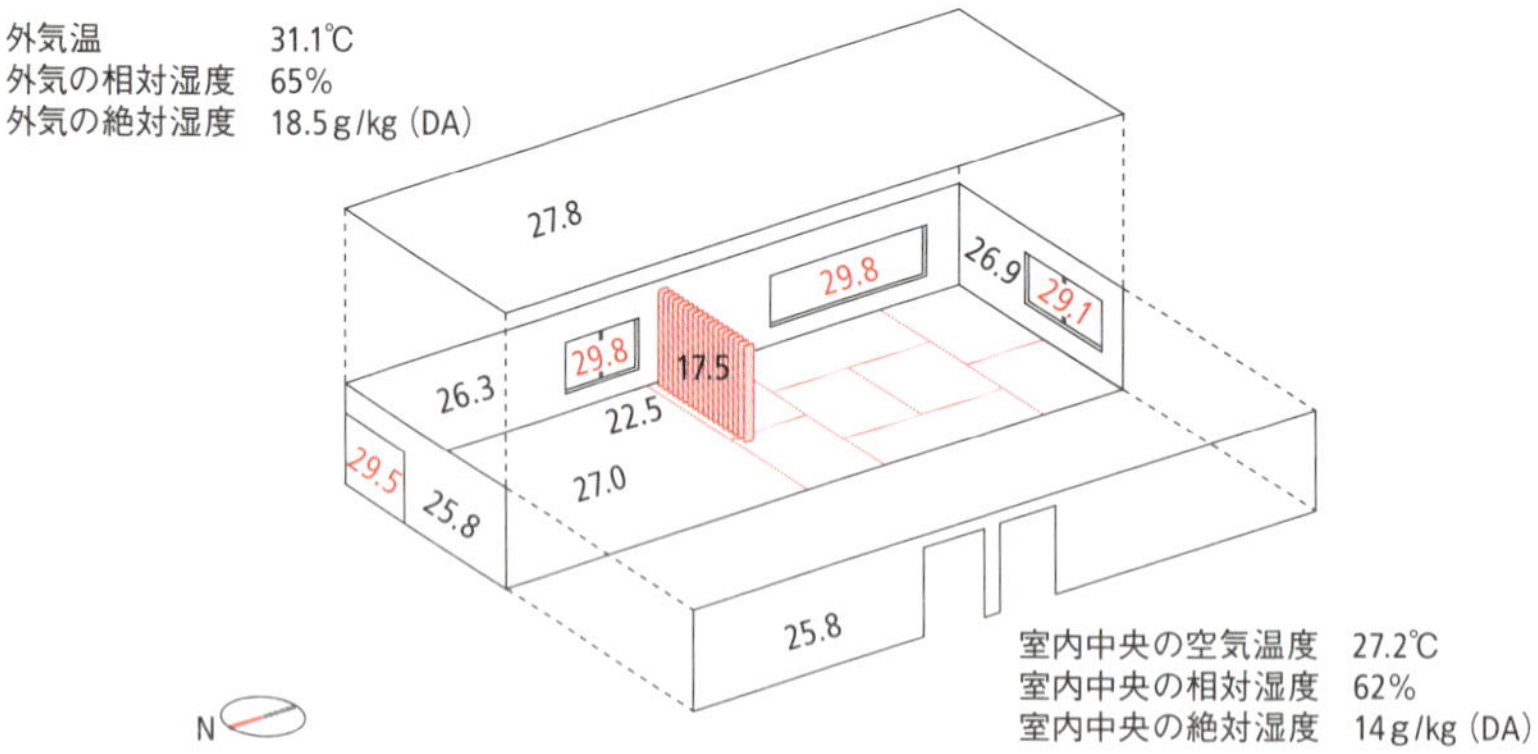
外気温 31.1℃
外気の相対湿度 65%
外気の絶対湿度 18.5 g/kg (DA)
27.8
29.8
26.9
29.1
26.3
29.8
17.5
22.5
27.0
29.5
25.8
25.8
室内中央の空気温度 27.2℃
室内中央の相対湿度 62%
室内中央の絶対湿度 14 g/kg (DA)
N

S邸の各壁面と窓の表面温度［℃］
（15：00、1999.08.27）

ダイニングとリビングのパーティションを兼ねて結露許容型ラジエータを導入した木造住宅の各部表面温度（外気温31.1℃、外気相対湿度65％、外気絶対湿度18.5g/kg（DA））[1]

夏にトンネルに入ると涼しく感じる。トンネルの入口付近の内と外とでは、空気温度はほとんど変わらないので、涼しさをもたらす原因は空気温度以外にある。トンネルの外では、日射の短波長放射（可視域・近赤外域放射）だけでなく、日射吸収によって高温になった道路などから放たれた長波長放射（遠赤外域放射）を人体が吸収してしまうため、厳しい暑さを私たちは感じる。これに対して、トンネルの内部では、外部と違って高温の道路からの長波長放射と日射の照射がないだけでなく、人体より低温に保たれているトンネルの内壁部分が、人体から長波長放射を奪い取ってくれている。その結果、空気温がトンネルの外とあまり変わらなくても、トンネルの内部では涼しく感じることになる。放射冷房は、このような〝トンネル効果〟を生かした冷房の手法である。

放射冷房の導入事例

放射冷房は、家庭用ルームエアコンやビルの空調設備に代表される対流式

（注） 室空気の冷却除湿による室内熱環境調整手法

（出典） 1）近藤大翼・小溝隆裕・伊澤康一・湯沢映子・高橋達・宿谷昌則著「住宅の放射冷房に関する実測とエクセルギー解析」日本建築学会大会学術講演梗概集、D-2（2000年9月）489～490頁

図2　裏面への散水（蒸発冷却）による天井放射冷却と天井扇、葦簾による日射遮蔽を複合した試験家屋 2)

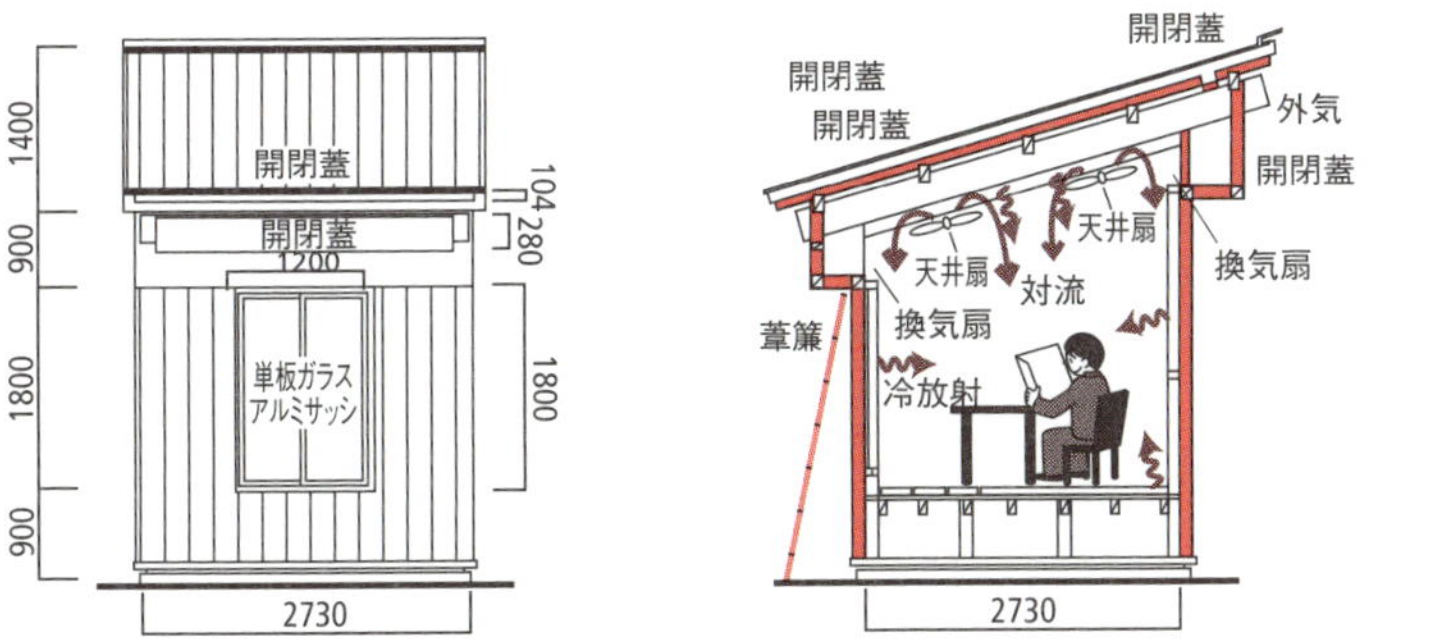
開閉蓋
1400
900
1800
900
104
280
1200
1800
単板ガラス
アルミサッシ
2730
開閉蓋
外気
天井扇
換気扇
対流
葦簾
冷放射
2730

①置屋根
　カラー鉄板0.5㎜
　外気予冷用中空層100㎜
　ベニヤ板5.5㎜
　ポリスチレンフォーム75㎜
　アルミ箔
②蒸発冷却用中空層270㎜
③天井
　ガラス繊維1㎜
　亜鉛合金板0.5㎜
④壁
　コンクリートパネル40㎜
　ベニヤ板5.5㎜
　ポリスチレンフォーム50㎜

図3　裏面への散水（蒸発冷却）による天井放射冷却と天井扇を複合した試験家屋内の上下温度分布 2)

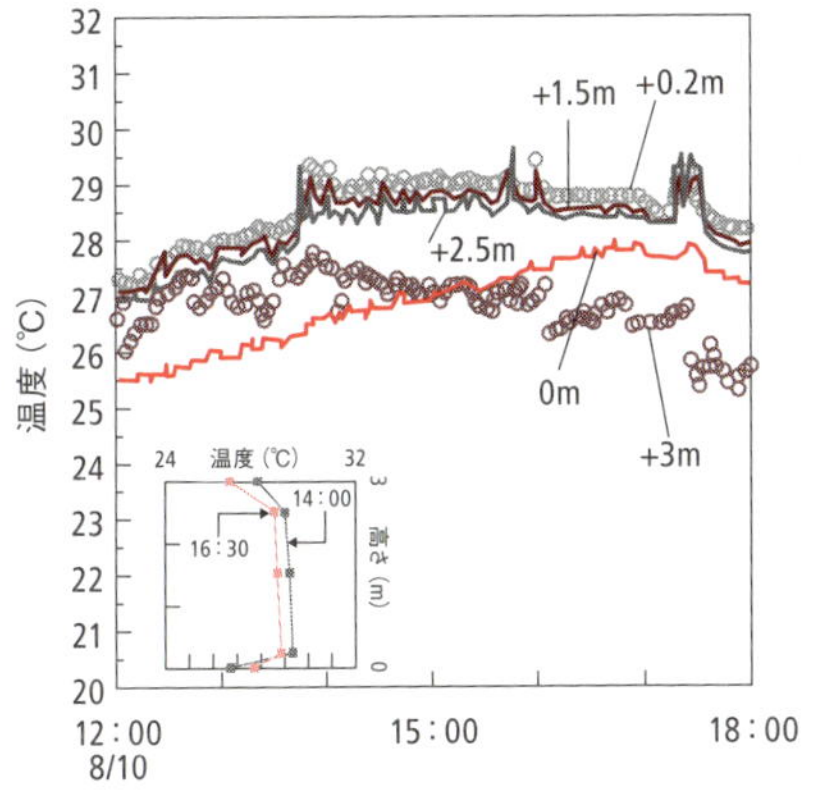
温度（℃）
+1.5m
+0.2m
+2.5m
0m
+3m
12：00
8/10
15：00
18：00
温度（℃）
高さ（m）
14：00
16：30

高さ0mは床表面温度、3mは天井表面温度、それ以外の高さは室空気温、外気温31～34℃、2006年（東京都立川市）

冷房（**注**）に比べて、導入事例がまだ少ない。そこで、その導入事例における室内熱環境の性状を紹介し、設計を行ううえでの留意点を述べよう。

写真1は、ダイニングとリビングのパーティションを兼ねて結露許容型ラジエータを導入した木造住宅の室内の様子である。**図1**はその室内各部の表面温度や室内外の空気温湿度である。

結露許容型ラジエータは冷媒を通じて電動ヒートポンプにより表面温度が17・5℃にまで冷却され、この低温のラジエータの放射吸熱により室内各部の表面温度が外気温より数℃低く抑えられている。壁の表面温度は25・8℃から26・8℃になっており、ラジエータからの下降気流で冷やされた床の表面温度は22・5℃になっている。窓は日除けがなく、単層で断熱性も低いため、表面温度が29～30℃近くになっている。面積にして畳2枚分の結露許容型ラジエータによって8畳間と6畳間の2部屋がこのように冷やされている。実際に、この空間に滞在した際、高原にいる時のような爽やかな涼しさを筆者らは感じた。ラジエータは放射冷却とともに、対流冷却により室空気温を下げ、さらに室内水蒸気をその表面で結露させ、除湿を行っている。そのため、気温は外気31・1℃に対して室内27・2℃、絶対湿度は外気18・5g／kg（DA）に対して室内14g／kg（DA）に下げられている。

ラジエータ付近では床が低温になるので、直近に在室者が位置しないようにすることが注意点である。また、結露許容型ラジエータを壁付近に設置すると壁表面に結露が生じるので、これを避けるために、壁に表面が滑らかなアルミ箔やプラスチックのパネルを設け、放射伝熱を妨げる必要がある。

これとは対照的に、比較的高温のラジエータと通風やファンとの複合によって、木陰のような涼しさをつくり出す手法もある。この場合は、ラジエータの吸熱面積を大きくする必要があるが、表面結露のリスクが減るメリットがある。

天井放射冷却と日射遮蔽の複合効果

図2は、裏面への雨水散布を利用した天井放射冷却と葦簾（よしず）による日射遮蔽、天井扇を複合した試験家屋だ。天井裏面における散布水の蒸発により、天井は外気温より5～7℃低い、25・5～27・5℃に冷やされている（**図3**）。このような室内熱環境で、どのような温冷感・快適感が得られるかを**図4**に示す。風速が平均0.5m/sで気流が

（出典）2）水澤崇則・五十嵐賢征・高橋達・黒岩哲彦著「室内気流を促進させた二重屋根採冷システムにおける快適性の研究（その1.被験者実験の方法と室内熱環境の概要）」日本建築学会大会学術講演梗概集、D-2（2007年8月）555～556頁
3）五十嵐賢征・水澤崇則・高橋達・黒岩哲彦著「室内気流を促進させた二重屋根採冷システムにおける快適性の研究（その2.温冷感・快適感の申告と室内熱環境）」日本建築学会大会学術講演梗概集、D-2、（2007年8月）557～558頁

図4 放射冷却と気流促進を併用した実験室内における温冷感・快適感の申告結果[3)]

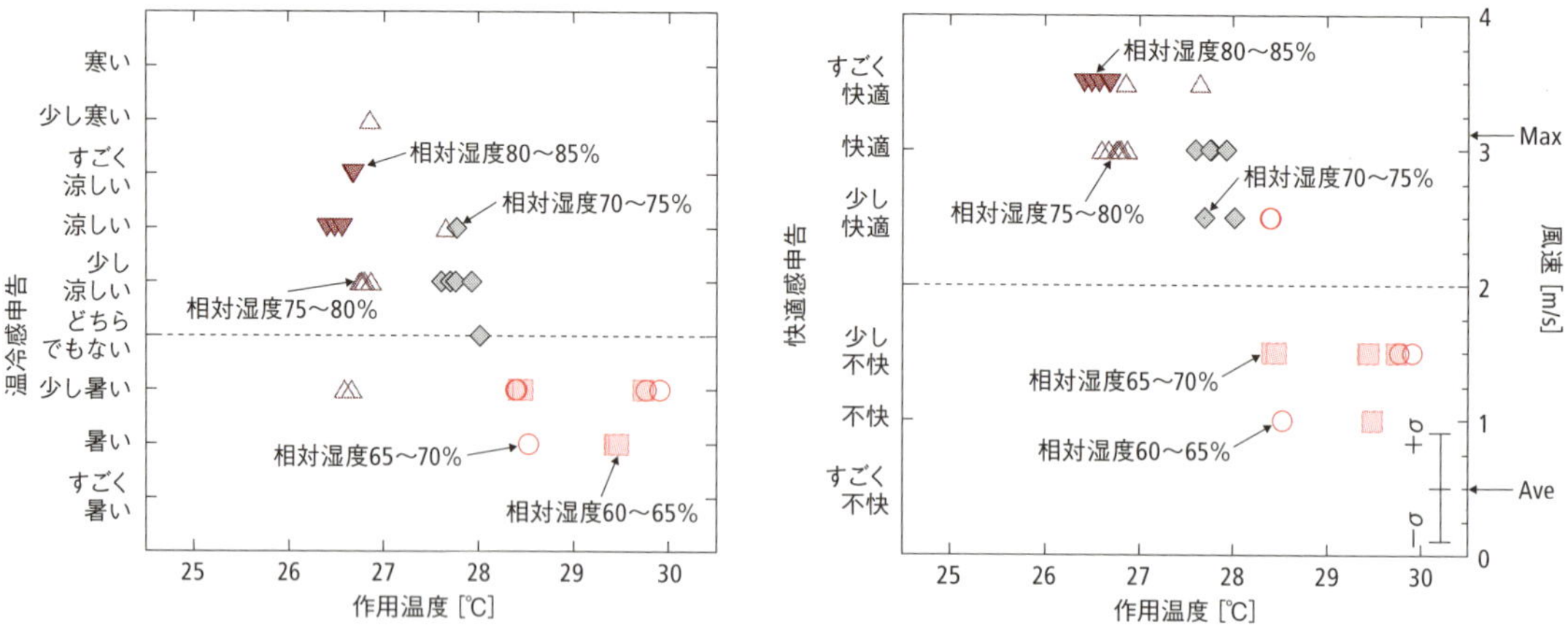
温冷感申告
寒い
少し寒い
すごく涼しい
涼しい
少し涼しい
どちらでもない
少し暑い
暑い
すごく暑い
相対湿度80〜85%
相対湿度70〜75%
相対湿度75〜80%
相対湿度65〜70%
相対湿度60〜65%
作用温度［℃］
快適感申告
すごく快適
快適
少し快適
少し不快
不快
すごく不快
風速［m/s］
Max
Ave
+σ
−σ

平均風速0.5m/sで気流が促進されていて、周壁と室空気が平均して28℃以下に抑えられている条件では、相対湿度が70％以上でも「涼しい」「快適」という在室者の申告が確認できる。設定室空気温26℃・相対湿度50%は、あくまでもオフィスにおける対流冷房システムを設計する場合の"目安"であって、そのモノサシだけでエコ建築の放射冷房を図ることはできない。作用温度とは周壁平均温度と室空気温の平均値のこと。

図5 オルゲー[4)]のバイオクライマティックチャート[5)]

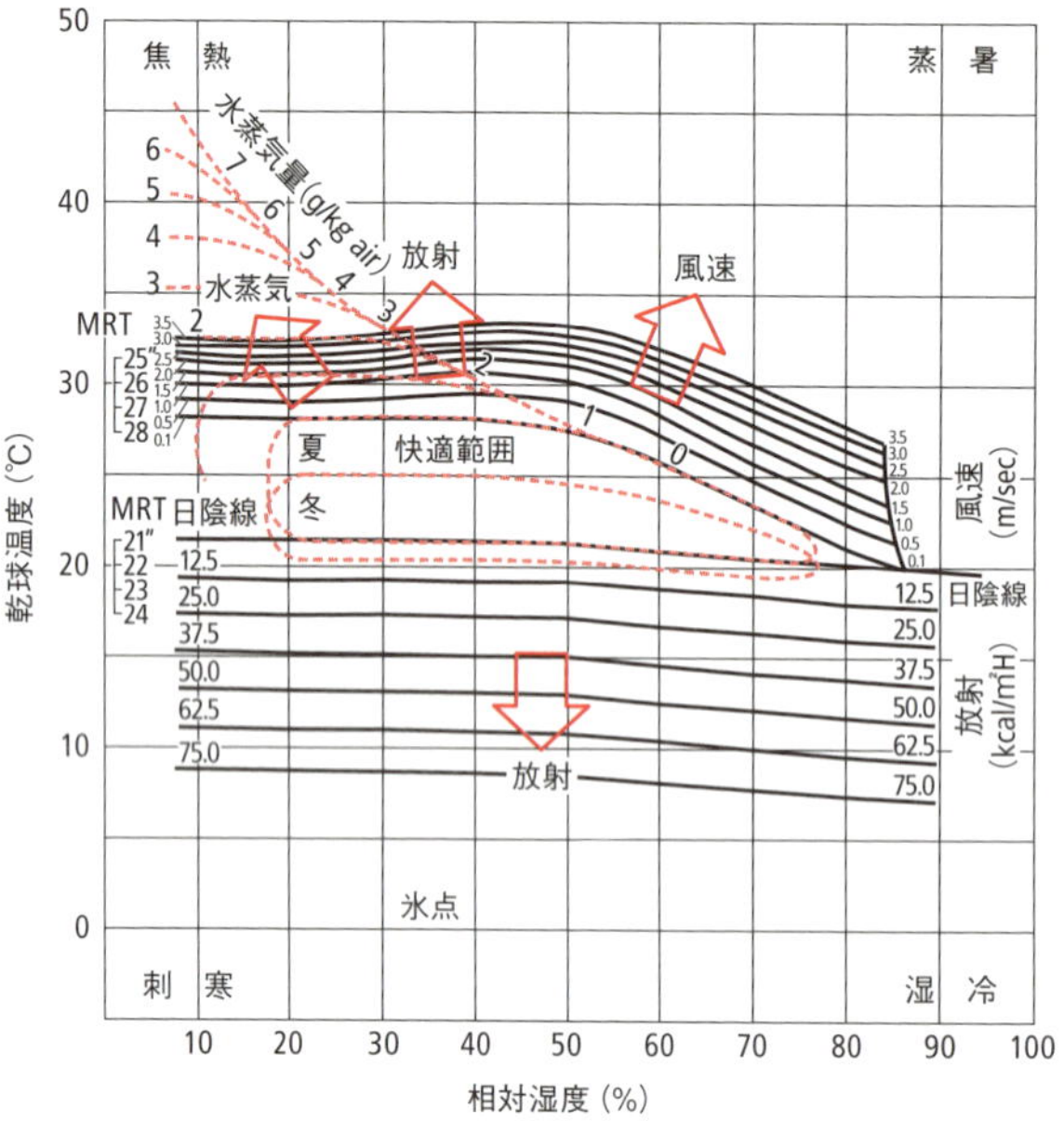
焦 熱
蒸 暑
水蒸気量（g/kg air）
放射
風速
水蒸気
MRT
夏
快適範囲
冬
日陰線
風速（m/sec）
放射（kcal/m²H）
氷点
刺 寒
湿 冷
乾球温度（℃）
相対湿度（%）

夏・冬の快適範囲が閉曲線として示されている。同じ気温であっても平均放射温度（近似的には周壁平均温度）が低い、あるいは風速が大きくなれば、快適範囲は広がる

促進されていて、周壁と室空気が平均して28℃以下に抑えられている条件では、相対湿度が70％以上でも「涼しい」「快適」という在室者の申告が確認できる。

ルームエアコンやビルの空調機による対流冷房に慣れている人からすると、室空気温が26℃を超えて、相対湿度が50％を上回る空間は不快だと想像するかもしれない。しかし、温冷感は気温・湿度だけで決まるわけではなく、周壁温度も影響している。エアコン冷房の常識だけで放射冷房を計画しても、快適な室内空間はつくりえないことに十分配慮することが重要である。

図5は、建築のパッシブデザインを提唱した草分け的存在であるOlgyayのバイオクライマティックチャート（生気候図）である。横軸を相対湿度、縦軸を気温にしたクリモグラフに、夏・冬の快適範囲が、ナメクジのような形をした閉曲線として示されている。この図では、同じ気温であっても平均放射温度（近似的には周壁平均温度）が低くなれば、あるいは風速が大きくなれば、快適範囲が広がるようになっている。

日射遮蔽・断熱により周壁温度の上昇を抑え、通風によって気流を促進し、そのうえでなお暑い場合に、メカニカルな放射冷却装置を控えめに使用すること（ラジエータの表面温度を比較的高めに使うこと）の有効性が、この図から読み取れる。

（出典） 4）小玉祐一郎著「パッシブデザインとバイオクライマティックデザイン」日本建築学会環境工学委員会 熱環境運営委員会 第41回熱シンポジウム（2011年10月）15〜16頁
5）梅干野晁著「住まいの環境学」放送大学教育振興会（1995年）177頁

第5章 電気設備

自然エネルギー発電

◆各種自然エネルギー発電（水力）

図1 水力発電　水路式

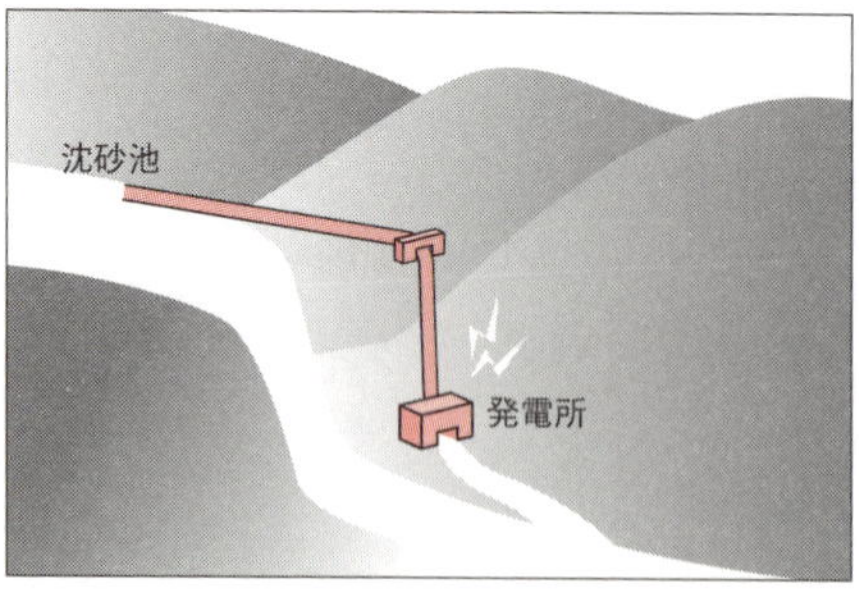
沈砂池
発電所

図2 水力発電　ダム式

発電所

図3 水力発電　ダム水路式

沈砂池
発電所

図4 水力発電　流れ込み式

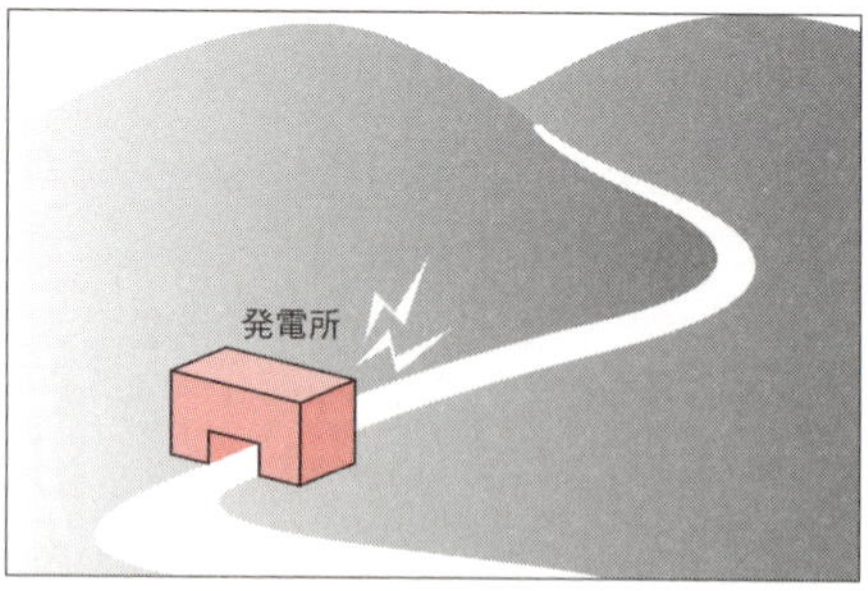
発電所

図5 水力発電　貯水池式

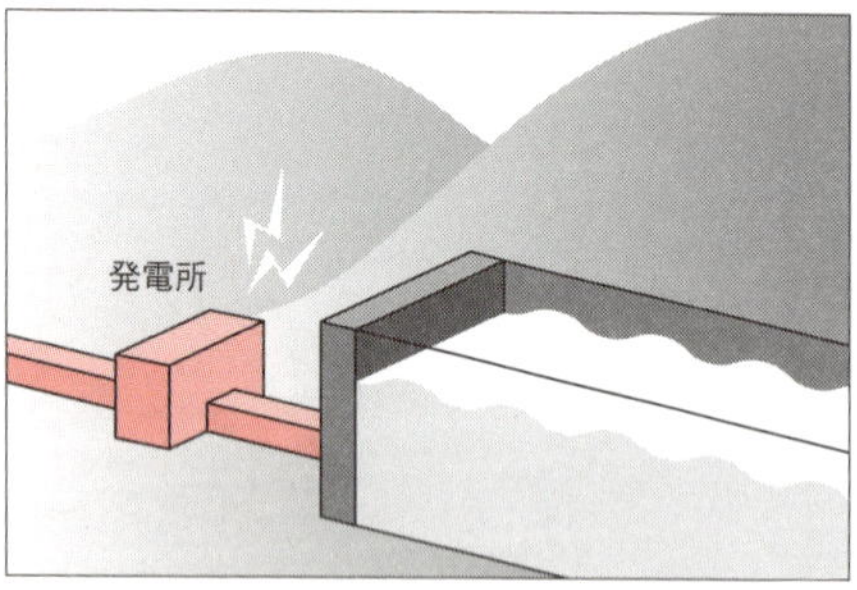
発電所

図6 水力発電　調整池式

発電所

ここでは、自然界の水、風、地熱、太陽光などのエネルギー資源を用いる発電を、自然エネルギー発電と呼ぶことにする。

水力発電

水力発電は、水のもつ位置エネルギーを動力として水車を回し、発電機で電力を発生させる。

水力発電を構造と発電の仕方で大きく分けると、水路式とダム式、ダム水路式がある（図1・2・3）。水路式は初期の水力発電に用いられたもので、水路を設けて河川から水を取り入れて、水圧管で発電機まで水を導いて発電するものである。一方、ダム式は川を横切り高い堰を造って水を堰き止めておき、ダムの下に発電機を設置し、水を流して発電するものである。

水力発電を水利用の観点から分けると、流れ込み式、貯水池式、調整池式、揚水式がある。流れ込み式は、河川の水を溜めることなく利用するものであり、発電量は河川流量に応じて変化する。先に述べた水路式の発電所は、こ

1 建築計画
2 給排水設備
3 熱源設備
4 空調設備
5 電気設備
6 評価手法
7 事例解説
8 維持管理

図7 水力発電　揚水式

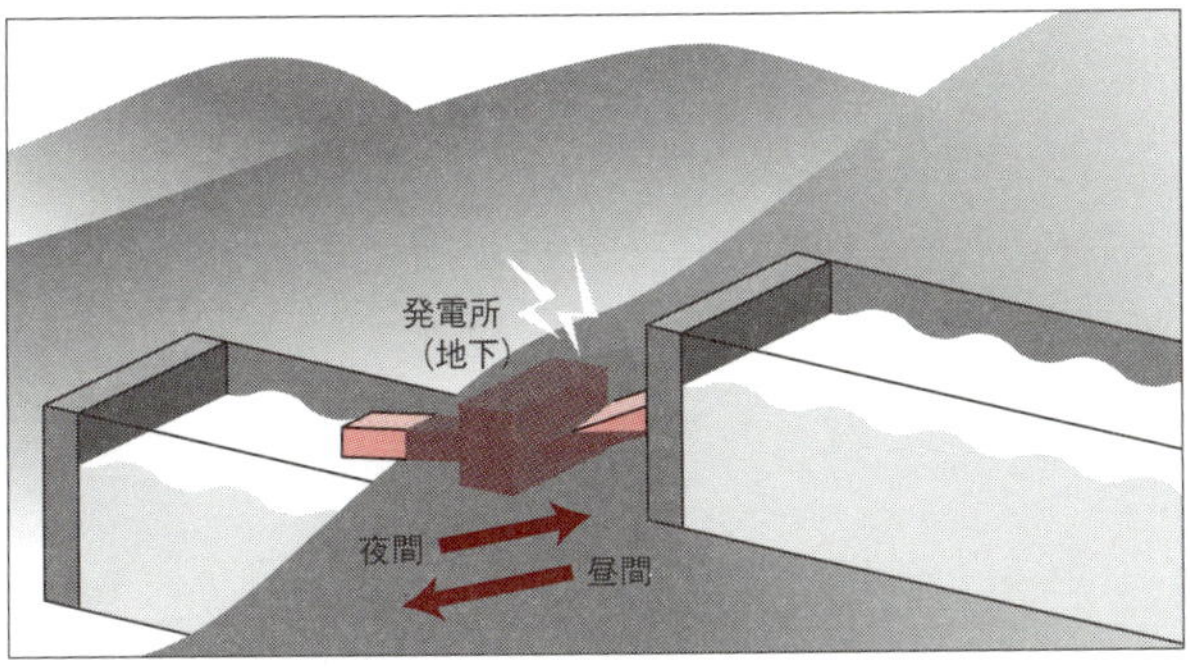
発電所
（地下）
夜間
昼間

図8 風力発電

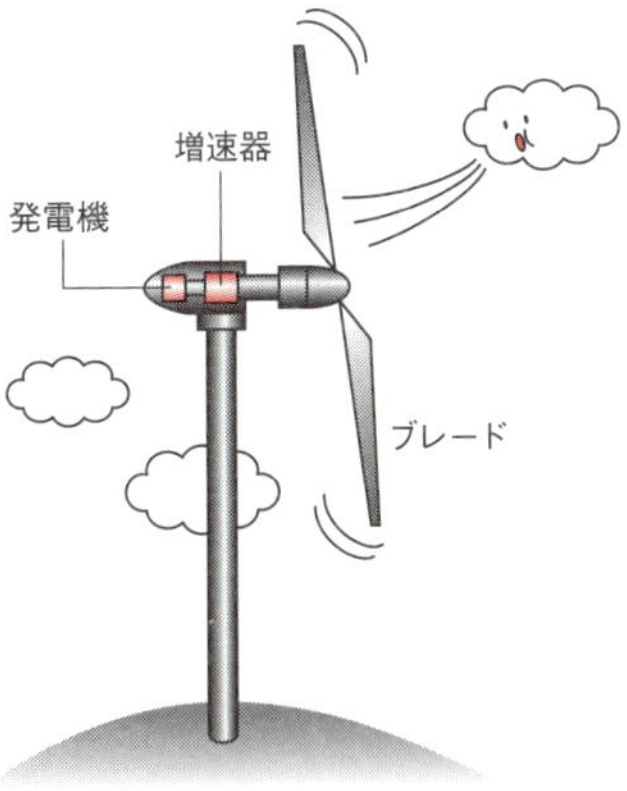
増速器
発電機
ブレード

図9 地熱発電

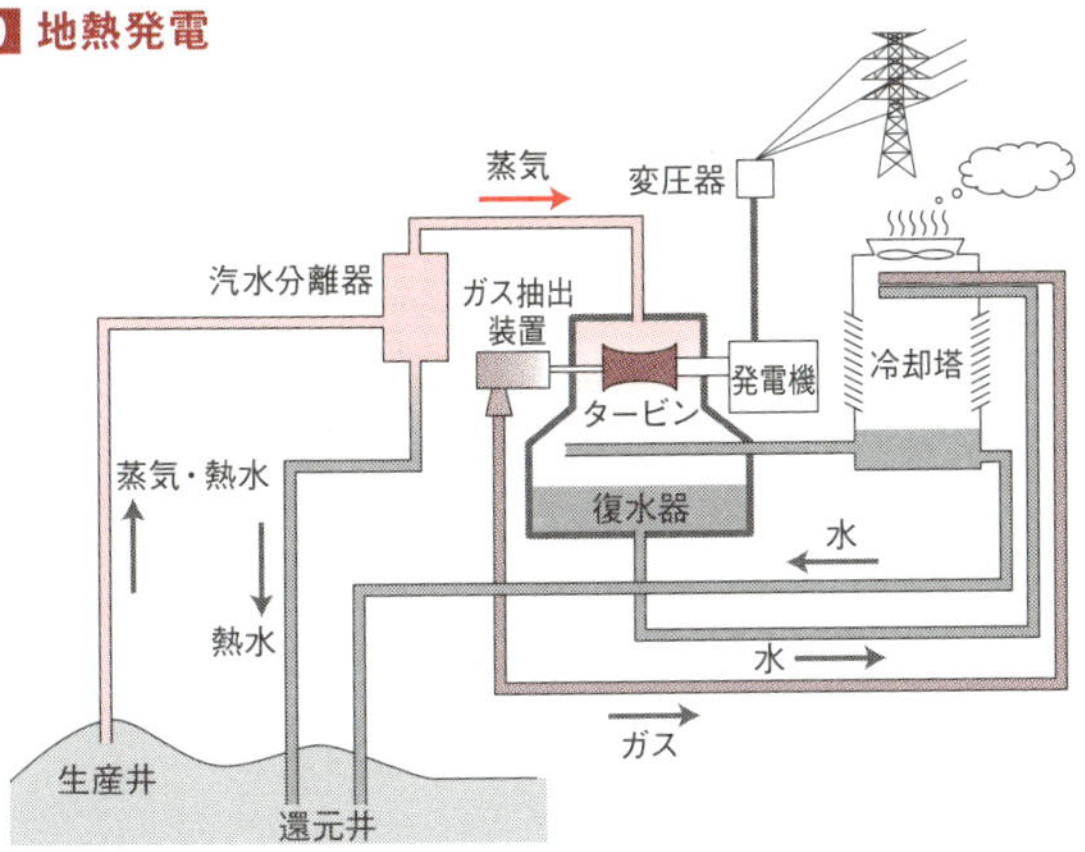
蒸気
変圧器
汽水分離器
ガス抽出
装置
タービン
発電機
冷却塔
蒸気・熱水
熱水
復水器
水
水
ガス
生産井
還元井

図10 太陽光発電

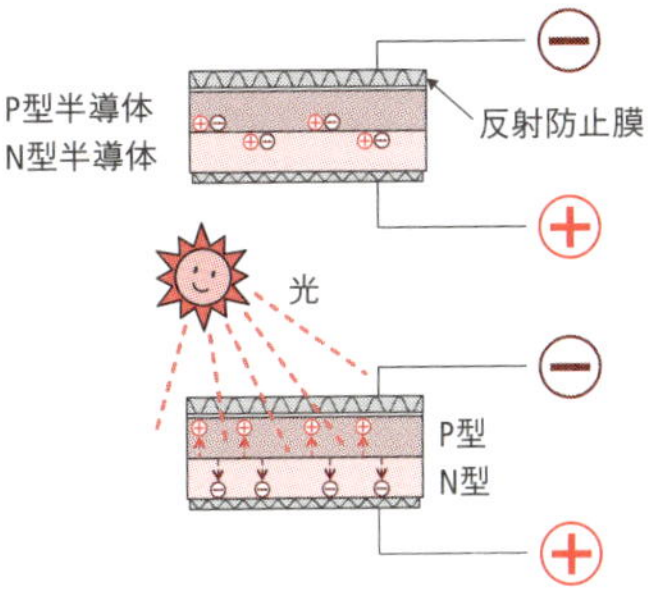
P型半導体
N型半導体
反射防止膜
光
P型
N型

の流込式である（**図4**）。貯水池式は、河川水量の多い春や秋に大きな貯水池へ水を蓄えておき、夏や冬など電力需要が大きい時に発電するものである（**図5**）。調整池式は貯水池式よりも小さい調整池を設置して、日間や週間の電力使用量の変動に応じて発電する方式である（**図6**）。揚水式は、昼間のピーク電力使用量に対応する発電方式である（**図7**）。電力使用量の少ない夜間に、原子力発電や火力発電の余剰電力を使用して、下部の池から上部の池へポンプで水をくみ上げておく。昼間に電力使用量が大きくなるときに放水して発電するものである。

風力発電

風力発電は、風の運動エネルギーを動力としてブレード（羽根）を回し、発電機で電力を発生させるものである（**図8**）。風は土地ごとの地形や気候によって状況が異なり、風が吹かない時には発電ができない。風が吹いたとしても、一定の速度で風が吹くわけではなく発電量は一定にならない。したがって、電力の安定供給をするには不向きといえる。また、強風や落雷、騒音への対策などが必要となる。ただし、発電用の燃料費用がいらないほか、発電時の二酸化炭素の排出はない。

地熱発電

地熱発電は、地中から取り出した蒸気を用いてタービンを回し発電機で電力を発生させる（**図9**）。現在日本の地熱発電所は18カ所、発電設備容量は約54万kWで日本の発電総量の0.2％を担うにすぎない。世界の発電容量は約870万kWで、最上位はアメリカの約250万kW、次のフィリピンは190万kWである。火力発電や原子力発電と比べて極めて小さな発電容量であり、発電所の建設にあたってはボーリング調査から運転まで時間がかかり、日本での新規設置は停滞気味である。しかし、日本は火山国であることから、発電のための資源賦存量は高いといえよう。

太陽光発電

太陽光発電は、ケイ素などの半導体材料に太陽光が照射されると電気を発生する効果（光起電効果）を利用するものである。太陽電池の構造はP型半導体とN型半導体が接合され、太陽光が入射すると、電子と正孔（電子が抜けた穴）が発生して、電子はN型半導体へ、正孔はP型半導体へ引き寄せられ、電圧が発生する（**図10**）。半導体には電極があり、その電極に負荷を接続すると電流が流れ電力が取り出せる。

火力発電

◆各種火力発電

図1 火力発電　汽力発電

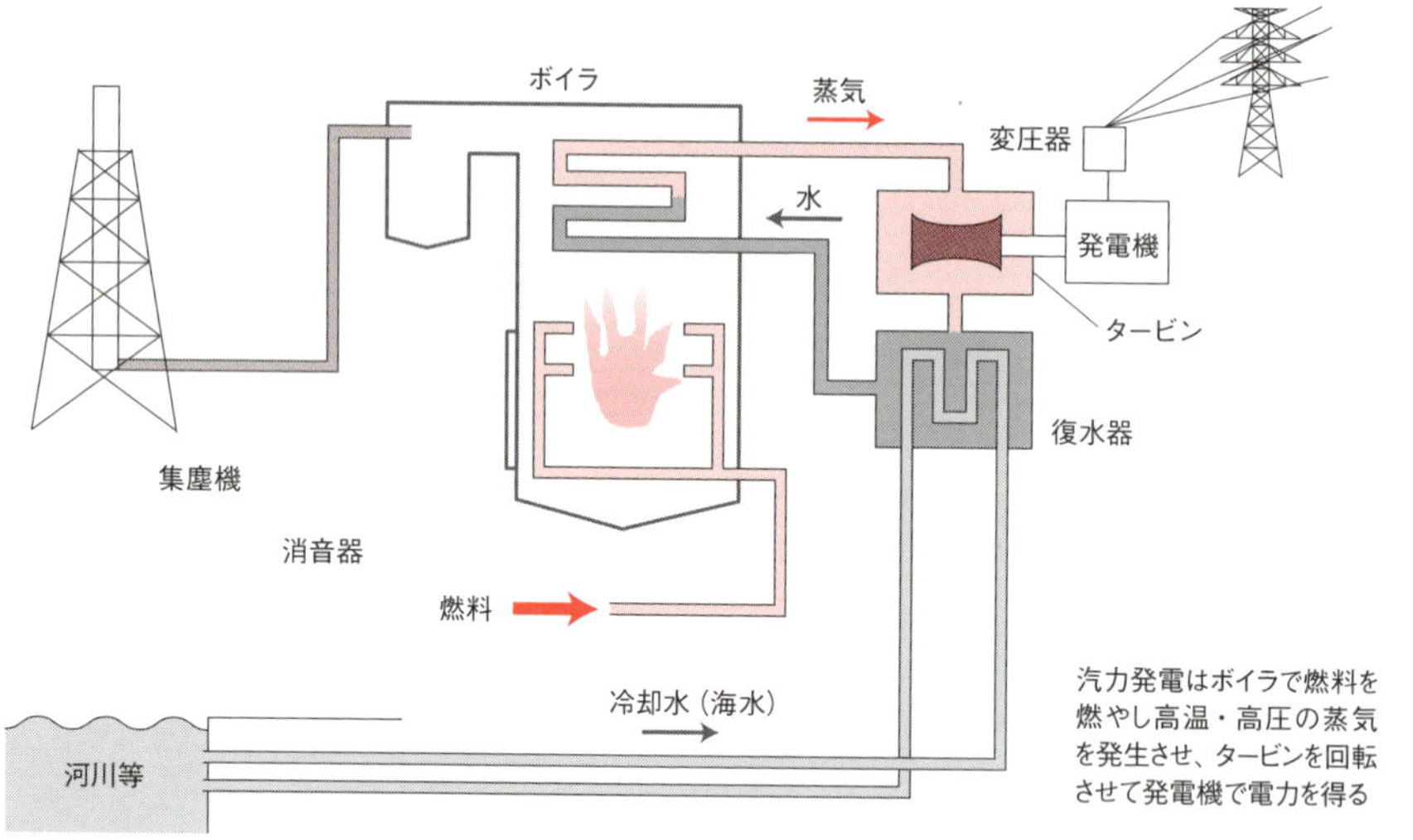
ボイラ
蒸気
水
変圧器
発電機
タービン
復水器
集塵機
消音器
燃料
冷却水（海水）
河川等
汽力発電はボイラで燃料を燃やし高温・高圧の蒸気を発生させ、タービンを回転させて発電機で電力を得る

図2 火力発電　ガスタービン発電

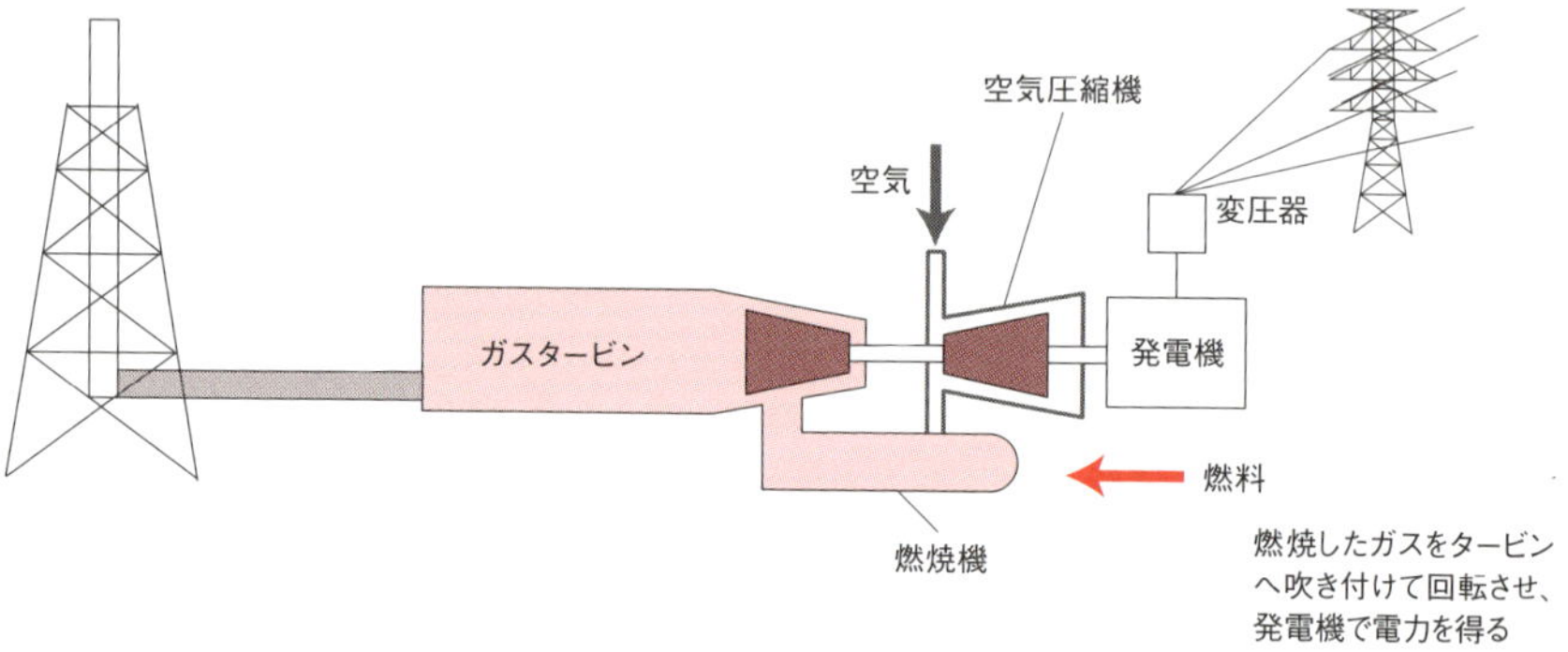
空気圧縮機
空気
変圧器
ガスタービン
発電機
燃料
燃焼機
燃焼したガスをタービンへ吹き付けて回転させ、発電機で電力を得る

火力発電の概要

火力発電では、石炭や石油、天然ガスなどの燃料が保有するエネルギーを、ボイラで熱エネルギーに変えて、タービンで動力を取り出し発電機で電力を発生させる。世界初の火力発電はトーマス・エジソンが1882年にニューヨーク市で石炭火力発電所を開設して、白熱電球を灯したものであるといわれている。日本初の火力発電は、1887年に東京の日本橋茅場町に設置された出力25kWの発電所である。1973年のオイルショック以前は、石油が燃料の大半を占めていたが、その後、石炭や天然ガスの割合が増えていった。火力発電用燃料（特に汽力発電の場合）の割合は石炭と天然ガスが各々約40%、石油は約15%である。

火力発電の種類

火力発電は原動機の種類によって、汽力発電、内燃力発電、ガスタービン発電、コンバインドサイクル発電の4つに大別できる。

図3 火力発電　コンバインドサイクル発電

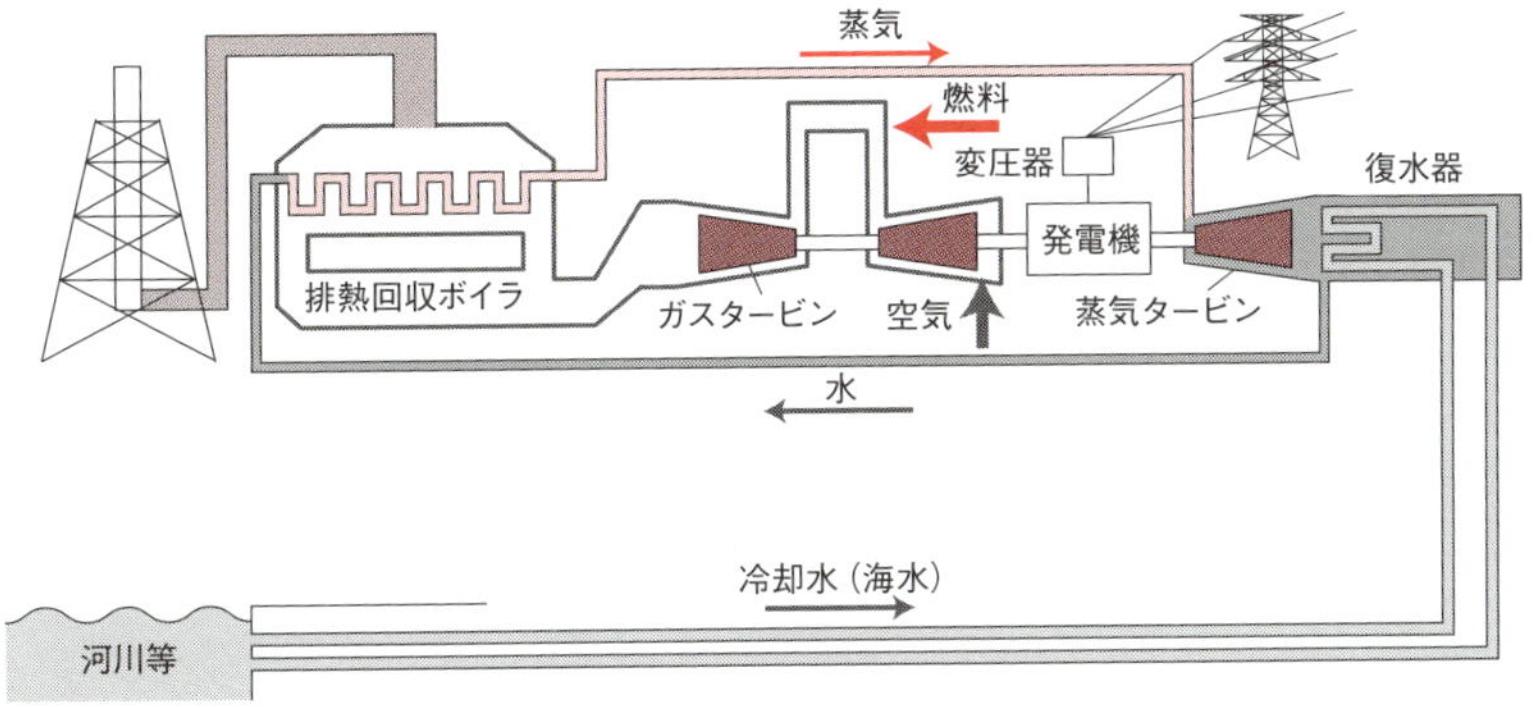
蒸気
燃料
変圧器
復水器
発電機
排熱回収ボイラ
ガスタービン
空気
蒸気タービン
水
冷却水（海水）
河川等

図2のガスタービン単体では効率が低いため、ガスタービンと蒸気タービンを組み合わせたコンバインドサイクル発電として使用されることが多い

図4 火力発電　内燃力発電

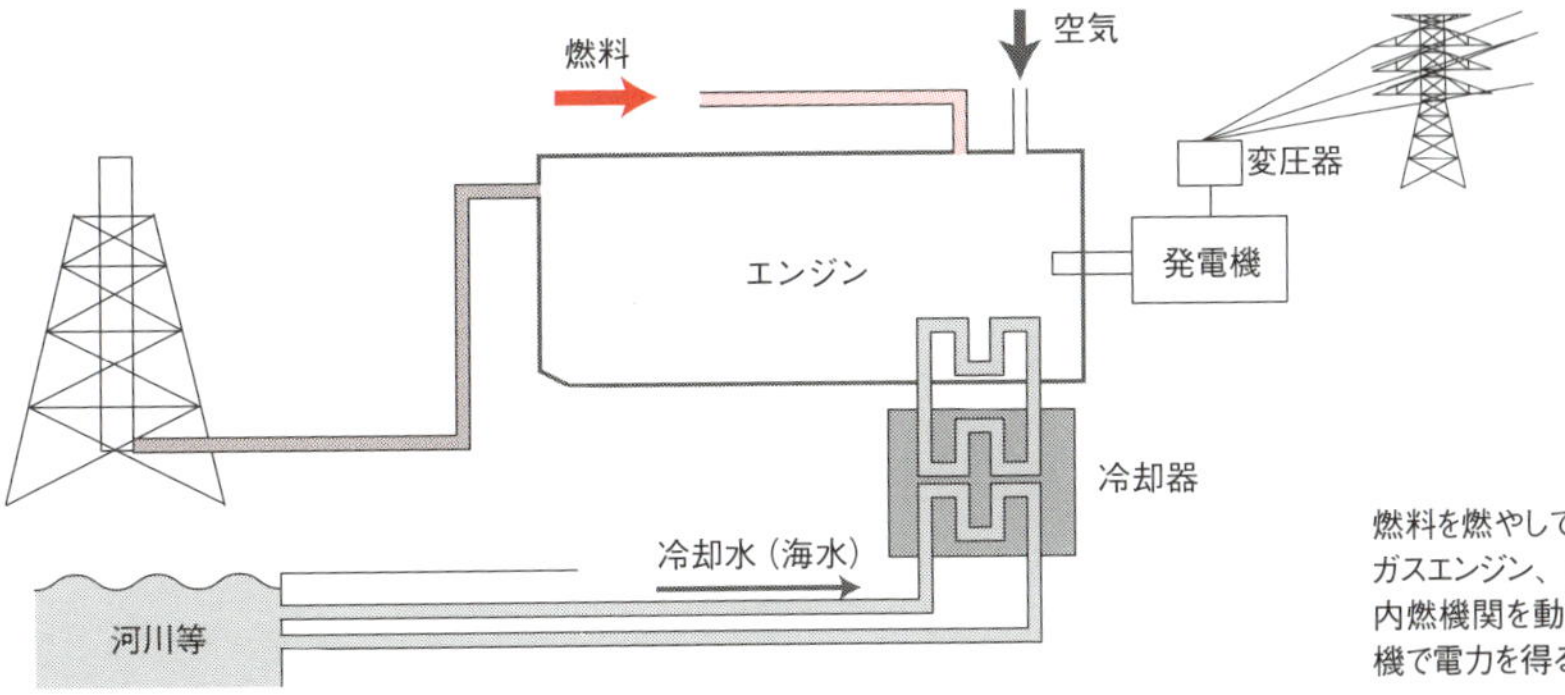
燃料
空気
変圧器
エンジン
発電機
冷却器
冷却水（海水）
河川等

燃料を燃やしてディーゼルエンジンやガスエンジン、ガソリンエンジンなどの内燃機関を動かすことによって発電機で電力を得るもの

汽力発電はボイラで燃料を燃やし高温・高圧の蒸気を発生させ、タービンを回転させて発電機で電力を得るもので（図1）、日本にある火力発電の中でも一般的なものである。蒸気でタービンを回転させて発電する方法は、地熱発電や原子力発電も同じである。

ガスタービン発電は、ボイラで発生させた蒸気ではなく、燃焼したガスをタービンへ吹き付けて回転させ、発電機で電力を得るものである（図2）。燃料を効果的に燃焼させるために空気を圧縮して燃焼器へ送る。タービンにガスを直接吹きかけるため、天然ガスや、液体燃料では灯油や軽油など不純物の少ない燃料を使用する。ガスタービン発電単体では熱効率が低く、ガスタービンと蒸気タービンを組み合わせたコンバインドサイクル発電として使用されることが多い（図3）。

コンバインドサイクル発電では、ガスタービンの燃焼器で1千100～1千500℃の高温の燃焼ガスをつくってガスタービンを回転させる。ガスタービンを回した排熱は500～600℃程度あるので、これを排熱回収ボイラを介して、蒸気タービンを回す。コンバインドサイクル発電は、汽力発電に比べて、熱効率が高い。

内燃力発電は、燃料を燃やしてディーゼルエンジンやガスエンジン、ガソリンエンジンなどの内燃機関を動かすことによって発電機で電力を得るものである（図4）。発電容量は小さく、島しょの発電所や非常用電源・自家発電などに利用されている。

環境保全対策

火力発電における環境保全対策としては、大気汚染の防止、水質汚濁防止、二酸化炭素排出削減対策などがなされている。

大気汚染防止としては、硫黄酸化物や窒素酸化物が排出されないように、脱硫装置や脱硝装置の設けるほか、硫黄分や窒素分の少ない燃料を使用している。灰などの煤塵を削減する方法として煙道に電気集塵装置を取り付けている。水質汚濁の防止では、排水のpHの調整や浮遊物質、油分の除去などを行う。二酸化炭素排出の削減は、発電効率の向上による燃料消費の使用を抑えている。また、単位発電量当たりの二酸化炭素排出量は、多い順に石炭、石油、天然ガスになっている。最近では、石炭にバイオマス燃料を混ぜることによって二酸化炭素排出量の原単位を抑える試みもある。

発電機の効率が、熱機関として効率が悪く、より改善が望まれる。

原子力発電

◆核分裂により得られる熱エネルギー

図1 核分裂

ウランなどのサイズの大きい原子核はエネルギーが不安定であり、中性子が吸収されると原子核が分裂を起こして、新たな中性子が生まれる。この中性子は、他の原子核に吸収されて分裂を引き起こし、再び中性子が生じて核分裂が繰り返される

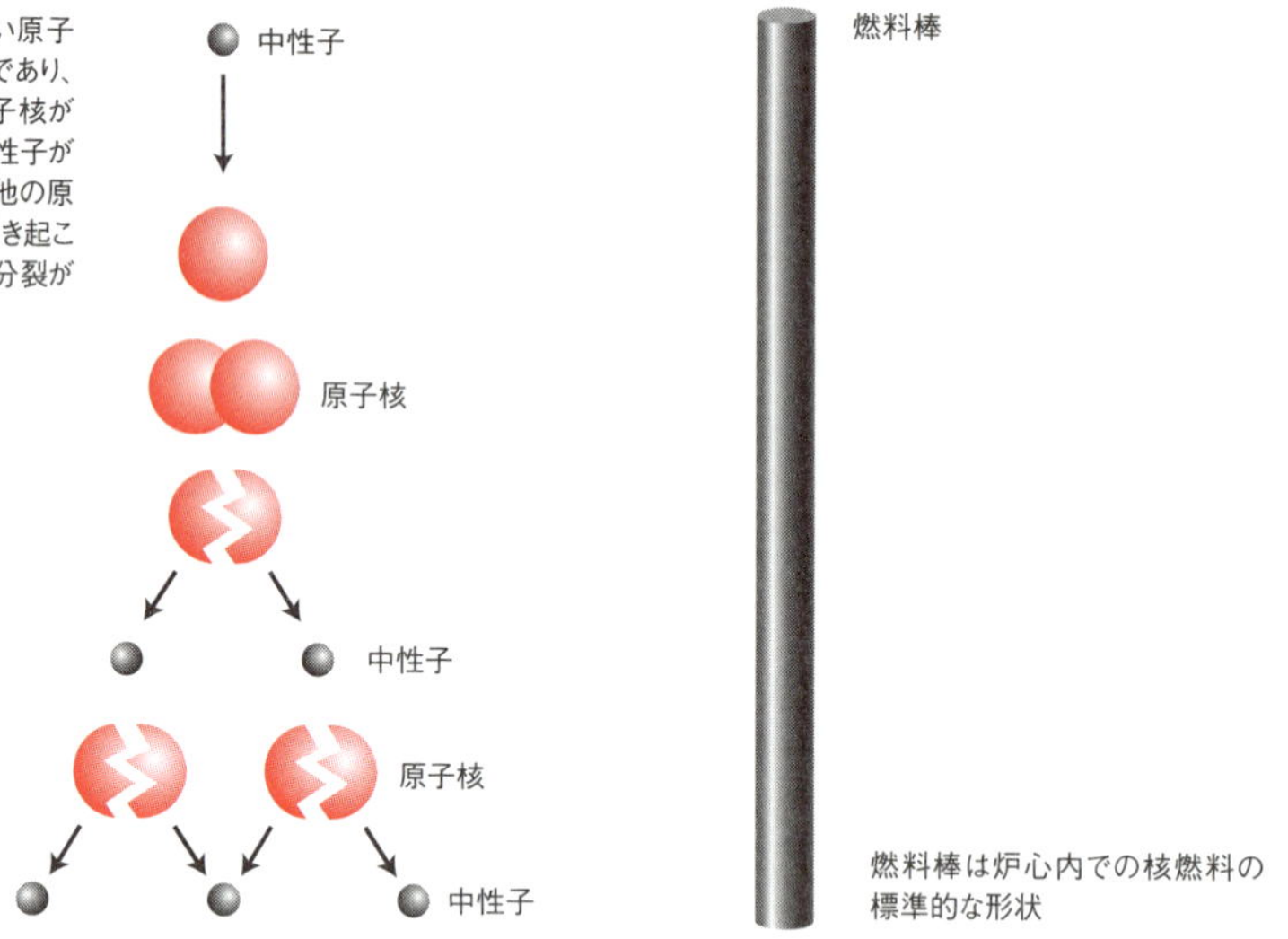
中性子
原子核
中性子
原子核
中性子
燃料棒

燃料棒は炉心内での核燃料の標準的な形状

原子力発電の仕組み

原子力発電は、核分裂（図1）で得られる熱エネルギーによって、高温・高圧の蒸気を得てタービンを回し、発電機で電力を発生させる仕組みである。

ウランなどのサイズの大きい原子核はエネルギーが不安定であり、中性子が吸収されると原子核が分裂を起こして、新たな中性子が生まれる。この中性子は、他の原子核に吸収されて分裂を引き起こし、再び中性子が生じて核分裂が繰り返される。

この核分裂を繰り返す過程で大量の熱が発生し、発生した熱エネルギーを利用してタービンを回す。

高温・高圧の蒸気を得る方法は、火力発電や地熱発電と共通している。原子炉内には、中性子の数を調整して、核分裂反応を制御する制御棒がある。原子炉を起動させる時には、制御棒を引き抜いて炉内の中性子を増加させ、停止時には、制御棒を原子炉内に挿入する。

原子力発電の設備

世界初の原子力発電は、1951年にアメリカの高速増殖炉EBR-1で行われた。世界初の原子力発電所は、1955年に旧ソ連がモスクワに設置した50万kWのものである。日本では、1963年10月26日に茨城県東海村の動力試験炉において初めて原子力発電が行われた。1966年には、東海村に日本で初めて商用の原子力発電所が建設され、東海第一原子力発電所（16・6万kW）にて発電を行った。

原子力発電の燃料はウランであり、カナダやオーストラリアなどから輸入している。原油とは異なり政治的に安定した国から燃料を得ている。

原子炉の形態

原子炉の形態を大別すると、加圧水型と沸騰水型の2種類がある（図2・3）。

沸騰水型は、原子炉内で蒸気を発生させるものである。加圧水型は、2つの系がある。原子炉内では蒸気を発生

図2 原子力発電　沸騰水型

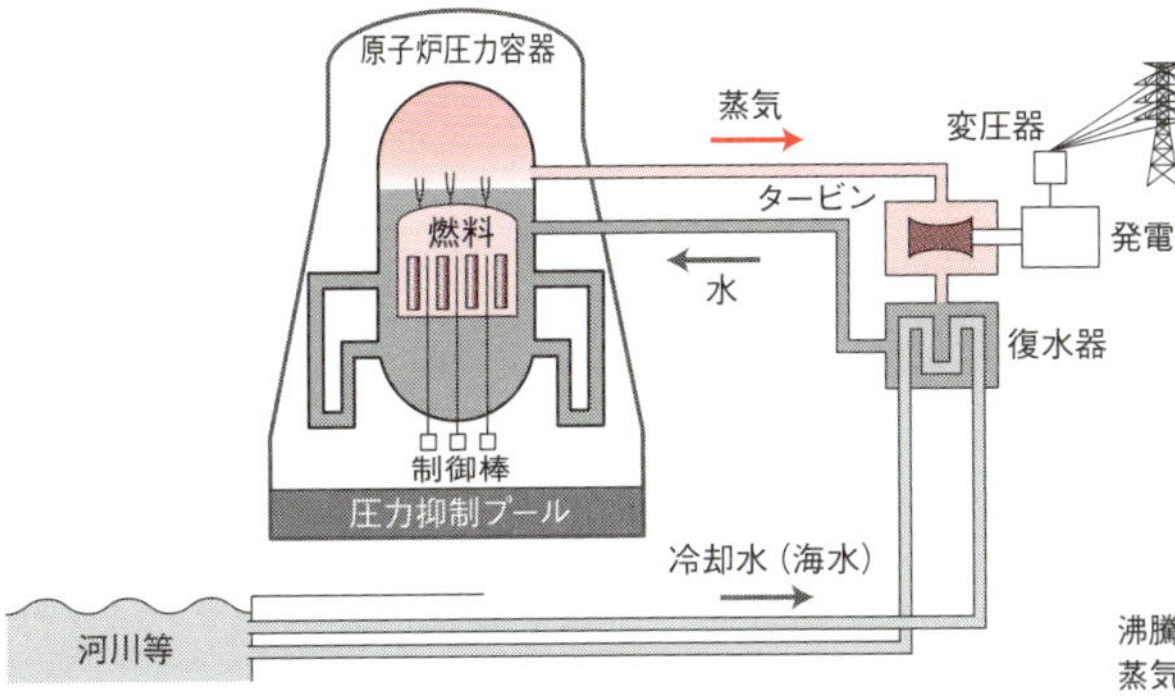
原子炉圧力容器
蒸気
変圧器
タービン
発電機
燃料
水
復水器
制御棒
圧力抑制プール
冷却水（海水）
河川等

沸騰水型は、原子炉内で
蒸気を発生させるもの

図3 原子力発電　加圧水型

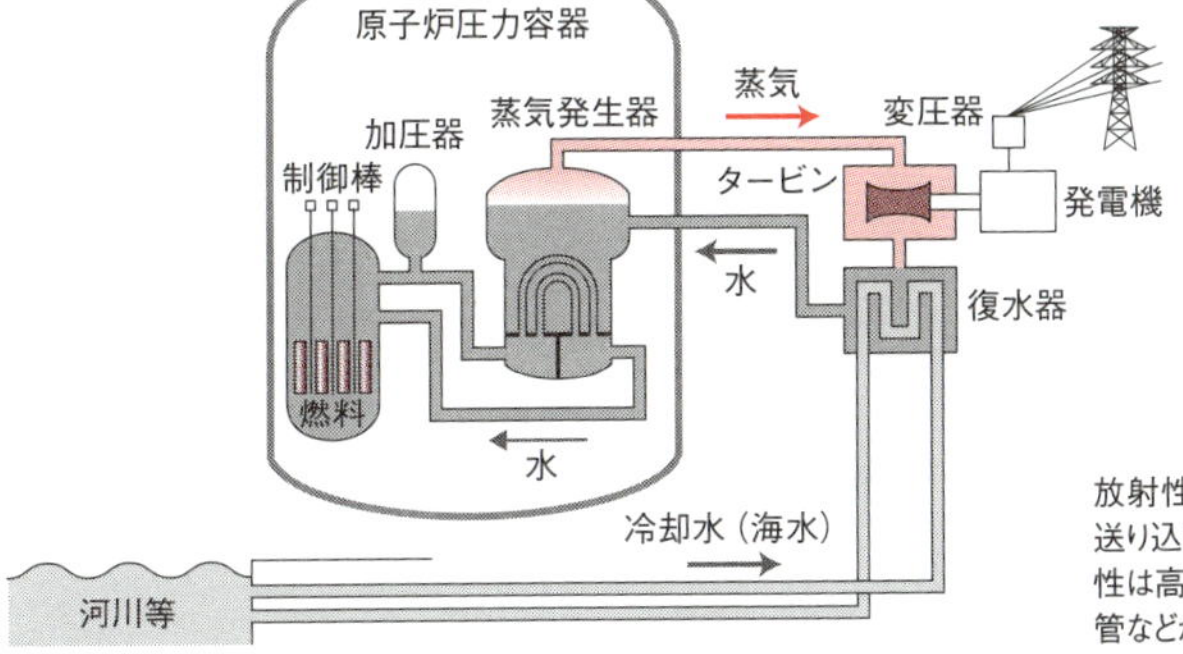
原子炉圧力容器
蒸気
加圧器
蒸気発生器
変圧器
制御棒
タービン
発電機
水
復水器
燃料
水
冷却水（海水）
河川等

放射性物質を含む蒸気をタービンへ送り込まないので、保守の際の安全性は高いが、2つの系から成るので配管などが複雑になる

させずに、冷却材を原子炉圧力容器と蒸気発生器との間で循環させて炉内の熱を取り出す系がある。冷却材は沸騰しないように加圧器を用いて加圧されている。一方、蒸気発生器には、いま1つの系があって、炉心から取り出した熱によって水を蒸気にする。この蒸気でタービンを回し発電する。放射性物質を含む蒸気をタービンへ送り込まないので、保守の際の安全性は高い。2つの系から成るので配管などが複雑になる。加圧するための炉心からの熱出力が大きくなるため、圧力容器や配管は加圧に耐え得るものにする必要がある。原子炉内の蒸気を直接タービンに送り込むための加圧水型のような蒸気発生器はない。加圧がないので、圧力容器や配管の厚みは薄い。放射生物質を含む蒸気はタービンに送られるので、タービン建屋の保守にも放射線を防ぐ対策が必要となる。

　日本には原子力発電所が54基あり、建設中のものが2基、建設準備中のものが12基ある。54基の発電設備容量は約4900万kWであり、ほかの発電方式に比べて1基当たりの発電量は大きい。総発電量の約3割は原子力発電によるものであった。常に安定した出力で電力を供給することができるため、ベースロード（注）への電源供給に利用される。

原子力発電の安全性

　原子力発電では、1基当たりの発電量がほかの発電方式に比べて大きいことや、発電による二酸化炭素排出がないので、地球温暖化対策の切り札とされ、発電所の増設や稼働率の向上が謳われている。しかし、原子力発電所で扱っている放射性物質は人体にとって有害であり、発電に伴って生じる放射性廃棄物は地下数百メートルに埋設して、数万～数十万年の時間をかけて無害化していく必要がある。

　また、事故が起きた際には、放射性物質が大量に環境中へ放出されることがある。かつて、重大事故はアメリカや旧ソ連で発生し、その危険性が指摘されていた。2011年3月11日の東日本大震災の津波被害に伴って、日本でも重大事故が起きた。このような事故後にも、原子力発電を推進していく声も聞かれ、今回の事故を教訓として、より安全な原子力発電にしていくことも目標として挙げられている。

　原子力発電の代替として、自然エネルギー利用がいわれるが、安定供給には難がある。電気を使用する側からも、電源構成を適切にしていくような方策を取る必要があるだろう。

（注）　ある一定期間において、最低限変動することのない稼働状態

（出典）　●道上勉著「発電・変電」電気学会（2000年6月 改訂版）　●財満英一編著「発変電工学総論」電気学会（2007年11月）　●柿沼整三・伊藤教子著「建築設備入門」オーム社（2008年3月）53～58頁　●橋本聰明著「原子力発電がよくわかる本」（2009年3月）　●日本太陽エネルギー学会「太陽エネルギー利用技術」（2006年8月）44頁

発電から送電

図1 発電設備から利用者（需要家）に電気が届くまで

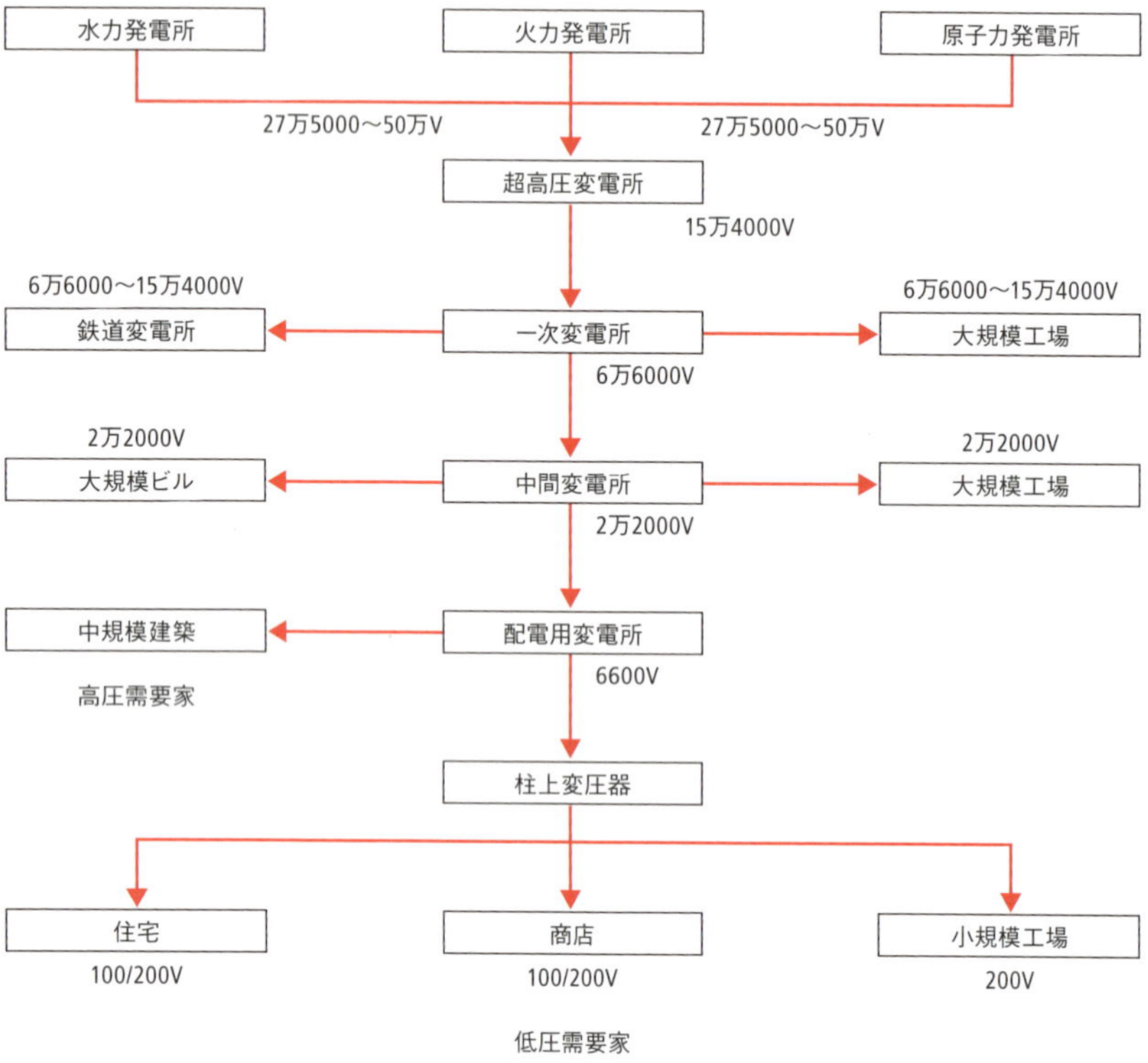
水力発電所
火力発電所
原子力発電所
27万5000〜50万V
27万5000〜50万V
超高圧変電所
15万4000V
6万6000〜15万4000V
鉄道変電所
一次変電所
6万6000〜15万4000V
大規模工場
6万6000V
2万2000V
大規模ビル
中間変電所
2万2000V
大規模工場
2万2000V
中規模建築
配電用変電所
高圧需要家
6600V
柱上変圧器
住宅
100/200V
商店
100/200V
小規模工場
200V
低圧需要家

発電から送電、配電へ

発電所で生み出された電気は、送電線、変電所、配電線などを経て利用者（需要家）まで送られる（図1）。日本では10の電力会社が電気を供給しており、富士川と糸魚川周辺を境にして、東では周波数が50Hz、西では60Hzの交流電力を供給している（図2）。周波数が2種あるのは、明治時代に東京でドイツ製の発電機、大阪でアメリカ製の発電機を輸入したことに端を発する。なお、長野県と新潟県など一部では周波数が混在していることもある。一般的に、発電所から変電所および変電所間で電気を送る場合を、「送電」と呼び、変電所から需要家に電気を送る場合を、「配電」と呼んでいる。

電力損失を抑え、建設コストを低減

発電所では、数千〜2万Vの電圧の電力を生み出すが、併設の変電所で、27万5千〜50万Vという超高電圧にしてから送電線へ送る。現在、日本の送

図2 電力会社の電力供給エリア

周波数が2種あるのは、明治時代に東京でドイツ製の発電機、大阪でアメリカ製の発電機を輸入したことによる

50Hz地域
60Hz地域
・・・50Hzと60Hzの主な混在地区

電における最大電圧は50万Vであるが、100万Vで送電することを想定して建設された送電線もある。送電の際に電圧を高くするのは、電力は電圧と電流の積で決まり、同じ電力を送るために電圧を高くすれば、電流を小さくできるためである。電力は送電線を流れる時に抵抗があるので、一部が熱となる。これを電力損失という。電流が大きくなるほど、送電線での電力損失が大きくなる。このため、電力損失を小さくするためには、電流を小さくする必要がある。また、電流が小さいと送電線の断面積が小さくできるので、送電設備の建設コストが低く抑えることができる。

変電所の役割

27万5千V～50万Vの電気は、超高圧変電所で15万4千Vまで、一次変電所では6万6千Vまで電圧を下げる。一次変電所で6万6千～15万4千Vまで電圧を下げた電力は、中間変電所に送られ、さらに電圧を下げるほか、一部は鉄道の変電所や大型工場に送られ、各変電設備で必要な電圧まで下げて使われる。中間変電所では2万2千Vまで降圧してから、配電変電所のほか、工場や大規模建物へ送られる。

配電変電所では6千600Vまで電圧を下げ、さらに電柱上にある変圧器（柱上変圧器）で100Vあるいは200Vに降圧して、引き込み線を通じて住宅や小規模の建築や工場へ送られる。そのほか、大規模建物や中規模の工場へそのまま送られて、それぞれの需要家で変電して、目的に応じた電圧まで下げて使われる。

架空線と地中線

送配電の線路を構造で分類すると、架空（がくう）線と地中線に分けられる。架空線は電線とそれを支える鉄塔やコンクリート柱などから成っており、地中線は地下にケーブルを埋設するものである。送配電線は主に架空線が使われている。地中線は雷、風、雪、など自然現象による害が避けられ、電力供給の信頼性も高く、都市景観を害することがないため、大都市での採用が増えている。しかし、建設時の初期投資が高く、事故が起きた時に発生箇所の特定と復旧に時間を要し、架空線と比較して送電容量が小さくなるという短所もある。地中送電線における送電電圧は50万Vまで実用化され、大都市の変電所から配電用の変電所までの送電線は地中線になっており、配電線についても、都市景観や防災、空間の確保などから地中化される例が見られる。

（出典）　道上勉著「送電・配電」電気学会（2001年8月 改訂版）5～7頁・14～16頁

受電方式

図1 建物における受変電設備と幹線の概略

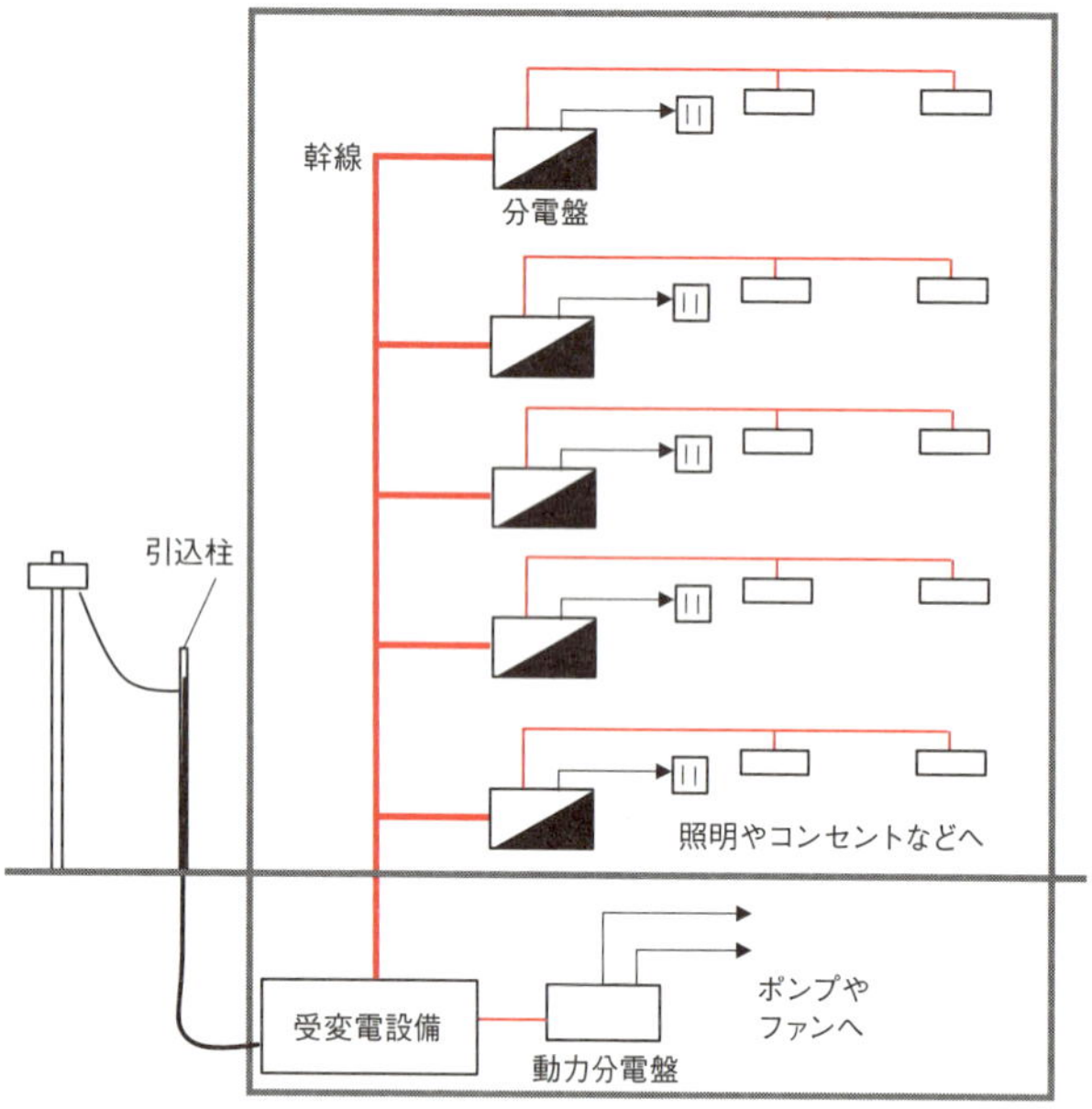
幹線
分電盤
引込柱
照明やコンセントなどへ
ポンプや
ファンへ
受変電設備
動力分電盤

表 電圧の種別

低圧	直流 750V以下 交流 600V以下
高圧	低圧よりも大きく 7000V以下
特別高圧	7000Vを超える

受電と変電

建物の用途や規模などによって、電力をどれほど使うか（負荷容量）が異なる。建物の所有者は電力会社と契約して電力を購入するが、その際に、建物で使われる最大電力に応じて契約電力が決定される。また、その契約電力によって、敷地周囲に張り巡らされている配電線から建物へ引き込んでくる電力の電圧が異なっている（**表**）。一般的な戸建住宅や小規模建物では、契約電力が50kW未満となるので、受電電圧は「低圧」（100Vもしくは200V）となる。一方、50kW以上2千kW未満の大規模建物になると、「高圧」（6千600V）となり、大規模工場やプラントなど、契約電力が2千kW以上になると「特別高圧」（数万V）で受電することになる。高圧や特別高圧で受電する場合には、建物に受変電設備を設ける。受変電設備は、建物に引き込んだ電力を受ける受電設備と、使用目的に応じて電圧を低くするための変電設備から成っている（**図1**）。

受電方式

受変電設備の受電方式には、大きく分けると一回線受電、二回線受電、ループ受電、スポットネットワーク受電の4種類がある。**図2**に受電方式を示す。

一回線受電は、電力会社の変電所から一回線で受電する方式である。契約電力が500kW未満の小規模建物で多く使われている。コストは低いが、配電線で事故が起こった時に停電を余儀なくされるので、供給の信頼性には乏しい。

二回線受電は、通常使用する回線のほかに予備の回線も備えた受電方式である。コストは高くなるが、一回線受電よりも供給の信頼性は高くなる。配電線で事故が発生した時に、予備回線に切り替えることで、停電時間を短くすることができる。通常使用する回線と予備の回線が同じ変電所から受電するものと、通常使用の回線と予備回線それぞれ別々の変電所から受電するものがある。

図2 各種受電方式

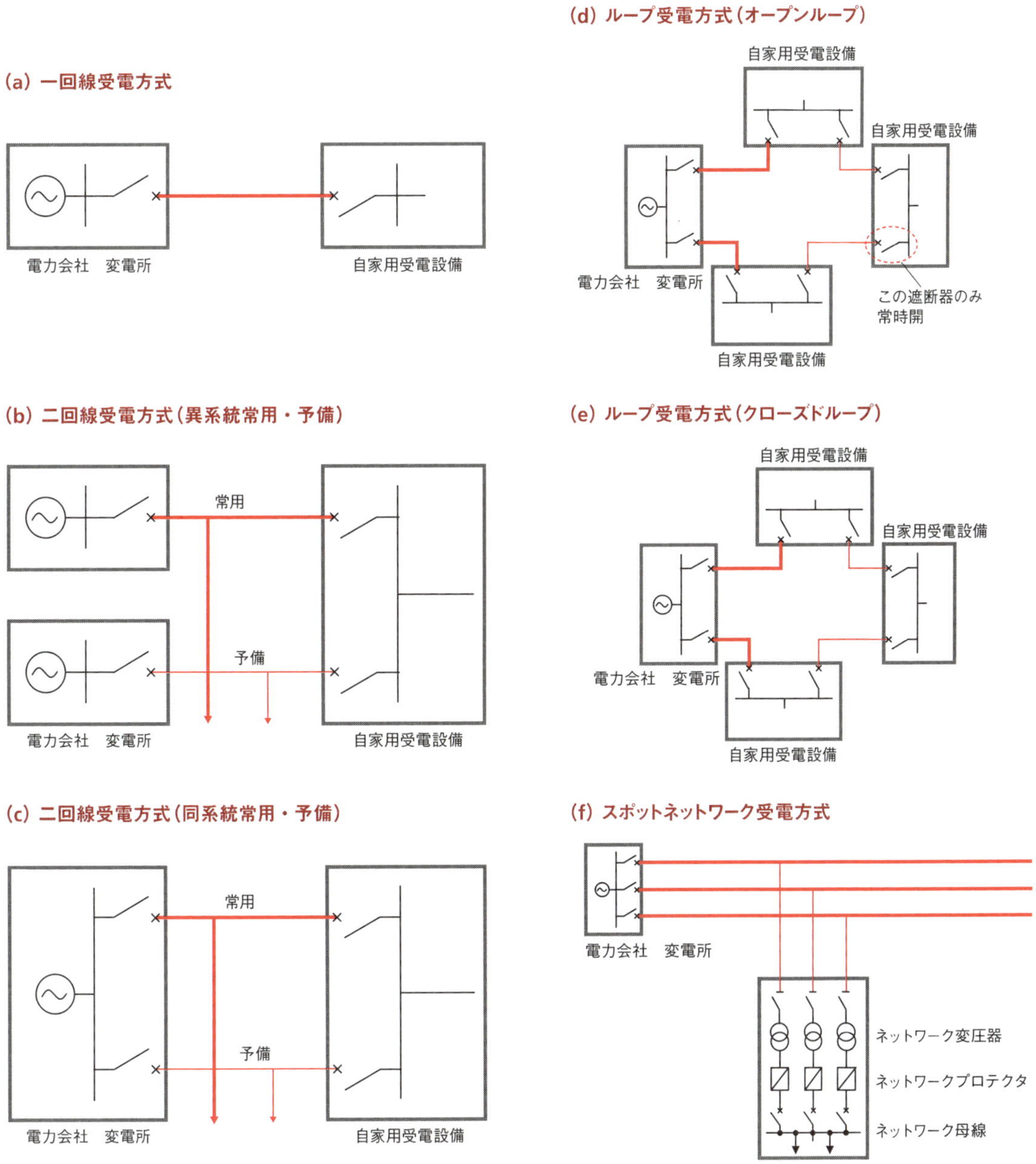
(a) 一回線受電方式
電力会社 変電所
自家用受電設備
(b) 二回線受電方式（異系統常用・予備）
常用
予備
電力会社 変電所
自家用受電設備
(c) 二回線受電方式（同系統常用・予備）
常用
予備
電力会社 変電所
自家用受電設備
(d) ループ受電方式（オープンループ）
自家用受電設備
自家用受電設備
電力会社 変電所
この遮断器のみ
常時開
自家用受電設備
(e) ループ受電方式（クローズドループ）
自家用受電設備
自家用受電設備
電力会社 変電所
自家用受電設備
(f) スポットネットワーク受電方式
電力会社 変電所
ネットワーク変圧器
ネットワークプロテクタ
ネットワーク母線

ループ受電は、都市部の建物密集地で、複数の建物がループ状になって受電する方式である。ループ受電方式には、オープンループ受電とクローズドループ受電の2種類がある。

オープンループ受電では、変電所から2つの回線が引き出されて、それぞれの回線が引き出されたところに開閉器（スイッチ）がある。通常では、このスイッチは開放されているが、事故が発生した時にはスイッチが入って、供給が止まった回線へ電力を送るようにする。

クローズドループ受電では、それぞれの建物で二回線受電をしている状態になる。一方の回線で事故が起きた時には、事故が起こった箇所の両端にある遮断器を閉じて、事故が起こっていないところには、電力を供給できる。ループ受電方式は、電力供給の信頼性は高いものの事故の検出や事故区間を切り離す装置にコストがかかる。

スポットネットワーク受電は、電力会社の変電所から常時二～四回線（一般的には三回線）を特別高圧で受電する方式である。変圧器の2次側を1つの母線に接続して並列運転を行い、1つの回線で事故が起きてもほかの回線で補うことができる。供給の信頼性は高いが施設のコストは高くなる。

エコトランスの原理・構造

図1 トランス（変圧器）の原理

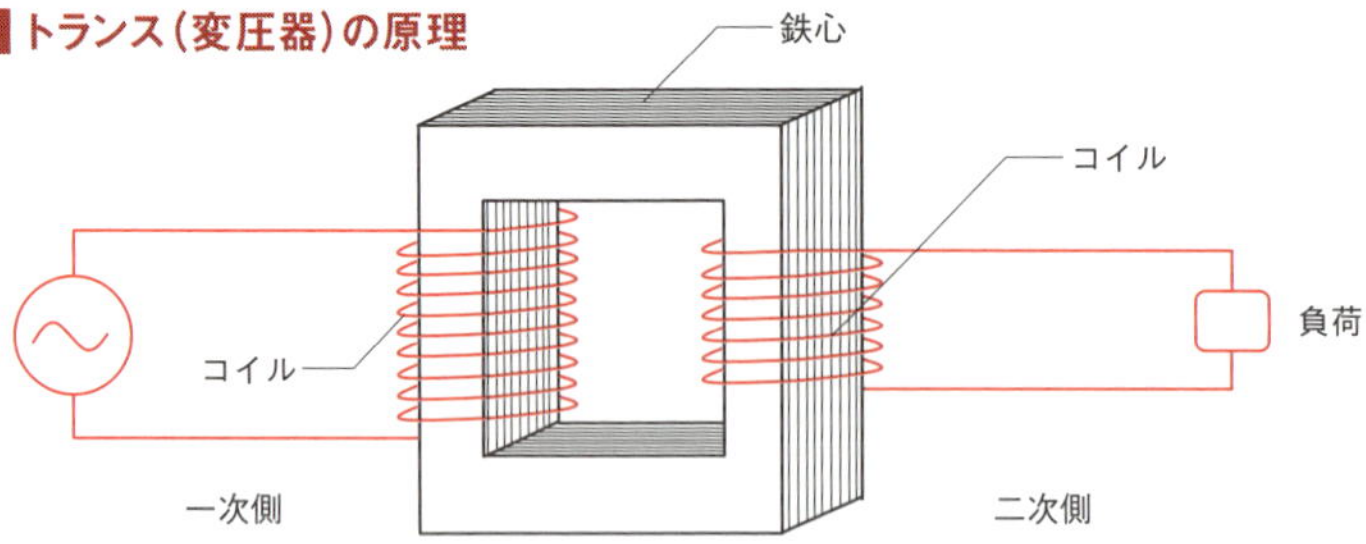
鉄心
コイル
コイル
負荷
一次側
二次側

ケイ素鋼板などで構成された鉄心に電力を供給する1次側と負荷機器に接続する2次側それぞれに巻線を施したもの

◆変圧器の種類

図2 油入変圧器

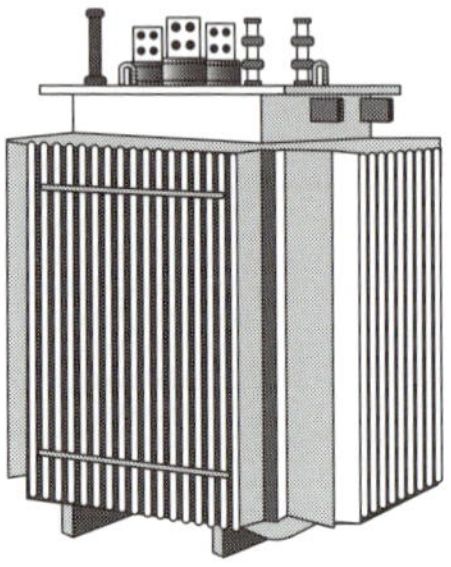

高圧の受変電設備で多く使われている

図3 モールド変圧器

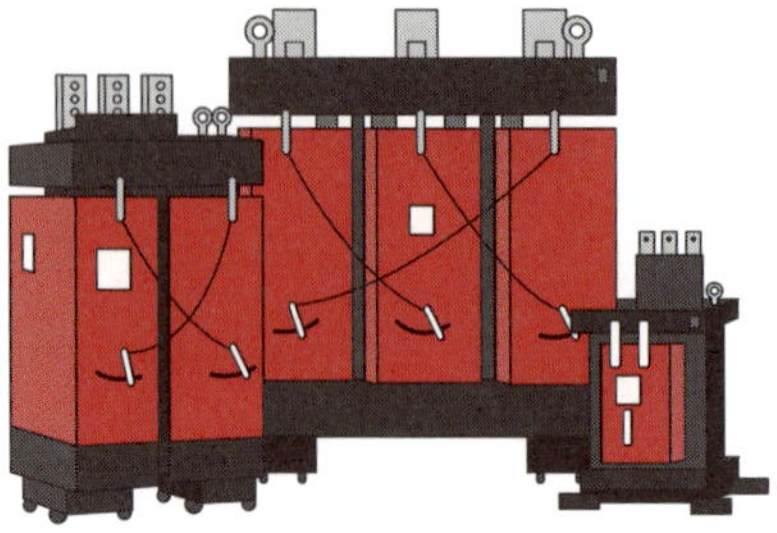

防災用や特別高圧受電の際に使われることが多い

トランス変圧器の原理・構造

トランス（注、図1）は、ケイ素鋼板などで構成された鉄心に電力を供給する1次側と負荷機器に接続する2次側それぞれに巻線を施したものである。1次側の巻線に電圧を加えると、電流（励磁電流）が流れて鉄心に磁力線の束（磁束）が生じる。この磁束が2次側の巻線を通ると起電力が生じ、1次側の電圧と異なる電圧の電気を得る。1次と2次の巻線に生じる電圧比は、巻数の比に等しく、巻数により電圧を低くも高くもできる。

変圧器の種類と電力損失

変圧器を冷却や絶縁の観点から分類すると、油入変圧器、乾式変圧器、ガス絶縁変圧器の3つに大別できる。

油入変圧器は絶縁と冷却のために絶縁性の高い鉱油を用いたものであり、高圧の受変電設備で多く使われている（図2）。乾式変圧器は絶縁油を使わずに鉄心や巻線を絶縁物で覆って、空気で冷却するものであり、モールド変圧器に代表される（図3）。これは屋内用として巻線全体をエポキシ樹脂などで覆ったもので、油入型に比べて小さくすることができる。ガス絶縁変圧器は、絶縁油の代わりに6フッ化硫黄（SF_6）を用いたもので、不燃性であることから防災用や特別高圧受電の際に使われることが多い。

変圧器で生じる電力損失は年間約165億kWhとされ、低電力損失の変圧器を用いることが重要である。近年、油入変圧器とモールド変圧器はトップランナー方式が適用されるようになっている。この方式の変圧器は、従来品に比べて約3割程度、電力損失を抑える。

変圧線の巻線には抵抗があるので、2次側の負荷電流によって損失が生じる。これを負荷損という。一方、電源電圧が印加されていると負荷の大きさによらず、鉄心には磁束が流れていて損失が生じる。これを無負荷損というが、鉄心の素材である電磁鋼板の結晶の方位性を高めたり、磁区を細分化するなどして小さくできる。

（注） トランス（変圧器）とは、電圧を低くしたり高くしたりする機器のことである。同じ電力を送る場合、電圧が高くなるほど電流は低くなり、電線を細くできて低コストになる。電気抵抗が小さくなるので電圧降下も小さくなる

幹線の種類

表 幹線の種類

幹線の種類	電気方式	線間電圧
低圧幹線	単相3線式	100/200V
	三相3線式	200V
	三相4線式	240V/415V（50Hz）、265V/460V（60Hz）
高圧幹線	三相3線式	3kV
	三相3線式	6kV
特別高圧幹線	三相3線式	20kV

図 幹線系統の例 □：配電盤 ◪：分電盤

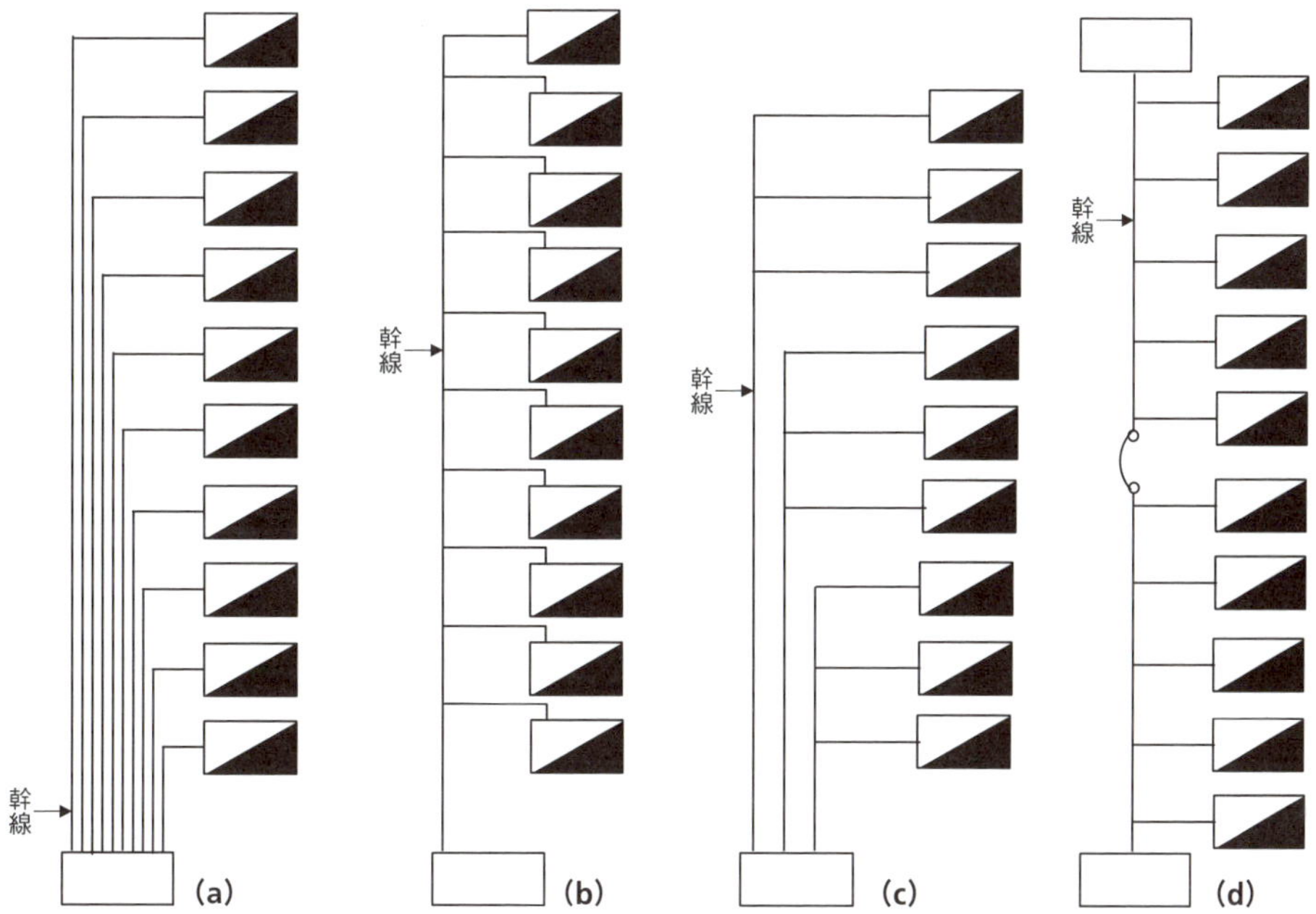
幹線
幹線
幹線
幹線
(a)
(b)
(c)
(d)

多様な幹線の配線方法

幹線（**注1**）は用途別では電灯幹線と動力幹線、電圧別では低圧幹線、高圧幹線、特別高圧幹線に分けられる（**表**）。幹線の配線の一例を示す（**図**）。

(a) 需要電力が比較的大きい場合の配線。専用幹線で供給しているので、幹線で事故が発生しても影響範囲が小さい。幹線数が多いのでコストが高い。

(b) 需要電力が比較的小さい場合の配線。専用幹線を使用していないので、事故が発生した場合に影響範囲が大きくなる可能性が高い。大容量の幹線となりバスダクト（**注2**）を用いる。

(c) (a)と(b)を併用した中間的な性質。幹線が大容量になりすぎない範囲でグループごとに分けている。事故が発生した場合に(b)よりも影響範囲を小さくできる。

(d) 複数の配電盤を用意するので、幹線の事故や一方の配電盤の故障の場合にも全体へ電力を供給できる。電力供給の信頼性は高いが、複数の配電盤を用意するためコストが高くなる。

（注1） 受変電設備の配電盤から電灯分電盤や動力制御盤に至る配線
（注2） 銅またはアルミを導体とし、導体の外側を絶縁物で覆った、鉄又はアルミニウム板製の大容量の幹線用部材
（出典） 建築電気設備研究会編「建築電気設備の絵とき実務知識」（1998年4月）134～135頁・147～148頁

照明機器のエコ

表1 各種光源の総合効率

光　源	総合効率(lm/W)	備　考
白熱電球(60W)	15	光源効率と同じ
蛍光ランプ(Hf32W)	100	安定器の消費電力を含む
HIDランプ(セラミックメタハラ150W)	90	安定器の消費電力を含む
LED (LED電球9W)	90	専用電源の消費電力を含む

(松下進建築・照明設計室調べ)

図1 光源の発光原理による分類

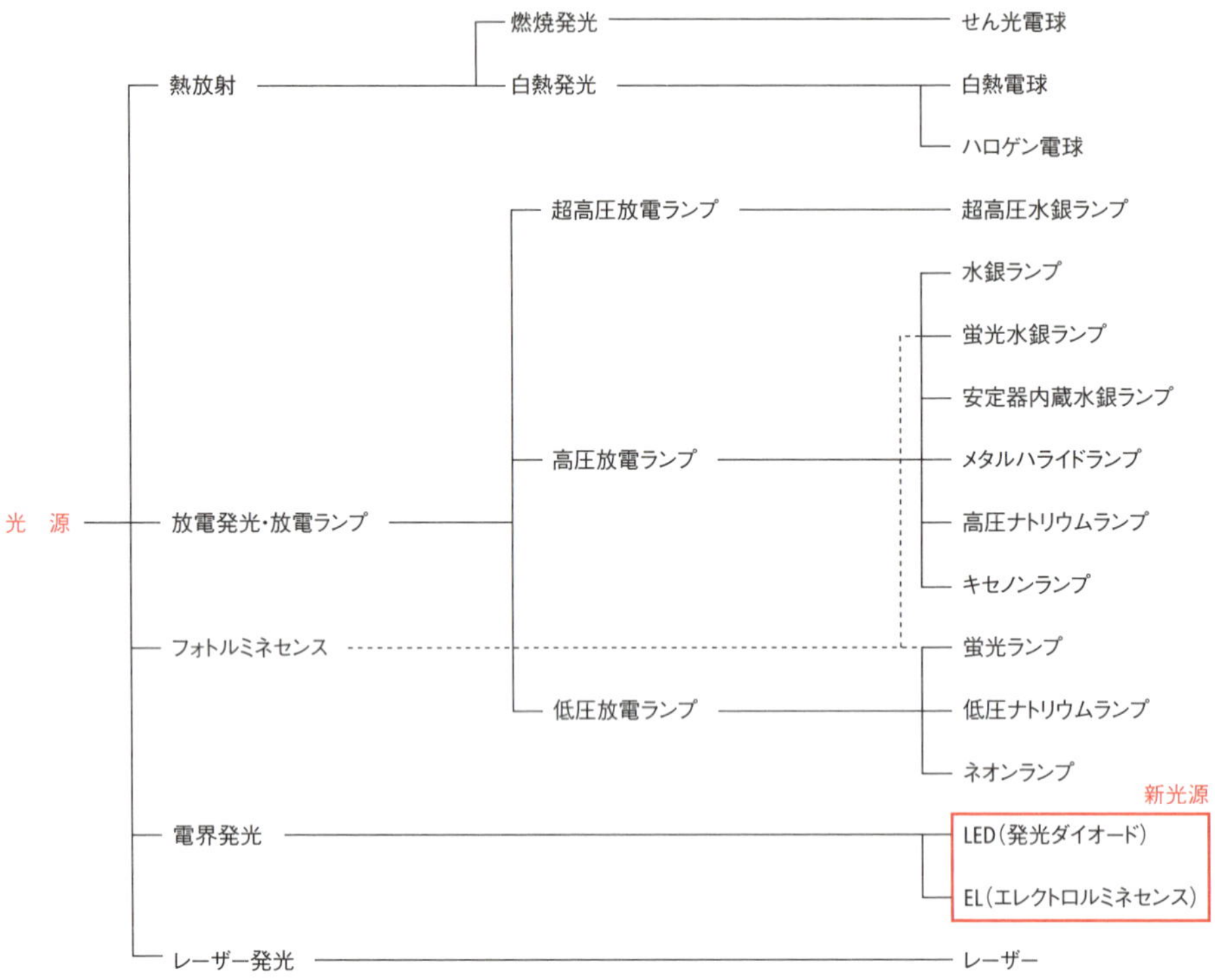
光　源
熱放射
燃焼発光
せん光電球
白熱発光
白熱電球
ハロゲン電球
放電発光・放電ランプ
超高圧放電ランプ
超高圧水銀ランプ
高圧放電ランプ
水銀ランプ
蛍光水銀ランプ
安定器内蔵水銀ランプ
メタルハライドランプ
高圧ナトリウムランプ
キセノンランプ
フォトルミネセンス
低圧放電ランプ
蛍光ランプ
低圧ナトリウムランプ
ネオンランプ
電界発光
新光源
LED(発光ダイオード)
EL(エレクトロルミネセンス)
レーザー発光
レーザー

照明設備のエコを考えるうえで、照明機器、照明制御、照明設計という3つのアプローチがある。照明機器はいかに効率的に発光させるか、照明制御は調光やセンサーを細かく調節するか、消し忘れを防ぐか、照明設計については、いかに空間用途に合った照明の使い方ができるかがそれぞれのポイントとなる。

照明機器のエコ

同じ明るさを得るための消費電力が少ないほどエコである。光源と照明器具の高効率化が省電力に直接つながるため、光源においては光源効率や総合効率が重要となり、照明器具においては器具効率が重要になる。

光源効率は、「ランプ光束（ランプから出る光の量）/ランプの消費電力」で表され、白熱電球はこれだけで光源の効率が分かる。しかし蛍光ランプやHIDランプ（高輝度放電ランプ）、LEDなどは、光源以外に安定器や電源装置を必要とし、それらの点灯回路でも消費電力が生じているため、光源

写真1 LED照明の例

電球タイプ

ダウンライトタイプ

図2 LEDの構造と発光原理

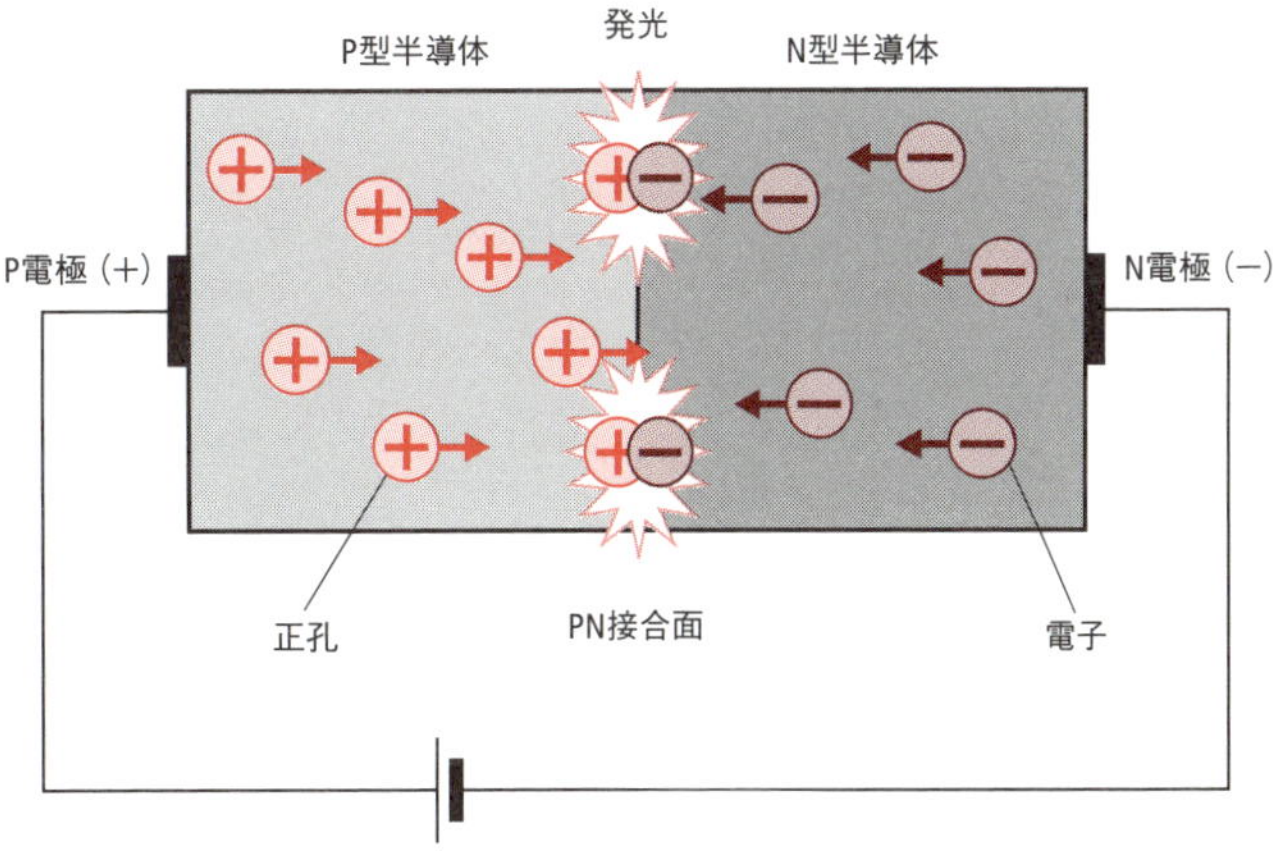
P型半導体
発光
N型半導体
P電極（＋）
N電極（－）
正孔
PN接合面
電子

写真2 有機EL例

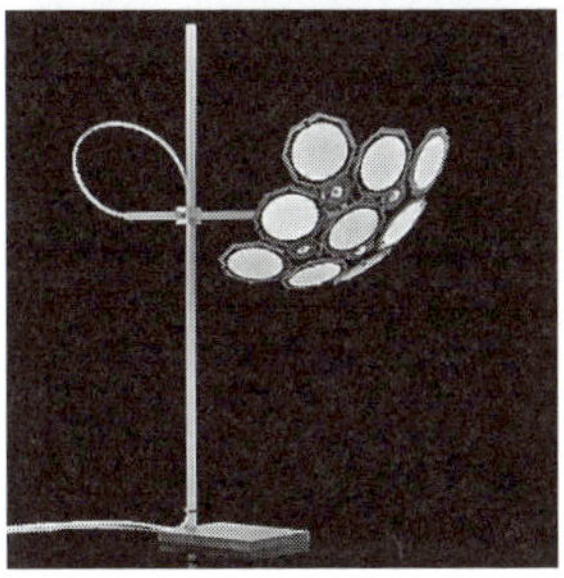

図3 有機ELの構造と発光原理

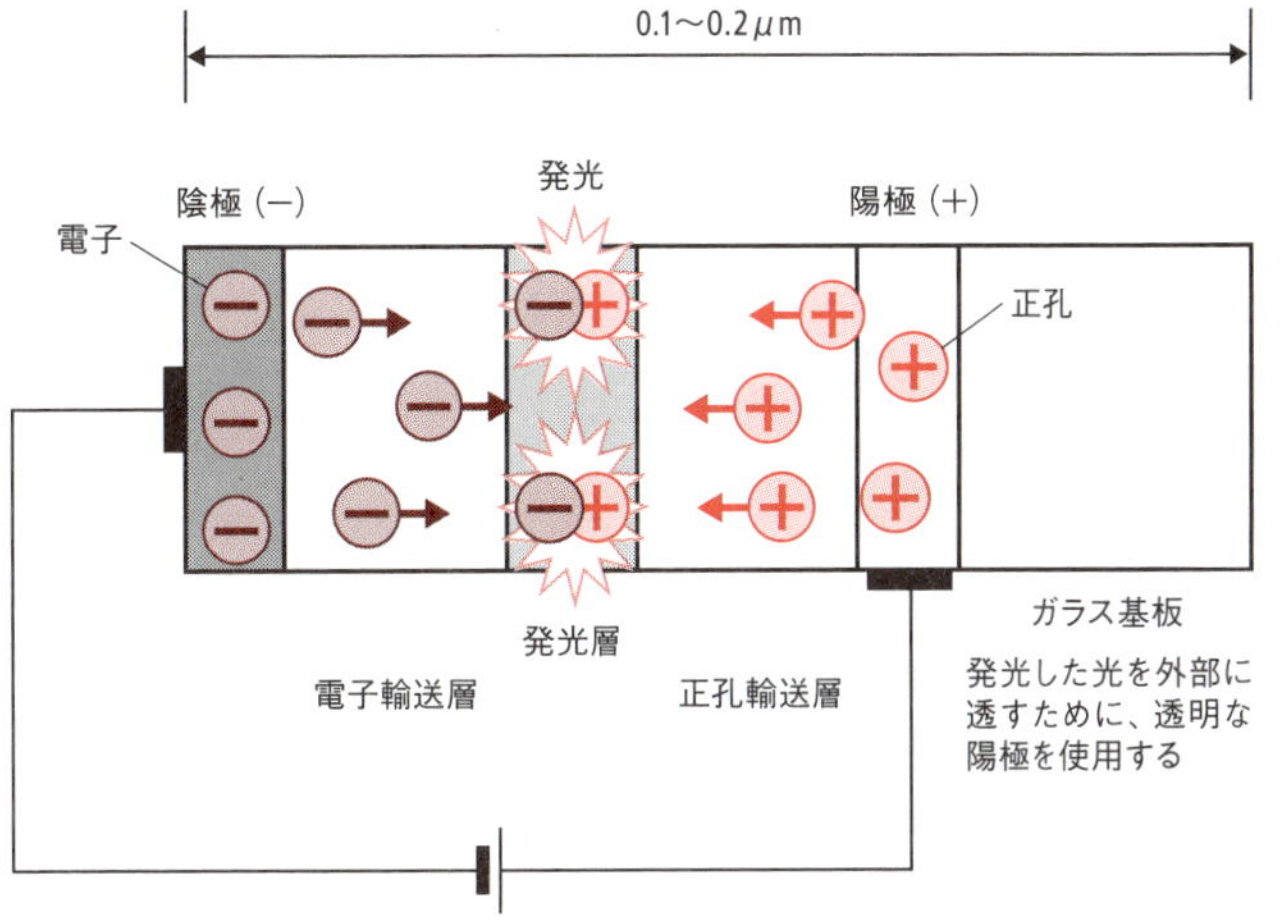
0.1～0.2μm
発光
陰極（－）
陽極（＋）
電子
正孔
発光層
電子輸送層
正孔輸送層
ガラス基板
発光した光を外部に透すために、透明な陽極を使用する

と点灯回路のそれぞれで消費される合計電力で効率を考える。点灯回路での損失を含めた光源の効率は総合効率と呼ばれており、「ランプ光束（ランプから出る光の量）／点灯回路での損失を含めた消費電力」によって算出できる。現在、一般施設の照明計画で使用されている光源の総合効率を**表1**に示す。

光源

光源は、従来光源と新光源に分類されることが多く（**図1**）、現在は従来光源から新光源に移行する過渡期と考えられる。従来光源は、主に白熱電球、蛍光ランプ、高輝度放電ランプを指し、新光源は主にＬＥＤ（**写真1、図2**）と有機ＥＬ（**写真2、図3**）を指す。

有機ＥＬは実用化までもう少し時間がかかると考えられているが、ＬＥＤはすでに多くの種類が実用化されており、従来光源がＬＥＤに置き替わりつつある。特に白熱電球の代替品であるＬＥＤ電球は、今後電力不足が予想され、その普及が促進されている。

白熱電球は、複数の国で製造および販売の中止が決まり、日本も同様の方針である。これは白熱電球の発光効率が低いためだが、白熱電球のもつ暖かみや癒しの効果による心理的なメリッ

表2 直管形LEDランプの規格（日本電球工業会）

全光束	2,300lm以上（N色）	ランプ電圧	95V（最大）～45V（最小）
演色性（Ra）	80以上	最大ランプ電圧	33.3W
配　光	120°以内の光束が70％未満	口　金	
ランプ電流（mA）	DC350		L16

写真3 L型口金付直管形LEDランプ

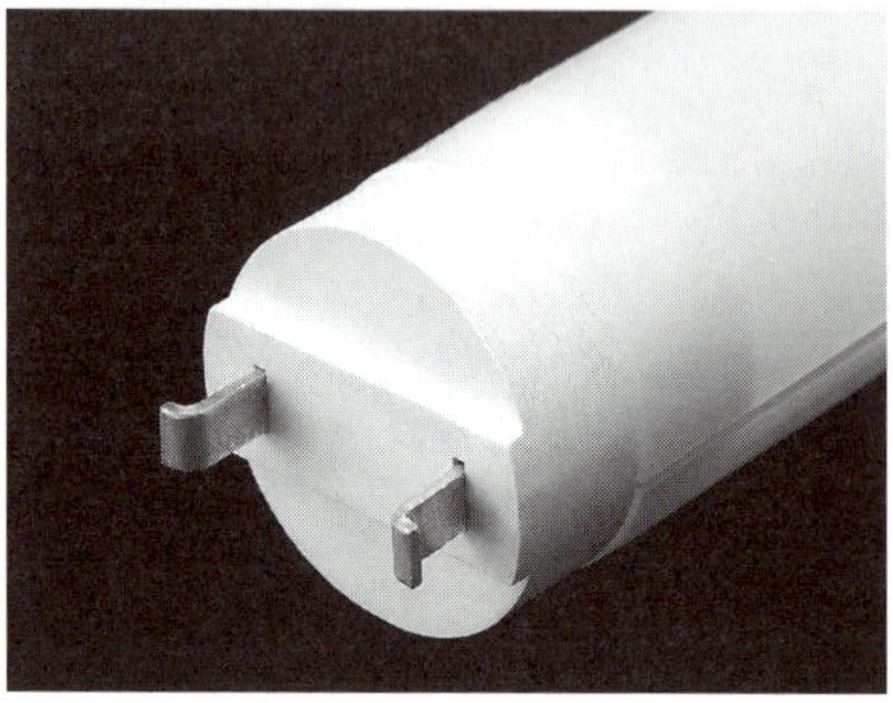

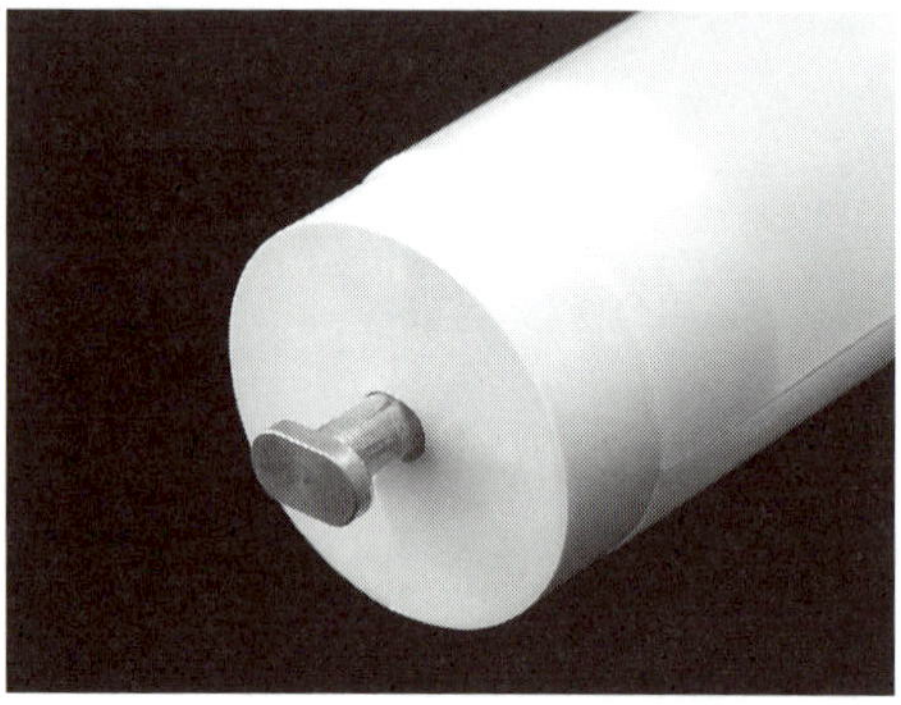

写真4 高出力LED照明器具の例

トはほかの光源にないものであり、完全になくなることはないと考える。

蛍光ランプはオフィスなどで多く使われており、Hf（高周波点灯専用形）蛍光ランプのように非常に高効率で、新光源に比べると安価な種類があることから、すぐにLEDに置き替えられることはない。しかし、日本電球工業会が直管形LEDランプの規格（**表2、写真3**）を決めたため、次第に蛍光灯に代わり普及すると推測される。HIDランプは高出力であることがLEDに対しての優位性であったが、LEDの高出力化が進み、これも次第に置き替わると考えられる（**写真4**）。

照明器具

照明器具はコンパクト化と高効率化が進むと見込まれる。従来光源を用いた器具においては、光源が全周方向に光を出し、それを照明器具内の反射板等で制御する仕様になっているために、ある程度の大きさが必要であり、また器具内での光の吸収も避けられなかった。しかし新光源では、それらを回避できる可能性がある。新光源は指向性をもたせることができ、特にLEDは形状の小ささも手伝って、光の方向を制御しやすいためである。

ただし、放熱部や電源部も必要とな

写真5 コンパクトなLED照明器具の例

（オーデリック）

ブラケットライト
電源装置内蔵型でありながら、灯部が厚さ17㎜程度と超薄型になっている

（LED LINER K-584 ヤマギワ）

ライン照明
連結できる間接照明用器具であり、断面が17×17㎜程度と細くなっている

写真6 照明制御を内蔵したLED照明器具の例

シーリングライト
暖色系から寒色系まで光色が変えられ、調光も可能になっている

ダウンライト
人感センサーを内蔵し、自動で点滅する

るため、システムとしてはある程度の大きさを必要とする。有機ELは面光源として期待され、非常に薄くできるため、天井面や壁面に直接貼るタイプの照明器具がつくられるかもしれない。

また、照明制御を内蔵した照明器具が普及しつつある。1つの照明器具で明るさや光色が自由に変えられるタイプや、照度センサーや人感センサーと組み合わせて、無駄な点灯を削減して省エネを図るタイプなどが開発されている（**写真5・6**）。

次世代照明の方向性

LEDや有機ELは従来光源からの置き替えが先行しているが、新光源ならではの特徴を生かした使い方も考えられている。ボーダーレス化、ユニット化、システム化がキーワードとなる。

ボーダーレス化は、ランプと照明器具との境界がなくなっていくことと、建築と照明器具との境界がなくなっていくことを意味している。LED素子は非常に小さいため建材の隙間に隠すことが可能であり、照明器具の存在感を消すことにつながり、有機ELは非常に薄いため、後付けを可能にする。新光源の特徴である長寿命は、頻繁なランプ交換を不要とし、設置位置の制約も大幅に減らせる。つまり将来、発

写真7 家具と一体化した照明の例

ベッドヘッドに、ブラケットライト、スポットライト、間接照明が組み込まれている

写真8 建築と一体化した照明の例

ダウンライト以外は、造作と一体化している

光する建材や家具によって建築が構成される可能性を秘めている。これにより、必要なところにピンポイントで光を届けることが可能になる。

例えば書棚の本を探す場合に、書棚の上部に光源が組み込んであれば、必要最小限の光で本を見つけることができる。このように、まず家具と照明器具との境界がなくなっていくと考えられる。

写真7はホテルの一室だが、複数の器具を分散配置させて、必要に応じて照明器具を点灯させるスタイルになっている。ベッド用の照明器具はベッドヘッドに設置されており、部屋の明るさ感をつくり出す間接照明も組み込まれている。このようなことはすでに家具と照明の境界がなくなりつつあることの一例である。

写真8では、照明器具といえるものはダウンライトしか見えない。しかもダウンライトというのは、そもそもほとんど光だけの照明器具であることから、この空間の光環境は、光だけで構成されているといえる。このように建築と照明の境目もなくなっていく例もある。

ユニット化は、ある小さな光のユニットを組み合わせて、必要な光をつくることを意味する。固体光源（**注**）で

（注） LEDや有機ELなど

図４　光のユニット化

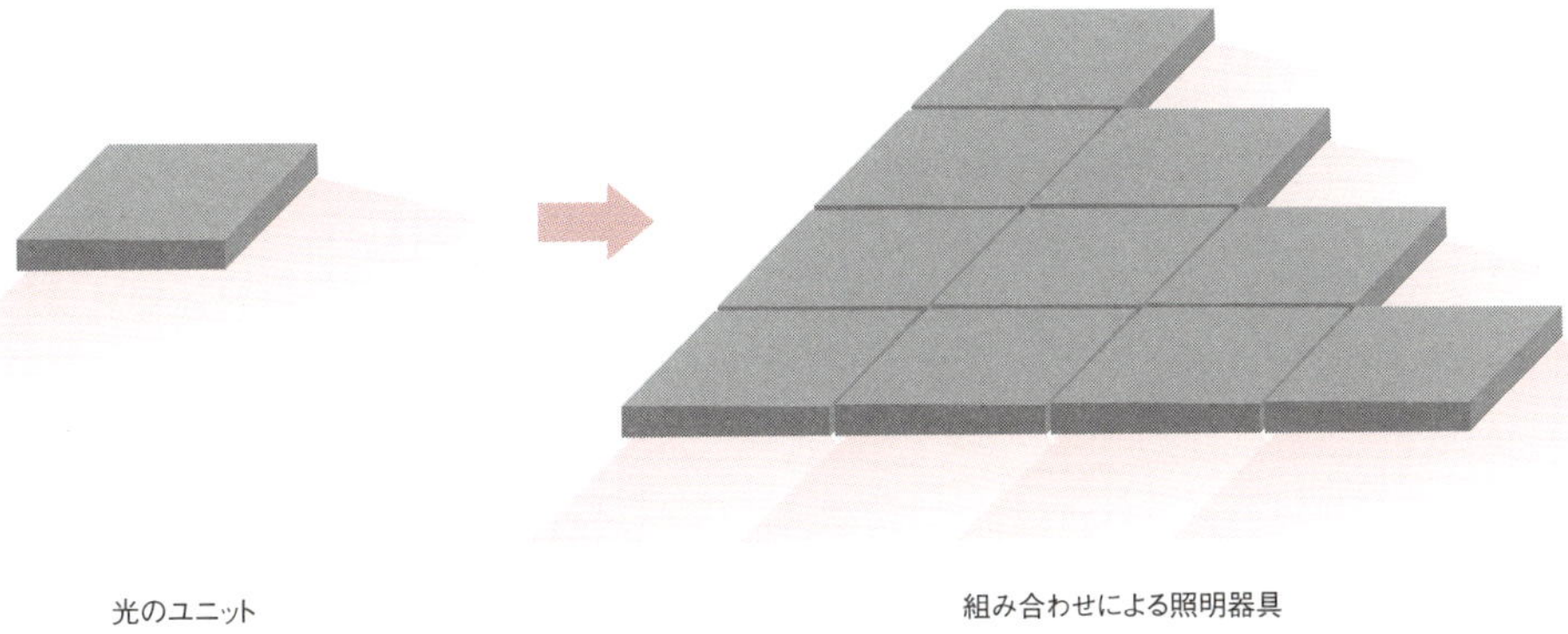
光のユニット
組み合わせによる照明器具

図５　可視光通信システム

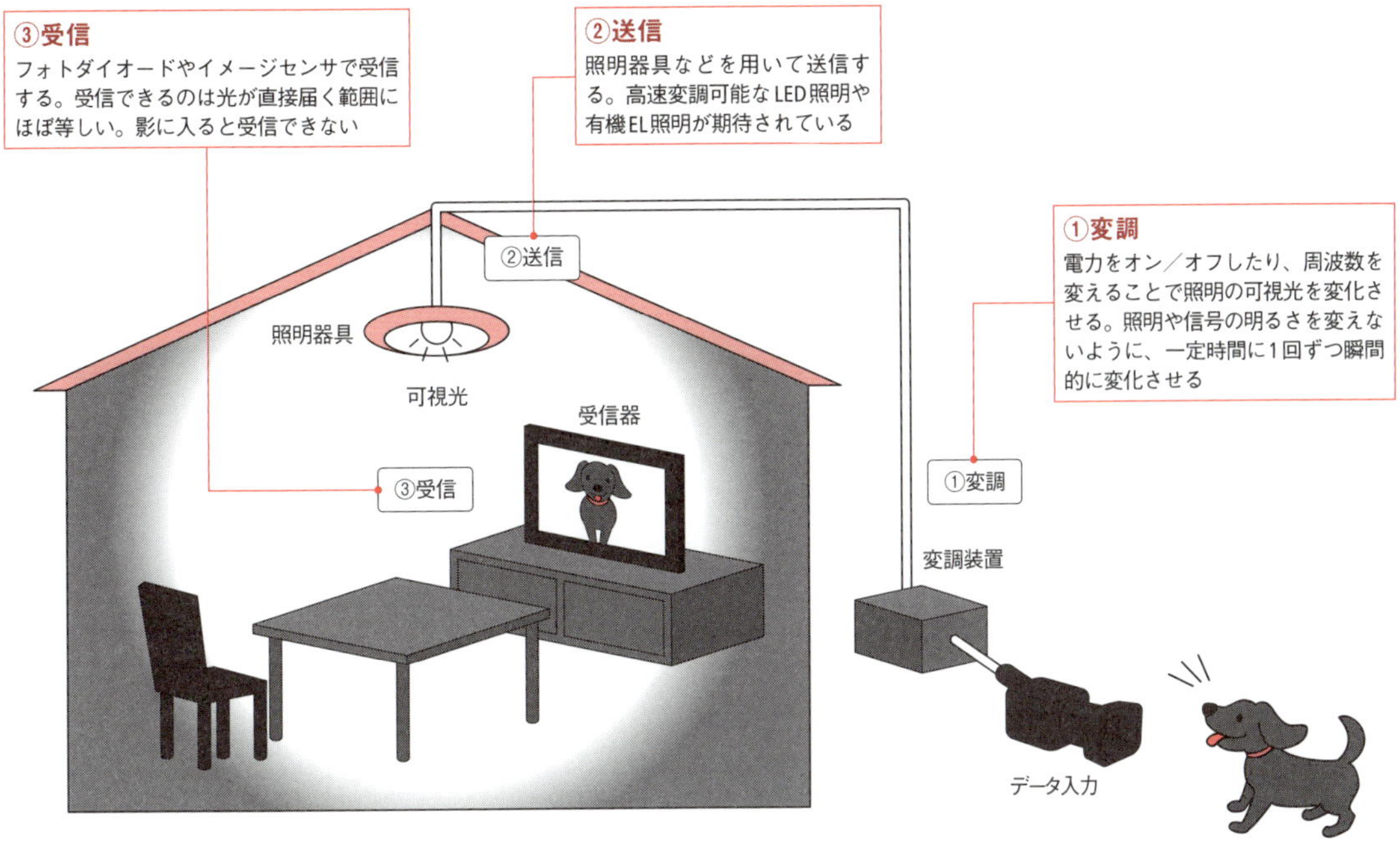
③受信
フォトダイオードやイメージセンサで受信する。受信できるのは光が直接届く範囲にほぼ等しい。影に入ると受信できない
②送信
照明器具などを用いて送信する。高速変調可能なLED照明や有機EL照明が期待されている
①変調
電力をオン／オフしたり、周波数を変えることで照明の可視光を変化させる。照明や信号の明るさを変えないように、一定時間に1回ずつ瞬間的に変化させる
②送信
照明器具
可視光
受信器
③受信
①変調
変調装置
データ入力

ある新光源は光のユニットをつくりやすい。ジグソーパズルのように、光をつくることができる（図４）。

空間に使うため、３次元で組み合わせて、配光や形状を設計者やユーザーが、オリジナルデザインでき、非常にフレキシビリティの高い器具が期待できる。また、新光源の変化にも柔軟に対応できる。

現在、新光源は技術革新が速いため、長寿命が災いして、長期間古いタイプの効率の低い照明器具を使い続けることになりかねない。このため、ユニットのみ交換できる構造にしておくと、新しいタイプに対応しやすい。

システム化は、新光源が様々な制御機器とつながることを意味する。ユビキタス社会になり、それぞれ独立した照明器具がネットワークでつながるようになると、より繊細な制御が行われ、フル点灯する必要のない照明器具は個別に消灯や減光といった制御が行われるようになる。

さらに、照明とサインが一体化したシステムや、照明器具から出る光を信号として利用する可視光通信（図５）は、これまで一方的に明るさを供給するだけであった照明が、相互に作用し合うコミュニケーションツールとして生まれ変わる可能性を示している。

照明制御のエコ

照明の省電力は、細かく制御することで効果が高まる。常に最適な光環境を想定し、その光環境に素早く移行させることが重要である。そのためには調光やセンサーの活用が不可欠となる。

昼光利用調光制御

本来、昼間はできるだけ人工照明を使わないことが省電力の観点からは理想である。室内の明るさの分布をモニタリングし、昼光で明るさが足りている場合には、人工照明を減光あるいは消灯するというシステムが昼光利用調光制御である。通常、照明器具に設置された照度センサーで室内の明るさを検知し、設定照度以上になれば自動的に減光あるいは消灯する。主に窓際の照明器具の省電力を目的としていることが多い（**図1**）。

タイムスケジュール制御

オフィスのように、そこで行われる行動が、ある程度決まったスケジュールで繰り返されるような施設では、就

図1 昼光利用調光制御

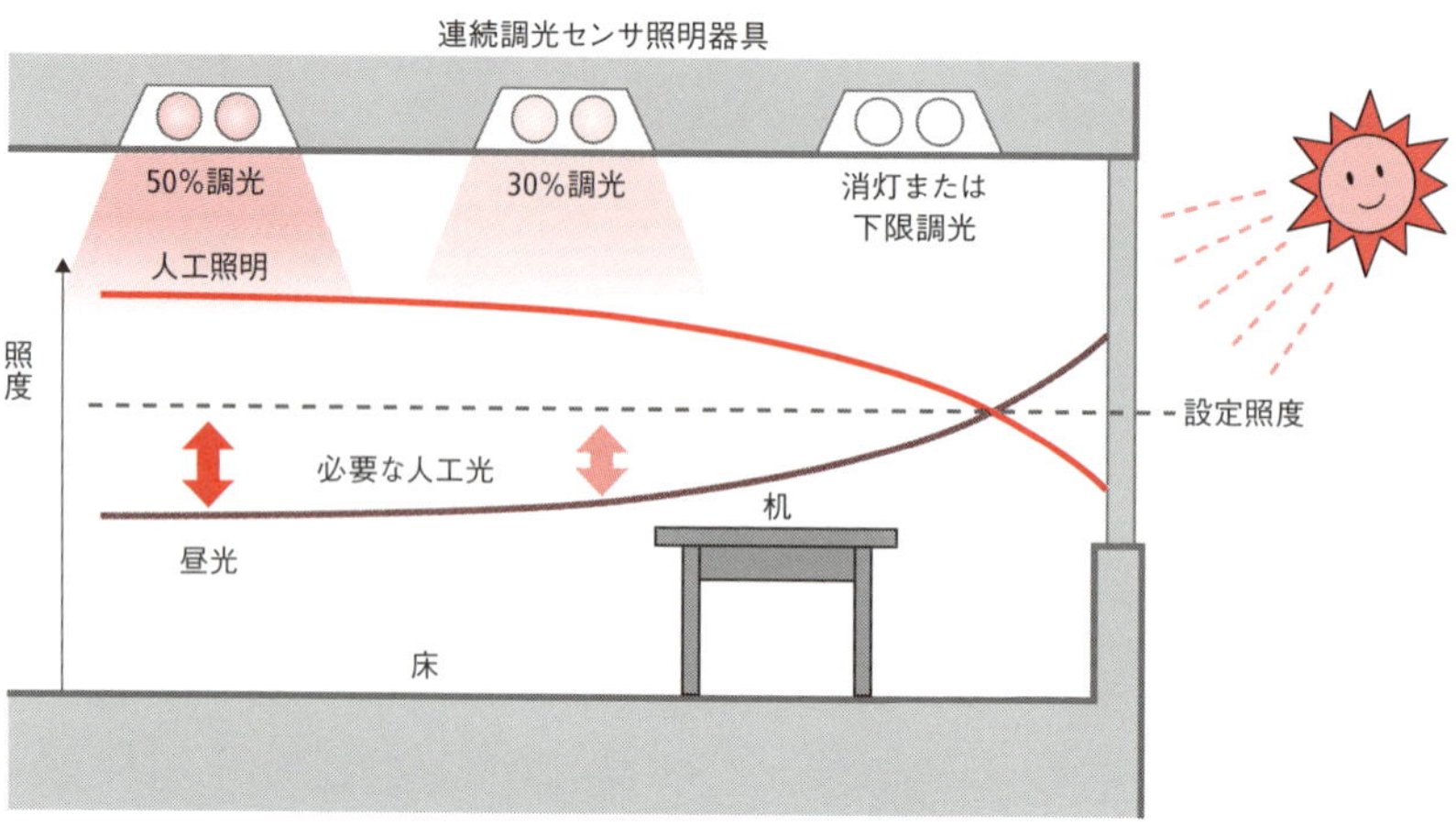

連続調光センサ照明器具
50%調光
30%調光
消灯または
下限調光
人工照明
照度
設定照度
必要な人工光
昼光
机
床

（出典）（社）日本電気技術者協会　電気技術解説講座

図2 タイムスケジュール制御の例

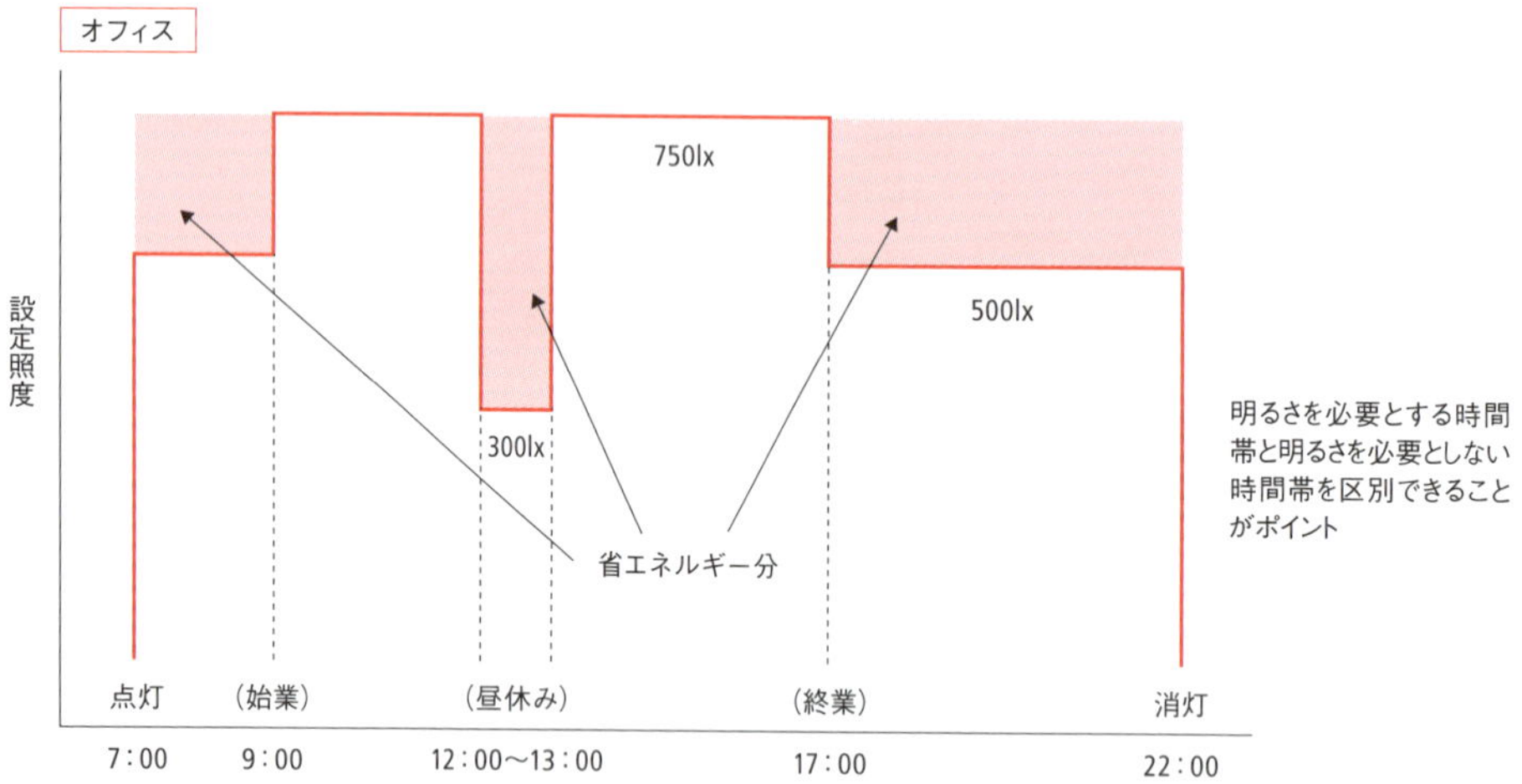

オフィス
設定照度
750lx
500lx
300lx
省エネルギー分
明るさを必要とする時間帯と明るさを必要としない時間帯を区別できることがポイント
点灯
（始業）
（昼休み）
（終業）
消灯
7：00
9：00
12：00〜13：00
17：00
22：00

（出典）三菱電機照明資料

図3 サーカディアンリズムを用いたタイムスケジュール制御

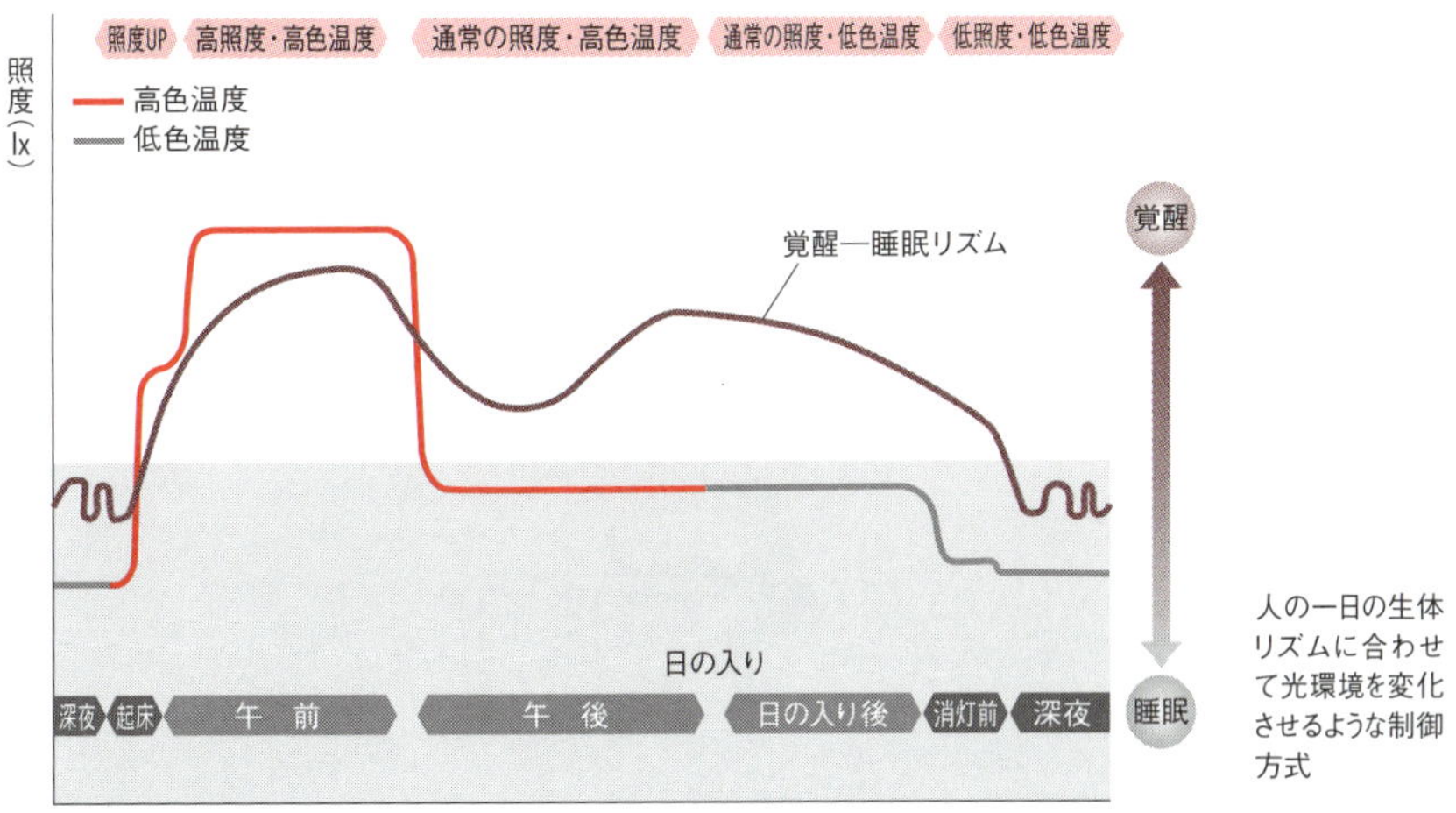

照度UP
高照度・高色温度
通常の照度・高色温度
通常の照度・低色温度
低照度・低色温度
照度（lx）
高色温度
低色温度
覚醒―睡眠リズム
覚醒
睡眠
日の入り
深夜
起床
午前
午後
日の入り後
消灯前
深夜
人の一日の生体リズムに合わせて光環境を変化させるような制御方式

（出典） パナソニック資料

図4 初期照度補正制御

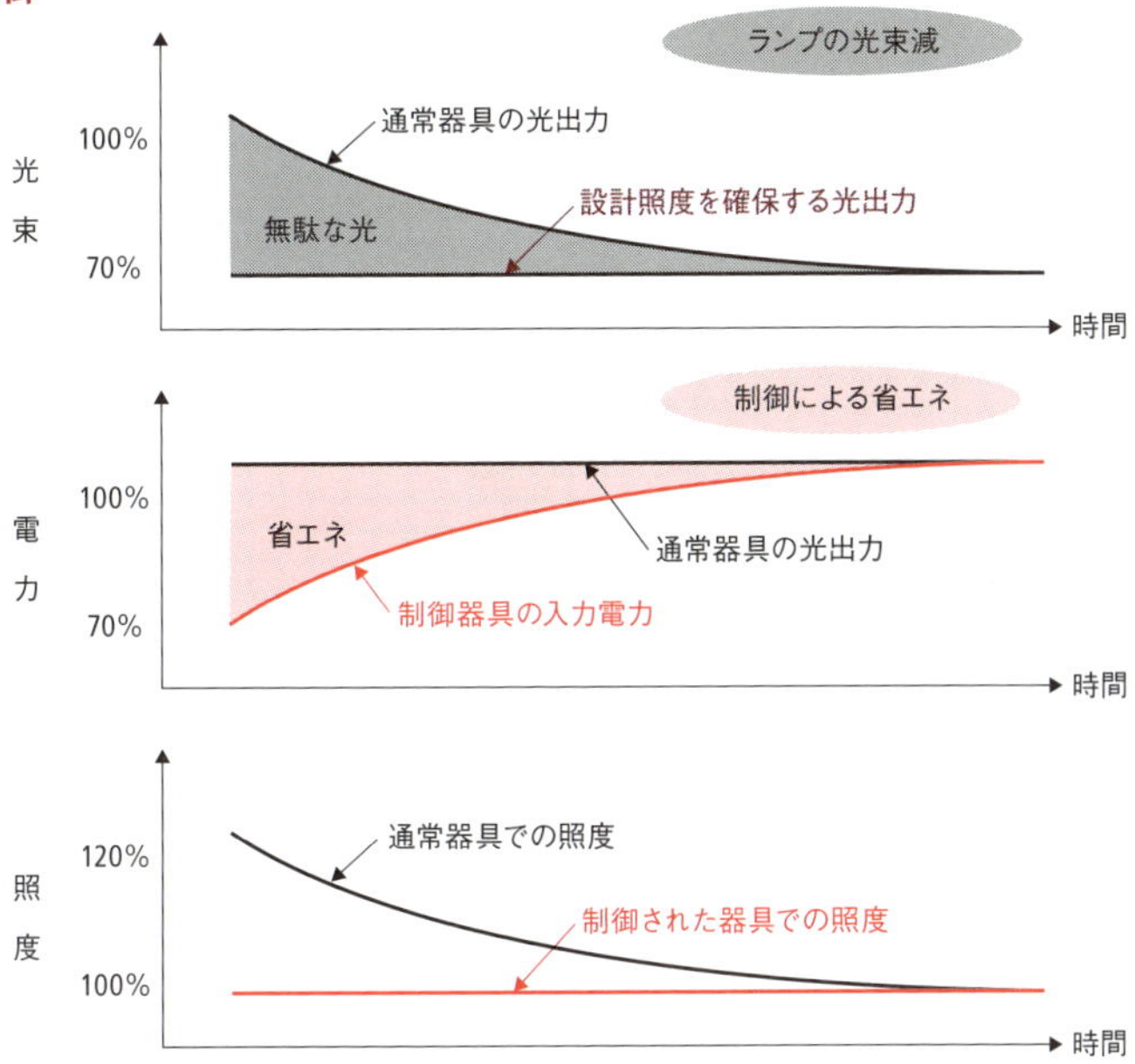

ランプの光束減
光束
100%
70%
通常器具の光出力
設計照度を確保する光出力
無駄な光
時間
制御による省エネ
電力
100%
70%
省エネ
通常器具の光出力
制御器具の入力電力
時間
照度
120%
100%
通常器具での照度
制御された器具での照度
時間

（出典） （社）日本電気技術者協会　電気技術解説講座

業時間以外の時間帯に減光や消灯を自動的に行うことが可能になる。これがタイムスケジュール制御である。明るさを必要とする時間帯と明るさを必要としない時間帯を区別できることがポイントとなる（**図2**）。

また、病室のように人が一日中同じ場所にいることが多い施設では、人の一日の生体リズムに合わせて光環境を変化させるような制御を行っているところもある。これもタイムスケジュール制御の一種と考えられる（**図3**）。

初期照度補正制御

通常の照明設計時には、時間経過による照明器具の照度低下を見込んで、保守率という係数をかけている。このため、器具の設置当初は必要照度より明るくなっている。この明るくなっている照度分を減光する制御が、初期照度補正制御であり、光環境の向上と省電力を両立できる効果的な省エネ手法である。照明器具による機械的な省電力方法であるため、省電力の程度をある程度正確に見込むことができるメリットもある（**図4**）。

パーソナル制御

これまでの省エネのための照明制御は、エリアを分けて明るさを変えた

図5 人感センサーを用いたパーソナル制御

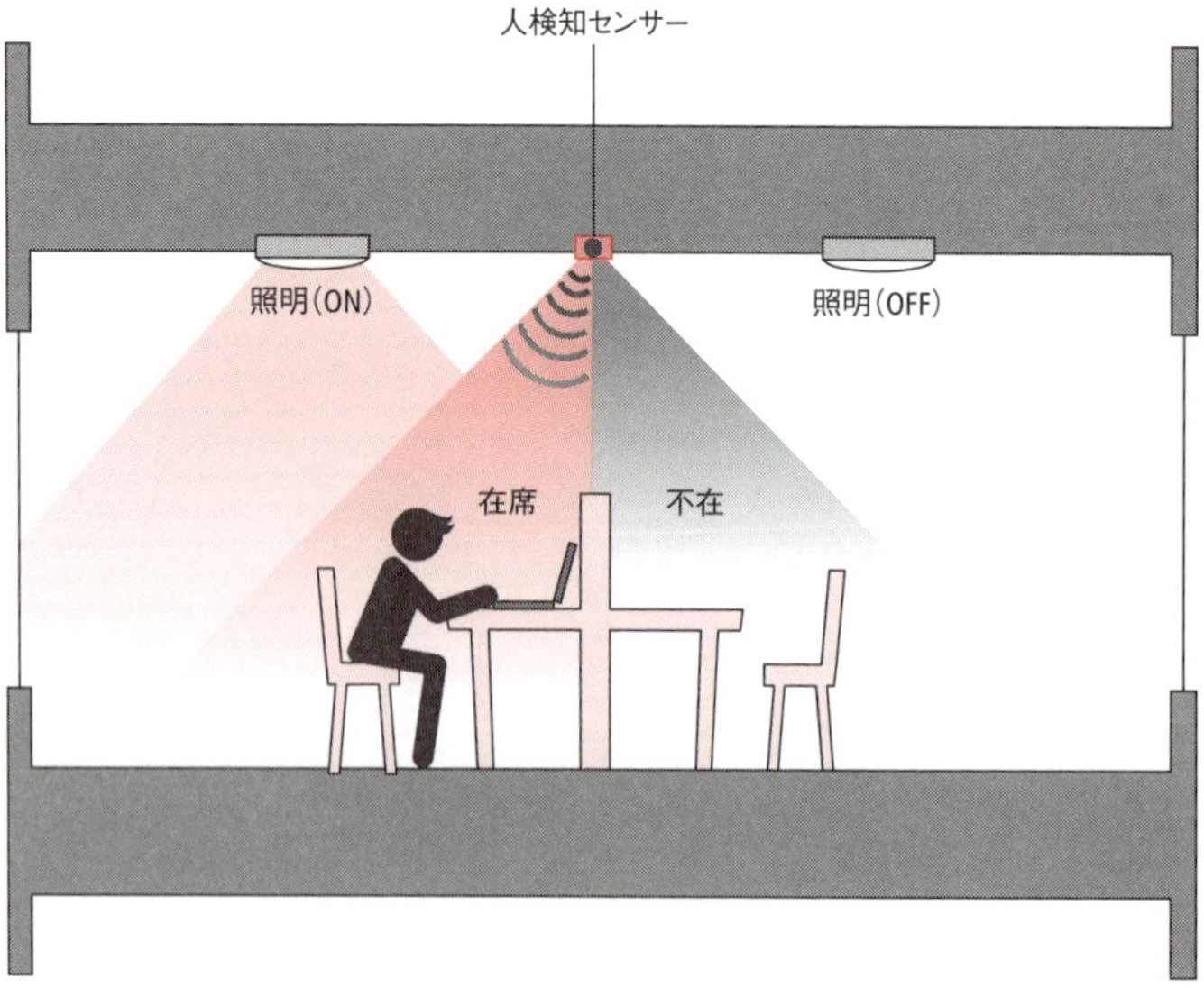
人検知センサー
照明（ON）
照明（OFF）
在席
不在

（参考） 大成建設資料

図6 ICタグを用いたパーソナル制御

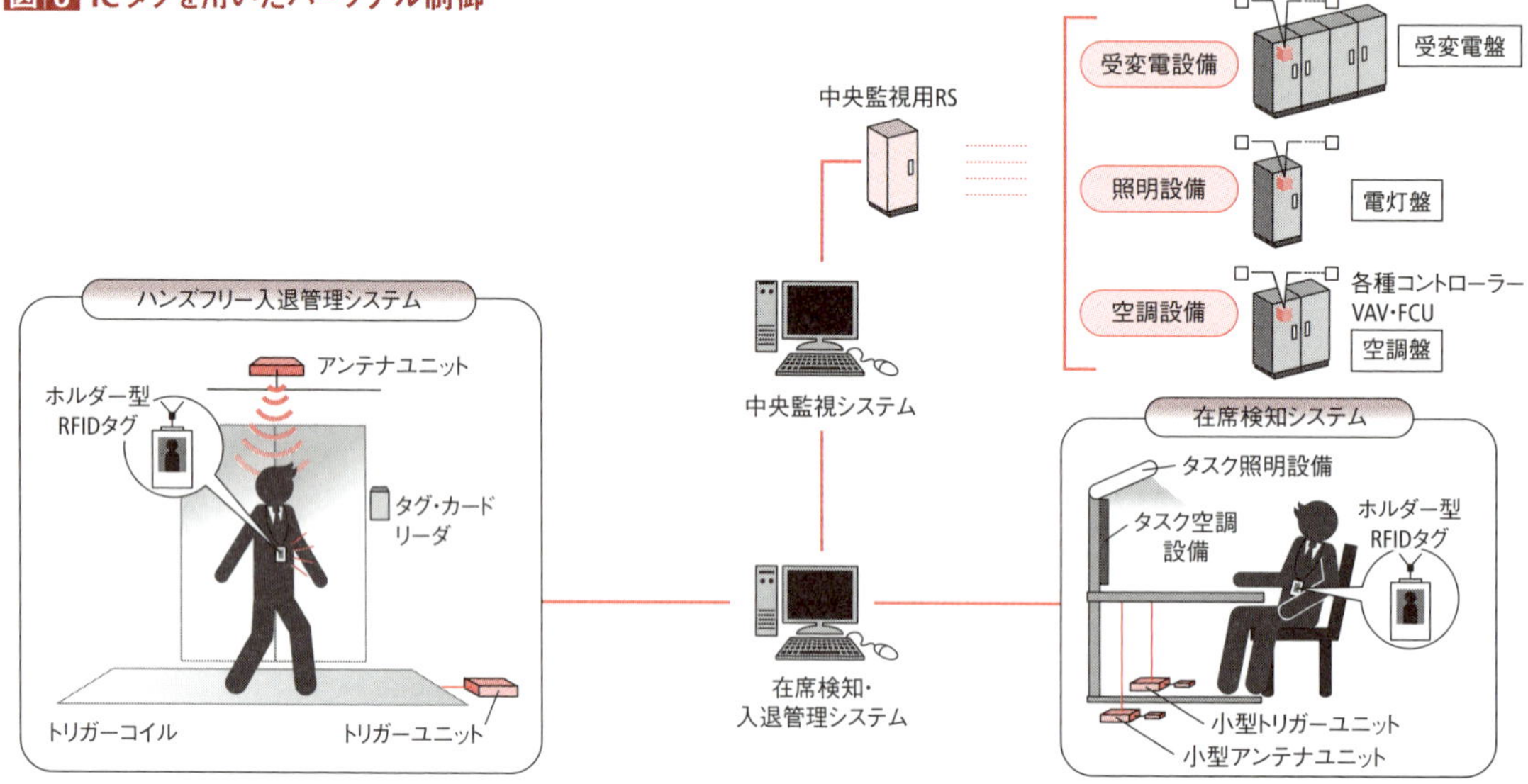
受変電設備
受変電盤
中央監視用RS
照明設備
電灯盤
空調設備
各種コントローラー
VAV・FCU
空調盤
中央監視システム
ハンズフリー入退管理システム
アンテナユニット
ホルダー型
RFIDタグ
タグ・カード
リーダ
トリガーコイル
トリガーユニット
在席検知・
入退管理システム
在席検知システム
タスク照明設備
タスク空調
設備
ホルダー型
RFIDタグ
小型トリガーユニット
小型アンテナユニット

（出典） 日本電気資料

り、時間帯によって明るさを調節したりという方法が一般的であった。

これは、人の行動をもとに必要な明るさを設定しているが、そもそも照明器具の配置は人の配置と一対一で対応していないので、必然的に個人でなく集団を対象にしていた。しかし、究極は各個人の行動をもとに照明の明るさを設定できることが理想であり、すでにそのようなシステムが提案されている。これがパーソナル制御である。

具体的には、人感センサーやＩＣタグを用いて人の存在を検知し、人が存在すれば照明が自動的に点灯し、不在であれば減灯あるいは消灯する。また光環境の調節は個人ごとに可能であり、パソコンなどを用いて明るさや光色を変えることができる。照明制御に適したＬＥＤ照明の普及やタスク・アンビエント照明の考え方の普及も手伝って、今後オフィスを中心に広がっていくことが予想される。

ただし、この制御方法は省電力の点からは大きな効果が期待できるが、個人がばらばらに明るさや光色を調節すると、天井面や壁面の光の分布が変動して、空間全体としての光環境の美観を損なうおそれがある。

このような光環境による快適性の低下を生じさせないことが今後の課題と

図7 光ダクト採光システム

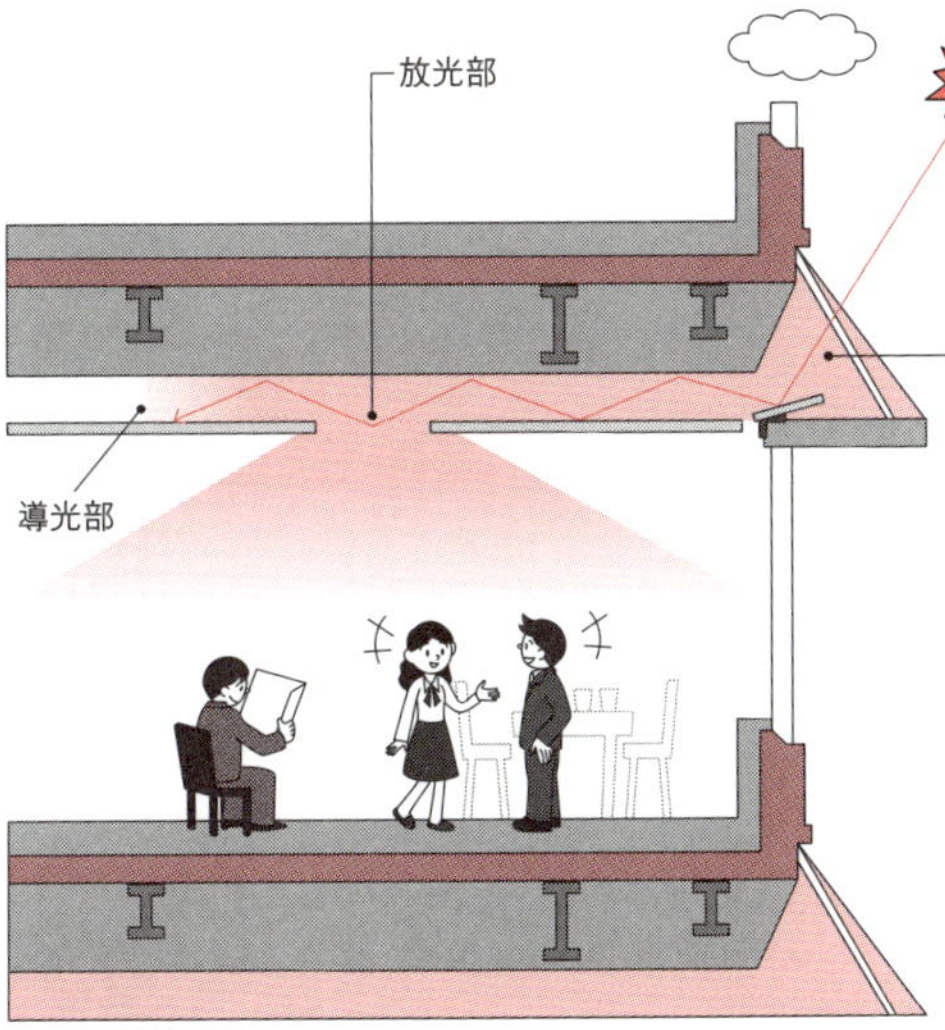

放光部
自然光
採光部
導光部

（出典） マテリアルハウス資料

図8 透過性のある太陽光パネルの活用例

●窓ガラスとして応用した場合

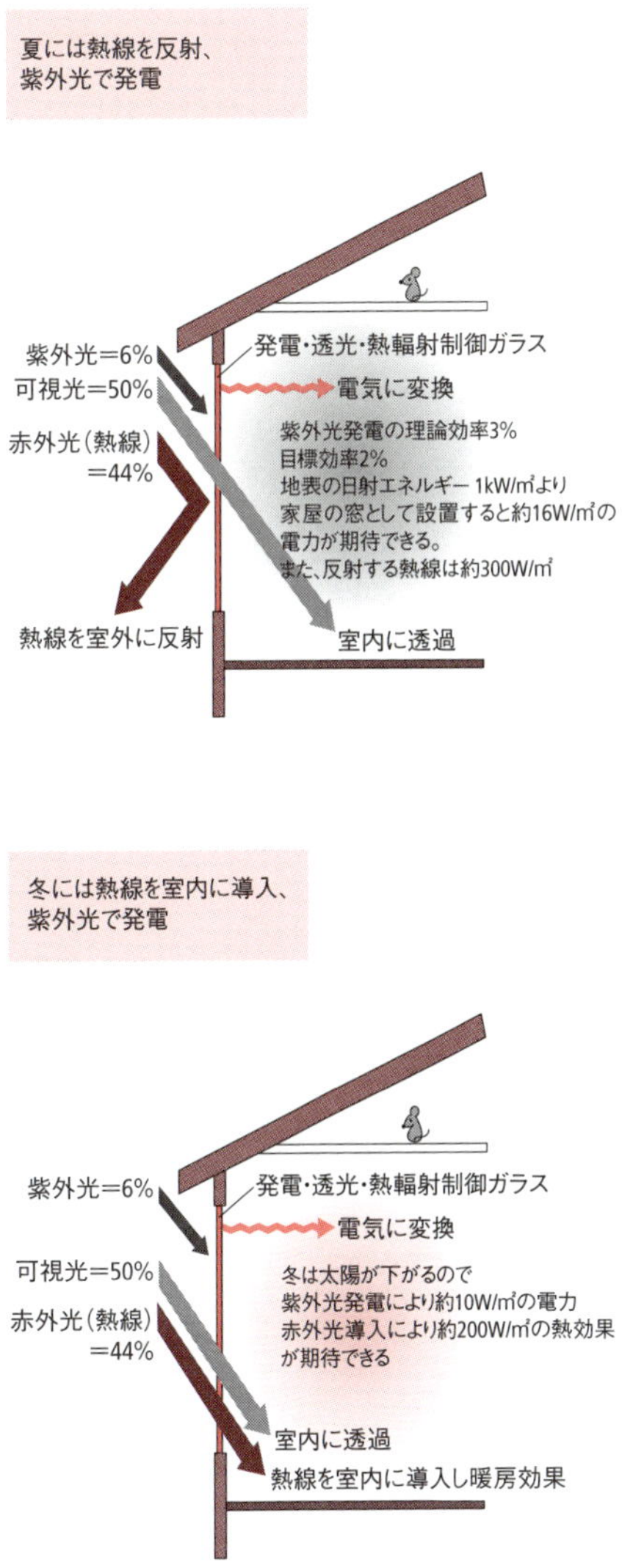

夏には熱線を反射、
紫外光で発電
紫外光=6%
可視光=50%
赤外光（熱線）
=44%
発電・透光・熱輻射制御ガラス
電気に変換
紫外光発電の理論効率3%
目標効率2%
地表の日射エネルギー 1kW/m²より
家屋の窓として設置すると約16W/m²の
電力が期待できる。
また、反射する熱線は約300W/m²
熱線を室外に反射
室内に透過
冬には熱線を室内に導入、
紫外光で発電
紫外光=6%
可視光=50%
赤外光（熱線）
=44%
発電・透光・熱輻射制御ガラス
電気に変換
冬は太陽が下がるので
紫外光発電により約10W/m²の電力
赤外光導入により約200W/m²の熱効果
が期待できる
室内に透過
熱線を室内に導入し暖房効果

（出典） （独）産業技術総合研究所資料

図9 明るさと光色の連動制御

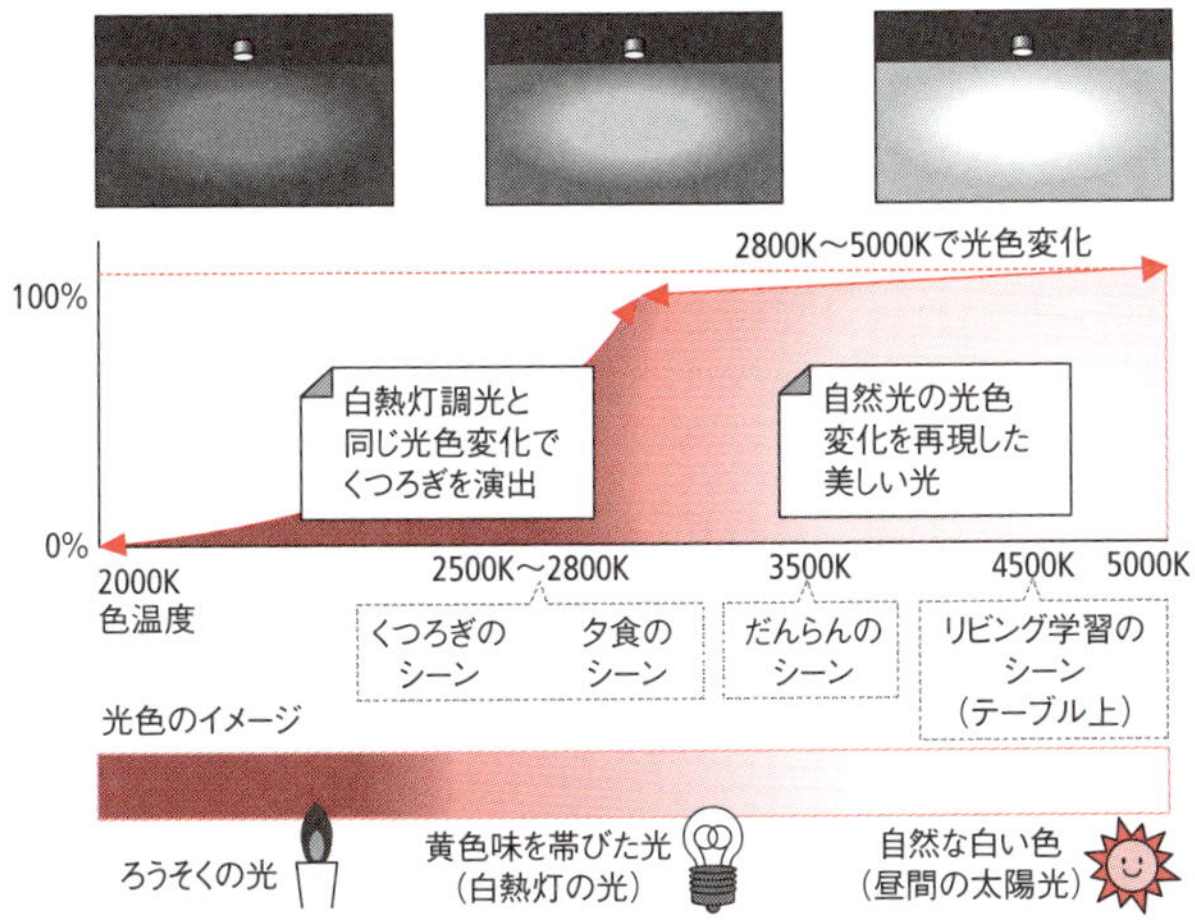

2800K〜5000Kで光色変化
100%
0%
白熱灯調光と
同じ光色変化で
くつろぎを演出
自然光の光色
変化を再現した
美しい光
2000K
色温度
2500K〜2800K
3500K
4500K
5000K
くつろぎの
シーン
夕食の
シーン
だんらんの
シーン
リビング学習の
シーン
（テーブル上）
光色のイメージ
ろうそくの光
黄色味を帯びた光
（白熱灯の光）
自然な白い色
（昼間の太陽光）

（出典） パナソニック資料

考える（図5・6）。

今後の方向性

これからの照明制御を用いた省電力の方向性として、昼光の積極的な活用が考えられる。例えば、光ファイバーや光ダクトを用いて室内に昼光を導くといった採光方法などである（図7）。窓面から離れた部屋の奥や地下空間など、光の届きにくい場所に昼光を届けることができるが、昼光は明るさの変動が大きいため、必要に応じて人工照明で明るさを補う必要がある。

また、透明な太陽光パネルを窓面に埋め込んで、昼光を取り込みながら紫外線で発電する方法も昼光利用の一形態と考えられる。発電効率は高くないが、昼光に含まれる可視光、紫外線および赤外線をそれぞれ分けて活用する考え方は、今後の新しい昼光利用として可能性を秘めている（図8）。

さらに光色についても、より繊細な制御が行われると考えられる。

一般的に、色温度が高く照度が低い状態は、陰気で不快になると考えられていることから、空間の明るさの低下に伴って色温度も低下させ、暗さによる不快感を軽減させることを目的としたシステムなどが提案されている（図9）。

照明設計におけるエコ

図1 タスク・アンビエント照明方式の種類

形　式	TAL (1)	TAL (2)	TAL (3)
タスク照明用	タスク灯	タスク灯	タスク灯
アンビエント照明用	全般照明	アッパーライト	TAL (1)とTAL (2)との複合
姿　図			

※TAL (Task and Ambient Lightingの略記)

写真1 タスク・アンビエント照明方式の実施例

(a) 間接照明によるアンビエント照明の例

(山田照明)

(b) デスクと照明が一体化している例

(ヤマギワ)

写真2 全般照明方式の実施例

(東芝)

照明設計とは

照明設計は、対象となる空間の機能を想定して行われる。その際、空間機能が明確でないと最大公約数的な照明設計となり、無駄が生じやすい。どこで何が行われても問題とならないように、万遍なく空間を照明することになりがちだからである。このことから照明設計におけるエコとは、まず対象となる空間の機能を明確にし、その機能に合わせた光環境を構築することで実現できると考えられる。

タスク・アンビエント照明

海外のオフィスでよく採用されている照明方式では、視作業に必要な明るさを得るためのタスク照明と空間全体の雰囲気をつくるアンビエント照明を分けて考えることが特徴である。空間に明るさのメリハリができて雰囲気がよく、アンビエント照明は低照度でよいことから省エネルギー性も高い（**図1、写真1**）。しかし日本においてはあまり普及していない。なぜなら、これ

図2 全般照明方式とタスク・アンビエント照明方式

全般照明方式
タスク・アンビエント照明

表 タスク・アンビエント照明方式を考慮した事務所の照度基準の例（CASBEE新築 簡易版）

用 途	事・病（診療）工
レベル1	［照度］＜300lx
レベル2	300lx≦［照度］＜500lx または 1000lx≦［照度］
レベル3	500lx≦［照度］＜750lx
レベル4	全般照明方式の場合で、照度が750lx以上1000lx未満。タスク・アンビエント照明方式もしくはこれに準ずる照明方式の場合で、タスク照度が750lx以上1000lx未満、アンビエント照度がタスク照度の1／3以上2／3以下。
レベル5	タスク・アンビエント照明方式もしくはこれに準ずる照明方式の場合で、タスク照度が750lx以上1000lx未満、アンビエント照度がタスク照度の1／3以上2／3以下、かつ壁面の鉛直面照度もしくは天井面の水平面照度が100lx以上。

■解 説

レベル1から3は、室内の机上面（床面から80㎝前後）の明るさを水平面照度（ルクス）により評価する。学校などで使用時間が昼間に限定される場合は、最小の昼光を勘案した照度としてよい

事務所、病院（診療）、工場におけるレベル4は、全般照明の場合は、室内の机上面の水平面照度により、また、適度なメリハリのある視環境を形成するタスク・アンビエント照明方式、もしくはこれに準ずる照明方式を適切な照度で採用した場合に評価される

レベル5は、タスク・アンビエント方式もしくはこれに準ずる照明方式の適切な照度での採用に加え、視野内に占める割合が大きい壁面や天井を照らし明るさ感を確保する照明計画としている場合に評価される

ここでのタスク照度は、作業域（机上面）の水平面照度のことであり、アンビエント照度は周辺の非作業域における床面から80㎝前後の水平面照度を指す

まで日本のオフィスでは、天井に蛍光灯器具を規則配置させる全般照明方式が主流であったためである（**写真2**）。

全般照明方式が普及した理由としては、什器のレイアウト変更に対応しやすく、設計および施工が容易であることが挙げられる。

高効率なHf蛍光ランプを用いた照明器具が、安価で入手できることも一因であると考えられる。

また直管形LEDランプの登場により、既設器具を流用した、ランプ交換を主体とする簡易な電気工事で、LED化が図れるようになったことも、全般照明方式の継続を助長している。

だが、地球温暖化防止に向けて省エネの必要性が高まったことを受け、日本のオフィスにおいてもタスク・アンビエント照明方式が次第に普及しつつある。

日本におけるタスク・アンビエント照明方式は、具体的には全般照明の照度を従来の半分程度に落としてアンビエント照明とし、デスクスタンドをタスク照明として用いる場合が多い（**図2、表**）。

ただし、この方法では天井面が暗く感じることもあり、空間の明るさ感を効率的に高めることが今後の課題となっている。

図3 一室一灯照明方式から多灯分散照明方式へ

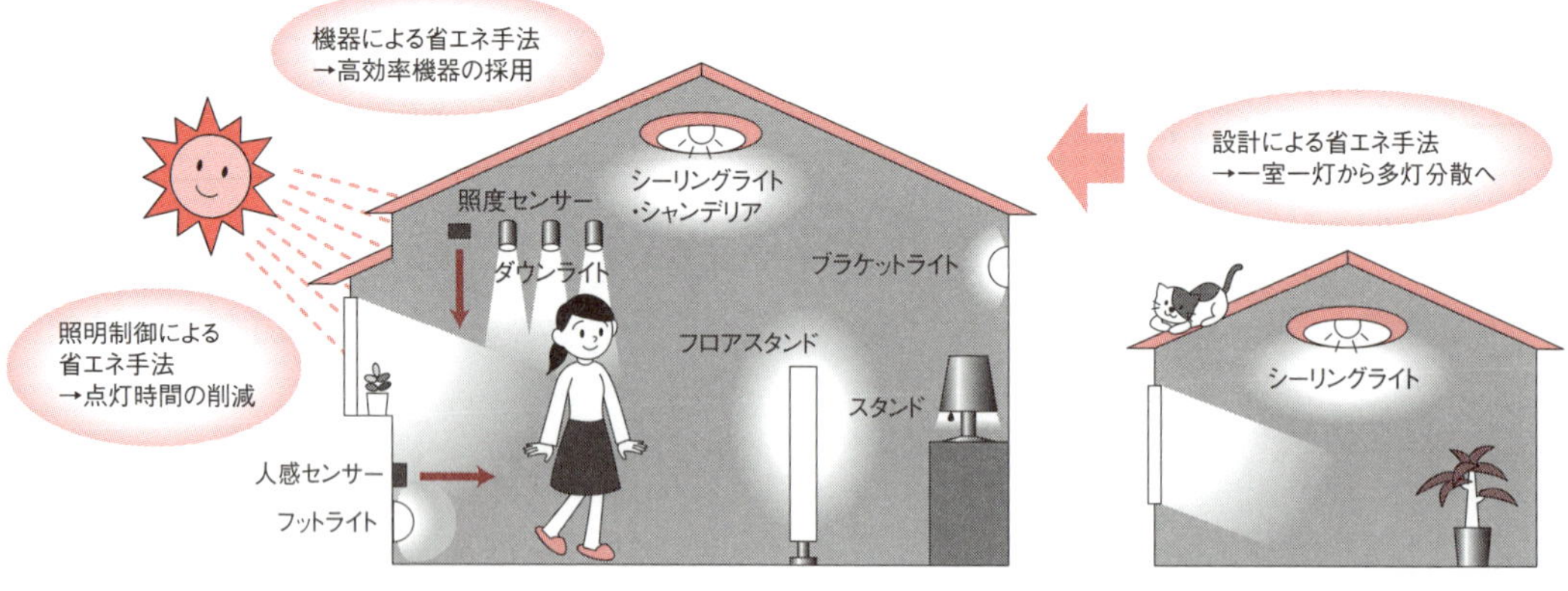
機器による省エネ手法
→高効率機器の採用
設計による省エネ手法
→一室一灯から多灯分散へ
照明制御による
省エネ手法
→点灯時間の削減
照度センサー
シーリングライト
・シャンデリア
ダウンライト
ブラケットライト
フロアスタンド
スタンド
人感センサー
フットライト
シーリングライト
多灯分散照明方式
一室一灯照明方式

写真3 多灯分散照明方式の実施例

(a) リビング

(b) 寝室

多灯分散照明方式

住宅においても、オフィスと同じような変化が起きている。これまでの住宅は、部屋の天井中央に高出力のシーリングライトが一灯設置されている一室一灯照明方式が主流であった。しかし電球形蛍光ランプやLED電球の普及に伴い、多灯分散照明方式に移行しつつある（図3）。

多灯分散照明方式とは、光環境の質の向上と省エネを両立させることを目的とし、消費電力の小さい照明器具を室内に分散配置させる照明方式である（写真3）。

具体的には、以下の2段階の方法で省エネ化を図る。まず設計時には、設計者が採用予定の照明器具の消費電力の合計を消費電力の上限値より小さくする。次に、運用時には、住まい手がその部屋で行う生活行為に合わせて照明器具の点灯パターン（点灯させる照明器具の組み合わせ）を変えて、無駄な照明器具を消灯させるという方法である。ここでの合計消費電力の上限値は、同じ部屋で一室一灯照明方式を採用した場合のシーリングライトの消費電力程度とする。

また、生活行為に合わせて照明器具の点灯パターンが変えられるために、光環境の質の向上も期待できる。この光環境の質とは、ある光環境がそこで行われる生活行為に適しているかどうか（適している場合は光環境の質が高い）という意味で用いている（図4）。

ただし多灯分散照明方式は、対象となる部屋での生活行為が複数あり、かつ光環境を変えたい場合に省エネ効果が高まる照明方式であることから、生活行為がほぼ単一であるトイレなどにおいては採用してもあまり意味がない。その場合は一室一灯照明方式を用いたほうが、省資源の点からは有利となる。

図4 光環境の質

○
明るい光環境 新聞を読む
暗い光環境 映画を観る
×
明るい光環境 映画を観る
暗い光環境 新聞を読む

新聞を読むのに適した光環境はTVの映画鑑賞には不適切であり、逆にTVの映画鑑賞に適した光環境は新聞を読むのに適さない。これは同じ光環境でもそこで行う生活行為によって、良い（質の高い）光環境になったり、悪い（質の低い）光環境になったりすることを意味している

写真4 LCCM住宅

2階 ワークスペースおよび寝室

ワークスペースでは、明るさを必要とする視作業はデスクでのみ行うこととし、デスクスタンドで必要な照度を得る。ブラケットライトや間接照明は、空間の明るさ感を得ることを主な目的とする。寝室は就寝を主目的とし、必要最低限の照明器具の配置となっている

1階 リビング・ダイニング

ダイニングテーブルの明るさはペンダントライトで確保し、その他の照明にて空間の明るさ感を創出する。
リビングでは、高照度を必要とする生活行為を想定していない。中間の食器棚は上部にLEDテープライトを埋め込み、効率的に手元の明るさが得られるようになっている

多灯分散照明方式を用いる場合でも、変化させる光環境の種類を過剰に設定してしまうと、ほとんど使わない照明器具を設置するということが起こりうる。そのため多灯分散照明方式といえども、設置する照明器具の個数を必要最低限に抑えることは、今後重要になってくると考えられる。光源や照明器具の使用エネルギー（電力）量は運用時のものがほとんどであるが、LCCO$_2$（ライフサイクルCO$_2$）を考慮するようになると、それらの製造や廃棄に使用されるエネルギーも無視できなくなるためである。

例えば、LCCO$_2$を考慮したLCCM住宅デモンストレーション棟（注）においては、すべての照明にLED照明を採用して省電力を図るとともに、無駄に明るい部分と過剰な照明器具をなくしている。これは照明器具を生活行為に合わせて配置するというだけでなく、各部屋の生活行為の種類をできるだけ絞ることで実現した（写真4）。

このように、LED照明を主体として省電力を実現するこれからの照明設計では、天井に光量の大きい照明器具を設置して空間全体を照明する手法は不適切であり、消費電力の低い照明器具を必要な場所に分散配置させる多灯分散照明方式が適している。

（注）（独）建築研究所が主体となって、つくば市に建築した実験住宅。LCCMはライフサイクルカーボンマイナスを意味し、住宅の建設から解体までのライフサイクルトータルでCO$_2$排出量がマイナスになることを目的とする（248～251頁参照）
http://www.kenken.go.jp/japanese/contents/lccm/index.html

光環境シミュレーション

図1 照度と輝度

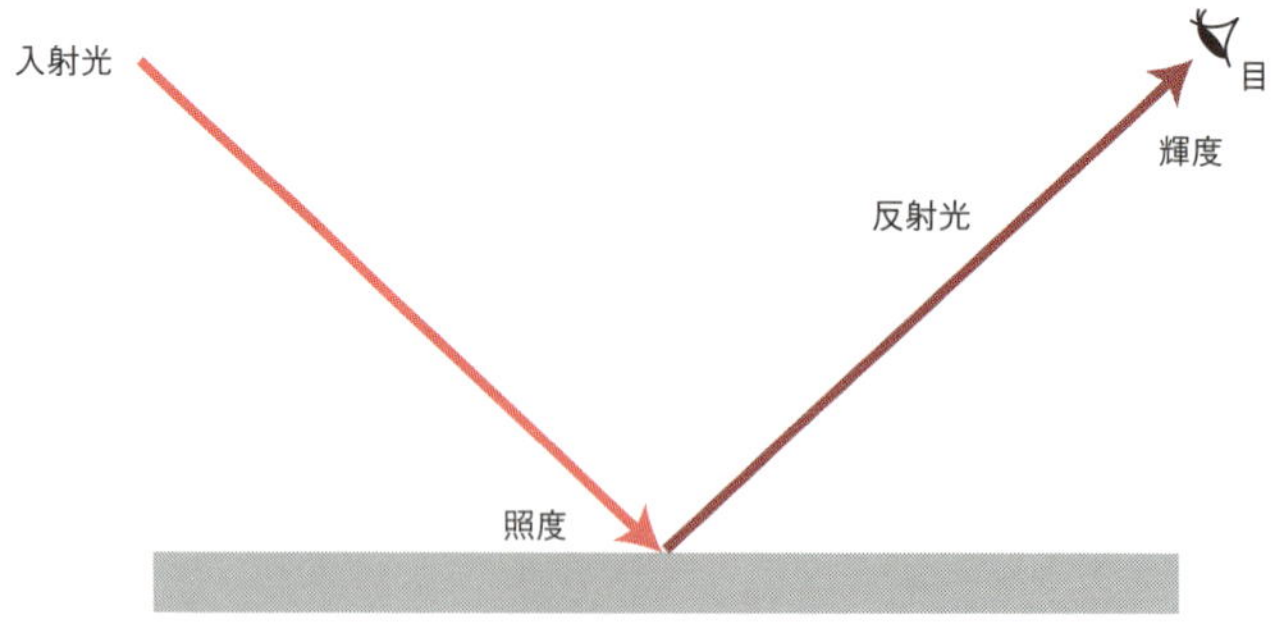
入射光
目
輝度
反射光
照度

照度はある面に入射する量。
輝度は発光面や被照面から人の目に向かって放射される光の量

図2 輝度の算出式

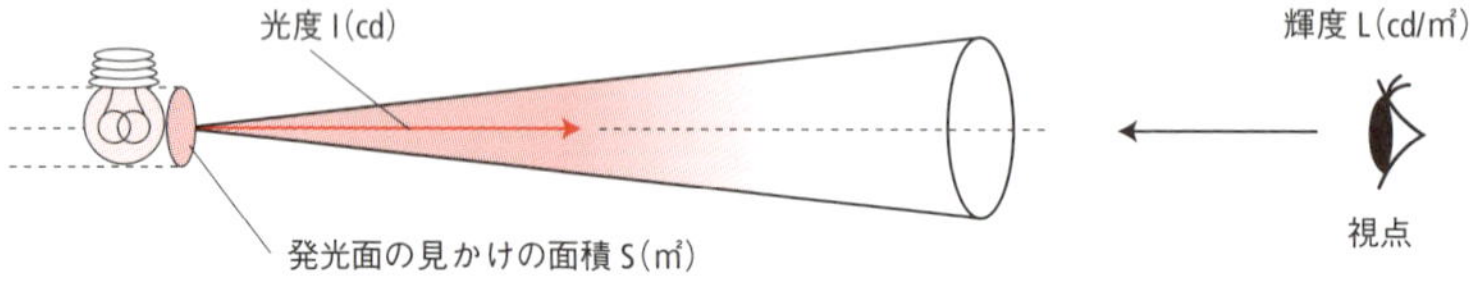
光度 I(cd)
輝度 L(cd/㎡)
視点
発光面の見かけの面積 S(㎡)

$$\text{輝度L (cd/m}^2\text{)} = \frac{\text{光度I (cd)}}{\text{発光面の見かけの面積S (m}^2\text{)}}$$

照度設計の限界

照明設計が高度化すると、光環境の細かい検討が必要になる。そのため光環境のシミュレーションは、今後さらに重要になると考えられる。

これまでの照明設計は、照度を明るさの共通言語として用いる照度設計が主流であった。照度は、ある面に入射する光の量であるため、感覚的に捉えやすく、算出も容易であることから普及したと考えられる。しかし、そもそも人の目は、ある面から反射した光を見ており、その面の反射率の高低によって同じ照度であっても見え方は変わる。このように人の目の見え方に対応できないことが照度と照度設計の限界である。

もちろん、机上面で本を読むような視作業を考えた場合は、主に白い紙を見ることになるので反射率があまり影響せず、従来の照度による検討で大きな問題はない。だが、タスク・アンビエント照明方式などに見られる、これからの高度化された照明設計において

図3 照度設計と輝度設計のイメージ

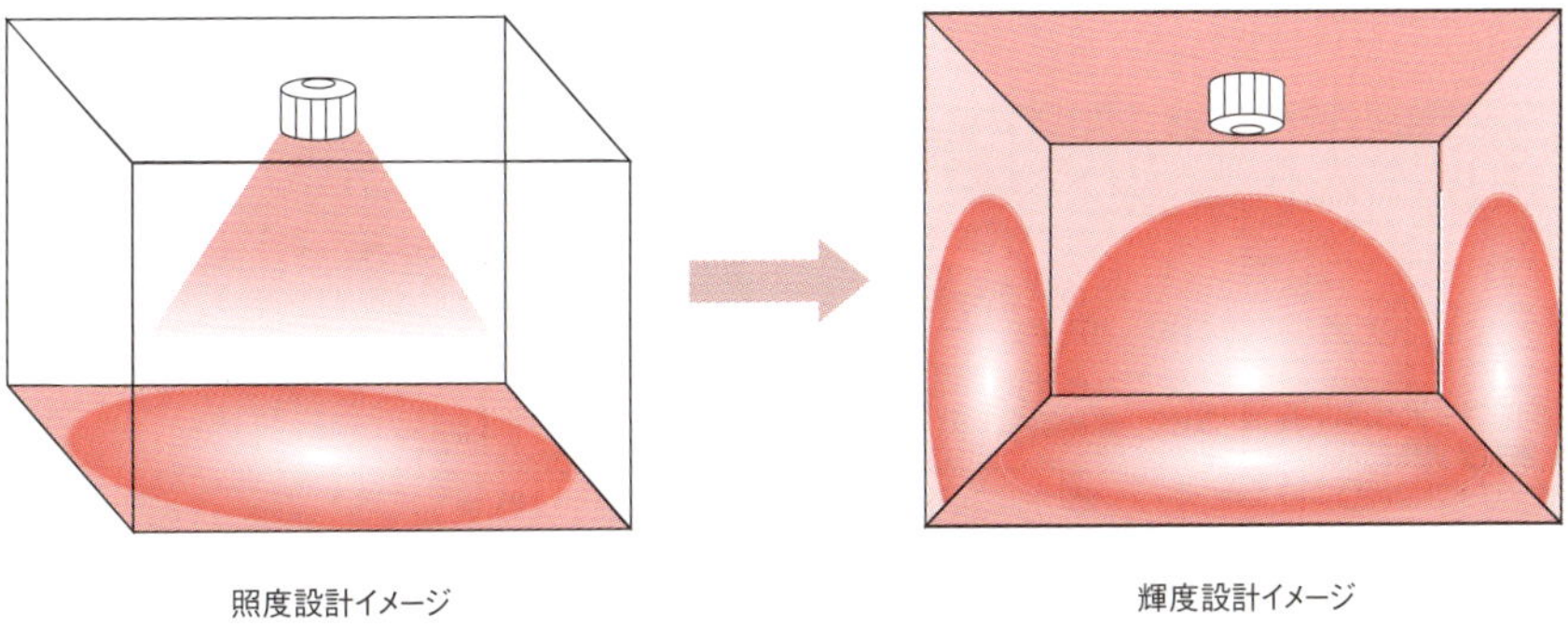
照度設計イメージ
輝度設計イメージ

図4 照度設計と輝度設計のフロー

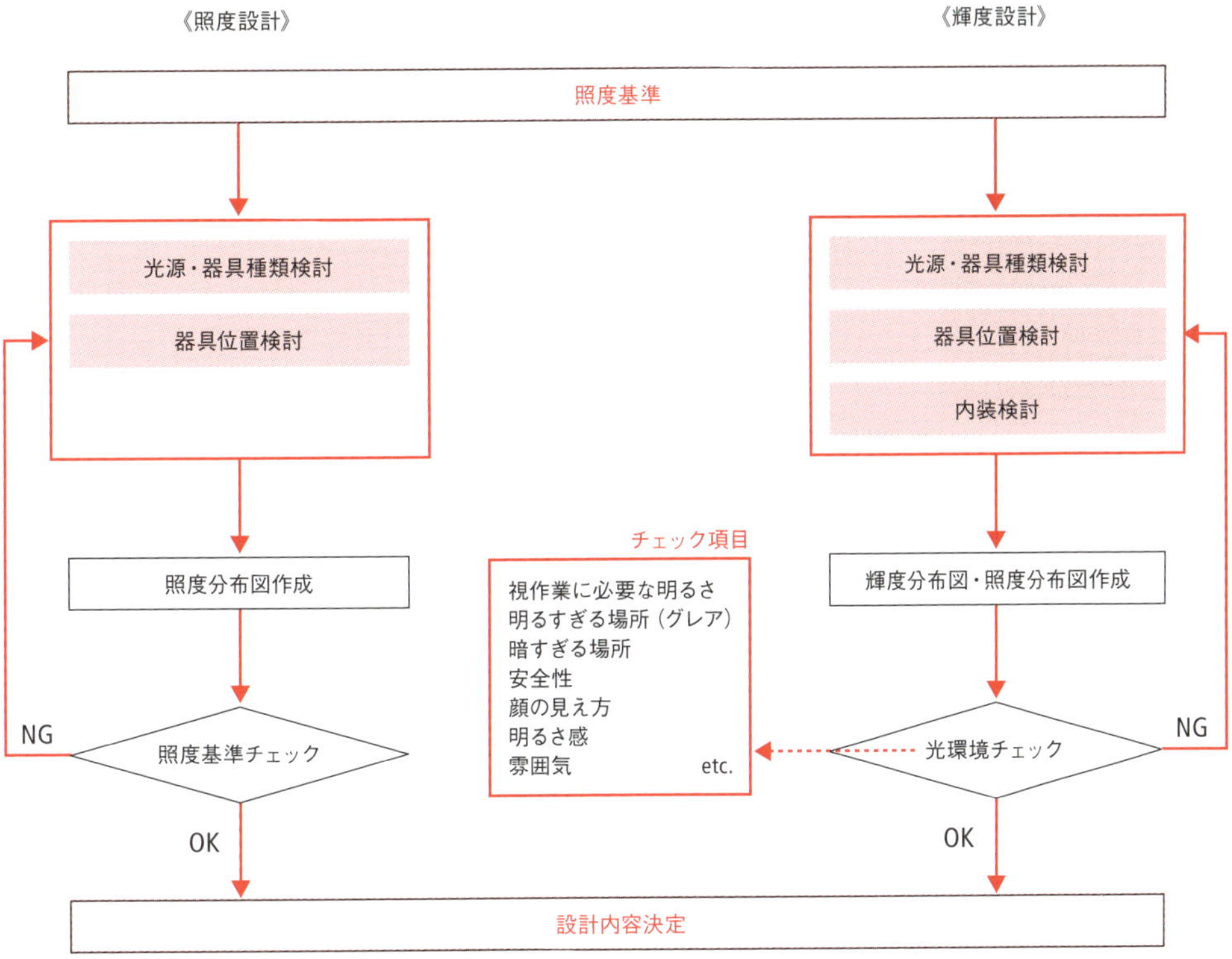
《照度設計》
《輝度設計》
照度基準
光源・器具種類検討
器具位置検討
光源・器具種類検討
器具位置検討
内装検討
照度分布図作成
チェック項目
視作業に必要な明るさ
明るすぎる場所（グレア）
暗すぎる場所
安全性
顔の見え方
明るさ感
雰囲気
etc.
輝度分布図・照度分布図作成
NG
照度基準チェック
光環境チェック
NG
OK
OK
設計内容決定

は、空間全体の見え方を検討する必要があり、その際にはインテリアの色や反射特性が影響することから、照度では検討できなくなる。

そこで、輝度が重要になる。輝度は、ある面（発光面や被照面）から人の目に向かって放射される光の量である。照度が被照面に入る光の量を表すのに対し、輝度は被照面から反射する光の量であるため、輝度のほうが人の目の見え方に近くなる（**図1**）。また、人は同じ光の量でも発光面の見かけの大きさが小さいと明るく感じることから、輝度はこれを考慮して算出される（**図2**）。

輝度設計への移行

このように、輝度は人の目に近い測光量であり、照度設計が単にある面に入射する光の分布を検討しているだけなのに対して、輝度設計は人の目で見た空間全体の光の分布を検討している点が大きく異なる（**図3**）。

ただし、輝度は算出する際に視点の位置と視線方向が必要になり、またインテリアの反射特性も必要になるため、照度に比べて算出方法が複雑になる。これが普及を妨げる一因となっている。

しかし、輝度設計は照度設計に比べ

図5 イメージCGと輝度分布図

(a) イメージCG

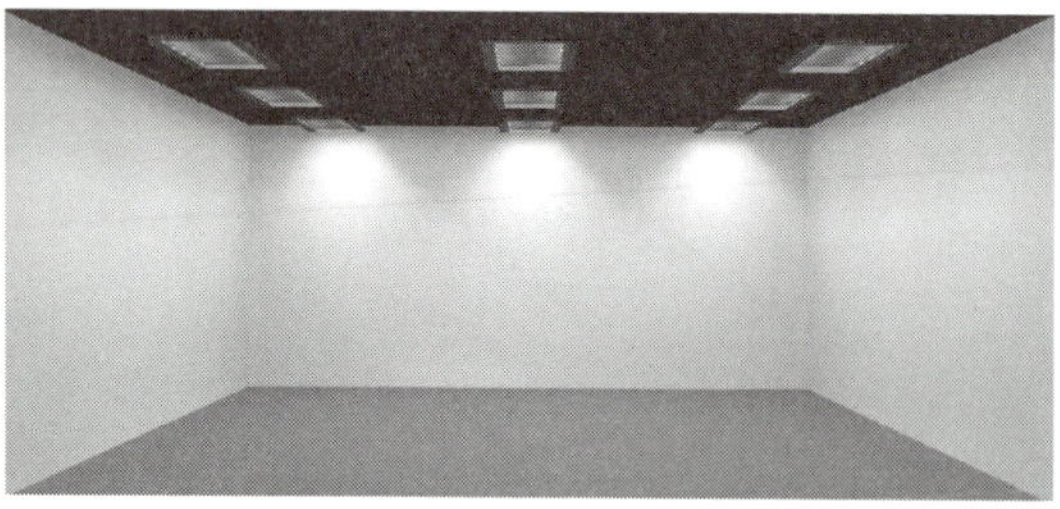

(b) 輝度分布図

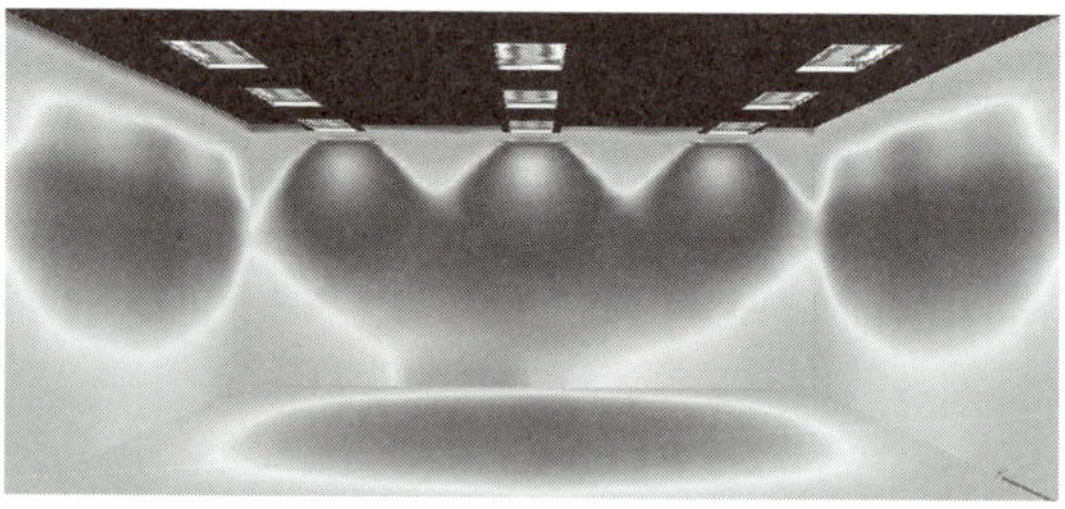

図6 明るさの対比による見え方の違い

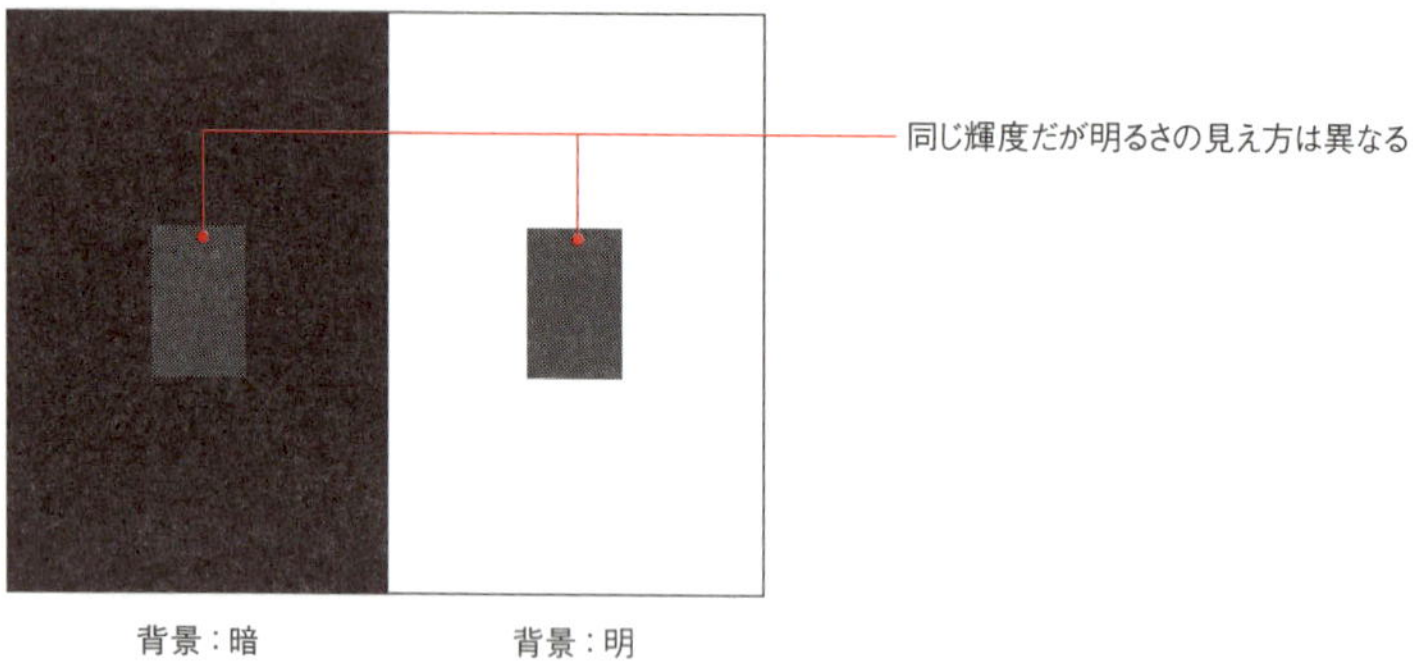
同じ輝度だが明るさの見え方は異なる
背景：暗
背景：明

図7 明るさ尺度値（単位：NB）

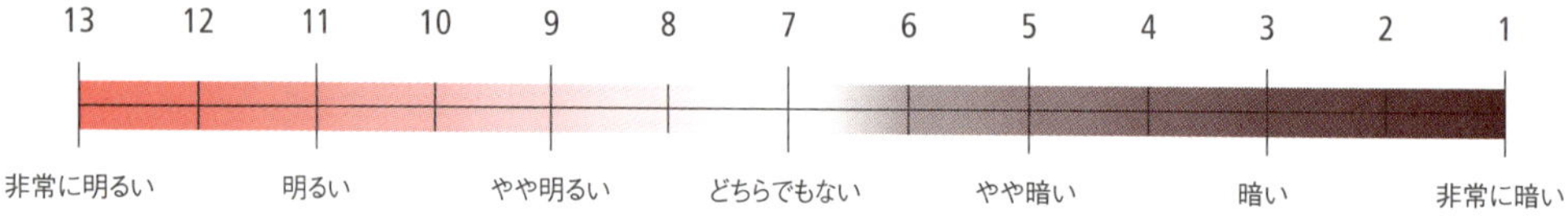
13
12
11
10
9
8
7
6
5
4
3
2
1
非常に明るい
明るい
やや明るい
どちらでもない
やや暗い
暗い
非常に暗い

て光環境を細かく検討できるため、照明設計を行ううえでは大きく優位であるといえる（図4）。今後は、照明設計の高度化に伴い、輝度設計に移行していくことは必然と考える。

輝度設計における光環境のシミュレーション

輝度設計においては、光環境のシミュレーションがより重要になる。まず基本となるのが、輝度分布図である（図5）。

輝度分布図は照度分布図と比較してかなり人の目に近いため、おおむね空間の見え方を表すことができる。しかし人の目で見る場合、注視しているものの明るさは、そのものの周辺の明るさなどでも異なって見える。同じ輝度でも周辺が明るい場合は暗く見え、周辺が暗い場合は明るく見えるといった対比の効果である（図6）。

単純な輝度分布図ではこのような効果を考慮できないが、輝度分布図に、この対比の効果を加味して明るさを予測する明るさ分布図が提案されている。明るさ分布図には、明るさ尺度値を用いる。

明るさ尺度値とは、人が感じる明るさの程度を、明るい、暗いといった形容詞を用いて表し、数値（尺度値）と

図8 輝度分布図と明るさ分布図

(a) 輝度分布図

1000
100
10
1
[cd/m²]

(b) 明るさ分布図

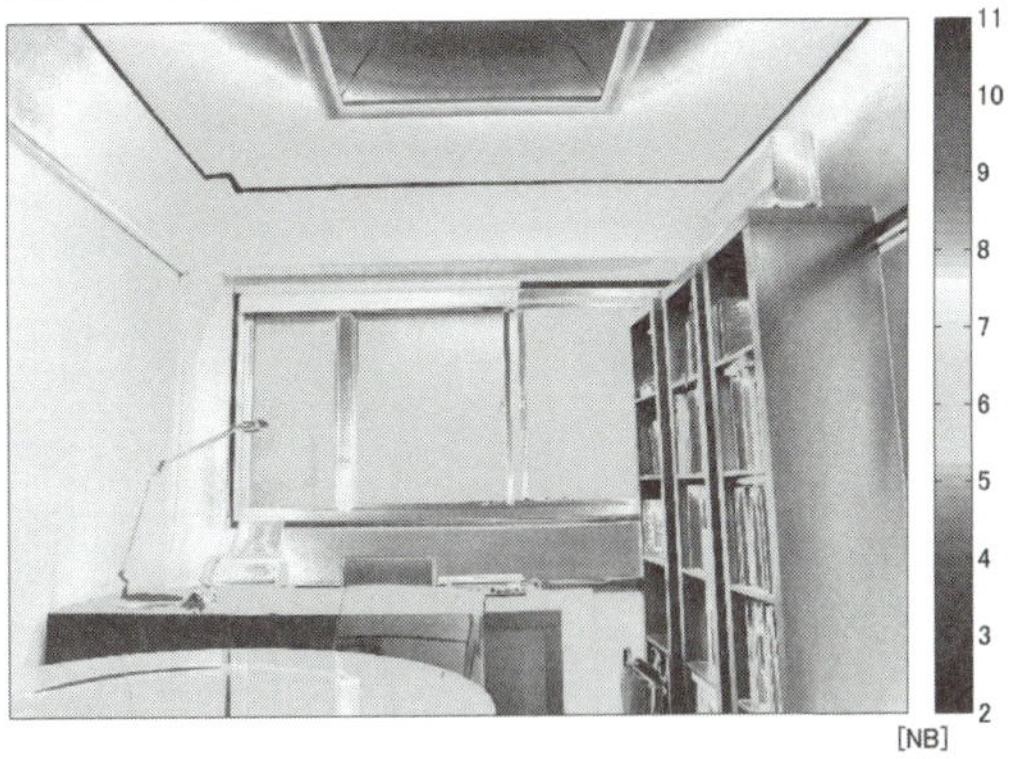
11
10
9
8
7
6
5
4
3
2
[NB]

（出典） http://www.matsushitas-lighting.com/apperance.htm

図9 3次元照度分布図と3次元照明ベクトル分布図

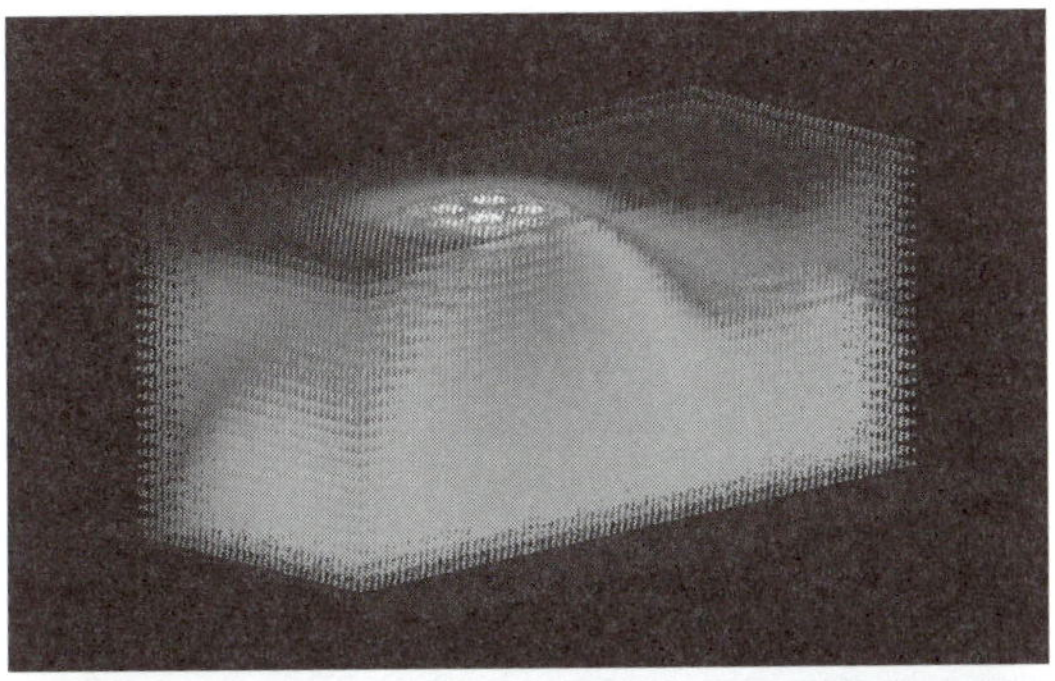

(a) 3次元照度分布図

空間内を格子状に区切り、格子点における水平面照度を表している

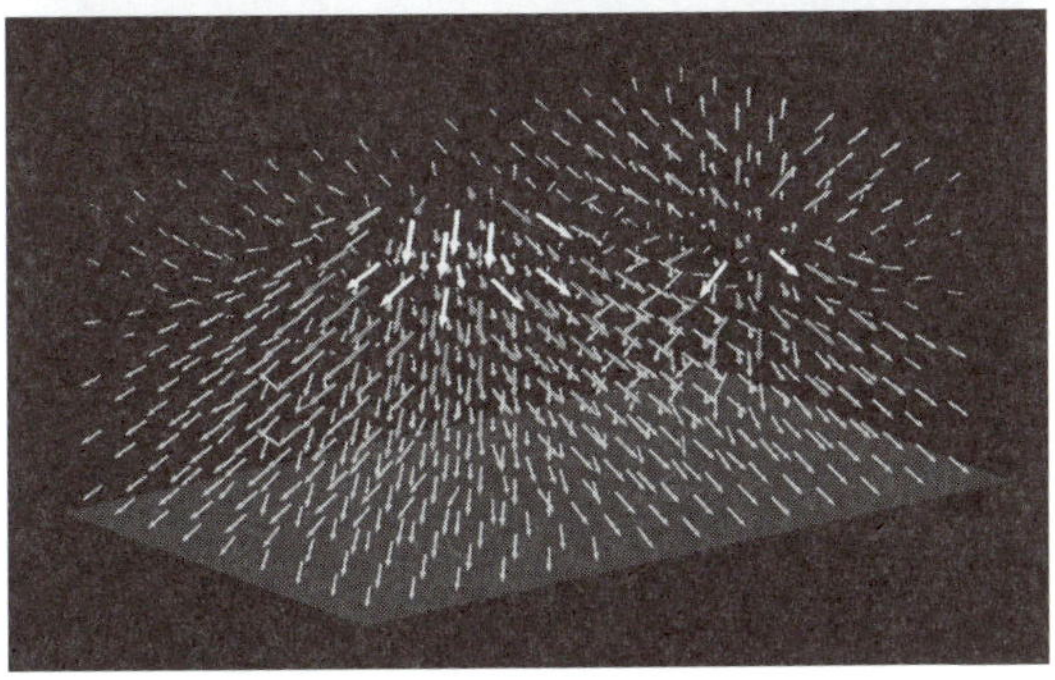

(b) 3次元照明ベクトル分布図

格子点における照明ベクトルを表しており、空間内においてどの方向の光が強いかを示すことができる

（出典） http://www.matsushitas-lighting.com/3Dsimulation.htm

対応させたものである（図7）。この明るさ尺度値を、輝度を用いて算出する方法が提案されており、その方法を用いて輝度分布図を明るさ分布図に変換している（図8）。

輝度分布図はある照明シーンにおける空間の見え方を評価できるが、空間全体を俯瞰的にとらえることが難しい。そのためこれからは、前述のシミュレーションに加えて、空間内における被照面のない部分を含めたシミュレーションが必要になると思われる。

例えば、3次元照度分布図や3次元照明ベクトル分布図などである（図9）。3次元照度分布図は空間内を格子状に区切り、格子点における水平面照度を表している（注1）。また3次元照明ベクトル分布図は、格子点における照明ベクトル（注2）を表しており、空間内においてどの方向の光が強いかを示すことができる。ただし計算上、反対方向の光は打ち消しあってしまうため、実際の光環境と少しイメージが異なってしまうというデメリットがある。

今後の課題

これらの光環境シミュレーションは、照明設計時に強力なツールとなることが予想されるが、現在明るさの基準としては照度基準がほとんどであるため、せっかく輝度を用いたシミュレーションを行ってもその光環境を客観的に判断する指標がなく、説得力に欠けている。輝度基準などの整備が今後の課題と考える。

（注1） 室内の壁や床などの面(2次元)の照度分布図を透視図上に表示した照度分布図を3次元照度分布図と呼ぶことがあるが、ここでは空間内部の面のない部分における照度分布を含めた立体的な照度分布図を指している

（注2） その点に仮想した微小面の表面の照度と裏面の照度との差が最大になる方向を方向とし、その時の照度の差を大きさとするベクトルのこと

Column

自然への恩恵と"もったいない"

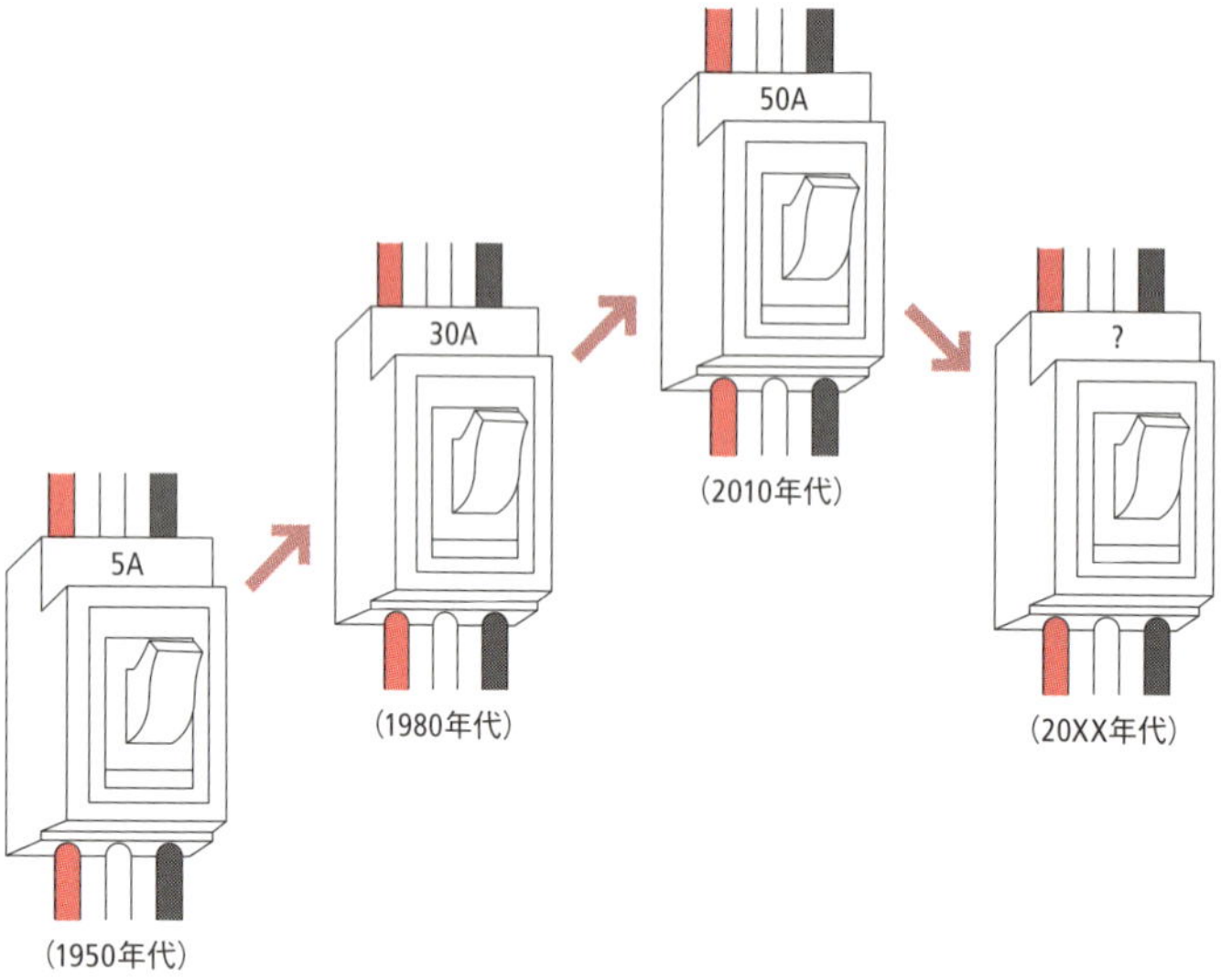
5A
(1950年代)
30A
(1980年代)
50A
(2010年代)
?
(20XX年代)

日本開催は初めてとなる第24回 UIA TOKYO（世界建築会議）が、東京国際フォーラムを中心に2011年9月26日から開催された。天皇皇后両陛下ご臨席の下での開会式をはじめ、3日間の講演会では、同年3月11日に発生した福島原発事故を含む東日本大震災を教訓とした、今後の「都市づくり・町づくり・建物づくり」に関連した発表が数多くあった。

「これからの環境建築」と題したシンポジウムで、パネリストのトーマス・レヒナー氏（独：建築家）がコメントした「…電力等の供給が途絶えた場合でも、ある程度の快適な住環境を維持できる建物づくりが重要である…」は、筆者の価値観を見直す機会にもつながった。

1955年に創設された日本住宅公団の当初の使用可能な電流値（契約電流）が5Aであったことを思い出すとともに、最近、契約電流を1ランク下げようとする運動として生まれた「アンペアダウン」という言葉も身近に感じた（契約電流を設定していない地域もあることに注意）。現代社会のあらゆる建物に対して電力の供給は不可欠であるが、過度な電力依存は慎むことが原則であろう。

今後、地球環境に配慮した、安全性の高い発電方法の開発、高効率機器の開発、建物の環境的な工夫、各種制御の見直しなど供給者側の課題は多い。一方、地球環境への配慮は、建物の利用者・居住者側の使い方が極めて重要であり、今後も多方面からの啓発・教育が必要である。そこには日本人の生活姿勢の一つでもあった「自然への恩恵」と「もったいない」は、これからの時代にとても大切な言葉になるのではないかと改めて実感するところである。

（市川 憲良）

第6章 評価手法

日本における環境性能評価手法

表1 日本の環境評価手法

名称	概要
環境共生住宅認定制度 提供：（財）建築環境・省エネルギー機構 （環境共生住宅推進協議会） HP：http://www.ibec.or.jp/ （http://www.kkj.or.jp/）	1993年4月に建設省住宅局から「環境共生住宅・市街地ガイドラインについて」の通達が出される。これは、省エネルギー、省資源、周辺生態環境との親和等地球環境への負荷を低減するモデル性の高い住宅団地の整備に対して補助を行う「環境共生住宅・市街地モデル事業」制度の適用判断条件となった。個人建築主に対しては住宅金融公庫の環境共生貸付け制度の拡充・強化が図られてきた 環境共生住宅認定制度は1998年度から始まり、現在は環境共生住宅推進協議会から（財）建築環境・省エネルギー機構へ認定事業の主体が移り、環境共生住宅の普及努力が進められている。提案類型のうち2本以上の提案があり、必須要件4分野・7項目の基本性能、機能をすべて満たしていること。必須条件と提案類型の2つによって認定される 【提案類型／必須要件】 省エネルギー：①平成4年省エネ基準の達成 省資源廃棄物：②高耐久化、③維持管理、④節水 地域環境親和：⑤立地環境への配慮 健康快適安心：⑥バリアフリー、⑦室内環境
環境配慮型官庁施設（グリーン庁舎）計画指針 提供：国土交通省大臣官房官庁営繕部 HP：http://www.mlit.go.jp/	1998年に京都議定書の主旨に沿って、環境に与える影響を$LCCO_2$で評価し、環境負荷の低減、特に地球温暖化対策の推進に資するものである。計画指針は以下の5項目で構成されている ①周辺環境への配慮 ②運用段階の省エネ・省資源 ③長寿命化 ④エコマテリアルの使用 ⑤適正使用・適正処理 ◇基本計画 グリーン化技術選定シート：環境負荷低減技術の選定 グリーン庁舎チェックシート：環境配慮の度合いの確認 庁舎版$LCCO_2$計算法（庁舎版）：$LCCO_2$削減目標達成を確認 ・「グリーン庁舎計画指針及び同解説」（発行：社団法人 公共建築協会）
既存庁舎グリーン診断・改修計画指針 提供：国土交通省大臣官房官庁営繕部 HP：http://www.mlit.go.jp/	既存の官庁施設の新たな環境負荷低減手法として、2000年12月に策定された この手法によって省エネルギー建築設計指針策定前の1975年頃に建設された官庁施設にグリーン改修を行った場合、改修時点を起点とした$LCCO_2$を最大で約15％削減することが可能であるとのシミュレーション結果が得られている
LCA（Life Cycle Assessment） 建築物のライフサイクルアセスメント手法 提供：日本建築学会地球環境委員会 HP：http://news-sv.aij.or.jp/tkankyo/s0/site/arc08.html	建築物の環境負荷評価は、1999年に日本建築学会建物のLCA指針（案）、1997年空気調和・衛生工学会のLCA手法など学会、国土交通省などで取り組まれてきた。日本建築学会のLCAツール（AIJ-LCA）は、建築物のライフサイクルにおけるエネルギー消費・CO_2排出・SOx排出・NOx排出の4つのインベントリーを分析すると伴に、オゾン層破壊、地球温暖化、酸性雨、健康障害（大気汚染）、エネルギー枯渇という環境影響評価と、LCCの概算評価も可能である。また、資源消費を評価するLCR（Life Cycle Resource）の指標と廃棄物の発生を評価するLCW（Life Cycle Waste）の指標も整備されている
LCC（Life Cycle Costing） 建築物のライフサイクルコスティング手法 提供：国土交通省大臣官房官庁営繕部 （財）建築保全センター HP：http://www.mlit.go.jp/ http://www.belca.or.jp/	建築物のライフサイクルにおける各段階に関わる費用を算定し、環境性能評価に経済的な視点を加えた評価である。1993年に建設省大臣官房官庁営繕部「建築物のライフサイクルコスト」が出版され、2005年に改訂された「平成17年度版 建築物のライフサイクルコスト」では、事務所ビルに加え、学校、集合住宅が加えられている
エコスクール整備指針 提供：文部科学省 HP：http://www.mext.go.jp/	環境負荷低減や自然と共生した学校施設の整備と環境教育、施設運営を行うための総合的な整備指針として、1996年3月に「環境を考慮した学校施設（エコスクール）の整備について」が策定された。1997年以降、「環境を考慮した学校施設の整備推進に関するパイロット・モデル事業」、「私立学校エコスクール整備推進モデル事業」が順次整備され、エコスクールの整備を促進している。下記の3つが大項目として構成されている ①やさしくつくる ②賢く長く使う ③学習に資する

サステナブルな社会・建築

世界的な環境問題への取り組みの中、建築分野においても持続可能（サステナブル）な社会が指向されている。日本では、1990年に日本建築学会地球環境委員会がサステナブル建築について次のように定義している。

「サステナブル建築とは、地域レベルおよび地球レベルでの生態系の収容力を維持する範囲内で、①建築のライフサイクルを通して省エネ、省資源、リサイクル、有害物質の排出抑制を図り、②その地域の気候、伝統、文化および周辺環境と調和しつつ、③将来にわたって人間の生活の質を適度に維持、向上させていくことができる建築物」。

世界共通の環境性能評価

サステナブル建築の定義に基づいた共通尺度の環境性能評価として、世界では、イギリスのBREEAM（Building Research Estavlishment Environmental Assessment Method）、ア

表2 建築に関わる環境関連法

名称	概要	
省エネルギー法 （エネルギーの使用の合理化に関する法律） 主務官庁：経済産業省、国土交通省 HP：http://www.meti.go.jp/、http://www.mlit.go.jp/	H25の基準改正により、外皮の性能と一次エネルギー消費量を指標とした建物全体の省エネルギー性能を評価するものとなった	
	外皮性能の指標	・非住宅建築物：H11年基準の年間熱負荷係数（PAL:Perimeter Annual Load） →新年間熱負荷係数（PAL*：パルスター） ・住宅：熱損失係数（Q値）→外皮平均熱貫流率（U_A値） 夏期日射取得係数（μ値）→冷房期の平均日射取得率（η値）
	一次エネルギー消費量の指標	・非住宅建築物：H11年基準の設備システムエネルギー消費係数（CEC：Co-efficient of Energy Consumption）→建物全体の一次エネルギー消費量 ・住宅：すべての住宅が対象
オゾン層保護法（特定物質の規制等によるオゾン層の保護に関する法律） 主務官庁：経済産業省、環境省 HP：http://www.meti.go.jp/、http://www.env.go.jp/	空調冷媒、消火剤、断熱材発泡材など1985年に「オゾン層保護のためのウィーン条約」が採択され、1987年のモントリオール議定書で対象物質と削除スケジュールが定められた。日本では、「特定物質の規制等によるオゾン層の保護に関する法律」として1988年に制定された	
環境基本法 主務官庁：環境省 HP：http://www.env.go.jp/	日本の環境政策の基本となる法律として、1993年11月に制定 環境保全に関する基本理念、国・自治体・事業者・国民それぞれの責務、国や地方自治体の環境保全に関する基本事項で構成される	
地球温暖化対策推進法 （地球温暖化対策の推進に関する法律） 主務官庁：環境省 HP：http://www.env.go.jp/	1997年の気候変動枠組条約（COP3）の京都議定書を受けて、地球温暖化対策の基本方針となる法律で1998年に公布される。温室効果ガスを1990年比で6％削減の目標値を達成するため、対策の進捗状況の評価、見直しを行い、段階的に必要な対策を講じている。2006年から特定排出者（原油換算で1500kL/年もしくは電力換算600万kw/年以上消費している商業施設や事業所など）は、温室効果ガスの排出量を国に報告することが義務づけられている	
品確法 （住宅の品質確保の促進等に関する法律） 主務官庁：国土交通省 HP：http://www.mlit.go.jp/	住宅の品質確保の促進、住宅購入者等の利益の保護、住宅に係る紛争の迅速かつ適正な解決を図ることを目的として、2000年4月に施行される 2002年には、既存住宅の日本住宅性能表示基準・評価方法基準が制定され、既存住宅に係る住宅性能表示制度も開始された	
建設リサイクル法（建設工事に係る資材の再資源化等に関する法律） 主務官庁：国土交通省 HP：http://www.mlit.go.jp/	建築解体廃棄物の発生抑制とリサイクル促進のための建築解体廃棄物リサイクルプログラムが1999年に策定され、さらに2000年に建設リサイクル法によって、特定建設資材廃棄物に関する分別解体と再資源化、解体工事業者登録制度に関する事項が定められている 特定建設資材（コンクリート、アスファルト・コンクリート、木材）を用いた一定規模以上の建築物の工事、解体等の建設工事について、その受注者等に対し、分別解体等及び再資源化等を行うことが義務づけられている	
グリーン購入法（国等による環境物品等の調達の推進等に関する法律） 主務官庁：環境省 HP：http://www.env.go.jp/	循環型社会形成推進基本法の個別法のひとつとして、2000年に制定される。国等の公的機関が率先して環境物品等（環境負荷低減に資する製品・サービス）の調達を推進するとともに、環境物品等に関する適切な情報提供を促進することで需要の転換を図っている	

表3 建築関連学会、協会の取り組み

名称	概要	
地球環境行動計画	1997年に下記の①～⑦の項目を日本建築学会が取り組むべき課題として、活動方針を示して学会の行動計画を示した ①ライフスタイル ②環境負荷分析評価 ③資源利用 ④エネルギー利用 ⑤土地利用 ⑥健康 ⑦国際協力	日本建築学会地球環境委員会 HP：http://www.aij.or.jp/
気候温暖化への建築研究分野での対応	気候変動枠組条約京都会議（COP3）の課題に対し、建築分野での二酸化炭素排出量の削減について、以下の見解を示している ①$LCCO_2$排出量を新築で30％削減を目標に建設活動の展開が必要である ②我が国のCO_2排出量削減のためには、建築物の耐用年数を3倍（100年）に延長することが必要不可欠であり、また可能である	
サステナブル・ビルディング普及のための提言	地域レベルおよび地球レベルでの生態系の収容力を維持しうる範囲内で、建築のライフサイクルを通しての省エネルギー・省資源・リサイクル・有害物質排出抑制を図り、その地域の気候・伝統・文化および周辺環境と調和しつつ、将来にわたって、人間の生活の質を適度に維持あるいは向上させていくことができる建築物との提言	
地球環境・建築憲章	2000年に建築関連5団体が、地球環境問題と建築との係りの認識に基いて制定し、持続可能な循環型社会の実現にむかって、連携した取組みを宣言した 以下の項目の建築の創造を21世紀の目標としている ①長寿命 ②自然共生 ③省エネルギー ④省資源・循環 ⑤継承	日本建築学会・日本建築家協会・建築士会連合会・日本建築設計事務所協会・建築業協会
環境負荷削減対策マニュアル	2001年に空気調和・衛生工学会から出版された、実務向けのマニュアルである。地球環境問題と建築設備の基礎事項から、削減効果例、費用対効果の検討例、環境負荷の算出法など、建設設備と地球環境問題の関わりについて検討している	空気調和・衛生工学会 HP：http://www.shasej.org/
JIA（日本建築家協会）環境行動指針	1993年に建築家としての行動目標を定めるとともに、日本建築家協会の行動計画として以下の項目を示している ①「環境図書館」の開設 ②JIA環境建築賞を設置 ③エコマテリアル（環境配慮型建築材料）の認定、推奨 ④環境と親和的な建築・都市の実現のための具体的な設計集の製作と知識の普及を図る	日本建築家協会 HP：http://www.jia.or.jp/

メリカのＬＥＥＤ（Leadership in Energy and Environment Design）など、建築物の環境性能評価手法が多く開発されてきた。

国内の各種評価法・法令他

日本では、建築物の総合的な環境性能評価システムとして、２００２年にＣＡＳＢＥＥ（Comprehensive Assessment System for Building Environmental Efficiency）が開発された。この詳細については次の項目で解説する。

ここでは、日本における建築物の環境負荷低減、削減に関連する環境性能評価手法（表1）、法令（表2）、建築関連学会・協会の取り組み（表3）を示す。２０１３（平成25）年に住宅・非住宅建築物の省エネ基準は、ともに外皮の性能と一次エネルギー消費量を指標として、建物全体の省エネルギー性能を評価するものに改正された。

サステナブルな社会の実現に向けて、環境負荷を低減し、環境品質を向上させるために、建築が環境に対して、どのような負荷を与え、環境品質を確保するのか。建築のライフサイクルの各段階で、共通尺度による客観的な評価が必要となる。そのツールとして各手法が活用されている。

CASBEE

図1 CASBEEファミリー

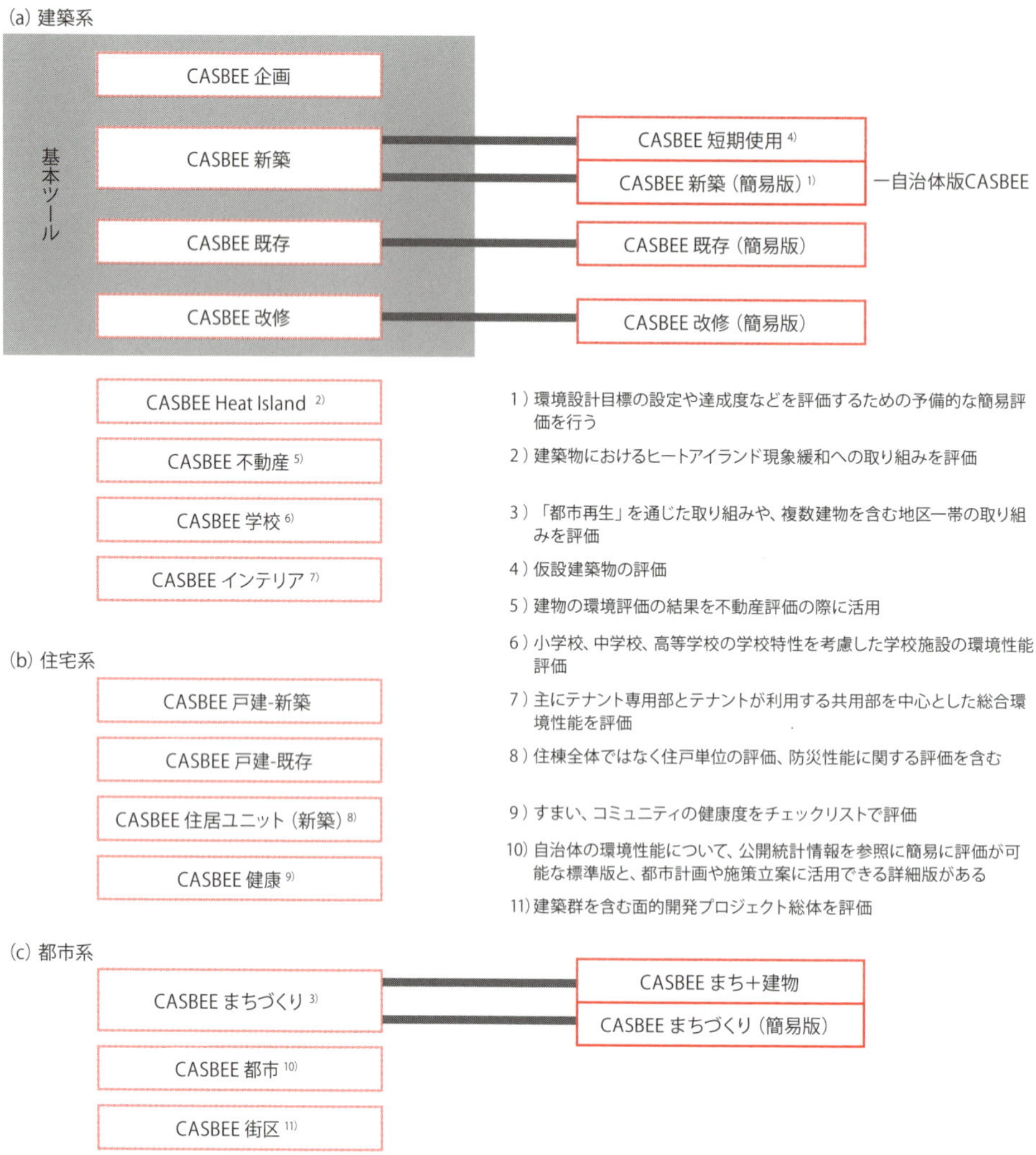
(a) 建築系
基本ツール
CASBEE 企画
CASBEE 新築
CASBEE 既存
CASBEE 改修
CASBEE 短期使用 4)
CASBEE 新築（簡易版）1)
一自治体版CASBEE
CASBEE 既存（簡易版）
CASBEE 改修（簡易版）
CASBEE Heat Island 2)
CASBEE 不動産 5)
CASBEE 学校 6)
CASBEE インテリア 7)
(b) 住宅系
CASBEE 戸建-新築
CASBEE 戸建-既存
CASBEE 住居ユニット（新築）8)
CASBEE 健康 9)
(c) 都市系
CASBEE まちづくり 3)
CASBEE まち+建物
CASBEE まちづくり（簡易版）
CASBEE 都市 10)
CASBEE 街区 11)

1）環境設計目標の設定や達成度などを評価するための予備的な簡易評価を行う
2）建築物におけるヒートアイランド現象緩和への取り組みを評価
3）「都市再生」を通じた取り組みや、複数建物を含む地区一帯の取り組みを評価
4）仮設建築物の評価
5）建物の環境評価の結果を不動産評価の際に活用
6）小学校、中学校、高等学校の学校特性を考慮した学校施設の環境性能評価
7）主にテナント専用部とテナントが利用する共用部を中心とした総合環境性能を評価
8）住棟全体ではなく住戸単位の評価、防災性能に関する評価を含む
9）すまい、コミュニティの健康度をチェックリストで評価
10）自治体の環境性能について、公開統計情報を参照に簡易に評価が可能な標準版と、都市計画や施策立案に活用できる詳細版がある
11）建築群を含む面的開発プロジェクト総体を評価

CASBEEの概要

CASBEE評価ツール（注）は、①ライフサイクルを通した評価ができること②建築物の環境品質・性能Q（Quality）と建築物の環境負荷L（Load）の両面から評価すること③環境性能効率BEE（Building Environmental Efficiency）によって総合的に評価することの3つの理念に基づいて開発された。また、建築物のライフサイクルに対応して評価するための4つの基本ツール（CASBEE―企画、新築、既存、改修）と、多様な評価目的に対応した拡張ツールがあり、これらはCASBEEファミリーと呼ばれている（**図1**）。

CASBEE―新築は、設計仕様に基づく予測評価を行う。このため、評価結果は竣工後3年間有効とし、以降は必要に応じてCASBEE―既存を用いて評価する。2010年度版として改定されたCASBEE―新築では、低炭素化対策に関連する項目の基準が強化されている。ZEB（ゼロエ

（注） CASBEEの各評価ツールは、（財）建築環境・省エネルギー機構（IBEC）のwebサイトから評価マニュアルとソフトの購入が可能である。CASBEE―新築（簡易版）、CASBEE―戸建：新築など一部のツールについては、評価ソフトとマニュアルが直接ダウンロードできる。

表1 CASBEE新築の評価項目

採点基準

Q／LR	大項目	中項目	小項目
Q：建築物の環境品質	Q1　室内環境	1. 音環境	1.1　騒音
			1.2　遮音
			1.3　吸音
		2. 温熱環境	2.1　室温制御
			2.2　湿度制御
			2.3　空調方式
		3. 光・視環境	3.1　昼光利用
			3.2　グレア対策
			3.3　照度
			3.4　照度制御
		4. 空気質環境	4.1　発生源対策
			4.2　換気
			4.3　運用管理
	Q2　サービス性能	1. 機能性	1.1　機能性・使いやすさ
			1.2　心理性・快適性
			1.3　維持管理
		2. 耐用性・信頼性	2.1　耐震・免震
			2.2　部品・部材の耐用年数
			2.3　適切な更新
			2.4　信頼性
		3. 対応性・更新性	3.1　空間のゆとり
			3.2　荷重のゆとり
			3.3　設備の更新性
	Q3　室外環境（敷地内）	1. 生物環境の保全と創出	
		2. まちなみ・景観への配慮	
		3. 地域性・アメニティへの配慮	3.1　地域への配慮、快適性の向上
			3.2　敷地内温熱環境の向上
LR：建築物の環境負荷低減性	LR1　エネルギー	1. 建物の熱負荷抑制	
		2. 自然エネルギー利用	2.1　自然エネルギーの直接利用
			2.2　自然エネルギーの変換利用
		3. 設備システムの高効率化	3.1　性能基準によるERRの評価
			3.2　性能基準以外によるERR評価
			3.3　集合住宅の専有部の評価
		4. 効率的運用	4.1　モニタリング
			4.2　運用管理体制
	LR2　資源・マテリアル	1. 水資源保護	1.1　節水
			1.2　雨水利用・雑排水等の利用
		2. 非再生性資源の使用量削減	2.1　材料使用量の削減
			2.2　既存建築躯体等の継続使用
			2.3　躯体材料におけるリサイクル材の使用
			2.4　非構造材料におけるリサイクル材の使用
			2.5　持続可能な森林から産出された木材
			2.6　部材の再利用可能性向上への取り組み
		3. 汚染物質含有材料の使用回避	3.1　有害物質を含まない材料の使用
			3.2　フロン・ハロンの回避
	LR3　敷地外環境	1. 地球温暖化への配慮	
		2. 地域環境への配慮	2.1　大気汚染防止
			2.2　温熱環境悪化の改善
			2.3　地域インフラへの負荷抑制
		3. 周辺環境への配慮	3.1　騒音・振動・悪臭の防止
			3.2　風害・砂塵・日照阻害の抑制
			3.3　光害の抑制

ネルギービル）、ZEH（ゼロエネルギーハウス）、LCCM住宅（ライフサイクルカーボンマイナス住宅）などの、高い低炭素性能をもつ建物を適切に評価できるものと期待されている。

拡張ツールには、CASBEE―新築：簡易版、CASBEE―HI、CASBEE―まちづくり、CASBEE―短期使用などがある。

住宅系のCASBEE―戸建：新築、CASBEE―戸建：既存は戸建住宅の評価に対応し、総合的な環境性能を評価することができる。

CASBEEの評価手法

CASBEEは、環境品質Qと建築物の環境負荷Lの各項目について、レベル1（1点）～5（5点）の5段階評価で採点し、式1 BEE＝Q／Lに示す環境効率BEEを求める。

BEEによる総合的な環境性能の評価は、「Sランク（素晴らしい）」「Aランク（大変良い）」「B＋ランク（良い）」「B－ランク（やや劣る）」「Cランク（劣る）」の5段階で格付けがされる。

表1にCASBEE―新築の評価項目を示す。Qは、周辺の生物環境や町並・景観など地域との関係、機能性、耐用性、更新性など建物のサービス機能、音、温熱、光、空気質といった室

図2 CASBEE戸建・新築の評価結果の出力例

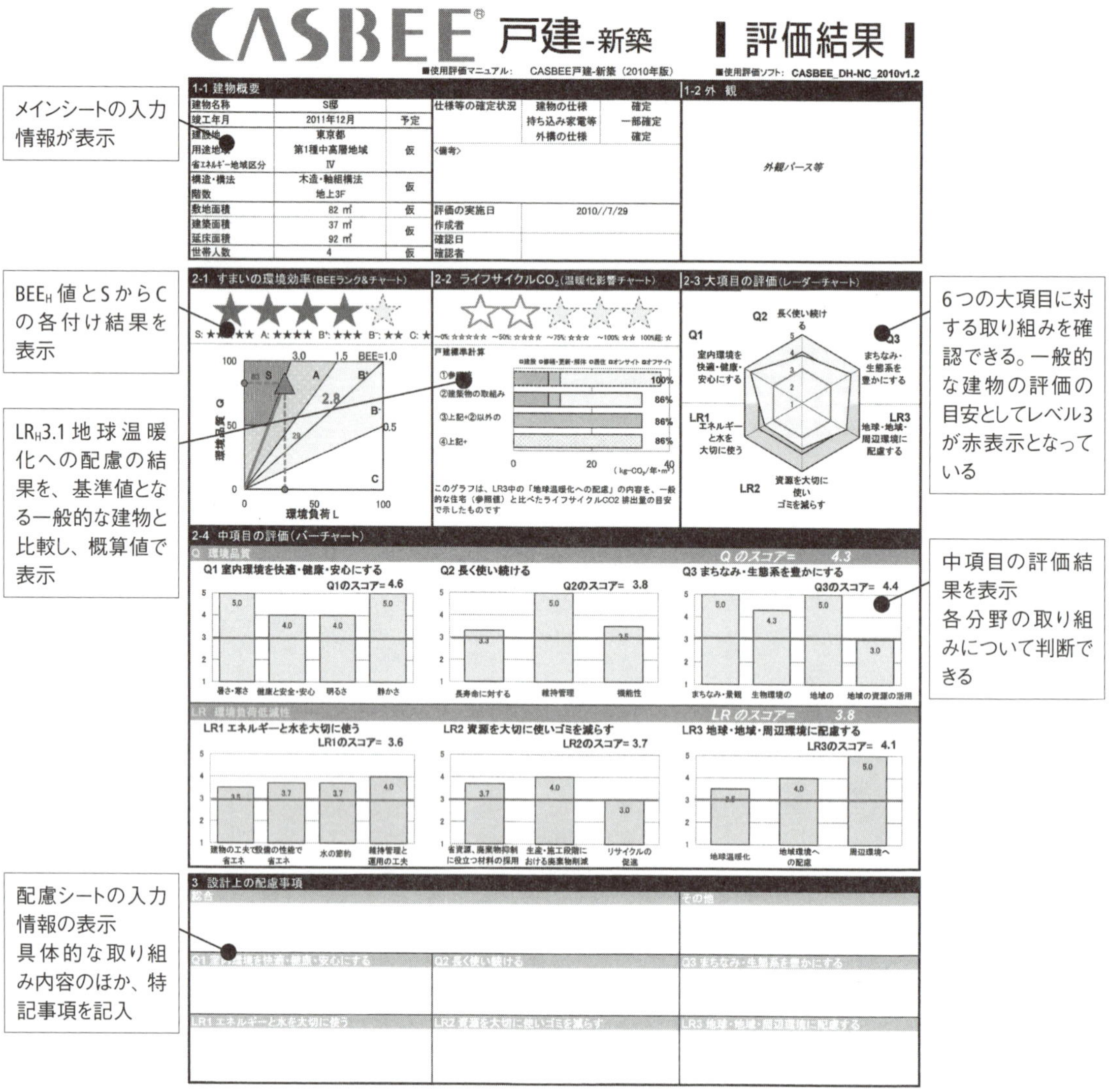

CASBEE® 戸建-新築
評価結果
■使用評価マニュアル: CASBEE戸建-新築（2010年版）
■使用評価ソフト: CASBEE_DH-NC_2010v1.2
1-1 建物概要
1-2 外観
外観パース等
2-1 すまいの環境効率（BEEランク&チャート）
2-2 ライフサイクルCO2（温暖化影響チャート）
2-3 大項目の評価（レーダーチャート）
2-4 中項目の評価（バーチャート）
Q のスコア= 4.3
LR のスコア= 3.8
3 設計上の配慮事項
メインシートの入力情報が表示
BEEH値とSからCの各付け結果を表示
LRH3.1地球温暖化への配慮の結果を、基準値となる一般的な建物と比較し、概算値で表示
6つの大項目に対する取り組みを確認できる。一般的な建物の評価の目安としてレベル3が赤表示となっている
中項目の評価結果を表示
各分野の取り組みについて判断できる
配慮シートの入力情報の表示
具体的な取り組み内容のほか、特記事項を記入

内環境など、建築の環境改善に関わる項目が対象となる。Lは、ライフサイクルの各段階の地球や周辺環境への負荷の低減性として評価される。

ライフサイクルCO²（LCCO²）の評価については、ライフサイクルのうち建設、修繕・更新・解体、運用の合計をLCCO²として、「地球温暖化への配慮」の評価結果から自動的に概算値が算出される。評価結果は、ライフサイクルCO²（温暖化影響チャート）に表示される。この考え方を発展させたのがLCCMである。

また、日本の住宅の約半数を占める戸建住宅でも、環境性能評価の取り組みで、環境負荷の低減と居住者の生活アメニティ向上の実現が可能である。

表2にCASBEE—戸建：新築の各評価項目における具体的な取り組み内容を示す。住宅の環境性能を総合的に評価するので、特定の分野に特化した住宅より各分野をバランスよく向上させた住宅が高い評価となる。**図2**に評価結果の出力例を示す。

CASBEE—戸建：既存は、居住中の住宅の環境性能を総合的に把握でき、中古住宅の流通における環境ラベリングツールとしての活用や、住宅購入者に対する金融機関の融資の際の考慮事項としての活用も考えられる。

表2 CASBEE戸建―新築の評価項目

採点基準

Q_H／LR_H	分　野	具体的な取り組み
Q_H：すまいの環境品質	Q_H1　室内環境を快適・健康・安心にする	1.1　基本性能
		1.2　夏の暑さを防ぐ
		1.3　冬の寒さを防ぐ
		2.1　化学汚染物質の対策
		2.2　適切な換気計画
		2.3　犯罪に備える
		3.1　昼光の利用
		4.1　静かさ
	Q_H2　長く使い続ける	1.1　躯体
		1.2　外壁材
		1.3　屋根材、陸屋根
		1.4　自然災害に耐える
		1.5　火災に備える
		2.1　維持管理のしやすさ
		2.2　維持管理の計画・体制
		3.1　広さと間取り
		3.2　バリアフリー対応
	Q_H3　まちなみ・生態系を豊かにする	1.　まちなみ・景観への配慮
		2.1　敷地内の緑化
		2.2　生物の生息環境の確保
		3.　地域の安全・安心
		4.　地域の資源の活用と住文化の継承
LR_H：すまいの環境負荷低減性	LR1　エネルギー	1.1　建物の熱負荷抑制
		1.2　自然エネルギー利用
		2.1　暖冷房設備
		2.2　給湯設備
		2.3　照明・家電・厨房機器
		2.4　換気設備
		2.5　エネルギー利用効率化設備
		3.1　節水型設備
		3.2　雨水の利用
		4.1　住まい方の提示
		4.2　エネルギーの管理と制御
	LR2　資源・マテリアル	1.1　構造躯体
		1.2　地盤補強材・地業・基礎
		1.3　外装材
		1.4　内装材
		1.5　外構材
		2.1　生産段階（構造躯体用部材）
		2.2　生産段階（構造躯体用以外の部材）
		2.3　施工段階
		3.1　使用材料の情報提供
	LR3　敷地外環境	1.1　地球温暖化への配慮
		2.1　地域インフラの負荷抑制
		2.2　既存の自然環境の保全
		3.1　騒音・振動・排気・排熱の低減
		3.2　周辺温熱環境の改善

（注）　H＝Home

（出典）●（財）建築環境・省エネルギー機構（IBEC）webサイト　http://www.ibec.or.jp/CASBEE/about_cas.htm
●総務省統計局webサイト　http://www.stat.go.jp/data/jyutaku/2008/nihon/2_1.htm#a02

世界の環境性能評価手法

評価レベル	認証件数	ホームページ
Platinum（プラチナ）／Gold（金）／Silver（銀）／Bronze（銅）	199件（商業） 50,000件（住宅） （2009年10月）	www.beamsociety.org.hk/general/home.php
Outstanding/ Excellent/ Very Good/ Good/Pass/ Unclassified	200,000件（2010）	www.breeam.org
1、2、3、4レベル	300件（2010）	www.bomabest.com
Sランク（素晴らしい）／Aランク（大変良い）／B＋ランク（良い）／B-ランク（やや劣る）／Cランク（劣る）	5,000件（2009）	www.ibec.or.jp/CASBEE
Gold（金）／Silver（銀）／Bronze（銅）	認証済み：120件 現在申請中：104件（2010）	www.dgnb.de/_en/index.php
1-100 Energy Star	20,000件（商業） 1,558,066件（住宅）（2012）	www.energystar.gov
1, 2, 3, 4 Green Globes	新築：74件 既存ビル改善：102件（2011）	www.greenglobes.com
既存建築物の環境性能各6項目において1-9点で評価	ヨーロッパ　オフィススペース：1,000,000㎡（2009）	www.green-rating.com
World Leadership（75-100）／Australian Excellence（60-74）/ Best Practice（45-59）	認証済み：769件（オフィス573件） 現在申請中：412件（2014） （オーストラリア）	www.gbca.org.au/green-star
1、2、3、4、5 スター（100点満点）	現在申請中：108件 認証済み：7件（2011）	www.grihaindia.org
High Perfomance/ Performance/ Base	認証済み：380件（2010）	http：//assohqe.org/hqe/ http：//assohqe.org/hqe
Platinum（プラチナ）／Gold（金）／Silver（銀）／Certified（認証）	22,050件：137,300,000㎡（商業）（2011）	www.usgbc.org/
Market Leading／Excellent／Good／Average／Below Average/ Poor/ Very Poor	170＋件（2010）	www.nabers.com.au
―	―	www.cngb.org.cn

建築物の環境性能評価システムは、建築物の新築、改築、維持および管理において、その建築物が生活環境（周辺環境）および自然環境（地球環境）に与える影響を総合的に評価する手法である。省エネや省資源・低炭素化・リサイクル性能といった環境負荷削減の側面はもとより、室内の快適性や景観への配慮といった環境品質・性能の向上といった側面も含んでいる。

現在、世界に存在する評価システム（**表1・2**）のほとんどが、建築法令の定める設計基準を大幅に上回る環境性能を求めており、私たちの生活環境あるいは自然環境の持続可能性を促進する、パワフルで効果的な役割を担っている。また、世界各都市で、環境性能評価システムを取り入れた建築設計に対する減税をインセンティブとする動きが高まっている。

例えば米国では、カリフォルニア州、ニューヨーク州、オレゴン州、ワシントン州を始めとする多くの州で、公共施設すべてに対してLEEDのシルバー以上の取得を任意とするなど、

表1 世界の環境評価手法

評価手法（略名）	正式名称	提供	国	実施年
BEAM	Building Environmental Assessment Method 建築物環境評価手法	HK BEAM Society	香港	1996
BREEAM	Building Research Establishment's Environmental Assessment Method 建築物研究確立における環境評価手法	Building Research Establishment	イギリス	1990
BOMA Best	Building Owners and Managers Association Building Environmental Standards 建築物所有者と管理者連合、建築環境基準	BOMA Go Green	カナダ	2005
CASBEE	Comprehensive Assessment System for Built Environment Efficency 建築物総合環境性能評価システム	Japan Sustainable Building Consortium	日本	2001
DGNB	Deutsche Gesellschaft fur Nachhaltiges Bauen e.V.	German Sustainable Building Council ドイツ　サステイナブルビルディング協会	ドイツ	2008
ENERGY STAR	Energy Star	U.S Environmental Protection Agency（EPA）	アメリカ合衆国／カナダ	1992
Green Globes System	Green Globes System	Green Building Initiative	アメリカ合衆国／カナダ	2004
Green Rating	Green Rating	Bureau Veritas Group	ヨーロッパ	2008
Green Star	Green Star	Building Council of Australia／New Zealand／South Africa	オーストラリア／ニュージーランド／南アフリカ	2002（オーストラリア）
GRIHA	Green Rating for Integrated Habitat Assessment	Tata Energy Research Institute	インド	2008
HQE	Haute Qualité Environnementale/ HQE（High Quality Environmental standard）（良質環境基準）	Association Pour la Haute Qualite Environnementale	フランス	1996
LEED	Leadership in Energy & Environmental Design エネルギー及び環境設計のリーダーシップ	US/Canada/Brazil/India Green Building Council グリーンビルディング協会	アメリカ／カナダ／ブラジル／インド	1998／2003／2008／2000
NABERS	National Australian Built Environment Rating System オーストラリア建造環境評価システム	NSW Office of of Environment and Heritage. 環境及び遺産オフィス	オーストラリア	2000
Tree Star	Chinese Green Building Evaluation Label 中国グリーン建築評価	Ministry of Construction／Housing and Urban-Rural Development 建設／住宅／都市ー地方開発省	中国	2006

（出典）　www.dtzbarnicke.com/client/JJB/JJB_LP4W_LND_WebStation.nsf/resources/Research+Articles/$file/Global+Green+Rating+Review.pdf

表2 世界の評価項目比較

手法・評価項目	建物評価				敷地評価				
	1	2	3	4	5	6	7	8	9
	エネルギー	室内環境	水利用、処理	材料、資源利用	公害、二酸化炭素排出	敷地周辺の公共交通設備	敷地選択	敷地外環境	生態環境
BEAM	◎	◎	◎	◎	◎	◎		◎	◎
BOMA Best	◎	◎	◎	◎	◎	◎			
BREEAM	◎	◎	◎	◎	◎	◎		◎	◎
CASBEE	◎	◎	◎	◎	◎			◎	◎
DGNB	◎	◎	◎	◎		◎		◎	◎
Estidama	◎	◎	◎	◎	◎	◎		◎	◎
Green Globes	◎	◎	◎	◎	◎		◎	◎	◎
Green Rating	◎	◎	◎		◎	◎			
Green Star	◎	◎	◎	◎	◎	◎		◎	◎
GRIHA	◎	◎	◎	◎	◎			◎	◎
HQE	◎	◎	◎	◎				◎	
LEED	◎	◎	◎	◎	◎	◎	◎	◎	
NABERS	◎	◎	◎		◎	◎			
Tree Star	◎	◎	◎	◎				◎	◎

行政も積極的に省エネビルの評価、推進を行っている。環境問題、エネルギー不足を根源に、今後もさらに多くの建物の環境性能評価が成され、そのベースラインとなる基準値が上がり、省エネ設計は必須項目となるであろう。

LEEDの概要

表1 LEED評価内容まとめ（LEED 2009 新築・改築評価）

評価項目		取得可能得点
Sustainable Site　持続可能な敷地		26
Prerequisite 1	Construction Activity Pollution Prevention 建設中における汚染防止	必須
Credit 1	Site Selection 敷地選定	1
Credit 2	Development Density and Community Connectivity 開発密度とコミュニティ施設との接続性	5
Credit 3	Brownfield Redevelopment 土壌汚染された土地の再開発	1
Credit 4.1	Alternative Transportation - Public Transportation Access 代替交通手段－公共交通アクセス	6
Credit 4.2	Alternative Transportation - Bicycle Storage and Changing Rooms 代替交通手段－駐輪場と更衣室の設置	1
Credit 4.3	Alternative Transportation - Low-emitting and Fuel-efficient Vehicles 代替交通手段－低燃費車の使用	3
Credit 4.4	Alternative Transportation - Parking Capacity 代替交通手段－駐車場許容量の制限	2
Credit 5.1	Site Development - Protect or Restore Habitat 敷地開発－生殖地の保護または修復	1
Credit 5.2	Site Development - Maximize Open Space 敷地開発－空き地の最大化	1
Credit 6.1	Stormwater Design - Quantity Control 雨水設計－量の制御	1
Credit 6.2	Stormwater Design - Quality Control 雨水設計－質の制御	1
Credit 7.1	Heat Island Effect - Nonroof ヒートアイランド効果－屋根以外	1
Credit 7.2	Heat Island Effect - Roof ヒートアイランド効果－屋根	1
Credit 8	Light Pollution Reduction 照明公害の軽減	1
Water Efficiency　水の利用効率		10
Prerequisite 1	Water Use Reduction - 20% Reduction 節水－20%低減	必須
Credit 1	Water Efficient Landscaping ランドスケープにおける水の有効活用	2-4
Credit 2	Innovative Wastewater Technologies 革新的な廃水技術の利用	2
Credit 3	Water Use Reduction - More than 30% Reduction 節水－30%低減	2-4
Energy and Atmosphere　エネルギーと大気		35
Prerequisite 1	Fundamental Commissioning of Building Energy Systems 建物エネルギーシステムの基礎的コミッショニング	必須
Prerequisite 2	Minimum Energy Performance 最低エネルギー性能の確保	必須
Prerequisite 3	Fundamental Refrigerant Management 冷媒の基礎的管理	必須
Credit 1	Optimize Energy Performance エネルギー性能の最適化	1-19
Credit 2	On-site Renewable Energy 再可能生エネルギーを敷地内で産出	1-7
Credit 3	Enhanced Commissioning コミッショニングの強化	2
Credit 4	Enhanced Refrigerant Management 冷媒管理の強化	2
Credit 5	Measurement and Verification 計測と検証	3
Credit 6	Green Power グリーン電力の利用	2
Materials and Resources　資源と材料		14
Prerequisite 1	Storage and Collection of Recyclables リサイクル回収用廃棄物処理場の設置	必須

評価項目		取得可能得点
Credit 1.1	Building Reuse - Maintain Existing Walls, Floors and Roof 既存建築物の再利用－既存する壁、床、屋根の維持	1-3
Credit 1.2	Building Reuse - Maintain Existing Interior Nonstructural Elements 既存建築物の再利用－既存する建築内非構造部材の維持	1
Credit 2	Construction Waste Management 建設廃棄物管理	1-2
Credit 3	Materials Reuse 材料の再利用	1-2
Credit 4	Recycled Content リサイクル材料の含有	1-2
Credit 5	Regional Materials 地域材料の使用	1-2
Credit 6	Rapidly Renewable Materials 短期間再生材料の使用	1
Credit 7	Certified Wood 認証木材の使用	1
Indoor Environmental Quality　室内環境品質		15
Prerequisite 1	Minimum Indoor Air Quality Performance 最低室内空気品質性能	必須
Prerequisite 2	Environmental Tobacco Smoke (ETS) Control 喫煙制御	必須
Credit 1	Outdoor Air Delivery Monitoring 外気供給モニタリング	1
Credit 2	Increased Ventilation 換気量の上乗せ	1
Credit 3.1	Construction Indoor Air Quality Management Plan - During Construction 室内空気品質管理計画－建設中	1
Credit 3.2	Construction Indoor Air Quality Management Plan - Before Occupancy 室内空気品質管理計画－入居前	1
Credit 4.1	Low-emitting Materials - Adhesives and Sealants 低発散材料－接着剤および密封材	1
Credit 4.2	Low-emitting Materials - Paints and Coatings 低発散材料－塗料およびコーティング材	1
Credit 4.3	Low-emitting Materials - Flooring Systems 低発散材料－床システム	1
Credit 4.4	Low-emitting Materials - Composite Wood and Agrifiber Products 低発散材料－木質構成材および植物繊維構成材	1
Credit 5	Indoor Chemical and Pollutant Source Control 室内科学汚染源の制御	1
Credit 6.1	Controllability of Systems - Lighting システムの制御性－照明	1
Credit 6.2	Controllability of Systems - Thermal Comfort システムの制御性－温熱環境	1
Credit 7.1	Thermal Comfort - Design 温熱環境の快適性－設計	1
Credit 7.2	Thermal Comfort - Verification 温熱環境の快適性－検証	1
Credit 8.1	Daylight and Views - Daylight 昼光と眺望の確保－昼光	1
Credit 8.2	Daylight and Views - Views 昼光と眺望の確保－眺望	1
Innovation In Design　設計における革新性		6
Credit 1	Innovation in Design 設計における革新性	1-5
Credit 2	LEED Accredited Professional LEED APの参加	1
Regional Priority　地域別優先事項		4
Credit 1	Regional Priority 地域別優先事項	1-4

表2 LEED 2009 New Construction and Major Renovation

評価項目	可能取得点	項目別得点割合
Sustainable Site（持続可能な敷地）	26	24%
Water Efficiency（水の利用効率）	10	9%
Energy and Atmosphere（エネルギーと大気）	35	32%
Materials and Resources（資源と材料）	14	13%
Indoor Environmental Quality（室内環境品質）	15	13%
Innovation in Design（設計における革新性）	6	6%
Regional Priority（地域別優先事項）	4	3%
	110	100％

表3 LEEDの種類

DESIGN（設計）	CONSTRUCTION（建設）	OPERATIONS（運用）
HOMES（住宅）		
NEIGHBORHOOD DEVELOPMENT (IN PILOT)（近隣開発）		
COMMERCIAL INTERIORS（商業施設（内装））		
CORE&SHELL（コア&シェル）		EXISTING BUILDINGS OPERATIONS & MAINTENANCE（既存ビルの運用・維持管理）
NEW CONSTRUCTION（新築）		
SCHOOLS、HEALTHCARE、RETAIL（学校・医療施設・店舗）		

表4 評価レベル

Platinum（プラチナ）	80点　以上
Gold（金）	60―79点
Silver（銀）	50―59点
Certified（認証）	40―49点

LEED (Leadership in Energy and Environmental Design)

LEEDとは国際的に最も広く認証されている、エネルギーおよび環境に関する建築設計評価システムである。LEEDは2000年から米国で発足し、現在では米国50州に留まらず、世界90カ国における3万5000のプロジェクトが参加し、その評価に基づく建設面積は合計で4.2億㎡を超えており、認証件数は急速に拡大している（注1）。

さらに設計種類により、コマーシャル新築、改築、テナントスペースを除いたコア&シェル、商業施設インテリア、学校、医療施設、店舗、既存ビルの運用&メンテナンス、住宅、さらに近隣開発など幅広い評価システムを揃えている（表3）。

現在、LEEDは世界で最も注目されているエネルギーおよび環境に関する建築設計評価システムと言えるだろう。

LEEDに基づく評価手法

LEEDは主に第三者による評価制度であり、その評価項目は建物の省エネだけではなく、施設の土壌流失対策、ヒートアイランド削減、水の効率利用、室内環境の向上、建築材の生産場所の限定、廃棄物の回収方法の検討、再利用化、リサイクル製品の利用、再生可能エネルギーの積極的な取り入れなど多岐にわたる（表1・2）。

CO_2排出削減を念頭に置き、コミュニティー全体における持続可能で健康的な生活環境の構築を目指している。

LEEDにおけるエネルギー分野の得点配分は全体の3割以上で、その低炭素建築設計に与える比重は大きい。LEEDで高得点（特にGold以上）を取得（表4）するためには、初期のコンセプトの段階からLEED必須項目、取得可能項目を考慮し設計を進めて行くべきである。

また、オーナーの意思だけでなく、意匠、設備、構造をはじめとする設計担当者全員の共同設計が必須になってくる。

LEED提供組織

USGBC (U.S. Green Building Council)：

USGBCは米国ワシントンDCに本部を置くNPOで、費用対効果を考慮したビルの消費エネルギー削減により持続可能な社会構築を目的とした組織である。

（注1）　www.gbci.org/main-nav/professional-credentials/resources/at-a-glance.aspx

図1 LEEDロゴ

図2 LEED新築・改築評価　項目別取得可能点

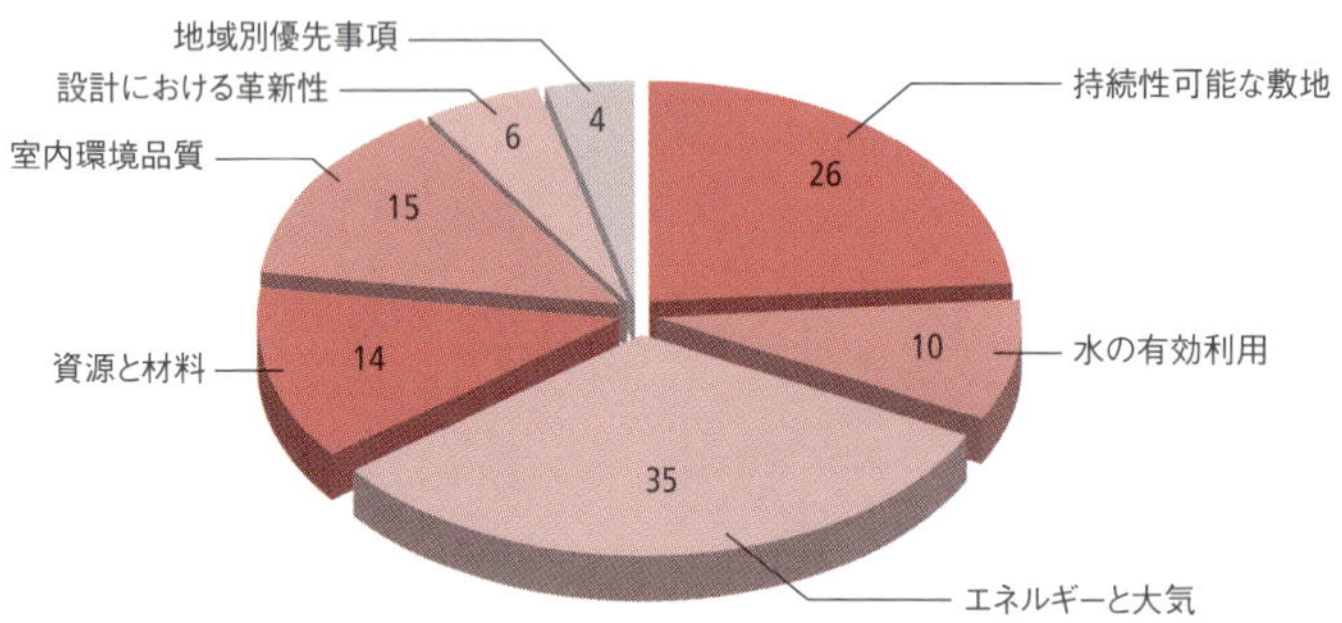

地域別優先事項
設計における革新性
室内環境品質
資源と材料
持続性可能な敷地
水の有効利用
エネルギーと大気
4
6
15
14
26
10
35

GBCI（Green Building Certification Institute）：
ＵＳＧＢＣのもとで設立されたＬＥＥＤ資格試験、ＬＥＥＤに関する教育プログラム、普及促進、管理を行う第三者構成機関である。

LEED AP（LEED Accredited Professional）：
ＬＥＥＤの資格保持者（ＡＰ）がＬＥＥＤ認証の指揮、管理、資料提出をすることができる。ＧＢＣＩによると２０１１年３月現在、１６万２０００人を超えるＬＥＥＤ資格保持者がおり、その５割以上は建築に携わる人々である（注2）。

LEEDの社会的期待

近年の環境問題への関心の高まりより、環境負荷の低減策として省エネ設計はますます注目されている。また、企業の社会的責任（CSR：Corporate Social Responsibility）、すなわち持続可能な社会にするための企業の社会貢献に対する関心も、世界的に高まっている。環境配慮を推奨する企業においては、オフィス賃貸の追加コストを支払っても、認証されたグリーンビルディングを求める傾向にある。また、商業店舗、賃貸マンションにおいても同様である。

LEEDの普及の課題と展望

アメリカで開発されたＬＥＥＤは、アメリカの基準や思想を基本に環境評価をする。例えば、建物エネルギー評価はアメリカのエネルギー規格であるＡＳＨＲＡ（注2）が基礎となっており、塗料や接着剤などの低発散材料においては、アメリカの製品で認証を受けたものを使用すれば、すんなりと得点を獲得できる。すなわち、アメリカ国外での物件の認証は現状では確実に不利になる。

現在、カナダ、ブラジル、インドなどは自国の環境、社会に適合するようにＬＥＥＤ評価手法を改訂して実施している。建物環境評価はその地域の気候、環境、慣習に見合って初めて公平になされる。ＬＥＥＤが今後、世界でさらに普及するならば、各項目また得点数において多くの見直しが必要である。

省エネ設計やエコ建築は一般的にコストが高いという問題がある。現時点において、実例の少ないエコ建設には多大な時間と労力が要求される。それと同時に、日本では未だ設計者、施工者ともにＬＥＥＤに対応できる人材が極めて少ない。

今後、建築分野においてもエネルギーや環境への配慮は不可避であり、ＬＥＥＤに基づく設計の要求が市場で増加することによりＬＥＥＤの認証全体にかかる費用の低下が期待できそうである。

（注2）　American Society of Heating, Refrigerating and Air-Condeditioning Engineering

エネルギーモデル

表1 eQUEST※アウトプット例　As Designed

建物のエネルギー消費解析結果													
	照明	タスク照明	機器全般	暖房	冷房	冷却	ポンプ	ファン	冷凍機器	ヒートポンプ補助	給湯	外灯照明	合計
冷凍機器	0.	0.	12386.	0.	0.	0.	0.	0.	0.	0.	0.	0.	12386.
エレベーター	0.	0.	175939.	0.	0.	0.	0.	0.	0.	0.	0.	0.	175939.
外灯照明	0.	0.	0.	0.	0.	0.	0.	0.	0.	0.	0.	47656.	47656.
電気メーター	443918.	11894.	362976.	0.	47456.	0.	88791.	118204.	0.	0.	0.	0.	1073243.
ガスメーター	0.	0.	0.	0.	0.	0.	0.	0.	0.	0.	0.	0.	0.
蒸気メーター	0.	0.	0.	3821.	0.	0.	0.	0.	0.	0.	0.	149.	3970.
給湯	0.	0.	0.	0.	0.	0.	0.	0.	0.	0.	319.	0.	319.
冷水	0.	0.	0.	0.	1909.	0.	0.	0.	0.	0.	0.	0.	1909.

合計電力消費量	1309225. KWH	8.792 KWH	/SQFT-YR GROSS-AREA	8.792 KWH	/SQFT-YR NET-AREA
合計蒸気消費量	4290. MBTU	0.029 MBTU	/SQFT-YR GROSS-AREA	0.029 MBTU	/SQFT-YR NET-AREA
合計冷水消費量	1909. MBTU	0.013 MBTU	/SQFT-YR GROSS-AREA	0.013 MBTU	/SQFT-YR NET-AREA

設計した空調設備で調整不可能なゾーンの割合 ＝ 1.6％
設計した熱源設備容量を越える負荷の割合 ＝ 0.0％

※　eQUEST　建物のエネルギー消費を解析するためのコンピューターシミュレーションソフト

エネルギーモデルシミュレーション

建築設計におけるエネルギーモデルシミュレーションとは、建築物の形状・外壁・空調設備などエネルギー消費に関わる各種要因の相互関係を数式化してコンピューターで計算し、その環境性能を解析することである。このシミュレーションにより主に次の結果が得られる（**表1・3、図1**）。

(1) 設計対象の建築物の年間、月別、時間別消費エネルギー
(2) 通年の建物負荷
(3) 電気・ガス料金
(4) 設計対象の建築物運転による二酸化炭素の排出量計算

エネルギーモデルはエコ設計を進める上で、省エネアイテムの選択を助けてくれる強力なツールである。さらに、ライフサイクルコストの計算を容易にし、コストパフォーマンスの評価がより明確になる。また、次のような環境性能評価の解析を可能とする（**図2**）。

(a) 建築関連法令等の定める数値を満たしているか
(b) ベースライン（基準モデル）と比べた設計対象物のエネルギー消費削減率

主な用途（表2）

・意匠と省エネを協調させる最適な設計補助
・被覆デザイン（建物方位、断熱仕様、ガラス仕様、庇、太陽光利用などの選択）
・熱源システムの適合化
・最適省エネ空調システムのデザイン（VAV、ヒートポンプ、外気冷房、自然換気などの選択）
・空調等の制御の最適化
・規格適合解析（エネルギー基準、光熱費インセンティブの解析）
・環境性能評価（建築物のエネルギーパフォーマンスの解析）
・運用、改修、改善対策の検討、分析

エネルギーモデルの留意点

エネルギーモデルによるシミュレーションの結果は実に詳細である。毎時

間毎365日分の最大負荷やエネルギー消費などが算出されるので、実際の建築物も同じパフォーマンスが得られると思われがちである。しかし、それらの結果は多くの仮定（建築物の使用時間、パソコンなどの台数、エレベータの使用頻度などを含む）をもとに計算されていることを忘れてはならない。コンピュータ分析で消費削減率が数値で出ることにより、省エネ設計が可能となる一方で、省エネを実現するのはその建築物利用者自身であることを認識すべきである。建築物利用者全員の理解と行動により初めて省エネの成果を実現することが可能となる。

図1 eQUEST 3Dモデル

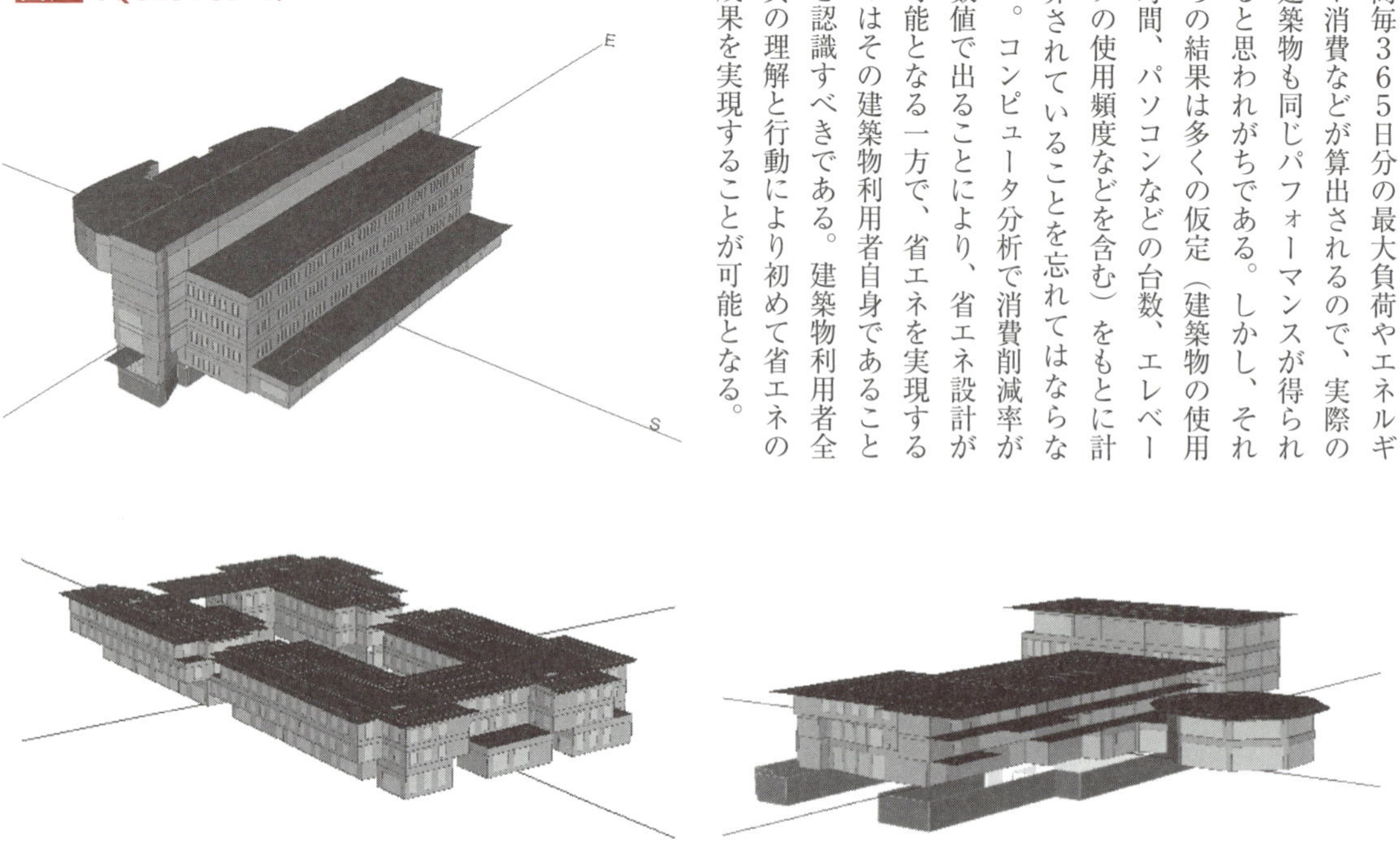

E
S

図2 エネルギーモデル解析グラフ例

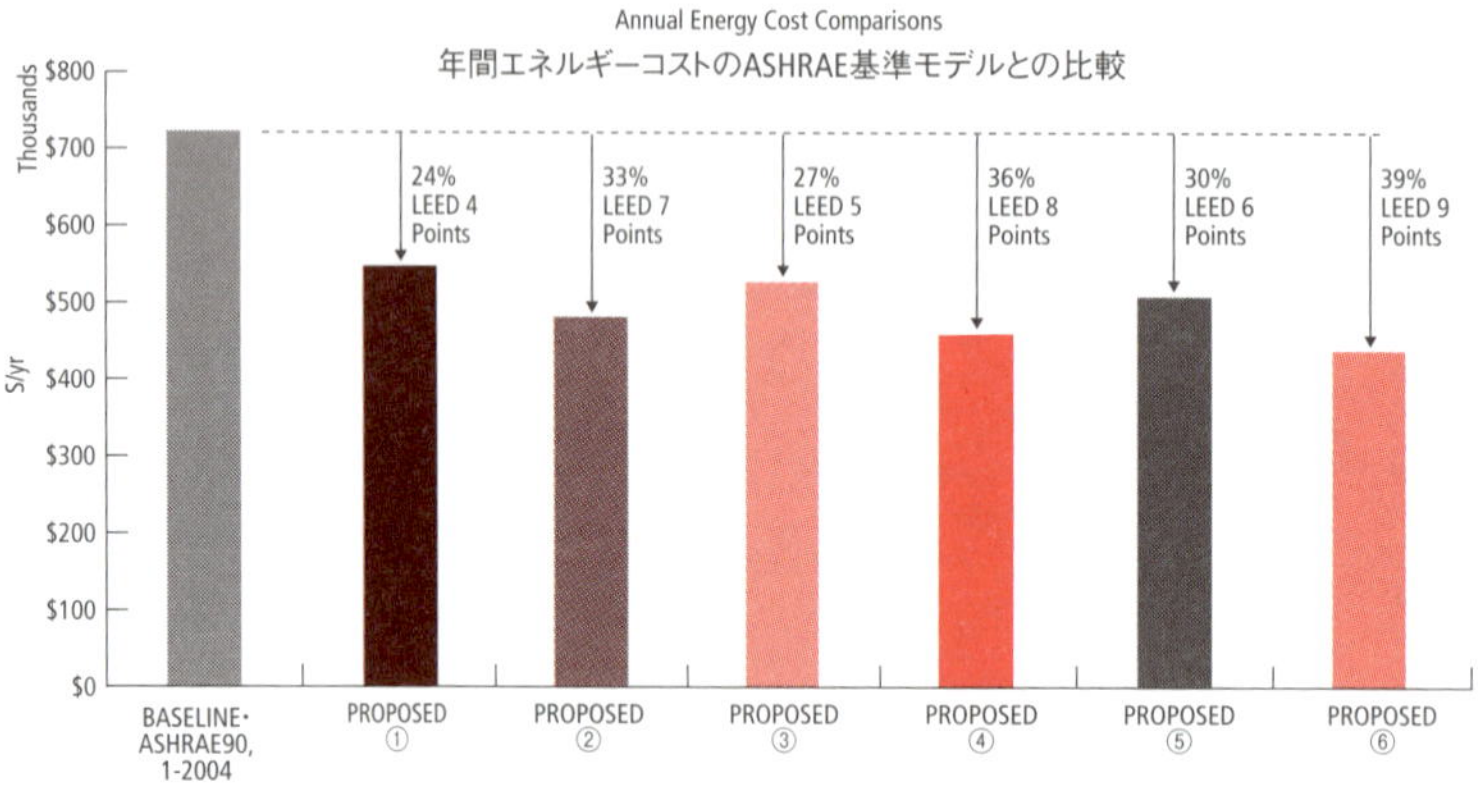

Annual Energy Cost Comparisons
年間エネルギーコストのASHRAE基準モデルとの比較
Thousands
$/yr
$800
$700
$600
$500
$400
$300
$200
$100
$0
24% LEED 4 Points
33% LEED 7 Points
27% LEED 5 Points
36% LEED 8 Points
30% LEED 6 Points
39% LEED 9 Points
BASELINE・ASHRAE90, 1-2004
PROPOSED ①
PROPOSED ②
PROPOSED ③
PROPOSED ④
PROPOSED ⑤
PROPOSED ⑥

PROPOSED①：エコ空調設備の使用
PROPOSED②：太陽光発電の利用
PROPOSED③：高効率照明の使用と照明制御
PROPOSED④：省エネコンピューターとモニターの導入
PROPOSED⑤：上記全ての設備を導入

ASHRAE基準モデルに対し、各提案の年間エネルギーコスト比較を自動的に算出

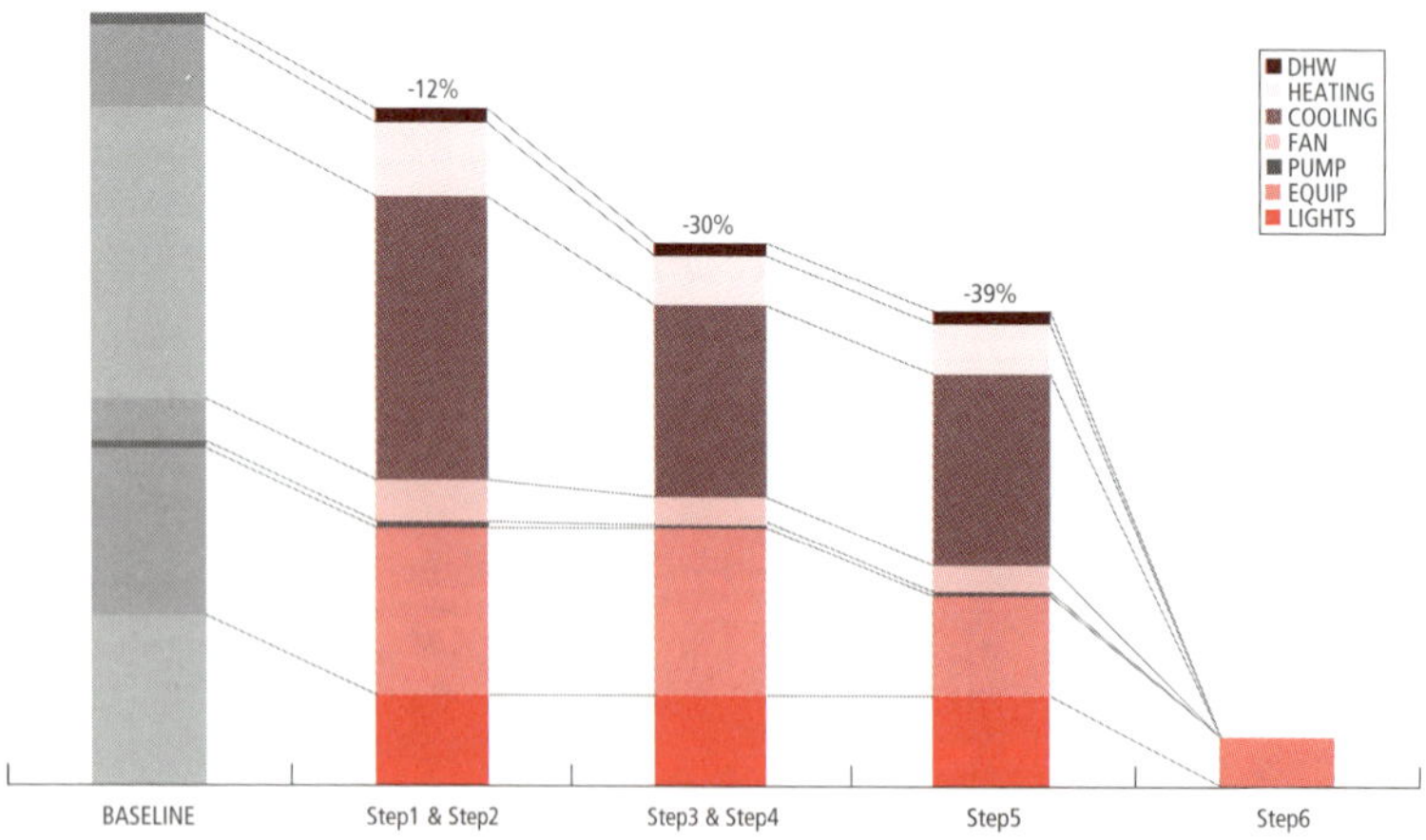

-12%
-30%
-39%
DHW
HEATING
COOLING
FAN
PUMP
EQUIP
LIGHTS
BASELINE
Step1 & Step2
Step3 & Step4
Step5
Step6

Step1：高効率照明の使用と照明制御
Step2：外壁と屋根の断熱性能向上、Lowガラスの使用
Step3：エコ空調設備の使用
Step4：ヒートリカバリ導入
Step5：太陽光発電の利用

建築的・設備的な工夫や利用エネルギーの工夫など各段階での使用エネルギーの削減割合を表示

表2 主要エネルギーモデルソフト

ソフトウエアー	主な用途	難易度	提　供	値　段
Carrier HAP	エネルギーパフォーマンス、負荷計算、機器容量決定など	中（機械設計知識要）	Carrier Corporation	年間ライセンス料金：$1,195（10席まで）、更新$240
DOE-2	エネルギーパフォーマンス、設備設計補助、リサーチ、改築、など	難	Lawrence Berkeley National Laboratory	$300-$2,000バージョン、購入者種別による
EnergyPlus	エネルギーパフォーマンス、負荷計算、各種システムシミュレーション、熱バランス、マスバランス解析、衛生設計補助、3D分析など	中～難	US Department of Energy（DOE）	無料より
EnergyPro	カリフォルニアエネルギー規格適合申請、エネルギー解析、など	中	Gabel Dodd/EnergySoft Inc	$450より
eQUEST（表1、図1）	エネルギーパフォーマンス、エネルギー解析、各種システムシミュレーション、電力量計算、給水量計算、規格適合申請、設備設計補助、ライフサイクルコスト分析、ASHRAE基準モデルとの自動比較、3D分析など	中+～難	EnerLogic and James J. Hirsch & Associates, funded DOE, California Saving by Design, Energy Design Resources.	完全無料
Trane TRACE700	エネルギーパフォーマンス、負荷計算、機器容量決定など	中（機械設計知識要）	The Trane Company	ライセンス料金：$1,995（シングル）、$3,990（LAN＋$75/席）
BEST program	エネルギーパフォーマンス、電力量計算、給水量計算、規格適合申請、設備設計補助など	中～難（機械設計知識要）	建築設備技術者協会（JABMEE）	簡易版：無料 専門版：有料

（出典）　USエネルギー省 http://apps1.eere.energy.gov/buildings/tools_directory/subjects.cfm/pagename=subjects/pagename_menu=whole_building_analysis/pagename_submenu=energy_simulation

表3 インプットとアウトプットの概要

インプット	アウトプット
・気象データ ・接する建物のデータ ・建物の外形 ・ゾーン ・外皮デザイン 　・外壁、屋根、ガラス面積と位置 　・外壁、屋根材料、断熱性能 　・窓ガラス材の仕様 　・庇の設置、遮光システム 　・天窓の設置 ・内部負荷 　・人体発熱 　・照明負荷 　・機器負荷 　・それぞれの稼働率 ・すきま風による負荷 ・自然光利用センサーの設置 ・空調システム 　・システムの種類 　・中央熱源 　・熱回収機能 　・室内設定温度 　・換気量 　・外気導入量 　・空調制御方式 　・稼働時間 ・太陽光発電パネルの設置 ・電気、ガス料金	・3D　建築物外状モデル（図1） ・冷暖房負荷（24時間365日分） ・風量 ・機器容量 ・エネルギー消費量 ・用途別エネルギー消費量 ・エネルギーデマンド ・エネルギーコスト ・各部屋、各ゾーニング別消費量 ・電気、ガス、DHCメーター別消費量 ・基準モデルとの比較 ・入力項目の異なった2つ以上のモデルとの比較 アウトプットフォーマット（図2） 　・年間・月間・時間 　・比較表 　・テキストベース・グラフベース

入居後の施設評価について

図1 Energy Star Portfolio Manager ロゴ

ENERGY STAR®
PortfolioManager®

図2 エネルギー消費量の明細の例

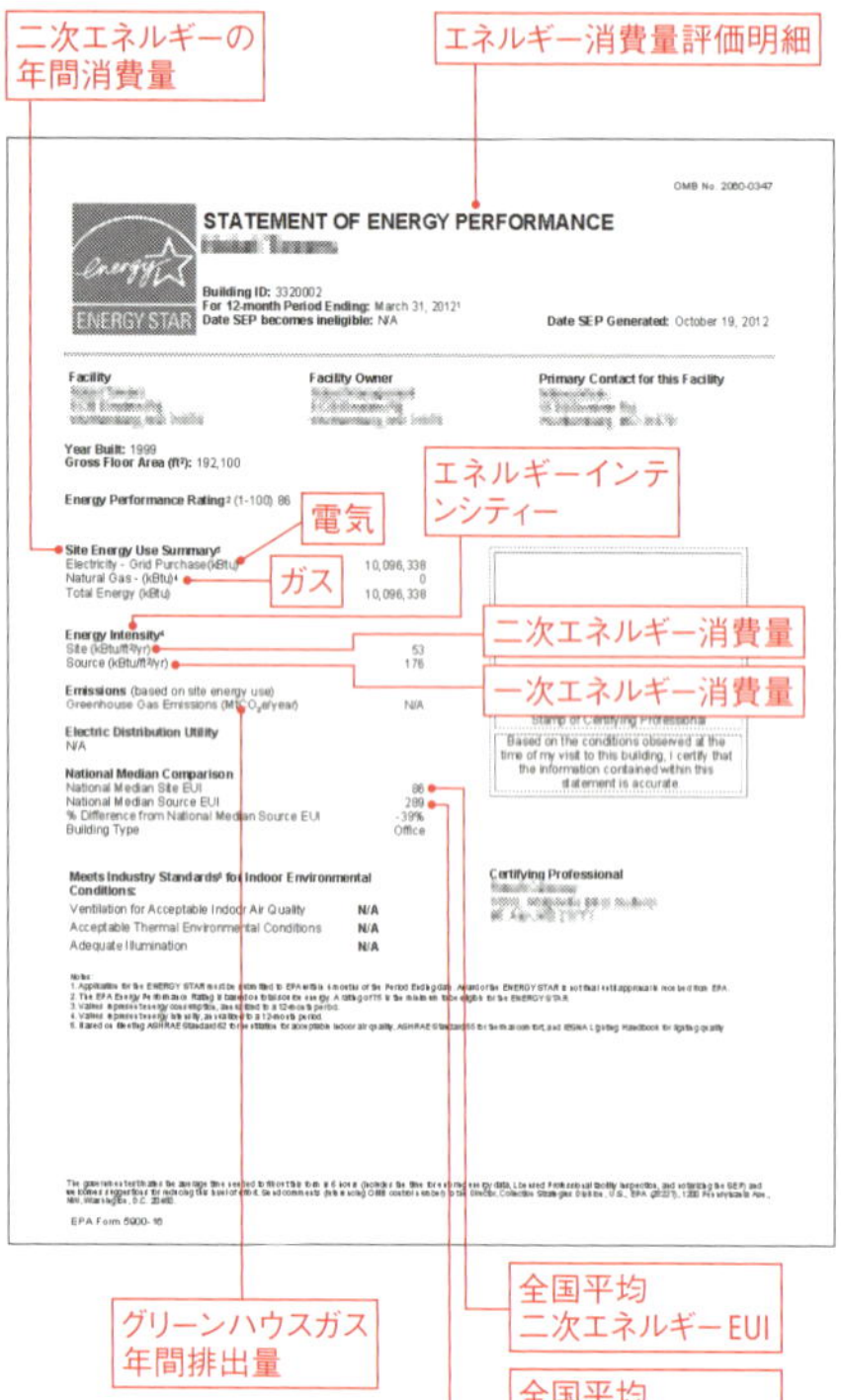
二次エネルギーの年間消費量
エネルギー消費量評価明細
STATEMENT OF ENERGY PERFORMANCE
Building ID: 3320002
Date SEP Generated: October 19, 2012
Facility
Facility Owner
Primary Contact for this Facility
Year Built: 1999
Gross Floor Area (ft²): 192,100
Energy Performance Rating (1-100) 86
エネルギーインテンシティー
電気
ガス
Site Energy Use Summary
Electricity - Grid Purchase(kBtu) 10,096,338
Natural Gas - (kBtu) 0
Total Energy (kBtu) 10,096,338
二次エネルギー消費量
一次エネルギー消費量
Energy Intensity
Site (kBtu/ft²/yr) 53
Source (kBtu/ft²/yr) 176
Emissions (based on site energy use)
Electric Distribution Utility
National Median Comparison
National Median Site EUI
National Median Source EUI
% Difference from National Median Source EUI
Building Type
Meets Industry Standards for Indoor Environmental Conditions:
Ventilation for Acceptable Indoor Air Quality N/A
Acceptable Thermal Environmental Conditions N/A
Adequate Illumination N/A
Certifying Professional
EPA Form 5900-16
グリーンハウスガス年間排出量
全国平均二次エネルギーEUI
全国平均一次エネルギーEUI

図3 ENERGY STAR スコアシートの例

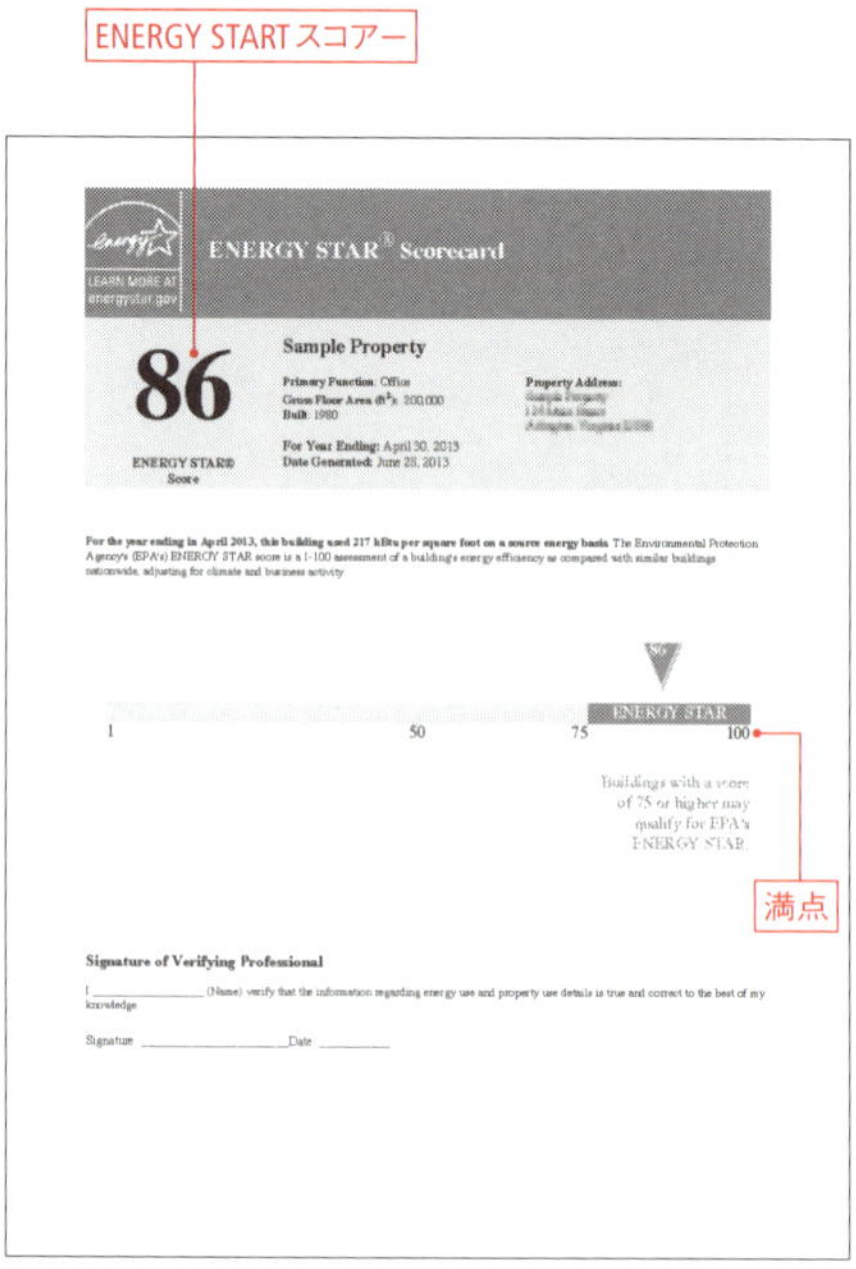
ENERGY STARTスコアー
ENERGY STAR® Scorecard
86
ENERGY STAR® Score
Sample Property
Primary Function: Office
Gross Floor Area (ft²): 200,000
Built: 1980
For Year Ending: April 30, 2013
Date Generated: June 28, 2013
Property Address:
1
50
75
100
ENERGY STAR
満点
Signature of Verifying Professional

Energy Star Portfolio Manager

Energy Star Portfolio Managerとは、EPA（米国環境保護局）で開発された既存建物の年間エネルギー消費量を多角的に診断できる無料オンラインツールである。このツールは建物の消費エネルギーを、単位面積当たりのエネルギー消費量（Energy Use Intensity＝EUI）によって診断している。既存建物の電気、ガス、給排水の月間消費量、稼働時間、入居人数、規模、用途、気象などのデータを入力すると、その建物の二酸化炭素排出量の分析、および、EUIの標準値との比較（最高を100点とする採点）ができる。そのため、このツールを用いれば、既存建物のエネルギー消費の現状と改善すべき点が明確になる。なお、ここで用いられるEUIの標準値は米国エネルギー省が全米から集計したデータ（Commercial Building Energy Consumption Survey：CBECS）に基づくものである。

建物のエネルギー消費量の評価は気

（出典）Energy star ホームページ
https://portfoliomanager.energystar.gov/pdf/reference/Source%20Energy.pdf
https://www.energystar.gov/buildings/facility-owners-and-managers/existing-buildings

図4 新築設計のエネルギー消費量評価の例

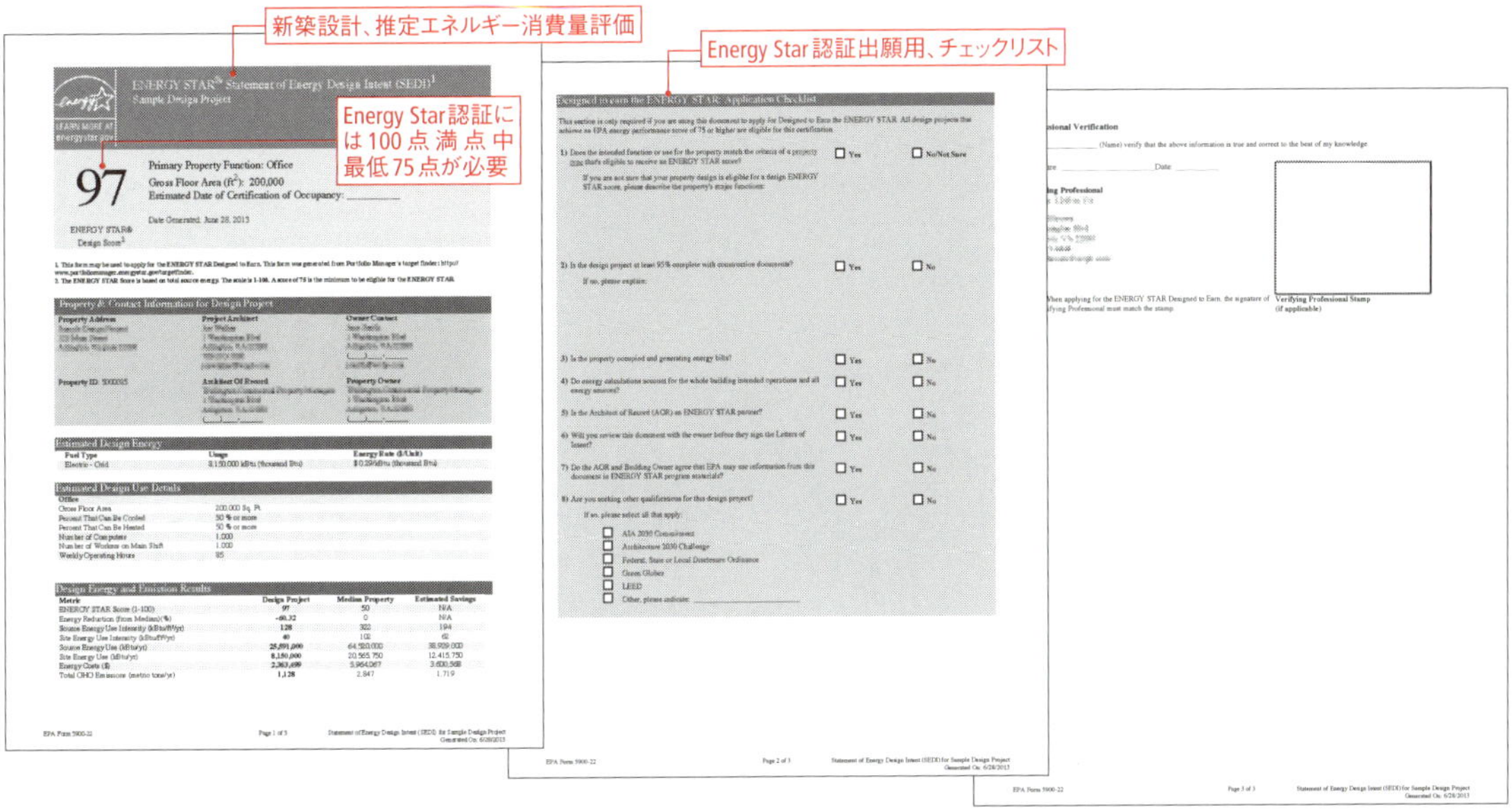
新築設計、推定エネルギー消費量評価
Energy Star認証出願用、チェックリスト
Energy Star認証には100点満点中最低75点が必要
97

表 二次から一次へのエネルギー消費量の変換係数

Energy Type	U.S. Ratio	Canadian Ratio
Electricity (Grid Purchase)［電力］	3.14	2.05
Electricity (on-Site Solar or Wind Installation)［電力（太陽光・風力）］	1.00	1.00
Natural Gas［天然ガス］	1.05	1.02
Fuel Oil (1,2,4,5,6,Diesel,Kerosene)［燃料油］	1.01	1.01
Propane&Liquid Propane［プロパン］	1.01	1.03
Steam［蒸気］	1.20	1.20
Hot Water［湯］	1.20	1.20
Chilled Water［冷水］	1.00	0.71
Wood［木材］	1.00	1.00
Coal/Coke［石炭］	1.00	1.00
Other［その他］	1.00	1.00

候や建物の断熱状況、設備設計の効率だけでなく、エネルギーそのものがつくられる過程も総合的に考量されるべきである。ENERGY STARのEUI評価では、既存建物の二次エネルギー（注）の月間消費量の1年間分のデータを、一次エネルギー（変換加工する前の石炭、石油、天然ガス、太陽放射、風力、水力、地熱、原子力などの天然資源）に変換した値が使用される。この際に用いられる二次から一次へのエネルギー消費量の変換指数には電力の生産、配電ロス、運搬設備インフラ状況なども考慮されており、電気、ガス、プロパン、蒸気など、建物の消費する多種のエネルギーを統合した公平なエネルギー効率の比較が可能となる。たとえばCOPの高いヒートポンプを用いた暖房設備は、ガスボイラーを使用した場合よりも、一次エネルギー消費は総合的に低い。変換係数は表のとおり（表）。

現在、ボストン、ニューヨーク、シアトルなどの都市の既存の商業施設、教育施設は、Portfolio Managerを使用したベンチマーク査定が義務づけられている。また、カナダ政府も省エネ化を促進するプラットフォームとしてPortfolio Managerの導入を進めている。なお、Energy Starの既存建物サイトには、そのエネルギー効率が認証された電気機器リスト（メーカー、モデルを含む）、メンテナンス方法を含めた、省エネ対策の具体的な提案、高効率の機器導入によるペイバックの計算シートなども掲載されている。また、ENERGY STARは新築住宅の省エネと快適さを追求したガイドラインの設定、建物審査、更には認定できるレベルの住宅を建設できる施工者（ENERGY STAR HOMEBUILDER）の認証も行っている。

（注）電気やガスなど、一次エネルギーを変換加工したエネルギー

Column

人材と技術の空洞化

ERR
CEC
BEST
○○までに
提出
EMS
CAS
BEE
PAL
○○までに
提出
QMS
○○までに
提出

建築や設備に関する設計図面及び施工図面を読み書きできない若手技術者が多くなってきた、ということを耳にするようになって久しい。

平成12年4月、貿易摩擦に配慮した規制緩和の流れの中で、建築関連では建築基準法第38条の削除、住宅の品質確保の促進等に関する法律（通称：品確法）の施行など、様々な法律の改正が行われた。これと平行するように、例えば、アカデミックスタンダード委員会（日本建築学会）、システム性能評価委員会（空気調和・衛生工学会）、環境共生住宅認定基準（(財) 建築環境・省機構エネルギー機構）など、各種公的機関においては地球環境へ配慮した性能を軸とした規定化が進められた。

近年、QMS、EMS 、CASBEE、PAL、ERR、CEC、BESTなど、建物や設備等に関わる管理的なマネージメントや性能評価の基準・手法が雨後の竹の子のように次々と策定され、その対応に日々追われている読者も多いのではないかと推察する。

性能を評価・検証し、これを設計に生かし、保証することはとても大切である。その専門業者も多く存在するが、これらの作業では建設費にその経費が発注者からほとんど認められていないため、設計や現場の若手技術者へその作業が回ってくる場合が多い。そのうえ、若手技術者が覚えなければならない設計や施工現場での仕事は多いというのが現状である。人材育成と技術継承が深刻な状況になっているのは建築関連分野ばかりではないが、時間的にも費用的にも余裕ある教育が極めて重要になる。性能関連等の各種必要書類作成がただ形式的に求められ、それによって多くの時間が奪われることにより、設計や施工現場において人材や技術に関わる空洞化現象に拍車を掛けているのではないかと思うのは、筆者だけなのだろうか。

（市川 憲良）

第7章 事例解説

事例7-1 The Carnegie Institution for Global Ecology

ロビーにはクールタワーと呼ばれる、煙突を利用した自然換気による冷房システムを採用しており、年間のほとんどを空調せずに快適に過ごせる

建築主	Carnegie Institution for Science, Department of Global Ecology カーネギー研究所地球環境生態学部門 (http://dge.stanford.edu/)
建設場所	260 Panama St. Stanford, CA 94305, USA
建築用途	事務所・地球環境生態学研究所
種別	新築
規模	建床面積　1,021㎡、2階建て
意匠	EHDD (Esherick, Homsey, Dodge, and Davis) Architecture
機械・衛生設計	Rumsey Engineers
電気設計	Engineering Enterprise
シビル	BKF Engineers
構造設計	Rutherford & Chekene
竣工	2004年4月
LEED	プラチナ

意匠設計

●自然換気＋クールタワー

この建物は風の通り道を考慮した配置となっており、ロビーの手動窓を開放することにより風が建物内の他端へと流れ、ロビー全体が開放的な空間となっている（**写真**）。ロビーにはクールタワーと呼ばれる、煙突を利用した自然換気による冷房システムを採用しており、年間のほとんどを空調せずに快適に過ごせる（**図1**）。

クールタワーの先端屋根は風を効率よくタワー内に導入できるように設計されている。取り入れられた外気はタワー内に設置された自動スプレー機により加湿冷却される。これにより、空気は温度差およびその質量を増大させ、低層部のロビーへと沈下する。このシステムにより、ロビー付近はファン動力を一切使わない自然冷房が可能となっている。

機械設備設計

●自然換気＋放射冷暖房

2階は全室（事務室）が自然換気＋床冷暖房システムになっており、従来のようなダクトとファンを除去した（**図2**）。また、放射冷房システムは建物表面温度が従来の空調と異なり、放

写真 ロビー自然換気

図1 クールタワー

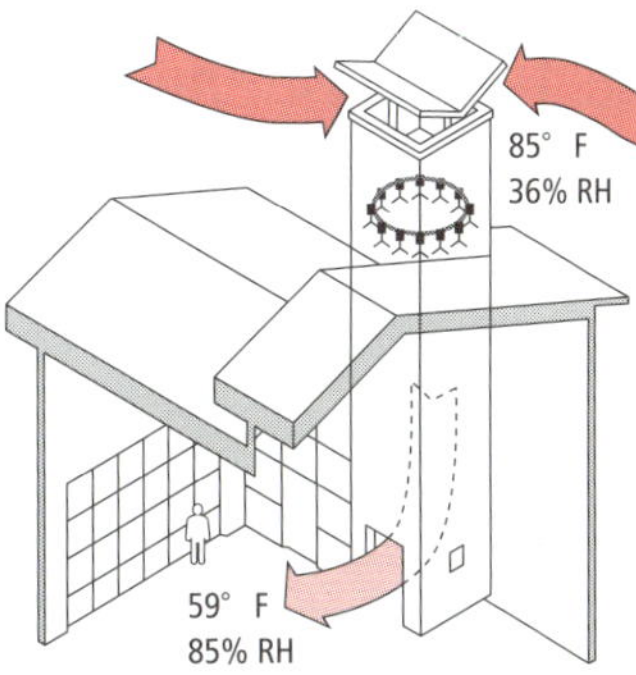
85° F
36% RH
59° F
85% RH

図2 空調システム概要スケッチ

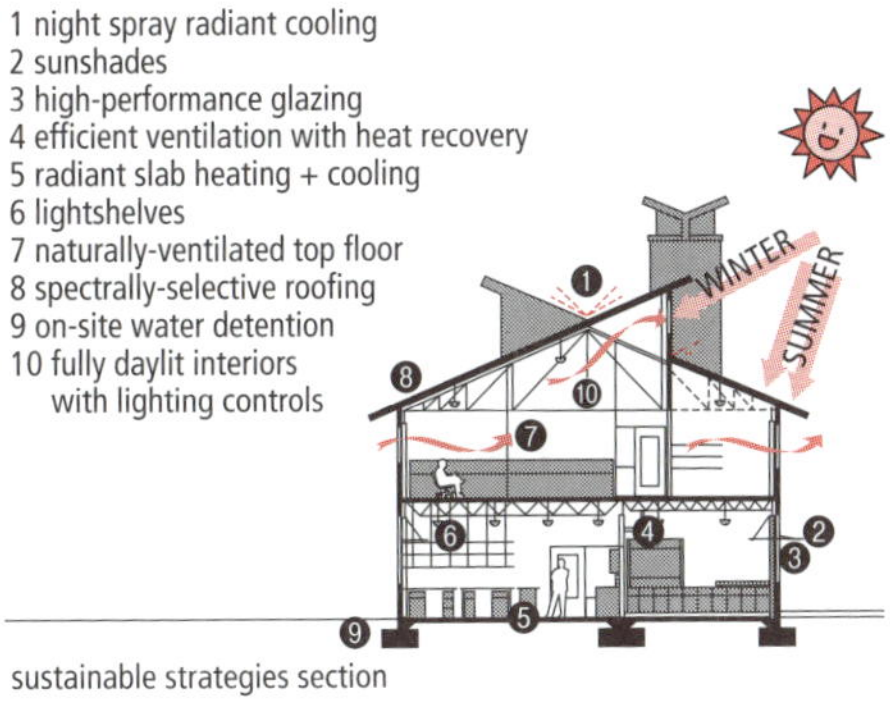
1 night spray radiant cooling
2 sunshades
3 high-performance glazing
4 efficient ventilation with heat recovery
5 radiant slab heating + cooling
6 lightshelves
7 naturally-ventilated top floor
8 spectrally-selective roofing
9 on-site water detention
10 fully daylit interiors
with lighting controls
WINTER
SUMMER
sustainable strategies section

図3 ナイトスカイと放射冷暖房

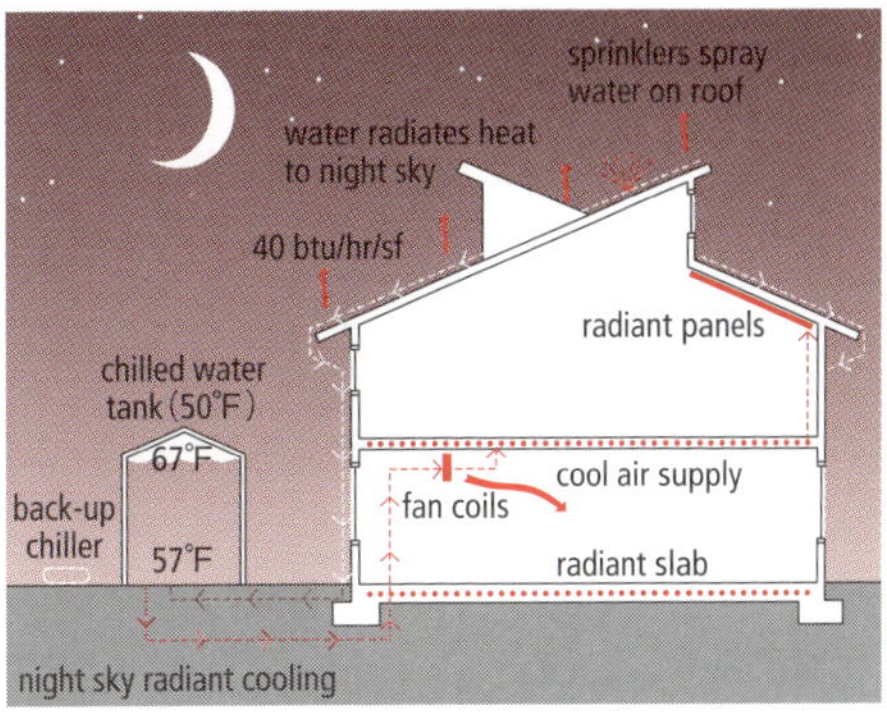
sprinklers spray
water on roof
water radiates heat
to night sky
40 btu/hr/sf
radiant panels
chilled water
tank (50°F)
67°F
back-up
chiller
57°F
cool air supply
fan coils
radiant slab
night sky radiant cooling

射温度が下がるので、室内温度設定を緩和できる。各ゾーンに設置されているアラームは、自然換気が適切な時は緑色になり、それ以外の条件ならば赤いランプで外気環境を適切に知らせてくれる。天井や床は全面的な冷却により室内温度のムラが緩和され、より快適性の向上が期待できる。

●外気冷暖房

冬と夏の間は、比較的長い期間乾燥するカリフォルニア北部に位置しているので、適温適湿の外気を直接室内に取り込み、空調機に負荷をかけずに室内を空調できる期間が長く、大きなエネルギー削減につながる。

●ナイトスカイ＋放射冷暖房

夏の夜、屋根にスプレー噴射し、その放射冷却により得られる冷水（13℃～16℃）を水蓄熱タンク（12000gallon）に貯め、冷房用の水として使用する（図3）。放射冷房の送水温度は通常空冷システムより高いので、日中に蓄熱タンクの冷水を、チラーを還すことなくそのまま使用できる（フリークーリング）。

●化学物質を使わないクーリングタワー

屋根に降り注いだ雨水のすべてをタンクに貯め、フィルターにかけ循環させている。また、安全性を考慮し、赤外線殺菌装置で水質管理し、廃水回数の削減をしている。

●電源負荷、内部負荷の削減

デスクトップから高効率ノートパソコンへの更新、エナジースター認証の低燃費機器導入により電源負荷や内部負荷の削減を果たした。

また、室内環境管理条件を徹底する必要がある実験用機器には専用の部屋を設け、そこで管理している。－60℃の冷凍庫やその他排熱の大きい機器については倉庫に搬入し、24時間100%外気導入が必要な実験室とは別にすることで負荷を低減している。

電気設備設計

●照明制御

照明用電力については、オフィスの天井照明を自動制御して明るい昼間の照度を落とし、省電化を図っている。

●昼光利用により日中ほぼ100%の規定照度を実現

建物設置方位の最適化を図り、建物自体を12mと長細くし、ライトシェルフと庇を最適化させている。

衛生設備設計

●節水トイレと自然水利用

節水便器の仕様により40%の節水をし、そのほとんどを雨水で賄うことが可能となっている。

事例7-2 California Institute of Technology (Caltech) Linde+Robinson Laboratory

建築主	カリフォルニア工科大学（www.caltech.edu）
建設場所	1200 East California Boulevard Pasadena California 91125, USA
建築用途	事務所・地球環境研究室
種別	改築（1932年新設）
規模	床面積　6,500㎡、3階＋地下2階
意匠	Architectural Resources Group（ARG）
機械・衛生設計	Rumsey Engineers
電気設計	Ryan Stromquist
構造設計	Rutherford & Chekene
竣工	2007年7月
LEED	プラチナ（全米初の研究室改築認証）

意匠設計

●既存設備を利用した自然採光

建物の中心付近に位置する、屋根から地下まで貫通する直径1.5 mの巨大望遠鏡シャフトを太陽光の通り道として再利用した。2枚の鏡で昼光を集束させ、その光線はシャフト内で反射を繰り返し、各階に自然光を送り出しながら地下まで到達し、再び屋根付近まで戻ってくる（**写真1**）。

●既存設備を水蓄熱に利用

放射冷房の採用により、冷水の温度を通常より高い13℃~16℃で送水し、システム全体のCOP（**注**）を上げると同時に、夜間に屋上で冷やされた冷却水を既存望遠鏡シャフトの地下部ピットを利用した水蓄熱に貯め、日中に放射冷房パネルに流す。これにより、年間50％は冷房運転をせずに冷房が可能となっている（フリークーリング）（**写真2**）。

機械設備設計

●放射冷暖房＋壁空調

事務室の一般空調には放射冷房と、改築により新たに加えられた内壁と、既存の外壁との間の2重空間に設置されている既存のラジエーター暖房を再利用した置換空調システムを導入して

（注）　Coefficient Of Performance　エネルギー消費効率の目安となる係数

写真1 ソーラーシャフト

RECONDITIONED COELOSTAT
ROOF
2ND FLOOR
1ST FLOOR
REFRACTIVE OPTICS
GROUND FLOOR
REFLECTORS
FREE SOLAR BEAM FOR EXPERIMENTS
BASEMENT
SOLAR FIXTURES
SUB-BASEMENT
CONVEX MIRROR CLUSTER

写真2 放射パネル

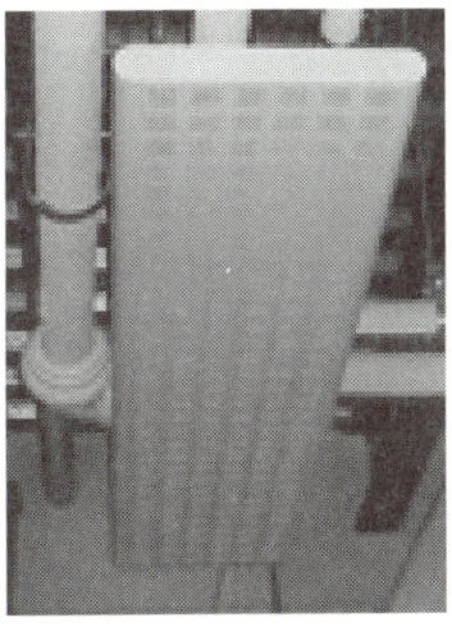

写真3 実験室view

図1 一般室空調

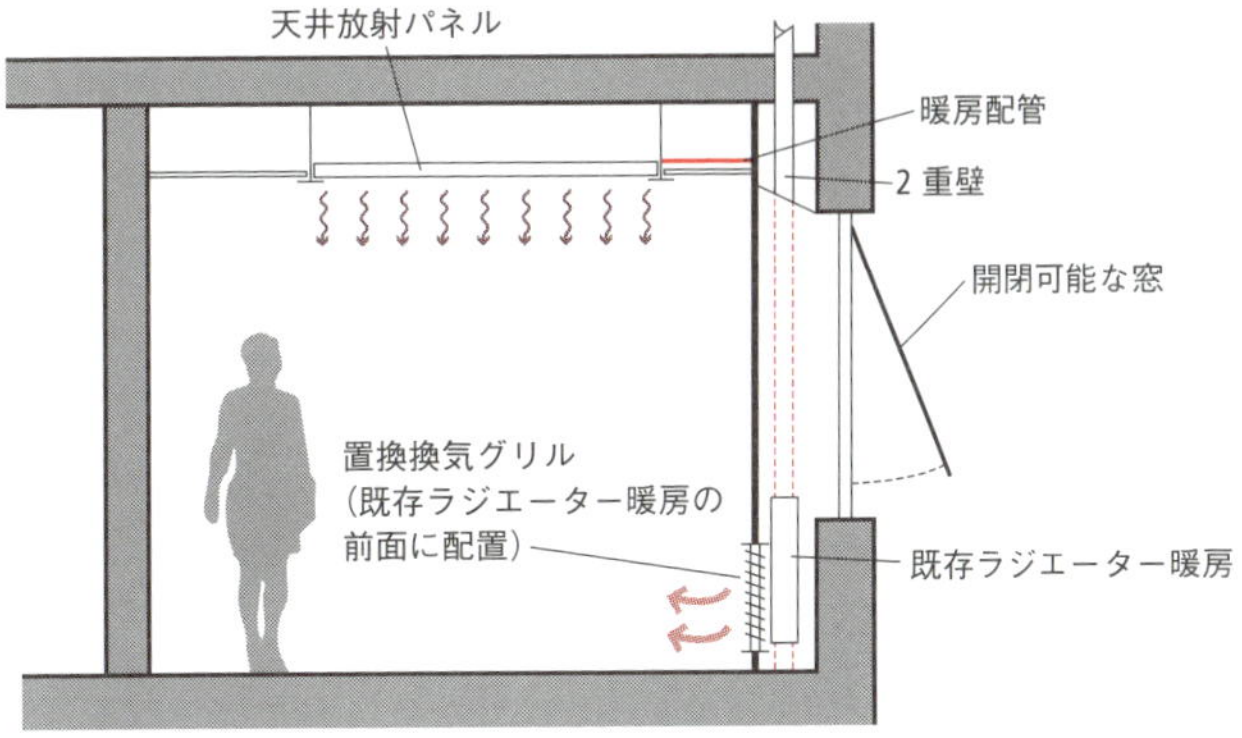
天井放射パネル
暖房配管
2重壁
開閉可能な窓
置換換気グリル
（既存ラジエーター暖房の
前面に配置）
既存ラジエーター暖房

図2 実験室空調システム

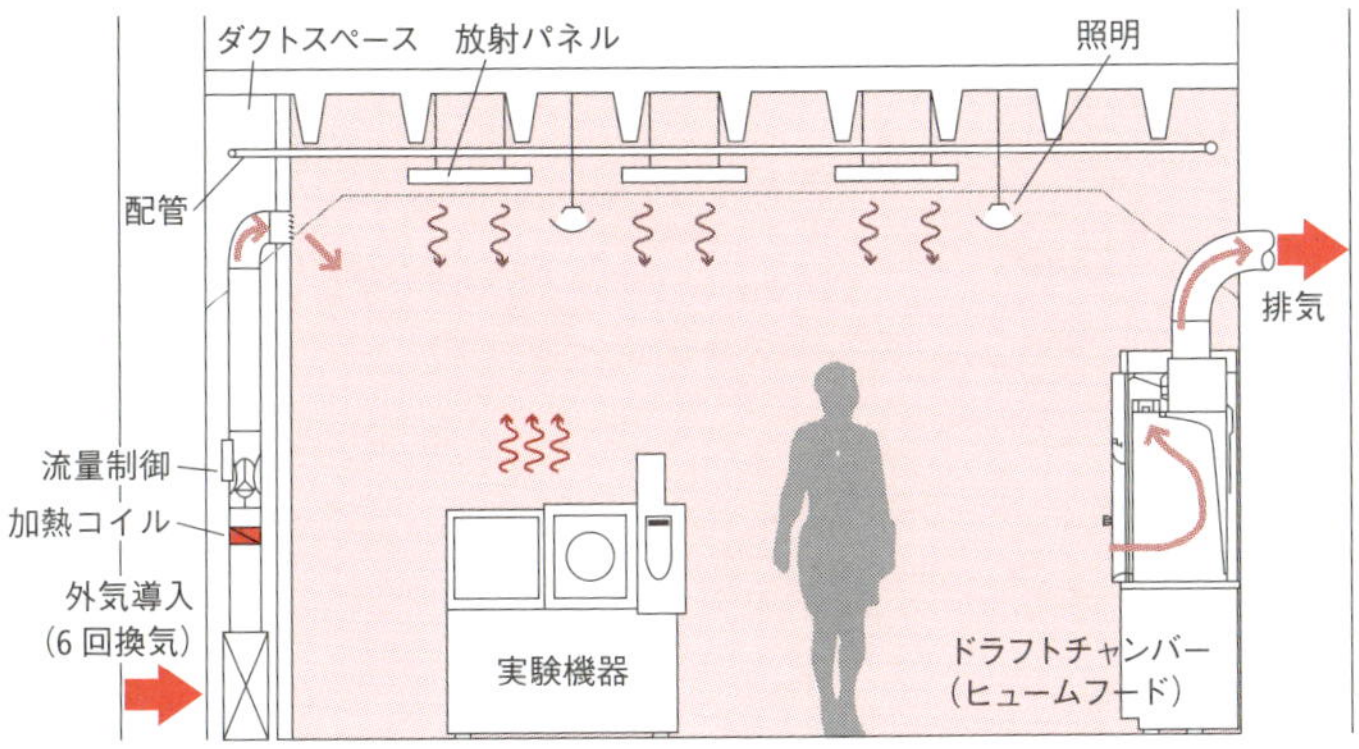
ダクトスペース
放射パネル
照明
配管
排気
流量制御
加熱コイル
外気導入
（6回換気）
実験機器
ドラフトチャンバー
（ヒュームフード）

いる。これにより、外気導入量を抑え、快適性の向上と省エネができるシステムになっている。既存のラジエーター暖房は、寒冷時のみに運転される補助的役割を果たしている（**図1**）。

●実験室換気量の削減

通常24時間100％外気で換気をしている実験室には、その排気口に化学物質検出センサーを取り付けた。化学物質がない場合、換気量を減らすことができるため、一般家庭5軒分のエネルギー削減に成功した（**図2、写真3**）。

●機器の更新でエネルギー消費削減

実験室機器の更新を積極的に行った結果、年間50％のエネルギー消費削減が可能となり、大幅な内部負荷軽減が実現した。それに伴い、過剰容量となった既存の熱源を小さくし、高効率の冷凍機とポンプに更新した。

●州規格よりエネルギー消費を削減

カリフォルニア州エネルギー規格と比較して、年間エネルギー消費を75％削減することが可能になった。

電気設備設計

●再生可能エネルギーの完備

燃料電池（100kW）、水力発電（30kW）、太陽発電（67kW）を敷地内に完備し、電力供給を補助している。この設備すべてがフル稼働すれば、その容量は建物消費電力量をほぼすべて満たす容量に等しい。

衛生設備設計

●節水機器導入で水使用削減

節水便器、節水型スプリンクラーシステムの導入により、水使用量を60％以上削減し、その給水はすべて雨水と中水で賄っている。

事例7-3 杉並区立荻窪小学校

表 エコスクールの事業タイプ

No.	事業タイプ		取り組み
1	太陽光発電型		屋上・屋根等に太陽電池を設置して、発電した電力を活用する
2	太陽熱利用型		屋上等に太陽集熱器を設置して、暖房、給湯、プールの加熱等に利用する
3	その他のエネルギー活用型	風力発電	屋上等に風車を設置して、発電した電力を活用する
		温度差熱利用	地中に埋設した換気用チューブ等に室内空気を循環させて熱交換する
		バイオマス熱利用	生物資源（バイオマス）を加工し、暖房や温水プールのボイラー、ストーブ等の燃料として活用する
		燃料電池	LPガス等から水素を取り出し、空気中の酸素と化学反応させ、水ができる過程で発生する電気を利用する
		小水力発電	小さな河川等のわずかな落差を利用して発電する
4	省エネルギー・省資源型	断熱化	複層ガラスや2重サッシ、断熱材等を使用する
		日除け	庇、ルーバー、バルコニー等を設ける
		省エネ型設備	省エネルギー型の照明器具や空調設備を導入する
		エネルギー・CO_2管理システム	エネルギー消費等について、無駄の有無を点検し、効率的に管理するため、エネルギー消費量やCO_2排出量の実態を把握する
		雨水利用	建物の屋根から集めた雨水を貯水槽に貯め、ろ過処理をしてトイレの洗浄水や校庭の散水に利用する
		排水再利用	施設内で発生した排水をろ過処理して、トイレの洗浄水等に利用する
5	自然共生型	建物緑化	建物の壁面や屋上の緑化を行う
		屋外緑化	校庭を芝生化したり、ビオトープを設ける
6	木材利用型	地域材等の利用	内装等を木質化する
7	資源リサイクル型	リサイクル建材	廃棄材を再利用して作られた建材を使用する
		生ゴミ処理設備	給食の残飯の生ゴミを堆肥化したり、水にして排水し、ゴミを減らす
8	その他	自然採光	トップライト、ハイサイドライトやライトシェルフを利用し、自然光を取り入れる
		自然換気	吹抜け等を利用し自然換気を行う

（出典）環境を考慮した学校施設（エコスクール）の整備推進、文部科学省：
（http://www.mext.go.jp/a_menu/shisetu/ecoschool/detail/__icsFiles/afieldfile/2010/02/02/1289492_2.pdf）

エコスクールとは、環境に配慮した学校施設をいう。地球温暖化などの環境問題に加えて、子どもたちへの環境教育として学校施設において環境負荷低減や自然との共生を考慮した施設を整備することが求められている。

文部科学省では、環境にやさしい学校施設の整備推進として、「環境を考慮した学校施設の整備について」（1996年3月）、「環境を考慮した学校施設の整備における技術的手法に関する調査研究報告書」（1997年3月）をとりまとめ、各都道府県教育委員会等へ通知している。また、「環境を考慮した学校施設の整備推進に関するパイロット・モデル事業」として、文部科学省、農林水産省、経済産業省、環境省が連携協力して、公立学校でエコスクールとして整備する学校をモデル校に認定し、補助制度を設けている。

エコスクールは、図1に示す建築的要素（施設）と、人的要素（運営、教育）の3つの視点から学校施設造りを行うことを目指し、8つの事業タイプによって構成され、環境教育の教材として活用されている（表）。

東京都杉並区立荻窪小学校は、平成19年度に太陽光発電型として、エコスクールパイロットモデル事業に認定され、平成21年4月、エコスクールモデ

図1 エコスクールの視点

建築的要素	人的要素	
施設面 やさしく造る ・学習・生活空間として健康で快適である ・周辺環境との調和 ・環境負荷を低減する設計・建設	運営面 賢く・永く使う ・耐久性、フレキシビリティに配慮する ・自然エネルギーの有効活用 ・無駄なく、効率よく使う	教育面 学習に資する ・環境・エネルギー教育への活用

図2 荻窪小学校環境配慮項目

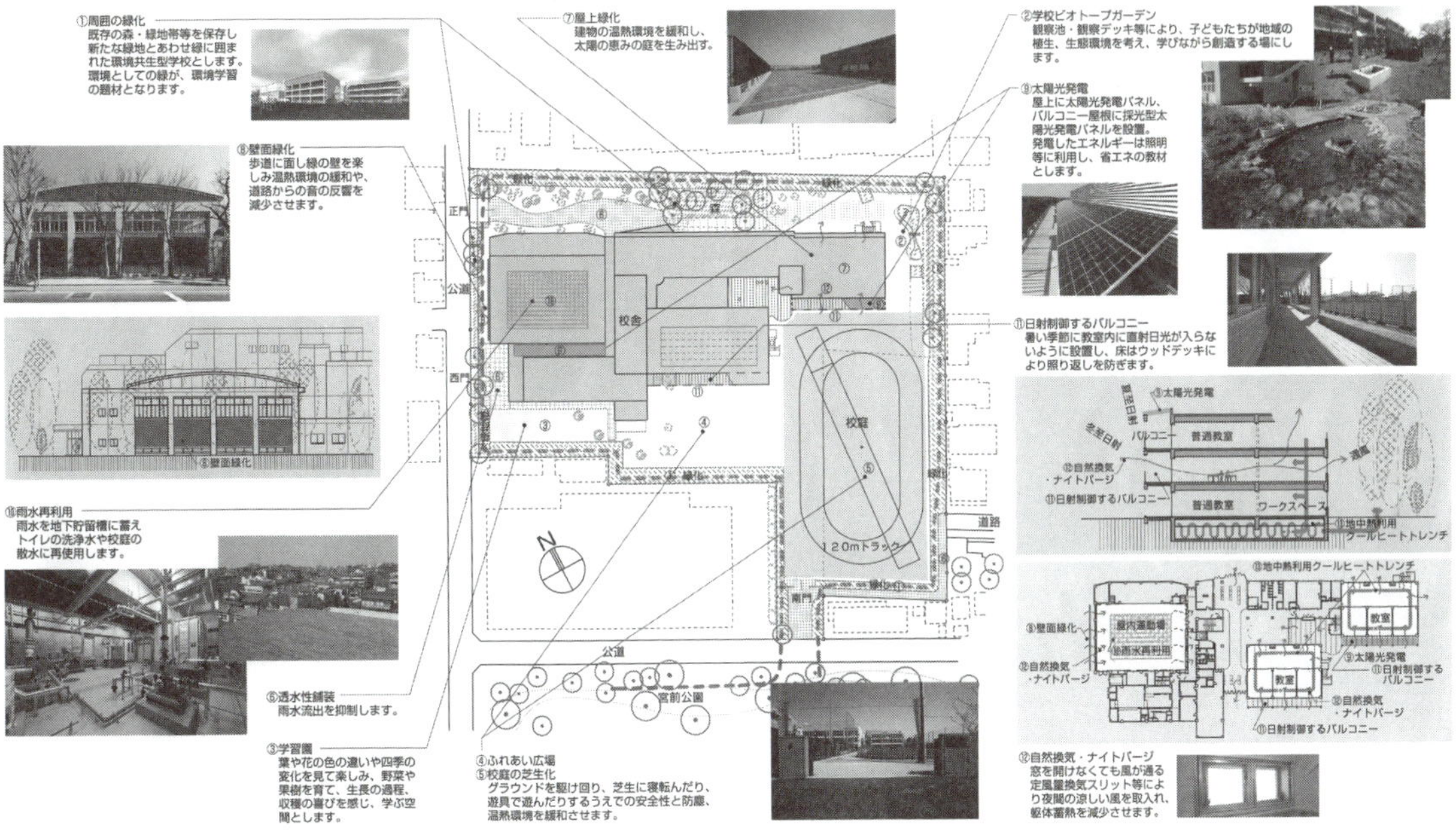

①周囲の緑化
既存の森・緑地帯等を保存し新たな緑地とあわせ緑に囲まれた環境共生型学校とします。環境としての緑が、環境学習の題材となります。
⑦屋上緑化
建物の温熱環境を緩和し、太陽の恵みの庭を生み出す。
②学校ビオトープガーデン
観察池・観察デッキ等により、子どもたちが地域の植生、生態環境を考え、学びながら創造する場にします。
⑨太陽光発電
屋上に太陽光発電パネル、バルコニー屋根に採光型太陽光発電パネルを設置。発電したエネルギーは照明等に利用し、省エネの教材とします。
⑧壁面緑化
歩道に面し緑の壁を楽しみ温熱環境の緩和や、道路からの音の反響を減少させます。
正門
公道
西門
校舎
校庭
120mトラック
道路
南門
宮前公園
⑪日射制御するバルコニー
暑い季節に教室内に直射日光が入らないように設置し、床はウッドデッキにより照り返しを防ぎます。
⑨太陽光発電
冬至日射
バルコニー
普通教室
⑫自然換気
・ナイトパージ
⑪日射制御するバルコニー
普通教室
ワークスペース
通風
⑬地中熱利用
クールヒートトレンチ
⑬地中熱利用クールヒートトレンチ
⑧壁面緑化
屋内運動場
⑫自然換気
・ナイトパージ
教室
⑨太陽光発電
⑪日射制御する
バルコニー
教室
⑫自然換気
・ナイトパージ
⑪日射制御するバルコニー
⑩雨水再利用
雨水を地下貯留槽に蓄えトイレの洗浄水や校庭の散水に再使用します。
⑥透水性舗装
雨水流出を抑制します。
③学習園
葉や花の色の違いや四季の変化を見て楽しみ、野菜や果樹を育て、生長の過程、収穫の喜びを感じ、学ぶ空間とします。
④ふれあい広場
⑤校庭の芝生化
グラウンドを駆け回り、芝生に寝転んだり、遊具で遊んだりするうえでの安全性と防塵、温熱環境を緩和させます。
⑫自然換気・ナイトパージ
窓を開けなくても風が通る定風量換気スリット等により夜間の涼しい風を取入れ、躯体蓄熱を減少させます。

（出典） 杉並区教育委員会、杉並区立荻窪小学校パンフレット、3〜4頁

ル校として建設された新校舎へ移転した。杉並区は、これまでエコスクール化推進整備を行い、児童・生徒の環境教育に積極的に取り組んでいる。

また、日本建築学会子ども教育事業委員会では、住宅や建築、都市などの人工的な環境と自然環境をつなぐ環境学習プログラム開発に取り組んでいる。同小学校の新校舎移転前から移転後も3年間引き続き人工的な環境の総合学習を提供し、3年生から6年生までの一貫した環境学習の構築を目指して、学校側の主体的な授業の企画、推進を支援している。同小学校では太陽光発電、地中熱利用のクールヒートトレンチ、屋上緑化、壁面緑化、自然換気、ナイトパージ、ビオトープなどを取り入れている（図2）。

従来型の学校建築においても環境学習は可能であるが、環境に配慮した施設であれば、より子どもの関心も高く、自然と建物の環境との関係が理解しやすい。また、同小学校の教室や校庭の仕組みは、通常の学校建築と異なり、その仕組みを理解して生活しなければ、より効果的な運用ができない。今後、施設の充実とともに環境学習のプログラム実施には、建築や都市などの環境の専門家と学校の先生との協力が重要となってくる。

（出典） ●荻窪小学校環境学習報告会　杉並区エコスクール推進に伴う、環境学習プログラム開発―荻窪小学校での実践から―、日本建築学会子ども教育事業委員会・杉並区立荻窪小学校（2009）
●杉並区立荻窪小学校ホームページ、http://www.suginami-school.ed.jp/ogikuboshou/shoukai/shoukai.html

事例7-4 群馬県太田市立中央小学校エコ改修

所在地	群馬県太田市飯田町1166番
建築用途	小学校
敷地面積	校舎：12,675㎡　運動場：10,968㎡
延べ面積	校舎：5,293㎡　相談指導棟：1,424㎡　体育館：1,066㎡
構造	RC造 地上3階
生徒数	459名（H21年度）
設計・監理	意匠：（株）中村勉総合計画事務所 設備：（有）ZO設計室　協力：（株）泉設備設計

設計コンセプト

太田市立中央小学校は、環境省主催の「学校エコ改修と環境教育事業」、通称エコフロー事業のモデル校である。

同校は、もともと耐震改修の対象校となっていたが、単なる耐震改修のみに終始せず、この機会を有効に利用して、省エネおよびCO_2排出量の削減を行い、さらに環境学習体験の場として提供できるように「エコ改修」を目指した。

太田市は年間の日照時間が２０００時間を超え、特に冬場の日照時間が長い『ソーラータウン』である。この豊富な太陽エネルギーを利用し、特に、太陽光発電に対し3倍以上高い効率をもつ太陽熱エネルギーに重点を置き、小学生にも理解しやすいシステムとすることで、身近に自然エネルギーを体感・学習できる環境教材となると考えた。

太陽熱利用には「パッシブ利用」と「アクティブ利用」がある。今回、南側の直射日光が当たる部分を「パッシブ利用：ダイレクトゲインゾーン」、直射日光が届かない部分を「アクティブ利用：床暖房ゾーン」と定め、１つの教室で２種類の太陽熱利用方法を体験できるようにした。

「パッシブ利用」は建築的手法による配慮である

直射日光が当たる床をグレーカラーモルタルで敷設しダイレクトゲインの集蓄熱を行った。

併せて外皮負荷を軽減させるため、建物全体の断熱の徹底や窓のペアガラス化を行い、耐震アウトフレーム部分・廊下部分との間仕切りをなくし教室を半オープン化することで多くの自然光を取り入れた。

また、夏は涼しい北側に、冬は暖かい南側に移動するなど、環境に合わせて人が動くことで、季節ごとの効率的な自然エネルギーの利用を可能にし、快適さを確保しつつ省エネ・省CO_2を図った（**図1**）。

太陽熱利用暖房設備

太陽熱集熱パネルは屋上設置が一般的であるが、耐震改修を伴うような建物の屋上設置は、構造的負担が大きすぎる。今回は、外付け耐震補強フレーム工法により新たに増築した外壁面にパネルを設置した（**写真1**）。

①太陽熱利用床暖房システム

教室での太陽熱利用は、子どもたちへの教育的効果から、分かりやすさを重視し、瞬間的に効果が現れる太陽熱

図1 衣替えする教室

夏の基本パターン

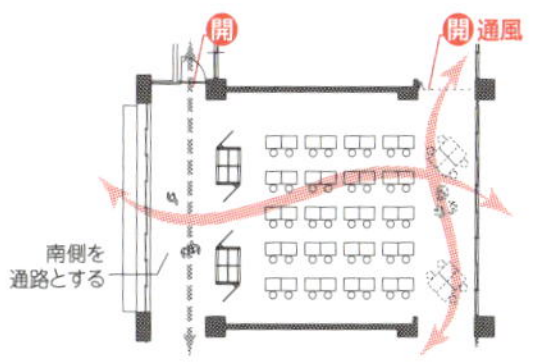

開
開 通風
南側を
通路とする

冬の基本パターン

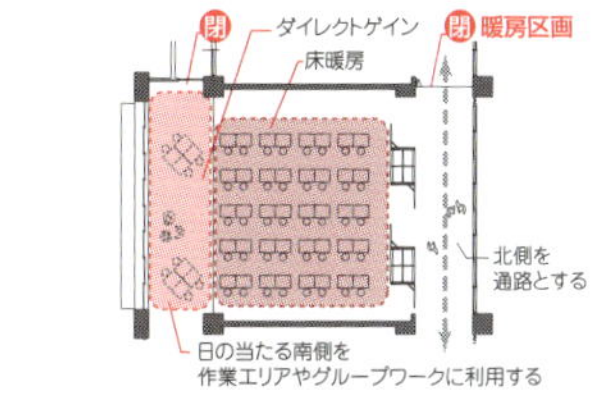

開
ダイレクトゲイン
床暖房
開 暖房区画
北側を
通路とする
日の当たる南側を
作業エリアやグループワークに利用する

図2 普通教室床暖房システム要領図

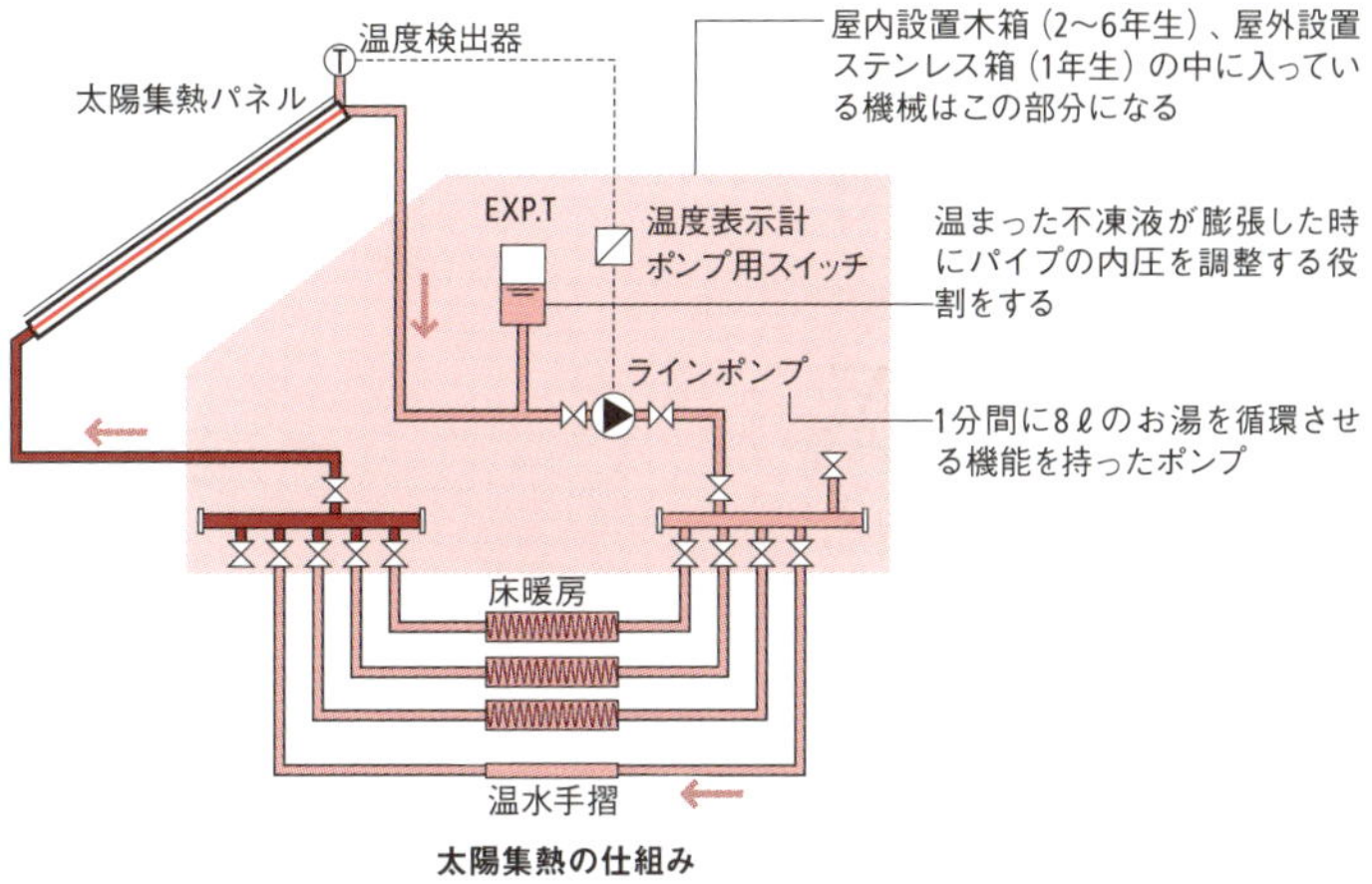

温度検出器
太陽集熱パネル
屋内設置木箱（2〜6年生）、屋外設置
ステンレス箱（1年生）の中に入ってい
る機械はこの部分になる
EXP.T
温度表示計
ポンプ用スイッチ
温まった不凍液が膨張した時
にパイプの内圧を調整する役
割をする
ラインポンプ
1分間に8ℓのお湯を循環させ
る機能を持ったポンプ
床暖房
温水手摺
太陽集熱の仕組み

写真1 増築壁面に設置された太陽光パネル

図3 エコエッグ地中蓄熱システム要領図

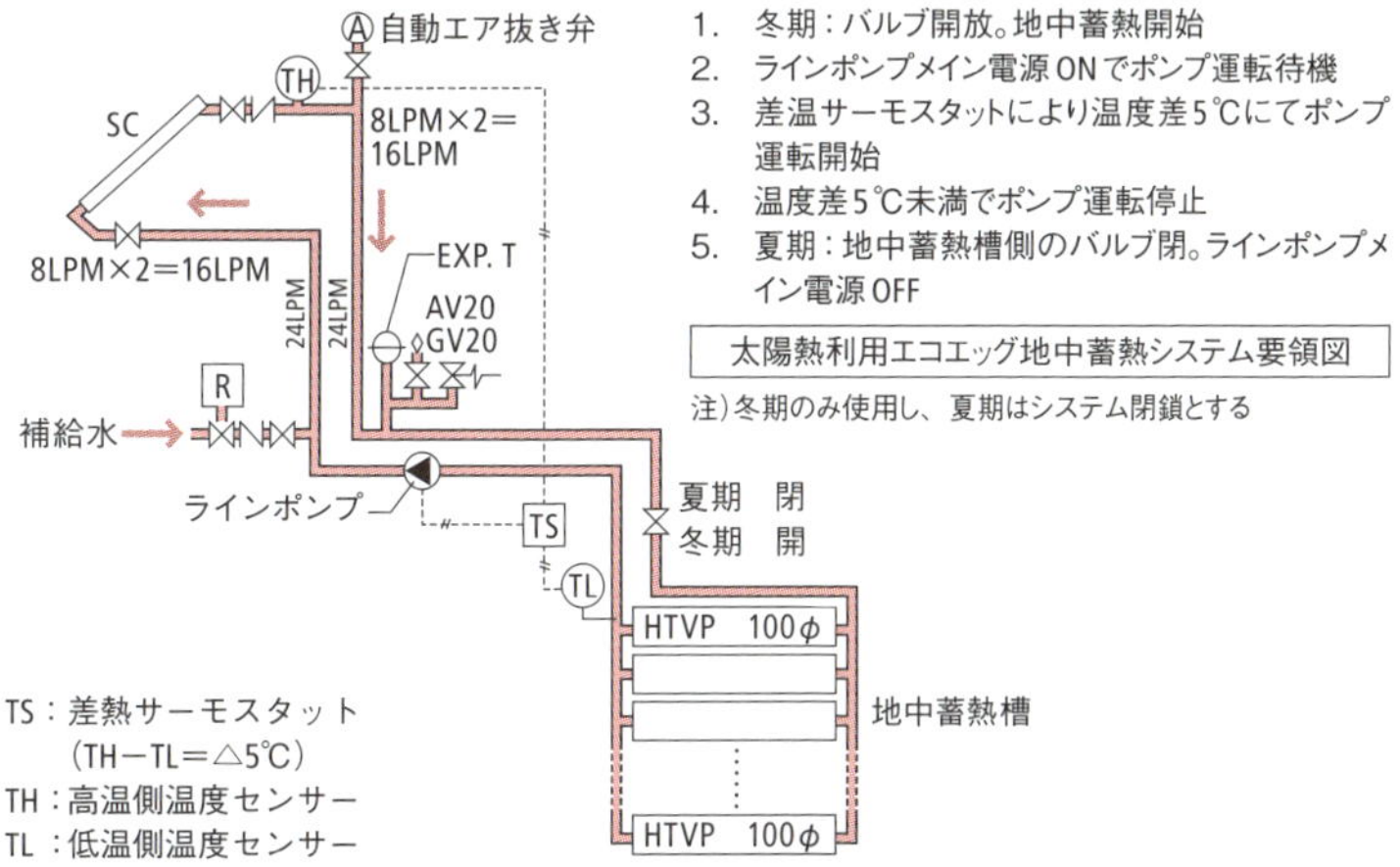

Ⓐ自動エア抜き弁
TH
SC
8LPM×2=
16LPM
8LPM×2=16LPM
24LPM
24LPM
EXP. T
AV20
GV20
R
補給水
ラインポンプ
TS
TL
夏期 閉
冬期 開
HTVP 100φ
HTVP 100φ
地中蓄熱槽
TS：差熱サーモスタット
（TH−TL=△5℃）
TH：高温側温度センサー
TL：低温側温度センサー
1. 冬期：バルブ開放。地中蓄熱開始
2. ラインポンプメイン電源ONでポンプ運転待機
3. 差温サーモスタットにより温度差5℃にてポンプ運転開始
4. 温度差5℃未満でポンプ運転停止
5. 夏期：地中蓄熱槽側のバルブ閉。ラインポンプメイン電源OFF
太陽熱利用エコエッグ地中蓄熱システム要領図
注）冬期のみ使用し、夏期はシステム閉鎖とする

写真2 北側窓下に設けた温水パイプ

写真3 普通教室サーモ写真（1月27日11:46、空気温度17.4℃）

×E
15.08 ℃
×D
15.89 ℃
×A
23.04 ℃
×B
17.29 ℃
×C 16.29 ℃
35.0
℃
30.6
26.3
21.9
17.5
13.1
8.8
4.4
0.0

写真4 砕石を埋め戻す前の床下配管

利用床暖房システム（図2）を採用した。さらに、教室ごとに完結したシステムとすることで、より直感的に理解できることを目指した。

既存の教室では南側と北側での温度差により、気流移動（コールドドラフト）が起こっていた。北面窓下にステンレス管40Aを巡らせ、集熱した温水を流すことにより窓からの寒気侵入を抑えることにした。パイプの表面温度は40℃に近いため、直接触って暖かさを感じることができ、子どもたちにも好評である（写真2）。

②太陽熱利用長期蓄熱システム

太陽熱の長期的な利用は、冬期の天候不順に左右されにくい安定した熱利用を可能とする。運転は自動運転であるが、早期（10月上旬）から運転し蓄熱を行う（図3、写真3）。

土中に配管を埋設し、集熱温水を送り、配管の周辺にある砕石に蓄熱させ図書室の床面の底冷えを防止し暖房負荷を軽減した（写真4）。

その他のCO_2削減のための設備的手段として、既存の衛生器具の節水型への変更、小型雨水タンクの設置、リサイクルPET管を使用するほか、新設された教室に換気用の小窓を設けることで、夏期の夜間の冷えた外気を取込むナイトパージを行った。

事例7-5 道の駅やいたエコハウス

所在地	栃木県矢板市
建築用途	住宅（一部事務所）
敷地面積	500㎡
延べ面積	264㎡
構造	木造2階建て
設計・監理	意匠：フケタ設計 設備：ZO設計室 （機械・電気）

「道の駅やいたエコハウス」は、栃木県矢板市にあり、環境省主催の「21世紀環境共生型住宅のモデル整備による建設促進事業」（通称：エコハウスモデル事業）のモデルハウスである。

設計コンセプト

建築材料は、自然素材を多く使用し、ほぼすべての素材が土に還るようにしている。木材は、地産地消、CO_2排出抑制を意識し、地元産のたかはら杉を利用している。

建物の配置（**図1**）は南北面に開口部を設け、風の道を作っている。南側庭は、夏ツバキ、クヌギ、ナラなどの樹木を植え、開口部付近に緑のカーテンを設置している。これにより、夏期は日射遮蔽を行い、涼しい風を室内に取り入れ、冬期は、木々の葉が落ちるため、南側窓から日射を取り込むことができる。

南側窓室内側はタイル敷きの土間空間となっており、ダイレクトゲインを蓄熱した状態で、夜間に移行している。

室内は1階の土間と居室、和室と居室の間仕切りをすべて開放することができる。さらに、リビングの吹抜けや2階のスノコ床など、熱や風が建物全体を行き渡るように設計している。

自然エネルギー設備

自然エネルギーの代表である太陽エネルギーを光、熱を共に利用できるようにハイブリッドソーラーシステムを採用している。1階屋根東側、西側に太陽熱集熱器を各6㎡ずつ設置した。

太陽熱集熱器は1階床下に設けた地中蓄熱槽（**写真1**）と機械室（**写真2**）の給湯用貯湯槽とで結ばれている（**図2**）。1階の土間と浴室以外を地中蓄熱槽としている。蓄熱槽には砂利を敷き詰め、その中に温水配管を敷設している（事務所はコンクリート埋設）。さらに、蓄熱槽の周りと基礎下に断熱をし、蓄熱された熱が逃げないように保温をしている。

冬期では太陽熱集熱器で温められた温水を地中蓄熱槽に送る。温水は、地中蓄熱槽を温め、余った熱は給湯用貯湯槽に流れる。給湯用貯湯槽とエコキュートにて熱交換がされているため、余った熱は給湯エネルギーとして活用する。秋から春先までは温水を地中蓄熱槽に流し、夏期は給湯用蓄熱槽のみに温水を流している。

換気は、2階に設置した全熱交換換気扇により外気を取り入れている。外気は、1階居間に設置した薪ストーブの煙突を2重にしているダクトを通

図1 配置図

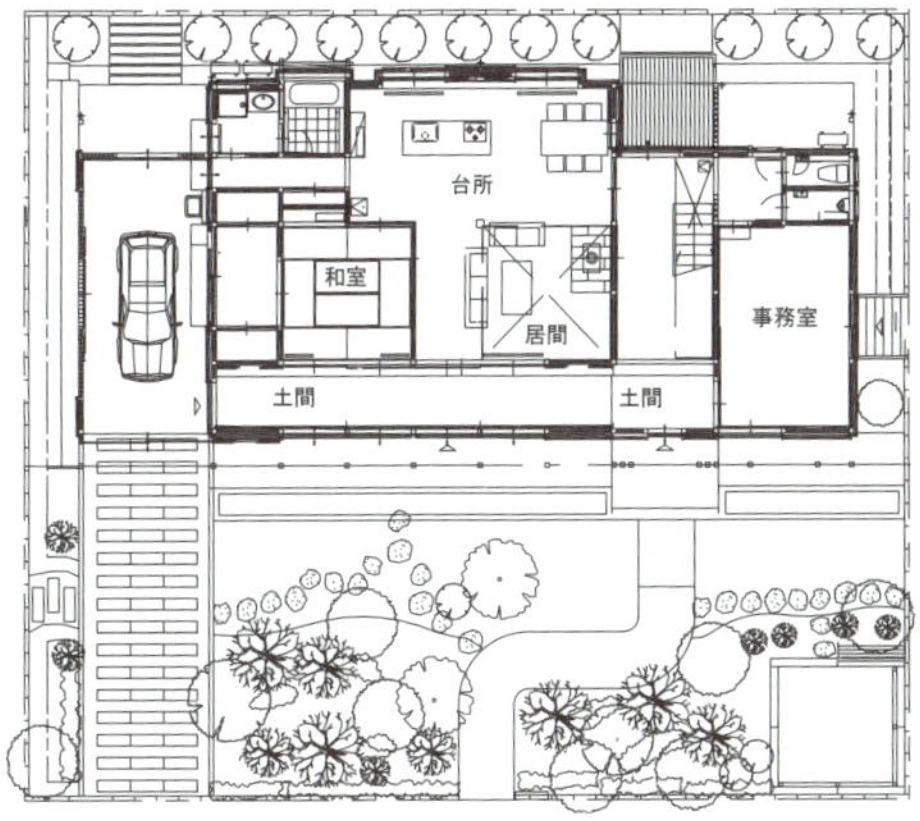
N
台所
和室
居間
事務室
土間
土間

写真1 地中蓄熱槽温水配管

図2 太陽熱利用システム

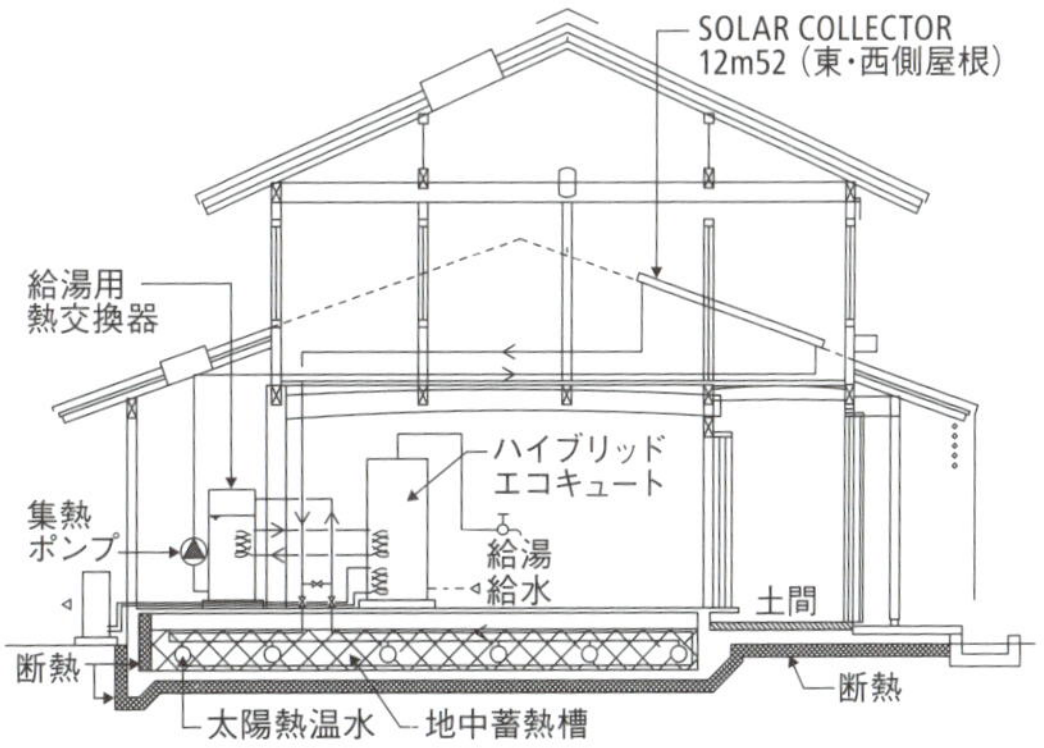
SOLAR COLLECTOR
12m52（東・西側屋根）
給湯用
熱交換器
ハイブリッド
エコキュート
集熱
ポンプ
給湯
給水
土間
断熱
断熱
太陽熱温水
地中蓄熱槽

写真2 機械室（左が給湯用蓄熱槽、右がエコキュート）

図3 換気システム

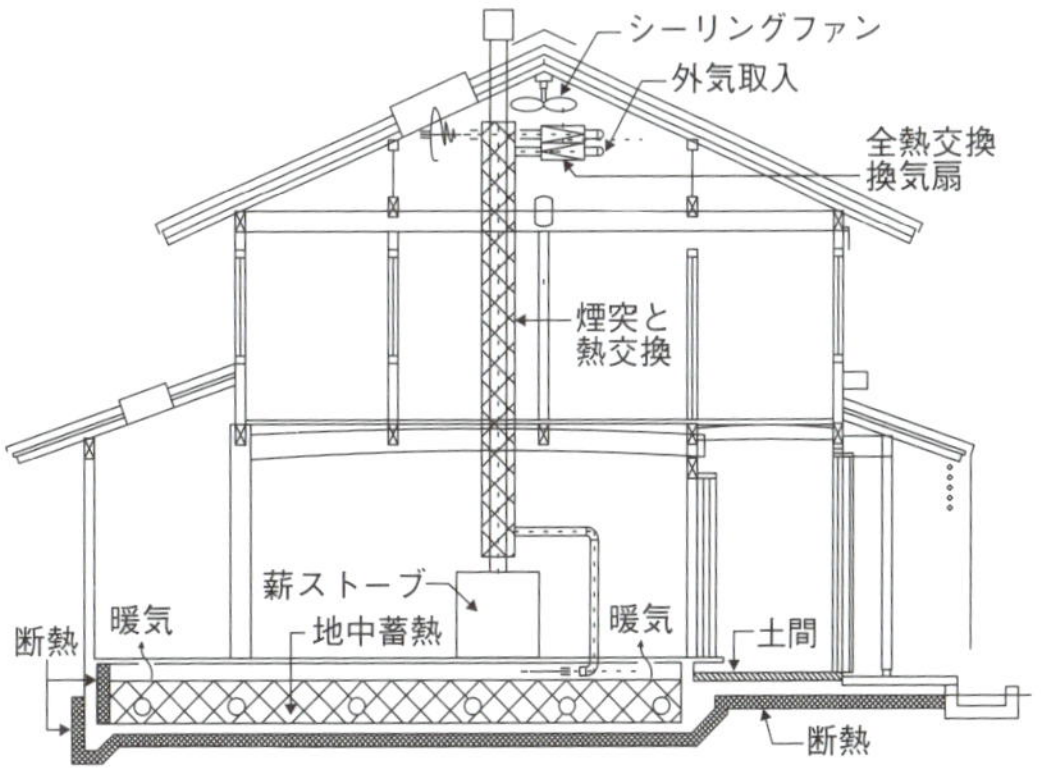
シーリングファン
外気取入
全熱交換
換気扇
煙突と
熱交換
薪ストーブ
断熱
暖気
地中蓄熱
暖気
土間
断熱

り、床下に送られる。居間、和室、台所、ダイニング、洗面室に設置した床下吹出口から、外気を室内に入れている。

冬期では、2重ダクトより煙突の熱と外気とを熱交換し、外気を暖める。さらに、外気は床下蓄熱槽により暖められて、室内に給気することができる。居間の吹抜けに設置したシーリングファンは、薪ストーブにより上昇した暖気を吹き下ろし、室内温度分布を均一にする（図3）。ストーブで使用する薪は、建築時に発生した廃材も利用している。

雨水の利用

建物北側に降った雨水は竪樋に設置した初期雨水除去装置により、屋根の砂やほこり混じり初期雨水を除去し、雨水タンクに貯留する。雨水タンクに手押しポンプを設置し、散水や打ち水に利用する。

また、南側に降った雨水は雨落ちから雨水タンクに導かれる。

夏には、この雨落ちに関を入れて、雨水タンクの水を貯めることができる。この水で雨落ちを風が通り、少し冷えた風を室内に送ることができる。雨水タンクのオーバーフローは駐車場前面の浸透トレンチに放流している。

事例7-6 乃木坂ハウス

建築主	岩岡竜夫（東京理科大学理工学部建築学科教授）（http://iwaokalab.web.fc2.com/）
建設場所	東京都港区南青山1丁目
建築用途	アトリエ兼住宅
種別	新築
規模	敷地面積　34.22㎡、延べ面積　55.07㎡、RC+S造、地下1階地上3階建て
意匠設計	アトリエ・アンド・アイ岩岡竜夫研究室
設備設計	ZO設計室
環境設計監修	高橋達（東海大学工学部建築学科准教授）
構造設計	オーノJAPAN
竣工	2011年11月

意匠設計

●自然換気

敷地形状、許容容積率、天空率等の制限から、建築の外形は直方体の4隅を斜めに面取りした形状である。その面取り部分に開閉可能な開口部を設け通風、採光を確保。地下から屋上テラスまで全階を貫く螺旋階段が風と光の通り道ともなっている（**図1**）。

200㎜厚の床スラブは蓄熱性能をもち、内壁面4周に露出する、構造上必要なH鋼梁を活用した壁面収納書棚は、断熱性・吸放湿性をもっている（**写真**）。

機械設備設計

●雨水利用放射冷房

冷却塔を利用した蒸発により、雨水を湿球温度まで冷却し、床・天井部分の埋設配管に循環させ、蓄冷させる天井・床放射冷房のシステムとなっている。湿球温度とは蒸発面温度が蒸発冷却により低下する場合の下限であり、同じ温湿度の湿り空気であれば露点温度より必ず高くなる。

すなわち、冷却塔利用放射冷房は、室内絶対湿度が外気より著しく高くならない限り、壁面結露が生じないシステムであり、外気通風と同時に使用できる利点がある。

●井水利用

雨水利用放射冷房システムの冷却塔補給水は雨水で賄うが、不足時のための補給水として井水を利用している。また、アトリエとなる地階は多人数での作業が想定されるため、埋設配管による放射冷房だけでなく、井水利用に

図1 自然換気を促す設計

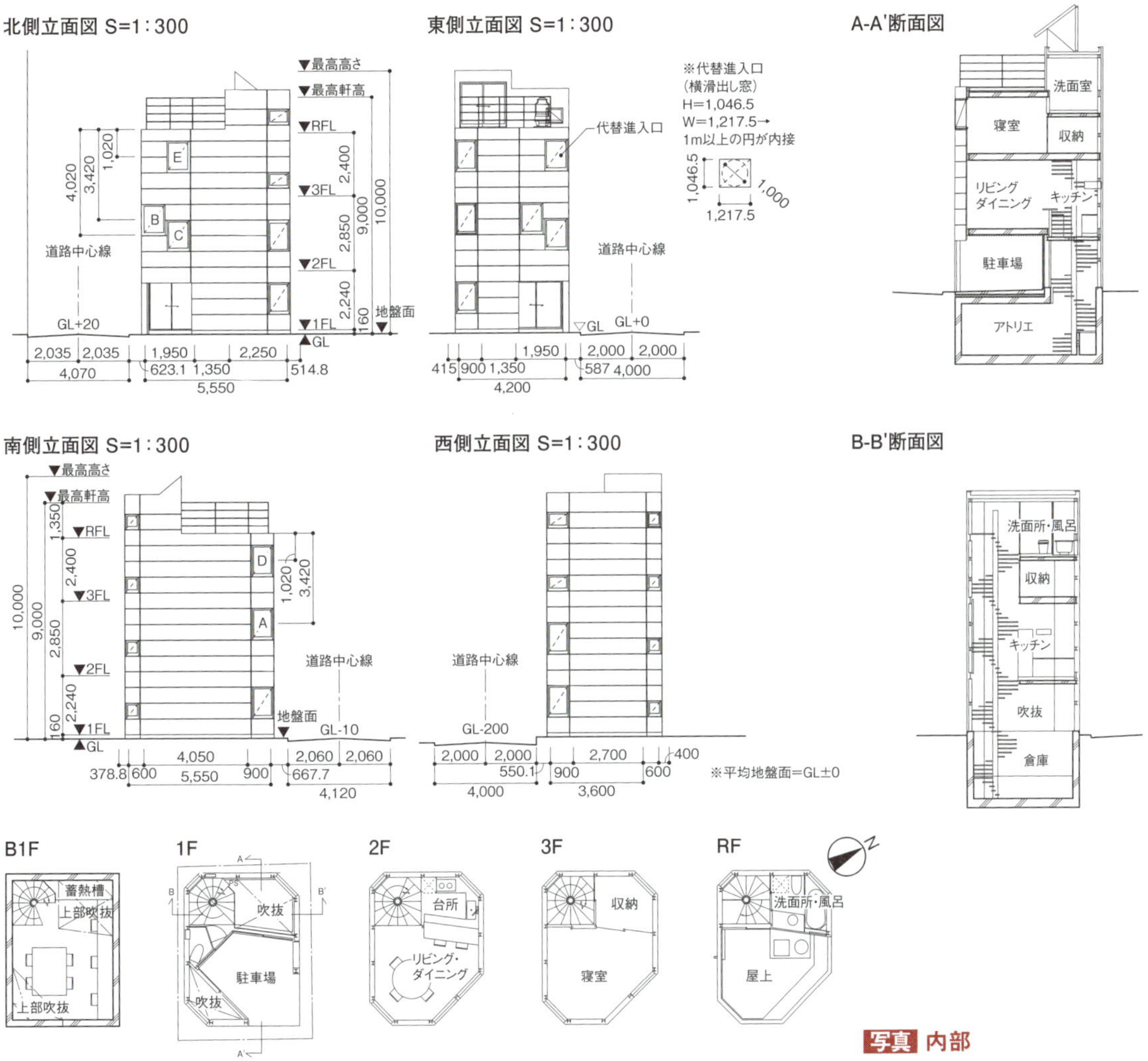
北側立面図 S=1：300
東側立面図 S=1：300
A-A'断面図
▼最高高さ
▼最高軒高
▼RFL
▼3FL
▼2FL
▼1FL
▲GL
道路中心線
GL+20
地盤面
GL+0
※代替進入口
（横滑出し窓）
H=1,046.5
W=1,217.5→
1m以上の円が内接
代替進入口
洗面室
寝室
収納
リビング
ダイニング
キッチン
駐車場
アトリエ
南側立面図 S=1：300
西側立面図 S=1：300
B-B'断面図
GL-10
GL-200
※平均地盤面=GL±0
洗面所・風呂
吹抜
倉庫
B1F
1F
2F
3F
RF
蓄熱槽
上部吹抜
台所
リビング・ダイニング
屋上

図2 パッシブ冷暖房システム

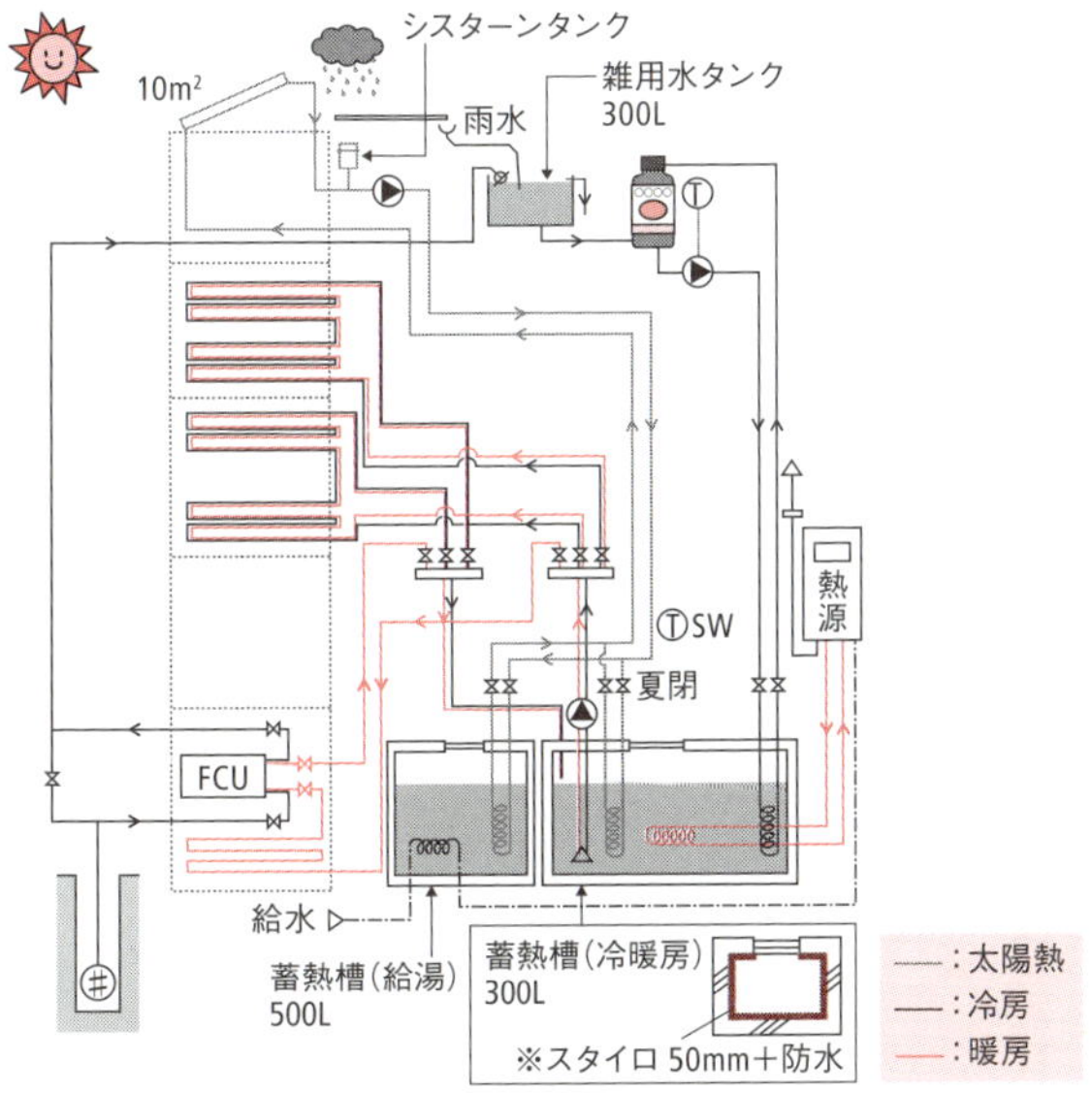
シスターンタンク
10m²
雨水
雑用水タンク
300L
熱源
ⓉSW
夏閉
FCU
給水
蓄熱槽（給湯）
500L
蓄熱槽（冷暖房）
300L
※スタイロ 50mm＋防水
：太陽熱
：冷房
：暖房

写真 内部

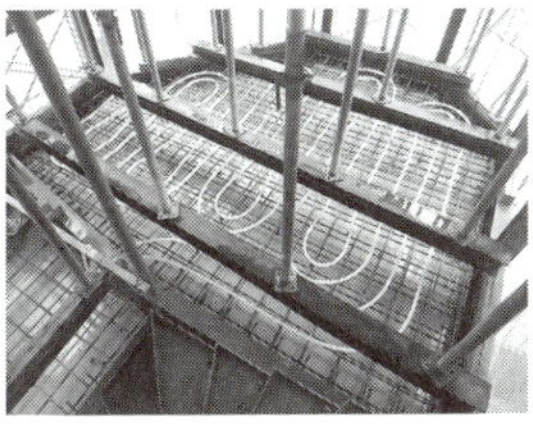

よるファンコイルで夏期冷房を行っている。ファンコイル通過後の井水は、雨水利用放射冷房補給水用の雨水タンク補給水として利用している。

●太陽熱利用放射暖房

屋上に設置した太陽熱集熱器からの温水にて蓄熱槽を加熱し、雨水利用放射冷房と同一の埋設配管に温水を循環し、蓄熱させる天井・床放射暖房システムとなっている（**図2**）。太陽熱では賄いきれない場合を想定し、ガス瞬間暖房熱源機をバックアップ設備として採用している。

事例7-7 T邸

建築主	個人
建設場所	東京都世田谷区奥沢
建築用途	住宅
種別	新築
規模	敷地面積　279.27㎡　延べ面積　242.94㎡、WRC造、地下1階地上2階建て
意匠設計	株式会社　タジェール
設備設計	ZO設計室
構造設計	山田構造設計事務所
竣工	2009年6月

意匠設計

●高気密高断熱

外壁はRC躯体200㎜厚+タイベック+断熱材50㎜厚+レンガ積（**写真1**）。屋根はRC躯体180㎜厚+断熱材100㎜厚、屋根通気層両面にアストロフォイル8㎜厚を設置し遮熱効果を高めている。開口部は木製サッシトリプルLow-eガラスを採用している。

●自然換気

中間期での自然通風確保のため、居室はすべて南に面した開口部を設置し、全フロアとつながる2階廊下に熱気を抜くためのハイサイドライトを設置して通風を確保している。

機械設備設計

●井水利用放射涼房

ファンコイルユニットの熱源として利用した井水を2階階段室および居室の天井に埋設した配管に通水し、放射および蓄冷することにより涼房を行っている。ファンコイルユニットでの熱交換によって井水温度を3℃程度上げ、放射涼房での結露防止策としている（**写真2**）。還り井水温度と躯体温度の温度差を測り、井水ポンプの自動

写真 1　外断熱のレンガ下地にSUS金物

写真 2　井水配管

図　T邸エコスケッチ

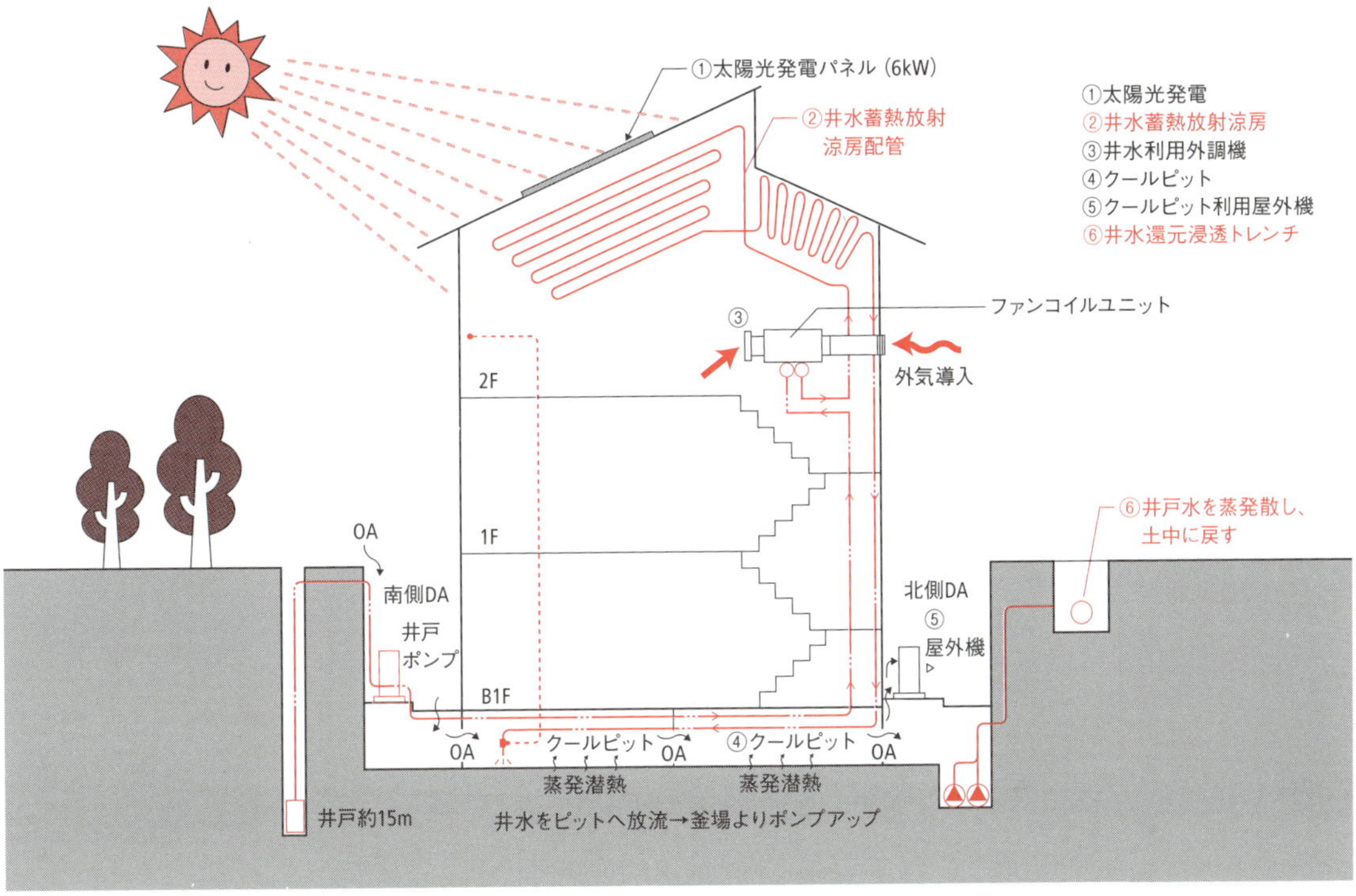

①太陽光発電パネル（6kW）
②井水蓄熱放射涼房配管
①太陽光発電
②井水蓄熱放射涼房
③井水利用外調機
④クールピット
⑤クールピット利用屋外機
⑥井水還元浸透トレンチ
ファンコイルユニット
③
外気導入
2F
1F
B1F
OA
南側DA
井戸ポンプ
北側DA
⑤屋外機
⑥井戸水を蒸発散し、土中に戻す
OA
クールピット
OA
④クールピット
OA
蒸発潜熱
蒸発潜熱
井戸約15m
井水をピットへ放流→釜場よりポンプアップ

発停制御を行っている。井水配管は西側居室から東側居室へ、最後に北側階段室へと配管を行い、冷房負荷が高い居室を冷たい井水で蓄冷できる。利用した井水は雨水浸透桝で土中に還元している。

●井水利用外気除湿

放射涼房での結露防止およびシックハウス対策用導入外気の除湿としてファンコイルユニットを利用している。夏期にはファンコイルユニット還気をすべて外気とし、除湿してから吹抜け階段室へ吹出している。外気除湿は除湿に加え放射涼房に利用する井水を結露しない温度に上げる大切な役割を果たしている。

●クールピット

南側ドライエリア床面にファイバーグレーチングの開口を設け、ピット内に外気を取り込み、ピットにて熱交換された外気を北側ドライエリア設置の空調屋外機の吸込口へ接続し、空調機効率を向上させている。

電気設備設計

●太陽光発電

屋根に6kVA分の太陽光発電パネルを設置し、宅内分電盤と系統連携を行い余剰分を売却している（図）。

事例7-8 LCCM住宅デモンストレーション棟

所在地	茨城県つくば市
主な用途	実証住宅
建築面積	78.21㎡
延床面積	142.35㎡
構造	木造
階数	地上2階
設計	LCCM住宅研究・開発委員会

LCCM住宅とは

ＬＣＣＭ（Life Cycle Carbon Minus）住宅とは、建物の建設〜使用〜廃棄まで、つまり、ライフサイクルの間に排出するCO_2（カーボン）を可能な限り削減するとともに、太陽光や太陽熱、バイオマスなどの再生可能エネルギーを利用して、CO_2の収支をマイナスにしようという住宅である（**図1**、**写真1**）。

主に、運用段階（ランニング）の環境負荷低減を主体としていた従来の環境配慮型の住宅に対して、建設段階（イニシャル）の環境配慮に踏み込み、建物による排出CO_2を究極的に減らすことを目指したのがＬＣＣＭ住宅である。ここで紹介する「ＬＣＣＭ住宅デモンストレーション棟」は、このＬＣＣＭ住宅の課題と可能性の検証、その概念普及を目的として建設されたものである。

建物によるCO_2削減と住まい方によるCO_2削減

ＬＣＣＭ化の実現には、CO_2排出量の少ない構工法・材料であること、給湯、暖冷房、換気、照明などによる運用段階のエネルギー消費が削減できる住性能・設備であること、エネルギ

写真1 建物のコンセプト

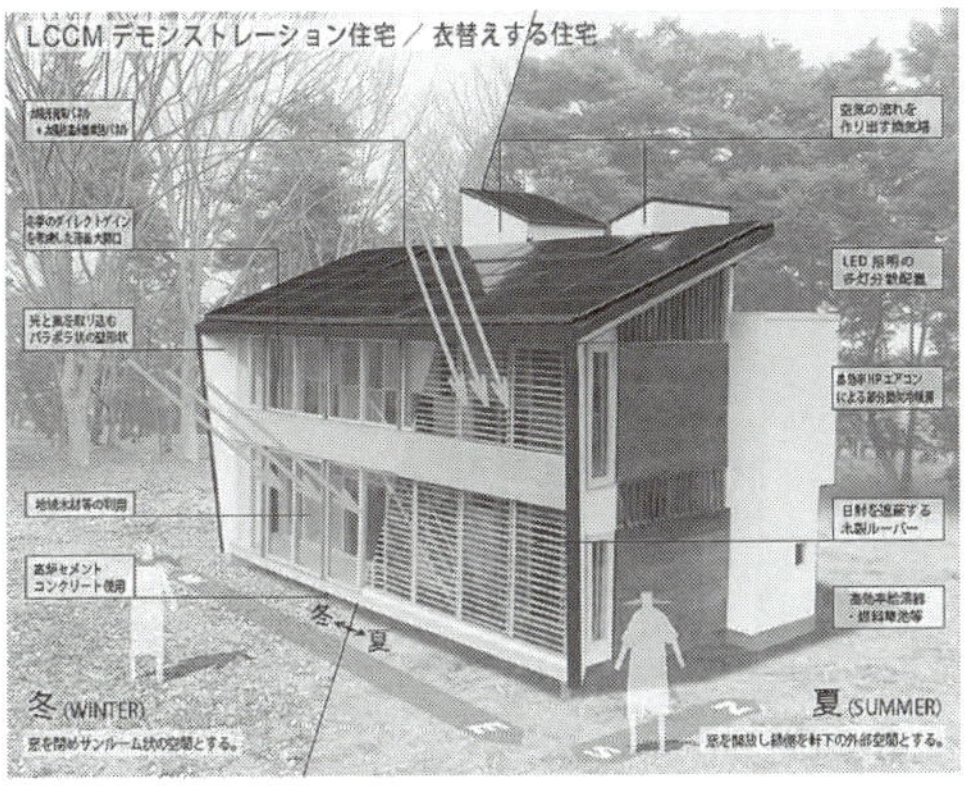
LCCMデモンストレーション住宅／衣替えする住宅
空気の流れを作り出す換気塔
LED照明の多灯分散配置
日射を遮蔽する木製ルーバー
地域木材等の利用
高炉セメントコンクリート使用
冬↔夏
冬(WINTER)
窓を閉めサンルーム状の空間とする。
夏(SUMMER)
窓を開放し縁側を軒下の外部空間とする。

図1 ライフサイクルカーボンマイナス概念図（イメージ）

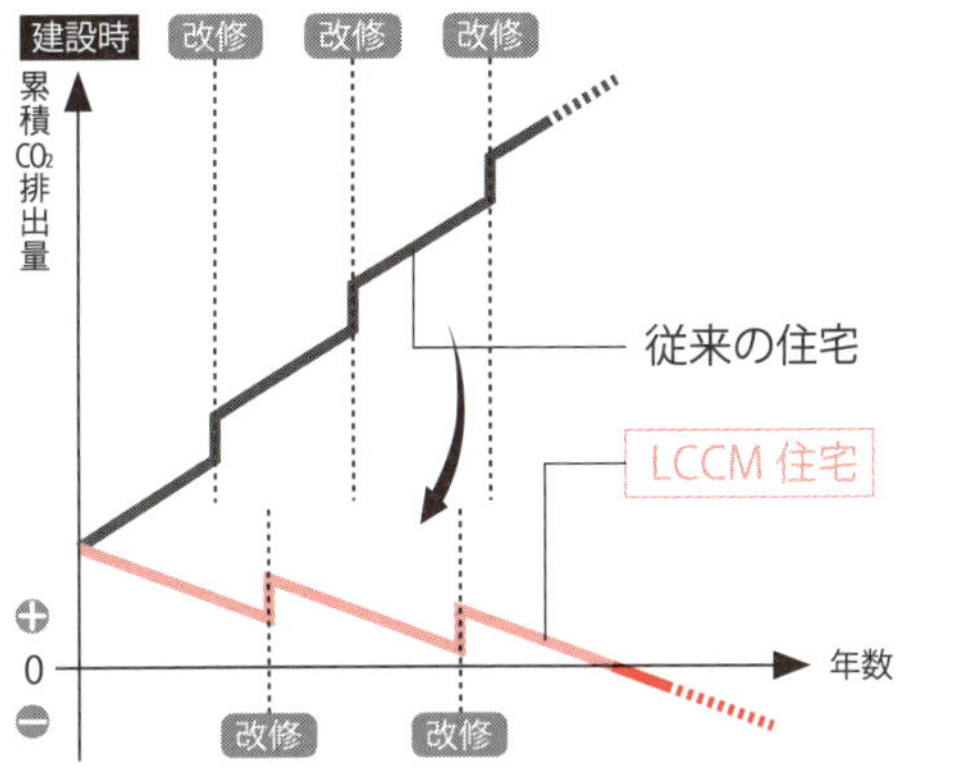
建設時
改修
改修
改修
累積CO₂排出量
従来の住宅
LCCM住宅
0
年数
改修
改修

図2 建物の基本環境制御モードと環境制御レイヤー

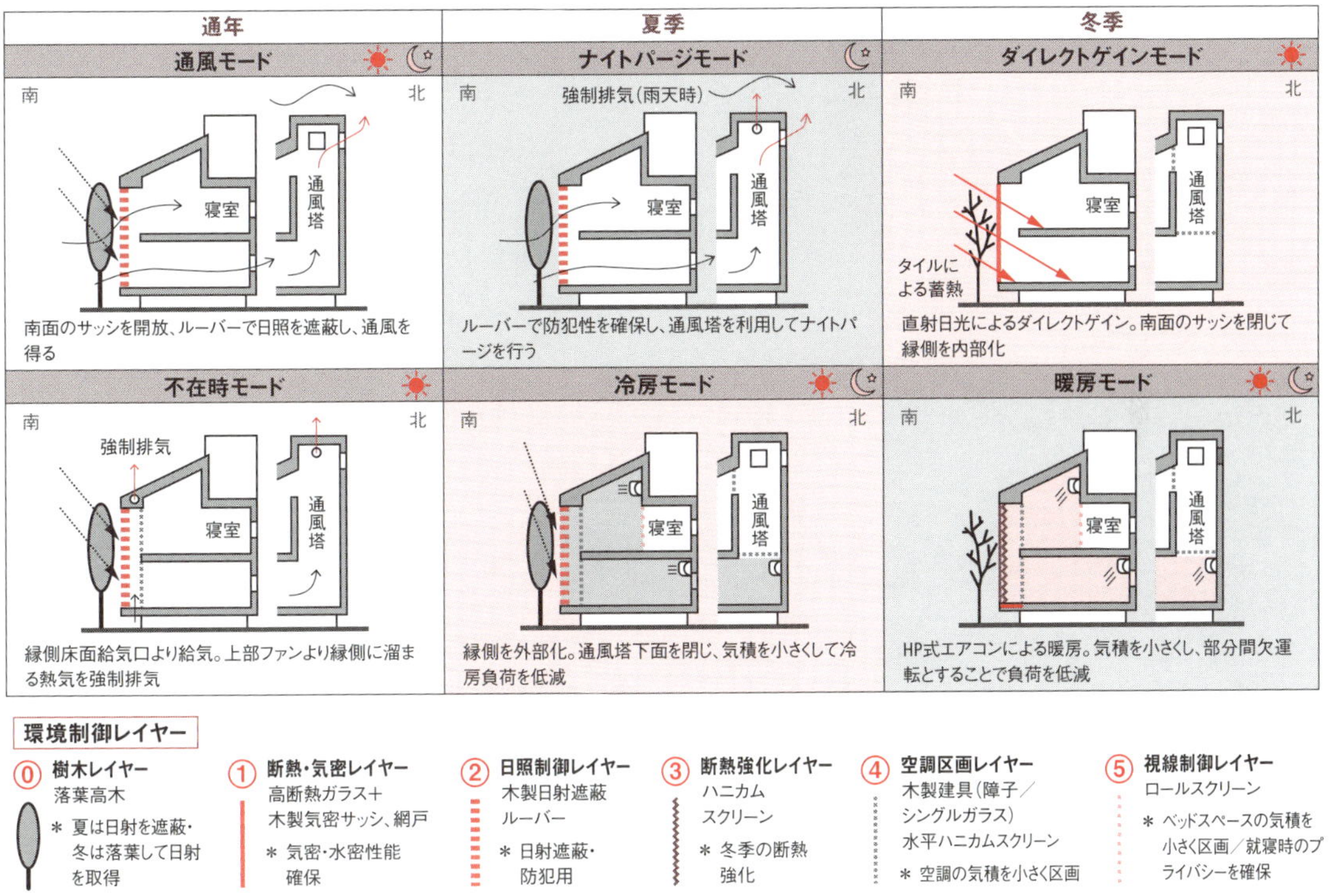
通年
夏季
冬季
通風モード
南
北
寝室
通風塔
南面のサッシを開放、ルーバーで日照を遮蔽し、通風を得る
ナイトパージモード
強制排気（雨天時）
ルーバーで防犯性を確保し、通風塔を利用してナイトパージを行う
ダイレクトゲインモード
タイルによる蓄熱
直射日光によるダイレクトゲイン。南面のサッシを閉じて縁側を内部化
不在時モード
強制排気
縁側床面給気口より給気。上部ファンより縁側に溜まる熱気を強制排気
冷房モード
縁側を外部化。通風塔下面を閉じ、気積を小さくして冷房負荷を低減
暖房モード
HP式エアコンによる暖房。気積を小さくし、部分間欠運転とすることで負荷を低減
環境制御レイヤー
⓪ 樹木レイヤー
落葉高木
＊ 夏は日射を遮蔽・冬は落葉して日射を取得
① 断熱・気密レイヤー
高断熱ガラス＋木製気密サッシ、網戸
＊ 気密・水密性能確保
② 日照制御レイヤー
木製日射遮蔽ルーバー
＊ 日射遮蔽・防犯用
③ 断熱強化レイヤー
ハニカムスクリーン
＊ 冬季の断熱強化
④ 空調区画レイヤー
木製建具（障子／シングルガラス）
水平ハニカムスクリーン
＊ 空調の気積を小さく区画
⑤ 視線制御レイヤー
ロールスクリーン
＊ ベッドスペースの気積を小さく区画／就寝時のプライバシーを確保

ーを創り出す設備機器が装備されていることの3つが欠かせない。そして、このような建物の特徴を理解した居住者の住まい方（ライフスタイル）に対する意識の高さも求められる。

この住宅では「衣替えする住宅」をキーワードに、季節や時間、さらには居住者の生活行動に応じて、建物をいくつかのモードに切り替えることができる住宅を提案している。閉じた環境をつくり出すのではなく、衣服を着こなすように住まいを使いこなすような、環境に適応する住まい方を目指している。

居住者行動に応答した環境制御モード

季節や時間による自然の気候変化や、さまざまなライフスタイルに応答する、多彩な建物の環境制御モードを用意した。基本となる6つのモードは、パッシブとアクティブを組み合わせた、夏と冬、昼と夜のモードに加え、「通年モード」、不在時に室内に不要な熱を溜めない「不在時モード」からなる（図2）。レイヤーの開閉の組合せによって熱の区画を効果的に設けることで、室内に多様な温熱環境の居場所をつくり、また、効率的な暖冷房を可能にしている。

図3 各レイヤーのダイヤグラム

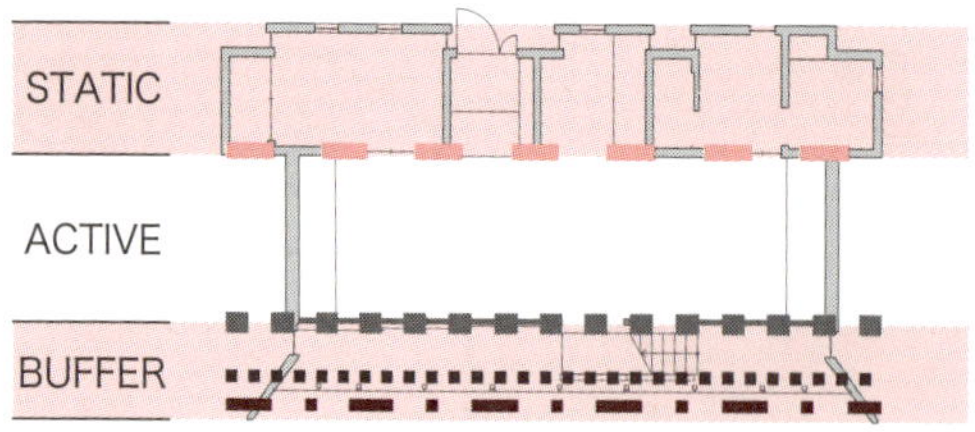
STATIC
ACTIVE
BUFFER

平面構成ダイアグラム

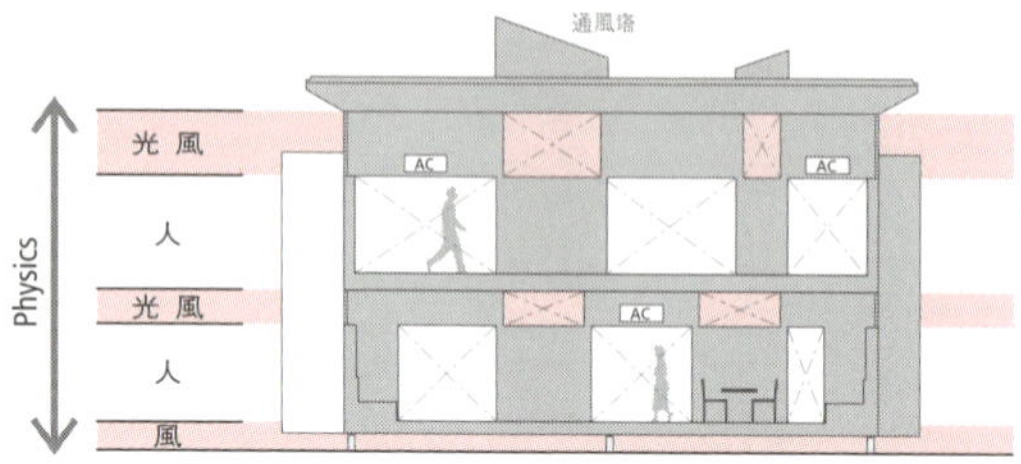
通風塔
Physics
光 風
人
光 風
人
風
AC
AC
AC

断面構成ダイアグラム

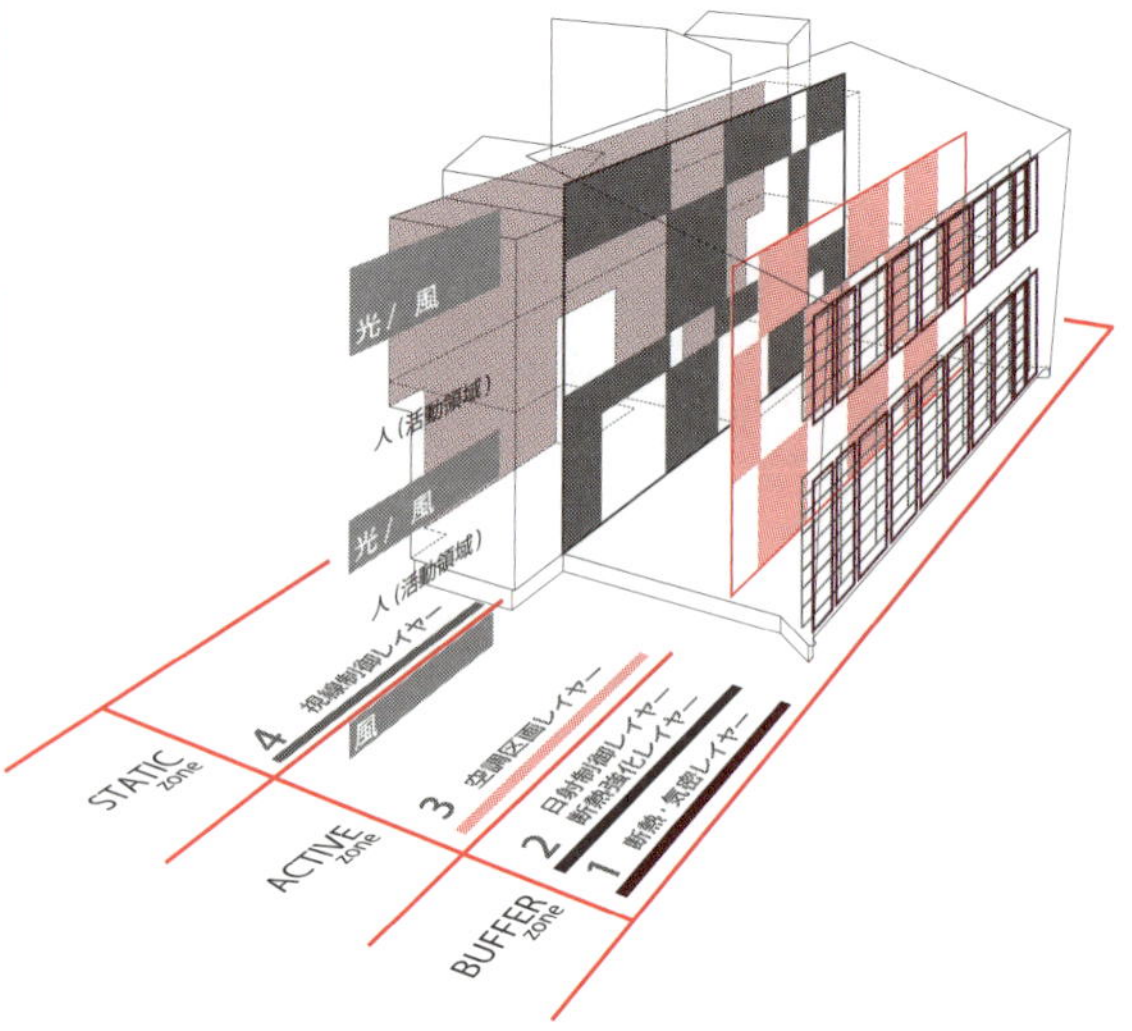
光／風
人（活動領域）
光／風
人（活動領域）
4 視線制御レイヤー
風
3 空調区画レイヤー
2 日射制御レイヤー 断熱強化レイヤー
1 断熱・気密レイヤー
STATIC zone
ACTIVE zone
BUFFER zone

図4 パラボラ壁と通風塔

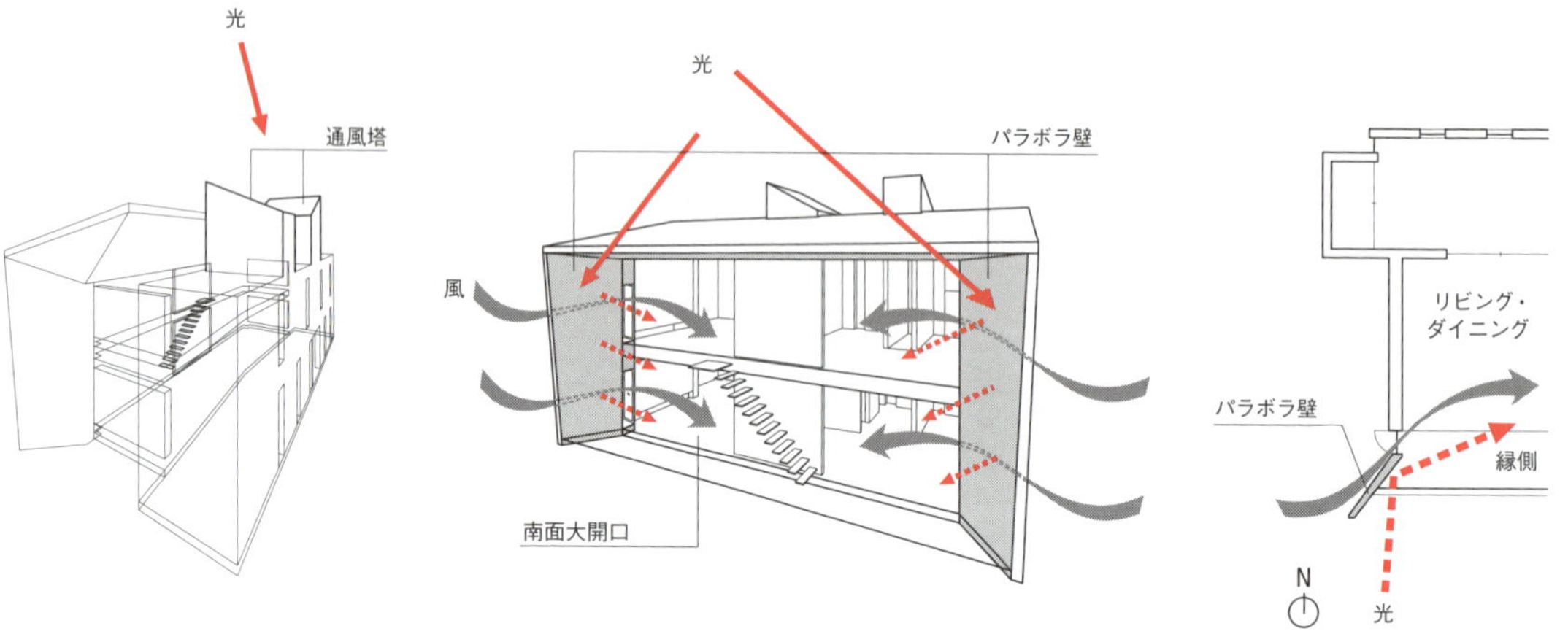
光
通風塔
光
パラボラ壁
風
南面大開口
リビング・
ダイニング
パラボラ壁
縁側
N
光

建物の特徴

●ストライプ状の平面構成

冬の日射を最大限に取り入れ、夏の東西からの日射の影響を受けにくい、東西方向に細長い形状である。さらに、太陽に向かって大きく開いた南側のゾーン（BUFFER）、北風から守るべく閉じた北側のゾーン（STATIC）、それらに挟まれた中央のゾーン（ACTIVE）の3つのゾーンを設け、ストライプ状の平面構成となっている（図3）。

●積層された断面構成

建設段階の排出CO_2を減らすため、布基礎としてコンクリートのボリュームを減らし、南側の土台はキャンチレバーとなっている。高床状の在来木造工法・2階建てである。その断面に、居住領域（人）と環境領域（光・風）の層が交互に織り込まれ、積層された断面構成が実現されている。

●環境制御のための多層レイヤー

それぞれに機能を与えたレイヤーを重ね合わせ、衣服の重ね着、衣替えをするように建物の室内環境を整える。「断熱・気密」、「日射制御」「視線制御」、「空調区画」など、目的に応じた性能を持つ建具が用意され、居住者はそれらを組み合わせ、住まい方に応じ

図5 自然換気と空気換気の重ね合わせ

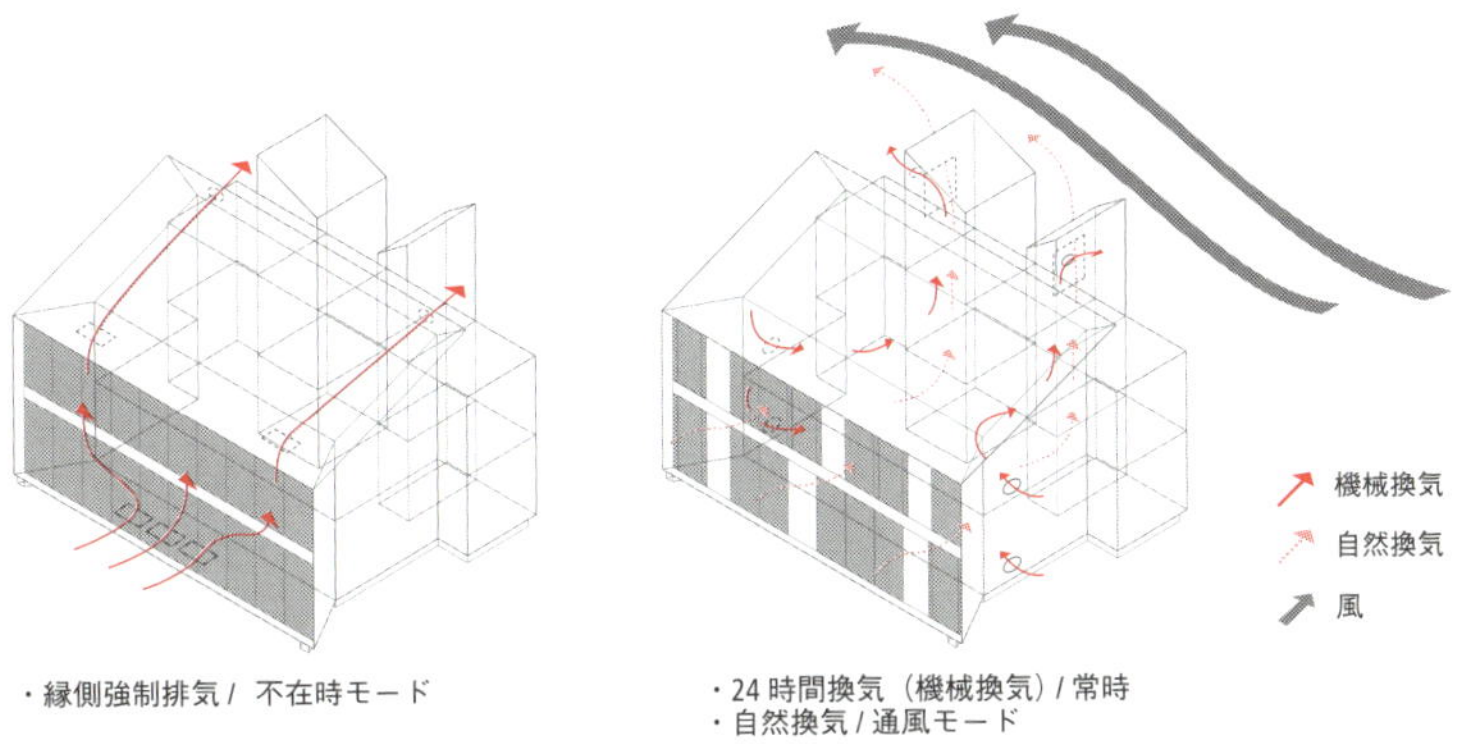
機械換気
自然換気
風
・縁側強制排気 / 不在時モード
・24 時間換気（機械換気）/ 常時
・自然換気 / 通風モード

図6 平面図・断面図・立面図

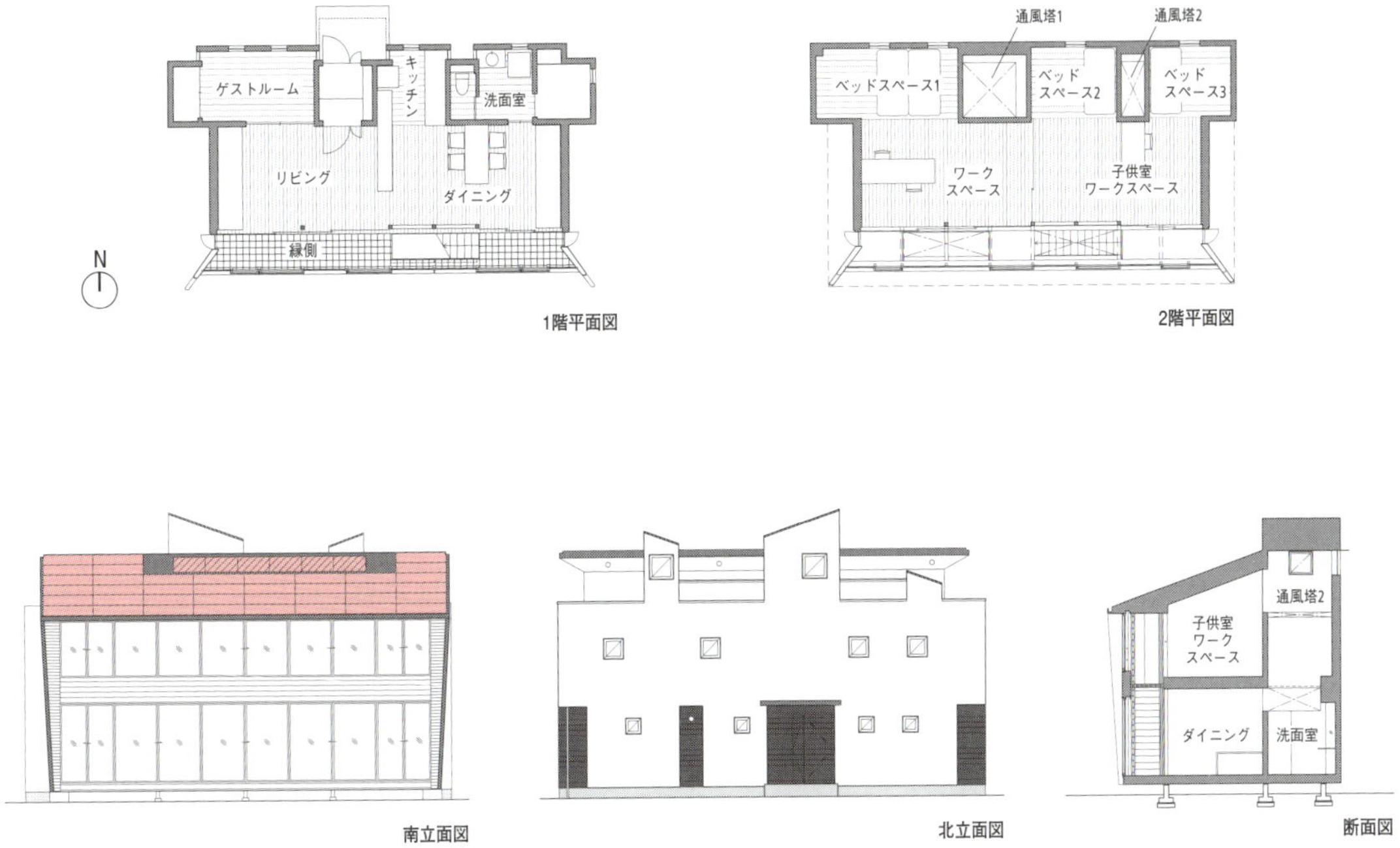
ゲストルーム
キッチン
洗面室
リビング
ダイニング
縁側
N
1階平面図
通風塔1
通風塔2
ベッドスペース1
ベッドスペース2
ベッドスペース3
ワークスペース
子供室
ワークスペース
2階平面図
南立面図
北立面図
子供室
ワーク
スペース
通風塔2
ダイニング
洗面室
断面図

て住まいの環境を作ることができる。

●パラボラ壁と通風塔

太陽エネルギーを最大限に取り込むため、南側立面はパラボラ状に広がった形状としている。これは南側開口部からの日射取得の増加だけでなく、風を捕まえるウインドキャッチャーの役目を果たすなど、相乗的な効果を生んでいる（**図4**）。さらに、北側のゾーンには、2つの通風塔を設けた。温度差換気を促進させるとともに、変化する風向に対応して、室内に効果的な風の流れをつくることができる。また、通常は暗くなりがちな北側のゾーンに、自然光を導く役割も担っている。

●自然換気と機械換気の重ね合わせ

自然換気、シックハウス換気、強制機械換気のそれぞれのルートを効率的に確保し、パッシブとアクティブ、建物と人（居住者行動）を重ね合わせた、住宅の多様なモードに対応した換気計画となっている（**図5・6、写真2**）。

写真2 建物内観

図版提供：小泉アトリエ

第8章 維持管理

機器の耐用年数

表 耐用年数表

区分		種別	耐用年数 A 営繕	耐用年数 B BELCA	耐用年数 C 建築学会	耐用年数 D BCS	備考
躯体		鉄筋コンクリート	65				
機械設備	冷熱源機器	鋼板製ボイラー	15	15	25	15	
		鋳鉄製ボイラー	30	25		21.1	蒸気
		吸収式冷凍機	20	20		17.5	
		空気熱源ヒートポンプチラー	15	15			
		冷却塔	13	15		14.4	FRP
	空調機類	エアハンドリングユニット	20	15		17.5	
		空冷ヒートポンプ式パッケージエアコン	15	15			
	室内ユニット	ファンコイルユニット	20	15		15.8	
		ファンコンベクター	20	15		13.6	
	送風機	送風機	20	20	20	18.6	
		排煙機	25	25			
	ポンプ類	揚水ポンプ	20	15	15	17	
		冷温水ポンプ	20	15		17	
		給湯循環ポンプ	20	15	15		ラインポンプ
		排水ポンプ	15	10	15	12.9	水中
		消火ポンプ	20	27	27		
	水槽	FRP製	25	20			パネル型
		ステンレス製	30	20			パネル型
		鋼板製	20	20			パネル型
	タンク	オイルタンク	30	25			
		鋼板製貯湯槽	20	15	15	17.1	
		ステンレス製貯湯槽					
	配管	炭素鋼鋼管(白ガス管):給水			20	20	
		炭素鋼鋼管(白ガス管):給湯			18	12	
		炭素鋼鋼管(白ガス管):排水	30	20	18	18.4	
		炭素鋼鋼管(白ガス管):消火	30	25	20		
		炭素鋼鋼管(白ガス管):冷温水	20	20		18	
		炭素鋼鋼管(白ガス管):蒸気	20	20	15	18	
		塩ビライニング鋼管:給水	25	30			
		銅管:給湯	30	15		17.8	M
		銅管:冷温水	30	30			L
	ダクト・制気口	空調用ダクト					
		パン形制気口	30	30	20		
		ユニバーサル形制気口	30	20			
	給湯機	ガス給湯機	10	10		8.2	
		電気湯沸器	10	10			
	消火機器	屋内消火栓	30	20			
		送水口	30	20			
	衛生器具	大便器	30	25	25		和風
		小便器	30	30	30		
		洗面器	30	25	25		
		洗面化粧台	15				
		水栓類	15	20			

区分		種別	耐用年数 A 営繕	耐用年数 B BELCA	耐用年数 C 建築学会	耐用年数 D BCS	備考
機械設備	自動制御機器	検出器	15	10			
		調節器	15	10			
		操作器	12	10			
		制御盤	10				
		中央監視盤	10				
電気設備	高圧機器	高圧受電盤:屋内キュービクル	25	30			
		高圧受電盤:屋外キュービクル	25	20			
		配電盤	25	30	25		
		変圧器	30	30	25		
		コンデンサー		25	20		
		遮断器				25	
	自家発電機器	自家発電装置(ディーゼルエンジン)	30	30	30		非常用
	直流電源装置	蓄電池(鉛)	7	7	10	13	
		蓄電池(アルカリ)	25	15		15	
	盤類	動力制御盤	25	30	25		
		電灯分電盤	25	30	25		
		端子盤	30	60			
	照明器具	蛍光灯器具	20	30	25		
		白熱灯器具	20	30	15		
		誘導灯	20	30			
	弱電機器	電話交換機					
		増幅器					
		スピーカー					
		インターフォン	20	20	20		
		電気時計	20	20			
		TVアンテナ	10	15			
		TVアンテナ増幅器	20	15			
		混合機、分岐器	20	20			
	自動火災報知機器	感知器	20	20	20		
		受信機	20	20	20		
	配線機具類	スイッチ	30	20	5	17	
		コンセント	30	20	6	16	
	配管配線	電線類	30	40	20		
		配管類	65	60	20		
		ケーブルラック	65	60			
昇降機	エレベータ	エレベータ	30	25	30		

A　国土交通省大臣官房官庁営繕部、建築保全センター
　建築物のライフサイクルコスト 2005
B　公益社団法人　ロングライフビル推進協会(BELCA)
　建築物のLC評価用データ集 2008
C　社団法人　日本建築学会　建築経済委員会
　「修繕方式の標準」-耐火建物の維持保全に関する研究 1995
D　社団法人　建築業協会
　「設備機材の具体的耐用年数の調査報告」1979

耐用年数と建築計画

建築設備機器などの耐用年数を意識して建築の計画をすることは、長期的な意味でのエコ対策につながる。そして何よりも、将来メンテナンス・取り換えが発生した場合に最小限の改修で済ませることができるため、工事費・材料費をかけず、ゴミの発生を抑えることができ、さらに後付け露出配管や壁を壊すことで、建築物のデザイン的な印象を損ねずにすむ。

躯体は通常鉄筋コンクリートの場合50年以上の耐用年数があるとされている。それに対し、配管や機器は20〜30年、エンジンについては10〜15年で耐用年数を迎える（**表**）。また、設備機器には時代の流れによる性能の陳腐化、生活レベル向上による設備投資、省エネ要請などによる取り換えがあり、製品の耐用年数よりも短い期間で変更対応できるような計画が求められる。例えば、現在普及が急激に進んでいるLED照明器具は10年程度使用できるが、性能の向上が著しいため10年

写真 劣化の原因となるピット内の結露

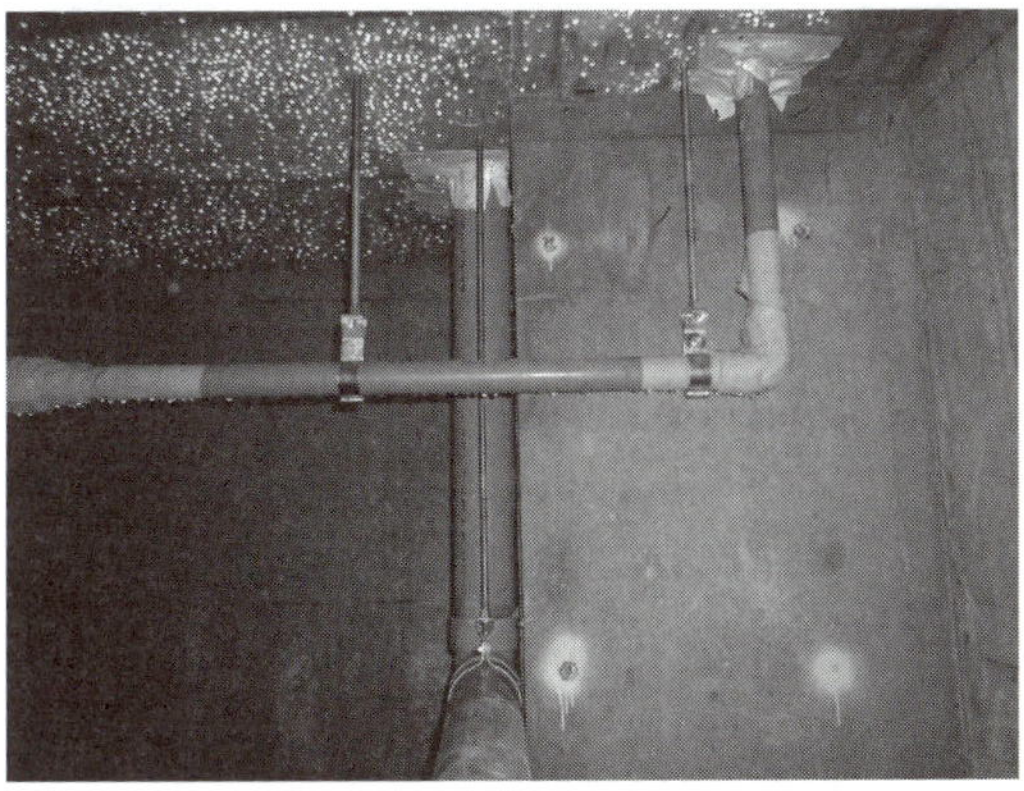

図 メンテナンスを考慮した点検口・点検扉

点検口だけ

手は入るけど…

大きな扉

配管取り換え作業もラクラク

を待たずに器具の交換をすることも十分考えられる。

耐用年数を延ばす各種方策

耐用年数は使用頻度、設置環境（屋内・屋外・ピット内・地中埋設、高湿度室、塩害地域など）、使用媒体の状態（水質・流速）、施工状態（固定状態・保温・塗装・防食の仕様）、維持管理の状況により大きな差が生じる。耐用年数を延ばすために、機器や配管は半年～年1回程度の動作確認、メンテナンス、配管洗浄などを行うべきである。屋内では結露の発生がそのまま支持金具や配管材の劣化を早めることになるので、躯体の断熱などの対策が必要である（**写真**）。

配管は、パイプスペースやピットを利用し、配線は、配管やラックを設けておき、それぞれ点検口や扉を設けて、取り換えがしやすいようにする。機械室などについても、メンテナンス時、取り換え時のことを考慮するべきである。メンテナンススペース、搬出入スペースを計画する際、機械室の扉サイズだけに気を取られがちであるが、機械室までの搬入ルートも忘れずに検討する必要がある。

パイプスペースにおける点検口については、600×600㎜程度の点検口を設置することで安心している設計者が多い。しかし、この大きさの点検口では通常のバルブの開閉、掃除口を利用した清掃、スペース内部の確認などはできても、配管取り換え時については役に立たない。長期的な観点で見るのであれば、作業員が入れる高さの扉を設置するか、壁を天井まで外せる仕組みにしておく必要がある（**図**）。

電線の取り換えは、ジャンクションボックス、プルボックスなどの接続位置に点検口を設けることで作業が効率よくできる。また、ラックを利用するなど自由度が高い設置方法なども考慮すべきである。

維持管理におけるメンテナンス・オーバーホール

◆外部塗装の剥がれによるさび

写真1 ダクト塗装剥がれ

駐車場排気

写真2 電線管塗装のさび剥がれ

図 配管ライニング施工手順

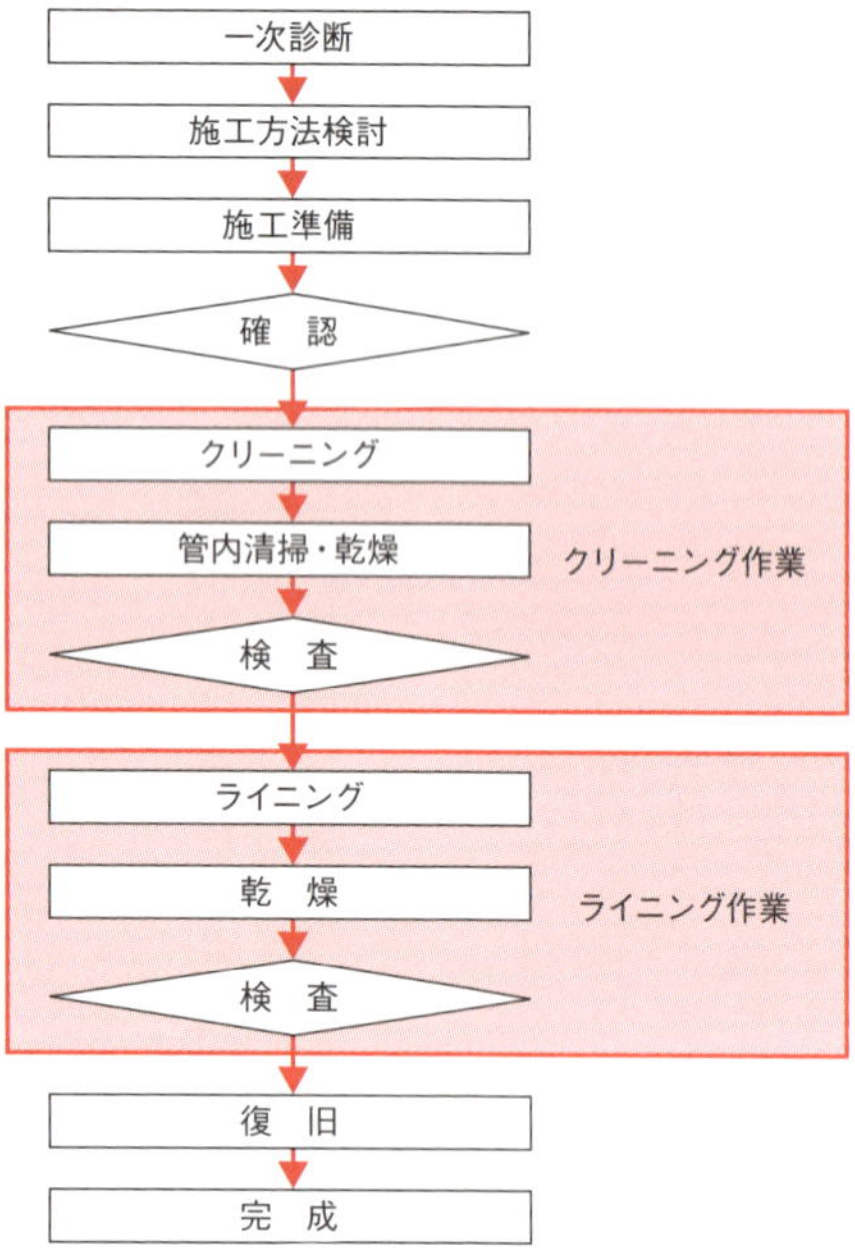
一次診断
施工方法検討
施工準備
確　認
クリーニング
管内清掃・乾燥
検　査
クリーニング作業
ライニング
乾　燥
検　査
ライニング作業
復　旧
完　成

写真3 屋上のチラー基礎さび

写真4 配管の内面状況

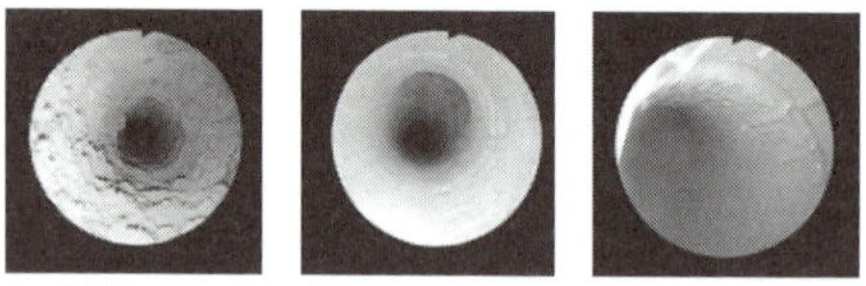

(a)施工前　(b)クリーニング後　(c)ライニング後

（出典） 東芝レビューvol.59.No.4（2004）より

定期的なメンテナンスの必要性

設備機器および材料を長く使うことは、環境を損なう頻度を下げる大切な行為である。機器・材料の長寿命化を図るためには、法的に定められた定期点検に伴うメンテナンス（注）のほかにも、定期的なメンテナンスおよびオーバーホールなどの補修を行う必要がある。空調機、水槽、配管は半年〜年1回程度の動作確認、定期メンテナンス、配管洗浄などを行うことが理想である。

ポンプやファンなどは、3年ごとにメンテナンスを行うとよい。さらに、状況によるが10〜15年ごとにオーバーホールなどを行うようにし、20年以上経ったものに対しては、取り換え工事を含めた調査を行い、状況に応じて改修工事を行う。

水槽類については定期的に清掃を行い、配管機器類への負担を減らすことが大切である。

電線管やダクトなどの外部塗装の剥がれによるさびはケレン掛けを行い塗

（注） 建築基準法8条（維持保全）12条（報告・検査）や消防法17条（消防用設備等の設置維持）などがある

表1 クリーニングおよびライニング工法の検証結果

工法		作業性	作業時間	内面状況
クリーニング	ウォータージェット	○	◎	○
	ピグクリーニング	○	○	◎
ライニング	吸引式ライニング	○	◎	○
	引張式ライニング	○	○	○

◎優れている　○良い

表2 部品取換周期の目安

機器名	分類	部品名	取換周期の目安
小型給水ポンプユニット	全体	ユニット全体	10年
		オーバーホール	4〜7年
	ポンプ	軸受	3年
		メカニカルシール	1年
		グランドパッキン類	1年
	制御盤	インバータ	7〜8年
		電磁開閉器	3年
		冷却ファン	3年
		リレー・タイマー	3年
		プリント基板	5年
	機器類	逆止弁	5年
		圧力タンク（隔膜式）	3年
		圧力計、連成計	3年
		圧力スイッチ	3年
		圧力センサ	5年
		フロートスイッチ	3年
		フート弁	2年

機器名	分類	部品名	取換周期の目安
汚水、雑排水、汚物水中モーターポンプ	全体	ポンプ全体	7〜10年
		オーバーホール	3〜4年
	部品	羽根車	3年
		メカニカルシール	1〜2年
		オイルシール・パッキン類	分解ごと
		軸受	3〜4年
		ケーブル	3〜4年
		オイル	1年
		電動機	7〜10年
空調用送風機	全体	送風機全体	15年
	部品	ケーシング	15年
		羽根車	15年
		主軸	10年
		軸受	3年
		Vベルト	1年
		プーリ	5年
		電動機	10年

（出典）　社団法人 日本産業機械工業会「保守管理について」より抜粋

◆定期的なメンテナンスを長期にわたり怠った例

写真5 ファンベルト、モーターのさび

装する（**写真1〜3**）。

ライニング鋼管については、ライニングのやり替えを行うことも視野に入れる（**図1、写真4**）。現在様々な工法があるので、敷設場所と劣化状態を見て適正な工法を選びたい（**表2**）。

ポンプ、ファン、空調機については、オーバーホールを行うことで、機器の延命を行えることが多いが、設置から長く経っていると部品がメーカーに保管されていないことがある。給水ポンプユニットなど、インバータ制御を行っている機器に関しては、基盤など電子部品の取り換えは比較的短い期間で必要となってくる（**表1**）。

メーカーの部品保存期間はPL法に基づき7年以上となっているが、オーバーホールなどを見越して10〜15年は保存しているメーカーも多い。また、消火ポンプなどに利用される渦巻きポンプなど、現行機種とあまり変化がないタイプの機械は現行部品が使える可能性が高いので30年近く経っている状態であっても一度問い合わせてみるとよい。

しかし、定期検査やメンテナンスをせず長期にわたって放置されているような状況では、いざ故障が起こった時にはモーターが焼き切れてしまい、ほかの部分に損傷が広がるなど、致命的な状況になっていることが多い。定期的なメンテナンスをまめに行うことが何よりも大切である（**写真5**）。

メンテナンス作業の実際

メンテナンスおよび、オーバーホールの作業はほとんどの場合、現地で行うことになる。

ポンプ類は、ほとんどの場合半日程度の単純な取り換え作業で済むが、給水ポンプでは3〜4時間程度の断水が発生するので注意が必要である。

送風機については羽根車、ベルト、プーリーなどの交換となる。床置、天吊により異なるが、部品交換については半日から1日で済む。しかし、特に大型の天吊ファンが、天井内設置になっていて点検口などがない場合は、天井の修繕工事が必要となる。ダクトに挟まれて取り換えスペースがない場合には、いったん下ろしてからの作業になり1日では済まなくなることもあるため、機器設置場所には十分な配慮が必要となる。

リサイクルできるエコな材料

表 スクラップ材買い取り価格

調査頻度：A　鉄　屑　前月比↗　先行き↘　（H2・東京）　（単位：t）

品名		規格	札幌②	仙台②	東京②	長野②	新潟②	金沢②	名古屋②	大阪②	広島②	高松②	福岡②	那覇②
ステンレス屑	新断	18-8	105,000	105,000	115,000	100,000	100,000	100,000	105,000	105,000	105,000	105,000	105,000	115,000
		13Cr	25,500	29,000	30,000	26,000	25,000	28,500	30,000	32,000	27,000	25,000	29,000	—

調査頻度：A　非鉄屑　前月比↘　先行き↘　（1号銅線屑・東京）　（単位：kg）

品名	規格	札幌②	仙台②	東京②	長野②	新潟②	金沢②	名古屋②	大阪②	広島②	高松②	福岡②	那覇②
銅屑	1号銅線屑	585	580	640	570	590	585	640	640	600	570	615	565
	2号銅線屑	515	525	570	510	530	535	570	575	535	515	560	525
	上銅屑	555	555	610	550	560	565	605	615	580	555	575	550
	並銅屑	510	515	555	510	525	515	555	560	520	490	540	510
	下銅屑	465	475	515	470	490	490	505	525	490	460	505	435
	銅削り屑	400	415	455	410	420	425	450	475	445	405	455	—

（出典）「積算資料」2011.6より筆者抜粋

図1 ステンレス鋼管および継手のリサイクルフロー

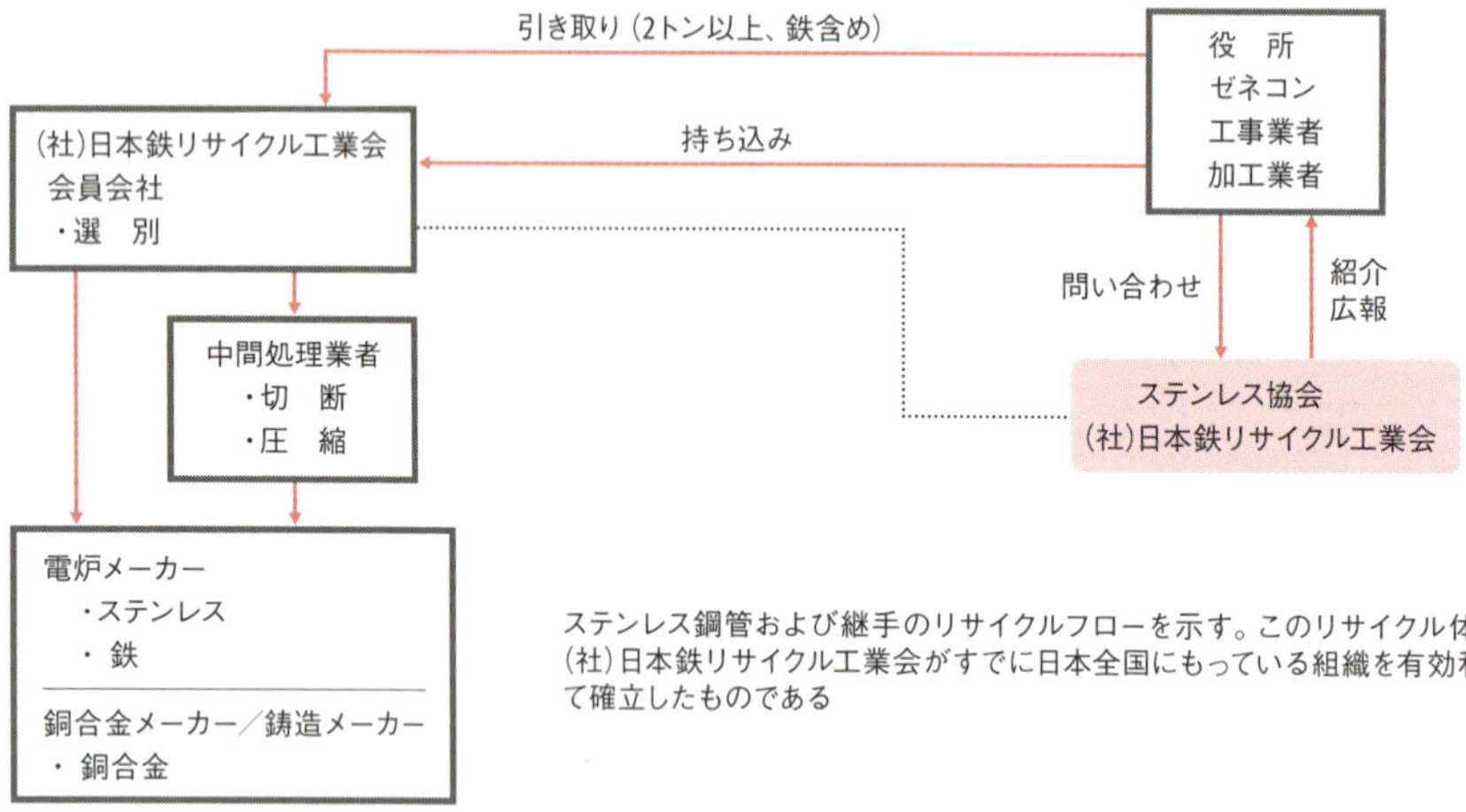

引き取り（2トン以上、鉄含め）
役　所
ゼネコン
工事業者
加工業者
持ち込み
(社)日本鉄リサイクル工業会
会員会社
・選　別
問い合わせ
紹介
広報
中間処理業者
・切　断
・圧　縮
ステンレス協会
(社)日本鉄リサイクル工業会
電炉メーカー
・ステンレス
・鉄
銅合金メーカー／鋳造メーカー
・銅合金

ステンレス鋼管および継手のリサイクルフローを示す。このリサイクル体制は(社)日本鉄リサイクル工業会がすでに日本全国にもっている組織を有効利用して確立したものである

（出典）ステンレス協会・(社)日本鉄リサイクル工業会「ステンレス鋼管及び継手のリサイクルマニュアル」より筆者抜粋

リサイクル可能な材料

設備関連の材料には、リサイクルシステムが確立されているものがある。これは①スクラップ材として買い取り可能な材料、②リサイクル費用をかけることなく、リサイクルできる材料、③処理費を負担すればリサイクルをすることが可能な材料などに分けることができる。

スクラップ材として買い取りが可能なものの代表に「ステンレス製の配管、ラック、水槽など」「銅管」「銅線などの電線類」がある。いずれも混合物が入り込まないことなどの条件がある。保温やライニングなどを取り除く必要があるが、比較的容易に買い取ってもらえる（**表**、**図1**）。

硬質塩化ビニルライニング鋼管などのライニング鋼管は中間処理場にもち込めば、リサイクル費用がかからず、塩ビ管と鋼管の分離も処理場にて行れる（**図2**）。ただし、円滑な処理のためには、管と継手の解体を充分に行い、一定の長さ以下に切断することが

図2 硬質塩化ビニルライニング鋼管のリサイクルシステム

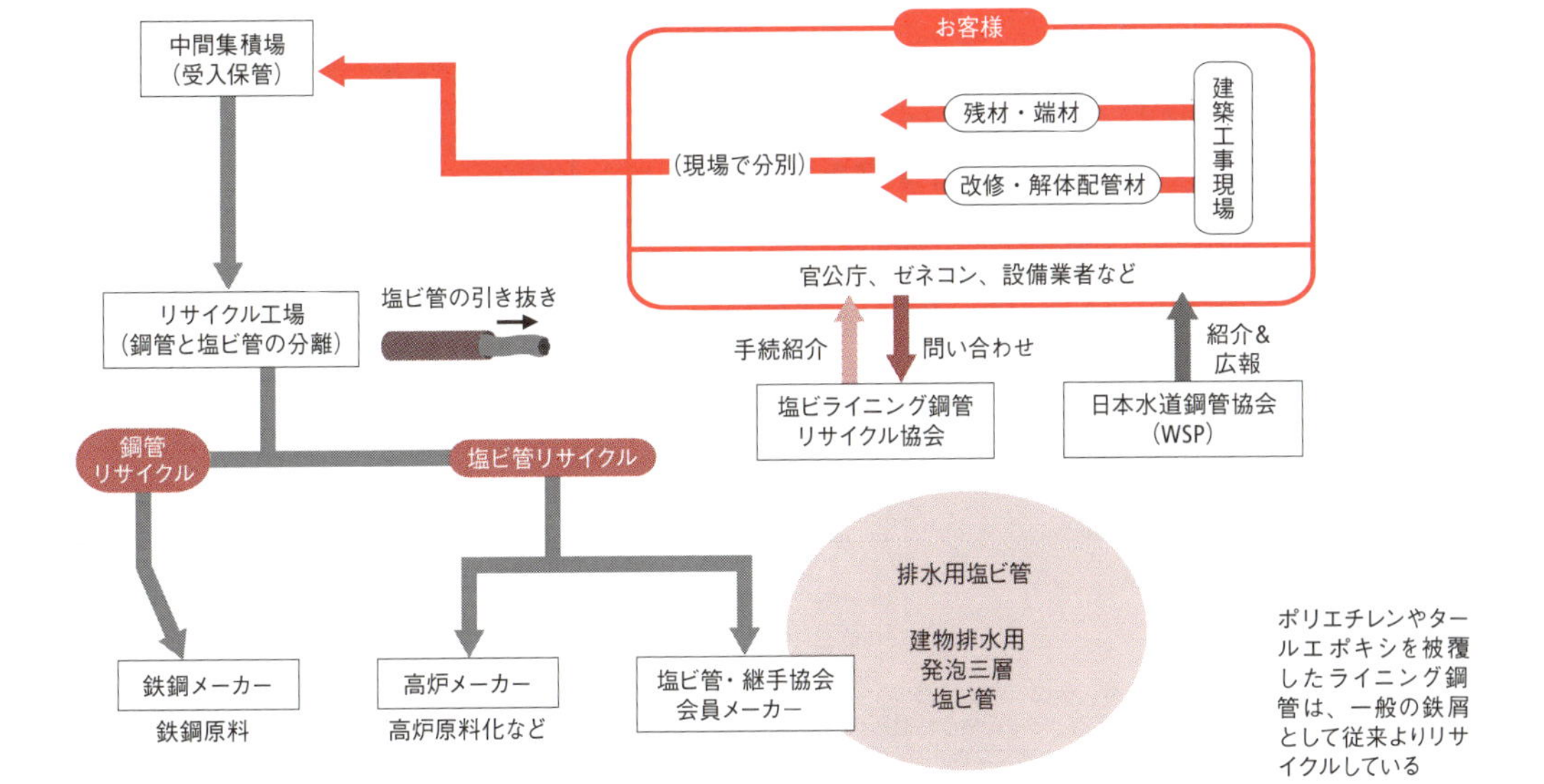

お客様
中間集積場
（受入保管）
残材・端材
建築工事現場
（現場で分別）
改修・解体配管材
官公庁、ゼネコン、設備業者など
リサイクル工場
（鋼管と塩ビ管の分離）
塩ビ管の引き抜き
手続紹介
問い合わせ
紹介＆
広報
塩ビライニング鋼管
リサイクル協会
日本水道鋼管協会
（WSP）
鋼管
リサイクル
塩ビ管リサイクル
排水用塩ビ管
建物排水用
発泡三層
塩ビ管
鉄鋼メーカー
鉄鋼原料
高炉メーカー
高炉原料化など
塩ビ管・継手協会
会員メーカー
ポリエチレンやタールエポキシを被覆したライニング鋼管は、一般の鉄屑として従来よりリサイクルしている

（出典） 塩ビライニング鋼管リサイクル協会・日本水道鋼管協会「硬質塩化ビニルライニング鋼管のリサイクル」より筆者抜粋

図3 リサイクル材料となる端材・廃材

	種　類	略　号	外面色
管	・水道用硬質塩化ビニルライニング鋼管	SGP-VA	茶色
		SGP-VB	亜鉛メッキ
		SGP-VD	青色（被覆）
	・水道用耐熱性硬質塩化ビニルライニング鋼管	HVA	濃い灰色
	・排水用硬質塩化ビニルライニング鋼管	D-VA	焦げ茶色
	・消火用硬質塩化ビニルライニング鋼管	VS	黄土色
	・フランジ付硬質塩化ビニルライニング鋼管	FVA	茶色
		FVB	亜鉛メッキ
		FVD	青色（被覆）
	種　類		外面色
継手	・管端防食継手		青色（継手内部に防食コア内蔵）
	・外面被覆継手		青色、黄土色（外面の被覆）

✕ 受け入れできないもの

回収品の対象は硬質塩化ビニルライニング鋼管、管端防食継手、および外面被覆継手だが、下記のような状態のものは、リサイクルできないので、あらかじめ取り除く

①異物（モルタル、コンクリート、泥など）が付着したもの
②管と継手の解体が不十分なもの
③保温材や防食テープなどが付着しているもの
④管に著しい曲がりや偏平があるもの

注1：管の切断について：管は1m以内に切断
注2：マニフェストについて：塩ビライニング鋼管は、塩ビの重量比率が約7％と程度が小さいため、環境省より「専ら物…専ら再生目的となる産業廃棄物でくず鉄や古紙などが代表例」として認められており、再生の目的で回収する場合は、官公庁の許認可は不要。したがって、本システムで回収する場合は、マニフェストは不要。これに代わるものとして、リサイクル依頼伝票を発行する
注3：費用について：中間集積場に持ち込んで頂ければ、費用は一切不要

（出典） 塩ビライニング鋼管リサイクル協会・日本水道鋼管協会「硬質塩化ビニルライニング鋼管のリサイクル」より筆者抜粋

必要である。異物（保温材、防食テープ、モルタル、コンクリート、泥など）が混入したり、著しく変形したものの場合は、引き取りを拒否される可能性がある。この点、現場での分別に手間がかかる。

水槽などに用いられるFRP（繊維強化プラスチック）は、回収はしてもらえるが、破砕後はセメント原燃料となるだけで、FRPからFRPへの水平リサイクルシステムはまだ実用化されていない。

設備材料のリサイクルシステム確立のためには、再生材を利用した材料を使用することが大切になる。

排水管の主な再生材料は、「リサイクル硬質ポリ塩化ビニル発泡三層管（RF-VP）」「リサイクル硬質ポリ塩化ビニル三層管（RF-VU）」がある（**図3**）。このほか、ペットボトルからリサイクルした「リサイクルPET管」なども硬質塩化ビニル管と同程度の性能と施工性をもち価格帯も同程度であることから環境にやさしく、利用しやすい材料である。

耐火二層管（**注**）はセメントモルタル被覆のため、リサイクルしにくいが、機能が優れていることから、再生品の最終使用形と位置づけ、積極的に採用することも大切である。

（注） 硬質ポリ塩化ビニル管の直管や管継手を繊維混入セメントモルタルで被覆した二層管構造の耐火パイプ

キーワード索引

Key word

市川憲良（いちかわ　のりよし）
現在：首都大学東京　名誉教授　学位・資格：工学博士、一級建築士　受賞等：空気調和衛生工学会論文賞、SHASE 技術フェロー　著書：建築・都市の水環境調査法（共著、丸善）、建築設備のシステムデザイン（共著、理工図書）、わかりやすい住宅の設備（共著、オーム社）、基礎からわかる給排水設備（共著、彰国社）　執筆担当：編集・コラム

一ノ瀬雅之（いちのせ　まさゆき）
現在：首都大学東京　大学院都市環境科学研究科　建築学域　准教授　学位・資格：博士（工学）、一級建築士　受賞等：日本建築学会奨励賞、JABMEE 環境技術優秀賞、他　著書：水環境設備ハンドブック（共著、オーム社）、昼光利用照明と Low-E 複層ガラスによる建築物の省エネルギーと CO^2 排出削減効果（共著、板硝子協会）The BEST Program プログラム解説～建物側プログラム～（共著、建築環境・省エネルギー機構）、他　執筆担当：114～115・130～135・168～169 頁

伊藤教子（いとう　のりこ）
現在：ZO 設計室　室長、東海大学非常勤講師　学位・資格：博士（工学）、設備設計一級建築士　著書：建築設備設計入門（共著）、考え方・進め方建築設備設計（共著）、LCCM 住宅の設計手法（共著、建築技術）他　執筆担当：184～195・244～247 頁

岩松俊哉（いわまつ　としや）
現在：（一財）電力中央研究所 システム技術研究所 需要家システム領域 主任研究員　学位：博士（環境情報学）　著書：エクセルギーと環境の理論 改訂版（共著、井上書院）、学校のなかの地球（共著、技報堂出版）　執筆担当：136～139・170～172・178～179 頁

小笠原岳（おがさわら　たけし）
現在：明星大学理工学部総合理工学科建築学系　准教授　学位：博士（工学）　著書：建築環境工学実験用教材（共著、日本建築学会）　執筆担当：142～148・150～155 頁

荻田俊輔（おぎた　しゅんすけ）
現在：東洋熱工業株式会社　技術統轄本部技術研究所　学位・資格：修士（工学）、設備設計一級建築士、建築設備士、他　著書：断熱・防音・防湿が一番わかる（共著、技術評論社）　執筆担当：110～113・116～117・127～129・156～160・162～163 頁

柿沼整三（かきぬま　せいぞう）
現在：ZO 設計室　代表取締役、東京理科大学非常勤講師　学位・資格：設備設計一級建築士、技術士（建築環境）　著書：わかる建築設備（単著、オーム社）、建築断熱の考え方（単著、オーム社）、建築環境設備ハンドブック（編著、オーム社）、まちを再生する 99 のアイディア（共著、彰国社）、世界で一番やさしいエコ住宅（編著、エクスナレッジ）他多数　執筆担当：編集・コラム

金子尚志（かねこ　なおし）
現在：（株）エステック計画研究所　取締役、東京造形大学非常勤講師、明星大学非常勤講師　学位・資格：修士、一級建築士　受賞等：財団法人建築環境・省エネルギー機構奨励賞、第 12 回環境・設備デザイン賞優秀賞、日本建築学会作品選集 2015　著書：建築デザイン用語辞典（共著、井上書院）、設計のための建築環境学―みつける・つくるバイオクライマティックデザイン（共著、彰国社）　執筆担当：8～38・40～48・53～54・248～251 頁

高田　宏（たかた ひろし）
現在:広島大学大学院 教育学研究科准教授　学位・資格:博士（工学）　著書:給水・給湯負荷と機器容量の算定法（共著、空気調和・衛生工学会）、水環境設備ハンドブック（共著、オーム社）　執筆担当:56 ～ 65・77 ～ 82 頁

高橋　達（たかはし いたる）
現在:東海大学工学部建築学科 大学院工学研究科建築学専攻 教授　学位:博士（工学）　受賞等:空気調和・衛生工学会篠原記念賞奨励賞、大地に還る家設計競技優秀賞、地域住宅計画賞　著書:エコリノ読本（共著、新建新聞社）、設計のための建築環境学（共著、彰国社）、エクセルギーと環境の理論（共著、井上書院）、生活環境学（共著、井上書院）、学校のなかの地球（共著、技報堂出版）、雨の建築学（共著、北斗出版）、他　執筆担当:49 ～ 52・88 ～ 97・118 ～ 125・173 ～ 177・180 ～ 182 頁

竹森ゆかり（たけもり ゆかり）
現在:ZO 設計室 プロジェクトマネージャー　学位・資格:建築設備士　著書:ラクラク住宅設備マニュアル（共著、エクスナレッジ）、ラクラク突破の第 4 類消防設備士スピード学習帳（共著、エクスナレッジ）　執筆担当:240 ～ 241・254 ～ 259 頁

中野民雄（なかの たみお）
現在:静岡文化芸術大学 デザイン学部空間造形学科 講師　学位・資格:博士（工学）、建築設備士他　受賞等:空気調和・衛生工学会篠原記念奨励賞他　執筆担当:66 ～ 76・83 ～ 87 頁

布施安隆（ふせ やすたか）
現在:ZO 設計室 プロジェクトリーダー　学位・資格:修士（工学）　受賞等:空気調和・衛生工学会篠原記念奨励賞　著書:ラクラク突破の第4類消防設備士スピード学習帳（共著、エクスナレッジ）　執筆担当:102 ～ 107・242 ～ 243 頁

堀　静香（ほり しずか）
現在:堀建設株式会社　学位・資格:修士（工学）　著書:ラクラク突破の第 4 類消防設備士スピード学習帳（共著、エクスナレッジ）　執筆担当:98 ～ 101 頁

松下　進（まつした すすむ）
現在:松下進建築・照明設計室代表　学位・資格:工学修士、一級建築士 他　受賞等:第 31 回照明学会日本照明賞 他　著書:図解入門 よくわかる最新照明の基本と仕組み（単著、秀和システム）他　執筆担当:196 ～ 213 頁

松山陽子（まつやま ようこ）
現在:WSP Inc, Vancouver BC 設備設計　学位、資格:カンザス大学 建築工学部、Professional Engineer（技術士）Mechanical　執筆担当:222 ～ 231・234 ～ 237 頁

山口　温（やまぐち はる）
現在:関東学院大学 建築・環境学部建築・環境学科 専任講師　学位・資格:博士（学術）、一級建築士　受賞等:「JT SMOKERS' STYLE COMPETITION 2009」アイデア部門優秀賞（共同）　著書:環境・設備から考える建築デザイン（共著、鹿島出版会）、建築設備システムデザイン（共著、理工図書）他　執筆担当:164 ～ 167・216 ～ 221・238 ～ 239 頁

最新版
最高にわかりやすい建築設備

2014年11月27日　初版第一刷発行

著　者　GREEN & BLUE UNIT'S

発行者　澤井聖一

発行所　株式会社エクスナレッジ
〒106-0032　東京都港区六本木7-2-26
http://www.xknowledge.co.jp/

問合せ先

編　集　FAX　03-3403-1345
info@xknowledge.co.jp

販　売　TEL　03-3403-1321
FAX　03-3403-1829
